古文字与中华文明传承发展工程

中亚与丝路文明研究丛书

刘进宝　主编

汉代丝绸之路文化史

王子今 —— 著

读者出版传媒股份有限公司
甘 肃 教 育 出 版 社

图书在版编目（CIP）数据

汉代丝绸之路文化史 / 王子今著. --兰州：甘肃教育出版社，2023.4
（中亚与丝路文明研究丛书 / 刘进宝主编）
ISBN 978-7-5423-5580-5

Ⅰ.①汉… Ⅱ.①王… Ⅲ.①丝绸之路-文化史-研究-中国-汉代 Ⅳ.①K234.03

中国国家版本馆 CIP 数据核字(2023)第 037495 号

汉代丝绸之路文化史
王子今 著

策　　划　马永强　薛英昭　孙宝岩
项目负责　伏文东
责任编辑　伏文东　丁宗艳
封面设计　MM 末末美书

出　版　甘肃教育出版社
社　址　兰州市读者大道 568 号　730030
电　话　0931-8436489(编辑部)　0931-8773056(发行部)
传　真　0931-8435009
淘宝官方旗舰店　http://shop111038270.taobao.com

发　行　甘肃教育出版社　印　刷　山东新华印务有限公司
开　本　787 毫米×1092 毫米　1/16　印　张　34.75　插　页　2　字　数　462 千
版　次　2023 年 4 月第 1 版
印　次　2023 年 4 月第 1 次印刷
书　号　ISBN 978-7-5423-5580-5　定　价　128.00 元

图书若有破损、缺页可随时与印厂联系：0531-82079130

总　序

浙江是我国名闻遐迩的丝绸故乡，敦煌则是丝绸之路的“咽喉之地”。自唐代开始，浙江又因丝绸经海上运输日本，成为海上丝路的起点之一。1900年，敦煌学兴起后，中国学者首先“预流”者，即是浙江籍的学者罗振玉与王国维，随后几代浙江学人奋随其后，为敦煌学的发展与丝路文化的发扬光大做出了巨大贡献。

浙江大学关于中亚等丝绸之路沿线区域的研究起步较早。1939年初，向达先生受聘为浙江大学史地系教授，从事西域历史文化与丝绸之路研究；1942年8月，方豪先生受聘为浙江大学史地系教授，主讲“中西交通史”和“元史”课程，后来出版的史学名著《中西交通史》，就是在浙江大学历年讲义的基础上增补修订而成的。20世纪80年代，黄时鉴先生在历史系带领团队成员从事中西关系史研究，出版了大量学术论著，培养了一批中外关系史方向的研究生。

2013年，国家提出“一带一路”倡议后，浙江大学充分发挥自身在敦煌学与丝绸之路研究方面的优势，于2015年发起成立“一带一路”合作与发展协同创新中心，主编出版了《“一带一路”读本》和《“一带一路”一百问》。经过几年的建设，形成了丝路文明研究的核心学术团队，于2016年组建成立了浙江大学人文学院丝路文明研究中心。丝路文明研究团队的成员承担了一批国家社科基金重大、重点项目和一般项目、青年项目，发表了一批有影响的学术论文，团队的集体成果“敦煌学与丝路文明”还入选浙江大学“十大学术进展”。

此外，丝路文明研究团队编辑出版的《浙江学者丝路敦煌学术书系》，全套计划出版40种，目前已经出版25种，且有多种重印。其中5种入选国家社科基金中华学术外译项目（将以11个语种出版），1种入选“经典中国国际出版工程”，并整体向台湾万卷楼图书股份有限公司输出了繁体字版权，已在台湾出版中文繁体字版13种。实现了社会效益和经济效益的双丰收。从2016年开始创办《丝路文明》学刊，每年一辑，已经出版7辑，得到了国内外学术界的高度赞扬和好评。同时还以学术研究反哺教学，主持承担“敦煌学与‘一带一路’”通识核心课程群，在全校开设通识核心课程和专业课程。

正是在这种良好的基础上，2020年8月，浙江大学中亚与丝路文明研究中心成功入选国家民委“一带一路”国别和区域研究中心名单。

中亚与丝路文明研究中心成立后，我们在继续编辑出版《丝路文明》学刊和《浙江学者丝路敦煌学术书系》的基础上，还主办了“敦煌学与丝路文明”系列讲座，邀请海内外著名学者前来切磋学术，加强本团队成员对国内外学术前沿动态的把握。

《丝路文明》学刊的编辑出版和“敦煌学与丝路文明”系列讲座的开办，得到了海内外学者的大力支持，也进一步加强了我们与国内外学界的联系与交流。为了感谢海内外学者对我们的信任与支持，我们编辑了《中亚与丝路文明研究》丛书。

本套丛书的作者，既有浙江大学中亚与丝路文明研究中心成员的成果，如冯培红《鱼国之谜——从葱岭东西到黄河两岸》、余欣《西域文献与中古中国知识-信仰世界》、罗帅《丝绸之路南道的历史变迁——塔里木盆地南缘绿洲史地考索》、刘进宝《西北史地与丝路文明》，更有海内外知名学者的论著，如南京大学刘迎胜教授的《古代中国与亚洲文明》、中国人民大学王子今教授的《汉代丝绸之路文化史》、北京大学荣新江教授的《唐宋于阗史探研》、日本大阪大学荒川正晴教授的《欧亚交通、贸易与唐帝国》。刘迎胜先生、王子今先生、荣新江先生和荒川正晴先生，都是海内外最著名的丝绸之路研究专家，浙江大学的诸位中青年学者，也在国内外学术界有较好的影响和地位，从而保证了丛书的质量。

《中亚与丝路文明研究》丛书，研究的内容涉及历史、地理、政治、经济、文化等各个方面，较为系统地反映了中亚与丝绸之路的历史变迁，多元文化的交流碰撞，多民族、多文明的交汇融合和共同繁荣，为读者进一步了解、认识中亚与丝绸之路的历史地理、民族文化、社会生态及其在东西方文明交流过程中的历史面貌和历史地位提供了全新的视角。

丛书既有对国内新成果、新资料的继承和利用，又有对国际学术界相关研究成果、研究方法的吸收和借鉴；既注意将中亚与丝绸之路研究置于中西政治、经济、文化交流的研究视角之下，对各种考古发现和文献文本材料进行精细解读、微观探讨，又注意将其置于国际学术视野中，从更长更大的时空维度来探讨“丝路文明”的价值和意义。

在本丛书即将出版之际，对各位作者表示衷心的感谢！尤其感谢刘迎胜先生、王子今先生、荣新江先生和荒川正晴先生对我们的信任，同意将其大著收入本丛书出版！感谢浙江大学亚洲文明研究院和社会科学研究院的大力支持！感谢甘肃教育出版社一如既往的倾力支持。

刘进宝

2022 年 12 月 18 日

绪 言

丝绸之路对于所经过地方及所联系地方的文化交流，发挥过重要的历史作用。其世界史的意义，首先在于中亚、西亚等地方经过这条通道发现了中华文化。西域国家“发使随汉使来观汉广大”[①]，打开了世界文化史新的一页。而中国人也经过这条通道远至“西极”[②]，获得了关于中亚文化与西亚文化的新知。《史记》卷一二三《大宛列传》记载：“骞身所至者大宛、大月氏、大夏、康居，而传闻其旁大国五六，具为天子言之。”[③] 基于“身所至”及所得“传闻”所获得的信息，传递至于“天子”，随即又激发了向远国探求交通路径的新的动力。通过交往实现的这种发现，对于文化史进程意义重大。正如俄罗斯学者比楚林（Бичурин）曾经指出的，丝绸之路开通“在中国史的重要性，绝不亚于美洲之发现在欧洲史上的重要”。[④] 而丝绸之路对于所联系地方文化交流所实现的历史作用，尤其为丝绸之路研究者所关注。

---

① 《史记》卷一二三《大宛列传》，中华书局 1959 年 9 月版，第 3173 页。

② 《史记》卷二四《乐书》：“歌诗曰：‘天马来兮从西极，经万里兮归有德。承灵威兮降外国，涉流沙兮四夷服。’”第 1178 页。《史记》卷一一七《司马相如列传》：“左苍梧，右西极。”第 3017 页。《史记》卷一二七《大宛列传》：“及得大宛汗血马，益壮，更名乌孙马曰‘西极’，名大宛马曰‘天马’云。”第 3170 页。《史记》卷一三〇《太史公自序》：“汉既通使大夏，而西极远蛮，引领内乡，欲观中国。”第 3318 页。

③ 《史记》，第 3160 页。

④ 见（苏）狄雅可夫、尼科尔斯基编，日知译：《古代世界史》，中央人民政府高等教育部教材编审处 1954 年 11 月版，第 224 页。

本书从“汉代丝绸之路民族文化交往”“汉代丝绸之路物质文化交流”“汉代丝绸之路精神文化交融”“汉代丝绸之路文化史料丛考”四个方面讨论丝绸之路于不同文化系统之间，不同文化实体之间的接触、碰撞与竞争，以及交往、交流、交融方面的历史效能。丝绸之路交通对于汉代文明面貌、汉代文明特质、汉代文明风格以及汉代文明之历史影响的意义，也是本书考察的重点。

读者可以看到，本书归入“汉代丝绸之路民族文化交往”“汉代丝绸之路物质文化交流”“汉代丝绸之路精神文化交融”三个部分的内容，自然不可以覆盖相关学术方向的基本主题，或许只能看作相关考察的片段或局部的收获。而“汉代丝绸之路文化史料丛考”题下，更突出表现出可以称作“碎片化”的学术特点。然而读书思索，自有甘苦。这里所发表的点滴心得，或许有益于从不同侧面推进丝绸之路史的总体研究，有益于以新的考察视角深化对丝绸之路文化意义的全面认识。

丝绸之路史研究，是秦汉史研究者不能不关注的学术主题。司马迁称“张骞凿空”，一语惊世，千年传颂，就是因为此说反映了历史的真实。他予以肯定的历史进步，发生在汉武帝文化进取的时代。“凿空”成为具有纪念意义的历史标识性语汇，有着持久的影响。《史记》卷一二三《大宛列传》言“张骞凿空”，裴骃《集解》：“苏林曰：‘凿，开；空，通也。骞开通西域道。’”司马贞《索隐》：“案：谓西域险厄，本无道路，今凿空而通之也。”[①]《后汉书》卷四七《班超传》记载：“家贫，常为官佣书以供养。久劳苦，尝辍业投笔叹曰：‘大丈夫无它志略，犹当效傅介子、张骞立功异域，以取封侯，安能久事笔研间乎?’左右皆笑之。超曰：‘小子安知壮士志哉！’”李贤注：“张骞，汉中人，武帝时凿空开西域，封博望侯。”[②]所谓“凿

① 《史记》，第3169页。
② 《后汉书》，中华书局1965年5月版，第1571页。

空”，正是“张骞立功异域，以取封侯”的主要事迹，班超以为“壮士志”“大丈夫”“志略”的典型表现。而湖北鄂城出土汉镜铭文“宜西北万里富昌长乐”[①]，体现时人以“西北万里”地方为施展“志略”理想空间的普遍意识。[②] 后人论史上文化交流，亦深情感叹张骞“其行”“有壮志焉”：“予尝读《太史书》，至相如之使邛筰也，道蜀，蜀守令郊迎，负矢以为宠，而相如亦卒能使其事。予未尝不洒然心善之也。至观《博望侯骞传》，则以一介之使，凌绝海外，接轨殊域，历上古不王之国，为汉凿空向导，随流而攘。则又蘧然喟慕其行不揆于古，有壮志焉。”[③] 所谓“壮志”，亦即班超言“壮士志”及“大丈夫”“志略”。

两汉 400 余年，社会上下对丝绸之路交通予以长期的关注。而人们公认的“辉煌的汉代文化”[④]，也正是通过丝绸之路这一东西通道实现了对世界史的积极影响。以汉史为研究对象的学人，当然不能忽略这一社会文化的时代特点。

《汉代丝绸之路文化史》希望通过文化史视角的考察，认识并说明

---

① 参看周新：《论鄂城汉镜铭文“宜西北万里”》，《南都学坛》2018 年 1 期。

② “凿空”一语的准确理解，应当依据当时人的语言习惯。参看王子今：《张骞凿空》，《光明日报》2017 年 5 月 18 日 02 版；《〈龟兹左将军刘平国作关城诵〉考论——兼说“张骞凿空”》，《欧亚学刊》新 7 辑（商务印书馆 2018 年 7 月）。而“凿空”一语对后世的长久影响，又见于中华书局 1971 年 11 月版《周书》卷二〇《贺兰祥传》：“凿空万里，辟地千都，荒服畏威，膜拜厥角。”第 338 页。中华书局 1973 年 8 月版《隋书》卷八三《西域传·附国》：“张骞凿空于前，班超投笔于后，或结之以重宝，或慑之以利剑。”第 1859 页。此说又见于中华书局 1974 年 10 月版《北史》卷九七《西域传·漕国》，第 3239 页。据《隋书》卷二六《百官志上》，“凿空、浮辽、弘节、宣义、怀信同班”，成为官职名号。第 738 页，第 740 页。“凿空”与“浮辽、弘节、宣义、怀信”的对应关系，也是很有意思的。

③ 〔明〕屠应埈：《送给事陈君使琉球序》，〔清〕黄宗羲编：《明文海》卷二九五序八六，清涵芬楼钞本，第 2884 页。

④ 李学勤：《东周与秦代文明》，上海人民出版社 2007 年 11 月版，第 11 页。

汉代丝绸之路的历史作用和文化意义。书中疏失与谬误，期望得到批评教正。

作者的相关努力，如果能对这一主题的学术进步有若干推进，则深心以为幸甚。

王子今

2022 年 6 月 6 日

目　录

第一部　汉代丝绸之路民族文化交往

第二部 汉代丝绸之路物质文化交往

第三部　汉代丝绸之路精神文化交融

第四部　汉代丝绸之路文化史料丛考

第一部　汉代丝绸之路
民族文化交往

“隔绝羌胡”与“通货羌胡”：丝绸之路河西段的民族关系

早在汉文帝时代，贾谊对于西北方向复杂的民族关系即曾经提出予以分化的战略构想。按照汉武帝指令，张骞“凿空”的最初动机，是与大月氏建立联合对抗匈奴的同盟。霍去病对河西地方的军事控制改变了西北民族分布的格局。河西军事部署与边防建设有明确的在保障东西交通的同时“隔绝羌胡”的目的。河西丝路于是具备沟通东西而隔绝南北的特殊功能。从军事史、民族史、交通史研究的视角考察河西丝绸之路史，应当注意这一特殊的交通格局。随着丝路贸易的繁荣与文化的融合以及西域民族关系的变化，汉与胡、羌在河西地方实现了密切的交往，民族关系的新形势得以出现。在从“隔绝羌胡”到“通货羌胡”这一推促民族文化向和平交往趋向演化的历史进程中，商业经营的繁荣以及“胡商”的活跃，发挥了显著积极的作用。

1 《新书·匈奴》“备月氏、灌窳之变”设想

贾谊少年时即以博士身份参与长安最高政治决策，眼光新锐，见识深远，视野宏大。[①] 刘向曾经称赞贾谊：“其论甚美，通达国体，虽古

① 《史记》卷八四《屈原贾生列传》所说，贾谊任博士时“年二十余，最为少”，行政咨询时，“每诏令议下，诸老先生不能言，贾生尽为之对，人人各如其意所欲出”，以致“诸生于是乃以为能，不及也”，而“孝文帝说之”。第 2492 页。

之伊、管，未能远过也。”[①] 后人所谓“宏识巨议”[②] “卓卓乎其奇伟，悠悠乎其深长”[③] 等，都注意到贾谊思想的这一特点。或说其论“以取验于身后”[④]，或说“后皆遵之有效，一一如谊所言”[⑤]，或说“生之言，后多见之施行”[⑥]，后人肯定贾谊的战略眼光，称《新书·匈奴》中提出的“备月氏、灌窳之变”的主张，就是对于汉帝国的边疆与民族问题、军事与外交问题的重要的建议，形成了西北战略的新思路。

《新书·匈奴》写道：“将必以匈奴之众，为汉臣民，制之令千家而为一国，列处之塞外，自陇西延至辽东，各有分地以卫边，使备月氏、灌窳之变，皆属之直郡，然后罢戎休边，民天下之兵。帝之威德，内行外信，四方悦服，则愚臣之志快矣。不然，帝威不遂，心与嘿嘿。”[⑦] 贾谊最早关注到较匈奴距离汉地更为遥远的草原政治实体的存在，最早明确提醒执政集团应当重视这些政治实体在草原民族关系、军事格局和文化竞争中的作用。这些见解的提出，自然有身为博士，能够利用皇家核心档案及时了解相关信息的优越的客观条件。而利用草原民族相互矛盾的思维方式，体现出特殊的智慧。

贾谊吸引匈奴内附，参与边地防卫，“使备月氏、灌窳之变”设想的提出，注意到匈奴以外暂时尚未对中原造成威胁的草原民族的实力，

---

① 《汉书》卷四八《贾谊传》，中华书局 1962 年 6 月版，第 2265 页。

② 〔明〕李梦阳：《贾子序》，〔汉〕贾谊撰，阎振益、锺夏校注：《新书校注》附录四，中华书局 2000 年 7 月版，第 519 页。

③ 〔明〕黄宝：《贾太傅新书序》，〔汉〕贾谊撰，阎振益、锺夏校注：《新书校注》附录四，第 520 页。

④ 〔明〕张志淳：《订注贾太傅新书序》，〔汉〕贾谊撰，阎振益、锺夏校注：《新书校注》附录四，第 528 页。

⑤ 〔明〕胡价：《贾子跋》，〔汉〕贾谊撰，阎振益、锺夏校注：《新书校注》附录四，第 516 页。

⑥ 〔清〕卢文弨：《重刻贾谊新书序》，〔汉〕贾谊撰，阎振益、锺夏校注：《新书校注》附录四，第 531 页。

⑦ 〔汉〕贾谊撰，阎振益、锺夏校注：《新书校注》，中华书局 2000 年 7 月版，第 134 页。

预料到草原民族关系可能发生的分化。"月氏、灌窳"由于与匈奴积累的长期仇怨，在匈奴内附，"为汉臣民"，愿意为汉王朝"卫边"的情势下，也会成为汉的敌对方。然而在汉王朝与匈奴处于战争状态的背景下，则很可能有靠近汉王朝、接近汉王朝、亲近汉王朝的倾向。对于"月氏、灌窳之变"的考虑，是贾谊追求"内行外信，四方悦服"理想政治目标之战略设计的重要内容。

《史记》卷一一〇《匈奴列传》写道：冒顿时代，"北服浑庾、屈射、丁零、鬲昆、薪犁之国。"张守节《正义》："已上五国在匈奴北。"[①]《汉书》卷九四上《匈奴传上》"北服浑庾"作"北服浑窳"[②]。说明"灌窳""浑窳""窳浑"相互间究竟是怎样的关系，还需要认真地辨析。我们以为应当特别注意的，是《新书》所谓"灌窳"作为与匈奴曾经发生战争的遥远的北族，受到了汉初政论家贾谊的关注。而相应的建议，对于汉王朝军事外交决策以及西北局势变化的走向，后来也产生了明显的影响。

2　张骞"凿空"功业

《史记》卷一二三《大宛列传》记载，汉武帝试图联络匈奴宿敌月氏，谋求"共击"匈奴："是时天子问匈奴降者，皆言匈奴破月氏王，以其头为饮器，月氏遁逃而常怨仇匈奴，无与共击之。汉方欲事灭胡，闻此言，因欲通使。"汉武帝"通使"月氏的意图，或许与贾谊有关"月氏、灌窳"的军事外交建议有内在的关系。往月氏，"道必更匈奴中，乃募能使者。骞以郎应募，使月氏，与堂邑氏胡奴甘父俱出陇西。经匈奴，匈奴得之，传诣单于。单于留之，曰：'月氏在吾北，汉何以得往使？吾欲使越，汉肯听我乎？'留骞十余岁，与妻，有子，然骞持

① 《史记》，第2893页。
② 《汉书》，第3753页。

汉节不失。居匈奴中，益宽，骞因与其属亡乡月氏，西走数十日至大宛。大宛闻汉之饶财，欲通不得，见骞，喜，问曰：‘若欲何之?’骞曰：‘为汉使月氏，而为匈奴所闭道。今亡，唯王使人导送我。诚得至，反汉，汉之赂遗王财物不可胜言。’大宛以为然，遣骞，为发导绎，抵康居，康居传致大月氏。大月氏王已为胡所杀，立其太子为王。既臣大夏而居，地肥饶，少寇，志安乐，又自以远汉，殊无报胡之心。骞从月氏至大夏，竟不能得月氏要领。”① 汉武帝时代联络月氏、大夏、乌孙“以分匈奴西方之援国”的意图，以及利用匈奴仇国“报胡之心”，寻求“灭胡”盟国的努力，虽然没有获得直接的成效，然而张骞通过艰辛的交通实践，实现了与草原远国的直接交通。

“骞身所至者大宛、大月氏、大夏、康居，而传闻其旁大国五六，具为天子言之。”② 张骞通过艰苦的西域探险，掌握了有关“西极”之地的新鲜知识，充实了西汉人的世界观。另一方面，中原文化向西传布，也进入了新的境界。这一历史成就对于所谓“丝绸之路”开通的意义，是显而易见的。

汉军击破匈奴，打通河西通道之后，汉武帝元狩四年（前 119），张骞再次奉使西行，试图招引乌孙东归。这一目的虽然没有实现，但是通过此行，汉王朝和西域各国之间的联系得以加强。

西域本与匈奴有更密切的关系。汉武帝时代，汉王朝在较为后进、较为被动的情势下与匈奴争夺对西域的控制权，通过军事和外交的努力，终于扭转了局面。后来几经反复，汉文化实现了在西域地方的有效扩张，西域诸国“修奉朝贡，各以其职”③，终于成为历史定局。

---

① 《史记》，第 3157 页至第 3158 页。

② 《史记》，第 3160 页。

③ 《汉书》卷一〇〇下《叙传下》，第 4268 页。

3　河西四郡设置："鬲绝胡与羌通之路"

汉武帝元狩二年（前121），骠骑将军霍去病率领汉军远征。霍去病自陇西出兵，过焉支山（今甘肃山丹东南），西北行千余里，数战数捷，缴获匈奴休屠王祭天金人。同年夏季，又从北地（郡治在今甘肃庆阳西北）出击，逾居延海，南下祁连山，孤军辗转二千余里，在觻得（今甘肃张掖西北）一带大败匈奴军，斩杀三万二千余人，俘虏匈奴贵族五十九人，官吏六十三人。这次战役，沉重地打击了匈奴右部。同年秋，浑邪王杀休屠王，率四万余众降汉。霍去病奉命受降，在极复杂的情况下，坚定果敢地平定了匈奴部众的内部叛乱，使安置匈奴内附的计划得以成功。

汉武帝在河西休屠王、浑邪王故地设置酒泉（郡治在今甘肃酒泉）、武威（郡治在今甘肃武威）、张掖（郡治在今甘肃张掖西北）、敦煌（郡治在今甘肃敦煌西）四郡，从关东地区徙置数十万移民充实这一地区。河西地区的安定，使西北方向的开发进入了新的纪元，打通了中原与西域文化交往的通路。正如有的学者所指出的，这一举措，"不仅对于中国的历史，具有重大意义，即对于整个东方的历史，亦具有重大意义"①。

河西置郡的重要目的，是开通往西域的通道，同时断绝匈奴人与羌人的联系。后一主题，当时称作"鬲绝胡与羌通之路"。《史记》卷一一〇《匈奴列传》有这样的记载：

> 汉使杨信于匈奴。是时汉东拔秽貉、朝鲜以为郡，而西置酒泉郡以鬲绝胡与羌通之路。汉又西通月氏、大夏，又以公主妻乌孙王，以分匈奴西方之援国。②

---

① 张维华：《论汉武帝》，上海人民出版社1957年11月版，第152页。

② 《史记》，第2913页。

《汉书》卷九四上《匈奴传上》写作：

> 汉使杨信使于匈奴。是时汉东拔秽貉、朝鲜以为郡，而西置酒泉郡以隔绝胡与羌通之路。又西通月氏、大夏，以翁主妻乌孙王，以分匈奴西方之援国。①

所谓“鬲绝胡与羌通之路”“隔绝胡与羌通之路”，是河西经营的重要目的。《盐铁论·西域》：

> 大夫曰：“往者，匈奴据河、山之险，擅田牧之利，民富兵强，行入为寇，则句注之内惊动，而上郡以南咸城。文帝时，虏入萧关，烽火通甘泉，群臣惧不知所出，乃请屯京师以备胡。胡西役大宛、康居之属，南与群羌通。先帝推让斥夺广饶之地，建张掖以西，隔绝羌、胡，瓜分其援。是以西域之国，皆内拒匈奴，断其右臂，曳剑而走，故募人田畜以广用，长城以南，滨塞之郡，马牛放纵，蓄积布野，未睹其计之所过也。”②

所谓“胡西役大宛、康居之属，南与群羌通”，指出匈奴曾经占有的战略优势。而汉武帝“隔绝羌、胡”，是实现形势转化的重要步骤。所谓“瓜分其援”，即《史记》卷一一〇《匈奴列传》“以分匈奴西方之援国”。

《后汉书》卷八七《西羌传》的表述也与《史记》卷一一〇《匈奴列传》及《汉书》卷九四上《匈奴传上》有异，可能由于突出“羌”的历史记述，“胡与羌”的语序颠倒，也称为“羌胡”：

> ……及武帝征伐四夷，开地广境，北却匈奴，西逐诸羌，乃度河、湟，筑令居塞；初开河西，列置四郡，通道玉门，隔绝羌胡，使南北不得交关。③

汉武帝时代的军事远征，西北方向称“北却匈奴，西逐诸羌”，则“匈

---

① 《汉书》，第3773页。

② 王利器校注：《盐铁论校注》（定本），中华书局1992年7月版，第499页。

③ 《后汉书》，第2876页。

奴”在“北”，“诸羌”在“西”。而所谓“列置四郡，通道玉门，隔绝羌胡，使南北不得交关”，称“南北不得交关”，则“羌”在“南”，“胡”在北。《史记》卷一一〇《匈奴列传》：“右方王将居西方，直上郡以西，接月氏、氐、羌。”司马贞《索隐》：“《说文》云‘羌，西方牧羊人’。《续汉书》云‘羌，三苗姜姓之别，舜徙于三危，今河关之西南羌是也’。”[①]“羌”“胡”是汉王朝在西北方向的主要敌手。《盐铁论·未通》：“孝武皇帝平百越以为园圃，却羌、胡以为苑囿。”[②] 所谓“却羌、胡”，总结了西北战略的成功。

言“羌”的活动地域，称“西方”者，是以中原或以长安地方为方位判定的认识基点。“南羌”之说，则应当出自以河西地方为本位的判断，或说“河关之西南羌”。其对应的“北”方，是“胡”即“匈奴”的力量所在。

河西汉简频繁出现“虏”的名号，或可与“胡”互称，亦可见“胡虏”。河西出土汉简可见如下简文：“□□二年十月壬午朔庚寅□□尉史世使移郡大守属国都尉农□□□□□□□□□□□党及胡虏第□□□出惊□昭武备迹候望□守摸□□集所主羌胡为务”（73EJT6：74），一条简文同时出现“胡虏”与“羌胡”，也值得我们注意。简文内容有时又体现出相当复杂的民族关系。如“捕斩匈奴羌虏赏科别”（F22：221-235，691，692，825），或可读作“匈奴”与“羌虏”并列，也许是“匈奴虏”与“羌虏”并列。

4　河西交通格局：东西“通西域”，南北“鬲绝南羌、匈奴”

西汉王朝河西经营所谓“鬲绝胡与羌通之路”的战略目标，值得

---

① 《史记》，第2891页。

② 《盐铁论校注》（定本），第190页。

我们在考察当时民族关系与战争局势的基础上认真理解。

《汉书》卷二八下《地理志下》在陈说军事地理、交通地理形势时，明确说到汉武帝时代对河西地方的争夺、控制与经营：

自武威以西，本匈奴昆邪王、休屠王地，武帝时攘之，初置四郡，以通西域，鬲绝南羌、匈奴。[①]

又《汉书》卷九六下《西域传下》以“赞曰”形式表述的内容，有如下文字：

孝武之世，图制匈奴，患其兼从西国，结党南羌，乃表河西，列四郡，开玉门，通西域，以断匈奴右臂，鬲绝南羌、月氏。[②]

此虽说“鬲绝南羌、月氏”，似与《地理志》“鬲绝南羌、匈奴”不同，但是上文说“图制匈奴，患其兼从西国，结党南羌”，也强调了对匈奴“结党南羌”的警觉。而“兼从西国”者，是指控制胁迫西域诸国与汉王朝对抗。“西国”就是“西域”。[③] 又《汉书》卷七三《韦贤传》载刘歆议，则说：

起敦煌、酒泉、张掖，以鬲婼羌，裂匈奴之右肩。[④]

出现另一说法。言“婼羌”者，似乎体现以“鬲”的方式，对匈奴“兼从西国”的防备。然而《后汉书》卷八八《西域传》载陈忠上疏：

---

① 颜师古注：“鬲与隔同。”《汉书》，第1643页至第1644页。

② 《汉书》，第3928页。

③ 陈桥驿曾经写道：“西域之名由来已久，《史记·大宛列传》：‘匈奴奇兵，时时遮击使西国者。’清徐松认为：‘古音国读如域’（《汉书西域传补注》卷上）。因此，《史记》‘西国’即是‘西域’。”陈桥驿：《〈西域历史地理〉序》，苏北海：《西域历史地理》，新疆大学出版社1988年8月版，第1页。徐松“国读如域”说，见王先谦《汉书补注》引徐松曰：“《史记·大宛传》：‘匈奴奇兵时时遮击使西国者。’古音‘国’读如‘域’。《广雅·释诂》：‘域，国也。’”中华书局1983年9月版，下册第1604页。有的历史地理学论著支持这样的认识。侯丕勋、刘再聪主编：《西北边疆历史地理概论》，第11页。参看王子今：《“西域”名义考》，《清华大学学报》2010年3期；《匈奴经营西域研究》，中国社会科学出版社2016年12月，第7页至第10页。

④ 《汉书》，第3126页。

遂开河西四郡，以隔绝南羌。

李贤注：“《前书》云起敦煌、酒泉、张掖，以隔婼羌，裂匈奴之右臂也。”[①] 曹金华《后汉书稽疑》认为：“‘婼羌’当作‘南羌’。”[②]

所谓“通西域，鬲绝南羌、匈奴”，以及“通西域……鬲绝南羌、月氏”，一言“通”，一言“鬲绝”，前者“以通西域”，是我们总结丝绸之路史的共识，后者“鬲绝南羌、匈奴”，以及“鬲绝南羌、月氏”，则似与交通开发的历史主题相悖。也就是说，对于东西方向“通西域”的交通作用予以维护，对于南北方向“南羌、匈奴”间，以及西北、东南方向“南羌、月氏”间的交通条件则予以“鬲绝”。河西交通格局这一特殊情形，与“南羌、匈奴”活动导致的民族关系之错综复杂，军事形势之变幻无定的条件有关。

无论是“鬲绝南羌、匈奴”还是“鬲绝南羌、月氏”，“南羌”都是战略防备的重心。“南羌”作为民族称谓，在《汉书》卷二八《地理志》中出现多例。[③] 可知当时是确定的民族地理概念。新疆汉代遗存所

---

① 《后汉书》，第 2912 页至第 2913 页。

② 曹金华指出：“章怀注：‘《前书》云起敦煌、酒泉、张掖，以隔婼羌，裂匈奴之右臂也。’余按：此谓‘河西四郡’，注及三郡，疑有脱误，又‘婼羌’当作‘南羌’。《汉书·地理志》：‘初置四郡，以通西域，鬲绝南羌、匈奴。’……《西域传》赞：‘乃表河西，列四郡，开玉门，通西域，以断匈奴右臂，隔绝南羌、月氏。’”《后汉书稽疑》，中华书局 2014 年 9 月版，第 1234 页。

③ 《汉书》卷二八下《地理志下》“金城郡”条：“河关，积石山在西南羌中。”第 1611 页。“酒泉郡”条：“禄福，呼蚕水出南羌中，东北至会水入羌谷。”“敦煌郡”条：“冥安，南籍端水出南羌中，西北入其泽，溉民田。”“龙勒，有阳关、玉门关，皆都尉治。氐置水出南羌中，东北入泽，溉民田。”第 1614 页。今按：“积石山在西南羌中”，中华书局标点本对“西南羌中”四字均不使用下划线，似不以为其中有可以理解为地名者，即读作“西南”方向“羌中”。其实，也可以理解为“西”方之“南羌中”。《后汉书》卷八七《西羌传》：“舜流四凶，徙之三危，河关之西南羌地是也。”李贤注：“河关，县，属金城郡。以上并《续汉书》文。”“河关之西南羌地是也”可以与《地理志》“河关，积石山在西南羌中”对照读。中华书局标点本《后汉书》“河关之西南羌地”，“羌”字标示下划线以指示族名。第 2869 页至第 2870 页。也不理解为“河关之西”的“南羌地”。

见有“讨南羌”字样的织锦，告知我们“南羌”曾经是丝绸之路交通长期提防与警备的民族力量。[①]《后汉书》卷八七《西羌传》记载，羌确实曾经“与匈奴通，合兵十余万”，遂“共攻”汉地，导致严重的军事危机：

> 初开河西，列置四郡，通道玉门，隔绝羌胡，使南北不得交关。于是障塞亭燧出长城外数千里。时先零羌与封养牢姐种解仇结盟，与匈奴通，合兵十余万，共攻令居、安故，遂围枹罕。汉遣将军李息、郎中令徐自为将兵十万人击平之。始置护羌校尉，持节统领焉。羌乃去湟中，依西海、盐池左右。汉遂因山为塞，河西地空，稍徙人以实之。[②]

可知“隔绝羌胡”的战略设计，是有敌情依据的。

正是在这样的条件下，“保边塞”，是河西军民共同的责任。河西四郡地方行政也“咸以兵马为务”[③]。

考察丝绸之路史，不能忽视河西路段一则“通”，一则“绝”的交通战略。这是交通史上的一个特殊现象，也体现了丝绸之路河西路段特殊的交通文化个性。

还应当看到，与汉王朝长期进行军事竞争的匈奴，也采取“鬲绝”汉与西域国家交往的策略，即所谓“匈奴奇兵时时遮击使西国者”。

5　多民族开辟丝路的贡献与河西民族关系的新局

丝绸之路的开通，是多民族共同努力创造的历史文化成就。我们可

① “南羌”作为族群称谓在汉末依然使用。《三国志》卷一八《魏书·张就传》裴松之注，中华书局1959年12月版，第552页至第553页。

② 《后汉书》，第2876页。

③ 《汉书》卷二八下《地理志下》，第1645页。

以通过张骞“凿空”的合作者的族属，以及各民族参与丝绸之路贸易活动的实践，认识这一历史事实。①

前引《后汉书》卷八七《西羌传》：“时先零羌与封养牢姐种解仇结盟，与匈奴通，合兵十余万，共攻令居、安故，遂围枹罕。汉遣将军李息、郎中令徐自为将兵十万人击平之。始置护羌校尉，持节统领焉。羌乃去湟中，依西海、盐池左右。汉遂因山为塞……”似乎“羌”“胡”“合兵”“共攻”的危机已经解除，“南羌”已经退却，然而《后汉书》卷八八《西域传》载陈忠上疏仍然有对于“北虏”可能“威临南羌，与之交连”的忧虑，以为“如此，河西四郡危矣”，而“河西既危，不得不救，则百倍之役兴，不訾之费发矣”②。

我们还看到汉末“南羌”军事力量介入河西政治纷争的情形。《三国志》卷一八《魏书·张就传》裴松之注：“杨阿若后名丰，字伯阳，酒泉人。少游侠，常以报仇解怨为事，故时人为之号曰：‘东市相斫杨阿若，西市相斫杨阿若。’至建安年中，太守徐揖诛郡中强族黄氏。时黄昂得脱在外，乃以其家粟金数斛，募众得千余人以攻揖。揖城守。丰时在外，以昂为不义，乃告揖，捐妻子走诣张掖求救。会张掖又反，杀太守，而昂亦陷城杀揖，二郡合势。昂恚丰不与己同，乃重募取丰，欲令张掖以麻系其头，生致之。丰遂逃走。武威太守张猛假丰为都尉，使赍檄告酒泉，听丰为揖报仇。丰遂单骑入南羌中，合众得千余骑，从乐涫南山中出，指趋郡城。未到三十里，皆令骑下马，曳柴扬尘。酒泉郡人望见尘起，以为东大兵到，遂破散。昂独走出，羌捕得昂，丰谓昂

① 参看王子今：《草原民族对丝绸之路交通的贡献》，《山西大学学报》2016年1期；《早期丝绸之路跨民族情爱与婚姻》，《陕西师范大学学报》（哲学社会科学版）2016年1期；《丝绸之路贸易史上的汉匈关系》，《文史知识》2017年12期；《多民族共构丝绸之路》，《中央社会主义学院学报》2017年6期。

② 《后汉书》，第2912页。“羌胡”“合兵”史例，有《后汉书》卷六《顺帝纪》：“句龙吾斯等东引乌桓，西收羌胡，寇上郡，立车纽为单于。”“使匈奴中郎将张耽大破乌桓、羌胡于天山。”第270页至第271页。

曰：‘卿前欲生系我颈，今反为我所系，云何？’昂惭谢，丰遂杀之。时黄华在东，又还领郡。丰畏华，复走依燉煌。至黄初中，河西兴复，黄华降，丰乃还郡。”[①] 所谓“丰遂单骑入南羌中，合众得千余骑，从乐涫南山中出，指趋郡城”的记载以及“羌捕得昂”的情节，都明确记录了“南羌”武装“指趋郡城”，甚至控制当地局势的情形。不过，河西地方汉人实力集团武装争斗的激烈似乎超越了民族矛盾。“南羌”骑兵并非立足“南羌”民族立场发起军事行动，而是作为借力参与了汉民族不同集团之间的争夺。

“羌胡”参与汉地武装争斗的史事，又有两汉之际卢芳“王莽末，乃与三水属国羌胡起兵”。[②]

6 “保塞羌胡”历史角色与河西民族交往走廊的形成

汉王朝以“羌胡”总称西北方向少数民族的情形，往往带有敌意。《汉书》卷六九《赵充国辛庆忌传》赞曰：“秦汉以来，山东出相，山西出将。”列举白起、王翦、王围、甘延寿、公孙贺、傅介子、李广、李蔡、苏建、苏武、上官桀、赵充国、廉褒、辛武贤、辛庆忌等，“皆以勇武显闻”。又分析了这一人才地理现象的原因：“何则？山西天水、陇西、安定、北地处势迫近羌胡，民俗修习战备，高上勇力鞍马骑射。”[③] 所谓“羌胡”，是构成民族地理形势的重要因素。赵充国上状报告平定羌人暴动的战况：“羌虏瓦解，前后降者万七百余人，及受言去者凡七十辈……”颜师古注：“如淳曰：‘羌胡言欲降，受其言遣去者。’师古曰：‘如说非也。谓羌受充国之言，归相告喻者也。羌虏即

---

① 《三国志》，第552页至第553页。

② 《后汉书》卷一二《卢芳传》，第506页。

③ 《汉书》，第2998页至第2999页。

羌贼耳，无豫于胡也。’”[①] 如淳之所以以“羌胡”解释“羌虏”，可能是基于人们叙说西北民族关系时的语言习惯。《汉书》卷七九《冯奉世传》：“元帝即位，为执金吾。上郡属国归义降胡万余人反去。初，昭帝末，西河属国胡伊酋若王亦将众数千人畔，奉世辄持节将兵追击。”颜师古注：“言西河、上郡羌胡反畔，子明再追击之。”[②] 此说“降胡”反叛，其实亦无豫于羌，而颜师古以“羌胡”解说，犯了与他所驳议的如淳同样的错误。《汉书》卷七五《翼奉传》所见“西远羌胡之难”[③]，也反映“羌”与“胡”共同构成西北边疆民族问题的情形。

然而民族关系史的演进，又出现了新的形势。卢芳“使使与西羌、匈奴结和亲”[④]，体现出边地民族关系的新局面。郑兴语隗嚣，曾言：“将军据七郡之地，拥羌胡之众，以戴本朝，德莫厚焉，威莫重焉。”李贤注：“七郡，天水、陇西、武威、张掖、酒泉、敦煌、金城也。”又说：“兴尝为凉州刺史，嚣为西州将军。”[⑤] 所谓“拥羌胡之众”实力的形成，或有来自河西的军众集结。邓训事迹可见这样的情节：“议者咸以羌胡相攻，县官之利，以夷伐夷，不宜禁护。”邓训否定这样的意见，主张“以德怀之”，“由是湟中诸胡皆言‘汉家常欲斗我曹，今邓使君待我以恩信，开门内我妻子，乃得父母’。咸欢喜叩头曰：‘唯使君所命。’训遂抚养其中少年勇者数百人，以为义从。”在对叛羌作战时，邓训曾“发湟中秦、胡、羌兵四千人，出塞掩击”。长史任尚为叛羌所攻，“于是义从羌胡并力破之，斩首前后一千八百余级，获生口二千人，马牛羊三万余头，一种殆尽”。邓训去世，“吏人羌胡爱惜，旦夕临者日数千人。戎俗父母死，耻悲泣，皆骑马歌呼。至闻训卒，莫不

---

① 《汉书》卷六九《赵充国传》，第 2987 页。
② 《汉书》，第 3295 页至第 3296 页。
③ 《汉书》，第 3176 页。
④ 《后汉书》卷一二《卢芳传》，第 506 页。
⑤ 《后汉书》卷三六《郑兴传》，第 1220 页。

吼号，或以刀自割，又刺杀其犬马牛羊，曰‘邓使君已死，我曹亦俱死耳’。”[①] 邓训作为实现民族亲和新境界的典范，曾经在河西任职，“拜张掖太守”。自元和三年（86）至章和二年（88）任职张掖期间，邓训处理民族关系“以德怀之”的风格一定曾经对张掖地方有积极的影响。重视民族团结的风格绝不只是表现于个人行政实践。凉州“戎夷”与“凉州刺史”有良好的关系，见于《后汉书》卷五六《种暠传》：“后凉州羌动，以暠为凉州刺史，甚得百姓欢心。被征当迁，吏人诣阙请留之，太后叹曰：‘未闻刺史得人心若是。’乃许之。暠复留一年，迁汉阳太守，戎夷男女送至汉阳界，暠与相揖谢，千里不得乘车。及到郡，化行羌胡，禁止侵掠。”[②] 他在汉阳“化行羌胡”的做法，应当是“为凉州刺史”时成功政策的延续。我们看到“窦融昔在西州，甚得羌胡腹心”受到帝王嘉奖的情形。[③] 于是有官员“案行凉州边境，劳赐保塞羌胡，进屯酒泉”事迹。[④] 马武在面对“西羌寇陇右”的情势下，“将乌桓、黎阳营、三辅募士、凉州诸郡羌胡兵及弛刑，合四万人击之。”[⑤] 所谓“凉州诸郡羌胡兵”很可能有相当部分来自河西四郡。《后汉书》卷二三《窦固传》：“固与忠率酒泉、敦煌、张掖甲卒及卢水羌胡万二千骑出酒泉塞，耿秉、秦彭率武威、陇西、天水募士及羌胡万骑出居延塞……”[⑥] 则是明确的河西“羌胡”军人在汉王朝军官指挥下参战的实例。另一确切的有关“河西四郡羌胡”的史料，即《后汉书》卷四七《梁慬传》：“诏慬将河西四郡羌胡五千骑驰赴之。”[⑦]

前引《后汉书》卷一九《耿秉传》所见“保塞羌胡”民族称谓，

---

① 《后汉书》，第 609 页至第 610 页。
② 《后汉书》，第 1828 页。
③ 《后汉书》卷一九《耿恭传》，第 723 页。
④ 《后汉书》卷一九《耿秉传》，第 717 页。
⑤ 《后汉书》卷二二《马武传》，第 786 页。
⑥ 《后汉书》，第 810 页。
⑦ 《后汉书》，第 1591 页。

又见于《后汉书》卷二三《窦融传》："……乃推融行河西五郡大将军事。""河西民俗质朴，而融等政亦宽和，上下相亲，晏然富殖。修兵马，习战射，明烽燧之警，羌胡犯塞，融辄自将与诸郡相救，皆如符要，每辄破之。其后匈奴惩乂，稀复侵寇，而保塞羌胡皆震服亲附……"[①] 既有"羌胡犯塞"事，又有所谓"保塞羌胡"，说明"羌胡"民族表现的复杂。

从"鬲绝胡与羌通之路""隔绝胡与羌通之路"，到"羌胡"以"保塞"为职任，河西地方民族关系发生了显著的变化。河西地方从多民族战争争夺的热点，演变为民族交往的走廊。

这一变化的发生，有丝绸之路经济作用的因素。《后汉书》卷三一《孔奋传》记载："遭王莽乱，奋与老母幼弟避兵河西。建武五年，河西大将军窦融请奋署议曹掾，守姑臧长。八年，赐爵关内侯。"而"姑臧"地方的经济形势，通过孔奋事迹得到反映：

> 时天下扰乱，唯河西独安，而姑臧称为富邑，通货羌胡，市日四合，每居县者，不盈数月辄致丰积。奋在职四年，财产无所增。

所谓"市日四合"，李贤注：

> 古者为市，一日三合。《周礼》曰："大市日侧而市，百族为主。朝市朝时而市，商贾为主。夕市夕时而市，贩夫贩妇为主。"今既人货殷繁，故一日四合也。

在"奋在职四年，财产无所增"句后，《孔奋传》还写道："事母孝谨，虽为俭约，奉养极求珍膳。躬率妻子，同甘菜茹。时天下未定，士多不修节操，而奋力行清絜，为众人所笑，或以为身处脂膏，不能以自润，徒益苦辛耳。""陇蜀既平，河西守令咸被征召，财货连毂，弥竟川泽。唯奋无资，单车就路。姑臧吏民及羌胡更相谓曰：'孔君清廉仁贤，举县蒙恩，如何今去，不共报德！'遂相赋敛牛马器物千万以上，追送数

---

① 《后汉书》，第797页。

百里。奋谢之而已，一无所受。”[①] 孔奋的“清絜”“清廉”堪称“士”的典范。我们以为同时应当注意的，是“姑臧称为富邑”，喻为“脂膏”的繁荣。“市日四合”的经济形势的形成，当然与丝绸之路贸易有关。而“羌胡”的积极参与，意义尤为重要。所谓“通货羌胡，市日四合”，所谓“姑臧吏民及羌胡”“遂相赋敛牛马器物千万以上，追送数百里”，都可以说明“羌胡”受益于姑臧市场的情形。

考察相关历史文化现象，也应当关注来自西域，曾经与汉人以及“胡羌”“羌胡”均有过交往的“商胡”“贾胡”在河西地方的活跃表现。[②]

我们认识和理解丝绸之路河西路段的军事史、民族史和交通史，都应当注意河西“羌胡”之地位、表现及其历史文化作用的变化。从“隔绝羌胡”到“通货羌胡”，是丝绸之路史涉及民族关系史与经济生活史的重要演变，应当引起研究者的特别关注。而结合考古文物资料进行更深层次的考论与说明，还需要进行更多的工作。

---

① 《后汉书》，第 1098 页至第 1099 页。

② 王子今：《汉代的“商胡”“贾胡”“酒家胡”》，《晋阳学刊》2011 年 1 期。

丝绸之路贸易史视角的汉与匈奴关系考察

考察丝绸之路史，可以发现中原出产的丝绸，曾经以多种方式实现输出。草原民族在丝绸贸易活动中表现出积极的态度。在中土丝绸向西运输的过程中，匈奴也发挥过重要的作用。考察汉与匈奴的关系，不仅可以看到血火刀兵，也能通过丝绸绚丽的色泽和轻柔的质感，感受到经济交流史与文化融合史平缓亲和的一面。

1 匈奴“好汉缯絮”与关市交易

西汉中期，朝廷关于商业政策与外交政策导向存在争论。《盐铁论·力耕》记录了“大夫”与“文学”的辩议。大夫的发言涉及“中国”与“外国”“敌国”的贸易交往：“汝、汉之金，纤微之贡，所以诱外国而钓胡、羌之宝也。夫中国一端之缦，得匈奴累金之物，而损敌国之用。是以骡驴馲驼，衔尾入塞，驒騱騵马，尽为我畜，鼲貂狐貉，采旃文罽，充于内府，而璧玉珊瑚琉璃，咸为国之宝。”说“中国”依靠矿产和织品，可以通过贸易获取巨大的利益。而《太平御览》卷九〇一引《盐铁论》曰：“齐陶之缣，南汉之布，中国以一端缦，得匈奴累金之物。驴骡骆驼，可使衔尾入塞。”[①] 则说“中国”在贸易中表现优

① 〔宋〕李昉等撰：《太平御览》，中华书局用上海涵芬楼影印宋本 1960 年 2 月复制重印版，第 4000 页。

越的经济实力，完全体现于纺织品，即所谓“齐陶之缣，南汉之布”。

中行说评说匈奴民间消费倾向，指出“匈奴好汉缯絮”，而逐渐舍弃原先服用的“旃裘”[①]，警告对汉地产品的依赖将危害匈奴国力。可见“汉缯絮”确实影响了匈奴的经济生活。匈奴得到汉地织品的重要途径是关市。汉文帝时对匈奴的政策就包括“与通关市”。[②] 据《史记》卷一一〇《匈奴列传》载，“孝景帝复与匈奴和亲，通关市”。汉武帝即位后，“明和亲约束，厚遇，通关市，饶给之”。甚至在双方正式进入战争状态之后，匈奴仍贪求汉地物产，希图由此得到经济物资的补充，“尚乐关市，嗜汉财物，汉亦尚关市不绝以中之。”[③] 汉王朝也有意通过“关市”对匈奴社会施加经济影响。

“齐陶之缣，南汉之布”，可能有相当数量通过“关市”贸易流入匈奴。所谓“夫中国一端之缦，得匈奴累金之物”的交换行为，成为丝绸之路贸易的重要形式之一。

2 西域丝绸市场与匈奴“赋税诸国”

在汉王朝占有河西之前，匈奴曾经长期控制西域。《汉书》卷九六上《西域传上》记载，“匈奴西边日逐王置僮仆都尉，使领西域”，“赋税诸国，取富给焉”[④]。所谓“赋税”，应体现以强劲军力维护的掠夺式制度化经济关系。“赋税诸国”的征收内容，除畜产、农产外，亦包括矿产、手工业制品和其他物产。匈奴向“乌桓民”征收“皮布税”的情形[⑤]，可以在讨论匈奴于西域“赋税诸国”时参考。《后汉书》卷八

---

① 《史记》卷一一〇《匈奴列传》，第 2899 页。

② 《汉书》卷九四下《匈奴传下》：“逮至孝文，与通关市，妻以汉女，增厚其赂，岁以千金。”第 3831 页。

③ 《史记》，第 2904 页。

④ 《汉书》，第 3872 页。

⑤ 《汉书》卷九四下《匈奴传下》，第 3820 页。

八《西域传》说到两汉之际西域再次“役属匈奴”，而匈奴“敛税重刻”竟然导致西域诸国不堪承受，致使外交方向因此而变换的情形：“哀平间，自相分割为五十五国。王莽篡位，贬易侯王，由是西域怨叛，与中国遂绝，并复役属匈奴。匈奴敛税重刻，诸国不堪命，建武中，皆遣使求内属，愿请都护。”[①]

匈奴雄劲的军事强势，使得利用西域交通地理条件发展贸易成为可能。匈奴史学者林幹曾经指出，“匈奴族十分重视与汉族互通‘关市’”，“匈奴与羌族也经常发生商业交换”，“还可能和乌桓族进行交换”。“匈奴还可能和西域各族发生交换，并通过西域，间接和希腊人及其他西方各族人民发生交换”[②]。考察丝绸之路贸易行为中匈奴的作用，应当重视这样的认识。

西域许多国家部族久有从事贸易的经济传统，善于商业经营。如安息“有市，民商贾用车及船，行旁国或数千里”，大夏“善贾市”，“其都曰蓝市城，有市贩贾诸物”，“自大宛以西至安息……其人……善市贾，争分铢”等[③]，都是引人注目的历史记录。《汉书》卷九六上《西域传上》说到罽宾国、乌弋国的“市列”。又说疏勒国“有市列”。[④]指出西域诸国商品经济的活跃和市场建置的成熟。[⑤]对于这一时期匈奴以军事力量扼制丝路商贸通路的情形，有的学者曾经有如下分析：“匈奴人……企图控制西域商道，独占贸易权益。”“越来越强的贪欲，使他们亟欲控制商道，垄断东西贸易，以取得暴利。”[⑥]如果不使用“贪

---

① 《后汉书》，第2909页。

② 林幹：《匈奴通史》，人民出版社1986年8月版，第3页，第145页至第147页。

③ 《史记》卷一二三《大宛列传》，第3162页，第3164页，第3174页。

④ 《汉书》，第3885页，第3889页。

⑤ 《史记》卷三〇《平准书》：“弘羊令吏坐市列肆。”司马贞《索隐》：“坐市列，谓吏坐市肆行列之中。”第1442页。《汉书》卷二四下《食货志下》：“弘羊令吏坐市列。”颜师古注：“市列，谓列肆。”第1175页，第1176页。

⑥ 殷晴：《丝绸之路与西域经济——十二世纪前新疆开发史稿》，中华书局2007年12月版，第111页。

欲”“暴利”之类贬斥语意过强的说法，客观说明匈奴对“西域商道”“贸易权益”的“控制”，显然是有意义的。《后汉书》卷八九《南匈奴传》记载：“（建武）二十八年，北匈奴复遣使诣阙，贡马及裘，更乞和亲，并请音乐，又求率西域诸国胡客与俱献见。”[①] “西域诸国胡客”和匈奴使团同行“与俱献见”，体现匈奴对于西域胡商贸易活动的鼓励和支持。这很可能是以经济利益为出发点的。或许匈奴对西域之“敛税重刻”，包括商业税征收。

有学者以为，匈奴也直接参与丝绸买卖：“匈奴贵族”“做着丝绸贸易”，“匈奴人”进行“丝绸贸易”，或说“丝绢贸易”。亦有关于“当时匈奴贵族向西方贩运的丝绸的道路”的分析。[②] 然而现在看来，这样的意见似乎需要确切的史料支持。在考古发掘收获中寻求文物实证，尤其必要。“匈奴人”在西域及邻近地方进行“丝绸贸易”“丝绢贸易”的经济行为可能性极大，如果得到证实，当然可以推进匈奴史和西域史的认识。

亦有学者说，匈奴面对西域繁盛的商业，有“抢劫商旅”的行为。[③] 这样的情形，当然是很可能发生的。“抢劫”所得，有可能直接“进行丝绸贸易”。[④]

3　汉王朝厚赂匈奴织品的去向

“汉使者持黄金锦绣行赐诸国”[⑤]，是汉王朝维护与“诸国”关系的通常形式。这一策略也应用于匈奴。《史记》卷一一〇《匈奴列传》言

① 《后汉书》，第 2946 页。

② 苏北海：《汉、唐时期我国北方的草原丝路》，张志尧主编：《草原丝绸之路与中亚文明》，新疆美术摄影出版社 1994 年 11 月版，第 28 页。

③ 齐涛：《丝绸之路探源》，齐鲁书社 1992 年 8 月版，第 52 页。

④ 王子今：《匈奴控制背景下的西域贸易》，《社会科学》2013 年 2 期。

⑤ 《汉书》卷七〇《傅介子传》，第 3002 页。

汉王朝维护“和亲”的同时“给遗匈奴”[①]，这是“汉物”流入匈奴的重要形式。《汉书》卷九四下《匈奴传下》回顾与匈奴的交往，言刘邦时代“约结和亲，赂遗单于”。“逮至孝文”，更“增厚其赂，岁以千金”。[②] 汉武帝时代苏武出使，也有“厚币赂遗单于”的记录。[③] 汉武帝元光二年（前133），“春，诏问公卿曰：‘朕饰子女以配单于，金币文绣赂之甚厚，单于待命加嫚，侵盗亡已。边境被害，朕甚闵之。今欲举兵攻之，何如？’”[④]《说文·巾部》：“币，帛也。”段玉裁注：“帛者，缯也。”[⑤] 所谓“金币文绣赂之甚厚”，体现出汉对于匈奴“赂”这种物资输出形式中丝绸的意义。

汉王朝以“赐”的形式对于匈奴的物资输送，多有丝绸织品、“絮”以及较高等级的成衣等。以具有计量统计意义的记载为例，汉宣帝甘露三年（前51），“（呼韩邪）单于正月朝天子于甘泉宫”，“赐以冠带衣裳，……衣被七十七袭，锦绣绮縠杂帛八千匹，絮六千斤”。汉宣帝黄龙元年（前50），“呼韩邪单于复入朝，礼赐如初，加衣百一十袭，锦帛九千匹，絮八千斤。”“竟宁元年，单于复入朝，礼赐如初，加衣服锦帛絮，皆倍于黄龙时。”汉成帝河平四年（前25），“（单于）入朝，加赐锦绣缯帛二万匹，絮二万斤，它如竟宁时。”“（汉哀帝）元寿二年，单于来朝，……加赐衣三百七十袭，锦绣缯帛三万匹，絮三万斤，它如河平时。”[⑥] 自汉宣帝甘露三年（前51）至汉哀帝元寿二年（前1）50年间，多次赐匈奴“锦帛”及“絮”，数量逐次增加。仅简

---

① 《史记》，第2904页。

② 《汉书》，第3830页，第3831页。

③ 《史记》卷一一〇《匈奴列传》，第2917页。

④ 《汉书》卷六《武帝纪》，第162页。

⑤ 〔汉〕许慎撰，〔清〕段玉裁注：《说文解字注》，上海古籍出版社1981年10月据经韵楼臧版影印版，第358页。

⑥ 《汉书》卷九四下《匈奴传下》，第3798页，第3801页，第3803页，第3808页，第3817页。

单累计，至于“锦绣缯帛”8万匹，“絮”8万斤。比较汉文帝时所谓“遗单于甚厚”，仅“服绣袷绮衣、绣袷长襦、锦袷袍各一，……绣十匹，锦三十匹，赤绨、绿缯各四十匹”[①]，数量颇为悬殊。如此惊人的数额，应已超过匈奴服用的需求。当时在汉地经济生活中，出现了“以实物计价发给官吏替代俸钱”的现象。[②] 大量高等级的纺织品“礼赐”单于，或许也可以理解为在汉地推行“禄帛”“禄布”“禄絮”制度的背景下，有经济作用更值得注意的“赂”的意义，也就是说，丝绸作为一般等价物，在汉与匈奴的经济关系中实现了特殊的价值。可以推想，匈奴得到超出实际消费需要数额的“锦绣缯帛”和“絮”，是可以通过转输交易的方式获取更大利益的。前引有学者分析“匈奴贵族”“做着丝绸贸易”，“匈奴人”进行“丝绸贸易”“丝绢贸易”，“当时匈奴贵族向西方贩运”“丝绸”的现象，货源有可能包括汉王朝“礼赐”的高级纺织品。

4　汉匈军事前线的丝绸发现

考古学者在河西汉代边塞的发掘，获得了数量颇多的丝绸残片。据贝格曼在额济纳河流域考察汉代烽燧遗址的收获，包括织品遗存的发现。如烽燧A6与汉代封泥、木简同出有“敞开的、织造精美的覆盖有黑色胶质的丝织品残片，丝质纤维填料，细股的红麻线”等文物。通称“破城子”的城障A8与诸多汉代文物同出“天然丝，丝绸纤维填料”“植物纤维织物”“不同颜色的丝织物、丝绸填料、植物纤维材料残片”。烽燧A9发现“红丝绸”。障亭A10发现包括“褐色、红色、绿色和蓝色”等“不同颜色的丝绸残片”。台地地区地点1标号为P. 398的

---

① 《史记》卷一一〇《匈奴列传》，第2897页。

② 何德章：《两汉俸禄制度》，黄惠贤、陈锋主编：《中国俸禄制度史》，武汉大学出版社1996年10月版，第47页至第48页。

遗存，发现“（天然）褐色、黄色、深红色、深蓝色、浅蓝色、深绿色、浅绿色”的“丝绸残片”。地点7标号为P.443的遗存也发现丝织物，“色泽有褐色（天然）、黄褐色、浅绿色、深绿色、蓝绿色和深蓝色”。金关遗址A32地点A发现“有朱红色阴影的鲜红丝绸残片”，地点B发现“玫瑰红、天然褐色丝绸和丝绸填料残片”，地点C发现“天然褐色、褐色和酒红色丝绸残片”，地点E发现“丝质服装、丝绸填料和纤维织物残片”，“丝绸为天然褐色、绿色、蓝绿色、蓝色和红色”。地湾遗址A33地点4发现的丝绸残片，色彩包括“褐色、浅红色、深红色、绿黄棕色、黄绿色和黄色”。又据记述，“色度为：接近白色、褐色、红色、绿色、普鲁士蓝”。大湾遗址A35地点1、地点2、地点5、地点12发现“丝绸残片”，地点4、地点6、地点7、地点8、地点9、地点10发现“纺织物残片”。地点1标号为P.66的遗存，发现“各种颜色（浅黄色、灰色、褐色、绿色和玫瑰红色）的丝绸残片”。[①]

有的丝绸残片是在鼠洞里发现的。额济纳河流域汉代遗址的丝绸遗存普遍遭受鼠害破坏，因此每多残碎。但是台地地区“地点7”标号为P.402的发现，据记录：“黄色（天然）丝绸残片，其中一块的整体宽51.5—51.7厘米。”地湾遗址A33“地点6”发现的丝绸残片中，“第2件和第19件保留了完整的宽度，其宽分别为45厘米和40厘米”[②]。《汉书》卷二四下《食货志下》说到“布帛广二尺二寸为幅”的统一规格[③]，以西汉尺度通常23.1厘米计，应为50.82厘米，“整体宽51.5—

---

① （瑞典）弗克·贝格曼考察；（瑞典）博·索马斯特勒姆整理；黄晓宏等翻译；张德芳审校：《内蒙古额济纳河流域考古报告：斯文·赫定博士率领的中瑞联合科学考查团中国西部诸省科学考察报告考古类第8和第9》，学苑出版社2014年3月版，第34页至第35页，第60页，第86页，第94页，第284页，第288页，第333页，第334页，第339页，第350页，第376页至第377页。

② 《内蒙古额济纳河流域考古报告：斯文·赫定博士率领的中瑞联合科学考查团中国西部诸省科学考察报告考古类第8和第9》，第275页，第288页，第359页。

③ 《汉书》，第1149页。

51.7 厘米”的形制与此接近。而以东汉尺单位量值 23.5 厘米计[①]，“广二尺二寸为幅”恰好为 51.7 厘米。也就是说，这些织品遗存，当时有相当数量并非成衣，而是以全幅形式出现，很可能是以“匹”为单位的丝绸。

汉代礼俗制度，色彩的使用依身份尊卑高下有所不同。如《续汉书·舆服志下》：“公主、贵人、妃以上，嫁娶得服锦绮罗縠缯，采十二色，重缘袍。特进、列侯以上锦缯，采十二色。六百石以上重练，采九色，禁丹紫绀。三百石以上五色采，青绛黄红绿。二百石以上四采，青黄红绿。贾人，缃缥而已。”[②] 自“采十二色”“采九色”“五色采”“四采”至所谓“缃缥”，形成了等级差别。“缃缥”，是极普通的单一之色。除了为下层人士服用的这种“天然褐色”织品之外，河西边塞遗址发现的色彩纷杂绚丽的织品，不大可能制作普通军人贴身衣物。有经济史研究者注意到，“至今仍不时在沿丝路沙漠中发现成捆的汉代丝织品”。当时丝路交通形势十分复杂，“所谓通西域的丝路，实际上是在亭障遍地、烽墩林立和烟火相接的严密保护下才畅通无阻的”[③]。而河西烽燧遗址发现的大量的“汉代丝织品”，也成为丝绸之路贸易史的生动见证。不过，“汉代的丝织品”流通与“亭障”“烽墩”的关系，未必可以简单以“严密保护”说明。河西边塞戍卒有“贳卖衣财物”的经济行为。他们从家乡带来的织品通过出身当地的军人进入河西市场复杂的流通程序。[④] 这种流通不排除匈奴人参与的可能。

---

① 丘光明：《中国历代度量衡考》，科学出版社 1992 年 8 月版，第 55 页。

② 《后汉书》，第 3676 页。

③ 傅筑夫：《中国封建社会经济史》第 2 卷，人民出版社 1982 年 12 月版，第 440 页，第 439 页。

④ 王子今：《汉代丝路贸易的一种特殊形式：论“戍卒行道贳卖衣财物”》，《简帛研究汇刊》第 1 辑“第一届简帛学术讨论会论文集”，中国文化大学历史系、简帛学文教基金会筹备处 2003 年 5 月版，《西北史研究》第 3 辑，天津古籍出版社 2005 年 7 月版。

居延汉简可见边塞军人逃亡事件的记录。典型的一例，即所谓“持禁物兰越塞”的五人中，有常安亭长王闳父子、攻虏亭长赵常以及“客民赵闳范翕”。他们“兰越甲渠当曲燧塞，从河水中天田出”，“于边关儌逐捕未得”，可以说是叛逃成功。所谓“常及客民赵闳范翕一等五人俱亡皆共盗官兵”，“五人俱亡皆共盗官兵臧千钱以上带大刀剑及铍各一”，是一起严重的“亡人越塞”案（E. P. T68：54—76）。现役军人以“亡”的形式向匈奴方向的叛逃，即史称“亡入匈奴”者，文献不乏记录。典型的例子有《汉书》卷九九中《王莽传中》：“戊己校尉史陈良、终带共贼杀校尉刁护，劫略吏士，自称废汉大将军，亡入匈奴。”[①] 这是具有敌对政治情绪者“亡入匈奴”的情形。其他比较普遍的“亡出塞”现象，如“习边事”之“郎侯应”所指出的，第一种为以往从军出征者未能回乡，“子孙贫困，一旦亡出，从其亲戚”；第二种为以为“匈奴中乐”，不必承担沉重的劳役责任，“边人奴婢愁苦，欲亡者多”；第三种为“犯法”“盗贼”“如其窘急，亡走北出”。[②] 丝绸作为价位较高的物资，与多种“禁物”同样为“亡人”所“持”而“兰越塞”，“北出”匈奴地方，是很自然的事情。这或许可以看作汉与匈奴之间以丝绸交易体现的经济联系的特殊方式。

---

① 《汉书》，第 4119 页。

② 《汉书》卷九四下《匈奴传下》，第 3804 页。

赵充国击羌与丝绸之路交通保障

名将赵充国率军平定羌人武装反叛即史称“击羌”的军事动作[①]，涉及西汉边疆与民族问题，也影响了青海高原的文化进程与历史走向。赵充国的进军谋略，均上报朝廷中枢，由最高执政集团决策，可见其举措关乎大局。考察赵充国击羌事，应注意西汉帝国河西军事建设“隔绝羌胡”的战略动机。[②] 羌人在交通机动性方面的明显优势，使得汉帝国在西北交通格局设定时不能不予以特殊重视。赵充国军在交通方面诸多努力的积极意义，也应当充分认识。在汉代丝绸之路交通线路中，青海高原道路发挥着重要的作用。赵充国部与羌人的军事争夺，有保障丝绸之路交通的作用，也可以看作丝绸之路史研究值得重视的学术主题之一。汉与羌民族关系的演进，是考察丝绸之路交通应当注意的文化背景。

---

① 《史记》卷二二《汉兴以来将相名臣年表》：“后将军充国击羌。”第1149页。又有“诛羌”（《史记》卷三〇《平准书》，第1440页）、“降羌”（《史记》卷一一二《平津侯主父列传》，第2959页）、“征西羌”（《汉书》卷二七中之上《五行志中之上》，第1393页）等说法。

② 《盐铁论·西域》：“斥夺广饶之地，建张掖以西，隔绝羌、胡，瓜分其援。”王利器校注：《盐铁论校注》（定本），第499页。参看王子今：《“隔绝羌胡”与“通货羌胡”：丝绸之路河西段的民族关系》，《西域研究》2019年1期。

1　羌人交通机动性

汤因比《历史研究》曾经论述草原对于交通的意义："草原像'未经耕种的海洋'一样，它虽然不能为定居的人类提供居住条件，但是却比开垦了的土地为旅行和运输提供更大的方便。"他是在"海洋和草原是传播语言的工具"题下发表这样的意见的。他认为："海洋和草原的这种相似之处可以从它们作为传播语言的工具的职能来说明。大家都知道航海的人们很容易把他们的语言传播到他们所居住的海洋周围的四岸上去。""在草原的周围，也有散布着同样语言的现象。""到处是野草和碎石的草原与可以耕种的大陆相比，倒不如说它和'未经耕犁的海洋'（荷马常常使用的称呼）更为相近。草原的表面和海洋的表面有这样一个共同点，就是对人类的关系来说，人类到这里来或是为了朝拜圣迹，或是只能暂时的留住。除了岛屿和绿洲外，它们的广阔面积完全不能为人类提供定居生活的资料。它们对于旅行和交通运输来说都比人类社会所习惯定居的大地表面提供方便得多的条件……。"[①] 汤因比关于草原可以为交通提供方便的论说，符合我们对丝绸之路史的认识。

我们讨论过西汉几处"鲜水"的存在，今四川炉霍作为大渡河上游的"鲜水"，青海湖汉时名称"鲜水海"，以及河西地区今黑河汉时亦称"羌谷水""令鲜水"。地名的移用，应与羌人在四川、青海、甘肃草原地区的活动有关。[②]

羌族骑兵因草原上优越的机动能力，曾经在战争中发挥出特殊的作用。《汉书》卷七《昭帝纪》："夏四月，诏曰：'度辽将军明友前以羌

---

① （英）汤因比著，（英）索麦维尔节录，曹未风等译：《历史研究》，上海人民出版社1966年6月版，第234页至第235页，第208页。

② 王子今、高大伦：《说"鲜水"：康巴草原民族交通考古札记》，《中华文化论坛》2006年4期。

骑校尉将羌王侯君长以下击益州反虏，后复率击武都反氐……’”①《汉书》卷八《宣帝纪》：“胡、越骑，三河、颍川、沛郡、淮阳、汝南材官，金城、陇西、天水、安定、北地、上郡骑士、羌骑，诣金城。”②所谓“羌骑”的活动，似乎接近较积极参与汉代战争的“胡、越骑”③，应当与西北草原环境中的交通方面的优胜地位有关。

有历史迹象表明，除了拥有充备的马匹这种交通动力外，羌人的车辆制作技术也有显著的表现。赵充国击先零羌，先零羌“望见大军，弃车重”，赵充国一战即缴获“卤马牛羊十万余头，车四千余两”④。所谓“车四千余两”，是相当惊人的交通能力的记录。在战国秦汉历史文献中，相当于此或超过这一数据的具体记载仅有可数的几例。⑤ 而草原部族军事力量拥有如此规模的运输装备，是惊人的历史记录。

---

① 《汉书》，第230页。

② 《汉书》，第260页。

③ 王子今：《两汉军队中的“胡骑”》，《中国史研究》2007年3期；《汉朝军制中的“越骑”部队》，《史学月刊》2010年2期。

④ 《汉书》卷六九《赵充国传》，第2983页。

⑤ 如《史记》卷四《周本纪》：“誓已，诸侯兵会者车四千乘，陈师牧野。”第123页。《史记》卷六九《苏秦列传》：“以其余兵南面举五千乘之大宋……”第2267页。《后汉书》卷一九《耿弇传》：“令步兵各以郡人诣旗下，众尚十余万，辎重七千余两，皆罢遣归乡里。”中华书局1965年5月版，第712页。《后汉书》卷二三《窦融传》：“步骑数万，辎重五千余两……”第805页。《三国志》卷一《魏书·武帝纪》：“袁绍运谷车数千乘至，公用荀攸计，遣徐晃、史涣邀击，大破之，尽烧其车。”中华书局1959年12月版，第21页。《三国志》卷一二《魏书·鲍勋传》：“信乃引军还乡里，收徒众二万，骑七百，辎重五千余乘。”第383页。《三国志》卷一六《魏书·任峻传》：“贼数寇钞绝粮道，乃使千乘为一部，十道方行，为复阵以营卫之，贼不敢近。”第489页。其总数应当有数千乘。《汉书》卷二四下《食货志下》：“万乘之国必有万金之贾，千乘之国必有千金之贾者，利有所并也。”第1150页。应是举国运输力量的概说。《后汉书》卷二三《窦宪传》：“云辎蔽路，万有三千余乘。”第815页。应是一次军事行动用车数量最多的记录。

2 “羌中”民族格局与“高原丝路”说

《史记》卷一二三《大宛列传》记述张骞出使西域回程：“留岁余，还，并南山，欲从羌中归，复为匈奴所得。留岁余，单于死，左谷蠡王攻其太子自立，国内乱，骞与胡妻及堂邑父俱亡归汉。”“并南山”，张守节《正义》载：“从京南连接至葱岭万余里，故云‘并南山’也。《西域传》云：‘其南山东出金城，与汉南山属焉。’”[①] 关于“南山”与“羌”的关系，《史记》卷一二三《大宛列传》有“南山羌”的说法：“始月氏居敦煌、祁连间，及为匈奴所败，乃远去，过宛，西击大夏而臣之，遂都妫水北，为王庭。其余小众不能去者，保南山羌，号小月氏。”[②] 张骞“欲从羌中归”，选择了经过羌人活动区域的道路。后来他说到这条通路的交通条件：“今使大夏，从羌中，险，羌人恶之；少北，则为匈奴所得……”[③] 对于“从羌中”的路径选择以及“羌人恶之”的可能境遇，张骞应当有切身的体会。

据《史记》卷一二三《大宛列传》记载，张骞向汉武帝报告于大夏见到邛竹杖、蜀布，介绍了身毒的文明存在，又说到“使大夏”通路：“今使大夏，从羌中，险，羌人恶之；少北，则为匈奴所得；从蜀宜径[④]，又无寇。”“天子欣然，以骞言为然，乃令骞因蜀犍[⑤]为发间使，四道并出：出駹，出冄，出徙，出邛、僰，皆各行一二千里。其北方闭

---

① 《史记》，第 3159 页。

② 《史记》，第 3162 页。《汉书》卷九六上《西域传上》：“其余小众不能去者，保南山羌，号小月氏。”第 3891 页。然而《史记》卷一一一《卫将军骠骑列传》司马贞《索隐》：“《西域传》：‘大月氏本居敦煌、祁连间，余众保南山，遂号小月氏。’”第 2931 页。“南山羌”作“南山”。

③ 《史记》卷一二三《大宛列传》，第 3166 页。

④ 裴骃《集解》：“如淳曰：‘径，疾也。或曰径，直。’”

⑤ 张守节《正义》：“犍，其连反。犍为郡今戎州也，在益州南一千余里。”

氐、筰，南方闭嶲、昆明。昆明之属无君长，善寇盗，辄杀略汉使，终莫得通。”[①] 张骞探求“西夷西”道路之“四道并出”的努力，应当包括经由羌人居地的交通实践。[②]

考古学资料所见石棺葬等现象的分布，反映甘青至川西北草原道路的早期开通。河西汉简所见“蜀校士”身份以及“驱驴士”“之蜀”等劳作内容，体现汉代丝路交通又一路径的存在。[③] 河西“广汉八稯布”简文，也是蜀地织品经由这条通路运达河西地方的交通史实证。[④]

在与丝绸之路河西段西端形成某种对应关系的今西藏阿里地区，出土汉代“宜侯王”文字织锦及其他文物。有的学者以为“高原丝路”的文化沟通效应[⑤]，由此得到实物证明。这一历史进步，或许与“南羌”的活动有关。羌人廾创了怎样的交通线路以实现高原文化交往，是我们应当予以充分重视的学术课题。

3 河西丝路“隔绝羌胡”战略

《史记》卷一一〇《匈奴列传》言匈奴活动地域：“以西，接月氏、氐、羌。”[⑥]《史记》卷一二三《大宛列传》写道：“匈奴右方居盐泽以

---

① 《史记》，第3166页。

② 王子今：《汉武帝“西夷西”道路与向家坝汉文化遗存》，《四川文物》2014年5期。

③ 王子今：《居延汉简“校士”身份及“拘校”制度推考》，《国际简牍学会会刊》第7号（2013），兰台出版社2013年2月版；《说敦煌马圈湾简文“驱驴士”“之蜀”》，《简帛》第12辑，上海古籍出版社2016年5月版。

④ 王子今：《汉代河西的蜀地织品——以“广汉八稯布”为标本的丝绸之路史考察》，《四川文物》2017年3期。

⑤ 霍巍：《高原丝绸之路的形成、发展及其历史意义》，《社会科学家》2017年11期；《高原丝路吉隆道的考古发现》，北京大学丝绸之路文明高峰论坛论文，无锡，2018年10月。

⑥ 《史记》，第2891页。

东，至陇西长城，南接羌，鬲汉道焉。”[①] 汉王朝河西置郡的重要目的，是开通联系西域的通道，即《汉书》卷二八下《地理志下》所谓“初置四郡，以通西域”[②]，同时断绝匈奴人与羌人的南北联系。这后一战略主题，当时称作“鬲绝胡与羌通之路”。《史记》卷一一〇《匈奴列传》中可以看到这样的记载：“汉使杨信于匈奴。是时汉东拔秽貉、朝鲜以为郡，而西置酒泉郡以鬲绝胡与羌通之路。汉又西通月氏、大夏，又以公主妻乌孙王，以分匈奴西方之援国。”[③] 同样的内容，《汉书》卷九四上《匈奴传上》写作：“汉使杨信使于匈奴。是时汉东拔秽貉、朝鲜以为郡，而西置酒泉郡以隔绝胡与羌通之路。又西通月氏、大夏，以翁主妻乌孙王，以分匈奴西方之援国。”[④] 所谓“鬲绝胡与羌通之路”，“隔绝胡与羌通之路”，显然是河西经营的重要目的。《盐铁论·西域》回顾占有河西之前的形势：“胡西役大宛、康居之属，南与群羌通。”于是，“先帝推让斥夺广饶之地，建张掖以西，隔绝羌、胡，瓜分其援。”西域战略态势因此得以转变，“是以西域之国，皆内拒匈奴，断其右臂，曳剑而走，故募人田畜以广用，长城以南，滨塞之郡，马牛放纵，蓄积布野。”[⑤] 所谓“胡西役大宛、康居之属，南与群羌通”，指出匈奴曾经占有的战略优势。而汉武帝“隔绝羌、胡”，是实现形势转化的重要步骤。所谓“瓜分其援”，即《史记》卷一一〇《匈奴列传》“以分匈奴西方之援国”。

《后汉书》卷八七《西羌传》的表述与《史记》卷一一〇《匈奴列传》及《汉书》卷九四上《匈奴传上》有异，可能由于突出“羌”的历史记述，“胡与羌”的语序颠倒，也称为“羌胡”：“……及武帝征

① 《史记》，第3160页。
② 《汉书》，第1644页。
③ 《史记》，第2913页。
④ 《汉书》，第3773页。
⑤ 王利器校注：《盐铁论校注》（定本），中华书局1992年7月版，第499页。

伐四夷，开地广境，北却匈奴，西逐诸羌，乃度河、湟，筑令居塞；初开河西，列置四郡，通道玉门，隔绝羌胡，使南北不得交关。”[①] 汉武帝时代的军事远征，西北方向称“北却匈奴，西逐诸羌”，关于“西逐诸羌”，有“乃度河、湟”等语，正是赵充国的成功。然而下文说“初开河西，列置四郡，通道玉门，隔绝羌胡，使南北不得交关”。言“羌”称“西方”者，是以中原立足长安地方的方位判定认识。“南羌”之说，则应当出自以河西地方为基点的空间方位判断。

《盐铁论·未通》：“孝武皇帝平百越以为园圃，却羌、胡以为苑囿。”[②] 所谓“却羌、胡”，总结了西北战略的成功。“羌、胡”，是汉王朝西北方向的主要军事对手。而对于“羌”的敌意，如所谓“羌人恶之”，有时更为重视。《史记》卷一一一《卫将军骠骑列传》记述，汉武帝时，在“羌胡”之间，曾经将主要攻击目标定位于“羌”：“竟不复击匈奴者，以汉马少，而方南诛两越，东伐朝鲜击羌、西南夷，以故久不伐胡。”[③]

《汉书》卷七三《韦贤传》载刘歆议，说道：“起敦煌、酒泉、张掖，以鬲婼羌，裂匈奴之右肩。”[④] 言“婼羌”者，似乎体现以“鬲”的方式，对匈奴“兼从西国”即“匈奴西方之援国”的防备。然而《后汉书》卷八八《西域传》载陈忠上疏：“遂开河西四郡，以隔绝南羌。”李贤注：“《前书》云起敦煌、酒泉、张掖，以隔婼羌，裂匈奴之右臂也。”[⑤] 曹金华《后汉书稽疑》认为，“‘婼羌’当作‘南羌’。”[⑥]

---

① 《后汉书》，第2876页。

② 王利器校注：《盐铁论校注》（定本），第190页。

③ 《史记》，第2940页。

④ 《汉书》，第3126页。

⑤ 《后汉书》，第2912页至第2913页。

⑥ 曹金华指出：“章怀注：‘《前书》云起敦煌、酒泉、张掖，以隔婼羌，裂匈奴之右臂也。’余按：此谓‘河西四郡’，注及三郡，疑有脱误，又‘婼羌’当作‘南羌’。《汉书·地理志》：‘初置四郡，以通西域，鬲绝南羌、匈奴。’……《西域传》赞：‘乃表河西，列四郡，开玉门，通西域，以断匈奴右臂，隔绝南羌、月氏。’”《后汉书稽疑》，中华书局2014年9月版，第1234页。

所谓“以鬲婼羌”“以隔绝南羌”，都首先强调对“羌”的势力的抑制和防范。[①]

4　胡羌联合与汉帝国“西边”军事危局

汉武帝“好自击熊彘，驰逐野兽”，司马相如曾经上疏谏止：“今陛下好陵阻险，射猛兽，卒然遇轶材之兽，骇不存之地，犯属车之清尘，舆不及还辕，人不暇施巧，虽有乌获、逢蒙之伎，力不得用，枯木朽株尽为害矣。是胡越起于毂下，而羌夷接轸也，岂不殆哉！虽万全无患，然本非天子之所宜近也。”[②] 所谓“胡越起于毂下，而羌夷接轸也”，成为当时知识人形容危局严重时的语言，是有因由的。

《汉书》卷六《武帝纪》记载，“西羌”曾经在与匈奴形成联系的情况下武装犯边：“西羌众十万人反，与匈奴通使，攻故安，围枹罕。”[③] 曾经造成对汉王朝西部行政控制的严重威胁。《汉书》卷六九《赵充国辛庆忌传》赞曰：“秦汉以来，山东出相，山西出将。”列举白起、王翦、王围、甘延寿、公孙贺、傅介子、李广、李蔡、苏建、苏武、上官桀、赵充国、廉褒、辛武贤、辛庆忌等名将，“皆以勇武显闻”。又分析了这一人才地理现象的民族分布方面的原因：“何则？山西天水、陇西、安定、北地处势迫近羌胡，民俗修习战备，高上勇力鞍马骑射。”[④] 这些地区由于“迫近羌胡”，“民俗”传统受到倾向“勇武”的影响。

《汉书》卷六九《赵充国传》记述：“元康三年，先零遂与诸羌种豪二百余人解仇交质盟诅。上闻之，以问充国，对曰：‘羌人所以易制

---

① 王子今：《“隔绝羌胡”与“通货羌胡”：丝绸之路河西段的民族关系》，《西域研究》2019 年 1 期。

② 《史记》卷一一七《司马相如列传》，第 3053 页。

③ 《汉书》，第 188 页。

④ 《汉书》，第 2998 页至第 2999 页。

者，以其种自有豪，数相攻击，势不壹也。往三十余岁，西羌反时，亦先解仇合约攻令居，与汉相距，五六年乃定。’”赵充国又说到匈奴与羌联络的具体情形：

> 至征和五年，先零豪封煎等通使匈奴，匈奴使人至小月氏，传告诸羌曰：“汉贰师将军众十余万人降匈奴。羌人为汉事苦。张掖、酒泉本我地，地肥美，可共击居之。”以此观匈奴欲与羌合，非一世也。间者匈奴困于西方，闻乌桓来保塞，恐兵复从东方起，数使使尉黎、危须诸国，设以子女貂裘，欲沮解之。其计不合。疑匈奴更遣使至羌中，道从沙阴地，出盐泽，过长坑，入穷水塞，南抵属国，与先零相直。臣恐羌变未止此，且复结联他种，宜及未然为之备。

其中意见，有些是具体事实，如匈奴“传告诸羌”，有些是推测性分析，如“匈奴欲与羌合”以及“疑匈奴更遣使至羌中”。并以为这是“羌变未止”的背景。而《赵充国传》记载，后来果然发生羌与匈奴在军事上予以直接配合的情形：“后月余，羌侯狼何果遣使至匈奴藉兵，欲击鄯善、敦煌以绝汉道。充国以为‘狼何，小月氏种，在阳关西南，势不能独造此计，疑匈奴使已至羌中，先零、罕、开乃解仇作约。到秋马肥，变必起矣。宜遣使者行边兵豫为备，敕视诸羌，毋令解仇，以发觉其谋。’于是两府复白遣义渠安国行视诸羌，分别善恶。”[①] 虽然“疑匈奴使已至羌中”乃是推想，但是于军事史和民族史的分析，是认真审慎且大致符合当时形势的。

《后汉书》卷八八《西域传》载陈忠上疏也陈说了对于“北虏”可能“威临南羌，与之交连”的忧虑，以为“如此，河西四郡危矣”，而“河西既危，不得不救，则百倍之役兴，不訾之费发矣”。[②] 东汉时曾经

---

① 《汉书》，第2972页至第2973页。

② 《后汉书》，第2912页。“羌胡”“合兵”史例，有《后汉书》卷六《顺帝纪》：“句龙吾斯等东引乌桓，西收羌胡，寇上郡，立车纽为单于。”“使匈奴中郎将张耽大破乌桓、羌胡于天山。”第270页至第271页。

确实发生过“羌”“胡”“合兵”“共攻”汉军的严重情势。如《后汉书》卷八七《西羌传》记载：“时先零羌与封养牢姐种解仇结盟，与匈奴通，合兵十余万，共攻令居、安故，遂围枹罕。”于是，“汉遣将军李息、郎中令徐自为将兵十万人击平之。始置护羌校尉，持节统领焉。羌乃去湟中，依西海、盐池左右。汉遂因山为塞，河西地空，稍徙人以实之。”[①]

“羌”“胡”“合兵”形成的军事威胁可能直接导致“河西地空”，“河西四郡危”，丝绸之路交通形势当然会受到影响。

5　赵充国部“排折羌虏”战事与“湟狭”交通经营

汉武帝时代即曾对羌人发起军事攻击。《史记》卷三〇《平准书》：“数万人发三河以西骑击西羌……”[②]“汉连兵三岁，诛羌……”[③]这可能是汉王朝最早发动的较大规模集结骑兵军团对外族作战并取得成功的战争史记录。《汉书》卷六《武帝纪》记载：“六年冬十月，发陇西、天水、安定骑士及中尉，河南、河内卒十万人，遣将军李息、郎中令徐自为征西羌，平之。”[④]“发三河以西骑”与“发陇西、天水、安定骑士”，表述略有不同。规模有限的与羌人的军事冲突，如《史记》卷一〇九《李将军列传》：“广曰：‘吾尝为陇西守，羌尝反，吾诱而降，降者八百余人，吾诈而同日杀之。至今大恨独此耳。’”[⑤]以李广“用善骑射”，“为武骑常侍”，“为骑郎将”，“为骁骑都尉”，“为骁骑将军”，

① 《后汉书》，第2876页至2877页。
② 《汉书》卷二四下《食货志下》：“发三河以西骑击羌……”第1173页。
③ 《史记》，第1438页。
④ 《汉书》，第188页。
⑤ 《史记》，第2874页。

“匈奴闻之，号曰‘汉之飞将军’”等经历[①]，可知“为陇西守”时镇压羌人很可能亦指挥骑兵。

而赵充国“始为骑士，以六郡良家子善骑射补羽林”，“为后将军、少府”时，“匈奴大发十余万骑，南旁塞，至符奚庐山，欲入为寇。亡者题除渠堂降汉言之，遣充国将四万骑屯缘边九郡。单于闻之，引去。”[②] 从作战经历看，显然不仅本人“善骑射”，统率骑兵是其专长。赵充国在“羌中”提出“留田”“致谷”建议，有“军马一月之食，度支田士一岁，罢骑兵以省大费”语[③]，可知“击羌”战事，以骑兵运动战为主。当时汉羌两军应当都以战马作为交通动力在高原驰逐。

赵充国经营金城湟中，曾经“治湟狭以西道桥七十所，令可至鲜水左右”，“从枕席上过师”。颜师古注：“郑氏曰：桥成军行安易，若于枕席上过也。”[④] 这是西北高原地区“道桥”建设的创举。我们曾经分析，“湟狭在今青海西宁东，距鲜水海（青海湖）不过百数十里，由高原冻土地带的施工效率，也可以说明当时桥梁的修造能力。”[⑤] 东汉和帝时，贯友“作大航，造河桥”[⑥]，应是在赵充国开创的交通事业基础之上的新的“河桥”建设。

《汉书》卷六九《赵充国传》记载，赵充国“部士入山，伐材木大小六万余枚，皆在水次”，“冰解漕下”。可见当时西北边地，也采用了

---

① 《史记》卷一〇九《李将军列传》，第 2867 页，第 2877 页，第 2870 页，第 2871 页。

② 《汉书》卷六九《赵充国传》，第 2971 页，第 2972 页。

③ 《汉书》卷六九《赵充国传》，第 2987 页。

④ 《汉书》卷六九《赵充国传》，第 2986 页，第 2988 页。

⑤ 王子今：《秦汉交通史稿》（增订版），中国人民大学出版社 2013 年 1 月版，第 83 页。

⑥ 《后汉书》卷八七《西羌传》：“友乃遣兵出塞，攻迷唐于大、小榆谷，获首虏八百余人，收麦数万斛，遂夹逢留大河筑城坞，作大航，造河桥，欲度兵击迷唐。”第 2883 页。“河桥”建设有明显的军事意义。“迷唐以为汉作河桥，兵来无常，故地不可复居，辞以种人饥饿，不肯远出。”第 2884 页。

木材通过水路称作“漕”的流送技术。[①]《后汉书》卷一六《邓训传》也记载，邓训军与羌胡战，曾“缝革为船，置于箄上以度河”。李贤注：“箄，木筏也。”[②] 以木筏运兵的史例，可以理解为对赵充国水运方式的成功继承。

赵充国击先零羌战事，《汉书》卷六九《赵充国传》也有可以看作交通史料的记载：“充国引兵至先零在所。虏久屯聚，解弛，望见大军，弃车重，欲渡湟水，道厄狭，充国徐行驱之。或曰逐利行迟，充国曰：‘此穷寇不可迫也。缓之则走不顾，急之则还致死。’诸校皆曰：‘善。’虏赴水溺死者数百，降及斩首五百余人，卤马牛羊十万余头，车四千余两。”[③]

关于羌人“远遁”之后汉军罢兵屯田之议，《汉书》卷六九《赵充国传》写道：“上报曰：‘皇帝问后将军，言欲罢骑兵万人留田，即如将军之计，虏当何时伏诛，兵当何时得决？孰计其便，复奏。’充国上状曰：‘……臣谨条不出兵留田便宜十二事。步兵九校，吏士万人，留屯以为武备，因田致谷，威德并行，一也。又因排折羌虏，令不得归肥饶之地，贫破其众，以成羌虏相畔之渐，二也。居民得并田作，不失农业，三也。军马一月之食，度支田士一岁，罢骑兵以省大费，四也。至春省甲士卒，循河湟漕谷至临羌，以视羌虏，扬威武，传世折冲之具，五也。以闲暇时下所伐材，缮治邮亭，充入金城，六也。兵出，乘危徼幸，不出，令反畔之虏窜于风寒之地，离霜露疾疫瘃墯之患，坐得必胜

---

① 水运材木技术，秦人早已利用，并成为强国手段。据《华阳国志·蜀志》，李冰曾经开通多处水上航路，于所谓“触山胁溷崖，水脉漂疾，破害舟船”之处，“发卒凿平溷崖，通正水道。”“乃壅江作堋，穿郫江、检江，别支流双过郡下，以行舟船。岷山多梓、柏、大竹，颓随水流，坐致材木，功省用饶。”王子今：《秦统一原因的技术层面考察》，《社会科学战线》2009 年 9 期。天水放马滩秦木板地图可见水道两侧设“关”，也体现林区“材木”水运管理方式。王子今、李斯：《放马滩秦地图林业交通史料研究》，《中国历史地理论丛》2013 年 2 期。

② 《后汉书》，第 610 页。

③ 《汉书》，第 2983 页。

之道，七也。亡经阻远追死伤之害，八也。内不损威武之重，外不令虏得乘间之势，九也。又亡惊动河南大开、小开使生它变之忧，十也。治湟狭中道桥，令可至鲜水，以制西域，信威千里，从枕席上过师，十一也。大费既省，繇役豫息，以戒不虞，十二也。留屯田得十二便，出兵失十二利。臣充国材下，犬马齿衰，不识长册，唯明诏博详公卿议臣采择。'"[①] 赵充国所"条不出兵留田便宜十二事"中，第二、第四、第五、第六、第七、第八、第十一等，均与军事交通有直接关系。"上复赐报"，问及"兵决"之期，并表露了对"将军独不计虏闻兵颇罢，且丁壮相聚，攻扰田者及道上屯兵，复杀略人民，将何以止之"的担忧。赵充国奏言："窃见北边自敦煌至辽东万一千五百余里，乘塞列隧有吏卒数千人，虏数大众攻之而不能害。今留步士万人屯田，地势平易，多高山远望之便，部曲相保，为堑垒木樵，校联不绝，便兵弩，饬斗具。烽火幸通，势及并力，以逸待劳，兵之利者也。臣愚以为屯田内有亡费之利，外有守御之备。骑兵虽罢，虏见万人留田为必禽之具，其土崩归德，宜不久矣。从今尽三月，虏马羸瘦，必不敢捐其妻子于他种中，远涉河山而来为寇。又见屯田之士精兵万人，终不敢复将其累重还归故地。是臣之愚计，所以度虏且必瓦解其处，不战而自破之册也。"[②] 所谓"部曲相保，为堑垒木樵，校联不绝"，以及"烽火幸通，势及并力"等，都表达了对于自身军事交通条件之充备的自信。而所谓"虏马羸瘦，必不敢捐其妻子于他种中，远涉河山而来为寇"，亦"终不敢复将其累重还归故地"，也是对于交通形势的清醒分析。[③]

---

① 《汉书》，第 2987 页至第 2988 页。

② 《汉书》，第 2990 页至第 2991 页。

③ 王子今：《赵充国时代"河湟之间"的生态与交通》，《青海民族研究》2014 年 3 期。

6　赵充国击羌谋略的议定与丝绸之路文化史

赵充国征伐羌人的军事计划，均上报汉王朝执政中枢，由最高决策集团定断，再传布至军前，可见赵充国击羌战事关乎全局的意义。据《汉书》卷六九《赵充国传》记载，赵充国率军与羌人战于湟中，向汉宣帝申奏作战方案及宣帝认可的军事文书，往返前后不过7日，“六月戊申奏，七月甲寅玺书报从充国计焉。”① 按现今公路营运里程西安至西宁间1242公里可推知，当时驿报行速为每日400公里左右。《通典》卷六三《礼二三》引《汉官仪》说，“奉玺书使者乘驰传。其驿骑也，三骑行，昼夜千里为程。”② 赵充国军事奏报与皇帝“玺书”的往返传递，利用了当时效率最高的驿传方式。考察这一邮驿史的实证记录，应当注意丝绸之路交通条件的背景。

前引《史记》卷一一一《卫将军骠骑列传》说汉武帝曾经在特殊时段于“羌胡”之间，将主攻目标定位于“羌”，“竟不复击匈奴”，“久不伐胡”，而致力于“击羌、西南夷”。③ 当时，汉武帝的战略眼光更多地关注西南方向，如《史记》卷一一二《平津侯主父列传》所谓“今欲招南夷，朝夜郎，降羌僰……”④ 亦即伍被所谓“南越宾服，羌僰入献”。⑤ 这样的战略考虑，不排除对“高原丝绸之路”有所关注，或与打通身毒道路的努力有关。

《史记》卷一二九《货殖列传》：“天水、陇西、北地、上郡与关中

---

① 《汉书》，第2983页。

② 〔唐〕杜佑撰：《通典》，中华书局据商务印书馆万有文库十通版1984年2月影印版，第355页。

③ 《史记》，第2940页。

④ 《史记》，第2959页。

⑤ 《史记》卷一一八《淮南衡山列传》，第1188页。

同俗，然西有羌中之利，北有戎翟之畜，畜牧为天下饶。”[①] 所谓“天水、陇西、北地、上郡”“西有羌中之利”，说明羌地东与汉人居地有贸易往来。赵充国击羌，使得羌地与中原的往来更为密切。而所谓“高原丝绸之路”青海路段的畅通，也因此获得了保障的条件。前引赵充国论“留屯田得十二便”，其中包括交通条件的改善：“治湟狭中道桥，令可至鲜水，以制西域，信威千里，从枕席上过师，十一也。”[②] 所谓“以制西域，信威千里”，是涉及丝绸之路交通的。[③]

赵充国击羌谋略设计，又充分考虑到河西四郡的安全，为丝绸之路东西交通主线的维护提供可靠的军事条件。《汉书》卷六九《赵充国传》记载：“时上已发三辅、太常徒弛刑，三河、颍川、沛郡、淮阳、汝南材官，金城、陇西、天水、安定、北地、上郡骑士、羌骑，与武威、张掖、酒泉太守各屯其郡者，合六万人矣。酒泉太守辛武贤奏言：‘郡兵皆屯备南山，北边空虚，势不可久。或曰至秋冬乃进兵，此虏在竟外之册。今虏朝夕为寇，土地寒苦，汉马不能冬，屯兵在武威、张掖、酒泉万骑以上，皆多羸瘦。可益马食，以七月上旬赍三十日粮，分兵并出张掖、酒泉合击罕、开在鲜水上者。虏以畜产为命，今皆离散，兵即分出，虽不能尽诛，亶夺其畜产，虏其妻子，复引兵还，冬复击之，大兵仍出，虏必震坏。’天子下其书充国，令与校尉以下吏士知羌事者博议。”汉宣帝对羌人军事行动的动员，竟然东至“三河、颍川、沛郡、淮阳、汝南材官”，亦包括河西“武威、张掖、酒泉太守各屯其

① 《史记》，第 3162 页。

② 《汉书》，第 2988 页。

③ 赵充国论“留屯田”计划的合理，说到“窃见北边自敦煌至辽东万一千五百余里，乘塞列隧有吏卒数千人，虏数大众攻之而不能害”，可见是以北边宏观军事形势的观察为谋略基点的。关于北边交通的军事作用，可参看王子今：《秦汉长城与北边交通》，《历史研究》1988 年 6 期。赵充国说：“又大兵一出，还不可复留，湟中亦未可空，如是，繇役复发也。且匈奴不可不备，乌桓不可不忧。今久转运烦费，倾我不虞之用以澹一隅，臣愚以为不便。”第 2989 页至第 2990 页。也强调与羌人战事的进行，对“匈奴”“乌桓”的军事防备不可以放松。

郡者”。“酒泉太守辛武贤奏言”说到“郡兵皆屯备南山，北边空虚，势不可久”，考虑到抗击匈奴威胁之军力受到影响，然而依然提出“屯兵在武威、张掖、酒泉万骑以上”，“分兵并出张掖、酒泉合击罕、开在鲜水上者”。对于汉宣帝倾向于赞同辛武贤的建议，赵充国明确表示反对：

> 充国及长史董通年以为：“武贤欲轻引万骑，分为两道出张掖，回远千里。以一马自佗负三十日食，为米二斛四斗，麦八斛，又有衣装兵器，难以追逐。勤劳而至，虏必商军进退，稍引去，逐水草，入山林。随而深入，虏即据前险，守后厄，以绝粮道，必有伤危之忧，为夷狄笑，千载不可复。而武贤以为可夺其畜产，虏其妻子，此殆空言，非至计也。”

赵充国又从河西通道安全的角度，特别强调了防备“匈奴与羌”联合“大入”，以致“要杜张掖、酒泉以绝西域”的可能：

> ……又武威县、张掖日勒皆当北塞，有通谷水草。臣恐匈奴与羌有谋，且欲大入，幸能要杜张掖、酒泉以绝西域，其郡兵尤不可发。

赵充国的异议，不仅是对先零羌与罕、开羌作为攻击目标孰先孰后的问题发表的看法，而且涉及河西诸郡安全及丝绸之路通道，即往“西域”交通是否畅通的战略主题。“充国及长史董通年”的表态，首先注意到军事交通问题，即“轻引万骑，分为两道出张掖，回远千里”，以及“以一马自佗负三十日食，为米二斛四斗，麦八斛，又有衣装兵器，难以追逐”的进军难度。其清醒，尤其表现在当调用河西军事力量参与击羌的计划提出并得到汉宣帝赞同之后，明确发表保证河西安定，“其郡兵尤不可发”的异议。所提出的主张，基于“恐匈奴与羌有谋，且欲大入，幸能要杜张掖、酒泉以绝西域”的担忧。这显然是富有战略眼光的思考。在击羌战事中仍然保留防止匈奴军事力量“要杜张掖、酒泉以绝西域”的警惕，现在看来，对于丝绸之路安全畅通，具有世界史的意义。

汉宣帝否定了赵充国的意见，并下诏予以责备："皇帝问后将军，甚苦暴露。将军计欲至正月乃击罕羌，羌人当获麦，已远其妻子，精兵万人欲为酒泉、敦煌寇。边兵少，民守保不得田作。今张掖以东粟石百余，刍稿束数十。转输并起，百姓烦扰。将军将万余之众，不早及秋共水草之利争其畜食，欲至冬，虏皆当畜食，多藏匿山中依险阻，将军士寒，手足皲瘃，宁有利哉？将军不念中国之费，欲以岁数而胜微，将军谁不乐此者！"然而对于"罕羌""精兵万人欲为酒泉、敦煌寇"的动向似已关注。不过，依然调发河西酒泉、敦煌部队深入羌地，"入鲜水北句廉上"："今诏破羌将军武贤将兵六千一百人，敦煌太守快将二千人，长水校尉富昌、酒泉候奉世将婼、月氏兵四千人，亡虑万二千人。赍三十日食，以七月二十二日击罕羌，入鲜水北句廉上，去酒泉八百里，去将军可千二百里。将军其引兵便道西并进，虽不相及，使虏闻东方北方兵并来，分散其心意，离其党与，虽不能殄灭，当有瓦解者。"对赵充国部有所增援，并敦促其急速进军："已诏中郎将卬将胡越佽飞射士步兵二校，益将军兵。今五星出东方，中国大利，蛮夷大败。太白出高，用兵深入敢战者吉，弗敢战者凶。将军急装，因天时，诛不义，万下必全，勿复有疑。"赵充国依然坚持自己的意见，"充国既得让，以为将任兵在外，便宜有守，以安国家。乃上书谢罪，因陈兵利害，曰：……今罕羌欲为敦煌、酒泉寇，饬兵马，练战士，以须其至，坐得致敌之术，以逸击劳，取胜之道也。今恐二郡兵少不足以守，而发之行攻，释致虏之术而从为虏所致之道，臣愚以为不便。先零羌虏欲为背畔，故与罕、开解仇结约，然其私心不能亡恐汉兵至而罕、开背之也。臣愚以为其计常欲先赴罕、开之急，以坚其约，先击罕羌，先零必助之。今虏马肥，粮食方饶，击之恐不能伤害，适使先零得施德于罕羌，坚其约，合其党。虏交坚党合，精兵二万余人，迫胁诸小种，附着者稍众，莫须之属不轻得离也。如是，虏兵寖多，诛之用力数倍，臣恐国家忧累繇十年数，不二三岁而已。……独思惟兵利害至孰悉也，于臣之计，先诛先零已，则罕、开之属不烦兵而服矣。先零已诛而罕、开不服，涉正月击之，得计之理，又其时也。以今进兵，诚不见其利，唯陛下裁察。”赵充国的分析最终说服了汉宣帝。“六月戊申奏，七月甲寅玺书报从充国计焉。”[①]

赵充国军事方案的议定，体现了西汉王朝行政方式的特点。而计划的内容与形成的程式，都与交通有关，与民族文化有关，值得丝绸之路史研究者注意。

① 《汉书》，第2977页至第2983页。

河西的“东方”“远客”

居延及敦煌汉简有关“客”的内容，除标识使团成员身份外，大多反映了当时西北边地人口构成中带有较显著流动性的特殊人群的存在。“远客”“有客从远所来”及“东方来客”等简文，可知多有以“客”的身份生活在西北边塞的“东方”人。这一人口流动趋势符合当时“宜西北万里”的社会意识的主流。① 简文所见“客吏民”“客民卒”称谓，暗示“客”具有与“吏”“民”“卒”不同的社会身份。“客民”“客子”作为身份标志，也值得注意。居延汉简也反映了“使客”现象。然而从现有资料看，当时西北边地“客”的活动，似乎并未明显表现出与豪族有特别的关系。居延简“第有毋客等四时如律令”或许体现出对“客”严格检查监控的制度。“客民赵闳范翕等五人俱亡皆共盗官兵臧千钱以上”事，则是“客民”叛逃的案例。

1 汉代西北边地的“客”

居延和敦煌出土的汉代简牍资料中，皆可见“客”的称谓。

---

① 参看周新：《论鄂城汉镜铭文“宜西北万里”》，《南都学坛》2018 年 1 期。

有学者指出，早期的“客”，有“使者”的涵义。[①] 而汉代居延简及敦煌简所见“客”，有时确是指诸国使团成员。如居延汉简：“候长候史马皆廪食往者多羸瘦送迎客不能竟界大守君当以七月行塞候尉循行课马齿五岁至十二岁”（E. P. S4. T2：6）；敦煌汉简：“☐长赵卿☐得候史泽所受官马食二石七斗五月十日己卯尽己丑备客马食少公毋忽”（1813），“客大月氏大宛疏勒于阗莎车渠勒精绝扞弥王使者十八人贵人□人”（I 90DXT0309（3）：97），以及“使送康居诸国客”[②]，“□送精绝王诸国客”[③]，“使送于阗王诸国客”[④]，“使送车师王乌孙诸国客”[⑤]，“乌孙客”[⑥] 等简例。官僚构成中有“主客”的职任，如简文所见“使主兵主艹主客护酒都尉”[⑦]，“使主客部大夫”[⑧]，“使主客散骑光禄大夫”等。[⑨]“主客”职务，很可能与外交接待礼宾工作有关。

---

① 沈刚：《秦汉时期的客阶层研究》，吉林文史出版社 2003 年 12 月版，第 32 页。

② “黄龙元年六月壬申使臣宏给事中侍谒者臣荣诏传邮吏甘使送康居诸国客斥候盖典副羌为驾一封轺传三月辛□……”（II 90DX0114④：277）。

③ “☐送精绝王诸国客凡四百七十人☐”（II 90DX0115①：114）。

④ “永光五年七月癸卯朔丁巳使送于阗王诸国客卫司马参副卫侯临移敦煌太守一过不足以考功致县略察长吏居官治状侍客尤辨者涉头渊泉尽治所”（II 0216②：54）。

⑤ “五凤四年六月丙寅使主客散骑光禄大夫田扶韦制诏御史曰使云中太守安国故□未央仓龙□卫司马苏□武强使送车师王乌孙诸国客与军候周充国载先俱为驾二封轺传二人共载御史大夫延年□□□□承书以次为驾当舍传舍如律令”（II 0113③：122A）。

⑥ “出粟十八石骑马六十匹乌孙客都吏王卿所送元延四年六月戊寅县悬泉啬夫欣付敦煌尉史褒马”（II 0114③：454）。

⑦ “元始五年十二月辛酉朔戊寅大司徒晏大司空少薄丰下小府大师大保票骑将军少傅轻车将军步兵□□宗伯监御史使主兵主艹主客护酒都尉中二千石九卿□□□□州牧关二郡大守诸侯相关都尉”（1108A）。

⑧ 《康居王使者册》：“使主客部大夫谓侍郎当移敦煌太守书到验问言状事当奏闻毋留如律令”（II 0216②：881）。

⑨ 参看甘肃省文物考古研究所：《敦煌悬泉汉简内容概述》，《文物》2000 年 5 期；胡平生、张德芳：《敦煌悬泉汉简释粹》，上海古籍出版社 2001 年 8 月版。

我们还看到“某使者所将客某”简例。“客”似是“使者”的随从。如“使者董君赵君所将客”①，“使者王君所将客”②，“使者□□将客”③ 等。此外，其他接待对象也称作“客”，一如后世。④

然而，更多数量的有关“客”的简文，则反映了当时西北边地人口构成中带有较显著流动性的特殊人群的存在。有人说，“‘客’字的本意有三个基本义项：1. 是外来之人；2. 与主人相对而言；3. 暂时地、而不是永久性地居住。”⑤《说文·宀部》：“客，寄也。”“寄，托也。”段玉裁注：“自此托彼曰‘客’。”“客”作为居人，具有非土著和非长久的特征，似未必有绝对化的对应的“主”。王筠《说文句读》的解释，即“偶寄于是，非久居也”。

“客”作为流动人口在汉代各地方的活动，是行政管理者关注的民情和政情之一。在某些环境下，这些人的生存方式和行为特征，可以对社会的稳定有所冲击；另一方面，对于激发社会活力亦可显示特殊的作用。在西北边塞地区，由于军事关系、外交关系和民族关系的复杂情势，“客”的活动可能会产生更重要的影响。而因多种原因来自中原或更遥远地方，经历了更多人生艰险的流动人口，自然也有更为强炽

---

① “永光三年正月丁亥朔丁未渊泉丞光移县泉置遣厩佐贺持传车马迎使者董君赵君所将客柱渊泉留禀茭今写券墨移书受薄入二月报毋令谬如律令”（I 90DXT0111②：3）。

② “出鸡一只以食使者王君所将客留宿再食东”（I 90DXT0112③：114）。

③ “十二日时定候官去候史德使者□□将客当出者到德迹候官□□□□□□□”（1973A）。

④ 如敦煌悬泉置简：“迎戊己校罢校尉，置客往来食如牒前与政相争……”（I 0112（1）：27），“建昭二年二月甲子朔辛卯敦煌太守强守部候修仁行丞事告督邮史众Ⅴ欣主羌史江曾主水史众迁谓县闻往者府掾史书佐往来繇案事公与宾客所知善饮酒传舍请寄长丞食或数……”（II 0216②：246），“效谷长禹丞寿告遮要县泉置破羌将军将骑万人从东方来会正月七日今调米肉厨乘假自致受作毋令客到不办与毋忽如律令”（II 0114④：340A）。

⑤ 李珺平：《春秋战国门客文化与秦汉致用文艺观》，中国社会科学出版社2001年12月版，第9页。

的社会能量。考察汉代西北边地“客”的社会表现，有益于丰富和深化我们对于汉代社会史、汉代边防史以及汉代西北边地文化交往史的认识。

“客”是战国以来相当活跃的社会成分。标识为“客”的集中的人群，有时达到惊人的规模。[①] 睡虎地秦简被定名为《法律答问》的文书中写道：“可（何）谓‘旅人’？●寄及客，是谓‘旅人’。”[②] 汉代的“客”，依然是以居地未能确定作为生活特征的人们的身份标志。

甘肃甘谷汉简内容为东汉桓帝延熹元年（158）宗正府卿刘柜关于宗室管理事务的上奏，其中说到“流客”和“客流”。[③] 汉代石刻文字数据中也可以看到“寄客”字样。[④] 这些资料，也体现了“客”作为“旅人”的特征。汉印文字屡见名称“某某客”之例[⑤]，可知“客”可为自称，也有以为人名用字的情形。居延汉简也有以“客”为名字者，

---

① 如《史记》卷七五《孟尝君列传》：“孟尝君时相齐……其食客三千人。”卷七六《平原君虞卿列传》：“平原君赵胜者……喜宾客，宾客盖至者数千人。”卷七七《魏公子列传》：“公子为人仁而下士，士无贤不肖皆谦而礼交之，不敢以其富贵骄士。士以此方数千里争往归之，致食客三千人。”《春申君列传》：“春申君客三千余人。”《吕不韦列传》：“当是时，魏有信陵君，楚有春申君，赵有平原君，齐有孟尝君，皆下士喜宾客以相倾。吕不韦以秦之强，羞不如，亦招致士，厚遇之，至食客三千人。”直到汉武帝时代，仍有《汉书》卷四四《淮南厉王刘长》所谓淮南王刘安“招致宾客方术之士数千人”事。

② 睡虎地秦墓竹简整理小组的译文写道：“什么叫‘旅人’？寄居和外来做客的人，称为‘旅人’。”《睡虎地秦墓竹简》，文物出版社 1978 年 11 月版，第 238 页。其实，“寄”和“客”，或许都应当理解为名词，也是社会称谓。

③ 李均明、何双全编：《散见简牍合辑》，文物出版社 1990 年 7 月版，第 5 页至第 6 页，简 29，简 31。

④ 《汉代石刻集成·本文篇》十八《“通利水大道”刻石》。

⑤ 如《汉印文字征》二·十：“李步客”，二·十九：“朱卫客印”，三·九：“译胜客印”，三·十一：“朱对客”，四·十六：“苏剽客印”，六·十三：“公孙出客”，七·十六：“客中君印”“张客之印”“畜客”“翟客”“赵胜客”，八·六：“王代客印”，九·十一：“石胜客”，十三·七：“蟜客”，文物出版社 1978 年 9 月版；《汉印文字征补遗》十三·五：“力将客”，文物出版社 1982 年 12 月版。

如“☐木候长王客”（231.5）[①]、“遮要候长上官客”（458.2）[②]、“乡啬夫客”（505.37A）[③]、“就人井客”（586.5）[④] 等简例。所见“胜客”人名，如“☐胜客”（41.1，41.29），“令史徐胜客”（19.9），“□□燧长昭武平□里公乘江胜客”（284.31），“薛胜客”（E.P.T48：41A），“第十七候长胜客”（E.P.T52：33）等，与《汉印文字征》中出现的“译胜客”“赵胜客”“石胜客”等同样，其中的“客”字，涵义与本文讨论的主题有一定距离。[⑤]

“客”作为通行称谓在居延汉简中的遗存，可以从一个特殊的角度反映当地的社会构成和文化面貌：

（1）令史徐脱客始元六年五月乙卯除　　未得始元六年七月奉□□☐（19.9）[⑥]

（2）☐与彭尉□客

☐律令敢言之（212.56）

（3）☐□客☐（231.60）

（4）　　　□□绔直五百　　　负第三卒□□□一直钱五百☐

□□燧长董福□大人居官袍直五百燧卒张偃　负第二卒广□布

① 简文为“☐木候长王客诣官受☐”。“客”，谢桂华、李均明、朱国炤《居延汉简释文合校》作“宏”。文物出版社 1987 年 1 月版，第 374 页。

② 简文为“遮要候长上官客召诣官三月己卯平旦入”。“客”，谢桂华、李均明、居延汉简释文合校》作“宏”。文物出版社 1987 年 1 月版，第 570 页。

③ 简文为“建平五年八月戊□□□□广明乡啬夫客假玄敢言之善居里男子丘张自言与家买客田居延都亭部欲取检谨案张等更赋皆给当得取检谒移居延如律令敢言之”，即下文简（48）。“啬夫客”，谢桂华、李均明、朱国炤《居延汉简释文合校》作“啬夫宏”。文物出版社 1987 年 1 月版，第 607 页。

④ 简文为“☐置佐博受就人井客☐”。

⑤ 马王堆汉墓帛书《刑德》乙本说到“军单（战）”时或“客胜”，或“客不胜”，或“主人胜”，或“主人不胜”的情形。这里所谓“客”，指进取之军，入侵之军，外来之军。

⑥ 今按：“徐脱客”，不排除“徐胜客”误释的可能。

复绔一直☑

□客□偃　　　　　　　　负□□卒

傅胜复襦一直☑（257.17）

（5）☑豫图也重门击柝以待暴客（395.10）

（6）☑国客☑（513.45）

（7）正月癸酉河南都尉忠丞下郡大守诸侯相承书从事下当用者实字子功年五十六大状黑色长须建昭二年八月庚辰亡过客居长安当利里者雒阳上商里范义壬午实买所乘车马更乘骍牡马白蜀车□布并涂载布（157.24A）

（8）死罪死罪今年八月中候缪欣客男子贾蘘持酒（E.P.T20：6）

（9）☑□讼田宅女子恐客也及功收财物事道逢（E.P.T40：47）

（10）☑客□□掾□临□□☑（E.P.T43：322）

（11）☑客代燧长万富｜）（E.P.F16：30）

简（6）很可能与前引"使送康居诸国客""□送精绝王诸国客""使送于阗王诸国客""使送车师王乌孙诸国客"有关。或即"☑诸国客☑"。然而出土地点则在居延。

又如敦煌汉简：

（12）□□□□□客已到二日出还□□来□□□□☑（438）

（13）循客令居赵放字子阿年卅所为人中壮黄色毋须（538）

（14）兴客不审郡县姓名习字子严年卅所为人短壮黄色毋须短面（683）

（15）□□□客（1419）

简（5）可以与《易·系辞下》"重门击柝，以待暴客，盖取诸豫"[①]，

① 〔清〕阮元校刻：《十三经注疏》，中华书局据原世界书局缩印本1980年10月影印版，第87页。

马王堆帛书《周易系辞》“重门击柝，以挨（俟）挔客，盖取（三十五行下）盖取者睽也（三十六行下）”[①] 对照读，此中所谓“暴客”，有特殊的涵义。[②]

2 “有客从远所来”

西北边地出土汉简中反映“客”的活动的简文，有些可以明确体现其身份是经历长途行程的中原人。如敦煌汉简：

（16）旅　闻盗事　　有凶事　　有客从远所来　　有所得（1787）

（17）☑东方来客胡通到☑（2215）

（18）☑□习弛刑真身皆　远客未晓习俗不便（2348A）

（19）之数恙奏　奏　坐前起居无恙　之之故记　头叩头之故得（A）

马大司在□吏韶史□使　□□　少明坐前人不相见劳苦客起居（B）（232）

（20）田子渊坐前顷久不相见闲致独劳久客关外起居无它甚善（A）

致忧之今接人来积三日粮食又欲乏愿子渊留意亟□□□□□（B）（236）

简（16）似是《日书》文字。简（19）（20）似是书信。

通过简（16）“客从远所来”，简（17）“东方来客”，简（18）“远客”等简文，可知当时多有行经远程，以“客”的身份生活在西北

① 傅举有、陈松长编著：《马王堆汉墓文物》，湖南出版社 1992 年版，第 125 页。

② 王子今：《居延简及敦煌简所见“客”——汉代西北边地流动人口考察札记》，《秦汉社会史论考》，商务印书馆 2006 年 12 月版。

边地的“东方”人。其生活情状可以“劳苦”“独劳”形容。有些“久客关外”者，其所谓“关”，可能是在地理观念上限定“关中”的“关”，也可能有远在玉门关外生活的经历。

如简（14）所说到的“客”，似乎已经不能判明原籍的“郡县”，甚至原来自身的“姓”也不知道了。这位“名习字子严年卅”的“客”，有可能少幼时就离开家乡，“从远所来”，甚至自父辈起就流落到外乡。

3 “客吏民”“客民卒”与“客民”“客子”

居延汉简可见“客吏民”连称的文句。例如：

（22）☑得毋有侵假藉贷钱财物以惠贸易器

证所言它如

☑簿不贳卖衣物刀剑衣物客吏民所

爰书敢言之（E. P. T57：97）

简文说到“得毋有侵假藉贷钱财物以惠贸易器簿不贳卖衣物刀剑衣物客吏民所”，大约当时禁止军人“侵假藉贷钱财物以惠贸易器”的行为，似有严格检查记录上报的制度，而“不贳卖衣物刀剑衣物客吏民所”大概尤其予以突出强调。关于禁止“戍卒贳卖衣财物”，拙文曾有讨论[1]，此又是言及“不贳卖衣物”的一例。前引简（4），可以看作“客”介入了“戍卒贳卖衣财物”的经济关系。

内容相应的简文，又有：

（23）☑□丑朔甲寅居延库守丞庆敢言之缮治车卒<朝自言贳卖衣财物客民卒所各如牒律

① 王子今：《汉代丝路贸易的一种特殊形式：论“戍卒行道贳卖衣财物”》，《简帛研究汇刊》第1辑《第一届简帛学术讨论会论文集》，中国文化大学历史系、简帛学文教基金会筹备处，2003年5月。

▨□辞官移书人在所在所以次唯府令甲渠收责得钱与朝敢言之（E. P. T58：45A）

又如下引简例也值得注意：

（24）▨濮阳槐里景黜　贳卖剑一直七百觻得县□□▨

客居第五辟▨　（271. 1）

这大概是“贳卖”“刀剑”予“客”的一则实例。

“客吏民”与“客民卒”称谓，当可反映在当时西北边塞社会中，“客”具有与“吏”“民”“卒”有所不同的特殊身份。

也有可能“客民卒”一语应当“客民”连读，即说“客民”和“卒”。在这样的组合称谓中“客民”成为和“卒”对应的身份。但是从简（23）的内容看，这种可能性并不大。

居延汉简中确实可见“客民”称谓。此外，又有称“客子”者。“客民”简例有：

（25）候客民王凤

乘要虏隧长薛立乘今守士吏（308. 38）

（26）　受阁帛一匹　出帛一匹从客民李子春买□

□鄣卒田恽　▨

（E. P. T65：130）

（27）　官

渠斗食令史备寇虏盗贼为职至今月八日客民不审（E. P. T68：17）

（28）常及客民赵闳范翕一等五人俱亡皆共盗官兵（E. P. T68：60）

（29）王闳闳子男同攻虏亭长赵常及客民赵闳范翕等（E. P. T68：71）

（30）建武三年十二月癸丑朔辛未都乡啬夫宫敢言之廷移甲渠候书曰去年十二月中取客民寇恩为

就载鱼五千头到觻得就贾用牛一头谷廿七石恩愿沽出时

行钱　万以得卌二万又借牛一头（E. P. F22：29）

简（30）属于《候粟君所责寇恩事》简册，已经多有学者讨论。① 关于“客民”身份，有学者指出，“‘客民’，是指外迁来居延的人户。”论者特别说明，“从《爰书册》可知寇恩为颍川昆阳迁至居延的。”② 其实，“客民”是否已经成为居延的编户齐民，还存在疑问。③ 说到“客民赵闳范翕”事迹的简（28）（29），也应当属于同一简册。其中涉及的案例，可以专门分析。

居延汉简又有“客子”简例：

（31）居延骑士广都里李宗坐杀客子杨充元凤四年正月丁酉亡

☑（88. 5）

（32）　　　　　　　　马二匹

客子渔阳郡路县安平里张安上

轺车二乘（甲附40）

（33）　　　　给鉼庭部卒卅人

入盐八斗七升　　　　阳朔五年正月辛亥第卅三卒

夏奇第卅四

闰月食

---

① 如徐苹芳：《居延考古发掘的新收获》，萧亢达：《“粟君所责寇恩事”简册略考》，俞伟超：《略释汉代狱辞文例——一份治狱材料初探》，《文物》1978 年 1 期；（日）大庭修：《居延新出土的候粟君所责寇恩事简册——爰书考补》，赵晓柯、曹海科译，《西北史地》1986 年 1 期，姜镇庆译，《简牍研究译丛》第 2 辑，中国社会科学出版社 1987 年 5 月版；杨剑虹：《从居延汉简〈建武三年候粟君所责寇恩事〉看东汉的雇佣劳动》，《西北史地》1986 年 2 期；张俊民：《〈建武三年候粟君所责寇恩事〉册经济考略》，《秦汉简牍论文集》，甘肃人民出版社 1989 年 12 月版。

② 萧亢达：《“粟君所责寇恩事”简册略考》，《文物》1978 年 1 期。

③ 薛英群曾经指出，“各地‘客民’是否在当地着籍，目前还不大清楚。”《居延汉简通论》，甘肃教育出版社 1991 年 5 月版，第 356 页。

卒范客子受守阁卒音（28.13）

（34）　　六石弩完耳折

☐□薛客子

矢五十其四十六完四毋茎（E.P.T58：75）

敦煌悬泉置简又有：

（35）永光四年闰月丙子朔戊戌客子金城郡允吾寿贵里薛光为效谷宜玉　　里（A）

赵□□□□钱□张良加□□□（B）（V 1510（2）：147）

简（33）“范客子”与简（34）“薛客子”中的“客子”应是人名。而简（31）（32）（35），“客子”都是社会身份。简（32）“客子渔阳郡路县安平里张安上”和简（35）“客子金城郡允吾寿贵里薛光”，还提供了有关“客子”出身郡县里的宝贵信息。对照简（35）所见“金城”“客子”，人们或许会联想到《后汉书》卷二四《马援传》中的这条史料：“于是诏武威太守，令悉还金城客民。归者三千余口，使各反旧邑。”简（31）“居延骑士广都里李宗坐杀客子杨充元凤四年正月丁酉亡”的内容，说明“客子”的生命安全也是受到法律的保护的。

又如敦煌汉简：

（35）玉门千人行君客毕君伯从者范大孙　　二月辛亥入东入（798）

似乎“客”又有自己的“从者”。

“客”在社会结构中究竟是怎样的地位？有以为属于“奴隶”或者接近“奴隶”的认识。傅筑夫、王毓瑚编《中国经济史资料·秦汉三国编》中“奴隶劳动”一节分述“奴隶之种类”，第一种是“官奴”，第二种是“私奴”，第三种是“奴客”。“奴客”一类所列资料，有史籍所见关于“客”而非“奴客”者。例如《汉书》卷六七《胡建传》：

“值昭帝幼，皇后父上官将军安与帝姊盖主私夫丁外人相善。外人骄恣，怨故京兆尹樊福，使客射杀之。客臧公主庐，吏不敢捕。”又卷七六《赵广汉传》：“初，广汉客私酤酒长安市，丞相吏逐去客。客疑男子苏贤言之，以语广汉。广汉使长安丞按贤……”[①] 然而已有学者指出，“客”并非奴隶，而是“雇佣劳动者”。“客”，“当时作为农业生产劳动力的重要补充形式”，“在当时各类生产劳动部门中，以及其他劳务中，是一支不可忽视的力量”[②]。

其实，也可能在当时的社会经济生活情势下，不必强以阶级分析的眼光看“客”。“客”也许仅仅是一种体现户籍管理状况的身份标志。

4 “使客”现象

居延汉简中可以看到当时居延地方的经济关系中有所谓“使客”现象。例如：

(36) ☐正月乙酉之官使客（257.9）[③]

(37) ☐功曹私仆使民及客子田茭不给公士上事者案致如法（E. P. T58：38）

(38) 建武六年七月戊戌朔乙卯甲渠鄣守候　敢言之府移大将军莫府书曰奸黠吏

民作使宾客私铸作钱薄小不如法度及盗发冢公卖衣物于都市虽知莫谴苛百姓患苦之（E. P. F22：38A）

---

① 傅筑夫、王毓瑚编：《中国经济史资料·秦汉三国编》，中国社会科学出版社1982年6月版，第259页。

② 薛英群：《“客”非奴辨——对汉代农业辅助劳动者性质的分析》，《农业考古》1986年2期；《居延汉简通论》，甘肃教育出版社1991年5月版，第353页至第358页。

③ “使客”，谢桂华、李均明、朱国炤《居延汉简释文合校》作“受阁”。文物出版社1987年1月版，第425页。

简（36）说“使客”，简（37）说“使”“客子”，简（38）说“作使宾客”，都言及以“客”作为劳动力使用。“宾客”在这里仍是说“客”，也是劳动者身份。史籍中的类似资料，有《后汉书》卷二四《马援传》：“援以三辅地旷土沃，而所将宾客猥多，乃上书求屯田上林苑中，帝许之。”

简（38）“奸黠吏民作使宾客私铸作钱薄小不如法度”，体现了“宾客”即“客”进行非法活动的情形。“客”在这里虽然是劳作者，然而胆敢犯禁的侠风似乎依然有片断的保留。

居延汉简中与简（38）“奸黠吏民作使宾客私铸作钱”句式类似的简文，又有“吏民诸作使秦胡卢水士民畜牧田作”：

> 匿之明告吏民诸作使秦胡卢水士民畜牧田作不遣有无四时言●
>
> 谨案部吏毋作使
>
> 属国秦胡卢水士民者敢言之（E. P. F22：43）

“作使”，体现出一种奴役关系。“作使”而“不遣”，或许是一种时段较长甚至实际上无期的奴役。

如果简（36）简文释文不误，则表现出政府奴役“客”的形式。《三国志》卷一六《魏书·任峻传》裴松之注引《魏武故事》载《令》曰：“时故军祭酒侯声云：‘科取官牛，为官田计。如（枣）祗议，于官便，于客不便。’”这里“客”和“官”也形成对应的关系。

前引简（15）“□□□客”（1419）为发现于敦煌酥油土的汉简。编号为1420的简，释文为：“☑皆可用也☑”。如果这两枚简可以连读，那么也体现了“客”在生产活动和经济行为中的作用。

“使客”现象，在汉代史籍中也有反映。例如《汉书》卷七七《孙宝传》：“时帝舅红阳侯立使客因南郡太守李尚占垦草田数百顷，颇有民所假少府陂泽，略皆开发，上书愿以入县官。”有学者以为这反映了“役使客从事农业生产”的现象，据此推论“从西汉后期始，客已经进入到了农业生产中”。[1] 又如《后汉书》卷六四《延笃传》：“时皇子有疾，下郡县出珍药，而大将军梁冀遣客赍书诣京兆，并货牛黄，笃发书收客，曰：‘大将军椒房外家，而皇子有疾，必应陈进医方，岂当使客千里求利乎？’遂杀之。”卷七五《吕布传》：“其将侯成使客牧其名马。”“使客”从事的经济行为，除农耕外，又有商贸、畜牧等。以往有学者提出“西汉的客是不生产的”，“西汉的客受主人养活”的论点[2]，看来是不够准确的。“客”的活动，涉及多种经济形式，情形十分复杂，要强行判定其“阶级属性”[3]，现在看来是困难的，或许也是不必要的。汉代称作“客”的社会群体，是否可以用“客阶层”予以概括[4]，也还可以讨论。

对于“客”的奴役，有的学者在讨论汉代豪族问题时往往看作相关重要社会现象。[5] 然而从汉简提供的资料看，当时西北边地“客”的活动，似乎并未明显表现出与豪族有特别的关系。裘锡圭《汉简零拾》有“役使流亡”一条，引居延简：

> 诏所名捕平陵长藿里男子杜光字长孙故南阳杜衍☒
> 多□黑色肥大头少发年可卅七八□□□□五寸□□□杨伯
> 初亡时驾騩牡马乘阑轝车黄车茵张白车蓬骑騩牡马
> 　因坐役使流亡□户百廿三擅置田监

① 沈刚：《秦汉时期的客阶层研究》，吉林文史出版社 2003 年 12 月版，第 113 页。

② 陶希圣：《西汉时代的客》，《食货》5 卷 1 期（1937 年）。

③ 参看高敏：《两汉时期“客”和“宾客”的阶级属性》，《秦汉史论集》，中州古籍出版社 1982 年 8 月版。

④ 沈刚：《秦汉时期的客阶层研究》，吉林文史出版社 2003 年 12 月版，第 32 页。

⑤ 参看王彦辉：《汉代豪民研究》，东北师范大学出版社 2001 年 6 月版，第 146 页至第 147 页；马彪：《秦汉豪族社会研究》，中国书店 2002 年 12 月版，第 173 页；崔向东：《汉代豪族研究》，崇文书局 2003 年 10 月版，第 221 页至第 223 页。

史不法不道丞相御史□执金吾家属

所二千石奉捕（183.13）

裘锡圭指出："这几乎可以说是已发现的汉简中与汉代社会性质有关的最重要的一条史料。"他认为，其中"至少有三点值得注意"："一，简文所说的'擅置田监'，是一般史料里没有明确提到的情况。""二，简文明确告诉我们被追捕的大土地所有者的役使对象是流亡户。""三，简文还提供了关于汉代政府与大土地所有者进行斗争的重要数据。"[①]不过，这条简文中没有出现我们所关心的"客"，而且看起来所反映的，并非西北边地的经济关系。

前引简（13）"循客"及简（14）"兴客"，"客"前的"循"字和"兴"字都有可能是人名。[②]如此则简（13）的"赵放"和简（14）的"名习字子严"者分别与"循"和"兴"存在人身隶属关系，一如简（8）"候缪欣客男子贾襄"简文中"贾襄"和"缪欣"的关系。但是"候缪欣"等，并不是豪族。"客"与豪族经济似乎无关，这是当时的普遍现象，还是表现出西北边地的特殊性，也许还需要进一步的考察。田余庆在分析西汉边塞屯田生产中的依附关系时指出，在"边境军事形势影响"等因素的作用下，"要形成稳定的依附关系是颇为困难的。"[③]这一论断，可以给我们有意义的启示。

5 有关"客"的律令及其执行状况

睡虎地秦简"秦律十八种"中的《仓律》，有这样的律文："稻后

---

① 裘锡圭：《汉简零拾》，《文史》第12辑，中华书局1981年9月版，第12页至第13页。裘锡圭写道："从字体上看，这条简文的时代不会早于宣帝，应属西汉后期。"

② 简（4）"□客□偃"中"客"前缺字也可能是人名。

③ 田余庆：《秦汉魏晋南北朝人身依附关系的发展》，《秦汉魏晋史探微》（重订本），中华书局2004年2月版，第75页。

禾孰（熟），计稻后年。已获上数，别粲、穤（糯）秙（黏）稻。别粲、穤（糯）之襄（酿），岁异积之，勿增积，以给客，到十月牒书数，上内【史】。仓。”整理小组译文：“稻如在谷子之后成熟，应把稻计算在下一年账上。收获后上报产量时，应将籼稻和糯稻区别开来。要把用以酿酒的籼稻和糯稻区别开来，每年单独贮积，不要增积，用来供给宾客，到十月用牒写明数量，上报内史。”[①] 律文明说“以给客”，但是“客”的指义未能确定。这里所说的“客”，很可能是指政府机构接待的对象。然而就律令内容说，从字面看，“客”的身份的合法性是明确的。

居延汉简所见律令，则体现出对“客”严格检查监控的制度。如：

（39）第有毋客等四时如律令（16.3）[②]

有学者就此进行分析：“‘客氏’[③] 所居之县、官需及时上报，即所谓‘有毋客等，四时如律令’，也就是要求‘有毋四时考’，随时报告。这里我们可以看出，即使是流动性很强的‘客民’，也还是有人管理，来迹去踪记录在案，也不是可以随意流动的黑人黑户，反映了封建专制主义的强化。”[④] 简（2）的内容可见“☐律令敢言之”语，或许与“第有毋客等四时如律令”的要求有关。

以下简例，有可能和“有无客等”的四时报告有关：

（40）☐不在元毋客主人（30.3A）

（41）王游君　与相助见客拜之急赐掾叩头幸甚（129.18，477.3）

（42）受叩头言

---

① 睡虎地秦墓竹简整理小组：《睡虎地秦墓竹简》，文物出版社1978年11月版，第41页至第42页。

② “客”，谢桂华、李均明、朱国炤《居延汉简释文合校》作“宏”。文物出版社1987年1月版，第25页。

③ 今按：此处“客氏”，似是“客民”误排。

④ 薛英群：《居延汉简通论》，甘肃教育出版社1991年5月版，第356页。

子丽足下□白过客五人□不□叩☐头☐谨因言子丽□许为卖材至今未得蒙

恩受幸叩头材贾三百唯子丽□□决卖之今霍回又还去唯子丽[①] □□□（142.28A）

（43）叩头死罪死罪博客吏免归□□□☐（287.5）

（44）□□毋作舍有责客令宜□甲渠之事□宜□官事□□（E.P.T53：47）

又有如下简例：

（45）廪诸当之延城甚赴难一也至乃逾法度护辟客久（505.25）

简文有可能说的是“逾法度护辟（庇）客”。

敦煌汉简中如下简例或许也反映了“客”的行为受到行政部门的特别关注：

（46）将军令逢檄还令宜为檄告贾史便内客玉门宜即日（1896）

（47）□通都水长常乐知火再举逢未下吏收葆不得行而使卒传送客许翁卿（1363）

简（47）说到“使卒传送客”，或许体现了对“客”采取某种强制性手段的情形。

6 “客民赵闳范翕”案例

前引简（28）“常及客民赵闳范翕一等五人俱亡皆共盗官兵”和简（29）“王闳闳子男同攻虏亭长赵常及客民赵闳范翕等”说到了一件特殊案例，有的学者认为体现了“‘客民’反抗精神”，“体现了封建社会

---

① “还”，谢桂华、李均明、朱国炤《居延汉简释文合校》作“迁”。文物出版社1987年1月版，第235页。

中‘载舟’与‘覆舟’的辩证关系”[①]。

记录“客民赵闳范翕”案例的还有其他简文。看来，这是有可能复原的简册。其中与“客民赵闳范翕”行为相关的内容，不妨移录如下：

建武六年三月庚子朔甲辰不侵守候长业敢（E. P. T68：54）

言之谨移劾状一编敢言之（E. P. T68：55）

三月己酉甲渠守候　移移居延写移如律令/掾谭令史嘉（E. P. T68：56）

建武六年三月庚子朔甲辰不侵守候长业劾移（E. P. T68：57）

居延狱以律令从事（E. P. T68：58）

乃今月三日壬寅居延常安亭长王闳子男同攻虏亭长赵（E. P. T68：59）

常及客民赵闳范翕一等五人俱亡皆共盗官兵（E. P. T68：60）

臧千钱以上带（E. P. T68：61）

刀剑及铍各一又各持小尺白刀箴各一兰越甲渠当（E. P. T68：62）

曲燧塞从河水中天田出〇案常等持禁物（E. P. T68：63）

兰越塞于边关傲逐捕未得它案验未竟（E. P. T68：64）

兰越塞天田出入　☐（E. P. T68：65）

☐典主不发觉●案☐　（简上遗红色编绳迹）（E. P. T68：66）

●状辞曰公乘居延中宿里年五十一岁陈氏（E. P. T68：68）

今年正月中府补业守候长署不侵部主领史（E. P. T68：69）

迹候备寇虏盗贼为职乃今月三日壬寅居延常安亭长（E. P. T68：70）

王闳闳子男同攻虏亭长赵常及客民赵闳范翕等（E. P. T68：

---

① 薛英群：《居延汉简通论》，甘肃教育出版社 1991 年 5 月版，第 356 页。

71）

五人俱亡皆共盗官兵臧千钱以上带大刀剑及铍各一（E. P. T68：72）

又各持锥小尺白刀箴各一兰越甲渠当曲燧塞从河（E. P. T68：73）

水中天田出案常等持禁物兰越塞（E. P. T68：74）

于边关儌逐捕未得它案验未竟以此（E. P. T68：75）

知而劾无长吏使劾者状具此（E. P. T68：76）

此盗钱带兵器逃亡，即所谓“持禁物兰越塞”的五人中，有常安亭长王闳父子、攻虏亭长赵常以及“客民赵闳范翕”。他们“兰越甲渠当曲燧塞，从河水中天田出”，“于边关儌逐捕未得”，可以说是叛逃成功。很有可能，“客民赵闳范翕”利用其平民身份，起到了在“常安亭”和“攻虏亭”之间串联的作用，也不能排除这两位“客民”是整个事件的主谋的可能。

所谓“它案验未竟”，大概是说罪犯是否有其他犯罪记录，或即“案底”，尚在调查之中。所涉及数人中，如果确实有身负“它案”者，应当也是“赵闳范翕”这两位“客民”有较大的可能性。

在西北边塞地区，“客”具有相对的人身自由，特别是如果能够保持和边防军事组织的军官的良好关系，活动更为方便。这一情形通过寇恩的经历，也许可以得到说明。而“客民赵闳范翕”很可能就是利用了这样的条件，竟然在边塞成功地策动了两位亭长越境叛逃。

“客”的社会身份和社会作用，在汉代有复杂的表现。这篇文字仅就居延及敦煌简牍数据中的相关信息进行了初步的工作。未能得到圆满解答的若干疑问，有可能提示其他研究思路。例如：

（48）建平五年八月戊□□□□广明乡啬夫客假玄敢言之善居里男子丘张自言与家买客田居

延都亭部欲取检谨案张等更赋皆给当得取检谒移居延如

律令敢言之（505.37A）

其中“客田”应当如何理解，“客田”与“客”有何种关系？就是值得探讨的问题。承邢义田教授提示，此“客田”或许与河南偃师缑氏镇郑瑶村发现的《侍廷里僤约束石券》[①] 中所见“客田”[②] 有某种关系。对“客田”的认识，当有益于深化对汉代社会生活和经济关系的理解。[③] 据说居延简和敦煌简待发表的资料中，尚有若干反映“客田”的简文。[④] 这些资料的面世对于推进相关研究的意义，是不言而喻的。

---

① 黄士斌：《河南偃师县发现汉代买田约束石刻》，《文物》1982 年 12 期；宁可：《关于〈汉侍廷里父老僤买田约束石券〉》，《文物》1982 年 12 期，《宁可史学论集》，中国社会科学出版社 1999 年 4 月版，第 470 页至第 483 页；邢义田：《汉代的父老、僤与聚居里——“汉侍廷里父老僤买田约束石券”读记》，《汉学研究》1 卷 2 期（1983 年 12 月，《秦汉史论稿》，东大图书公司 1987 年 6 月版，第 215 页至第 246 页）。

② 俞伟超释作“容田”，以为“古代‘容’与‘颂’通”，“‘容田’的本义是礼仪之田”。《中国古代公社组织的考察——论先秦两汉的单—僤—弹》，文物出版社 1988 年 10 月版，第 114 页至第 130 页。

③ 王子今：《汉代“客田”及相关问题》，《出土文献研究》第 7 辑，上海古籍出版社 2005 年 11 月版。

④ 承张俊民学友赐示。

西汉北边“亡人越塞”现象

西汉社会中的“亡人”，作为执政者无法控制的流动人口，具有与编户齐民社会结构定式背离与叛逆的身份。他们在各地方的活动，是行政管理者十分关注的政情之一。“亡人”数量形成规模，可能导致严重影响社会秩序的流民运动。[①] 河西地区出土的汉代简牍资料中，可见“亡人”称谓。这一称谓所指代的身份，反映了当时北边地区人口构成中具有较显著流动性的特殊人群。这些人的生存方式和行为特征，往往对社会的稳定有所冲击；另一方面，或许对于激发社会活力亦可显示较为特殊的作用。在北边农耕文明与游牧文明交汇地区，由于军事关系、外交关系和民族关系的复杂情势，“亡人”的活动可能会产生更重要的影响。“亡人越塞”，即非法流入匈奴地方，他们的民族立场和文化表现作用于文明的交汇和融合，也有积极的意义。正如有的学者所指出的，“汉人入匈奴数量最多的时期是在西汉”。[②] 考察西汉北边“亡人越塞”现象，对于认识西汉外交史、军事史、民族关系史以及边地社会生

---

① 参看余谦：《两汉流民问题探微》，《江西师范大学学报》1994 年 3 期；王子今：《两汉流民运动及政府对策的得失》，《战略与管理》1994 年 3 期；李伟、雍际春：《两汉流民问题初探》，《兰州大学学报》2001 年 1 期；查明辉：《汉武帝时期的流民问题与社会控制》，《湖北社会科学》2004 年 12 期；张功：《汉代逃亡犯罪研究》，武汉：湖北人民出版社，2006 年，第 81 页至第 91 页。

② 吴明月：《谈西汉时期汉人入居匈奴及其影响》，《内蒙古师范大学学报》1995 年 4 期。

活史，都有积极的意义。

张家山汉简《二年律令·亡律》说到的“亡”，包括“吏民亡”“奴婢亡”“城旦舂亡”以及“鬼薪白粲”等“亡”“隶臣妾、收人亡”等多种情形。[①] 本文所说的“亡人”，即《亡律》所谓“亡”这种行为的主体，不涉及在“亡”之前各自的具体身份。

1　河西汉简所见“亡人越塞”现象

居延汉简可见“亡人”称谓。如：“☐亡人☐”（E. P. T59：869），“☐亡人命者缓☐”（E. P. T59：613）。据简文反映的信息，“亡人越塞”是常见的情形。例如：

日迹行廿三里久视天田中目玄有亡人越塞出入☐

它部界中候长候史直日迹卒坐匿不言迹☐（E. P. T51：411）

对于“亡人越塞”，边防军人有严密警戒的责任。又如：

☐亡人迹人止塞长北部候长孙☐（104. 43）

对于“亡人”的“逐捕搜索”，似乎也是北边边塞日常重要防务内容之一。我们看到：

匿界中书到遣都吏与县令以下逐捕搜索部界中□亡人所隐匿处

以必得为故诏所名捕

重事事当奏闻毋留如诏书律令（179. 9）

据所谓“都吏与县令以下逐捕搜索部界中”，可知这种搜捕有可能是地方政府和边防部队的联合行动。执行情形“当奏闻”，即要求及时向最高执政当局报告。“如诏书律令”字样，表明这种行动的正义性有皇权和国法以为肯定性的确认。类似的简例还有：

□采捕验亡人所依倚匿处必得得诣如书毋有令吏民相牵证任发

---

① 张家山二四七号汉墓竹简整理小组：《张家山汉墓竹简〔二四七号墓〕》，文物出版社 2001 年 11 月版，第 154 页至第 155 页。

书以书言谨杂与候

史廉骍北亭长欧等八人戍卒孟阳等十人搜索部界中□亡人所依

匿处爰书相牵（255.27）

如果管辖区界中有“亡人”，必须搜查“亡人”藏身地点，要求“必得”，即完全捕获。“得”，则“诣如书”，捕获应及时上报。如果辖区内“毋有”，则“令吏民相牵证任发书”，即官员民人联名证实，同时承担责任。“亡人”藏身处所，简文称作“亡人所隐匿处”“亡人所依匿处”“亡人所依倚匿处”。

通告敌情的烽火制度，也要求对于“亡人越塞”事件发布信号。如居延汉简可见这样的内容：

出亡人赤表火一函（212.9）

出亡人赤表函一北

元康三年☒临渠隧长☒

昏时四分时乘胡隧长□付并山隧长普函行三时中程（502.3）

第二例除了“出亡人赤表”外，甚至还看到三名“隧长”就“亡人”的行为相继传递信息。有一例简文可见“罚金”事，或许是与责任追究有关：

☒□□□□当罚金二千五

☒起居得毋有它数辱赐起（231.115A）

☒□□□亡人罚金五千　（231.115B）

从该简B面文字内容看，事情显然涉及“亡人”。

除了前引简E.P.T59：613出现“亡人命者”字样外，甘肃敦煌悬泉置出土汉简也可见“亡人命者”称谓。甘肃省文物考古研究所《敦煌悬泉汉简释文选》所录释文如下：

五月壬辰敦煌太守强长史章丞敞下使都护西域骑都尉将田车师

戊己校尉部都尉小府官县承书从事下

当用者书到白大扁书乡亭市里高显处令亡人命者尽知之上赦者

人数太守府别之如诏书（90DXT0115（2）：16[①]）

胡平生、张德芳《敦煌悬泉汉简释粹》中的释文是这样的：

五月壬辰，敦煌太守强、长史章、丞敞下使都护西域骑都尉、将田车师戊己校尉、部都尉、小府官县，承书从事下当用者。书到白大扁书乡亭市里高显处，令亡人命者尽知之，上赦者人数太守府别之，如诏书。（II 0115（2）：16）

胡平生、张德芳对于其中“亡人命者”又有注释：“亡人命者：指有命案而逃亡者。”[②] 对于所谓“亡人命者”的确切身份，似乎还有讨论的必要。汉代历史文献和文物资料罕见“亡人命者”，所多见的，是“亡人”或者“亡命者”。这里所谓“亡人命者”，很可能就是当时“亡人”或者“亡命者”的另一种习惯称谓。

汉代北边发生的一些重大事件，多与“亡人”有关。如汉武帝元光元年（前134）著名的“马邑之谋”，有这样的情节：“雁门马邑豪聂翁壹因大行王恢言上曰：‘匈奴初和亲，亲信边，可诱以利。’阴使聂翁壹为间，亡入匈奴，谓单于曰：‘吾能斩马邑令丞吏，以城降，财物可尽得。’单于爱信之，以为然，许聂翁壹。”[③] 聂翁壹是“马邑之谋”的最初建议者，又在实施中发挥了重要作用。他以“亡入匈奴”行为实施其计划，也是以“亡人”身份得到单于“爱信”的。

上文说到的居延汉简中记录“客民赵闳范翕”案例的简文，这是有可能复原的简册。所谓“常及客民赵闳范翕一等五人俱亡皆共盗官兵”，“五人俱亡皆共盗官兵臧千钱以上带大刀剑及铍各一”这一特殊案例，有的学者认为体现了“‘客民’反抗精神”，“体现了封建社会中

① 甘肃省文物考古研究所：《敦煌悬泉汉简释文选》，《文物》2000年5期。

② 胡平生、张德芳：《敦煌悬泉汉简释粹》，上海古籍出版社2002年8月版，第115页至第116页。

③ 《史记》卷一〇八《韩长孺列传》，第2861页。

‘载舟’与‘覆舟’的辩证关系。”[①] 现在看来，简文所谓“五人俱亡”，指明了这是一起严重的“亡人越塞”案。其情形之特殊，不仅在于有现役军官出逃，还在于“亡人”们“皆共盗官兵臧千钱以上”，其行为性质又属于“持禁物兰越塞”，即带走了严禁出境的兵器，“带大刀剑及铍各一又各持锥小尺白刀箴各一”。

军人以“亡”的形式向匈奴方向的叛逃，即史称“亡入匈奴”者，文献不乏记录。典型的例子有《汉书》卷九九中《王莽传中》：“戊己校尉史陈良、终带共贼杀校尉刁护，劫略吏士，自称废汉大将军，亡入匈奴。”这是具有敌对政治情绪者“亡入匈奴”的情形。汉初卢绾“亡入匈奴”[②]，东汉初卢芳“亡入匈奴”[③]，也是具有复杂政治因素的事件。他们虽然身份特殊，但严格说来，也是“亡人”。

2 长城禁止“亡人越塞”的功能

北边防线作为国防体系，主要意义在于防御外侵，然而汉长城也有防止“亡人”越境的作用。

《汉书》卷九四下《匈奴传下》记载，呼韩邪单于“上书愿保塞上谷以西至敦煌，传之无穷，请罢边备塞吏卒，以休天子人民”。于是，“天子令下有司议，议者皆以为便”。而“郎中侯应习边事，以为不可许”。他提出了认定长城不可撤防的十条理由：“周秦以来，匈奴暴桀，寇侵边境，汉兴，尤被其害。臣闻北边塞至辽东，外有阴山，东西千余里，草木茂盛，多禽兽，本冒顿单于依阻其中，治作弓矢，来出为寇，

---

① 薛英群：《居延汉简通论》，甘肃教育出版社 1991 年 5 月版，第 356 页。

② 《史记》卷八《高祖本纪》，第 392 页；《史记》卷一七《汉兴以来诸侯王年表》，第 804 页；《史记》卷九三《韩信卢绾列传》，第 2638 页。

③ 《后汉书》卷一下《光武帝纪下》，第 61 页，第 70 页；《后汉书》卷一二《卢芳传》，第 507 页。卢芳“亡入匈奴”事，又见《后汉书》卷二二《杜茂传》，第 777 页；《后汉书》卷三一《郭伋传》，第 1093 页。

是其苑囿也。至孝武世，出师征伐，斥夺此地，攘之于幕北。建塞徼，起亭隧，筑外城，设屯戍，以守之，然后边境得用少安。幕北地平，少草木，多大沙，匈奴来寇，少所蔽隐，从塞以南，径深山谷，往来差难。边长老言匈奴失阴山之后，过之未尝不哭也。如罢备塞戍卒，示夷狄之大利，不可一也。今圣德广被，天覆匈奴，匈奴得蒙全活之恩，稽首来臣。夫夷狄之情，困则卑顺，强则骄逆，天性然也。前以罢外城，省亭隧，今裁足以候望通烽火而已。古者安不忘危，不可复罢，二也。中国有礼义之教，刑罚之诛，愚民犹尚犯禁，又况单于，能必其众不犯约哉！三也。自中国尚建关梁以制诸侯，所以绝臣下之觊欲也。设塞徼，置屯戍，非独为匈奴而已，亦为诸属国降民，本故匈奴之人，恐其思旧逃亡，四也。近西羌保塞，与汉人交通，吏民贪利，侵盗其畜产妻子，以此怨恨，起而背畔，世世不绝。今罢乘塞，则生嫚易分争之渐，五也。往者从军多没不还者，子孙贫困，一旦亡出，从其亲戚，六也。又边人奴婢愁苦，欲亡者多，曰'闻匈奴中乐，无奈候望急何！'然时有亡出塞者，七也。盗贼桀黠，群辈犯法，如其窘急，亡走北出，则不可制，八也。起塞以来百有余年，非皆以土垣也，或因山岩石，木柴僵落，溪谷水门，稍稍平之，卒徒筑治，功费久远，不可胜计。臣恐议者不深虑其终始，欲以壹切省繇戍，十年之外，百岁之内，卒有它变，障塞破坏，亭隧灭绝，当更发屯缮治，累世之功不可卒复，九也。如罢戍卒，省候望，单于自以保塞守御，必深德汉，请求无已。小失其意，则不可测。开夷狄之隙，亏中国之固，十也。非所以永持至安，威制百蛮之长策也。"

这位"习边事"的"郎中侯应"对于呼韩邪单于"请罢边备塞吏卒"的建议"以为不可许"所述列十条理由中，第四条、第五条、第六条、第七条、第八条，都指出了长城防务对内的功效。① 特别是：

---

① 前引居延汉简所见"逐捕搜索部界中听亡人所隐匿处"，"捕验亡人所依倚匿处"，"搜索部界中□亡人所依匿处"等，都体现了长城防务的这一功能。

第六条："往者从军多没不还者，子孙贫困，一旦亡出，从其亲戚。"

第七条："又边人奴婢愁苦，欲亡者多，曰'闻匈奴中乐，无奈候望急何！'然时有亡出塞者。"

第八条："盗贼桀黠，群辈犯法，如其窘急，亡走北出，则不可制。"

所谓"亡出""亡出塞""亡走北出"，显然都是针对"亡人"的。[①] 而国务军务最高决策集团对于北边国防体系的经营，是有控制境内编户齐民"亡出""亡出塞""亡走北出"的考虑的。

郎中侯应指出北边"亡人越塞"主要有三种身份：（1）往者从军没不还者贫困子孙；（2）边人奴婢愁苦者；（3）盗贼群辈犯法者。

我们看到，"往者从军多没不还者"是前代"亡人"，其"子孙贫困"欲"亡出，从其亲戚"者，只是继承前人。"又边人奴婢愁苦，欲亡者多，曰'闻匈奴中乐，无奈候望急何！'"所谓"闻匈奴中乐"，也说明自有先行"亡人"传递引导性的消息。

3 "亡人"的民族意识与民族文化观

汉代随着大一统国家的形成和巩固，社会不同层次的国家意识逐步形成。其表现之一，是在对草原游牧民族的战争中增强了自尊和自信观念。当时人称自己所归属的文化共同体为"大汉""皇汉""圣汉"，在民族关系中，"大汉"的自我优越感时有表现。《汉书》卷一〇〇上

---

① 《汉书》卷九四下《匈奴传下》写道："对奏，天子有诏：'勿议罢边塞事。'使车骑将军口谕单于曰：'单于上书愿罢北边吏士屯戍，子孙世世保塞。单于乡慕礼义，所以为民计者甚厚，此长久之策也，朕甚嘉之。中国四方皆有关梁障塞，非独以备塞外也，亦以防中国奸邪放纵，出为寇害，故明法度以专众心也。敬谕单于之意，朕无疑焉。为单于怪其不罢，故使大司马车骑将军嘉晓单于。'单于谢曰：'愚不知大计，天子幸使大臣告语，甚厚！'"第3805页。

《叙传上》载班固言论所谓“方今大汉洒埽群秽，夷险芟荒”语，就包含着对其他民族主要是游牧民族的蔑视。

《汉书》卷七〇《陈汤传》记录了汉军破郅支城（今哈萨克斯坦江布尔），击杀匈奴单于之后甘延寿、陈汤的上疏：

> 臣闻天下之大义，当混为一，昔有唐虞，今有强汉。匈奴呼韩邪单于已称北藩，唯郅支单于叛逆，未伏其辜，大夏之西，以为强汉不能臣也。郅支单于惨毒行于民，大恶通于天。臣延寿、臣汤将义兵，行天诛，赖陛下神灵，阴阳并应，天气精明，陷陈克敌，斩郅支首及名王以下。宜县头槀街蛮夷邸间，以示万里，明犯强汉者，虽远必诛。

这段126字的文字中，3次使用了“强汉”这一语汇。特别是所谓“犯强汉者，虽远必诛”一语，绝不仅仅是个别军官的激烈之辞，而应当理解为当时较广泛社会层面共有的一种强国意识的鲜明表现。[①]

不过，“越塞”流亡到草原的中原“亡人”，似乎并没有这样正统的强烈的民族情绪。

最典型的例证，是《史记》卷一一〇《匈奴列传》记载的中行说故事。

据司马迁记载：“老上稽粥单于初立，孝文皇帝复遣宗室女公主为单于阏氏，使宦者燕人中行说傅公主。说不欲行，汉强使之。说曰：‘必我行也，为汉患者。’中行说既至，因降单于，单于甚亲幸之。”我们注意到汉代民族战争中的“亡降”现象，也注意到“亡降”的“亡”与“亡人”的“亡”，词义其实是相近的。[②] 中行说其实也是一位特殊

---

① 参看王子今：《大汉·皇汉·强汉：汉代人的国家意识及其历史影响》，《南都学坛》2005年6期。

② 王子今：《略论秦汉时期朝鲜“亡人”问题》，《社会科学战线》2008年1期。《史记》《汉书》《后汉书》“亡降”凡16见，所记12事。内地战争2例，朝鲜方面“亡降”汉1例，西域方面“亡降”汉1例，匈奴方面“亡降”汉4例（包括“卢绾妻子亡降汉”），汉方面“亡降”匈奴1例，西域方面“亡降”匈奴3例。

的"亡人"。他对于匈奴民族文化，很快就采取了认同的态度。"初，匈奴好汉缯絮食物，中行说曰：'匈奴人众不能当汉之一郡，然所以强者，以衣食异，无仰于汉也。今单于变俗好汉物，汉物不过什二，则匈奴尽归于汉矣。其得汉缯絮，以驰草棘中，衣袴皆裂敝，以示不如旃裘之完善也。得汉食物皆去之，以示不如湩酪之便美也。'"其情感倾向，已经亲近匈奴而背弃中原。"汉遗单于书，牍以尺一寸，辞曰'皇帝敬问匈奴大单于无恙'，所遗物及言语云云。中行说令单于遗汉书以尺二寸牍，及印封皆令广大长，倨傲其辞曰：'天地所生日月所置匈奴大单于敬问汉皇帝无恙'，所以遗物言语亦云云。"

中行说当时和来自汉王朝的使节有一场关于匈奴文化与汉文化孰优孰劣的面对面的辩论：

> 汉使或言曰："匈奴俗贱老。"中行说穷汉使曰："而汉俗屯戍从军当发者，其老亲岂有不自脱温厚肥美以赍送饮食行戍乎?"汉使曰："然。"中行说曰："匈奴明以战攻为事，其老弱不能斗，故以其肥美饮食壮健者，盖以自为守卫，如此父子各得久相保，何以言匈奴轻老也?"汉使曰："匈奴父子乃同穹庐而卧。父死，妻其后母；兄弟死，尽取其妻妻之。无冠带之饰，阙庭之礼。"中行说曰："匈奴之俗，人食畜肉，饮其汁，衣其皮；畜食草饮水，随时转移。故其急则人习骑射，宽则人乐无事，其约束轻，易行也。君臣简易，一国之政犹一身也。父子兄弟死，取其妻妻之，恶种姓之失也。故匈奴虽乱，必立宗种。今中国虽详不取其父兄之妻，亲属益疏则相杀，至乃易姓，皆从此类。且礼义之敝，上下交怨望，而室屋之极，生力必屈。夫力耕桑以求衣食，筑城郭以自备，故其民急则不习战功，缓则罢于作业。嗟土室之人，顾无多辞，令喋喋而占占，冠固何当?"

于是，"自是之后，汉使欲辩论者，中行说辄曰：'汉使无多言，顾汉所输匈奴缯絮米糵，令其量中，必善美而已矣，何以为言乎？且所给备善则已；不备，苦恶，则候秋孰，以骑驰蹂而稼穑耳。’”

中行说完全倾向匈奴的民族立场的变化，不宜全以鄙薄视角观察。这种“亡降”草原游牧族，全面认同其文化，并且竭诚服务于该政治集团的情形，今天以现代国家观和现代民族观判断，可以有严厉的批判。然而在当时，这种态度可能会得到相当广泛的理解。春秋时期的秦国，曾经面对一位来自戎狄的出身中原的使者。《史记》卷五《秦本纪》：“戎王使由余于秦。由余，其先晋人也，亡入戎，能晋言。闻缪公贤，故使由余观秦。秦缪公示以宫室、积聚。由余曰：‘使鬼为之，则劳神矣。使人为之，亦苦民矣。’缪公怪之，问曰：‘中国以诗书礼乐法度为政，然尚时乱，今戎夷无此，何以为治，不亦难乎？’由余笑曰：‘此乃中国所以乱也。夫自上圣黄帝作为礼乐法度，身以先之，仅以小治。及其后世，日以骄淫。阻法度之威，以责督于下，下罢极则以仁义怨望于上，上下交争怨而相篡弑，至于灭宗，皆以此类也。夫戎夷不然。上含淳德以遇其下，下怀忠信以事其上，一国之政犹一身之治，不知所以治，此真圣人之治也。’”由余“其先晋人也，亡入戎”，是名副其实的“亡人”。所谓“亡入戎”，与汉代史籍多见的“亡入匈奴”句式完全相同。由余对于“戎夷”政治所谓“上含淳德以遇其下，下怀忠信以事其上，一国之政犹一身之治，不知所以治，此真圣人之治也”的赞美，体现出比中行说对游牧文明更明确的倾心。明智之主秦穆公并不以由余的倾向甚为鲜明的民族立场而予以否定和仇视，反而精心设计离间，将这样的贤能之士吸引到自己身边，于是成就了秦的霸业。中行说的时代距离由余的时代并不十分遥远。历史文化的惯性，使得“亡入戎”并融合入“戎夷”“圣人之治”之中的行为，其合理性应得到当时较宽广社会层面的承认。

汉初与匈奴保持密切关系的北方实力派集团领袖，有韩王信、陈豨、卢绾等。《史记》卷九三《韩信卢绾列传》：“（汉六年）秋，匈奴冒顿大围信，信数使使胡求和解。汉发兵救之，疑信数间使，有二心，使人责让信。信恐诛，因与匈奴约共攻汉，反，以马邑降胡，击太原。”“十一年春，故韩王信复与胡骑入居参合，距汉。汉使柴将军击之，遗信书曰：‘陛下宽仁，诸侯虽有畔亡，而复归，辄复故位号，不诛也。大王所知。今王以败亡走胡，非有大罪，急自归！’”“信之入匈奴，与太子俱。”“汉十一年秋，陈豨反代地，高祖如邯郸击豨兵，燕王绾亦击其东北。当是时，陈豨使王黄求救匈奴。燕王绾亦使其臣张胜于匈奴，言豨等军破。张胜至胡，故燕王臧荼子衍出亡在胡，见张胜曰：‘公所以重于燕者，以习胡事也。燕所以久存者，以诸侯数反，兵连不决也。今公为燕欲急灭豨等，豨等已尽，次亦至燕，公等亦且为虏矣。公何不令燕且缓陈豨而与胡和？事宽，得长王燕；即有汉急，可以安国。’张胜以为然，乃私令匈奴助豨等击燕。燕王绾疑张胜与胡反，上书请族张胜。胜还，具道所以为者。燕王寤，乃诈论它人，脱胜家属，使得为匈奴间，而阴使范齐之陈豨所，欲令久亡，连兵勿决。汉十二年，东击黥布，豨常将兵居代，汉使樊哙击斩豨。其裨将降，言燕王绾使范齐通计谋于豨所。高祖使使召卢绾，绾称病。上又使辟阳侯审食其、御史大夫赵尧往迎燕王，因验问左右。绾愈恐，闭匿，谓其幸臣曰：‘非刘氏而王，独我与长沙耳。往年春，汉族淮阴，夏，诛彭越，皆吕后计。今上病，属任吕后。吕后妇人，专欲以事诛异姓王者及大功臣。’乃遂称病不行。其左右皆亡匿。语颇泄，辟阳侯闻之，归具报上，上益怒。又得匈奴降者，降者言张胜亡在匈奴，为燕使。于是上曰：‘卢绾果反矣！’使樊哙击燕。燕王绾悉将其宫人家属骑数千居长城下，候伺，幸上病愈，自入谢。四月，高祖崩，卢绾遂将其众亡入匈奴，匈奴以为东胡卢王。绾为蛮夷所侵夺，常思复归。居岁余，死胡中。”①

---

① 《史记》卷八《高祖本纪》：“卢绾与数千骑居塞下候伺，幸上病愈自入谢。”“四月甲辰，高祖崩长乐宫。”“卢绾闻高祖崩，遂亡入匈奴。”第392页。也说其众当有“数千”。“数千骑”或“骑数千”，《汉书》卷一下《高帝纪下》作“数千人”。第79页。

关于韩王信“以败亡走胡”，“故燕王臧荼子衍出亡在胡”，“张胜亡在匈奴”，卢绾“将其众亡入匈奴”，司马迁在叙事时都使用了“亡”字，可知这些政治人物也都是事实上的“亡人”，与我们在这里讨论的主题有关。

吴楚七国之乱，发动者也曾经联络匈奴，试图借用外力在政治角逐中取胜。后来因不同原因投降匈奴的李广利和李陵，都是汉武帝特别喜爱的名将，战败后皆降匈奴。《汉书》卷九四上《匈奴传上》：“贰师降。单于素知其汉大将贵臣，以女妻之。”《史记》卷一〇九《李将军列传》说，李陵降匈奴，单于“以其女妻陵而贵之”。[①] 李陵自谓“陵始降时，忽忽如狂，自痛负汉”[②]，然而后来完全融入了草原民族生活，“居外，有大事，乃入议”。另有“卫律者，父本长水胡人。律生长汉，善协律都尉李延年，延年荐言律使匈奴。使还，会延年家收，律惧并诛，亡还降匈奴”，也是以“亡人”身份降匈奴者，而“匈奴爱之，常在单于左右”。汉使召谕他们返回汉地，相见时“两人皆胡服椎结”。对于汉朝来使“还归汉”“归故乡”的建议，李陵“答曰：‘吾已胡服矣！’”面对汉使“请少卿来归故乡，毋忧富贵”的保证，李陵亦表示拒绝。他说：“丈夫不能再辱。”[③]

张骞、苏武都是代表中原王朝正统外交原则的千古榜样。《史记》卷一二三《大宛列传》说，张骞被匈奴扣押十余年，“持汉节不失”，逃脱后立即继续执行使命。然而据说其“宽大信人，蛮夷爱之”，和外族能够保持良好的关系。单于“留骞十余岁，与妻，有子”[④]，也说明在匈奴生活期间张骞的民族情绪并不一定长期持激烈的敌对态度。而苏

---

① 《史记》卷一一〇《匈奴列传》：“单于乃贵陵，以其女妻之。”第 2918 页。《汉书》卷五四《李陵传》：“单于壮陵，以女妻之。”第 2457 页。

② 《汉书》卷五四《苏武传》，第 2464 页。

③ 《汉书》卷五四《李陵传》，第 2458 页。

④ 《汉书》卷六一《张骞传》：“予妻，有子。”第 2687 页。

武也在极端困难的时候接受过李陵及其匈奴妻子的生活接济。[①] 苏武自有"胡妇"，并生子"通国"。[②] 有学者指出，"以苏武的气节，匈奴照样可以让他与匈奴妇女通婚，汉朝也不以此为非，说明这种汉匈通婚在当时是普遍现象。"[③]

丝绸之路史所见跨民族情爱与婚姻，以及所促成的民族文化交融，是值得重视的历史现象。[④]

4 汉与匈奴之间的反复"亡入"案例

在汉与匈奴的关系中，又有反复其间，"亡入匈奴"又"亡入汉"的情形。如《史记》卷一一一《卫将军骠骑列传》所记载赵破奴事："将军赵破奴，故九原人。尝亡入匈奴，已而归汉，为骠骑将军司马。出北地时有功，封为从骠侯。坐酎金失侯。后一岁，为匈河将军，攻胡至匈河水，无功。后二岁，击虏楼兰王，复封为浞野侯。后六岁，为浚稽将军，将二万骑击匈奴左贤王，左贤王与战，兵八万骑围破奴，破奴生为虏所得，遂没其军。居匈奴中十岁，复与其太子安国亡入汉。"《汉书》卷九《元帝纪》记载："（黄龙元年）秋八月，上郡属国降胡万余人亡入匈奴。"也是同样的反复。卢芳事迹也是典型的例证。《后汉书》卷一二《卢芳传》写道：卢芳"诈自称武帝曾孙刘文伯"，后

---

① 《汉书》卷五四《苏武传》："陵恶自赐武，使其妻赐武牛羊数十头。"第2465页。

② 《汉书》卷五四《苏武传》："武年老，子前坐事死，上闵之，问左右：'武在匈奴久，岂有子乎？'武因平恩侯自白：'前发匈奴时，胡妇适产一子通国，有声问来，愿因使者致金帛赎之。'上许焉。后通国随使者至，上以为郎。"第2468页。

③ 葛剑雄：《西汉时期西北地区的人口迁移》，《中华文史论丛》1984年2期。

④ 王子今：《早期丝绸之路跨民族情爱与婚姻》，《陕西师范大学学报》（哲学社会科学版）2016年1期。

“入匈奴”，“单于遂立芳为汉帝。”建武五年（29），卢芳“入塞，都九原县”，“与胡通兵，侵苦北边。”《后汉书》卷一下《光武帝纪下》记载：“（建武十三年二月）卢芳自五原亡入匈奴。”“（建武十五年）卢芳自匈奴入居高柳。”“（建武十六年）卢芳遣使乞降。十二月甲辰，封芳为代王。”“（建武十八年五月）卢芳复亡入匈奴。”《后汉书》卷一二《卢芳传》：“（建武）十二年，芳与贾览共攻云中，久不下，其将随昱留守九原，欲胁芳降。芳知羽翼外附，心膂内离，遂弃辎重，与十余骑亡入匈奴。”“十六年，芳复入居高柳，与闵堪兄林使使请降。乃立芳为代王。”“诏报芳朝明年正月。其冬，芳入朝，南及昌平，有诏止，令更朝明岁。芳自道还，忧恐，乃复背叛，遂反。”“匈奴遣数百骑迎芳及妻子出塞。”

如果允许在历史考察时运用反向思维，则注意金日磾事迹时可以联想到“亡降”匈奴的汉臣们的心境。而对金日磾的信用，也说明汉武帝本人的民族情结其实却并不狭隘。劳榦在一部汉武帝传记的序言中这样写道：“旧说非我族类，其心必异，然自武帝托孤于休屠王子，天下向风，共钦华化，而金氏亦历世为汉忠臣，虽改朝而不变。”① 这样的历史事实，值得我们深思。

也许我们在讨论汉代民族问题时，应当更为真切地认识当时人的民族意识，这样才能对“亡人”面对激烈的民族战争和密切的民族交往时较为宽和的文化感觉，有更为准确的理解。

5 “来降者勿受”约定

《汉书》卷九四下《匈奴传下》记载了一次因西域贵族“亡降匈奴”导致的一场外交纠纷：“会西域车师后王句姑、去胡来王唐兜皆怨

① 金惠：《创造历史的汉武帝》，台湾商务印书馆 1984 年 6 月版，第 4 页。

恨都护校尉，将妻子人民亡降匈奴，语在《西域传》。”匈奴接受了亡降者，并上报汉王朝。而汉王朝执政者遣使责问单于，说：“西域内属，不当得受，今遣之。”单于回答：“孝宣、孝元皇帝哀怜，为作约束，自长城以南天子有之，长城以北单于有之。有犯塞，辄以状闻；有降者，不得受。臣知父呼韩邪单于蒙无量之恩，死遗言曰：‘有从中国来降者，勿受，辄送至塞，以报天子厚恩。’此外国也，得受之。”① 使者说：“匈奴骨肉相攻，国几绝，蒙中国大恩，危亡复续，妻子完安，累世相继，宜有以报厚恩。”单于叩头谢罪，将“西域车师后王句姑、去胡来王唐兜”引渡于汉。于是汉与匈奴形成了新的约定。“乃造设四条：中国人亡入匈奴者，乌孙亡降匈奴者，西域诸国佩中国印绶降匈奴者，乌桓降匈奴者，皆不得受。”遣使臣将约定交付单于，并宣布汉宣帝时的旧约作废。对于匈奴接纳“亡人”的限制，涉及“中国人亡入匈奴者，乌孙亡降匈奴者，西域诸国佩中国印绶降匈奴者，乌桓降匈奴者”，可见匈奴因“亡人”流入曾经得到过何等充备的人力资源。

《史记》卷一一〇《匈奴列传》记载，汉文帝致匈奴单于的外交文书中，说到“亡人不足以益众广地”，“亡人”使匈奴得以“益众”的问题引起了汉家天子的关注，可见“亡人”当时曾经在一定程度上使匈奴控制的人口数量有所增益。

6 “亡人”的历史作用：技术传递与文化流播

来自汉地的“亡人”，并不都是作为低层次的劳动力流入匈奴的。

---

① 另一起未遂的西域贵族“亡入匈奴”计划，见于《汉书》卷九六下《西域传下》：“至莽篡位，建国二年，以广新公甄丰为右伯，当出西域。车师后王须置离闻之，与其右将股鞮、左将尸泥支谋曰：‘闻甄公为西域太伯，当出，故事给使者牛羊谷刍茭，导译，前五威将过，所给使尚未能备。今太伯复出，国益贫，恐不能称。’欲亡入匈奴。戊己校尉刀护闻之，召置离验问，辞服，乃械致都护但钦在所埒娄城。”第 3925 页。

他们往往将先进的文化因素带到了草原大漠。

《史记》卷一一〇《匈奴列传》："于是（中行说）教单于左右疏记，以计课其人众畜物。"是将汉地经济管理方式介绍到匈奴。又"日夜教单于候利害处"，则体现汉王朝的军事防卫技术也在匈奴地方得到应用。上文说到李陵"有大事，乃入议"，也是汉"亡人"参与匈奴军事政治决策的例证。

《史记》卷一二三《大宛列传》记载："汉亡浞野之兵二万余于匈奴。"裴骃《集解》："徐广曰：'太初二年，赵破奴为浚稽将军，二万骑击匈奴，不还也。'"所谓"不还"，除阵亡者外，当是亡入匈奴。《汉书·李广利传》："征和三年，贰师复将七万骑出五原，击匈奴，度郅居水。兵败，降匈奴，为单于所杀。"《汉书》卷九四下《匈奴传下》："征和中，贰师将军李广利以军降匈奴。"《史记》卷一一〇《匈奴列传》："匈奴围陵，陵降匈奴，其兵遂没，得还者四百人。"整个部队全建制亡降匈奴，事件的性质，可以理解为作为社会生产力之精华的青壮年军人群体成为"亡人"。其中相当一部分仍继续参与战争行为，是可以理解的。

两汉军队构成中可见"胡骑"，即出身北方草原游牧族的骑兵。朝廷卫戍部队有"胡骑"建置，"胡骑"甚至充任帝王近卫。边地防卫力量中也有"胡骑"。"胡骑"参与汉王朝军队的远征，有与本族军队血战立功的史例。霍去病元狩四年（前119）出击匈奴取得成功。有的学者认为，立功将领因淳王复陆支、楼剸王伊即靬、昌武侯赵安稽、宜冠侯高不识等都是匈奴人，于是推定霍去病"所将主力是胡人"。汉武帝对于这位少年将军的赞扬，于是有"骠骑将军去病率师，躬将所获荤粥之士，约轻赍，绝大幕，涉获章渠，以诛比车耆，转击左大将，斩获旗鼓，历涉离侯"语。而霍去病去世后，"天子悼之，发属国玄甲军，陈自长安至茂陵。"[①] 论者指出，"汉武帝'发属国玄甲'，这充分说明霍

---

① 《史记》卷一一一《卫将军骠骑列传》，第2939页。

去病与匈奴骑兵关系之密切。”论者甚至认为，匈奴骑兵即“胡骑”在汉王朝远征军中的作用，“是战争胜负之关键”。[①] 这样的分析，是有一定史实根据的。研究汉王朝与匈奴战争的历史，似乎不应忽视“胡骑”在汉军中参战的事实。征和三年（前90），李广利远征军击匈奴时，部队中亦有“属国胡骑”。《汉书》卷九四上《匈奴传上》记载：“贰师将军将出塞，匈奴使右大都尉与卫律将五千骑要击汉军于夫羊句山狭。贰师遣属国胡骑二千与战，虏兵坏散，死伤者数百人。汉军乘胜追北，至范夫人城，匈奴奔走，莫敢距敌。”这是明确的在汉军旗号下的“属国胡骑”与敌方旗下本民族军队作战的战例。李广利率领的这支部队即“属国胡骑二千”，迎击匈奴“右大都尉与卫律将五千骑”，竟然使得“虏兵坏散，死伤者数百人”，于是“汉军乘胜追北，至范夫人城，匈奴奔走，莫敢距敌”，可知“属国胡骑二千”这支部队的战斗力是相当强的。不过，由于“会贰师妻子坐巫蛊收，闻之忧惧”，李广利后来在强大的军事压力下投降了匈奴，我们难以想象这支“属国胡骑”部队在重新“亡降”匈奴时将会面临怎样的境遇。而李广利降后，“单于素知其汉大将贵臣，以女妻之”，颇予“尊宠”，或许由此可以乐观地推想其属下“属国胡骑”归降故国之后的前景。成建制的部队在本族与敌族之间的民族交锋中可以反复地降来叛走，是汉代发生在北边地区的值得重视的民族文化现象。[②]

赵破奴作为职业军人曾经服务于双方军队的情形，对于我们认识当时的民族关系也有启示意义。《史记》卷一一〇《匈奴列传》：“汉使浞野侯破奴将二万余骑出朔方西北二千余里，期至浚稽山而还。浞野侯既至期而还，左大都尉欲发而觉，单于诛之，发左方兵击浞野。浞野侯行捕首虏得数千人。还，未至受降城四百里，匈奴兵八万骑围之。浞野侯

---

① 参看罗独修：《胡兵胡将对汉武帝挞伐匈奴之影响试探》，《华冈文科学报》第21期，1997年3月。

② 参看王子今：《两汉军队中的“胡骑”》，《中国史研究》2007年3期。

夜自出求水，匈奴间捕，生得浞野侯，因急击其军。军中郭纵为护，维王为渠，相与谋曰：'及诸校尉畏亡将军而诛之，莫相劝归。'军遂没于匈奴。"后来，"浞野侯破奴得亡归汉。"《史记》卷一一一《卫将军骠骑列传》记载，"（赵破奴）尝亡入匈奴，已而归汉"，后"破奴生为虏所得，遂没其军"。在匈奴地方居住十年之后，又"亡入汉"。

与军人以武力服务于敌对民族同样，其他身份的"亡人"也将其原有的生活经验、生产技术和文化知识带到了新的环境中，从而推进了草原游牧文明与中原农耕文明的融合。

出身北方游牧族的巫人，即所谓"胡巫"，曾经高踞接近王朝统治中枢的地位，进行过活跃的文化表演。他们的活动，曾经影响了农耕民族的信仰世界，反映了当时各民族文化交汇的时代趋势。他们的宗教实践，曾经对国家的政治走向和民间的社会生活都发生过值得重视的影响。甚至在以往以汉文化正统内容的皇家祭祀礼仪中，也能够由此发现可以溯源于北方少数民族的文化基因。"胡巫"作为"巫蛊之祸"这一政治变局中的重要的角色，在思想文化史上写下了具有神秘主义特征的外来文化因素通过介入上层权争，显著影响汉文化主体的引人注目的一页。①

汉地"亡人"在寄身草原游牧生活之后，也往往将自身的劳动生产技能贡献于新的环境，从而促进了农耕文明向外域的传播。

掘井技术能跨民族跨地区地传播，就是由于这样的条件。《史记》卷一二三《大宛列传》有如下记载：

> 贰师与赵始成、李哆等计："闻宛城中新得秦人，知穿井，而其内食尚多。所为来，诛首恶者毋寡。毋寡头已至，如此而不许解兵，则坚守，而康居候汉罢而来救宛，破汉军必矣。"军吏皆以为然，许宛之约。宛乃出其善马，令汉自择之，而多出食食给汉军。

① 参看王子今：《西汉长安的"胡巫"》，《民族研究》1997 年 5 期。

《汉书》卷六一《李广利传》则写道：

> 是时，康居候视汉兵尚盛，不敢进。贰师闻宛城中新得汉人，知穿井，而其内食尚多。计以为来诛首恶者毋寡，毋寡头已至，如此不许，则坚守，而康居候汉兵罢来救宛，破汉军必矣。军吏皆以为然，许宛之约。宛乃出其马，令汉自择之，而多出食食汉军。

一说“宛城中新得秦人，知穿井”，一说“宛城中新得汉人，知穿井”，所说“秦人”“汉人”，其实都是来自汉地的“亡人”。

《汉书》卷九四上《匈奴传上》说：“卫律为单于谋：‘穿井筑城，治楼以藏谷，与秦人守之。汉兵至，无奈我何。’即穿井数百，伐材数千。或曰胡人不能守城，是遗汉粮也，卫律于是止。”对于“与秦人守之”颜师古注：“秦时有人亡入匈奴者，今其子孙尚号‘秦人’。”匈奴通过汉“亡人”引入的多方面的技术，除“穿井”外，还包括“筑城”“治楼”“藏谷”等。军事技能方面，则有“守城”。

冶铁技术的传播很可能也通过“亡人”活动这一路径。西汉时期，中原在冶铁技术方面是超过匈奴的。匈奴史研究者指出，匈奴“手工业中最重要的当推冶铁业”，“当时匈奴人的冶铁业可能已经形成为一个独立的手工业部门”，不过，“从许多刀剑的形式酷似汉式的情形看来，不仅反映匈奴人的铁器文化受到汉族文化的很大影响，而且可以推断当时的铁匠大多也是来自中原的汉族匠人。”①

据《汉书》卷九六上《西域传上》记载，西域诸国中有的国家当时存在铁器制造业。如婼羌国“山有铁，自作兵，兵有弓、矛、服刀、剑、甲”，又难兜国“有银铜铁，作兵与诸国同”。然而《史记》卷一二三《大宛列传》记载，有的西域国家是从汉王朝传入铁器制作技术的：“自大宛以西至安息，……其地皆无丝漆，不知铸钱器。及汉使亡卒降，教铸作他兵器。”这里所说的“钱器”，裴骃《集解》引徐广说，

---

① 林幹：《匈奴史》修订本，内蒙古人民出版社 1979 年 1 月版，第 7 页；又《匈奴通史》，人民出版社 1986 年 8 月版，第 140 页。

也写作“铁器”。《汉书》卷九六上《西域传上》正是这样记录的：“不知铸铁器。及汉使亡卒降，教铸作它兵器。”“汉使亡卒降”的作用，值得我们特别注意。

《史记》卷一二○《汲郑列传》说，汉王朝与匈奴之间的物资交往，有严格的关禁制度：“及浑邪至，贾人与市者，坐当死者五百余人。”汲黯说：“愚民安知市买长安中物而文吏绳以为阑出财物于边关乎？”裴骃《集解》有这样的解释：“应劭曰：‘阑，妄也。《律》：‘胡市，吏民不得持兵器出关。’虽于京师市买，其法一也。’”对于汉律“胡市，吏民不得持兵器出关”的条文，《汉书》卷五○《汲黯传》颜师古注引应劭曰，又明确指出禁止出关的物资包括“铁”，即“兵器及铁”：“《律》：‘胡市，吏民不得持兵器及铁出关。’”可见，所谓“汉使亡卒降，教铸作它兵器”，正是“亡人”们在生产技术传播方面突破关禁，多有贡献的实证。[①]

通过对匈奴文化遗存的考古学考察，研究者注意到，“漠南匈奴遗存缺少城址和居址的发现，而蒙古和外贝加尔却多有发现，这与西汉中期匈奴帝国政治中心的北移有关，因为失去了中国北方地区这一南下贸易和劫掠的根据地，匈奴才可能建立一些定居的农业、手工业基地，以补充日常生活所需的粮食和用品。而在此之前，当他们力量强大，在长城地带建立王庭的时期，粮食物品的主要来源是汉的进贡、与汉的贸易以及掠夺。”[②] 匈奴物质文化特征的这一重大变化，还有另一重要因素，即来自汉地的“亡人”在匈奴社会生活和社会生产中发挥着不宜忽视的作用。

外贝加尔的伊沃尔加古城的居住遗址中发现石炉灶以及利用烟道取暖的设施。考古学者指出，“这类取暖设备显然是从中原地区的土炕学

---

① 参看王子今：《“镔铁”和张骞西行的动机》，《博览群书》2005 年 4 期。

② 马利清：《原匈奴、匈奴历史与文化的考古学探索》，内蒙古大学出版社 2005 年 3 月版，第 45 页至第 46 页。

来的。”城中还发现了结构与河南巩义汉代炉址相似的冶铁炉址。陶器的器形和制作方式与汉地相同。又有汉镜出土。刻有“党”“仇”“岁”“役”等汉字的砺石，也是有意义的遗存。“种种迹象表明汉代工匠活跃在这座城中。”1941 年发掘的哈卡斯自治共和国阿巴坎西南 12 公里的中国式宫殿。中央大殿有东西两部分，夯筑，墙壁、地面抹草泥土，室内地下有取暖管道。殿址周围发现大量建筑材料，使用汉式筒瓦、板瓦。有瓦当文字“天子千秋万岁常乐未央”。宫殿的主人，“苏联学者认为是李陵，中国学者又有王昭君长女须卜居次云、降匈奴的丁零王卫律以及云之丈夫须卜当等诸种猜测。”[①] 我们认为更重要的，可能不是宫殿的居住者，而是宫殿的设计者和建造者。这种完全为汉式风格的大型宫殿，建筑装修需用相当数量的工役，而且所有材料都需要就地或就近制作准备，如果没有人数充备、技能熟练的来自汉地的工匠，工程的完成是不可想象的。考察这样的古城遗址和古宫殿遗址，不能忽略“在匈奴中，处于被掳掠或是投降移居状态的中国农耕者”的作用。[②]

有学者曾经指出，历史记载告诉我们，“农业在匈奴的社会经济中，也占有一定的地位。”“匈奴人的农业受到汉族很大的影响，农业技术就是从汉人那里传入，而从事农业生产的劳动者，大多也是汉人。”[③] 有考古学者首先从分析匈奴遗址出土的生产工具及相关信息出发，也认为：“从使用汉人惯用的犁铧和镰刀等农具，以及治楼藏谷使用汉人来看，匈奴的农业在很大程度上受到汉人的影响，农业技术可能是从汉人那里传入，而从事农业生产者大多是汉人。”“匈奴境内当时必定有大批汉人，其生产生活方式仍保留或部分地保留着定居农耕的方式。”这

---

① 马利清：《原匈奴、匈奴历史与文化的考古学探索》，第 380 页至第 381 页。

② （苏）吉谢列夫：《蒙古的古代城市》，《苏联考古学》1957 年 2 期，第 92 页。转见马利清《原匈奴、匈奴历史与文化的考古学探索》，第 384 页，第 408 页。

③ 林幹：《匈奴通史》，第 138 页。

一情形，应当与所谓“逃亡匈奴的汉人数量不少”[①] 的历史现象联系起来分析。当然，匈奴地方的汉人劳动者也多有通过掳掠方式离开汉地的[②]，但是其中主动出境的“亡人”，应当在这种经济文化的交流中发挥着更积极的作用。

从民族文化交融的历史现象分析，有学者认为，汉地“亡人”进入匈奴地区，使得匈奴出现了“文化的新气象”。[③] 这样的认识，是大体符合历史真实的。匈奴“鼎盛”时期，曾经有“周边各族人口的大量融入”。当时“大量融入了异族人口”，成为“匈奴在西汉前期得以强盛的原因”。而“周边各族人口的逐渐分离”，致使“匈奴步步衰败，终至灭亡”。[④] 其实，“异族人口”的“分离”，也是匈奴“衰败”所造成的。由“汉地”融入的“人口”，不似其他草原游牧族有较强的机动性，也是显著的事实。而汉地“亡人”的“大量融入”，其实绝不仅限于人口数量增加的意义，而应当更多地从文化移植和技术传播的视角进行考察。

---

① 马利清：《原匈奴、匈奴历史与文化的考古学探索》，第 382 页，第 388 页，第 406 页。

② 林幹《匈奴通史》分析，“匈奴在汉朝沿边先后虏去了不少汉人。”从汉文帝时代到汉昭帝时，“最少当在十万口以上。”第 13 页至第 14 页。马长寿《论匈奴部落国家的奴隶制》认为，“匈奴所掠夺的汉族人口，虽然无法统计，然大体言之，至少也在二十万左右。”《历史研究》1954 年 5 期，《匈奴史论文选集》，中华书局 1983 年 8 月版，第 237 页。马长寿在《北狄与匈奴》一书中则写道：“当冒顿、老上单于时，匈奴所掠汉人奴隶至少有十多万”。桂林：广西师范大学出版社，2006 年，第 26 页。而据葛剑雄《中国人口史》第 1 卷《导论、先秦至南北朝时期》，“估计匈奴的人口总数不过五六十万”。上海：复旦大学出版社，2002 年，第 398 页。

③ 张元城：《西汉时期汉人流入匈奴及影响》，《中国边疆史地研究》2000 年 2 期。

④ 王庆宪：《匈奴盛时其境内非匈奴人口的构成》，《内蒙古社会科学》2003 年 1 期。

郭钦“剼胡子”“剿胡子”故事

《汉书》载录“大使五威将”王骏所率新莽“出西域”远征军败于焉耆，而戊己校尉郭钦“击杀”焉耆“老弱”，因功封“子”爵事。其名号可见“剼胡子”“剿胡子”之不同。“剼”“剿”两字，有注家指出因“转写”而异，字义本来是相通的。长沙五一广场汉简资料所见“摻”，“操”字形的异写，可以作为旁证。“剼”“剿”训诂，与“刈”“剿”有密切关系，均有杀绝的涵义。郭钦得到嘉奖封“剼胡子”“剿胡子”，体现了新莽集团执政者民族意识狭隘，民族政策惨厉。汉代通行名号中“胡”处于被贬斥地位，然而作为“剼”“剿”对象依然罕见。这种以极端残酷的手段，与丝绸之路史文化交融进程中亲和友好的主流是相逆的。

1　郭钦“击杀”焉耆“老弱”

《汉书》卷九六下《西域传下》记载，新莽时代与匈奴关系紧张，对西域的控制因政策不当，也出现危机。“莽易单于玺，单于恨怒，遂受狐兰支降，遣兵与共寇击车师，杀后城长，伤都护司马，及狐兰兵复还入匈奴。”在匈奴军事威胁压力下，戊己校尉属下的两位身份为“史”的军官陈良和终带杀害校尉刀护，投降匈奴。“时戊己校尉刀护病，遣史陈良屯桓且谷备匈奴寇，史终带取粮食，司马丞韩玄领诸壁，右曲候任商领诸垒，相与谋曰：‘西域诸国颇背叛，匈奴欲大侵，要死。

可杀校尉，将人众降匈奴。’即将数千骑至校尉府，胁诸亭令燔积薪，分告诸壁曰：‘匈奴十万骑来入，吏士皆持兵，后者斩！’得三四百人，去校尉府数里止，晨火爇。校尉开门击鼓收吏士，良等随入，遂杀校尉刀护及子男四人、诸昆弟子男，独遗妇女小儿。止留戊己校尉城，遣人与匈奴南将军相闻，南将军以二千骑迎良等。良等尽胁略戊己校尉吏士男女二千余人入匈奴。单于以良、带为乌贲都尉。”汉与匈奴的关系出现反复，王莽购求几名叛将，均予处决。然而后来因“复欺诈单于”致使外交失败，匈奴对长城防线全面进犯，而西域亦离散，脱离中原王朝控制。“后三岁，单于死，弟乌絫单于咸立，复与莽和亲。莽遣使者多赍金币赂单于，购求陈良、终带等。单于尽收四人及手杀刀护者芝音妻子以下二十七人，皆械槛车付使者。到长安，莽皆烧杀之。其后莽复欺诈单于，和亲遂绝。匈奴大击北边，而西域亦瓦解。焉耆国近匈奴，先叛，杀都护但钦，莽不能讨。”[①]

焉耆因“近匈奴”以致“先叛”，杀害都护但钦。由此后来成为新莽远征军惩罚的主要对象。焉耆在丝绸之路交通结构中的特殊地位[②]，应当也是首先成为新莽军战略目标的重要原因之一。《汉书》卷九六下《西域传下》记述了天凤三年（16）“出西域”“入焉耆”战事：

> 天凤三年，乃遣五威将王骏、西域都护李崇将戊己校尉出西域，诸国皆郊迎，送兵谷。焉耆诈降而聚兵自备。骏等将莎车、龟兹兵七千余人，分为数部入焉耆，焉耆伏兵要遮骏。及姑墨、尉犁、危须国兵为反间，还共袭击骏等，皆杀之。唯戊己校尉郭钦别将兵，后至焉耆。焉耆兵未还，钦击杀其老弱，引兵还。莽封钦为剿胡子。李崇收余士，还保龟兹。数年莽死，崇遂没，西域

① 《汉书》，第3926页至第3927页。

② 王子今：《焉耆在丝绸之路交通格局中的地位》，《唐都学刊》2018年1期。

因绝。[1]

新莽远征军主力因“焉耆伏兵要遮”以及“姑墨、尉犁、危须国兵为反间，还共袭击”，全面失利。最高统帅“五威将王骏”被杀，“西域都护李崇”“收余士，还保龟兹”，只有一支部队得利，“戊己校尉郭钦别将兵，后至焉耆”，利用“焉耆兵未还”的机会，“钦击杀其老弱，引兵还”。郭钦因此得封爵。

2 “劋胡子”“剿胡子”封号

与《汉书》卷九六下《西域传下》因“钦击杀其老弱”，于是“莽封钦为劋胡子”的记录有所不同，《汉书》卷九九中《王莽传中》：

> 是岁，遣大使五威将王骏、西域都护李崇将戊己校尉出西域，诸国皆郊迎贡献焉。诸国前杀都护但钦，骏欲袭之，命佐帅何封、戊己校尉郭钦别将。焉耆诈降，伏兵击骏等，皆死。钦、封后到，袭击老弱，从车师还入塞。莽拜钦为填外将军，封剿胡子，何封为集胡男。西域自此绝。[2]

《汉书》卷九六下《西域传下》“劋胡子”，《汉书》卷九九中《王莽传中》作“剿胡子”。《汉书》卷九六下《西域传下》颜师古注：“邓展曰：‘劋音衫。’师古曰：‘劋，绝也，音子小反。字本作剿，转写误耳。’”[3]《汉书》卷九九中《王莽传中》颜师古注：“剿音子小反。”[4]

《史记》卷八《高祖本纪》记载刘邦与项羽“相与临广武之间而语”，“汉王数项羽”十条罪状，其中有：“秦项羽矫杀卿子冠军而自尊，罪二。”司马贞《索隐》：“韦昭云：‘宋义之号。’如淳曰：‘卿

---

① 《汉书》，第3927页。
② 《汉书》，第4146页。
③ 《汉书》，第3928页。
④ 《汉书》，第4146页。

者，大夫之尊；子者，子男之爵；冠军，人之首也。尊宋义，故加此号。’”[①]《史记》卷三一《吴太伯世家》裴骃《集解》：“贾逵曰：‘周礼，王合诸侯享礼十有二牢，上公九牢，侯伯七牢，子男五牢。’”[②]《史记》卷四七《孔子世家》司马贞《索隐》：“周礼上公九牢，侯伯七牢，子男五牢。”[③] 而新莽时代赐封，“莽拜钦为填外将军，封剿胡子，何封为集胡男。”所谓“剿胡子”“集胡男”，正是王莽“专念稽古之事”[④] 设置的“子男之爵”。

《汉书》卷九六下《西域传下》说“西域因绝”，《汉书》卷九九中《王莽传中》说“西域自此绝”，都指出郭钦于焉耆“击杀其老弱”“袭击老弱”的残暴行为，是中原王朝丧失对西域控制权甚至完全断绝与西域联系的主要因由。丝绸之路交通竟因此一度中断。

3 “劋”即“剿”：五一广场简的旁证

长沙市文物考古研究所《湖南长沙五一广场东汉简牍发掘简报》公布了一批重要的东汉简牍。其中以“待事掾王纯叩头死罪白”起始的一件木牍文书值得注意。

这件木牍两面书写，计 228 字。编号为 J1③：169。发掘简报列为“例七”，执笔者释文如下：

> 待事掾王纯叩头死罪白。男子黄偒前贼杀男子左建亡，与杀人宿命贼郭幽等俱强盗女子王绥牛，发觉。纯逐捕偒、幽，偒、幽不就捕，各拔刀戟□□□□刺击。纯格杀偒、幽。到今年二月不处日，纯使至醴陵追故市亭长庆陆，不在，偒同产兄宗、宗弟禹

① 《史记》，第 376 页。
② 《史记》，第 1471 页。
③ 《史记》，第 1933 页。
④ 《汉书》卷九九中《王莽传中》，第 4131 页。

将二男子不处姓名，各掺兵，之纯门司候纯。三月不处日，宗、禹复至纯门。今月十三日（J1③：169A）

禹于纯对门李平舍欲徼杀纯，平于道中告语纯。纯使弟子便取刀矛自持。禹度平后落去。倗、禹仇怨。奉公，纯孤单，妻子羸弱，恐为宗、禹所贼害。唯明廷财省，严部吏考实宗、禹及二男子，谋议形执。纯愚戆惶恐叩头死罪死罪。

今为言，今开（第二次书写，系草体批示）

四月廿二日白（J1③：169B）

发掘简报写道：“按：此例所见为治安案情报告，书于木牍正反两面，形式与内容皆完整。”“发件人为临湘县待曹掾王纯，述男子黄倗杀死被害男子左建后逃亡，又与杀人惯犯郭幽合伙抢夺女子王绥的牛，事发。王纯率人追捕二犯，二犯拒捕反抗被击杀。次年二月某日，王纯出差到醴陵县不在家时，黄倗大哥黄宗、宗弟黄禹偕不知姓名二男子携带武器在王纯家门口守候。三月某日又再次出现。至四月十三日，黄禹改在王纯对门李平家附近守候，企图遮杀王纯，此时李平即在路途中将此事告知王纯，王纯即唤弟之子回家拿武器来自备防卫，禹随之离开。为此，王纯即写此报告，望县廷裁量，派更多官员参与调查，分析形势，采取对策。”①

发掘简报释文：“倗同产兄宗、宗弟禹将二男子不处姓名，各掺兵，之纯门司候纯。”执笔者写道：“掺，操持，《广雅·释言》：‘掺，操也。’掺兵，持兵器。”

细察图版，所谓“各掺兵”的“掺”，其实就是“操”字，可以直接释作“各操兵”。《史记》卷六九《苏秦列传》：“赵氏自操兵。”②《汉书》卷一下《高帝纪下》：“贾人毋得衣锦绣绮縠絺纻罽，操兵，乘

---

① 长沙市文物考古研究所：《湖南长沙五一广场东汉简牍发掘简报》，《文物》2013年6期。

② 《史记》，第2246页。

骑马。”颜师古注：“操，持也。兵，凡兵器也。”[①]《汉书》卷九四下《匈奴传下》：“大兴师数十万，使卫青、霍去病操兵，前后十余年。”颜师古注：“操，持也。”[②] 与王纯“白事”所言相类同的“操兵”上门复仇的史例，有《后汉书》卷七六《循吏列传·许荆》：“荆少为郡吏，兄子世尝报仇杀人，怨者操兵攻之。荆闻，乃出门逆怨者，跪而言曰：‘世前无状相犯，咎皆在荆不能训导。兄既早没，一子为嗣，如令死者伤其灭绝，愿杀身代之。’怨家扶荆起，曰：‘许掾郡中称贤，吾何敢相侵？’因遂委去。荆名誉益著。”[③] 另一具有参考意义的记载，即《后汉书》卷七七《酷吏列传·董宣》所见“操兵”“之”“门”事：“（董宣）累迁北海相。到官，以大姓公孙丹为五官掾。丹新造居宅，而卜工以为当有死者，丹乃令其子杀道行人，置尸舍内，以塞其咎。宣知，即收丹父子杀之。丹宗族亲党三十余人，操兵诣府，称冤叫号。宣以丹前附王莽，虑交通海贼，乃悉收系剧狱，使门下书佐水丘岑尽杀之。”[④] 董宣处置公孙丹事“虑交通海贼”的警惕，也值得我们关注。[⑤]

“操兵”的“操”，汉代书写习惯字形近“掺”。[⑥] 注意到这一点，使我们更容易理解“剹胡子”“剿胡子”因为“转写”出现变化的情形。

---

① 《汉书》，第 65 页。

② 《后汉书》卷三四《梁冀传》：“使尚书令尹勋持节勒丞郎以下皆操兵守省阁。”中华书局 1965 年 6 月版，第 1186 页。《后汉书》卷六七《党锢列传·张俭》：“外黄令毛钦操兵到门。”第 2210 页。

③ 《后汉书》，第 2472 页。

④ 《后汉书》，第 2489 页。王子今：《长沙五一广场出土待事掾王纯白事木牍考议》，《简牍》第 9 辑，上海古籍出版社 2014 年 10 月版。

⑤ 参看王子今、李禹阶：《汉代的“海贼”》，《中国史研究》2010 年 1 期；王子今：《居延简文“临淮海贼”考》，《考古》2011 年 1 期。

⑥ 王子今：《长沙五一广场出土待事掾王纯白事木牍考议》，《简牍》第 9 辑，上海古籍出版社 2014 年 10 月版。

4 “劖”“剽”“刈”“剿”：残暴的杀伐

“劖”“剽”的差异据说因“转写”生成。其字义，或说与“刈”，即使用金属器具的杀伐有关。

《集韵》卷四《衔韵》：“劖，刈也。汉有劖胡子。”[①] 直接以郭钦“劖胡子”故事为证。《说文·丿部》：“乂，芟艸也。”“刈，乂或从刀。”[②] “刈”字又用为杀伐铲除之义。《国语·吴语》：“今天王既封植越国，以明闻于天下，而又刈亡之，是天王之无成劳也。”[③] 《吕氏春秋·顺说》：“……兵之事也，刈人之颈，刳人之腹，隳人之城郭，刑人之父子也。”[④]《大戴礼记·用兵》：“圣人之用兵也，以禁残止暴于天下；其后世贪者之用兵也，以刈百姓，危国家。”卢辩注：“刈，翦。”王聘珍曰：“芟草曰刈。刈百姓者，视民如草芥也。”黄怀信按：“刈，犹杀也。”[⑤]

解说“劖”“剽”时，人们还会接触另一个相关的字“剿”。

《史记》卷二《夏本纪》：“天用剿绝其命。”[⑥] “剿绝”连说，与《汉书》卷九六下《西域传下》颜师古注“劖，绝也”说法是一致的。裴骃《集解》引孔安国说：“剿，绝也。”[⑦]《汉书》卷九六下《西域传

---

① 〔宋〕丁度撰：《集韵》，清文渊阁《四库全书》本，第 183 页。

② 〔汉〕许慎著，〔清〕段玉裁注：《说文解字注》，上海古籍出版社用经韵楼藏版 1981 年 10 月影印版，第 627 页。

③ 上海师范学院古籍整理组校点：《国语》，上海古籍出版社 1978 年 3 月版，第 594 页。

④ 许维遹撰，梁运华整理：《吕氏春秋集释》，中华书局 2009 年 9 月版，第 380 页。

⑤ 黄怀信主撰，孔德立、周海生参撰：《大戴礼记汇校集注》，三秦出版社 2004 年 8 月版，第 1197 页至第 1198 页。

⑥ 《史记》，第 84 页。

⑦ 《史记》，第 84 页。

下》颜师古注："劋，绝也，音子小反。字本作剿，转写误耳。""劋""剿"也就是"剿"。《集韵》卷三《宵韵》："勦，钞，剿，抄，摷，或作剿。"[①]

《说文·刀部》："剿，绝也。从刀，喿声。《周书》曰：'天用剿绝其命。'"段玉裁注："《夏书·甘誓》：'天用剿绝其命。'天宝以前本如是。《释文》曰：'剿，子六反。'《玉篇》'子小反'。马本作'剿'。宋开宝以前本如是。今《玉篇》：'剿，子小切。绝也。剿同上。'此顾希冯之旧也。自卫包改'剿'为'剿'。以《刀部》训'绝'之字。改为《力部》训'劳'之字，于是《五经文字·力部》曰：'剿见《礼记》，又见《夏书》。'而《刀部》反无'剿'字。开宝中改《释文》'剿'为'剿'，'剿'为'巢'。《群经音辨》《集韵》等皆云'剿，绝也'。重纰貤缪，莫能谌正。盖卫包当日改'剿'为从刀之'剿'犹可说也，改为从力之'勦'则不可说矣。《王莽传》：郭钦封剿胡子。又诏曰：将遣大司空征伐剿绝之矣。此用《夏书》也。《外戚传》：'命樔绝而不长。'此假借字也。《说文·水部》：'灑，读若《夏书》天用剿绝。'此必浅人以卫包本改之也。《曲礼》：'毋剿说。'字从刀，不从力。"[②] 又《说文·力部》："勦，劳也。从力，巢声。《春秋传》曰：'安用勦民。'"段玉裁注："昭九年《左传》：叔孙昭子曰：'《诗》云：经始勿亟，庶民子来，焉用速成，其以剿民也'。许檃栝其辞。按《刀部》'剿'字亦作'剿'。《礼记》：'母剿说。'与此从力字绝不同。俗多淆之。"[③]

段玉裁注言"又诏曰：将遣大司空征伐剿绝之矣"，即《汉书》卷九九下《王莽传下》记载地皇四年（23）王莽以镇压东方民众暴动为

---

① 〔宋〕丁度撰：《集韵》，清文渊阁《四库全书》本，第 116 页。
② 〔汉〕许慎著，〔清〕段玉裁注：《说文解字注》，第 181 页。
③ 〔汉〕许慎著，〔清〕段玉裁注：《说文解字注》，第 700 页。

主题的诏书：“又诏：‘太师王匡、国将哀章、司命孔仁、兖州牧寿良、卒正王闳、扬州牧李圣亟进所部州郡兵凡三十万众，迫措青、徐盗贼。纳言将军严尤、秩宗将军陈茂、车骑将军王巡、左队大夫王吴亟进所部州郡兵凡十万众，迫措前队丑虏。明告以生活丹青之信，复迷惑不解散，皆并力合击，殄灭之矣！大司空隆新公，宗室戚属，前以虎牙将军东指则反虏破坏，西击则逆贼靡碎，此乃新室威宝之臣也。如黠贼不解散，将遣大司空将百万之师征伐剿绝之矣！’”所谓“剿绝之”，颜师古注：“剿，截也。”上文说到“平林、新市、下江兵将王常、朱鲔等共立圣公为帝，改年为更始元年，拜置百官。莽闻之愈恐”，因“大风发屋折木”，群臣言：“乃庚子雨水洒道，辛丑清靓无尘，其夕谷风迅疾，从东北来。辛丑，巽之宫日也。巽为风为顺，后谊明，母道得，温和慈惠之化也。……诸欲依废汉火刘，皆沃灌雪除，殄灭无余杂矣。”[1]此言“殄灭无余杂”，王莽诏书也说“并力合击，殄灭之”，又说“反虏破坏”“逆贼靡碎”，皆与“征伐剿绝之”及“剿，截也”近义。读“雪除”“靡碎”“殄灭无余杂”诸语，如闻体现“征伐剿绝之”的极端意向的切齿之声。

王莽封郭钦“剼胡子”“剿胡子”其“剼”“剿”的意义，也可以因此得到有助于准确理解的条件。

5 关于“集胡男”

前引天凤三年（16）战事，“遣大使五威将王骏、西域都护李崇将戊己校尉出西域，诸国皆郊迎贡献焉。诸国前杀都护但钦，骏欲袭之，命佐帅何封、戊己校尉郭钦别将。焉耆诈降，伏兵击骏等，皆死。钦、封后到，袭击老弱，从车师还入塞。莽拜钦为填外将军，封剿胡子，何

---

① 《汉书》，第4180页至第4182页。

封为集胡男。”郭钦“剿胡子”与何封“集胡男”同时得封，而“剿胡”与“集胡”则意义不同。

所谓“集胡男”，“集”字有“和”“辑”“安”“止”诸义。《说文·雥部》：“雧，群鸟在木上也。从雥木。”段玉裁注：“引伸为凡聚之偁。汉人多假杂为集。”《说文·雥部》又写道：“集，雧或省。”段玉裁注：“今字作此。”[①] 所谓“集胡男”之“集”，有很大可能取“和”“辑”义，即和睦安定的意义。《史记》卷三七《卫康叔世家》：“武王已克殷纣，复以殷余民封纣子武庚禄父，比诸侯，以奉其先祀勿绝。为武庚未集，……”司马贞《索隐》：“集犹和也。”[②] 又《汉书》卷六《武帝纪》：“元封元年冬十月，诏曰：‘南越、东瓯咸伏其辜，西蛮北夷颇未辑睦，……’”颜师古注：“辑与集同。集，和也。”[③]《史记》卷五一《荆燕世家》：“太史公曰：荆王王也，由汉初定，天下未集，……”[④]《汉书》卷三五《荆燕吴传》：“赞曰：荆王王也，由汉初定，天下未集，……”颜师古注：“集，和也。”[⑤]《汉书》卷四八《贾谊传》：“此五学者既成于上，则百姓黎民化辑于下矣。”颜师古注：“辑与集同。辑，和也。”[⑥]《汉书》卷四九《冯奉世传》：“其所与并者六国，六国者，臣主皆不肖，谋不辑……”颜师古注：“辑与集同。辑，和也。”[⑦] 所谓“未集”“未辑睦”，更典型的史例见于《史记》卷六《秦始皇本纪》记载“坑儒”事件后，“始皇长子扶苏谏曰：‘天下初定，远方黔首未集，诸生皆诵法孔子，今上皆重法绳之，臣恐天下不安。唯上察之。’”又，“二世与赵高谋曰：‘朕年少，初即位，黔首未

---

① 〔汉〕许慎著，〔清〕段玉裁注：《说文解字注》，第 148 页。
② 《史记》，第 1589 页。
③ 《汉书》，第 189 页。
④ 《史记》，第 1898 页。
⑤ 《汉书》，第 1918 页。
⑥ 《汉书》，第 2249 页。
⑦ 《汉书》，第 3294 页。

集附……’”[①] 都说“集”的境界尚未达到。《史记》所见其他言“未集”文例，还有《史记》卷三三《鲁周公世家》：“武王克殷二年，天下未集。”[②]《史记》卷一三〇《太史公自序》：“天下未集，贾、泽以族，为汉藩辅。”[③]《史记》卷九七《郦生陆贾列传》：“君王宜郊迎，北面称臣，乃欲以新造未集之越，屈强于此。”[④] 何封所获“集胡男”封号的“集”，与“天下未集”“新造未集”的“集”，词义应当是一致的。

《晋书》卷六三《段匹磾传》写道：“及石氏之亡，末波之子勤鸠集胡羯得万余人，保枉人山，自称赵王，附于慕容儁。”[⑤] 这条记载出现“鸠集胡羯”字样，或可帮助我们理解“集胡”词义。

由“（王骏）命佐帅何封、戊己校尉郭钦别将”可知，何封原本地位在郭钦之上，而事后王莽的嘉奖封赏，却是“拜钦为填外将军，封剿胡子，何封为集胡男”，则郭钦列于前而何封位于后。这应当是因为“钦击杀其老弱”，施行了“剼胡”“剿胡”的残酷屠杀，实现了“填（镇）外”之功。而何封只是做了“集胡”，即可能主要以平和方式对焉耆残余民众安抚控制的工作。其性质，被看作郭钦“剼胡”“剿胡”的辅助。

6 汉代通行名号中“胡”的地位

理解“剿胡子”“集胡男”名号，可以与汉代通行命名方式所见涉及“胡”的资料比较。

---

① 《史记》，第 258 页，第 267 页。
② 《史记》，第 1516 页。
③ 《史记》，第 3311 页。
④ 《史记》，第 2697 页。
⑤ 《晋书》，中华书局 1974 年 11 月版，第 1712 页。

汉印资料可见“定胡军司马”。[①] 新莽时有“定胡将军”。[②]《汉书》可见“破胡侯”。[③]

西域又有“却胡侯”[④]“却胡都尉”“却胡君”[⑤]“击胡侯”[⑥]“击胡都尉”[⑦]“击胡君”[⑧]“击胡左右君”[⑨] 等。

史籍文献所见人名“破胡”者，有“任破胡”[⑩]“刘破胡”[⑪]“吕破胡”[⑫] 等。《急就篇》可见“郭破胡”。[⑬] 汉印资料又有“梁破胡”。[⑭] 居延汉简所见人名“破胡”有多例（5.18-255.22，11.9，11.10，67.1，104.29，159.22，EPT51：106，EPT51：199，EPT52：687，EPT56：189，EPT56：378，EPT57：12，EPT57：81，EPT58：45B，EPT58：48，EPT58：52，EPT58：82）。虽然其中有数枚简例指同一人者，但也足以体现以“破胡”命名风习的普及。

居延汉简资料可见边地军事设置有“霸胡亭”（3.4）、“破胡亭”

---

① 罗福颐编：《汉印文字征》，文物出版社 1978 年 9 月版，四：十四。

② 《汉书》卷九九中《王莽传中》，第 4121 页。并列有“诛貉将军”“讨秽将军”，与“定胡将军”类同。

③ 《汉书》卷一八《外戚恩泽侯表》，第 719 页；《汉书》卷七〇《陈汤传》，第 3028 页。《汉书》卷一八《外戚恩泽侯表》“讨狄侯”与“破胡侯”类同。第 719 页。

④ 《汉书》卷九六上《西域传上》，第 3875 页；《汉书》卷九六下《西域传下》，第 3918 页。

⑤ 《汉书》卷九六下《西域传下》，第 3911 页。

⑥ 《汉书》卷九六上《西域传上》，第 3898 页；《汉书》卷九六下《西域传下》，第 3911 页，第 3917 页，第 3918 页，第 3921 页。

⑦ 《汉书》卷九六下《西域传下》，第 3918 页。

⑧ 《汉书》卷九六下《西域传下》，第 3917 页，第 3918 页。

⑨ 《汉书》卷九六下《西域传下》，第 3918 页。

⑩ 《史记》卷二〇《建元以来侯者年表》，第 1149 页。

⑪ 《史记》卷二一《建元以来王子侯者年表》，第 1104 页。

⑫ 《汉书》卷七《昭帝纪》，第 219 页。

⑬ 管振邦译注，宙浩审校：《颜注急就篇译释》，南京大学出版社 2009 年 8 月版，第 81 页。

⑭ 罗福颐编：《汉印文字征》，文物出版社 1978 年 9 月版，四：十四。

(103.42)、"覆胡亭"（EPT59：2)、"斥胡仓"（148.3，148.48，273.8)、"击胡隧"（3.10)、"夷胡隧"（13.3，53.22，116.5，146.52，177.10)、"服胡隧"（14.26A)、"吞胡隧"（29.2)、"执胡隧"（40.20，41.16，49.22 - 185.3，55.8，55.22，56.29，72.44，117.30，145.38，157.2，157.12，161.1，179.4，203.35，EPT5：13，EPT8：18，EPT51：239，EPT51：273，EPT51：504，EPT51：523，EPT52：565，EPT57：71，EPT59：124A，EPT65：358，EPT65：359，EPF22：694)、"伐胡隧"（68.113，110.37，123.1B，173.28A，217.15-217.19，EPT3：1，EPT5：45A，EPT51：188，EPT51：212A，EPT51：234，EPT53：30，EPT59：255，EPT59：645)、"逆胡隧"(72.35，210.7，EPT5：181，EPT14：2，EPT52：205，EPT52：309，EPT55：13，EPT56：5)、"破胡隧"（118.1，EPT59：711)、"累胡隧"（457.3，EPT27：27，EPT58：28，ESC：36)、"胜胡□"(EPT57：77)、"伏胡隧"（ESC：33)、"乘胡隧"（ESC：41)、"殄胡隧"（ESC：42)、"却胡□"（ESC：148）等。[①]

对于"累胡"，有必要再作说明。"累"即"纍"，指绳索。《说文·糸部》："纍，缀得理也。一曰大索也。"段玉裁注："引申之，不以罪死曰纍。"[②]"纍"有拘系之义。《广雅》卷五《释言》："囚纍，拘也。"[③]《正字通》卷八《糸部》："被执拘系，有罪无罪者，皆曰纍。"[④]被执拘者，有"纍臣"称谓。《左传·僖公三十三年》："君之惠不以纍臣衅鼓，使归就戮于秦。"杜预注："纍，囚系也。"[⑤]这里的"纍臣"

---

① 谢桂华、李均明、朱国炤：《居延汉简释文合校》，文物出版社 1987 年 1 月版；张德芳主编：《居延新简集释》，甘肃文化出版社 2016 年 6 月版。

② 〔汉〕许慎著，〔清〕段玉裁注：《说文解字注》，第 656 页。

③ 〔三国〕张揖撰：《广雅》，明刻本，第 16 页。

④ 〔明〕张自烈撰：《正字通》，清康熙二十四年清畏堂刻本，第 1541 页。

⑤ 《春秋左传集解》，上海人民出版社 1977 年 8 月版，第 409 页至第 410 页。"累臣"称谓，汉代文献依然可见。马王堆帛书《战国纵横家书·苏秦谓齐王章（二）》："始也，燕累臣以求挚（质）。"整理小组注释："累，拘禁。"马王堆汉墓帛书整理小组编：《马王堆汉墓帛书·战国纵横家书》，文物出版社 1976 年 12 月版，第 31 页至第 32 页。

是指战俘。居延烽燧名称中，“累胡”与出现最多的“执胡”，意思是相近的。

我们看到，汉代涉及“胡”的名号，用“定胡”“破胡”“却胡”“击胡”“霸胡”“覆胡”“斥胡”“夷胡”“服胡”“吞胡”“执胡”“逆胡”“累胡”“胜胡”“伏胡”“乘胡”“殄胡”等，均言战胜“胡”、平定“胡”、消灭“胡”、征服“胡”，限于以军事手段与战争方式克服之，与“剹胡”“剿胡”残暴杀戮是不同的。当时社会国家意识和民族意识的主流，似乎是将“胡”看作平等的军事竞争的对手，而并非屠杀的对象的。而郭钦“击杀其老弱”“袭击老弱”行为完全对应其封号“剹”“剿”字义。王莽对郭钦的嘉奖，体现出王莽民族情感的狭隘与执政理念的偏执，其手法之残酷，即所谓“行骄夏癸，虐烈商辛”[①]，形成了“汉武劳神，图远甚勤”，“宣承其末，乃施洪德”[②] 以来的历史倒退。[③] 王莽封郭钦“剹胡子”“剿胡子”的边疆政策和民族政策导向，与丝绸之路史文化交融进程中亲和友好的主流显然是相逆的。

考察丝绸之路史以及与此相关的汉代边疆史与汉代民族史，应当注意新莽时期郭钦“剹胡子”“剿胡子”故事及相关迹象所体现的历史波折。[④]

---

① 《汉书》卷一〇〇下《叙传下》，第 4270 页。

② 《汉书》卷一〇〇下《叙传下》，第 4267 页，第 4268 页。

③ 王莽更改地名，五原郡成宜，“莽曰艾虏”。《汉书》卷二八下《地理志下》，第 1619 页。“艾虏”即“刈虏”，也可以作为理解郭钦封号“剹胡”“剿胡”意义的参考。

④ 王子今：《郭钦“剹胡子”“剿胡子”辨——汉代丝绸之路史与西域民族关系史一个断面的考察》，《丝路文明》第 3 辑，上海古籍出版社 2018 年 9 月版。

汉代的“商胡”“贾胡”“酒家胡”

汉代商业经营有出身“胡”的外族人士参与。文献记载所见“贾胡”“商胡”称谓反映了这一现象。乐府诗所见“酒家胡”身份，则体现少数民族出身者从事都市饮食服务业经营的情形。分析相关史实，对于全面认识汉代民族关系和经济生活，都是有益的。

1　商胡贩客，日款于塞下

《后汉书》卷八八《西域传》篇末有以“论曰”形式发表的对于西域问题的总结性文字：“论曰：西域风土之载，前古未闻也。汉世张骞怀致远之略，班超奋封侯之志，终能立功西遐，羁服外域。自兵威之所肃服，财赂之所怀诱，莫不献方奇，纳爱质，露顶肘行，东向而朝天子。故设戊己之官，分任其事；建都护之帅，总领其权。先驯则赏籝金而赐龟绶，后服则系头颡而衅北阙。立屯田于膏腴之野，列邮置于要害之路。驰命走驿，不绝于时月；商胡贩客，日款于塞下。其后甘英乃抵条支而历安息，临西海以望大秦，拒玉门、阳关者四万余里，靡不周尽焉。若其境俗性智之优薄，产载物类之区品，川河领障之基源，气节凉暑之通隔，梯山栈谷绳行沙度之道，身热首痛风灾鬼难之域，莫不备写情形，审求根实。”其中关于中土与西域相互往来的说法引人注目：

驰命走驿，不绝于时月；商胡贩客，日款于塞下。

中原王朝往西北，“驰命走驿”传达着王命。西域地方往中土，则“商胡贩客”有积极的表现。前者“不绝于时月”，后者“日款于塞下”，似乎有更为密集的活动频度。

《东观汉记》卷一六《李恂传》写道：“（李恂）复征为西域副校尉。西域殷富，多珍宝，诸国侍子及督使贾胡数遗恂奴婢、宛马、金银、香罽之属，一无所受。”[①]《后汉书》卷五一《李恂传》亦记载：“后复征拜谒者，使持节领西域副校尉。西域殷富，多珍宝，诸国侍子及督使贾胡数遗恂奴婢、宛马、金银、香罽之属，一无所受。”所谓“督使贾胡”，李贤注：“督使，主蕃国之使也。贾胡，胡之商贾也。”[②]这些贿赂李恂的“贾胡”们，很可能有“款于塞下”，在汉边境经商的业务。

关市，曾经在汉帝国边疆地区发生过积极的经济作用。[③]关市贸易谋取商业利润的“商胡贩客”因此活跃。西汉时期有聂翁壹“出物与匈奴交”故事。[④]又有贵族“坐买塞外禁物罪”受到处罚的案例。[⑤]《汉书》卷六四上《主父偃传》称之为“外市”，颜师古注引张晏曰：“与外国交市已利。”[⑥]然而，所谓“匈奴贪，尚乐关市，耆汉财物，汉亦尚关市不绝以中之”[⑦]，似可体现匈奴方面对边境贸易有更积极的态

---

① 〔东汉〕刘珍等撰，吴树平校注：《东观汉记校注》，中州古籍出版社1987年3月版，第708页。

② 《后汉书》，第1683页至第1684页。

③ 王子今、李禹阶：《汉代北边的“关市”》，《中国边疆史地研究》2007年3期。

④ 《史记》卷一一〇《匈奴列传》。裴骃《集解》引《汉书音义》曰：“私出塞与匈奴交市。”中华书局1959年9月版，第2905页。“出物与匈奴交”，《汉书》卷九四上《匈奴传上》作“出物与匈奴交易”。中华书局1962年6月版，第3765页。

⑤ 《史记》卷一八《高祖功臣侯者年表》，第940页。

⑥ 《汉书》，第2601页至第2602页。

⑦ 《史记》卷一一〇《匈奴列传》，第2905页。《汉书》卷九四上《匈奴传上》作：“匈奴贪，尚乐关市，耆汉财物，汉亦通关市不绝以中之。”第3765页。

度。于是有“胡市”的存在。称“胡市”者，可能设置在胡地，而“商胡贩客”应当更为活跃。《史记》卷一二〇《汲郑列传》裴骃《集解》引应劭曰：“阑，妄也。律，胡市，吏民不得持兵器出关。虽于京师市买，其法一也。”[①]《汉书》卷五〇《汲黯传》颜师古注则引作：“阑，妄也。律，胡市，吏民不得持兵器及铁出关。虽于京师市买，其法一也。”[②]都说到汉律对“胡市”贸易的规定。“胡市”见诸史籍者，又有《续汉书·百官志五》刘昭《注补》引应劭《汉官》所谓“岁时胡市焉”[③]，《后汉书》卷七三《刘虞传》所谓“开上谷胡市之利”[④]，以及《后汉书》卷九六《鲜卑传》、《三国志》卷三〇《魏书·鲜卑传》裴松之注引《魏书》“通胡市”的记载。[⑤]

这种边境交易有时是执政者的行为，与商人可能没有直接关系。如《后汉书》卷八九《南匈奴列传》：“元和元年，武威太守孟云上言北单于复愿与吏人合市，诏书听云遣驿使迎呼慰纳之。北单于乃遣大且渠伊莫訾王等，驱牛马万余头来与汉贾客交易。”[⑥]汉王朝一方的交易人是“贾客”，而塞外一方的交易人则是部族首领。又如《三国志》卷三〇《魏书·鲜卑传》：“比能帅部落大人小子代郡乌丸修武卢等三千余骑，驱牛马七万余口交市。”[⑦]也反映了大致同样的情形。

《后汉书》卷三一《孔奋传》说到东汉初期河西形势：“时天下扰乱，唯河西独安，而姑臧称为富邑，通货羌胡，市日四合[⑧]，每居县

---

① 《史记》，第3110页。
② 《汉书》，第2321页。
③ 《后汉书》，第3626页。
④ 《后汉书》，第2354页。
⑤ 《后汉书》，第2986页，《三国志》，第837页。
⑥ 《后汉书》，第2950页。
⑦ 《三国志》，第838页至第839页。
⑧ 李贤注：“古者为市，一日三合。《周礼》曰：‘大市日侧而市，百族为主。朝市朝时而市，商贾为主。夕市夕时而市，贩夫贩妇为主。’今既人货殷繁，故一日四合也。”第1098页。

者，不盈数月辄致丰积。”所谓“通货羌胡”，当有“羌胡”商人参与这种经济活动。

居延汉简可见记录“贾车”出入的简文：

> 日食时贾车出
>
> 日东中时归过（甲附14B）[①]

所谓“贾车”，似是商贾用车。只是车主的族属并不清楚。[②] 又据《后汉书》卷九〇《乌桓传》记载：“顺帝阳嘉四年冬，乌桓寇云中，遮截道上商贾车牛千余两。”北边地区“商贾车牛”的活跃，不排除有“商胡”参与创造商贸繁盛的情形。

2　商贾胡貊，天下四会

马援南征“武陵五溪蛮夷”，进军艰难，时有指挥不力的批评。《后汉书》卷二四《马援传》有这样的记载：

> 初，军次下隽，有两道可入，从壶头则路近而水崄，从充则涂夷而运远，帝初以为疑。及军至，耿舒欲从充道，援以为弃日费粮，不如进壶头，扼其喉咽，充贼自破。以事上之，帝从援策。三月，进营壶头。贼乘高守隘，水疾，船不得上。会暑甚。士卒多疫死，援亦中病，遂困，乃穿岸为室，以避炎气。贼每升险鼓噪，援辄曳足以观之，左右哀其壮意，莫不为之流涕。耿舒与兄好畤侯弇书曰：“前舒上书当先击充，粮虽难运而兵马得用，军人数万争欲先奋。今壶头竟不得进，大众怫郁行死，诚可痛惜。前到临乡，贼无故自致，若夜击之，即可殄灭。伏波类西域贾胡，到一处辄止，

① 谢桂华、李均明、朱国炤：《居延汉简释文合校》，文物出版社1987年1月版，第671页。

② 这枚简的A面文字为：“肩水金关印曰氐池右尉，平利里吕充等五人。”所谓“吕充等五人”与B面简文“贾车”的关系尚不明朗。

以是失利。今果疾疫，皆如舒言。”弇得书，奏之。帝乃使虎贲中郎将梁松乘驿责问援，因代监军。会援病卒，松宿怀不平，遂因事陷之。帝大怒，追收援新息侯印绶。

对于马援进击迟缓以致“失利”的指责，有“类西域贾胡，到一处辄止”的说法。李贤注：“言似商胡，所至之处辄停留。”

关于“商”和“贾”，以往有“行曰商，止曰贾”，即行游为商，止居为贾的说法。《周礼·天官·大宰》：“大宰之职，掌建邦之六典，以佐王治邦国。……以九职任万民，……六曰商贾。”郑玄注“行曰商，处为贾。”[①] 又《周礼·地官·司市》：“司市掌市之治教政刑，量度禁令。……以商贾阜货而行布。”郑玄注：“通物曰商，居卖物曰贾。”[②] 张衡《西京赋》：“尔乃商贾百族，裨贩夫妇，鬻良杂苦，蚩眩边鄙。”薛综注：“坐者为商，行者为贾。”[③] 《白虎通义》卷七《商贾》：“商贾，何谓也？商之为言商也。商其远近，度其有亡，通四方之物，故谓之商也。贾之为言固也。固有其用物，以待民来，以求其利者也。行曰商，止曰贾。《易》曰：‘先王以至日闭关，商旅不行，后不省方。’《论语》曰：‘沽之哉，沽之哉，我待价者也。’即如是，《尚书》曰‘肇牵车牛，远服贾用’何？言远行可知也。方言‘钦厥父母’，欲留供养之也。”[④]

《马援传》说“西域贾胡”，李贤注称“言似商胡”，可知“商胡”和“贾胡”其实并没有严格的区别。

东汉初期长安地方“贾胡”的表现，《东观汉记》卷一〇《杨正

---

① 〔清〕阮元校刻：《十三经注疏》，中华书局据原世界书局缩印本 1980 年 10 月影印版，第 647 页。

② 〔清〕阮元校刻：《十三经注疏》，第 734 页。

③ 〔梁〕萧统编，〔唐〕李善注：《文选》，中华书局据胡克家刻本 1977 年 11 月缩小影印版，第 42 页。

④ 〔清〕陈立：《白虎通疏证》，吴则虞点校，中华书局 1994 年 8 月版，第 346 页至第 347 页。

传》有所反映：

> 杨正为京兆功曹，光武崩，京兆尹出，西域贾胡共起帷帐设祭，尹车过帐，贾牵车令拜。尹疑止车，正在前导曰："礼，天子不食支庶，况夷狄乎！"敕坏祭，遂去。[①]

看来"西域贾胡"在长安一定的组织方式，有群体性的活动，甚至不畏惧地方行政长官。稍晚又可看到"贾胡"在内地结成武装暴力集团的情景，如《晋书》卷六九《刘隗传》："（刘）畴，字王乔，少有美誉，善谈名理。曾避乱坞壁，贾胡百数欲害之，畴无惧色，援笳而吹之，为《出塞》《入塞》之声，以动其游客之思。于是群胡皆垂泣而去之。"[②] 这样在乱世既自卫亦害人的集团，其规模至于"百数"人。而闻"《出塞》《入塞》之声"乃动"游客之思"，以致"皆垂泣而去之"的情形，也体现出其情感倾向的一致性。

关于汉代活动于内地的"西域贾胡"，《后汉书》卷三四《梁冀传》有一则具体的史例："冀乃大起第舍，而寿亦对街为宅，殚极土木，互相夸竞。堂寝皆有阴阳奥室，连房洞户。柱壁雕镂，加以铜漆；窗牖皆有绮疏青琐，图以云气仙灵。台阁周通，更相临望；飞梁石蹬，陵跨水道。金玉珠玑，异方珍怪，充积臧室。远致汗血名马。又广开园囿，采土筑山，十里九坂，以像二崤，深林绝涧，有若自然，奇禽驯兽，飞走其间。冀、寿共乘辇车，张羽盖，饰以金银，游观第内，多从倡伎，鸣钟吹管，酣讴竟路。或连继日夜，以骋娱恣。客到门不得通，皆请谢门

① 《东观汉记校注》，第 379 页。吴树平校注标点作："光武崩，京兆尹出西域，贾胡共起帷帐设祭……"分断"西域贾胡"，似有不妥。

② 《晋书》，第 1841 页。《艺文类聚》卷四四引曹嘉之《晋书》作"援笳而吹之，为《出塞》之声"，不言《入塞》。上海古籍出版社 1965 年 11 月版，第 795 页。文渊阁《四库全书》本《太平御览》卷五八一引文同。上海涵芬楼影印宋本《太平御览》卷五八一引曹嘉之《晋书》则作"援笳而吹之，为《出塞》《入塞》之声"。〔宋〕李昉等撰：《太平御览》，中华书局用上海涵芬楼影印宋本 1960 年 2 月复制重印版，第 2620 页。

者，门者累千金。又多拓林苑，禁同王家，西至弘农，东界荥阳，南极鲁阳，北达河、淇，包含山薮，远带丘荒，周旋封域，殆将千里。又起菟苑于河南城西，经亘数十里，发属县卒徒，缮修楼观，数年乃成。”林苑之禁，又有极其严厉的处置方式：

> 移檄所在，调发生菟，刻其毛以为识，人有犯者，罪至刑死。尝有西域贾胡，不知禁忌，误杀一兔，转相告言，坐死者十余人。①

所谓“西域贾胡”，生活方式如田猎等，一同当地汉人。只是“不知”豪家“禁忌”，致使多人“坐死”。

东汉晚期京师地方“贾胡”聚居的情形，还可以通过《三国志》卷二一《魏书·傅嘏传》裴松之注引《傅子》的记述得以说明：

> 河南尹内掌帝都，外统京畿，兼古六乡六遂之士。其民异方杂居，多豪门大族，商贾胡貊，天下四会，利之所聚，而奸之所生。②

所谓“商贾胡貊，天下四会”，体现了当时洛阳作为世界都市的文化气象。

3 外交使团中的“蛮夷之贾”

《三国志》卷二四《崔林传》的记载：“迁大鸿胪。龟兹王遣侍子来朝，朝廷嘉其远至，褒赏其王甚厚。余国各遣子来朝，间使连属，林恐所遣或非真的，权取疏属贾胡，因通使命，利得印绶，而道路护送，所损滋多。劳所养之民，资无益之事，为夷狄所笑，此曩时之所患也。

---

① 《后汉书》，第1181页至第1182页。

② 《三国志》，第624页。《太平御览》卷二五二引《魏志》曰：“傅嘏，字兰石，为河南尹，内掌帝都，外统宗畿，兼主六乡六遂之士。其民异方杂居，多豪门大族，商贾胡貊，天下四会，利之所聚，而奸之所生也。”第1188页。

乃移书燉煌喻指，并录前世待遇诸国丰约故事，使有恒常。”[1] 所说“曩时”旧例“权取疏属贾胡，因通使命”者，也反映“贾胡”往来中土的方便。

《崔林传》所说，虽然已经是曹魏故事。然而以“贾胡”杂入使团的情形，在西汉时已经出现。

例如，《汉书》卷九六上《西域传上》关于罽宾国外交，写道：“成帝时，复遣使献谢罪，汉欲遣使者报送其使，杜钦说大将军王凤曰：‘前罽宾王阴末赴本汉所立，后卒畔逆。夫德莫大于有国子民，罪莫大于执杀使者，所以不报恩，不惧诛者，自知绝远，兵不至也。有求则卑辞，无欲则娇嫚，终不可怀服。凡中国所以为通厚蛮夷，惬快其求者，为壤比而为寇也。今县度之厄，非罽宾所能越也。其乡慕，不足以安西域；虽不附，不能危城郭。前亲逆节，恶暴西域，故绝而不通；今悔过来，而无亲属贵人，奉献者皆行贾贱人，欲通货市买，以献为名，故烦使者送至县度，恐失实见欺。凡遣使送客者，欲为防护寇害也。起皮山南，更不属汉之国四五，斥候士百余人，五分夜击刀斗自守，尚时为所侵盗。驴畜负粮，须诸国禀食，得以自赡。国或贫小不能食，或桀黠不肯给，拥强汉之节，馁山谷之间，乞丐无所得，离一二旬则人畜弃捐旷野而不反。又历大头痛、小头痛之山，赤土、身热之阪，令人身热无色，头痛呕吐，驴畜尽然。又有三池、盘石阪，道狭者尺六七寸，长者径三十里。临峥嵘不测之深，行者骑步相持，绳索相引，二千余里乃到县度。畜队，未半坑谷尽靡碎；人堕，势不得相收视。险阻危害，不可胜言。圣王分九州岛，制五服，务盛内，不求外。今遣使者承至尊之命，送蛮夷之贾，劳吏士之众，涉危难之路，罢弊所恃以事无用，非久长计也。使者业已受节，可至皮山而还。’于是凤白从钦言。”[2] 杜钦的

---

① 《三国志》，第680页。《太平御览》卷二三二引《魏志》无“恒常”之“常”字，又“间使连属”作“问使连属”。第1101页。

② 《汉书》，第3886页至第3887页。

说法，为王凤所认同。其中关于罽宾使团构成，杜钦指出的两点值得注意：

> 1. 今悔过来，而无亲属贵人，奉献者皆行贾贱人，欲通货市买，以献为名……
>
> 2. 今遣使者承至尊之命，送蛮夷之贾，劳吏士之众，涉危难之路，罢弊所恃以事无用，非久长计也。

杜钦指出其“奉献者皆行贾贱人”，远行的直接目的是“欲通货市买”。这样的外交使者，实际上是“蛮夷之贾”。

这样以商人杂入外交使团的情形，是外交史上值得研究者注意的情形。其实，汉王朝也曾经出现使团成员以谋求私利为“求使”目的的现象。如《史记》卷一二三《大宛列传》写道：“自博望侯开外国道以尊贵，其后从吏卒皆争上书言外国奇怪利害，求使。天子为其绝远，非人所乐往，听其言，予节，募吏民毋问所从来，为具备人众遣之，以广其道。来还不能毋侵盗币物，及使失指，天子为其习之，辄覆案致重罪，以激怒令赎，复求使。使端无穷，而轻犯法。其吏卒亦辄复盛推外国所有，言大者予节，言小者为副，故妄言无行之徒皆争效之。其使皆贫人子，私县官赍物，欲贱市以私其利外国。”所谓“私县官赍物，欲贱市以私其利外国”，严格说来，当然也是一种特殊的商业行为。

4 关于“酒家胡”

南朝陈徐陵编《玉台新咏》卷一有“辛延年《羽林郎》诗一首”，宋人郭茂倩编《乐府诗集》卷六三《杂曲歌辞三》收入，题《羽林郎》，作者署“后汉辛延年”。诗句讲述了霍将军家奴倚势“调笑酒家胡”的故事：“昔有霍家奴，姓冯名子都。依倚将军势，调笑酒家胡。胡姬年十五，春日独当垆。长裾连理枝，广袖合欢襦。头上蓝田玉，耳后大秦珠。两鬟何窕窕，一世良所无。一鬟五百万，两鬟千万余。不意金吾子，娉婷过我庐。银鞍何煜爚，翠盖空踟蹰。就我求清酒，丝绳提玉壶。就我求珍肴，金盘鲙鲤鱼。贻我青铜镜，结我红罗裾。不惜红罗裂，何论轻贱躯。男儿爱后妇，女子重前夫。人生有新故，贵贱不相逾。多谢金吾子，私爱徒区区。”“辛延年《羽林郎》”，被看作汉乐府的名篇。

郭茂倩题解试图说明汉代“羽林郎”制度：“《汉书》曰：‘武帝太初元年，初置建章营骑，后更名羽林骑，属光禄勋。又取从军死事之子孙，养羽林官，教以五兵，号羽林孤儿。’颜师古注：‘羽林宿卫之官，言其如羽之疾，如林之多。一说羽所以为主者羽翼也。’[①]《后汉书·百官志》曰：‘羽林郎，掌宿卫侍从，常选汉阳、陇西、安定、北地、上郡、西河六郡良家补之。’[②]《地理志》曰：‘汉兴，六郡良家子选羽林’是也。[③] 又有《胡姬年十五》，亦出于此。”[④]《乐府诗集》卷六一《杂曲歌辞一》题下有文字说明：“《宋书·乐志》曰：‘古者天子听政，使公卿大夫献诗，耆艾修之，而后王斟酌焉。’”[⑤] 下文又说：“汉魏之世，歌咏杂兴，而诗之流乃有八名：曰行，曰引，曰歌，曰谣，曰吟，曰咏，曰怨，曰叹，皆诗人六义之余也。”又说：“杂曲者，历代有之，

---

① 《汉书》卷一九上《百官公卿表上》：“羽林掌送从，次期门，武帝太初元年初置，名曰建章营骑，后更名羽林骑。又取从军死事之子孙养羽林，官教以五兵，号曰羽林孤儿。羽林有令丞。宣帝令中郎将、骑都尉监羽林，秩比二千石。”颜师古注：“羽林，亦宿卫之官，言其如羽之疾，如林之多也。一说羽所以为王者羽翼也。”第727页至第728页。

② 《续汉书·百官志二》：“羽林中郎将，比二千石。本注曰：主羽林郎。羽林郎，比三百石。本注曰：无员。掌宿卫侍从。常选汉阳、陇西、安定、北地、上郡、西河凡六郡良家补。”《后汉书》，第3576页。

③ 《汉书》卷二八下《地理志下》：“汉兴，六郡良家子选给羽林、期门，以材力为官，名将多出焉。”第1644页。

④ 〔宋〕郭茂倩：《乐府诗集》，中华书局1979年11月版，第909页。

⑤ 《宋书》卷一九《乐志一》：“古者天子听政，使公卿大夫献诗，耆艾修之，而后王斟酌焉。”中华书局1974年10月版，第550页。以下680字，中华书局《乐府诗集》标点本均引作《宋书·乐志》出，误。

或心志之所存，或情思之所感，或宴游欢乐之所发，或忧愁愤怨之所兴，或叙离别悲伤之怀，或言征战行役之苦，或缘于佛老，或出自夷虏。兼收备载，故总谓之‘杂曲’。”[①] 所谓“心志”“情思”，“忧愁愤怨”云云，切近多数“杂曲”主题。而“或出自夷虏”语，尤其值得辛延年《羽林郎》研究者关注。

有关辛延年《羽林郎》的研究，曾经发生激烈争论。焦点在于阶级感情和阶级立场的分析。有学者以为，“酒家胡”即“当垆”“胡姬年十五”者的态度，“含有阶级敌意”。有的讨论，甚至“上升为政治批判”。[②] 尽管争议热烈，但是讨论者对于辛延年《羽林郎》的年代判断，大体认同创作于汉代的说法。

人们讨论辛延年《羽林郎》，或说其中“蕴藏着丰富而鲜明的‘民主性的精华’”，而“胡姬的庄严形象”即“人民的形象”[③]，或说《羽林郎》“歌颂了两汉劳动妇女的反抗精神”[④]，或说“《羽林郎》中的酒家胡女有不可侵犯的尊严”，表现出“在道德人格上的伟大”[⑤]。也许诗中女子的族属及其以“酒家”为标识的生存方式更值得我们注意。

黄节指出：“两汉称胡者不止北方之种。《后汉书·马援传》：‘伏波类西域贾胡，到一处辄止。’是西域诸种亦称胡。此言酒家胡，盖即西域贾胡也。”[⑥] 聂石樵又据诗句中所见“大秦珠”强化其论证：“酒家胡，并非泛指中原之外的民族，而是具体指西域之民族。西域之民族杂居内地，多以商贾为业，号称‘西域贾胡’。《后汉书》卷一百十八

① 《乐府诗集》，第 884 页至第 885 页。

② 曹道衡、刘跃进：《先秦两汉文学史料学》，中华书局 2005 年 2 月版，第 412 页至第 413 页。

③ 萧涤非：《评〈羽林郎〉解说中的错误》，《文史哲》1955 年 3 期，收入《乐府诗词论薮》，齐鲁书社 1985 年 5 月版，第 31 页，第 39 页，第 41 页。

④ 张永鑫：《汉乐府研究》，江苏古籍出版社 1992 年 6 月版，第 187 页。

⑤ 赵敏俐：《汉代诗歌史论》，吉林教育出版社 1995 年 12 月版，第 193 页至第 194 页。

⑥ 黄节：《汉魏乐府风笺》，中华书局 2008 年 1 月版，第 263 页。

《西域传》：‘商胡贩客，日款于塞下。’因此诗中之胡女，应即西域人。而且从其妆饰看，有所谓‘大秦珠’者，《后汉书·西域传》关于大秦国之记载云：‘其人民皆长大平正，有类中国，故谓之大秦。土多金银奇宝，有夜光璧、明月珠、骇鸡犀、珊瑚、虎魄、琉璃、琅玕、朱丹、青碧。刺金缕绣，织成金缕罽、杂色绫……’这段文献记载，可以和诗中胡女之妆饰相印证，说明此胡女确属西域人。”[①]

《羽林郎》中“酒家胡”究竟是“具体指西域之民族”，或是“泛指中原之外的民族”，还可以讨论。但是确指非汉人的少数民族，应是没有疑义的。我们并不清楚所谓“胡姬年十五，春日独当垆”是否继续着她们在故乡的经营方式。但是我们确知在汉地是有妙龄女子“当垆”的情形的。最典型的就是卓文君故事。[②] 这种形式有吸引顾客的用意。[③] 由前引“此言酒家胡，盖即西域贾胡也”的意见，似乎也有理由推定，汉代“商胡”“贾胡”们的基本经营形式，与汉人商贾比较，是存在一致性的。然而这些外族商人亦有活动风格的个性。敦煌汉简可见：

---

① 聂石樵：《先秦两汉文学史稿·两汉卷》，北京师范大学出版社 1994 年 4 月版，第 381 页。

② 《史记》卷一一七《司马相如列传》：“相如与俱之临邛，尽卖其车骑，买一酒舍酤酒，而令文君当炉。相如身自著犊鼻裈，与保庸杂作，涤器于市中。卓王孙闻而耻之，为杜门不出。”第 3000 页。《汉书》卷五七上《司马相如列传上》也写道：“相如与俱之临邛，尽卖车骑，买酒舍，乃令文君当卢。相如身自著犊鼻裈，与庸保杂作，涤器于市中。卓王孙耻之，为杜门不出。”第 2531 页。汉人因此“耻之”的情感反应，是值得注意的。不仅“卓王孙耻之”，卓文君自己在《长卿诔》中也有“永托为妃兮不耻当垆”的咏叹。〔明〕梅鼎祚《西汉文纪》卷二二。有学者指出此文“可能系后人伪托”。踪凡编：《司马相如资料汇编》，中华书局 2008 年 11 月版，第 3 页。然而也可以作为考察民间传统意识的参考。

③ 〔宋〕王楙《野客丛书》卷一五“设法”条写道：“今用女倡卖酒，名曰‘设法’。或者谓汉晋未闻。仆谓此即卓文君当垆之意。晋人阮氏醉卧酒垆妇人侧。司马道子于园内为酒垆列肆，使姬人酤鬻酒肴是矣。”〔宋〕王楙，王文锦点校：《野客丛书》，中华书局 1987 年 7 月版，第 164 页。

□ 降归义乌孙女子
复裙献驴一匹骍牡
两抾齿□岁封颈以
敦煌王都尉章　　（1906）

这是一位域外女子经历关塞闯荡边地的记录。虽然不能断定这位“乌孙女子”是以经商作为生活的主要内容，但是这条材料也许可以反映西北异族女子较汉地妇女在经济生活和社会交往中表现出更为活跃的性格。至于前引论“西域贾胡”语“西域贾胡，到一处辄止”，也指出了出身西域的商人可能与汉人商贾很不相同的行为特征。[①]

① 王子今：《汉代的“商胡”“贾胡”“酒家胡”》，《晋阳学刊》2011 年 1 期。

汉代长安的“胡客”

长安作为“大汉”都城①，以诸陵邑组合的补充作用实现了大都市的领导功能。除“蛮夷邸”外，长安亦借助周边宫苑结构服务于外交事务，接待“诸蛮夷君长王侯”。“胡巫”“越巫”曾经以积极表现介入汉王朝上层文化生活。长安近卫军中“胡骑”的作用也不宜忽视。自张骞“凿空”之后，后世所谓“丝绸之路”为促进东西文化交流，提供了空前便利的交通条件。“商胡贩客”纷纷入塞，参与了汉地经济流通，促进了长安市场在国际因素影响下的繁荣。长安因此成为“胡客”活跃的空间。作为丝路东方起点，长安所具有的世界性都市地位，因“胡客”的历史表现益为鲜明。汉代经济史、文化史、交通史以及民族

---

① 《史记》卷一一七《司马相如列传》：“大汉之德，逢涌原泉。”《史记》，中华书局 1959 年 9 月版，第 3065 页。《汉书》卷二二《礼乐志》：“今大汉继周，久旷大仪，未有立礼成乐，此贾谊、仲舒、王吉、刘向之徒所为发愤而增叹也。”中华书局 1962 年 6 月版，第 1075 页。《汉书》卷二九《沟洫志》：“且以大汉方制万里，岂其与水争咫尺之地哉？”第 1694 页。《汉书》卷六四上《严助传》：“虽得越王之首，臣犹窃为大汉羞之。”第 2784 页。《汉书》卷八七上《扬雄传上》：“以函夏之大汉兮，彼曾何足与比功？”第 3539 页。《汉书》卷八七下《扬雄传下》：“今大汉左东海，右渠搜，前番禺，后陶涂。”第 3568 页。《汉书》卷九四上《匈奴传上》：“单于遣使遗汉书云：‘南有大汉，北有强胡。……’”第 3780 页。《汉书》卷一〇〇上《叙传上》：“方今大汉洒埽群秽，夷险芟荒……”第 4228 页。《汉书》卷一〇〇下《叙传下》：“大汉初定，匈奴强盛，围我平城，寇侵边境。”第 4267 页。参看王子今《大汉·皇汉·强汉：汉代人的国家意识及其历史影响》，《南都学坛》2005 年 6 期。

关系史研究者应当对长安的“胡客”予以关注。

1 长安“蛮夷邸”与“诸蛮夷”使团

据《汉书》卷九《元帝纪》载：“（建昭三年）秋，使护西域骑都尉甘延寿、副校尉陈汤挢发戊己校尉屯田吏士及西域胡兵攻郅支单于。冬，斩其首，传诣京师，县蛮夷邸门。”颜师古注：“蛮夷邸，若今鸿胪客馆。”[①]《汉书》卷七〇《陈汤传》记载，斩郅支单于后，“延寿、汤上疏曰：‘臣闻天下之大义，当混为一，昔有唐虞，今有强汉。匈奴呼韩邪单于已称北藩，唯郅支单于叛逆，未伏其辜，大夏之西，以为强汉不能臣也。郅支单于惨毒行于民，大恶通于天。臣延寿、臣汤将义兵，行天诛，赖陛下神灵，阴阳并应，天气精明，陷陈克敌，斩郅支首及名王以下。宜县头槀街蛮夷邸间，以示万里，明犯强汉者，虽远必诛。’事下有司。”廷议出现不同意见，丞相匡衡、御史大夫繁延寿以为：“郅支及名王首更历诸国，蛮夷莫不闻知。《月令》春‘掩骼埋胔’之时，宜勿县。”车骑将军许嘉、右将军王商以为：“《春秋》夹谷之会，优施笑君，孔子诛之，方盛夏，首足异门而出。宜县十日乃埋之。”皇帝最终决裁，“有诏将军议是。”关于“槀街蛮夷邸间”，颜师古注：“晋灼曰：‘《黄图》在长安城门内。’师古曰：‘槀街，街名，蛮夷邸在此街也。邸，若今鸿胪客馆也。崔浩以为槀当为橐，橐街即铜驼街也。此说失之。铜驼街在雒阳，西京无也。’”[②]

最终“郅支及名王首”得以悬“槀街蛮夷邸间”，实现“以示万里”的政治威慑效应。“槀街蛮夷邸间”类似唐代“鸿胪客馆”，应是“诸国”“蛮夷”外交人员聚居之地。他们很可能是常驻长安的外交代表。

《汉书》卷九六下《西域传下》：“乌孙公主遣女来至京师学鼓琴”，

---

① 《汉书》，第295页。

② 《汉书》，第3015页。

“龟兹王绛宾”“入朝”，“赐以车骑旗鼓，歌吹数十人”，“后数来朝贺，乐汉衣服制度，归其国，治宫室，作徼道周卫，出入传呼，撞钟鼓，如汉家仪。”① 这些“乐汉衣服制度”，倾慕“汉家仪”等中原文化礼俗，以“学”即文化引进为目的“来至京师”的西域人，在长安居住的时间不会非常短暂。

《史记》卷一一〇《匈奴列传》记载：“汉使王乌等窥匈奴。匈奴法，汉使非去节而以墨黥其面者不得入穹庐。王乌，北地人，习胡俗，去其节，黥面，得入穹庐。单于爱之，详许甘言，为遣其太子入汉为质，以求和亲。汉使杨信于匈奴。……杨信既归，汉使王乌，而单于复谄以甘言，欲多得汉财物，绐谓王乌曰：‘吾欲入汉见天子，面相约为兄弟。’王乌归报汉，汉为单于筑邸于长安。匈奴曰：‘非得汉贵人使，吾不与诚语。’匈奴使其贵人至汉，病，汉予药，欲愈之，不幸而死。而汉使路充国佩二千石印绶往使，因送其丧，厚葬直数千金，曰‘此汉贵人也’。单于以为汉杀吾贵使者，乃留路充国不归。诸所言者，单于特空绐王乌，殊无意入汉及遣太子来质。”② 匈奴“遣其太子入汉为质”，长安自当有其居地。单于言“吾欲入汉见天子”，“汉为单于筑邸于长安”，则是明确的于长安营造匈奴邸的历史记录。通常匈奴使团入长安，汉王朝自当有接待程式。“匈奴使其贵人至汉，病，汉予药，欲愈之，不幸而死”，汉使“因送其丧”，是特殊的外交事件。

2　长安“诸蛮夷君长”与“单于就邸，留月余”故事

长安还曾有来访的“诸国”“蛮夷”领袖人物居住的处所。《史记》卷一一五《朝鲜列传》记载：“会孝惠、高后时天下初定，辽东太守即

---

① 《汉书》，第 3916 页至第 3917 页。

② 《史记》，第 2913 页至第 2914 页。

约满为外臣，保塞外蛮夷，无使盗边；诸蛮夷君长欲入见天子，勿得禁止。以闻，上许之……"[①] 长安应当具备接待"入见天子"之"诸蛮夷君长"的条件。

居住长安的"诸蛮夷君长"有时人数颇为集中。《汉书》卷八《宣帝纪》记载匈奴呼韩邪单于"来朝"事：

> （甘露三年春正月）匈奴呼韩邪单于稽侯狦来朝，赞谒称藩臣而不名。赐以玺绶、冠带、衣裳、安车、驷马、黄金、锦绣、缯絮。使有司道单于先行就邸长安，宿长平。上自甘泉宿池阳宫。上登长平阪，诏单于毋谒。其左右当户之群皆列观，蛮夷君长王侯迎者数万人，夹道陈。上登渭桥，咸称万岁。单于就邸。置酒建章宫，飨赐单于，观以珍宝。二月，单于罢归。[②]

《汉书》卷九四下《匈奴传下》记载：

> 单于正月朝天子于甘泉宫，汉宠以殊礼，位在诸侯王上，赞谒称臣而不名。赐以冠带衣裳，黄金玺盭绶，玉具剑，佩刀，弓一张，矢四发，棨戟十，安车一乘，鞍勒一具，马十五匹，黄金二十斤，钱二十万，衣被七十七袭，锦绣绮縠杂帛八千匹，絮六千斤。礼毕，使使者道单于先行，宿长平。上自甘泉宿池阳宫。上登长平，诏单于毋谒，其左右当户之群臣皆得列观，及诸蛮夷君长王侯数万，咸迎于渭桥下，夹道陈。上登渭桥，咸称万岁。单于就邸，留月余，遣归国。[③]

《宣帝纪》言"春正月""来朝"，"二月，单于罢归"，《匈奴传下》明确说"留月余"。所谓"单于就邸"，是值得珍视的匈奴首领居长安邸的史例。应当注意的还有"其左右当户之群皆列观""其左右当户之群臣皆得列观"情形。可知匈奴呼韩邪单于抵达长安，有众多的随从贵族

---

① 《史记》，第 2986 页。
② 《汉书》，第 271 页。
③ 《汉书》，第 3798 页。

官员。“就邸，留月余”的，应是呼韩邪包括人数颇多的“群臣”的团体。《晋书》卷二三《乐志下》：“汉时有《短箫铙歌》之乐，其曲有《朱鹭》《思悲翁》《艾如张》《上之回》《雍离》《战城南》《巫山高》《上陵》《将进酒》《君马黄》《芳树》《有所思》《雉子班》《圣人出》《上邪》《临高台》《远如期》《石留》《务成》《玄云》《黄爵行》《钓竿》等曲，列于鼓吹，多序战阵之事。”“改《远如期》为《仲秋狝田》，言大晋虽有文德，不废武事，顺时以杀伐也。”[①]《宋书》卷二二《乐志四》载“汉鼓吹铙歌十八曲”中“《远如期曲》”，内容却并非“序战阵之事”，不言“武事”“杀伐”：“远如期，益如寿，处天左侧，大乐，万岁与天无极。雅乐陈，佳哉纷，单于自归，动如惊心。虞心大佳，万人还来。谒者引，乡殿陈，累世未尝闻之。增寿万年亦诚哉！”[②]逯钦立列为“汉诗”，有注：“此曲盖美宣帝时单于来朝之作。”《汉书·匈奴传》云：‘单于朝甘泉，礼毕，宿长平。上登长平诏单于勿谒，其左右当户之群臣，皆得列观，及诸蛮夷君长侯王数万咸迎于渭桥下，夹道陈、上登渭桥，咸称万岁。’正与此曲所写相同。又《宣帝纪》有司议曰：‘匈奴单于乡风慕义，举国同心，奉珍朝贺。’自古未之有也云云，与此累世未尝闻之。义同。”[③]所谓“单于自归”“万人还来”，描述了民族关系史上的一时盛况。

特别值得关注的，是单于入长安时，在“渭桥下”迎接仪式的宏大规模。诸国领袖及上层人物数量竟然多至“数万”。即《宣帝纪》所谓“蛮夷君长王侯迎者数万人，夹道陈”，《匈奴传下》所谓“及诸蛮夷君长王侯数万，咸迎于渭桥下”。

在长安户口只有“户八万八百，口二十四万六千二百”[④]的情况

---

① 《晋书》，第701页，第703页。

② 《宋书》，中华书局1974年10月版，第600页，第643页。

③ 逯钦立：《先秦汉魏晋南北朝诗》，中华书局1983年9月版，第161页至第162页。

④ 《汉书》卷二八上《地理志上》，第1543页。

下，“蛮夷君长王侯迎者数万人”“诸蛮夷君长王侯数万”所占有的比率，是相当惊人的。

3 长安的降汉胡人

汉与匈奴双方外交往来过程中，“汉亦有所降匈奴使者……”，也有“汉留匈奴使”情形，即所谓“汉使留匈奴者前后十余辈，而匈奴使来，汉亦辄留相当”。[①] 汉留“匈奴使”与降汉“匈奴使”，很可能也居住在长安“蛮夷邸”，或者安置在长安其他地方。有学者指出，西汉与匈奴处于战争状态期间，“互相策动和收容对方的叛臣与降将，是这一时期匈汉军事斗争与外交斗争的突出事件。”“汉匈双方互用降人，是军事以外政治斗争的一种方式。”“在武帝时期的功臣表中，匈奴人降汉封侯者，就有二十位以上。”[②] 今按，据《汉书》卷一七《景武昭宣元成功臣表》，“孝景十八人”中，匈奴降者 8 人；“孝武七十五人”中，匈奴降者及与汉军合盟立功者 20 人；“孝昭八人”中，有金日磾 1 人[③]；“孝宣十一人”中，有匈奴降者 3 人。[④] 匈奴降者或与汉合作立功者共 32 人，占表列合计 112 人的 28.57%，比率是相当高的。这些人物，即使封地在外，也应当曾经在长安居留。

降汉胡人中后来地位显赫的，以金日磾最为著名。《汉书》卷七《昭帝纪》：“大将军光秉政，领尚书事，车骑将军金日磾、左将军上官桀副焉。”[⑤]《汉书》卷六六《田千秋传》：“……后岁余，武帝疾，立

---

① 《史记》卷一一〇《匈奴列传》，第 2911 页，第 2913 页，第 2915 页。

② 陈序经：《匈奴史稿》，中国人民大学出版社 2007 年 8 月版，第 266 页，第 277 页，第 279 页。

③ “功状”为“以驸马都尉发觉侍中莽何罗反侯”。《汉书》，第 666 页。

④ 《汉书》，第 639 页至第 644 页，第 647 页，第 649 页至第 650 页，第 652 页至第 653 页，第 662 页。

⑤ 《汉书》，第 217 页。

皇子钩弋夫人男为太子，拜大将军霍光、车骑将军金日磾、御史大夫桑弘羊及丞相千秋，并受遗诏，辅道少主。”[①]《汉书》卷六八《霍光传》对“受遗诏，辅道少主”事，记述更为具体：“后元二年春，上游五柞宫，病笃，光涕泣问曰：‘如有不讳，谁当嗣者？’上曰：‘君未谕前画意邪？立少子，君行周公之事。’光顿首让曰：‘臣不如金日磾。’日磾亦曰：‘臣外国人，不如光。’上以光为大司马大将军，日磾为车骑将军，及太仆上官桀为左将军，搜粟都尉桑弘羊为御史大夫，皆拜卧内床下，受遗诏辅少主。明日，武帝崩，太子袭尊号，是为孝昭皇帝。帝年八岁，政事壹决于光。”[②] 而起初金日磾是以“降虏”身份来到长安的。[③] 关于金日磾身世，《汉书》卷六八《金日磾传》：“金日磾字翁叔，本匈奴休屠王太子也。武帝元狩中，票骑将军霍去病将兵击匈奴右地，多斩首，虏获休屠王祭天金人。其夏，票骑复西过居延，攻祁连山，大克获。于是单于怨昆邪、休屠居西方多为汉所破，召其王欲诛之。昆邪、休屠恐，谋降汉。休屠王后悔，昆邪王杀之，并将其众降汉。封昆邪王为列侯。日磾以父不降见杀，与母阏氏、弟伦俱没入官，输黄门养马，时年十四矣。”所谓“与母阏氏、弟伦俱没入官，输黄门养马”，即成为汉王朝的皇家奴隶。金日磾以“降虏”“胡儿”身份为汉武帝识拔。“久之，武帝游宴见马，后宫满侧。日磾等数十人牵马过殿下，莫不窃视，至日磾独不敢。日磾长八尺二寸，容貌甚严，马又肥好，上异而问之，具以本状对。上奇焉，即日赐汤沐衣冠，拜为马监，迁侍中驸马都尉光禄大夫。日磾既亲近，未尝有过失，上甚信爱之，赏

---

① 《汉书》，第 2886 页。

② 《汉书》，第 2932 页。《汉书》卷六八《金日磾传》：“及上病，属霍光以辅少主，光让日磾。日磾曰：‘臣外国人，且使匈奴轻汉。’于是遂为光副。”第 2962 页。

③ 《汉书》卷五八《公孙弘卜式儿宽传》赞：“……卜式拔于刍牧，弘羊擢于贾竖，卫青奋于奴仆，日磾出于降虏，斯亦曩时版筑饭牛之朋已。汉之得人，于兹为盛。”第 2634 页。

赐累千金，出则骖乘，入侍左右。贵戚多窃怨，曰：‘陛下妄得一胡儿，反贵重之！’上闻，愈厚焉。”班固在《霍光金日磾传》赞语中写道：“金日磾夷狄亡国，羁虏汉庭，而以笃敬寤主，忠信自著，勒功上将，传国后嗣，世名忠孝，七世内侍，何其盛也！本以休屠作金人为祭天主，故因赐姓金氏云。”[①] 关于自称“臣外国人”的“胡儿”金日磾为汉武帝信用，劳榦曾经写道：“旧说非我族类，其心必异，然自武帝托孤于休屠王子，天下向风，共钦华化，而金氏亦历世为汉忠臣，虽改朝而不变，精诚所格，大道为公，……”[②]

金日磾家族中，“两子，赏、建，俱侍中，与昭帝略同年，共卧起。赏为奉车、建驸马都尉。……宣帝即位，赏为太仆……。元帝时为光禄勋，薨，亡子，国除。元始中继绝世，封建孙当为秺侯，奉日磾后。”金日磾家族其他成员一同“贵显”者，史传有载：“初，日磾所将俱降弟伦，字少卿，为黄门郎，早卒。日磾两子贵，及孙则衰矣，而伦后嗣遂盛，子安上始贵显封侯。安上字子侯，少为侍中，惇笃有智，宣帝爱之。颇与发举楚王延寿反谋，赐爵关内侯，食邑三百户。后霍氏反，安上传禁门闼，无内霍氏亲属，封为都成侯，至建章卫尉。薨，赐冢茔杜陵，谥曰敬侯。四子，常、敞、岑、明。岑、明皆为诸曹中郎将，常光禄大夫。元帝为太子时，敞为中庶子，幸有宠，帝即位，为骑都尉光禄大夫，中郎将侍中。元帝崩，故事，近臣皆随陵为园郎，敞以世名忠孝，太后诏留侍成帝，为奉车水衡都尉，至卫尉。敞为人正直，敢犯颜色，左右惮之，唯上亦难焉。病甚，上使使者问所欲，以弟岑为托。上召岑，拜为使主客。敞子涉本为左曹，上拜涉为侍中，使待幸绿车载送卫尉舍。须臾卒。敞三子，涉、参、饶。”[③] 至于哀平时代甚至王莽专

① 《汉书》，第 2959 页至第 2960 页，第 2967 页。

② 劳榦：《〈创造历史的汉武帝〉序》，金惠编著：《创造历史的汉武帝》，台湾商务印书馆 1984 年 6 月版，第 4 页。

③ 《汉书》卷六八《金日磾传》，第 2962 页至第 2963 页。

政时，这个来自匈奴的家族集团的后世依然维持着长安显族的地位和影响。[①]

长安不及金氏集团“幸有宠”而“贵重”，但同样得以繁衍发达的“胡儿”家族，应当还有一些。

4　长安的“胡巫”

西汉神祀系统中，有“胡巫”曾经活跃的生动迹象。《史记》卷二八《封禅书》记述汉初“天下已定”，“长安置诸祠祝官、女巫”，明确了正式的祠祀体系。在列述分别任用“梁巫”“晋巫”“秦巫”“荆巫”等之后，又说到：“九天巫，祠九天。”对于所谓“九天巫”，司马贞《索隐》解释：“案《孝武本纪》云：立九天庙于甘泉。《三辅故事》云：‘胡巫事九天于神明台。’”[②] 所谓“九天巫”，就是“胡巫”。

甘泉，秦代筑有林光宫[③]，在西汉时曾用心经营，出现了更为宏大

① 《汉书》卷六八《金日磾传》：“涉明经俭节，诸儒称之。成帝时为侍中骑都尉，领三辅胡越骑。哀帝即位，为奉车都尉，至长信少府。而参使匈奴，匈奴中郎将，越骑校尉，关内都尉，安定、东海太守。饶为越骑校尉。涉两子，汤、融，皆侍中诸曹将大夫。而涉之从父弟钦举明经，为太子门大夫，哀帝即位，为太中大夫给事中，钦从父弟迁为尚书令，兄弟用事。帝祖母傅太后崩，钦使护作，职办，擢为泰山、弘农太守，著威名。平帝即位，征为大司马司直、京兆尹。帝年幼，选置师友，大司徒孔光以明经高行为孔氏师，京兆尹金钦以家世忠孝为金氏友。徙光禄大夫侍中，秩中二千石，封都成侯。”王莽执政时，金钦自杀，“更封长信少府涉子右曹汤为都成侯。汤受封日，不敢还归家，以明为人后之谊。益封之后，莽复用钦弟遵，封侯，历九卿位。”第 2964 页至第 2966 页。

② 《史记》，第 1378 页至第 1379 页。

③ 《三辅黄图》卷一：“林光宫，胡亥所造，纵广各五里，在云阳县界。”同书卷二又引《关辅记》：“林光宫亦曰甘泉宫，秦所造。”陈直校证：《三辅黄图校证》，陕西人民出版社 1980 年 5 月版，第 18 页，第 47 页。《文选》卷一班固《西都赋》：“……陪以甘泉，乃有灵宫起乎其中，秦汉之所极观，渊云之所颂叹，于是乎存焉。”李善注：“《汉宫阙疏》曰：‘甘泉林光宫，秦二世造。’”〔梁〕萧统编，〔唐〕李善注：《文选》，中华书局 1977 年 11 月版，第 24 页。

富丽的宫殿群。甘泉宫及所在的云阳，成为当时仅次于长安的准政治文化中心，曾经被称为“云阳都”。[①] 而传说云阳甘泉曾经是匈奴人祭天的处所，因而又有特殊的神学文化背景。《史记》卷一一〇《匈奴列传》记述，骠骑将军霍去病出击匈奴，“破得休屠王祭天金人”。裴骃《集解》：“《汉书音义》曰：‘匈奴祭天处本在云阳甘泉山下，秦夺其地，后徙之休屠王右地，故休屠有祭天金人，象祭天人也。’”司马贞《索隐》对《汉书音义》“匈奴祭天处本在云阳甘泉山下”的说法提出异议，以为：“事恐不然。案：得休屠金人，后置之甘泉也。”张守节《正义》则指出：“《括地志》云：‘径路神祠在雍州云阳县西北九十里甘泉山下，本匈奴祭天处，秦夺其地，后徙休屠右地。’”[②] 据《汉书》卷二八上《地理志上》，左冯翊云阳有三处与匈奴文化有关的神祠：“云阳。有休屠、金人及径路神祠三所……。”[③] 休屠神祠以匈奴部族名命名，金人神祠显然与《史记》卷一一〇《匈奴列传》所谓“汉使骠骑将军（霍）去病将万骑出陇西，过焉支山千余里，击匈奴，得胡首虏万八千余级，破得休屠王祭天金人”及《卫将军骠骑列传》所谓“过焉支山千有余里，合短兵，杀折兰王，斩卢胡王，诛全甲，执浑邪王子及相国、都尉，首虏八千余级，收休屠祭天金人”事有关。径路神祠，《汉书》卷二五下《郊祀志下》：“云阳有径路神祠，祭休屠王也。”

---

① 《汉书》卷六《武帝纪》：元封二年（前 109）六月，“诏曰：‘甘泉宫内中产芝，九茎连叶。上帝博临，不异下房，赐朕弘休。其赦天下，赐云阳都百户牛酒。’作《芝房之歌》。”第 193 页。《汉书》卷二二《礼乐志》载其歌，歌云：“玄气之精，回复此都。”颜师古注：“言天地之精，回旋反复于此云阳之都，谓甘泉也。”第 1065 页。陈直指出：“西汉未央、长乐二宫规模阔大之外，则数甘泉宫。甘泉在云阳，比其他县为重要，故称以‘云阳都’。”《汉书新证》，天津人民出版社 1979 年版，第 35 页。此外，居延汉简 10.27 及 5.10 关于改火的文书中，可见“别火官先夏至一日以除隧取火，授中二千石、二千石在长安、云阳者，其民皆受以日至易故火”的内容，也说明云阳仅次于长安的地位。参看王子今：《“云阳都”考论》，《唐都学刊》2015 年 5 期。

② 《史记》，第 2908 页。

③ 《汉书》，第 1545 页。

颜师古注："休屠，匈奴王号也。径路神，本匈奴之祠也。"[①] 又据说，"径路"，是匈奴宝刀名。《汉书》卷九四下《匈奴传下》记载，汉使韩昌、张猛与匈奴单于"共饮血盟"，"昌、猛与单于及大臣俱登匈奴诸水东山，刑白马，单于以径路刀金留犁挠酒"。颜师古注引应劭曰："径路，宝刀也。"[②] 王先谦《汉书补注》有关《汉书》卷二八上《地理志上》的解说则写道："《郊祀志》：'云阳有径路神祠，祭休屠王也。'则'径路'是休屠王名，没而为神，故匈奴祠而汉因之。非祠宝刀也。其神遗有宝刀，因名'径路刀'耳。"[③] 显然，云阳甘泉所谓"有休屠、金人及径路神祠三所"，当时应当都是出身匈奴的"胡巫"所主持的祀所。[④]

"胡巫"在以长安为中心的西汉政治文化中枢地区的活动曾经产生重要历史影响。其典型实例，是"巫蛊之祸"中"胡巫"的表演。据《汉书》卷四五《江充传》记载：汉武帝病重，"（江充）奏言上疾祟在巫蛊，于是上以充为使者治巫蛊。充将胡巫掘地求偶人，捕蛊及夜祠，视鬼，染污令有处，辄收捕验治。""得桐木人"句下，颜师古注："《三辅旧事》云（江）充使胡巫作而埋之。"对于所谓"染污令有处"，颜师古注："张晏曰：'（江）充捕巫蛊及夜祭祠祝诅者，令胡巫视鬼，诈以酒醊地，令有处也。'师古曰：'捕夜祠及视鬼之人，而（江）充遣巫污染地上，为祠祭之处，以诬其人也。'"[⑤] "胡巫"当时受江充之命，在调查"巫蛊"时起到重要作用。少傅石德在劝太子刘据起兵诛江充时说："前丞相父子、两公主及卫氏皆坐此，今巫与使者

---

① 据《汉书》卷二五下《郊祀志下》，汉元帝初年，"径路"祠以"不应礼"罢。第1257页。

② 《汉书》，第3801页。

③ 王先谦撰：《汉书补注》，中华书局据清光绪二十六年虚受堂刊本1983年9月影印版，第668页。

④ 参看王子今：《直道与匈奴"祭天金人"》，《社会科学》2017年6期。

⑤ 《汉书》，第2178页。

掘地得征验，不知巫置之邪，将实有也，无以自明。”《汉书》卷六三《武五子传·戾太子刘据》还记载：于是刘据“乃斩（江）充以徇，炙胡巫上林中”。对于“胡巫”，颜师古注：“服虔曰：‘作巫蛊之胡人也。炙，烧也。’师古曰：‘胡巫受（江）充意指，妄作蛊状，太子特忿，且欲得其情实，故以火炙之，使毒痛耳。’”[①] “胡巫”作为“巫蛊之祸”这一政治变局中的重要的角色，在思想文化史上写下了引人注目的一页。体现出具有神秘主义特征的外来文化因素通过介入上层权争，显著影响了汉文化的主体面貌和历史走向。

还有一种现象值得注意，即“巫蛊”的形式之一，就是在道路上埋设象征物以恶言祝诅。《汉书》卷六《武帝纪》：天汉二年（前99），“秋，止禁巫祠道中者。大搜。”文颖解释说：“始汉家于道中祠，排祸咎移之于行人百姓。以其不经，今止之也。”这里强调“汉家”，颇引人注目。颜师古则指出：“文说非也。秘祝移过，文帝久已除之。今此总禁百姓巫觋于道中祠祭者耳。”对于所谓“大搜”，臣瓒以为：“‘搜’，谓索奸人也。”晋灼则以为：“搜巫蛊也。”[②] 汉武帝天汉二年（前99）的这一严厉的行政禁令应当确实与“巫蛊”有关，而所谓“于道中祠”“于道中祠祭”等解释也应当以“巫蛊”为出发点方可能接近史实。征和二年（前91），丞相公孙贺的儿子公孙敬声与阳石公主私通案发，其行为还包括“使人巫祭祠诅上，且上甘泉当驰道埋偶人，祝诅有恶言”，于是“父子死狱中，家族”。[③]《汉书》卷六《武帝纪》记载：“二年春正月，丞相贺下狱死。”数月后，卫皇后女“诸邑公主、阳石公主皆坐巫蛊死”。[④] 是为“巫蛊之祸”发生的标志。所谓“当驰道埋偶人，祝诅有恶言”，有助于理解天汉二年即被禁止的“当驰道埋

① 《汉书》，第2743页。

② 《汉书》，第203页。

③ 《汉书》卷六六《公孙贺传》，第2878页。

④ 《汉书》，第208页。《汉书》卷一九下《百官公卿表下》：“四月壬申，丞相贺下狱死。”第788页。

偶人，祝诅有恶言”的巫术形式。这一形式或许与匈奴巫术有关。据《汉书》卷九六下《西域传下》，汉武帝著名的“轮台诏”中道：“重合侯得虏候者，言：‘闻汉军当来，匈奴使巫埋羊牛所出诸道及水上以诅军。单于遗天子马裘，常使巫祝之。缚马者，诅军事也。’”所谓“匈奴使巫埋羊牛所出诸道及水上以诅军”，颜师古解释，“于军所行之道及水上埋牛羊。”[①] 实际上，“埋羊牛所出诸道”与“当驰道埋偶人”有类似的作用，公孙敬声“埋偶人”类同于匈奴“埋羊牛”。也就是说，长安地区当时所盛行的“巫蛊”的有些形式，其实是匈奴巫风的模拟。这可能也是江充在“胡巫”协助下办理“巫蛊”大狱的主要原因之一。

“胡巫”的神秘技能，曾经长期在与匈奴对抗的西汉王朝的最高统治者的心中造成深重的阴影。长安附近曾经显现出相关表现，即双方外交活动中出现巫术的竞争。除了汉武帝对“单于遗天子马裘，常使巫祝之”有所警觉外，《汉书》卷九四下《匈奴传下》记载：“建平四年，单于上书愿朝五年。时哀帝被疾，或言匈奴从上游来厌人，自黄龙、竟宁时，单于朝中国辄有大故。”汉哀帝于是犹疑，让公卿讨论，后来终于拒绝单于来朝。“大故”，颜师古注：“谓国之大丧。”两年之后，元寿二年（前1），“单于来朝，上以太岁厌胜所在，舍之上林苑蒲陶宫。告之以加敬于单于，单于知之。”[②] 《汉书》卷一一《哀帝纪》记载，当年正月匈奴单于来朝，“二月归国，单于不说。”[③] 单于不悦的原因，当是对于汉哀帝令居蒲陶宫是取“太岁厌胜”之效用的目的已经“知之”。就在4个月之后，汉哀帝崩，再一次证明了“单于朝中国辄有大故”的说法。我们今天可以知道这只是偶然的巧合，不过可以推想，当时人对于“胡巫”神力的迷信，可能因此又有了进一步流播的条件。[④]

---

① 《汉书》，第3913页。

② 《汉书》，第3812页，第3817页。

③ 《汉书》，第344页。

④ 王子今：《西汉长安的“胡巫”》，《民族研究》1997年5期。

长安“胡巫”充备的文化资质、超常的活动能量、深刻的政治介入以及广泛的社会影响，体现这一人群应有一定的数量规模。

5 长安的“胡骑”

两汉通称北方草原游牧族的骑兵为“胡骑”。西汉王朝的正规军中有明确的“胡骑”番号。《汉书》卷一九上《百官公卿表上》在“越骑校尉掌越骑”句后，又写道：“长水校尉掌长水宣曲胡骑。又有胡骑校尉，掌池阳胡骑，不常置。”关于“长水宣曲胡骑”，颜师古注：“长水，胡名也。宣曲，观名，胡骑之屯于宣曲者。”对于“池阳胡骑”，颜师古注：“胡骑之屯于池阳者也。”①

汉武帝以后，“胡骑”曾经作为京师卫戍部队屯驻在长安附近。《汉书》卷二三《刑法志》说中央军备制度：“京师有南北军之屯，至武帝平百粤，内增七校，外有楼船，皆岁时讲肄，修武备云。”何以有“七校”之说，颜师古注引晋灼曰：“《百官表》中垒、屯骑、步兵、越骑、长水、胡骑、射声、虎贲，凡八校尉。胡骑不常置，故此言七也。”②《汉书》卷一九上《百官公卿表上》写道：“又有胡骑校尉，掌池阳胡骑，不常置。”③

关于京师卫戍军中“胡骑”的作用，《汉书》卷六六《刘屈氂传》有关巫蛊之祸的记载可见相关史事：“太子既诛充发兵，宣言帝在甘泉病困，疑有变，奸臣欲作乱。上于是从甘泉来，幸城西建章宫，诏发三辅近县兵，部中二千石以下，丞相兼将。太子亦遣使者挢制赦长安中都

---

① 《汉书》，第737页至第738页。

② 《汉书》，第1090页。安作璋、熊铁基《秦汉官制史稿》第三章“中朝官”第一节“大将军”题下说到“诸校尉官”，其中有：越骑（掌越骑）、长水（掌长水宣曲胡骑）、胡骑（掌池阳胡骑）。齐鲁书社1984年1月版，上册第250页。

③ 《汉书》，第738页。

官囚徒，发武库兵，命少傅石德及宾客张光等分将，使长安囚如侯持节发长水及宣曲胡骑，皆以装会。侍郎莽通使长安，因追捕如侯，告胡人曰：'节有诈，勿听也。'遂斩如侯，引骑入长安，又发辑濯士，以予大鸿胪商丘成。初，汉节纯赤，以太子持赤节，故更为黄旄加上以相别。"[①] 太子刘据兵败出逃，在追捕中自杀于湖。如侯调动"长水及宣曲胡骑"计划的失败，是这一重大变乱演成最后结局的重要原因之一。[②] 对于所谓"使长安囚如侯持节发长水及宣曲胡骑，皆以装会"，颜师古解释："长水，校名，宣曲，宫也，并胡骑所屯。今鄠县东长水乡即旧营校之地。"似与前引颜师古注："长水，胡名也"及"宣曲，观名，胡骑之屯于宣曲者"之说不合。西安南郊曾经出土"长水屯瓦"瓦当，陈直指出："《汉书·百官表》云：'长水校尉，掌长水宣曲胡骑。'长水胡名，此为长水校尉屯兵处所用之瓦。"[③] 已有学者考定"长水胡骑"营地的位置，指出"营近长水"，而"长水"非"胡名"。[④] 如此，则"如侯"受太子刘据命"持节发长水及宣曲胡骑，皆以装会"，是指调发"长水胡骑"和"宣曲胡骑"。[⑤]

6　长杨宫"从胡客大校猎"

汉成帝时代，有著名的长杨宫皇家校猎活动，有"胡客"直接参与。《汉书》卷一〇《成帝纪》记载了"从胡客大校猎"故事：

---

① 《汉书》，第2881页。

② 参看王子今：《晚年汉武帝与"巫蛊之祸"》，《固原师专学报》1998年5期。

③ 陈直：《摹庐丛著七种》，齐鲁书社1981年1月版，第350页。

④ 《史记》卷二八《封禅书》司马贞《索隐》："案：《百官表》有'长水校尉'。沈约《宋书》云'营近长水，因以为名'。《水经》云'长水出白鹿原'，今之荆溪水是也。"

⑤ 王子今：《两汉军队中的"胡骑"》，《中国史研究》2007年3期。

（元延二年）冬，行幸长杨宫，从胡客大校猎。

关于“校猎”，颜师古有这样的解释：

如淳曰：“合军聚众，有幡校击鼓也。《周礼·校人》掌王田猎之马，故谓之校猎。”师古曰：“如说非也。此校谓以木自相贯穿为阑校耳。《校人》职云‘六厩成校’，是则以遮阑为义也。校猎者，大为阑校以遮禽兽而猎取也。军之幡旗虽有校名，本因部校，此无豫也。”[1]

对“校猎”的性质与形式的理解有分歧，但是如淳和颜师古的不同解说，都倾向于与军事演习有关的判断，却是一致的。

据《史记》卷一一七《司马相如列传》记载司马相如事迹，“其进仕宦，未尝肯与公卿国家之事，称病闲居，不慕官爵。常从上至长杨猎，是时天子方好自击熊彘，驰逐野兽，相如上疏谏之。”张守节《正义》：“《括地志》云：‘秦长杨宫在雍州盩厔县东南三里。上起以宫，内有长杨树，以为名。’”[2] 可知长杨宫在汉武帝时代就已经是皇家游猎胜地。[3] 张放得到信用，“为侍中中郎将，监平乐屯兵，置莫府，仪比将军。与上卧起，宠爱殊绝，常从为微行出游，北至甘泉，南至长杨、五柞，斗鸡走马长安中，积数年。”[4] 也说“出游”“长杨”。《汉书》卷九《元帝纪》也有“上幸长杨射熊馆”的记载。[5] 特别值得我们注意的是，“从胡客大校猎”的“胡客”的身份。

前引《汉书》卷六八《金日磾传》记载，“（金敞）病甚，上使使者问所欲，以弟岑为托。上召岑，拜为使主客。”对于金岑担任的这一

---

① 《汉书》，第 327 页。

② 《史记》，第 3053 页。

③ 《汉书》卷六五《东方朔传》亦可见“初，建元三年，微行始出，北至池阳，西至黄山，南猎长杨，东游宜春”语。第 2847 页。

④ 《汉书》卷五九《张延寿传》，第 2654 页。

⑤ 《汉书》，第 293 页。《汉书》卷二八上《地理志上》：“盩厔，有长杨宫，有射熊馆，秦昭王起。”第 1547 页。

职务，颜师古注："官名，属鸿胪，主胡客也。"[①] 所谓"胡客"，应是朝廷专心接待的来自西北外国外族的"客"。

《汉书》卷八七下《扬雄传下》："明年，上将大夸胡人以多禽兽，秋，命右扶风发民入南山，西自褒斜，东至弘农，南驱汉中，张罗罔罝罘，捕熊罴豪猪虎豹狖玃狐菟麋鹿，载以槛车，输长杨射熊馆。以罔为周阹，纵禽兽其中，令胡人手搏之，自取其获，上亲临观焉。是时，农民不得收敛。雄从至射熊馆，还，上《长杨赋》，聊因笔墨之成文章，故藉翰林以为主人，子墨为客卿以风。"[②] 《成帝纪》所谓"胡客"，这里写作"胡人"，仅强调其族属非中原人。扬雄《长杨赋》写道："客徒爱胡人之获我禽兽，曾不知我亦已获其王侯。"可知这些"胡客""胡人"有"王侯"身份。思考这些"胡客""胡人"身份，或可参考上文讨论的"蛮夷君长王侯迎者数万人""诸蛮夷君长王侯数万"等信息。而所谓"振师五莋，习马长杨，简力狡兽，校武票禽"，"驰骋粳稻之地，周流梨栗之林，蹂践刍荛，夸诩众庶"，都说到这种"校猎"参与"众庶"颇为宏大的规模。所谓"今年猎长杨，先命右扶风，左太华而右褒斜，椓巀嶭而为弋，纡南山以为罝，罗千乘于林莽，列万骑于山隅，帅军踤阹，锡戎获胡"，也说到其空间之广阔与所动员力量至于"千乘""万骑"的场面。颜师古注："锡戎获胡，言以禽兽赋戎狄，令胡人获取之。"[③]

专门为"大夸胡人以夺禽兽"组织的"从胡客大校猎"的活动，体现出长安"胡客""胡人"为汉王朝最高执政者重视的情形。

7　长安的"西域贾胡"

汉武帝信用霍去病击败匈奴，控制河西，置四郡，随即进图西域。

① 《汉书》，第 2963 页。
② 《汉书》，第 3557 页。
③ 《汉书》，第 3558 页，第 3563 页。

张骞对西北方向的交通探索，史称“张骞凿空”。“于是西北国始通于汉矣。”裴骃《集解》：“苏林曰：‘凿，开；空，通也。骞开通西域道。’”司马贞《索隐》：“案：谓西域险厄，本无道路，今凿空而通之也。”[①] 都强调“凿空”即“开通”或者“通之”的意思。明代学者杨慎《丹铅总录》卷一四《订讹类》“空有四音”条写道，“《张骞传》‘楼兰、姑师小国当空道’”，“《大宛传》曰‘张骞凿空’”，“空”的读音都应当是“孔”。[②] 地湾汉简可见“□当空道便处廪食如律……”（86EDT8：14A）简文[③]，此“当空道”与《史记》卷一二三《大宛列传》“当空道”表述方式完全一致。

“西北国始通于汉”，“西北国”商人随即进入中原寻找商机。正如陈连庆所说，“在中西交通开通之后，西域贾胡迅即登场。”[④] 据《汉书》卷九六上《西域传上》记载，汉成帝时，罽宾“复遣使献谢罪，汉欲遣使报送其使”，杜钦发表反对意见，特别强调罽宾使团中杂有商人：“奉献者皆行贾贱人，欲通货市买，以献为名，故烦使者送至县度，恐失实见欺。”[⑤] 所谓“奉献者皆行贾贱人”，指出其商贾身份。所谓“欲通货市买”，指出西域商人基于经济谋求努力促进市场繁荣的积极性。

《汉书》卷九六上《西域传上》三次出现“市列”字样：“罽

---

① 《史记》卷一二三《大宛列传》：“乌孙使既见汉人众富厚，归报其国，其国乃益重汉。其后岁余，骞所遣使通大夏之属者皆颇与其人俱来，于是西北国始通于汉矣。然张骞凿空，其后使往者皆称博望侯，以为质于外国，外国由此信之。”《史记》，中华书局 1959 年 9 月版，第 3169 页。

② 〔明〕杨慎撰：《丹铅总录》，清文渊阁《四库全书》本，第 141 页。参看王子今：《张骞凿空》，《光明日报》2017 年 5 月 18 日 02 版。

③ 甘肃简牍博物馆、甘肃省文物考古研究所、出土文献与中国古代文明研究协同创新中心中国人民大学中心编：《地湾汉简》，中西书局 2017 年 10 月版，第 19 页。

④ 陈连庆：《汉唐之际的西域贾胡》，《中国古代史研究：陈连庆教授学术论文集》，吉林文史出版社 1991 年 12 月版。

⑤ 《汉书》，第 3886 页。

宾……有金银铜锡，以为器。市列。”[①] “乌弋……其草木、畜产、五谷、果菜、食饮、宫室、市列、钱货、兵器、金珠之属皆与罽宾同。”“疏勒国，……有市列，西当大月氏、大宛、康居道也。”[②] 西域许多部族善于商业经营，形成了区域特色和民族特色。如“自宛以西至安息，其人……善贾市，争分铢”[③]，安息“有市，民商贾用车及船，行旁国或数千里”[④]，大夏“善贾市”，都城“有市贩贾诸物”[⑤] 等。中原人这些知识的获得，有可能是通过对这些商人直接与间接的接触。《后汉书》卷八八《西域传》写道：“汉世张骞怀致远之略，班超奋封侯之志，终能立功西遐，羁服外域。”“立屯田于膏腴之野，列邮置于要害之路。驰命走驿，不绝于时月；商胡贩客，日款于塞下。”[⑥] 所谓“商胡贩客，日款于塞下”者，应当有一定数量抵达长安。

东汉时期，长安仍有人数可观的“西域贾胡”。《太平御览》卷二六四引《东观汉记》记述京兆功曹杨正的故事，涉及汉光武帝刘秀去世后长安“西域贾胡”的活动：“杨正为京兆功曹，光武崩，京兆尹出，西域贾胡共起帷帐设祭。尹车过帐，胡牵车令拜，尹疑，止车。正在前导，曰：‘礼：天子不食支庶，况夷狄乎。’敕坏祭遂去。”[⑦]吴树平校注《东观汉记》据《太平御览》卷二六四引文，断句作：“杨正为京兆功曹，光武崩，京兆尹出西域，贾胡共起帷帐设祭。尹车过帐，胡牵车令拜，尹疑止车。正在前导曰：‘礼，天子不食支庶，况夷狄乎！’

---

① 颜师古注：“市有列肆，亦如中国也。”《汉书》，第 3885 页。

② 《汉书》卷九六上《西域传上》，第 3885 页，第 3889 页，第 3898 页。

③ 《史记》卷一二三《大宛列传》，第 3174 页；《汉书》卷九六上《西域传上》，第 3896 页。

④ 《史记》卷一二三《大宛列传》，第 3162 页。

⑤ 《史记》卷一二三《大宛列传》，第 3164 页。

⑥ 《后汉书》，第 2931 页。

⑦ 〔宋〕李昉等撰：《太平御览》，中华书局用上海涵芬楼影印宋本 1960 年 2 月复制重印本，第 1234 页。

勑坏祭遂去。”[①] 以为“京兆尹出西域”，分断“西域贾胡”，则故事发生地点在“西域”，不在“京兆尹”。这显然是不合理的。“京兆尹出西域”事有可能发生，而“京兆功曹”一同“出西域”益为可疑。即使“贾胡”可能在“西域”为“光武”“共起帷帐设祭”，“京兆尹”及“京兆功曹”“敕坏祭遂去”也是不可能的。杨正据“礼”支持京兆尹“敕坏祭”的故事，反映长安地方东汉初年“西域贾胡”数量相当集中，所谓“西域贾胡共起帷帐设祭”，形成事实上的群体性活动。甚至在“尹车过帐”时，“牵车令拜”，表现出强霸特征。这种活动的规模和性质，竟然使得地方高级行政长官心中生“疑”，一时难以决断。“西域贾胡”竟然敢于蔑视国家行政的代表，而“牵车令拜”的蛮横态度，明显体现出这一特殊社会群体已经在长安积聚了相当强势的力量。

司马迁《史记》卷一二九《货殖列传》分析富贵追求对有些社会阶层的强烈影响，有“不避法禁，走死地如骛者，其实皆为财用耳”的心理分析与行为分析。[②] “西域贾胡”的进取意识和勇敢精神，也许可以看作“不避法禁，走死地如骛者”的典型。他们在长安的表现，也是长安地方史研究者及丝绸之路史研究者应当关注的。[③]

---

① 〔东汉〕刘珍等撰，吴树平校注：《东观汉记校注》，中州古籍出版社 1987 年 3 月版，第 379 页。“况夷狄乎”，或作“况夷乎”。〔汉〕刘珍撰：《东观汉记》卷一六“杨正”条，清《武英殿聚珍版丛书》本，第 90 页。又《后汉书集解》卷一下“先谦曰”引《东观记》，卷七九上“侯康曰”引《东观记》同。第 63 页，第 898 页。

② 《史记》，第 3271 页。

③ 王子今：《汉代长安的“胡客”》，《2017 西安丝绸之路历史文化研究》，陕西人民出版社 2018 年 7 月版。

第二部　汉代丝绸之路物质文化交往

汉代河西市场的织品

在张骞“凿空”之前，丝绸之路已经发挥着联系中原与中亚、西亚地方经济往来与文化交流的作用。[①] 汉武帝时代占有河西，列置四郡，打通西域道路之后，这条东西通路的历史价值更为显著。国外有的汉学家评价当时西域丝绸之路开通的意义时，曾经指出，“其在中国史的重要性，绝不亚于美洲之发现在欧洲史上的重要。”[②] 对于汉代丝路贸易实际情形的考察，限于资料的缺乏，推进颇有难度。结合出土汉简资料与遗址发掘收获了解河西地区民间市场的中原织品，可以增进对于当时丝绸之路经济与文化功能的认识。

士卒贳卖衣财物，是中原织品流向河西的特殊形式。出土汉简简文与汉代遗址发掘获得的实物资料可以证实相关现象。活跃的西域“贾胡”可能亦对这些商品继续向西转运，发挥了积极的作用。而河西毛织品的发现，也可以增进我们对丝绸之路贸易的认识。

---

① 参看王子今：《穆天子神话和早期中西交通》，《学习时报》2001 年 6 月 11 日；《前张骞的丝绸之路与西域史的匈奴时代》，《甘肃社会科学》2015 年 2 期。

② 俄罗斯学者比楚林（Бичурин）语，见（苏）B. H．狄雅可夫、H. M. 尼科尔斯基编，日知译：《古代世界史》，中央人民政府高等教育部教材编审处 1954 年 11 月版，第 224 页。

1 《盐铁论》："夫中国一端之缦，得匈奴累金之物"

《盐铁论·力耕》记录了"大夫"与"文学"关于农商政策导向的争论。"大夫"肯定汉武帝以来经济管理的成功于军政发展的意义："往者财用不足，战士或不得禄，而山东被灾，齐、赵大饥，赖均输之畜，仓廪之积，战士以奉，饥民以赈。故均输之物，府库之财，非所以贾万民而专奉兵师之用，亦所以赈困乏而备水旱之灾也。""文学"则强调只有"务本""躬耕"方可以实现"国富""民安"："古者，十一而税，泽梁以时入而无禁，黎民咸被南亩而不失其务。故三年耕而余年之蓄，九年耕有三年之蓄。此禹、汤所以备水旱而安百姓也。草莱不辟，田畴不治，虽擅山海之财，通百末之利，犹不能赡也。是以古者尚力务本而种树繁，躬耕趣时而衣食足，虽累凶年而人不病也。故衣食者民之本，稼穑者民之务也。二者修，则国富而民安也。《诗》云：'百室盈止，妇子宁止'也。""大夫"的回应，指出商业活动的积极作用："贤圣治家非一宝，富国非一道。昔管仲以权谲霸，而纪氏以强本亡。使治家养生必于农，则舜不甄陶而伊尹不为庖。故善为国者，天下之下我高，天下之轻我重。以末易其本，以虚荡其实。"又特别说明了与"外国"贸易的意义："……是则外国之物内流，而利不外泄也。异物内流则国用饶，利不外泄则民用给矣。《诗》曰：'百室盈止，妇子宁止。'"

辩论双方都引诵《诗·周颂·良耜》"百室盈止，妇子宁止"句，表现对儒学传统的尊崇。但是实际上，在儒学经典著述的时代，儒家思想领袖们并没有看到，也不可能预想到大一统政体形成之后商业的繁荣；同样并没有看到，也不可能预想到中原与"外国"密切的经济往来。

"大夫"言"末""本""虚""实"，讨论涉及"中国"与"外国""敌国"的贸易交往：

> 今山泽之财，均输之藏，所以御轻重而役诸侯也。汝、汉之金，纤微之贡，所以诱外国而钓胡、羌之宝也。夫中国一端之缦，得匈奴累金之物，而损敌国之用。是以骡驴馲驼，衔尾入塞，驒騱騵马，尽为我畜，鼲貂狐貉，采旃文罽，充于内府，而璧玉珊瑚琉璃，咸为国之宝。

"所以诱外国而钓胡、羌之宝"的代价，包括"纤微之贡"。所谓"夫中国一端之缦，得匈奴累金之物，而损敌国之用"，直接说到与匈奴的丝绸贸易。"是以骡驴馲驼，衔尾入塞，驒騱騵马，尽为我畜，……"指出多种异方"奇畜"进入中土成为生产动力和运输动力的情形。[①] 所谓"骡驴馲驼，衔尾入塞"，是可以得到可靠的文物资料证明的。[②] 如敦煌汉简"降归义乌孙女子""献驴"简文："☐降归义乌孙女子」复裙献驴一匹骍牡」两抾齿二岁封颈以」敦煌王都尉章"（1906）也可以作为明确的文物实证。[③]

2 "匈奴好汉缯絮"

《盐铁论》所说"夫中国一端之缦，得匈奴累金之物，而损敌国之

① 《史记》卷一一〇《匈奴列传》："其奇畜则橐驼、驴、骡、駃騠、騊駼、驒騱。"《汉书》卷九四上《匈奴传上》："其奇畜则橐佗、驴、骡、駃騠、騊駼、驒奚。"顾炎武《日知录》卷二九"驴骡"条："自秦以上，传记无言驴者。意其虽有，而非人家所常畜也。""尝考驴之为物，至汉而名，至孝武而得充上林，至孝灵而贵幸。然其种大抵出于塞外。"

② 王子今：《李斯〈谏逐客书〉"駃騠"考论——秦与北方民族交通史个案研究》，《人文杂志》2013 年 2 期；《论汉昭帝平陵从葬驴的发现》，《南都学坛》2015 年 1 期。

③ 王子今：《骡驴馲驼，衔尾入塞——汉代动物考古和丝路史研究的一个课题》，《国学学刊》2013 年 4 期。

用”的具体的经济交易形式，其实并不明朗。有关汉地丝绸等物进入草原民族日常生活的情形，在《史记》卷一一〇《匈奴列传》中也只有片断反映：

> 初，匈奴好汉缯絮食物，中行说曰：“匈奴人众不能当汉之一郡，然所以强者，以衣食异，无仰于汉也。今单于变俗好汉物，汉物不过什二，则匈奴尽归于汉矣。其得汉缯絮，以驰草棘中，衣袴皆裂敝，以示不如旃裘之完善也。得汉食物皆去之，以示不如湩酪之便美也。”

中行说所谓“今单于变俗好汉物，汉物不过什二，则匈奴尽归于汉矣”，裴骃《集解》：“韦昭曰：‘言汉物什中之二入匈奴，匈奴则动心归汉矣。’”可知他站在匈奴立场上，觉察到“汉缯絮”等物质生产方面的优势，可能会导致文化的民族征服，即所谓“则匈奴尽归于汉矣”。不过，中行说不能挽回“匈奴好汉缯絮”的物欲趋势，他要求“汉使”“顾汉所输匈奴缯絮米糵，令其量中，必善美而已矣”，有学者理解为：“当时的匈奴已经被汉朝的物品麻醉得太深而不能接受中行说的建议。乃至于中行说本人最终也认识到，他能够给他的胡族主人提供的最好服务莫过于要求汉朝给匈奴输送保质保量的丝绸和谷物。”①

贾谊《新书·关市》确曾提出通过“关市”贸易“招民”即使匈奴“动心归汉”的策略：“夫关市者，固匈奴所犯滑而深求也，愿上遣使厚与之和，以不得已，许之大市。使者反，因于要险之所多为凿开，众而延之，关吏卒使足以自守。大每一关，屠沽者、卖饭食者、羹臛炙膹者，每物各一二百人，则胡人著于长城下矣。是王将强北之，必攻其王矣。以匈奴之饥，饭羹啖膹炙，嗶□多饮酒，此则亡竭可立待也。赐大而愈饥，多财而愈困，汉者所希心而慕也，则匈奴贵人以其千人至者，显其二三，以其万人至者，显其十余人。夫显荣者，招民之机也。

① 余英时：《汉代贸易与扩张：汉胡经济关系结构研究》，邬文玲等译，上海古籍出版社2005年6月版，第40页。

故远期五岁，近期三年之内，匈奴亡矣。此谓德胜。”贾谊设计的通过“关市”以先进的农耕社会物质文明征服匈奴人心的策略，因为使用非战争的手段，所以说“此谓德胜”。陶鸿庆《读诸子札记》则以为这是一种经济战或者商业战、贸易战。他对“赐大而愈饥，多财而愈困”的理解是：“言汉许匈奴大市，阴以汉物耗匈奴之财。”有人则对“赐大而愈饥，多财而愈困，汉者所希心而慕也”作了这样的解说：“给的赏赐愈多，他们愈加感到饥饿，给的钱财愈多，他们愈加感到穷困，汉朝便成了他们倾心向往的地方了。”① 所谓用以“耗匈奴之财”的“汉物”，应当包括匈奴所“好”之“缯絮”等纺织品。②

据《史记》卷一一〇《匈奴列传》，汉武帝时代，“关市”贸易受到重视，“今帝即位，明和亲约束，厚遇，通关市，饶给之。匈奴自单于以下皆亲汉，往来长城下。”马邑之谋后，尽管汉与匈奴进入交战状态，“关市”依然发挥着经济联系的作用，“匈奴绝和亲，攻当路塞，往往入盗于汉边，不可胜数。然匈奴贪，尚乐关市，嗜汉财物，汉亦尚关市不绝以中之。”③

---

① 王洲明、徐超校注：《贾谊集校注》，人民文学出版社 1996 年 11 月版，第 150 页。

② 贾谊《新书·匈奴》：“匈奴之来者，家长已上固必衣绣，家少者必衣文锦。”《汉书》卷四八《贾谊传》赞：“欲试属国，施五饵三表以系单于。”贾谊《新书·匈奴》建议以“饵”物诱匈奴贵族，反复说到“绣衣”。“赏赐”，是丝绸流出中原的重要形式。《史记》卷一二三《大宛列传》说到汉武帝对于“外国客”“散财帛以赏赐，厚具以饶给之，以览示汉富厚焉”的情形。《汉书》卷九六下《西域传下》记载，汉宣帝元康元年（前 65），龟兹王来朝贺，“赐以……绮绣杂缯琦珍凡数千万。”有学者指出，“这种例子不胜列举。”安作璋：《两汉与西域关系史》，齐鲁书社 1979 年 7 月版，第 129 页。班固称之为“赂遗赠送，万里相奉”。《汉书》卷九六下《西域传下》，第 3928 页。这种织品流通形式，有学者称作“礼物贸易”或“通贡贸易”。参看余英时：《汉代贸易与扩张：汉胡经济关系结构研究》，邬文玲等译，第 13 页。

③ 参看王子今、李禹阶：《汉代北边的“关市”》，《中国边疆史地研究》2007 年 3 期。

迎合匈奴“好汉缯絮”需求，汉帝国有提供相关物资以求边境安定的策略。汉高祖时代，就有“岁奉”“絮缯”事。[①] 贾谊也说：“汉岁致金絮采缯以奉之。”[②] 商业贸易也逐渐发展起来。有学者指出，“匈奴族十分重视与汉族互通关市。除汉族外，匈奴与羌族经常发生商业交换；与乌桓族和西域各族也发生过交换。”“（匈奴）并通过西域，间接和希腊人及其他西方各族人民发生交换。”[③] 这一时期丝路商道的形势，有的学者作过这样的分析，“匈奴人……亟欲控制商道，垄断东西贸易，以取得暴利。”[④] 有学者以为，“匈奴贵族”“做着丝绸贸易”，“匈奴人”“进行丝绸贸易”，或说“丝绢贸易”。亦有关于“当时匈奴贵族向西方贩运的丝绸的道路”的分析。[⑤] 然而这些论说，现在看来，似乎缺乏确切的史料的支持。[⑥] 不过，东方丝绸因草原民族的交通机动性优势向西方传播的可能性是存在的。

3 “戍卒贳卖衣财物”与“吏民”“贳卖”现象

“戍卒贳卖衣财物”，是河西汉简社会生活史料和社会经济史料中常见的现象。居延汉简可见如下题名的简册：

---

① 《史记》卷一一〇《匈奴列传》：“冒顿常往来侵盗代地。于是汉患之，高帝乃使刘敬奉宗室女公主为单于阏氏，岁奉匈奴絮缯酒米食物各有数，约为昆弟以和亲，冒顿乃少止。”第 2895 页。

② 《汉书》卷四八《贾谊传》，第 2240 页。

③ 林幹：《匈奴通史》，第 3 页，第 146 页至第 147 页。

④ 殷晴：《丝绸之路与西域经济——十二世纪前新疆开发史稿》，中华书局 2007 年 12 月版，第 111 页。

⑤ 苏北海：《汉、唐时期我国北方的草原丝路》，张志尧主编：《草原丝绸之路与中亚文明》，新疆美术摄影出版社 1994 年 11 月版，第 28 页。

⑥ 王子今：《前张骞的丝绸之路与西域史的匈奴时代》，《甘肃社会科学》2015 年 2 期。

（1）●第廿三部甘露二年卒行道贳卖衣物名籍（E. P. T56：265）

（2）　甘露三年戍卒行道贳卖

⊠

衣财物名籍□□（E. P. T53：218）

（3）●不侵候长尊部甘露三年戍卒行道贳卖衣财物名籍（E. P. T56：253）

（4）第十七部甘露四年卒行道贳卖名籍（E. P. T3：2）

（5）☐□年戍卒贳卖衣财物名籍（E. P. T59：47）

（6）元康四年六月丁巳朔庚申左前候长禹敢言之谨移戍卒贳卖衣财

物爰书名籍一编敢言之　　　　　　　（10. 34A）

印曰藺禹

六月壬戌金关卒延寿以来　　候史充国（10. 34B）

（7）甘露二年五月己丑朔戊戌候长寿敢言之谨移戍卒自言贳卖财物

吏民所定一编敢言之（E. P. T53：25）

（8）甘露三年二月卒贳卖名籍（E. P. T56：263）

（1）至（5）是年度统计"戍卒行道贳卖衣财物名籍"。（6）（7）有具体制作日期，但是统计时限不明确。（8）所见"卒贳卖名籍"似乎可以理解为逐月造作上报。

与前引《卒行道贳卖衣物名籍》《戍卒行道贳卖衣财物名籍》《卒行道贳卖名籍》[①]《戍卒贳卖衣财物爰书名籍》等文书相对应，我们还看到有《亭卒不贳买名籍》。例如：

（9）元康二年三月乘胡隧长张常业亭卒不贳买名籍（564. 25）

有简文说明，这类"贳卖"行为是受到"禁止"的：

---

① 张俊民指出，"行道"即"戍卒办事行于道路之中"。《居延汉简贳卖衣物刍议——汉简札记之一》，《西北史地》1990 年 1 期。

（10）二月戊寅张掖大守福库丞承熹兼行丞事敢告张掖农都尉护田校尉府卒人谓县律曰臧它物非

钱者以十月平贾计案戍田卒受官袍衣物贪利贵贾贳予贫困民吏不禁止浸益多又不以时验问（4.1）

按照官方文书的说法，戍田卒“贳卖衣财物”的出发点似乎主要是“贪利”。然而，简文则又可以看到这样的文句：

（11）辞贫急毋余财独有私故练袭☐（180.23）

所陈说的似乎是因“贳卖衣财物”受到责罚者的辩解之辞，自称其动机只是“贫急毋余财”，不得不变卖所“独有”的“私故练袭”。又如：

（12）将军哀贳贷罪法复令见日月叩头死罪死罪（E.P.F16：54）

简文内容则表述了因“贳贷”致罪受到宽恕之后的感忭之心。[①]

居延汉简简文又可见参与类似“贳卖”“贳买”行为的主体是一般“吏民”的情形：

（13）☐□□□

□行禁吏民毋贳卖☐（239.115）

（14）☐□平吏民毋贳买☐（255.26）

似乎“吏民”“贳卖”“贳买”也是常见的经济交易现象。[②]“禁吏民毋

---

① 李天虹说：“戍卒贳卖的物品主要是布匹和衣物。”“对官府配备的衣物，边塞大概是明令禁止买卖的，主要防止戍卒以官物谋取私利，‘不贳卖（买）名籍’的编制大概就与类似的规定有关”，“但对私衣物的买卖，官府并不禁止，否则不会有诸多贳卖（买）衣物的簿籍，官府也不会负责处理因贳卖（买）而产生的债务纠纷。事实上，边塞对官衣物的买卖也没有进行绝对的禁止……。”《居延汉简簿籍分类研究》，科学出版社2003年9月版，第138页至第139页。今按：是否“禁止”或“进行绝对的禁止”，其实不宜因相关事实是否存在判断。

② 有学者曾经指出“买卖双方均非军职人员”的情形，以为“以往说边塞衣服的买卖均在军事系统吏卒之间进行，这种说法值得商榷”。徐乐尧：《居延汉简所见的市》，《秦汉简牍论文集》，甘肃人民出版社1989年12月版。然而所举简例“元康二年十一月丙申朔壬寅居延临仁里耐长卿贳买上党潞县直里常寿字长孙青复绔一两直五百五十约至春钱毕姚子方☐”（E.P.T57：72），并不能确证“买卖双方均非军职人员”。

贳卖”简文，体现这一情形也受到禁止。[①] 居延汉简简文有：

（15）戍卒魏郡内黄利居里杜收　贳卖鹑缕一匹直千广地万年隧长孙中前所

平六（112.27，A8，203）

（16）第五隧卒马赦贳卖□□　袍县絮装直千二百五十第六隧长王常利所

今比平予赦钱六百（E.P.T56：17）

（14）的“平”与（15）所谓“前所平”以及（16）所谓“今比平”的“平”，可能体现出另一种对戍卒“私贳卖衣财物”活动的控制手段。“贳卖”似乎是一种不“平”的交易方式。有的学者认为，“这里‘比平’即平抑物价。”[②] 简文“平”的具体涵义还可以继续讨论，但是这种形式限制“贳卖衣财物”的意义，却是大体明确的。

“吏”予以“禁止”的，首先是“戍田卒受官袍衣物贪利贵贾贳予贫困民”现象。如：

（17）☐□□外贳卖官袭一领备南隧长陈长买所贾钱☐（88.13）

（18）本始元年七月庚寅朔甲寅楼里陈长子卖官绔柘里黄子公贾八十（91.1）

（19）阳又卖同隧卒莱意官袭绔遮虏季游君所直千六百五☐（E.P.T11：3）

---

① 王子今：《汉代丝路贸易的一种特殊形式：论“戍卒行道贳卖衣财物”》，《简帛研究汇刊》第1辑“第一届简帛学术讨论会论文集”，中国文化大学历史系、简帛学文教基金会筹备处2003年5月版，《西北史研究》第3辑，天津古籍出版社2005年7月版。

② 论者分析（16）简文，“士卒一件装了丝絮的冬袍原值一千二百五十钱，结果被砍价一半多，物主最后只得到六百钱。”龚留柱：《中国古代军市初探》，《史学月刊》1994年3期。今按：“物主最后只得到六百钱”的解说或可商榷，“今比平予赦钱六百”也许是说王常利又补付马赦“钱六百”。

（20） 贳卖官复袍若干领直若干某所隧长王乙所

☐ ☐

它财 （E. P. T56：230）

（21）☐自言贳卖官袍一领直☐（E. P. T59：923）

（22）☐□□外贳卖官袭一领备南隧长陈长买所贾钱☐

（88. 13）

这些简文，似乎原本属于所谓《卒居署贳卖官物簿》（271. 15A）等文书。有学者认为，"居署贳卖"与"行道贳卖"形成对应关系。[①] 认识"贳卖官物"情形，可以参考《汉书》卷六一《张骞传》有关汉使团西行的记载："妄言无行之徒皆争相效。其使皆私县官赍物，欲贱市以私其利。"[②] 颜师古注："言所赍官物，窃自用之，同于私有。""所市之物，得利多者，不尽入官也。"以"官物""贱市以私其利"，虽然为法令和军纪禁止，但仍然是普遍的情形。

我们又看到戍卒私人衣物即所谓"卒所赍衣物"（56. 16）以"贳卖"方式进入市场的普遍情形。如：

（23）☐辞贫急毋余财独有私故练袭☐（180. 23）

所陈说的似乎是因"贳卖衣财物"受到责罚者的辩解之辞，自称其动机只是"贫急毋余财"，只得变卖所"独有"的"私故练袭"。邵台新指出，这些简例反映的"都是布匹、衣物的买卖，价值不高，在买卖的过程中还有证人，买卖完成要以沽酒酬劳证人"。[③]

据简牍文字提供的信息，除成衣之外，作为衣料的成匹的织物也成为买卖对象。

---

① 李天虹说："戍卒的贳卖（买）活动或发生在'居署'，或发生于'行道'，'居署'与'行道'相对而言。"《居延汉简簿籍分类研究》，第 138 页。

② 参看张德芳：《汉帝国在政治军事上对丝绸之路交通体系的支撑》，《甘肃社会科学》2015 年 2 期。

③ 邵台新：《汉代河西四郡的拓展》，台湾商务印书馆 1988 年 11 月版，第 208 页。

4　边塞织品简牍记录

在相关交易与债务记录中，可以看到买卖对象并非成衣的情形。衣料的“贳卖”“贳买”在简文中有所反映。例如：

（24）☐收虏隧卒丁守责故隧长石钦粟黍斗皂布三尺（E. P. T59：114）

（25）白素五尺□□☐

白素五尺十七☐（E. P. T65：524）

（26）吞远隧卒夏收　自言责代胡隧长张赦之赦之买收缣一丈直钱三百六十（217. 15，217. 19）

这种交易，已经并非“衣物”。[①]

贳卖成匹的织品，在简牍资料中也可以看到数量可观的记录。如：

（27）　　觻得厩啬夫子恩所贳买

●

甲渠鉼庭隧卒兖科毋尊布一匹（E. P. T51：329）

五凤二年五

（28）贳券课

元赤缣一□　（E. P. T51：338）

（29）灭虏隧戍卒梁国蒙东阳里公乘左咸年卅六自言责故乐哉隧长张中实阜练一匹直千二百今中实见为甲渠令史（35. 6）

（30）惊虏隧卒东郡临邑吕里王广

□上字次君　贳卖八稯布一匹直二百九十觻得定安里方子惠所舍上中门第二里三门东入

---

① 如“☐始五年二月部卒贳卖衣物骑司马令史所名籍”（E. P. T51：210A）说到的交易形式。

任者阎少季薛少卿（287.13）

（31） 月贯□□一匹□□月中……

谒报居延敢言之（E.P.T51：722）

（32）☐人先□□□乃受直布一匹直四百当得□单□□□☐（E.P.T59：657）

（33）☐鄣卒张霸　受阁帛一匹　出帛二丈三尺□（E.P.T65：63）

（34）☐☐一匹　出帛一匹从民吴□买贷缯襦一领□绛（E.P.T65：65）

（35）☐鄣卒王代……出帛一丈为母治襦□□一领

□□□□□

今毋余帛　（E.P.T65：106）

出帛一丈买韦绛一

（36）鄣卒王放……　今毋余帛

出帛一丈买垚八斤

（E.P.T65：107）

（37）　受阁帛一匹 出帛一匹从客民李子春买□

☐鄣卒田恽　☐

（E.P.T65：130）

（38）　受阁帛一匹

止害隧卒张骏　☐（E.P.T65：160）

甲渠尉取直谷

（39）吞远候长卒候匡自言官阁匡帛一匹二丈官不阁卒（E.P.F22：293）

（40）☐　缣一匹直六百☐（E.P.F31：34）

“出阁帛”情形现在尚不明朗。而多数以“一匹”为计的织物交易均为士兵个人私物买卖。典型例证有额济纳简：

（41）☑第九隧卒史义角布一匹贾钱五百约至八月钱必已钱即不必☑（2000ES9SF4：22）

此简例织物“一匹”已经完成交易过程。简文有“贾钱”记录，并说明“约至八月钱必已”。这是典型的“贳卖”形式。又如：

（42）☑帛匹八尺四寸　　　羊伟一枚

☑絮十斤四两

☑布匹八尺　　　　　　　　（2000ES14SF2：5）

以上织品数量皆为“一匹”，又有记录“匹”数更多的简文：

（43）

已入五百

责第卅二队卒纪常富字子严 布二匹直千五百 候史张君卿任

少千

（E. P. T59：70）

（44）戍卒东郡聊成昌国里繺何齐　　贳卖七稯布三匹直千五十屋兰定里石

平所舍在郭东道南任者屋兰力田亲功 临木隧（E. P. T56：10）

（45）终古隧卒东郡临邑高平里召胜字游翁　贳卖九稯麹布三匹匹三百卅三凡　　　直千钂得富里　张公子所舍在里中二门东入任者同里徐广君（282. 5）

（46）

廉敞贳缣三匹券在宋始　（155. 13A）

取□刀　　　取钱四千

取白布单衣　为责郝□　（155. 13B）

（47）宣成与横俱求保任为卒又任横取阁帛布各五匹横偿（E. P. T59：113）

（48）戍卒魏郡贝丘巧里杨通

贳卖八稯布八匹匹直二百卅并直千八百卅卖郑富安里二匹不实贾知

券常利里淳于中君（311.20）

肩水金关简有如下简例：

（49）出钱千八百　毋尊布三匹匹四百☑

黄缣一匹直□□☑　（73EJT24：389）

（50）帛四丈九尺尺九直百卅四　絮一绳直……☑

□三丈尺九直二百七十　带一直……☑

素六尺尺十直六十　□直……☑

□□□匹直百九十　□一直……☑（73EJT29：26）

（51）出帛七匹三丈一尺七寸直千八百☑（73EJT9：5）

（52）☑□缣十三匹□☑（73EJT21：259）

（53）布十三匹二丈其五匹□定见八匹　出二匹□取☑（73EJT24：745A）

又有一例多至"卌九匹"者：

（54）今余广汉八稯布卌九匹直万一千一百廿七钱九分（73EJT10：72）

简文还可以看到织品数额更大的情形：

（55）始元三年三月丙申朔丁巳北乡啬夫定世敢言之☑

□□二百卌七匹八尺直廿九万八千一百☑

（47.3）

（56）入七稯布二千七百九十七匹九尺六寸五分直六十万八千四百　率匹二百一十七钱五分（73EJT26：23）

（55）据价格"直廿九万八千一百……"，可知"□□二百卌七匹"应为"一千二百卌七匹"。（56）"入七稯布二千七百九十七匹九尺六寸五分”，这样的数量，当然有满足部队被服制作需求的可能。我们看到有涉及“袭”的数量的简例，如甲渠候官简：

(57)　　　　　　　　　　其二领物故

受正月余袭二百卌二领

今余二百卌领（E. P. T51：192）

“袭”显然是部队军装。“二百卌二领”仅仅只是“余袭”，可知军需数量确实是可观的。我们还可以分析以下简例：

(58)　　　　　　　其十四人已前出　用羊韦八十三件

定受奉八十三人　交钱五万九百八钱

最凡吏九十七人

用绛一匹

用布十八匹　　　（E. P. T40：6B）

现在不能确定“用绛一匹”“用布十八匹”这两项织品消费的具体用途，但推想可能是“吏”“定受奉八十三人”制衣所用。汉代尺度规格，每匹四丈。《说文·匚部》：“匹，四丈也。八揲一匹。”① 《急就篇》卷二：“资货市赢匹幅全。”颜师古注：“四丈为匹。”②《汉书》卷二四下《食货志下》：“布帛广二尺二寸为幅，长四丈为匹。”③ 参考简(58)，合计十九匹，平均每人 0.2289 匹。那么，(56)“入七稯布二千七百九十七匹九尺六寸五分”，按照这一比例，可以满足“吏”

---

① 段玉裁注：“按‘四丈’之上当有‘布帛’二字。《杂记》曰：纳币一束，束五两，两五寻。郑曰：纳币谓昏礼纳征也。十个为束，贵成数，两两合其卷，是谓五两。八尺曰寻。五两，两五寻，谓每两五寻则每卷二丈也。合之则四十尺。今谓之匹。犹匹偶之云与。”〔汉〕许慎撰，〔清〕段玉裁注：《说文解字注》，上海古籍出版社 1981 年 10 月据经韵楼藏版影印版，第 635 页。今按：居延汉简 168.10“三楪□长三丈三尺以直钱三百五十☐”，“楪”似应即《说文》“八揲一匹”的“揲”。

② 管振邦译注，宙浩审校：《颜注急就篇译释》，南京大学出版社 2009 年 8 月版，第 108 页。

③ 《汉书》，第 1149 页。

12220.36人“用绛”“用布”数量需求。制作成衣使用衣料的数量，还有另一参考值：

（59）☐□□□五练袭一领表里用帛一匹糸絮（203.45）

即言“表里”，所说应为复袭。“一领”“用帛一匹”，则（55）“七稯布二千七百九十七匹”可以制作这样的“袭”2797领。

简（55）“入七稯布二千七百九十七匹九尺六寸五分直六十万八千四百”，有总价值数字，“率匹二百一十七钱五分”，每匹的价格也是明确的。如果推测这批“七稯布”之“入”与河西织物市场直接相关，是有一定的合理性的。有这样的简例体现“帛”在河西的买卖：

（60）☐钱十一万三千五百八十六

其十一万四百卅四调钱　　二百九十库所买直

二千八百六十二赵丹所买帛六匹直　　（168.13）

所谓“库所买直”，意义还并不清楚。

以上所举简例，大致织物“一匹”者，很可能由戍卒自家乡携带至边地。如肩水金关简所见情形：“广野隧卒勤忘　贳卖缥一匹隧长屋兰富昌里尹野所”（73EJT23：965），可能具有典型性。

大庭脩曾经分析居延破城子出土的这一木简：“■右南阳私衣物橐百一十一”（E. P. T52：84），推断当时内地各郡国是将戍卒的衣物橐以郡或国为单位，集中数十或上百个运往居延地区的。[①] 萧璠赞同这一认识，并举例以为补证：“E. P. T58：115号衣物橐封检是一件所谓的圆锥火山形封检，中央封泥槽两边的文字书写的方向正好相反；一边写的是：‘戍卒陈留郡平丘里赵野裘练橐，封以陈留太守章’，另一边则记载各类衣物及其数量。戍卒本人当然是不可能取得太守印章的，那么这很

① （日）大庭修：《再论“检”》，《简帛研究》第1辑，法律出版社1993年10月版。今按：简文所见“私橐”（E. P. T61：13，E. P. T65：139），可能也属于同类情形。可参看有关“衣橐”“衣箧”的简文。沈刚：《居延汉简语词汇释》，科学出版社2008年12月版，第95页。

可能是表示戍卒个人的衣装橐在集中起来之后，由官府来执行封缄，再交付运输的。"[①] 这样说来，简（48）所见普通戍卒多至"八匹"加"二匹"共计十匹或者更多的织物作为"衣装"是怎样封缄运输至于河西的，显然也是值得讨论的问题。[②]

5　边塞织品文物遗存

邵博《邵氏闻见后录》卷二七记载了"天都"地方汉章帝章和时代（87—88）"木简札"的发现：

> 崇宁初，经略天都，开地得瓦器，实以木简札，上广下狭，长尺许，书为章草，或参以朱字，表物数，曰："缣几匹，绵几屯，钱米若干"。皆"章和"年号。松为之，如新成者，字遒古若飞动，非今所畜书帖中比也。其出于书吏之手尚如此。正古谓之"札书"，见《汉武纪》《郊祀志》。乃简书之小者耳。张浮休《跋王君求家章草月仪》云尔。

"天都"在宋与西夏战争前线，也应相当汉代北边。[③] 看来，"缣几匹，绵几屯"简文传递的信息在宋代已经为学者关注。

---

① 萧璠：《关于额济纳河流域发现的八点二号汉代封检》，《居延汉简补编》（台湾中研院历史语言研究所专刊之九十九）。今按：居延汉简可见"戍卒篋绘"（E. P. T52：667），可能封缄形式有所不同。

② 据杨继承提示，参考睡虎地秦简"黑夫"与"惊"私信，河西织品是否有自原籍邮寄的可能，思考这一问题，或许应注意这一简文："☐自言行道到县索官寄一匹练绔☐城北□里男子王子高家。"（135.13）简文所记录的情形，很可能是近距离寄出。

③ 《宋史》卷八七《地理志三》："天都砦。元符二年，洒水平新砦赐名天都，东至临羌砦二十里，西至西安州二十六里，南至天都山一十里，北至绥戎堡六十五里。"中华书局 1977 年 11 月版，第 2161 页。据谭其骧主编《中国历史地图集》，地在今宁夏海原。《中国历史地图集》，中国地图出版社 1982 年 10 月版，第 6 册第 20 页至第 21 页。参看史为乐主编：《中国历史地名大辞典》，中国社会科学出版社 2005 年 3 月版，第 307 页。

甘肃考古学者在总结敦煌西部汉代长城烽燧遗址出土实物时，列言“生产工具、兵器、丝绸……”[①]，丝绸位居第三。

据贝格曼在额济纳河流域的考察，许多汉代烽燧遗址发现织品遗存。如烽燧 A6 与汉代封泥、木简同出有“敞开的、织造精美的覆盖有黑色胶质的丝织品残片；丝质纤维填料；细股的红麻线”等文物。通称“破城子”的城障 A8 与诸多汉代文物同出“天然丝，丝绸纤维填料”，“植物纤维织物”，“天然褐色和其他颜色的丝绸残片”，“不同颜色的丝织物、丝绸填料、植物纤维材料残片”。烽燧 P1 发现“黄色天然丝绸的小块残片和羊毛纱线”，烽燧 A9 发现“一块红丝绸”。障亭 A10 发现包括“褐色、红色、绿色和蓝色”的“不同颜色的丝绸残片”。台地地区“地点 1”标号为 P. 398 的遗存，发现“（天然）褐色、黄色、深红色、深蓝色、浅蓝色、深绿色、浅绿色”的“小块丝绸残片”。“地点 7”标号为 P. 443 的遗存也发现丝织物，“色泽有褐色（天然）、黄褐色、浅绿色、深绿色、蓝绿色和深蓝色”。金关遗址 A32“地点 A”发现“有朱红色阴影的鲜红丝绸残片”，“地点 B”发现“玫瑰红、天然褐色丝绸和丝绸填料残片”，“地点 C”发现“天然褐色、褐色和酒红色丝绸残片”，“地点 E”发现“丝质服装、丝绸填料和纤维织物残片”，“部分缝补过的丝绸为天然褐色、绿色、蓝绿色、蓝色和红色”。地湾遗址 A33“地点 4”发现的丝绸残片，色彩包括“褐色、浅红色、深红色、绿黄棕色、黄绿色和黄色”，又据记述，“色度为：接近白色、褐色、红色、绿色、普鲁士蓝”。大湾遗址 A35 地点 1、地点 2、地点 5、地点 12 发现“丝绸残片”，地点 4、地点 6、地点 7、地点 8、地点 9、地点 10 发现“纺织物残片”。“地点 1”标号为 P. 66 的遗存，发现

---

① 岳邦湖：《丝绸之路与汉塞烽燧》，关西大学东西学术研究所编：《东西学术研究所纪要》第 25 辑（1992 年 3 月），《简帛研究》第 1 辑，法律出版社 1993 年 10 月版。

“各种颜色（浅黄色、灰色、褐色、绿色和玫瑰红色）的丝绸残片”。[①]

有的丝绸残片是在鼠洞里发现的。[②] 额济纳河流域汉代遗址的丝绸遗存普遍经过鼠害破坏，因此每多残碎。但是台地地区“地点 7”标号为 P. 402 的发现，据记录：“黄色（天然）丝绸残片，其中一块的整体宽 51. 5—51. 7 厘米。”[③] 地湾遗址 A33“地点 6”发现的丝绸残片中，“第 2 件和第 19 件保留了完整的宽度，其宽分别为 45 厘米和 40 厘米。”[④]

对照前引《汉书》卷二四下《食货志下》关于“布帛广二尺二寸为幅，长四丈为匹”的规格，“广二尺二寸为幅”以西汉尺度通常 23. 1 厘米计，应为 50. 82 厘米，“整体宽 51. 5—51. 7 厘米”的形制与此接近。而以东汉尺单位量值 23. 5 厘米计[⑤]，“广二尺二寸为幅”恰好为 51. 7 厘米。

以 51. 7 厘米为幅宽，前引简（55）“入七稯布二千七百九十七匹九尺六寸五分”总面积达 13594 平方米。

马圈湾烽燧遗址出土纺织品 140 件，其中丝织品 114 件。“品种有

---

① （瑞典）弗克·贝格曼考察；（瑞典）博·索马斯特勒姆整理；黄晓宏等翻译；张德芳审校：《内蒙古额济纳河流域考古报告：斯文·赫定博士率领的中瑞联合科学考查团中国西北诸省科学考察报告考古类第 8 和第 9》，学苑出版社 2014 年 3 月版，第 34 页至第 35 页，第 60 页，第 86 页，第 94 页，第 284 页，第 288 页，第 333 页，第 334 页，第 339 页，第 350 页，第 376 页至第 377 页。

② 《内蒙古额济纳河流域考古报告：斯文·赫定博士率领的中瑞联合科学考查团中国西北诸省科学考察报告考古类第 8 和第 9》，第 275 页。

③ 《内蒙古额济纳河流域考古报告：斯文·赫定博士率领的中瑞联合科学考查团中国西北诸省科学考察报告考古类第 8 和第 9》，第 288 页。

④ 《内蒙古额济纳河流域考古报告：斯文·赫定博士率领的中瑞联合科学考查团中国西北诸省科学考察报告考古类第 8 和第 9》，第 359 页。

⑤ 据丘光明编著《中国历代度量衡考》，“西汉和新莽每尺平均长 23. 2 和 23. 09 厘米，二者相差甚微，考虑到数据的一惯性，故厘定为 23. 1 厘米。而东汉尺的实际长度略有增长，平均每尺长 23. 5 厘米。为了尊重实测数据，故东汉尺单位量值暂定为 23. 5 厘米。”科学出版社 1992 年 8 月版，第 55 页。

锦、罗、纱、绢等。”所谓“绿地云气菱纹锦”，“以绿色作地，黄色为花，蓝色勾递，基本纹样为云气和菱形几何图案”，“织锦的工艺技术要求是相当高的。”“马圈湾出土的四经绞罗，是一个不多见的品种，其经纬纤度极细……”，“轻薄柔美，是少见的精品”。“黄色实地花纱”1 件，“是目前我国所见最早的实地花纱，在丝绸纺织史上占有一定的地位。”绢 92 件，研究者分析了其中 61 件标本，“其特点是经纬一般均不加拈，织物平挺、紧密，色彩丰富、绚丽。”“颜色有：红、黄、绿、蓝、青、乌黑、紫、本色、青绿、草绿、墨绿、深绿、朱红、桔红、暗红、褪红、深红、绯红、妃色、褐黄、土黄、红褐、藕褐、蓝青、湖蓝等二十五种。”①

贝格曼考察额济纳河流域多处遗址发现的织品均颜色鲜丽，特别引人注目。瓦因托尼一线的“障亭 10”试掘出土“各种颜色的丝绸”制作的“丝质缝缀物”，“9 块丝绸衬里的颜色为：深酒红色、绿色、浅灰绿、深蓝、蓝绿色；3 块丝绸面子的颜色为：深红色（主要的两部分）、深天蓝色（三角形的角）。”② 鲜艳华美的织品竟然在以“寒苦”为生活基调，甚至往往“至冬寒衣履敝毋以买”的边塞军人身边发现③，使得我们不得不注意导致这种异常现象发生的特殊的织物市场背景。

汉代制度礼俗，色彩的使用依身份尊卑有所不同。如《续汉书·舆服志下》：“公主、贵人、妃以上，嫁娶得服锦绮罗縠缯，采十二色，重缘袍。特进、列侯以上锦缯，采十二色。六百石以上重练，采九色，

---

① 甘肃省文物考古研究所：《敦煌马圈湾汉代烽燧遗址发掘报告》，《敦煌汉简》，中华书局 1991 年 6 月版，第 54 页至第 55 页。

② 《内蒙古额济纳河流域考古报告：斯文·赫定博士率领的中瑞联合科学考查团中国西北诸省科学考察报告考古类第 8 和第 9》，第 93 页至第 94 页。

③ 参看王子今：《汉代西北边塞吏卒的“寒苦”体验》，《简帛研究二〇一〇》，广西师范大学出版社 2012 年 3 月版；《居延汉简“寒吏”称谓解读》，《居延敦煌汉简出土遗址实地考察论文集》，上海古籍出版社 2012 年 12 月版。“至冬寒衣履敝毋以买”简文见甲渠候官出土简 E. P. T59：60。

禁丹紫绀。三百石以上五色采，青绛黄红绿。二百石以上四采，青黄红绿。贾人，缃缥而已。”自“采十二色”“采九色”“五色采”“四采”至所谓“缃缥”，形成了等级差别。“缃缥”，是极普通的单一之色。刘昭注补：“《博物记》曰：‘交州南有虫，长减一寸，形似白英，不知其名，视之无色，在阴地多缃色，则赤黄之色也。’ ”[①] 这种“贾人”服用的所谓“缃缥”，在有的条件下显示“赤黄之色”，通常则“视之无色”。很有可能就是不加漂染的原色织品，即前引文字所谓“黄色（天然）”“褐色（天然）”。有学者注意到，汉代墓葬发掘资料中织品衣物色彩品种的多少，也依地位高下有所不同。[②] 在这样的文化背景下，河西边塞遗址发现的织品之色彩纷杂绚丽，如果以为普通军人所服用，也是不好理解的。

考古学者发现，边塞遗址发现的织物质量，竟然可以看到对可能用以满足远销需要的设计美学品级追求。前说“障亭 10”发现的丝绸残件中，可见这样的作品，“华丽的复合经线棱纹丝绸残片，底色为苔藓黄，简单的斜纹菱形图案的交叉处有蓝绿色和浅绿色条纹，缝缀在一块普通的灰绿色丝绸上。”又如，“2 块华丽的复合经线棱纹丝绸残片，有蓝色、绿色、灰白色，其中一块缝缀在另一块上面。”有学者认为，“其制作水平从技术和艺术两个方面来讲都很高。图案属于很特别的类型，堪与欧亚地区流行的动物风格相媲美。”[③]

有经济史研究者注意到，“至今仍不时在沿丝路沙漠中发现成捆的汉代丝织品。”当时丝路交通形势十分复杂，“所谓通西域的丝路，实

---

① 《后汉书》，第 3676 页。

② 杨继承：《服制、符命与星占：中古“白衣”名号再研究》，《魏晋南北朝隋唐史资料》第 36 辑，上海古籍出版社 2017 年 11 月版。

③ 《内蒙古额济纳河流域考古报告：斯文·赫定博士率领的中瑞联合科学考查团中国西北诸省科学考察报告考古类第 8 和第 9》，第 96 页。

际上是在亭障遍地、烽墩林立和烟火相接的严密保护下才畅通无阻的。”[①] 而河西烽燧遗址发现的大量的“汉代丝织品”，也成为丝绸之路贸易史的生动见证。

6 “禄帛”“禄布”“禄絮”

汉武帝控制河西，“移民开发河西”，“变河西游牧之区为农业定居之区”，对于丝绸之路交通有重要意义。[②] 不过，河西地区距中原经济重心地区路途遥远，正如有的学者所分析的，“一些财政收入缺乏的地区，要仰赖中央或其他地方发来钱币，有时便不能如期发放俸钱”。于是，“汉简中常有官吏数月未能领取俸钱的记录，甚至以实物计价发给官吏替代俸钱”。例如：

（61）始元三年九月四日以从受物给长中帛若干匹直若干以给
始元三年正月
尽八月积八月奉（509.19）

（62）出河内廿两帛八匹一丈三尺四寸大半寸直二千九百七十八给佐史一人
元凤三年正月尽九月积八月少半日奉（303.5）

（63）　布一匹直四百　　　　凡直八百
入　　　　　　　　　　　　　　　　始元四☑
　　絓絮二斤八两直四百　给始元四年三月四月奉
（308.7）[③]

---

① 傅筑夫：《中国封建社会经济史》第 2 卷，人民出版社 1982 年 12 月版，第 440 页，第 439 页。

② 梁加农：《早期丝路研究》，朱新予主编：《中国丝绸史》，中国纺织工业出版社 1997 年 2 月版，第 307 页。

③ 何德章：《两汉俸禄制度》，黄惠贤、陈锋主编：《中国俸禄制度史》，武汉大学出版社 1996 年 10 月版，第 47 页至第 48 页。

简文涉及作为“奉”的“替代”的实物，有“帛”“布”“絮”。

居延汉简中又多见政府用中原织品支付军人俸饷，即应用所谓“奉帛”（89.12），“禄帛”（39.30，95.7，266.9，394.1，E.P.T65：79 等），“禄用帛”（210.27，266.15，480.11），“禄布”（E.P.T59.297），“禄县絮”（E.P.T6：81）的情形。边地军队指挥部门和地方行政机构可以提供充备的织品，提示我们关于这种特殊物资供应体系之工作效能的信息。

“帛”“布”“絮”作为“禄”的形式为军队官兵所接收，也反映了当地市场交易条件以及以此为基础形成的对于相关商品的社会感觉和价值知识。内地出产的织物成为交换各种商品的等价物，对于河西地方市场的丝绸流通无疑也会产生重要的影响。

《汉书》卷九九中《王莽传中》载：“（天凤三年）五月，莽下吏禄制度，曰：‘予遭阳九之厄，百六之会，国用不足，民人骚动，自公卿以下，一月之禄十緵布二匹，或帛一匹。予每念之，未尝不戚焉。今厄会已度，府帑虽未能充，略颇稍给，其以六月朔庚寅始，赋吏禄皆如制度。’”有学者指出，“现知居延简中以布帛充奉的只有始元三年、四年以及元凤三年等年号”以及“新莽时以布帛充奉”现象。论者特别指出，“凡以布帛充奉各简，并无赋奉未到的记载”。[①] 由此似可反映河西地方“府帑”储备中“布帛”比较充足的情形。

7　河西的“市”与织品贸易

上文所说戍卒与吏民之间的私人“贳卖衣财物”形式，属于民间交易。而（60）“赵丹所买帛六匹”则可能通过市场。（54）“今余广汉八稯布卌九匹直万一千一百廿七钱九分”，（55）“□□二百卌七匹八

---

① 薛英群、何双全、李永良注：《居延新简释粹》，兰州大学出版社 1988 年 1 月版，第 7 页至第 8 页。

尺直廿九万八千一百☑"，（56）"入七稯布二千七百九十七匹九尺六寸五分直六十万八千四百 率匹二百一十七钱五分"数例可以称作大宗的买卖，大概也应如此。

然而也有"贩卖衣物于都市"的情形：

（64）·甲渠言部吏毋铸作钱发冢

贩卖衣物于都市者　　　　（E. P. F22. 37）

有学者根据出土简牍资料分析"投入居延市场的货物"中，有"衣服类"和"布帛类"：

衣服类，计有：

皂布衣、韦绔、皂袭、皮绔、皂襜褕、布复襦、绛单襦、皂练复袍、布复袍、皂襦、缥复袍、白紬襦、袭布绔、皂复绔、单衣、缣长袍、皂绔、裘、绉复襦等。

布帛类，计有：

七稯布、八稯布、九稯布、练、缣、皂练、白素、皂布、布、絣、鹑缕、廿两帛、白缣、絮巾、缇绩、系絮、丝等。[①]

"衣服类"中"韦绔""皮绔""裘"等大致不属于我们讨论的对象。"布帛类"中可能"絮巾"不宜列入。"系絮"应为"糸絮"之误。现今我们看到的"衣服类"和"布帛类"的品种数量，已经远远超过了当时的统计。

《汉书》卷二八下《地理志下》说河西四郡风俗："其俗风雨时节，谷籴常贱，少盗贼，有和气之应，贤于内郡。""谷籴常贱"，已经言及市场形势。《后汉书》卷三一《孔奋传》记述："时天下扰乱，唯河西独安，而姑臧称为富邑，通货羌胡，市日四合，每居县者，不盈数月辄致丰积。"对于所谓"市日四合"，李贤注："古者为市，一日三合。《周礼》曰：'大市日侧而市，百族为主。朝市朝时而市，商贾为主。

① 徐乐尧：《居延汉简所见的市》，《秦汉简牍论文集》，甘肃人民出版社1989年12月版。

夕市夕时而市，贩夫贩妇为主。’今既人货殷繁，故一日四合也。”河西地方的富足和市场的繁荣，得到史籍的明确记录。有学者指出，“居延地区靠近汉代中西交通大道，有条件发展转运贸易，这也是居延的商业市场具有一定水平和商业得以发展的有利条件。”① 这样的判断是有根据的。正是在“市日四合”，“人货殷繁”的情况下，织品实现了“通货羌胡”的贸易程序。

居延汉简可见“为官市”简文（456. 2）。又有“居延市吏”称谓，这一职任似乎亦参与织品交易的管理。

玉门花海汉代烽燧遗址出土“禽寇燧卒冯时贳卖衣物契约券”，亦出“所买布疏”：

（65）所买布踈

大□郭成买布三尺五寸直一石四斗

始乐尹虎买布三尺五寸直一石四斗　索卿☐

万贳范融买布一丈二尺直四石二斗

长生赵伯二石

凡九斛前付卿已入　　　　（77. J. H. S：17A. B）②

“布”的“直”以谷物计，或许体现了河西市场在特殊情况下特殊的交换方式。

8　河西军人消费生活中的毛织品

马圈湾烽燧遗址发掘出土毛织品 13 件，“品种有罽、褐、绛毛带、毡垫、毡靴等。”有“图案非常精美”的“方格罽”1 件。又有“晕繝

---

① 徐乐尧：《居延汉简所见的市》，《秦汉简牍论文集》，甘肃人民出版社 1989 年 12 月版。

② 嘉峪关市《文物》保管所：《玉门花海汉代烽燧遗址调查报告》，《汉简研究文集》，甘肃人民出版社 1984 年 9 月版。

罽”1件，“花部依次由黄向蓝变化，呈晕色效果。这是目前我国发现最早的一件晕繝毛织物，它对唐代晕繝锦的产生，无疑起过重大影响。”又有“红罽”2件，“深红罽”2件，“莲紫罽”1件，“黄罽”1件，“青褐斑罽”1件。[①]

贝格曼考古报告中也有许多关于毛织品发现的记录。

河西出土麻织品可能多来自中原地区，而毛织品，特别是质量较高的毛织品不能排除来自西域地方的可能。河西汉塞的毛织品遗存可能经由匈奴传入[②]，活跃的西域商人或许也曾经直接促成了这种商品在丝绸之路沿途市场的流通。

西域商人曾经有非常活跃的历史表演。如《后汉书》卷八九《南匈奴传》记载：“（建武）二十八年，北匈奴复遣使诣阙，贡马及裘，更乞和亲，并请音乐，又求率西域诸国胡客与俱献见。”[③]“西域诸国胡客”和匈奴使团同行“与俱献见”，值得我们注意。此外，又有《后汉书》卷四七《班超传》的说法：“超遂发龟兹、鄯善等八国兵合七万人，及吏士贾客千四百人讨焉耆。”可知西域“贾客”亦参与战争。有学者以“游牧民族商业化的倾向，也就愈益显著”的说法概括匈奴对“贸易权益”的追求。[④]其实西域诸国可能更突出地体现出“商业化的倾向”。

---

① 甘肃省文物考古研究所：《敦煌马圈湾汉代烽燧遗址发掘报告》，《敦煌汉简》，第55页至第56页。

② 有学者指出，“僮仆都尉驻准噶尔盆地直通塔里木盆地的天山南麓焉耆、危须、尉犁三个小国之间，征发三十六国亘于农、牧、工、矿各方面的产品，以及草原大道之外的沃洲大道上商业利润，构成匈奴经济面不可缺的一环节。”姚大中：《古代北西中国》，三民书局1981年5月版，第76页。

③ 《太平广记》卷四〇二《鬻饼胡》：“……但知市肆之间，有西国胡客至者，即以问之，当大得价。生许之。……将出市，无人问者。已经三岁，忽闻新有胡客到城，因以珠市之。……”“出《原化记》。”〔宋〕李昉等编：《太平广记》，中华书局1961年9月版，第3243页至第3244页。可知“胡客”多是“贾胡”。

④ 殷晴：《丝绸之路与西域经济——十二世纪前新疆开发史稿》，第111页。

《后汉书》卷五一《李恂传》写道："复征拜谒者，使持节领西域副校尉。西域殷富，多珍宝，诸国侍子及督使贾胡数遗恂奴婢、宛马、金银、香、罽之属，一无所受。"所谓"贾胡数遗""奴婢、宛马、金银、香、罽之属"，应是一种贿赂行为。也许这种行为曲折体现了匈奴占领时期特殊经济形式的历史惯性。其中"罽"正是西域特产。"贾胡"身份，应是西域商人。李贤注："贾胡，胡之商贾也。"西汉中期，即有西域商人活跃于北边的史实记录。如陈连庆所说，"在中西交通开通之后，西域贾胡迅即登场。"① 以敦煌汉简为例，所见乌孙人（88，90，1906），车师人（88），"☐知何国胡"（698）② 等等，未可排除来自西域的商人的可能。《后汉书》卷八八《西域传》篇末有以"论曰"形式发表的对于西域问题的总结性文字，其中说到"商胡贩客"："论曰：西域风土之载，前古未闻也。汉世张骞怀致远之略，班超奋封侯之志，终能立功西遐，羁服外域。自兵威之所肃服，财赂之所怀诱，莫不献方奇，纳爱质，露顶肘行，东向而朝天子。故设戊己之官，分任其事；建都护之帅，总领其权。先驯则赏籝金而赐龟绶，后服则系头颡而衅北阙。立屯田于膏腴之野，列邮置于要害之路。驰命走驿，不绝于时月；商胡贩客，日款于塞下。"

据斯坦因的考察记录，在敦煌地方的烽燧遗址中，"得到半段木简，上书古撒马尔干同布哈拉通行的古窣利语；这半段显然是作为符节之用。""在这一段长城一座烽燧尘封堆积的室中发简历八封干干净净用古窣利文字体写在纸上的书函，……其中有些找到时外面用绢包裹，有些只用绳缠住。这种字体因为过于弯曲以及其他缘故，极难认识，现在知道这是中亚一带商人到中国以后发回的私人通讯。他们显

① 陈连庆：《汉唐之际的西域贾胡》，《中国古代史研究：陈连庆教授学术论文集》，吉林文史出版社 1991 年 12 月版。

② 吴礽骧、李永良、马建华释校：《敦煌汉简释文》，甘肃人民出版社 1991 年 1 月版，第 9 页，第 71 页，第 202 页。

然很喜欢用新发明的纸作书写材料，而不喜用中国人所墨守着的木简。”经造纸史权威学者考察，“证明这些书函的材料是现在所知道的最古的纸。”① 邵台新据此认为，河西“有胡商居住且与中国商贾贸易是不容置疑的”。② 如果这一发现真确不误，这些书信遗存应当反映了“中亚一带商人”在河西活动，而他们的书信也通过汉王朝驿传邮置向远方转递的事实。斯坦因河西汉代烽燧考察记录中写道，“所得诸有趣的遗物中有一件是古代的绢，头上书汉字同婆罗谜文，这是古代绢缯贸易的孑遗。绢头上面备记产地，以及一匹的大小重量等项。这块即是从那匹上割下来的。”③ 这当然是丝绸之路上“绢缯贸易”的文物确证。而烽燧戍卒也参与了“胡商”积极从事的这种贸易，值得我们关注。

对于马援南征进击迟缓以致“失利”的指责，有“类西域贾胡，到一处辄止”的说法。李贤解释说：“言似商胡，所至之处辄停留。”④《马援传》说“西域贾胡”，李贤注称“言似商胡”，可知“商胡”和“贾胡”称谓大致指代相同的身份。可能正是由于“商胡”“贾胡”的活跃，促成了“罽”等毛织品流入内地，进入了河西军人的消费生活。这种商品继续向东转输，应当是丝绸之路贸易活动中很自然的情形。

《史记》卷三〇《平准书》：“天下已平，高祖乃令贾人不得衣丝乘车，重租税以困辱之。”⑤ 事又见《汉书》卷二四下《食货志下》。⑥《汉书》卷一下《高帝纪下》的记载较为具体：“（八年）春三月，行

---

① （英）Aurel Stein：《斯坦因西域考古记》，向达译，中华书局 1936 年 9 月版，第 128 页，第 133 页。

② 邵台新：《汉代河西四郡的拓展》，第 212 页。

③ （英）Aurel Stein：《斯坦因西域考古记》，向达译，第 134 页。

④ 《后汉书》卷二四《马援传》，第 844 页。

⑤ 《史记》，第 1418 页。

⑥ 《汉书》，第 1153 页。

如雒阳。令……贾人毋得衣锦绣绮縠絺纻罽，操兵，乘骑马。”颜师古注：“罽，织毛若今毼及氍毹之类也。”[①]《汉书》卷六五《东方朔传》：“狗马被缋罽。”颜师古注：“罽，织毛也，即氍毹之属。”[②]《说文·糸部》：“䌌，西胡毳布也。”段玉裁注：“毳者，兽细毛也。用织为布，是曰䌌。亦叚罽为之。”[③] 班固《与弟超书》说西域方向贸易，言及毛织品的输入：“窦侍中令载杂彩七百匹，市月氏马、苏合香。”“窦侍中前寄人钱八十万，市得杂罽十余张也。”[④]“月支罽大小相杂但细好而已。”“今赍白素三百匹欲以市月支马、苏合香、闟登。”[⑤] 可知中原人对“罽”“罽”“闟登”等毛织品的需求。曹植《辩道论》写道：“（甘始）又言：‘诸梁时，西域胡来献香、罽、腰带、割玉刀，时悔不取也。’”[⑥] 说明“罽”传入中原，“西域胡”的活动发挥了重要作用。

《盐铁论·力耕》载“文学”曰：“今骡驴之用，不中牛马之功，鼲貂旃罽，不益锦绨之实。”[⑦]“西胡”之“骡驴”与中土之“牛马”，“西胡”之“鼲貂旃罽”与中土之“绵绨”，形成对照。而很可能在丝绸之路上，正是“绵绨”与“旃罽”作为产地各在东西，品质亦显著

---

① 《汉书》，第65页。

② 《汉书》，第2859页。

③ 〔汉〕许慎撰，〔清〕段玉裁注：《说文解字注》，上海古籍出版社1981年10月版，第662页。

④ 《太平御览》卷八一六引班固《与弟超书》曰：“窦侍中前寄人钱八十万，市得杂罽十余张也。”〔宋〕李昉等撰：《太平御览》，中华书局用上海涵芬楼影印宋本1960年2月复制重印版，第3631页。

⑤ 《汉魏六朝百三家集》卷一一，文渊阁《四库全书》本，第213页。

⑥ 〔魏〕曹植著，赵幼文校注：《曹植集校注》，人民文学出版社1984年6月版，第188页，第193页。断句作“西域胡来献香罽腰带、割玉刀”，注释：“香罽，具有香气之毛织物。”此说误。《太平御览》卷八一六引引曹植《辩道论》曰：“甘始谓王曰：诸梁时西域胡来献罽，悔不取也。”第3631页。

⑦ 王利器校注：《盐铁论校注》（定本），中华书局1992年7月版，第28页至第29页。

不同的商品，经历辗转历程实现了交换。在当时特殊的商运程序中，河西地方似乎发挥了重要的中转作用。而汉简文字与烽燧遗存提供的信息，反映来自内地的戍防军人也在一定意义上参与其中，这是值得我们特别注意的。[①]

① 王子今：《汉代河西市场的织品——出土汉简资料与遗址发掘收获相结合的丝绸之路考察》，《中国人民大学学报》2015 年 5 期。

论“广汉八稯布”：以河西蜀地织品为标本的丝绸之路史考察

河西汉简资料中屡见“广汉”地名和“广汉”人名的出现。“广汉”，可以理解为体现当时社会国家意识和民族意识的特殊文化符号。“广汉”地方纺织业产品“广汉八緵布”在简文中的出现，则应当看作丝绸之路史研究的重要资料予以关注。由蜀地往河西的丝绸运输路线，是丝绸之路的重要别支。考察这一交通线路，还应当参考肩水金关简“驱驴士”“之蜀”等简文反映的交通史信息。

1　河西汉简所见“广汉”地名与“广汉”人名

肩水金关简可见“广汉”地名。如用为里名者：“禄福广汉里大夫孟建循年☐”（73EJT9：149），“戍卒氐池广汉里公大夫徐齐年廿七☐”（削衣）（73EJT10：401）[①]，“西乡广汉里张光口一□☐”（削衣）

① 甘肃简牍保护研究中心、甘肃省文物考古研究所、甘肃省博物馆、中国文化遗产研究院古文献研究室、中国社会科学院简帛研究中心编：《肩水金关汉简（壹）》，中西书局2011年8月版，下册第111页，第156页。

（73EJT21：381）[①]，“氐池广汉里段敞年卅五车牛一两”（73EJT31：146）[②]，“酒泉禄福广汉里公乘孟良年卅……”（73EJT37：1004）[③]，“到居延都尉属氐池广汉里公☐”（73EJC：482）[④]等。又有烽燧以“广汉”为名号者，如：“☐廪广汉隧长宋长八月□☐”（73EJT23：392），“广汉隧戍卒赵国□☐”（73EJT23：532），“☐给广汉隧长宋□☐”（73EJT23：815）[⑤]，“广汉隧长张霸送佐胡敞候史苏章诣府五月八日入”（73EJT37：82）[⑥]等。

居延新简又可见如下简例：“☐□知何一男子张掖县南广汉亭部至丁未府谓”（EPT53：105）。[⑦]可知亭部也有以“广汉”命名者。

肩水金关简可见“广汉”人名。如“☐某乡尹广汉所官家二千石郡□☐”（73EJT23：4），“万年里任广汉大奴据年廿五墨色车牛一两练

---

① 甘肃简牍保护研究中心、甘肃省文物考古研究所、甘肃省博物馆、中国文化遗产研究院古文献研究室、中国社会科学院简帛研究中心编：《肩水金关汉简（贰）》，中西书局2012年12月版，下册第38页。

② 甘肃简牍博物馆、甘肃省文物考古研究所、甘肃省博物馆、中国文化遗产研究院古文献研究室、中国社会科学院简帛研究中心编：《肩水金关汉简（叁）》，中西书局2013年12月版，下册第136页。

③ 甘肃简牍博物馆、甘肃省文物考古研究所、甘肃省博物馆、中国文化遗产研究院古文献研究室、中国社会科学院简帛研究中心编：《肩水金关汉简（肆）》，中西书局2015年11月版，下册第83页。

④ 甘肃简牍博物馆、甘肃省文物考古研究所、甘肃省博物馆、中国文化遗产研究院古文献研究室、中国社会科学院简帛研究中心编：《肩水金关汉简（伍）》，中西书局2016年8月版，下册第116页。

⑤ 甘肃简牍保护研究中心、甘肃省文物考古研究所、甘肃省博物馆、中国文化遗产研究院古文献研究室、中国社会科学院简帛研究中心编：《肩水金关汉简（贰）》，下册第86页，第94页，第114页。

⑥ 甘肃简牍博物馆、甘肃省文物考古研究所、甘肃省博物馆、中国文化遗产研究院古文献研究室、中国社会科学院简帛研究中心编：《肩水金关汉简（肆）》，下册第19页。

⑦ 甘肃省文物考古研究所、甘肃省博物馆、文化部古文献研究室、中国社会科学院历史研究所编：《居延新简：甲渠候官与第四燧》，文物出版社1990年7月版，第287页。

袭一领白布单衣一领布絿一两 革履一两·右伍长”（73EJT23：975），“觻得万年里任广汉大奴有☐”（73EJT24：99），“☐□仓啬夫广汉行丞”（73EJT24：113A）[①]，“……五月己未删丹长贺守丞禁移过所写移毋苛留止如律令/兼掾嘉令史广汉”（73EJT33：40A），“葆茂陵万延里陈广汉年卌二长七尺六寸☐”（73EJT37：669），“甘露元年四月丙申朔丁巳居延卅井候长广汉敢言之广汉迁为卅井候长与子男充俱之官谨移致籍敢言之”（73EJT37：1063），“五月甲午东部候长充宗谓驩喜隧长广汉写移书到□省卒茭它如候官书律令”（73EJF1：79）[②] 等。

肩水金关有一简例，似乎出现里名和人名同时使用“广汉”字样的情形：“广地士吏广汉□删删丹广汉里陈文受☐”（73EJC：437）。[③]“广地士吏广汉”，“广汉”用为人名。“删丹广汉里”，则“广汉”是里名。

汉印资料“广汉大将军章”[④]，显示“广汉”名号直接使用于军事的情形。

“广汉”，取义原本在于推进汉文化的传播，扩张汉文化的影响，延展汉王朝的版图，增益汉王朝的强势。可以参考的理解，还有“广大汉业”[⑤]

---

① 甘肃简牍保护研究中心、甘肃省文物考古研究所、甘肃省博物馆、中国文化遗产研究院古文献研究室、中国社会科学院简帛研究中心编：《肩水金关汉简（贰）》，下册第57页，第117页，第144页，第145页。

② 甘肃简牍博物馆、甘肃省文物考古研究所、甘肃省博物馆、中国文化遗产研究院古文献研究室、中国社会科学院简帛研究中心编：《肩水金关汉简（肆）》，第4页，第59页，第88页，第146页。

③ 甘肃简牍博物馆、甘肃省文物考古研究所、甘肃省博物馆、中国文化遗产研究院古文献研究室、中国社会科学院简帛研究中心编：《肩水金关汉简（伍）》，下册第112页。

④ 罗福颐编：《汉印文字征》，文物出版社1978年9月版，十一·三。

⑤ 《蜀中广记》卷五一《蜀郡县古今地名通释·川西道属》：“汉州”条：“汉高帝六年置广汉郡于乘乡，一名绳乡。广，大也，言能广大汉业也。”清文渊阁《四库全书》本，第586页。

“广大汉之宏规”[①] 等。

《史记》可见赵广汉。[②]《汉书》除赵广汉有传外，又有许广汉、邓广汉、桑中戴侯刘广汉、周广汉、郭广汉、广平王刘广汉等。[③] 匈奴王当户稠雕子广汉[④]，以及“信成侯王定以匈奴乌桓屠蓦单于子左大将军率众降”因得封“侯”者，其后“侯广汉嗣”[⑤]，这两位贵族事迹，体现少数民族人物也有定名“广汉”者。汉印资料可见“苏广汉印”“赵广汉”“冷广汉”“庄广汉”“朱广汉”等。“广汉长印”“广汉都尉章”等[⑥]，也是“广汉”作为地名的文物实证。

2 广汉郡与广汉县

《史记》卷一一七《司马相如列传》：“唐蒙已略通夜郎，因通西南夷道，发巴、蜀、广汉卒，作者数万人。”[⑦] 可知汉武帝时代“广汉”郡对于“通西南夷道”的交通开发与边地建设，已经发挥了重要的作用。

---

① 刘性：《石渠阁赋》：“博习乎四圣之《易》，深考乎六义之《诗》。《典》《谟》明帝王之盛，《礼》《乐》传三代之遗。穷《春秋》春秋之微旨，订《三传》之是非。披竹帛而舒卷，追简策而论思。于以传往世之至教，于以广大汉之宏规。”〔元〕佚名：《元赋青云梯》卷上，清嘉庆《宛委别藏》本，第 11 页。

② 《史记》卷一一二《平津侯主父列传》，第 2965 页。

③ 许广汉，邓广汉，《汉书》卷八《宣帝纪》，第 236 页，第 251 页；《汉书》卷六八《霍光传》，第 2950 页，第 2952 页。许广汉，又见于《汉书》卷一八《外戚恩泽侯表》，第 696 页。桑中戴侯刘广汉，《汉书》卷一五下《王子侯表下》，第 489 页。周广汉、郭广汉，《汉书》卷一六《高惠高后文功臣表》，第 545 页，第 555 页。广平王刘广汉，《汉书》卷五三《景十三王传 · 中山靖王刘胜》，第 2426 页。

④ 《史记》卷二〇《建元以来侯者年表》，第 1043 页；《汉书》卷一七《景武昭宣元成功臣表》，第 650 页。

⑤ 《汉书》卷一七《景武昭宣元成功臣表》，第 672 页。

⑥ 罗福颐编：《汉印文字征》，九 · 九，十一 · 三。

⑦ 《史记》，第 3046 页。

《汉书》卷二八上《地理志上》可见有关“广汉”的记载，言“广汉郡”刘邦时代已置：

广汉郡，高帝置。莽曰就都。属益州。户十六万七千四百九十九，口六十六万二千二百四十九。有工官。县十三：梓潼，五妇山，驰水所出，南入涪，行五百五十里。莽曰子同。汁方，莽曰美信。涪，有孱亭。莽曰统睦。雒，章山，雒水所出，南至新都谷入湔。有工官。莽曰吾雒。绵竹，紫岩山，绵水所出，东至新都北入雒。都尉治。广汉，莽曰广信。葭明，郪，新都，甸氐道，白水出徼外，东至葭明入汉，过郡一，行九百五十里。莽曰致治。白水，刚氐道，涪水出徼外，南至垫江入汉，过郡二，行千六十九里。阴平道。北部都尉治。莽曰摧虏。[1]

东汉依然有“广汉郡”“广汉县”设置。《续汉书·郡国志五》：

广汉郡高帝置。雒阳西三千里。十一城，户十三万九千八百六十五，口五十万九千四百三十八。雒刺史治。新都　绵竹　什邡　涪　梓潼　白水　葭萌　郪　广汉有沈水。德阳。[2]

《后汉书》卷一下《光武帝纪下》：“（建武十一年八月）辅威将军臧宫与公孙述将延岑战于沈水，大破之。”李贤注：“《水经注》曰：‘沈水出广汉县，下入涪水。’本或作‘沉水’及‘沅水’者，并非。”[3]

据《后汉书》，广汉郡存在较复杂的边疆与民族问题。《后汉书》卷一下《光武帝纪下》记载：“（建武十三年）秋七月，广汉徼外白马羌豪率种人内属。”李贤注：“广汉，今益州雒县也。徼犹塞也，音吉吊反。羌有百五十四种，在广汉西北者为白马羌。”[4]《后汉书》卷五《安帝纪》：“（永初二年十二月）广汉塞外参狼羌降，分广汉北部为属国都尉。”[5]《后汉书》卷六《顺帝纪》：“（永和二年）二月，广汉属国

① 《汉书》，第597页。
② 《后汉书》，第507页。
③ 《后汉书》，第58页。
④ 《后汉书》，第62页。
⑤ 《后汉书》，第211页。

都尉击破白马羌。”[①]《后汉书》卷七《桓帝纪》：“（建和二年三月）白马羌寇广汉属国，杀长吏，益州刺史率板楯蛮讨破之。”[②]

广汉社会秩序的不安定，还由于反政府武装“盗贼”的活跃。《汉书》卷八三《薛宣传》：“久之，广汉郡盗贼群起，丞相御史遣掾史逐捕不能克。”“广汉群盗横恣，残贼吏民。”[③]《汉书》卷八四《翟方进传》：“广汉盗贼群起。”[④] 所谓“广汉盗贼”“广汉郡盗贼”“广汉群盗”的激烈表现，体现这一地方社会矛盾的尖锐。

前引《汉书》卷二八下《地理志下》言“广汉郡”“有工官”。广汉曾经是朝廷倚重的手工业生产基地。广汉郡工官的产业目标似乎主要在于满足上层社会生活用器的需求。《汉书》卷七二《贡禹传》记载，汉元帝初即位，谏大夫贡禹奏言建议在消费生活方面“减损”“自节”：“故时齐三服官输物不过十笥，方今齐三服官作工各数千人，一岁费数巨万。蜀广汉主金银器，岁各用五百万。三工官官费五千万，东西织室亦然。厩马食粟将万匹。臣禹尝从之东宫，见赐杯案，尽文画金银饰，非当所以赐食臣下也。东宫之费亦不可胜计。天下之民所为大饥饿死者，是也。”颜师古注：“如淳曰：‘《地理志》河内怀、蜀郡成都、广汉皆有工官。工官，主作漆器物者也。’师古曰：‘如说非也。谓少府之属官，考工室也，右工室也，东园匠也。上已言蜀汉主金银器，是不入三工之数也。’”[⑤] 如淳、师古之歧见在于“蜀广汉主金银器”之“工官”是否属于“三工”，对于其地位之重要并无异议。《后汉书》卷一〇上《皇后纪上·和熹邓皇后》：“旧大官汤官经用岁且二万万，太后敕止，日杀省珍费，自是裁数千万。及郡国所贡，皆减其过半。悉斥卖上林鹰犬。其

① 《后汉书》，第 266 页。
② 李贤注：“板楯，西南蛮之号。”《后汉书》，第 292 页。
③ 《汉书》，第 3393 页。
④ 《汉书》，第 3416 页。
⑤ 《汉书》，第 3070 页。

蜀、汉扣器九带佩刀，并不复调。止画工三十九种。又御府、尚方、织室锦绣、冰纨、绮縠、金银、珠玉、犀象、玳瑁、雕镂玩弄之物，皆绝不作。离宫别馆储峙米糒薪炭，悉令省之。”所谓“蜀、汉扣器”，李贤注：“蜀，蜀郡也。汉，广汉郡也。二郡主作供进之器，元帝时贡禹上书‘蜀、广汉主金银器，各用五百万’是也。扣音口，以金银缘器也。”[①]《贡禹传》“蜀广汉主金银器”，“蜀”与“广汉”不分断，这里则作“蜀、广汉主金银器”，标点相异，理解有所不同。“蜀广汉”可以理解为蜀地“广汉”，“蜀、广汉”则体现“蜀郡”和“广汉郡”并列。

3　居延简文“广汉八稯布”

通过出土文献提供的信息，可知广汉地方影响社会经济生活的重要出产，还有纺织品。

河西作为汉代“北边”的西端，亦地当丝绸之路重要区段，其经济生活有特殊的风貌。[②] 汉代西北边塞多有来自内地的纺织品遗存出土，汉简资料亦多见纷杂的织品名目。以多种方式进入河西市场的内地纺织业产品，实际上是丝绸之路贸易活动的经营对象。[③]

值得我们特别注意的，是居延汉简简文可见出产于“广汉”地方的织品，即“广汉八稯布”。

1930 年 4 月，中国和瑞典共同组织的西北科学考察团成员福克·

---

① 《后汉书》，第 422 页。

② 王子今：《汉代河西长城与西北边地贸易》，《长城国际学术研讨会论文集》，吉林人民出版社 1995 年 12 月版；王子今、李禹阶：《汉代北边的“关市”》，《中国边疆史地研究》2007 年 3 期。

③ 王子今：《汉代丝路贸易的一种特殊形式：论“戍卒行道贳卖衣财物”》，《简帛研究汇刊》第 1 辑“第一届简帛学术讨论会论文集”，中国文化大学历史系、简帛学文教基金会筹备处 2003 年 5 月版，《西北史研究》第 3 辑，天津古籍出版社 2005 年 7 月版；《汉代河西市场的织品——出土汉简资料与遗址发掘收获相结合的丝绸之路考察》，《中国人民大学学报》2015 年 5 期。

贝格曼（Folke Begman）发现的居延汉简中，有如下简例：

（1）出广汉八稯布十九匹八寸大半寸直四千三百廿给吏秩百一人元凤三年正月尽六月积六月☐（90.56，303.30）[①]

台湾中研院历史语言研究所简牍整理小组根据新的高分辨率红外线图档作出的新的释文为：

（2）出广汉八稯布十九匹八寸大半寸直四千三百廿给吏秩百一人元凤三年正月尽六月积六月（90.56，303.30）[②]

删除了原来文末的“☐”，即否定了下有缺失的字的判断。如此则此简文可视作文义完整。

1972年至1974年甘肃省考古学者在肩水金关、甲渠候官（破城子）、甲渠塞第四燧3处遗址发掘所获汉简资料中，有肩水金关10号探方出土的亦见“广汉八稯布”文字的简例：

（3）今余广汉八稯布卌九匹直万一千一百廿七钱九分（73EJT10：72）[③]

另有简文只见“八稯布”而不言“广汉八稯布”的简例。如：

（4）惊虏隧卒东郡临邑吕里王广

卷上字次君　贳卖八稯布一匹直二百九十觻得定安里随

方子惠所舍在上中门

第二里三门东入

任者阎少季薛少卿（287.13）[④]

---

① 谢桂华、李均明、朱国炤：《居延汉简释文合校》，文物出版社1987年1月版，第160页。

② 简牍整理小组编：《居延汉简（壹）》，中央研究院历史语言研究所专刊之一〇九，2014年12月版，第266页。

③ 甘肃简牍保护研究中心、甘肃省文物考古研究所、甘肃省博物馆、中国文化遗产研究院古文献研究室、中国社会科学院简帛研究中心编：《肩水金关汉简（壹）》，中西书局2011年8月版，下册第111页，第156页。

④ 谢桂华、李均明、朱国炤：《居延汉简释文合校》，第485页。

“广汉八稯布”所见产品以出产地作为标识的情形，显示品牌地位已经确定。如张衡《南都赋》之所谓“穰橙邓橘”。[①] 类似情形还有“笮马、僰僮”“僰婢”等。[②] 就织品而言，与“[③]广汉八稯布”类似的名号，又可见所谓“阿缟”[④]“阿緆”[⑤]“鲁缟”[⑥]“齐纨”“齐纨素”[⑦]“蜀锦”[⑧]

---

① 张铣注：“皆果名，穰、邓皆地名，出橙、橘也。”〔梁〕萧统编，〔唐〕李善、吕延济、刘良、张铣、吕向、李周翰注：《六臣注文选》，中华书局据商务印书馆 1919 年影印涵芬楼藏宋刊本 1987 年 8 月影印版，第 86 页。

② 《史记》卷一一六《西南夷列传》：“秦时常頞略通五尺道，诸此国颇置吏焉。十余岁，秦灭。及汉兴，皆弃此国而开蜀故徼。巴蜀民或窃出商贾，取其笮马、僰僮、髦牛，以此巴蜀殷富。”司马贞《索隐》：“韦昭云：‘僰属犍为，音蒲北反。’服虔云：‘旧京师有僰婢。’”张守节《正义》：“今益州南戎州北临大山，古僰国。”第 2993 页。《史记》卷一二九《货殖列传》：“南御滇僰，僰僮。西近邛笮，笮马、旄牛。”第 3261 页。“僮”与“马”“牛”同样，是看作商品的。《货殖列传》中“僮手指千”与“马蹄躈千，牛千足，羊彘千双”及其他多种商品并列。第 3274 页。

③ 《列子·周穆王》：“衣阿锡，曳齐纨。”杨伯峻《列子集释》：“〔注〕齐，名纨所出也。○《释文》云：曳音裔。齐纨范子曰：‘白纨素出齐鲁。’”中华书局 1979 年 10 月版，第 92 页。

④ 《史记》卷八七《李斯列传》载李斯《谏逐客书》：“阿缟之衣，锦绣之饰不进于前。”裴骃《集解》：“徐广曰：‘齐之东阿县，缯帛所出。’”第 2543 页。

⑤ 《列子·周穆王》：“衣阿锡，曳齐纨。”杨伯峻《列子集释》：“〔注〕阿，细縠；锡，细布。○胡怀琛曰：锡通緆。阿谓齐东阿县，见《李斯传》徐广注。阿锡与齐纨对文。阿确指东阿，张注非也。”第 92 页。

⑥ 《淮南子·说山》：“矢之于十步贯兕甲，于三百步不能入鲁缟。”张双棣撰：《淮南子校释》，北京大学出版社 1997 年 8 月版，第 1371 页。

⑦ 班倢伃《怨歌行》：“新裂齐纨素，鲜洁如霜雪。裁为合欢扇，团团似明月。”李善注：“《汉书》曰：罢齐三服官。李斐曰：纨素为冬服。范子曰：纨素出齐。荀悦曰：齐国献纨素绢，天子为三官服也。”李周翰注：“纨素细绢，出于齐国。”〔梁〕萧统编，〔唐〕李善、吕延济、刘良、张铣、吕向、李周翰注：《六臣注文选》，第 512 页。

⑧ 《艺文类聚》卷八五引《魏文帝诏》：“魏文帝诏群臣曰：前后每得蜀锦，殊不相似。”〔唐〕欧阳询撰，汪绍楹校：《艺文类聚》，上海古籍出版社 1965 年 11 月版，第 1457 页。《太平御览》卷八一五引《魏文帝诏》曰：“前后每得蜀锦，殊不相比，适可讶。而鲜卑尚复不爱也。自吾所织如意虎头连璧锦，亦有金簿、蜀簿来至洛邑，皆下恶。是为下工之物，皆有虚名。”〔宋〕李昉等撰：《太平御览》，中华书局用上海涵芬楼影印宋本 1960 年 2 月复制重印版，第 3622 页。

等。河西汉简所见织品名称，接近“广汉八稯布”的又有“河内廿两帛”：

(5) 出河内廿两帛八匹一丈三尺四寸大半寸直二千九百七十八给佐史一人元凤三年正月尽九月积八月少半日奉（303.5）

此简简文完整。“河内廿两帛”是产地标明为“河内”的织品，其文例与“广汉八稯布”是一致的。又如：

(6) 受六月余河内廿两帛卌六匹二丈二尺二寸少半寸直万三千五十八（509.8）

(7) 今毋余河内廿两帛（513.24）[1]

亦出现“河内廿两帛”字样，与“广汉八稯布”同，均符合“产地+规格质量+织品名称”的定式。其中规格质量有明确以数字显示的元素（廿两，八稯）。肩水金关简又有：

年正月尽三月积三月奉用钱千

(8) ☑

六辈廿两帛三匹二丈六尺七寸直九百（73EJT21：314）[2]

其中“廿两帛”有可能与“河内廿两帛”有关。

---

① 谢桂华、李均明、朱国炤：《居延汉简释文合校》，第 496 页，第 615 页，第 623 页。

② 甘肃简牍保护研究中心、甘肃省文物考古研究所、甘肃省博物馆、中国文化遗产研究院古文献研究室、中国社会科学院简帛研究中心编：《肩水金关汉简（贰）》，下册第 34 页。据西北师范大学李迎春告知，居延汉简“☑第廿六两帛五匹二尺直千☑”（522.2），核对台湾中研院汉代简牍数位典藏系统提供的红外线照片后，发现释文可修订为“第卅六廿两帛五匹二尺直千”，“第卅六”当为车或机构序号，而“廿两帛”仍为固定称谓。又居延汉简“入都内第□□两帛□□反抗”（516.2），核对台湾中研院汉代简牍数位典藏系统提供的红外线照片，发现“□两帛”仍应为“廿两帛”。如此则“廿两帛”确实是固定称谓。李迎春还提示，居延汉简“河内廿两帛”和“廿两帛”简皆出自大湾，似可留意。

汉代织品的尺度规格，一匹四丈。《说文·匚部》：“匹，四丈也。八揲一匹。”段玉裁注：“按‘四丈’之上当有‘布帛’二字。《杂记》曰：纳币一束，束五两，两五寻。郑曰：纳币谓昏礼纳征也。十个为束，贵成数，两两合其卷，是谓五两。八尺曰寻。五两，两五寻，谓每两五寻则每卷二丈也。合之则四十尺。”[①]《急就篇》卷二：“资货市赢匹幅全。”颜师古注：“四丈为匹。”[②]《汉书》卷二四下《食货志下》：“布帛广二尺二寸为幅，长四丈为匹。”[③]

以“四丈为匹”计，简（1）（2）“广汉八稯布十九匹八寸大半寸直四千三百廿”，即760.86尺，4320钱。简（3）“广汉八稯布卌九匹直万一千一百廿七钱九分”，即1960尺，11126.9钱。每尺单价，前者5.67779钱，后者5.67699钱，彼此是接近的。（4）“八稯布”每尺单价为7.25000钱。而“河内廿两帛”的价格（5）为每尺8.93061钱，（6）为每尺8.93020钱。可知“八稯布”的价值是低于“廿两帛”的。

---

① 段玉裁注：“今谓之匹。犹匹偶之云与。《周礼》：凡嫁子、娶妻。入币紂帛无过五两。郑曰：五两，十端也。每端二丈。按二丈为一端。二端为两。每两为一匹。长四丈。五两则五匹为一束也。凡古言束帛者，皆此制。凡言匹敌、匹耦者，皆于二端成两取意。凡言匹夫、匹妇者，于一两成匹取意。两而成匹，判合之理也。虽其半亦得云匹也。马称匹者，亦以一牝一牡离之而云匹。犹人言匹夫也。按字之本义有难定者。如《杂记》注今谓之匹，犹匹偶之云与。是以匹偶为本义，而帛二两为引申之义也，与许说迥异。四丈为匹之云，三代时经传不见。其字从八。八者，别也。夫妇有别，故谓之匹。从匚，亦取别嫌明微意与。郑意或当如是。”关于“八揲一匹”，段玉裁注：“说从八之意。揲者，阅持也。阅持者，更迭持之而具数也。筮者揲之以四，此揲之以八。八尺者五而得四丈，故其字从八。所以揲之以八者，度人之两臂为寻。今人于布帛犹展两臂度之也。”〔汉〕许慎撰，〔清〕段玉裁注：《说文解字注》，上海古籍出版社据经韵堂藏版1981年10月影印版，第635页。今按：居延汉简168.10“三楪□长三丈三尺以直钱三百五十〼”，谢桂华、李均明、朱国炤：《居延汉简释文合校》，第269页。“楪”似应即《说文》“八揲一匹”的“揲”。

② 管振邦译注，宙浩审校：《颜注急就篇译释》，南京大学出版社2009年8月版，第108页。

③ 《汉书》，第1149页。

有学者进行汉代物价研究，指出（2）体现“元凤三年即公元前78年，一匹广汉八稯布值227钱”，（5）说明“昭帝元凤三年（公元前78年）九月一匹河内廿两帛值358.79钱”。同一时间同一地点的物资的“直”，是有比较的意义的。（4）的价格，“一匹八稯布值290钱。”研究者注意到，“简中的王广于昭帝始元三年（公元前84年）”。[①]（2）（4）时差6年，价格比为1∶1.27691，这或许有物价浮动的因素，也可能一般称“八稯布”者与特别强调“广汉”地名的“广汉八稯布”存在差异。

4 “七稯布”“八稯布”“九稯布”

1972年至1974年发掘所获被称作“居延新简”的出土文献资料中可见“七稯布”简文：

> （9）戍卒东郡聊成昌国里緤何齐　贳卖七稯布三匹直千五十屋兰定里石平
>
> 所舍在郭东道南任者屋兰力田亲功　临木隧（EPT56：10）

与（4）比较，“贳卖”行为中的买方姓名及“所舍”，还有“任者”身份姓名均明白载录，采用同样的文书规范。

据张德芳主编《居延新简集释》，研究者解释简文所见“聊成”地名：“聊成，汉县名，属东郡，治今山东省聊城市西北。”来自“东郡聊成昌国里”的“戍卒”“緤何齐”所“贳卖七稯布”，应当是“东郡”地方产品。由此可知前说简文所见“八稯布”与突出显现“广汉”地名的“广汉八稯布”有所区别的认识，或许是有一定根据的。

---

① 丁邦友：《汉代物价新探》，中国社会科学出版社2009年6月版，第191页。所引李振宏、孙英民意见，见李振宏、孙英民：《居延汉简人名编年》，中国社会科学出版社1997年8月版，第12页。

《居延新简集释》以《集解》形式介绍了其他学者的研究成果，也发表了作者的意见。《集解》可见有关“七稯布”的讨论，其中亦涉及“八稯布”：“七稯布，稯通‘緵’，古代计量织物经线密度的单位，八十缕为一稯。《说文·禾部》：‘稯，布之八十缕为稯。’《史记·孝景本纪》：‘令徒隶衣七緵布。’司马贞《索隐》：‘七緵，盖今七升布，言其粗，故令衣之也。’张守节《正义》：‘緵，八十缕也，与布相似。七升布用五百六十缕。’《集成》一一（页一八）：‘七稯布，即七緵布，粗布名，以葛麻为原料织成，为贫民或囚犯所衣。汉代以八十缕为一緵即幅宽二尺二寸，有五百六十缕经线。’赵兰香、朱奎泽《汉代河西屯戍吏卒衣食住行研究》（页九一）：‘汉代的布，依据其织物组织规格可分为七稯布、八稯布、九稯布、十稯布等。七、八稯布较粗疏，九、十稯布则较细密。七稯布是刑徒和奴隶穿的布料。十稯布在当时是质量上乘的布，质量上可以与丝织罗、绮相仿。此外还有十一稯、十二稯布。十至十二稯都被称为细布，而以十稯布为常制。’”[①]

关于汉代织品“七稯布、八稯布、九稯布、十稯布”，较早已有学者进行说明：“汉代布的类别，有七稯、八稯、九稯、十稯等对织物组织规格的科学分类。”关于“文献记载和出土汉简发现”，“七稯布”举《史记》卷一一《孝景本纪》，“八稯布”举（2）“广汉八稯布十九匹”，“九稯布”举居延汉简，“十稯布”举《汉书》卷九九中《王莽传中》。指出：“汉制每稯（总）含纱八十根，如十稯布即为八百根纱。如此看来，七、八稯布较粗疏，九、十稯布则较细密。”[②] 论者举为“九稯布”之例者，居延汉简释文确定为“九稯曲布”：

（10）终古隧卒东郡临邑高平里召胜字游翁　贳卖九稯曲布三匹匹三百卅三凡直千鱳得富里　张公子所舍在里中二门

① 张德芳主编，马智全著：《居延新简集释（四）》，甘肃文化出版社 2016 年 6 月版，第 374 页至第 375 页。

② 李仁溥：《中国古代纺织史稿》，岳麓书社 1983 年 7 月版，第 43 页。

东入任者同里徐广君（282.5）[①]

“贳卖”交易对方“所舍”及“任者”身份姓名均载录，与（4）（9）相同。

有关“大女”“小女”的解释，也涉及汉律相关衣服的“廪”，出现“布皆八稯、七稯”的信息。简文：“☐妻大女止年廿☐，☐子小女君来年五☐”（EPT59：675）。研究者以“今按”的方式论说“大男”“大女”“小男”“小女”“未使男”“未使女”身份及这些人相应的“法律责任”和“官府廪衣廪食”的规定。其中引《二年律令·金布律》：

（11）诸内作县官及徒隶，大男，冬禀布袍表里七丈、络絮四斤，袴二丈、絮二斤；大女及使小男，冬袍五丈六尺、絮三斤，袴丈八尺、絮二斤；未使小男及使小女，冬袍二丈八尺、絮一斤半斤；未使小女，冬袍二丈、絮一斤。夏皆禀禪，各半其丈数而勿禀袴。夏以四月尽六月，冬以九月尽十一月禀之。布皆八稯、七稯。以裘皮袴当袍袴，可。

论者指出：“这些身份的划分，具有重要的社会意义。”[②]《二年律令·金布律》规定，“诸内作县官及徒隶，大男”，“大女及使小男”，“未使小男及使小女”以及“未使小女”所廪“布袍”“袴”，“布皆八稯、七稯”。[③]

清代学者胡承珙《毛诗后笺》卷二“羔羊”条就“稯”“緵”及“七緵布”有所考察：“王氏伯申《经义述闻》曰：《豳风·九罭》《释

① 谢桂华、李均明、朱国炤：《居延汉简释文合校》，第472页。

② 张德芳主编，肖从礼著：《居延新简集释（五）》，甘肃文化出版社2016年6月版，第421页。

③ 张家山二四七号汉墓竹简整理小组：《张家山汉墓竹简〔二四七号墓〕》（释文修订本），文物出版社2001年11月版，第65页。

文》云：緵字又作总。然则緎者，二十丝；总者，八十丝也。孟康注《汉书·王莽传》曰：緵，八十缕也。《史记·孝景纪》：令徒隶衣七緵布。《正义》与孟康注同。《晏子春秋·杂篇》曰：十总之布，一豆之食。《说文》作稯，云：布之八十缕为稯。正与倍纪为緵之数相合。盖五丝为紽，四紽为緎，四緎为总，五紽二十五丝，五緎一百丝，五总四百丝。故先言五紽，次言五緎、五总也。紽之数，今失其传。《释文》曰：紽，本又作佗。《春秋传》陈公子佗，字五父。则知五丝为紽，即《西京杂记》之繻矣。"[①] 可知"八稯、七稯"之"稯"或"緵"的区别，在于"缕"之多少，即体现了成本与质量的差异。在某种意义上，这或许类似于现代纺织工艺中以"支"作为质量标志的情形。"支"的意义，《现代汉语词典》："纱线粗细程度的英制单位，用单位质量（重量）的长度来表示，如 1 磅重的纱线长度中有几个 840 码，就叫几支（纱）。纱线越细，支数越大。"[②] 中国古代纺织史学者正是这样判断的："用八十缕、九十缕来计算布的粗密，等于现在所称的二十支纱、四十支纱的名目意义相同。"[③]

"七稯布"除见于《史记》卷一一《孝景本纪》记载的"徒隶"廪衣制度外，亦有出土文献实证。肩水金关简可见有关"入七稯布"的简文：

（12）入七稯布二千七百九十七匹九尺六寸五分直六十万八千四百　率匹二百一十七钱五分（73EJT26：23）[④]

对于居延新简 EPT59：297"☐二月禄布二匹☐"的解说，《居延新简集

① 〔清〕胡承珙撰：《毛诗后笺》，清道光刻本，第 51 页。

② 中国社会科学院语言研究所词典编辑室编：《现代汉语词典》第 6 版，商务印书馆 2012 年 6 月版，第 1665 页。

③ 李仁溥：《中国古代纺织史稿》，岳麓书社 1983 年 7 月版，第 43 页。

④ 甘肃简牍博物馆、甘肃省文物考古研究所、甘肃省博物馆、中国文化遗产研究院古文献研究室、中国社会科学院简帛研究中心编：《肩水金关汉简（叁）》，中西书局 2013 年 12 月版，下册第 50 页。

释》以《今按》形式引录《汉书》有关“十稯布”的记载：

> 《汉书·王莽传中》载，天凤三年，“五月，莽下吏禄制度，曰：‘予遭阳九之厄，百六之会，国用不足，民人骚动，自公卿以下，一月之禄十緵布二匹，或帛一匹。予每念之，未尝不戚焉。’”

论者以为，“此简可能反映了王莽施行吏禄制度前的情况。简 EPT56：10 记载‘七稯布三匹直千五十’，则布二匹约为七百钱。”[①] 简 EPT59：297 即前引简（9）。

（12）“七稯布”“率匹二百一十七钱五分”，每尺 5.4375 钱。确实低于上文说到的“八稯布”的价格以及（10）“九稯布”的价格每尺 8.325 钱。（9）则为每尺 8.75 钱。这或许是由于私人贳卖缘故导致的特例，而年代不同致使市场波动影响显现，也是可能的因素。[②]

5 肩水金关“驱驴士”“之蜀”简文

敦煌马圈湾汉简可见出现“驱驴士”“之蜀”字样的简文：

> （13）官属数十人持校尉印绂三十驴五百匹驱驴士五十人之蜀名曰劳庸部校以下城中莫敢道外事次孙不知将（981）[③]

“驱驴士”身份的出现值得注意。每位“驱驴士”“驱驴”十匹，也反映了这种运输劳作的具体情形。

汉代巴蜀亦可见用“驴”作为运输动力挽车的情形，据《后汉书》卷三六《张楷传》记载，成都人张楷“家贫无以为业，常乘驴车至县

---

① 张德芳主编，肖从礼著：《居延新简集释（五）》，第 326 页。

② 王子今：《汉代河西的蜀地织品——以“广汉八稯布”为标本的丝绸之路史考察》，《四川文物》2017 年 3 期；《河西简文所见汉代纺织品的地方品牌》，《简帛》第 17 辑，上海古籍出版社 2018 年 11 月版。

③ 吴礽骧、李永良、马建华释校：《敦煌汉简释文》，甘肃人民出版社 1991 年 1 月版，第 100 页。

卖药”。[①]《艺文类聚》卷三五引汉王褒《僮约》言“食马牛驴”。[②] 顾炎武《日知录》卷二九“驴骡”条：“王褒《僮约》：‘调治马驴，兼落三重。’其名始见于文。”黄汝成《集释》：“案：如《僮约》，则驴亦人家所长畜矣。”[③]《初学记》卷一九《奴婢》引王褒《僮约》“调治马驴”[④]，指出蜀中庄园中主要劳作内容包括“驴”的饲养驯用。[⑤] 汉代“驴”在蜀地社会经济生活中相当普遍的作用殆无疑义。人们自然会思考这样的问题，经由河西引入的“驴”，是通过怎样的路径进入蜀地的？敦煌马圈湾简文“官属数十人持校尉印绂三十驴五百匹驱驴士五十人之蜀名曰劳庸部校以下城中莫敢道外事次孙不知将”（981），提示我们有大队的“驴”由“驱驴士”役使，直接以“之蜀”为交通运输的目标。

陈直《居延汉简释文校订》曾经写道，“居延简食校士者，有蜀、楗为、昌邑等郡国名”。[⑥] 当时“校”或称“拘校”的制度，也许需要考虑地区回避因素。这或许就是“蜀校士”“昌邑校士”以及陈直所说

---

① 《后汉书》，第 1243 页。

② 文渊阁《四库全书》本。又文渊阁《四库全书》本《太平御览》卷五〇〇引汉王褒《僮约》作“饮食马牛”。中华书局 1960 年 2 月用上海涵芬楼影印宋本复制重印本《太平御览》作“饮马食牛”。第 2289 页。

③ 〔清〕顾炎武著，〔清〕黄汝成集释，秦克诚点校：《日知录集释》，第 1009 页。

④ 〔唐〕徐坚等著：《初学记》，中华书局 1962 年 1 月版，第 467 页。

⑤ 〔宋〕章樵《古文苑》卷一七引王褒《僮约》同，《四部丛刊》景宋本。文渊阁《四库全书》本《太平御览》卷五九八引王褒《僮约》则作“调治马户”。《全汉文》卷四二王褒《僮约》谓据“《初学记》十九，又见《古文苑》”，则作“调治马户”。〔清〕严可均校辑《全上古三代秦汉六朝文》，中华书局 1958 年 12 月版，第 359 页。董治安主编《两汉全书》亦作“调治马户”。山东大学出版社 2009 年 12 月版，第 4114 页。中华书局 1960 年 2 月用上海涵芬楼影印宋本复制重印本《太平御览》作“调治马驴”，第 2693 页。今按：“马户”“马驴”，均是“马驴”之误。

⑥ 陈直：《居延汉简释文校订》，《居延汉简研究》，天津古籍出版社 1986 年 5 月版，第 641 页。

“樘为校士”身份在居延汉简中出现的原因。[①] 交通史研究者或当特别关注“蜀校士”的由来以及“驴五百匹驱驴士五十人之蜀”的交通线路。循通常思路，人们会考虑经由陇西再通过蜀道南下的“之蜀”道路。但是还有另一种可能，即由今青海地方南行“之蜀”。通过“鲜水”地名数处移用现象的考察，可知自青海湖左近至川西草原，曾经有便利的交通通道。[②] 西汉时青海湖称“鲜水海”[③]，说明汉代这条道路即已通行。

承张德芳教授提示，肩水金关简还有一则涉及“驴”的重要的简文，或可反映相关交通条件：

(14) 西海轻骑张海　马三匹驴一匹　丿 (73EJF3：149)[④]

《汉书》卷一二《平帝纪》：“（元始四年）置西海郡，徙天下犯禁者处之。”[⑤]《汉书》卷九九上《王莽传上》则载王莽元始五年（5）上奏：“今谨案已有东海、南海、北海郡，未有西海郡，请受良愿等所献地为西海郡。”[⑥] 居摄元年（6），“是岁，西羌庞恬、傅幡等怨莽夺其地作西海郡，反攻西海太守程永，永奔走。[⑦] 莽诛永，遣护羌校尉窦况击之。

① 王子今：《居延汉简“校士”身份及“拘校”制度推考》，《国际简牍学会会刊》第7号（2013），兰台出版社2013年2月版。

② 王子今、高大伦：《说“鲜水”：康巴草原民族交通考古札记》，《中华文化论坛》2006年4期，《康巴地区民族考古综合考察》，天地出版社2008年1月版，《巴蜀文化研究集刊》第4卷，巴蜀书社2008年3月版。

③ 《汉书》卷九九上《王莽传上》：“宪等奏言：‘羌豪良愿等种，人口可万二千人，愿为内臣，献鲜水海、允谷盐池，平地美草皆予汉民，自居险阻处为藩蔽。……’”第4077页。

④ 甘肃简牍博物馆、甘肃省文物考古研究所、甘肃省博物馆、中国文化遗产研究院古文献研究室、中国社会科学院简帛研究中心编：《肩水金关汉简（伍）》，下册第14页。

⑤ 《汉书》，第357页。

⑥ 《汉书》，第4077页。

⑦ 此即居摄三年（8）春王莽上奏所谓“遭羌寇害西海郡”。《汉书》卷九九上《王莽传上》，第4089页。

二年春，窦况等击破西羌。”[①] 可知对“西海郡”实现有效的控制曾经历曲折。《汉书》卷二八下《地理志下》：

金城郡，昭帝始元六年置。莽曰西海。户三万八千四百七十，口十四万九千六百四十八。县十三：允吾，乌亭逆水出参街谷，东至枝阳入湟。莽曰修远。浩亹，浩亹水出西塞外，东至允吾入湟水。莽曰兴武。令居，涧水出西北塞外，至县西南，入郑伯津。莽曰罕虏。枝阳，金城，莽曰金屏。榆中，枹罕，白石，离水出西塞外，东至枹罕入河。莽曰顺砾。河关，积石山在西南羌中。河水行塞外，东北入塞内，至章武入海，过郡十六，行九千四百里。破羌，宣帝神爵二年置。安夷，允街，宣帝神爵二年置。莽曰修远。临羌。西北至塞外，有西王母石室、仙海、盐池。北则湟水所出，东至允吾入河。西有须抵池，有弱水、昆仑山祠。莽曰盐羌。

“允吾”“允街”，王莽改称“修远”，体现这里与汉文化重心地区的空间距离十分遥远。“金城”“河关”“破羌”“安夷”“兴武”“罕虏”“金屏”“盐羌”等地名，则体现与中原文化渊源与风格的差异鲜明。“莽曰盐羌”语后，颜师古注：“阚骃云西有卑和羌，即献王莽地为西海郡者也。”[②] 肩水金关简“西海轻骑张海”的事迹，丰富了我们对当时“西海郡”形势的认识。而“马三匹驴一匹”简文，可以看作反映“驴”应用于“西海”地方交通运输的文物实证。敦煌马圈湾简文“驴五百匹驱驴士五十人之蜀”很有可能经今青海草原通路南下至蜀，从而说明丝绸之路一条重要直线的历史存在。[③]（13）简文“名曰劳庸部校以下城中莫敢道外事……”所透露的军运形式可能具有保密性质的特点，或许与这条交通线路附近“羌”“虏”“夷”分布的复杂形势有关。

人们自然还会考虑，“官属数十人持校尉印绂三十驴五百匹驱驴士

① 《汉书》，第 4087 页。

② 《汉书》，第 1610 页至第 1611 页。

③ 王子今：《说敦煌马圈湾简文“驱驴士”“之蜀”》，《简帛》第 12 辑，上海古籍出版社 2016 年 5 月版；《河西“之蜀”草原通道：丝路别支考》，考古与艺术·文本与历史：丝绸之路研究新视野国际学术研讨会论文，西安，2016 年 7 月。

五十人之蜀”，如此规模的武装运输队伍，他们“之蜀”的任务是什么？通过对居延地方“广汉八稯布”简文的分析，做出“驱驴士”“之蜀”可能载运“广汉八稯布”等蜀地织品前往河西，以充实西北边塞军需供应的推想，是有合理性的。

6　汉代蜀地纺织史的旁证：老官山织机与张骞天河织女故事

就河西汉简“广汉八稯布”的考察，可以增益对于汉代成都平原纺织业之繁荣的认识。我们由此得知，除“蜀锦”外，尚有满足社会更广阔层面需求的织品值得重视。可以作为认识汉代蜀地纺织业发展之侧面证明资料的，是成都老官山汉墓出土随葬织机模型。老官山 2 号墓北底箱 4 部竹木结构的织机模型，形制复杂，制作精巧，保存完好。这是首次发现的西汉时期的织机模型。织机模型四周有 10 多件或坐或立的彩绘木俑。从木俑身姿和铭文内容推测，可能象征职能不同的织工。4 部织机中较大的 1 部高约 50 厘米，长约 70 厘米，宽约 20 厘米。其他 3 部高约 45 厘米，长约 60 厘米，宽约 15 厘米。墓葬中仿真织机模型的集中放置以及织工劳作场景的生动仿拟，体现西汉时期蜀地纺织业在经济生活中居于重要地位，纺织生产的经营方式亦为社会所熟悉。纺织产业已经形成作坊式生产的规模，也因此得到反映。[①]

研究汉代蜀地纺织业的生产力与成熟度，还可以借用张骞浮槎于天河遇织女的传说以为参照。

《艺文类聚》卷九四引《博物志》曰：“近世有居于海渚，年年八月，有浮槎来，甚大，往反不失于期。此人乃赍粮乘槎而去。忽忽不觉昼夜，奄至一处，有城郭，屋舍宛然。望室中，多见织妇。见一丈夫，

---

① 谢涛、武家璧、索德浩、刘祥宇：《成都市天回镇老官山汉墓》，《考古》2014 年 7 期。

牵牛渚次饮之。此人还，以问蜀人严君平，君平曰：某月有客星犯牛斗。即此人到天河也。”[①]《北堂书钞》卷一五〇引《博物志》云：“海边有人，年八月见有浮查来，往走不失期也。”“此人多赍粮食乘查去，忽忽不觉昼夜，到天河。”“后至蜀，问君平，曰：某年月日，有客星犯牵牛。”[②]《太平御览》卷八引《集林》又增益了织女“支机石”情节：“昔有一人寻河源，见妇人浣纱。以问之，曰：此天河也。乃与一石而归。问严君平，曰：此织女支机石也。”[③]《太平御览》卷一五引《荆楚岁时记》又将“织女支机石”故事与张骞联系起来：“张骞寻河源，得一石，示东方朔。朔曰：此石是天上织女支机石，何至于此?”[④]宋周密《癸辛杂识》前集“乘槎”条写道：“乘槎之事，自唐诸诗人以来，皆以为张骞。虽老杜用事不苟，亦不免有‘乘槎消息近，无处问张骞’之句。按骞本传止曰‘汉使穷河源’而已。张华《博物志》云：旧说天河与海通，有人赍粮乘槎而去，十余月至一处，有织女及丈夫饮牛于渚，因问此是何处？答曰：‘君还至蜀，问严君平则知之。’还问君平，曰：‘某年月日，有客星犯牵牛宿。’然亦未尝指为张骞也。及梁宗懔作《荆楚岁时记》，乃言武帝使张骞，使大夏，寻河源，乘槎见所谓织女牵牛。不知懔何所据而云。”[⑤]今本《荆楚岁时记》无此内容。[⑥]《四库全书总目提要》：“周密《癸辛杂识》引张骞乘槎至天河见

---

① 〔唐〕欧阳询撰，汪绍楹校：《艺文类聚》，上海古籍出版社 1965 年 11 月版，第 1627 页。

② 〔唐〕虞世南编撰：《北堂书钞》，中国书店据光绪十四年南海孔氏刊本 1989 年 7 月影印版，第 640 页至第 641 页。

③ 〔宋〕李昉等撰：《太平御览》，中华书局用上海涵芬楼影印宋本 1960 年 2 月复制重印版，第 42 页。

④ 〔宋〕李昉等撰：《太平御览》，第 250 页。

⑤ 〔宋〕周密撰，吴企明点校：《癸辛杂识》，中华书局 1988 年 1 月版，第 29 页。

⑥ 〔梁〕宗懔撰，宋金龙校注：《荆楚岁时记》，山西人民出版社 1987 年 9 月版，第 53 页至第 55 页。

织女，得支机石事，云出《荆楚岁时记》。今本无之。”以为今本“尚非完本也”。[①]

探求“懔何所据”，即考察这一传说的最初发生，自然是学术难题，我们更为注意的，则是与丝绸之路史有密切关系的历史人物张骞“见织女，得支机石”传说之情节与蜀地的密切关系。张骞确实西行之后有“还至蜀”的事迹。[②] 解说“客星犯牛斗”神话的是蜀人严君平。而后世蜀地盛传“支机石”故事，相关记载见于宋祝穆《方舆胜览》卷五一《成都府路·成都府》，宋陆游《老学庵笔记》卷二，明陆深《俨山外集》卷三〇《蜀都杂抄》，清王士祯《池北偶谈》卷二五等文献，明曹学佺《蜀中广记》“支机石”凡 8 见。

元代戏曲已经有《张骞泛浮槎》。据戏曲史学者庄一拂考论：“《张骞泛浮槎》，《录鬼簿》著录。简称《泛浮槎》。《太和正音谱》《元曲选目》均略作《张骞浮槎》，孟本别作《张骞乘槎》，骞，《汉书》有传。本事并见梁宗懔《荆楚岁时记》，晋张华《博物志》。”又，“清舒位《瓶笙馆修萧谱》有《博望访星》一折，李文瀚《味尘轩曲》有《银汉槎》一种，皆本张骞探河源传说而成。佚。”[③]

或说：“张骞槎不知是何物，相袭讹谬，纵出杂诗，亦不足据也。”[④] 或说：“汉张骞使西域，以为能穷河源，盖出于传闻。所云织女

① 〔清〕永瑢等撰：《四库全书总目》，中华书局 1965 年 6 月版，第 622 页至第 623 页。

② 《史记》卷一二三《大宛列传》记载：张骞向汉武帝报告：“大夏去汉万二千里，居汉西南。今身毒国又居大夏东南数千里，有蜀物，此其去蜀不远矣。”“天子欣然，以骞言为然，乃令骞因蜀犍为发间使，四道并出：出駹，出冄，出徙，出邛、僰，皆各行一二千里。”第 3166 页。

③ 庄一拂编著：《古典戏曲存目丛考》，上海古籍出版社 1982 年 12 月版，第 263 页至第 264 页。

④ 《方舆胜览》卷五一《成都府路·成都府·事要·山川》，〔宋〕祝穆撰，祝洙增订，施和金点校：《方舆胜览》，中华书局 2003 年 6 月版，第 908 页。

支机石者，妄也。”[①]“支机之说，本妄诞不经”，“……蜀人相传为支机石，尤可笑也。”[②] 指出相关传说的“讹谬”“妄诞”“可笑”，体现出清醒的文化意识。但是何以千百年来“蜀人相传”“相袭”不绝，结合张骞时代成都平原纺织业繁荣的历史迹象，也许可以作为历史人类学思考的课题。

① 〔明〕陆深《俨山外集》卷一九《豫章漫抄二》，清文渊阁《四库全书》本，第88页。

② 《池北偶谈》卷二五《谈异六》“支机石”条，〔清〕王士禛撰，靳斯仁点校：《池北偶谈》，中华书局1982年1月版，第614页。

说居延简文“鲁絮”“襄絮”“堵絮”“彭城糸絮”

“絮”作为纺织业产品，在汉代社会服用方面的物质消费生活中有重要地位。在北边“苦寒”的生存环境条件下①，“絮”的需求增长。于是河西汉简多见涉及“絮”的内容。与纺织品市场地方品牌“阿緆”“齐纨”“鲁缟”“蜀锦”等类似，河西汉简资料可见“任城国亢父缣”“河内廿两帛”“广汉八稯布”等纺织业产品以地名标示的名号。居延简文“鲁絮”“襄絮”“堵絮”“彭城糸絮”等，应当也透露了类似的经济史信息。考察北边衣装形制所填充“絮”的产地这一细节，可以充实我们对当时西北边塞服役人员具体生活情境的认识。除增进对河西军人衣装史与纺织品消费史的了解外，也可以深化对汉代西北边地生态环境史、汉代纺织史、汉代河西社会生活史以及丝绸之路贸易史的认识。

1　汉简资料所见纺织品地方品牌

李斯《谏逐客书》说到“阿缟之衣”。裴骃《集解》：“徐广曰：

---

① 王子今：《汉代西北边塞吏卒的“寒苦”体验》，《简帛研究二〇一〇》，广西师范大学出版社 2012 年 3 月版。

‘齐之东阿县，缯帛所出。’”[①]《水经注》卷五《河水》：“河水又东北与邓里渠合，水上承大河于东阿县西，东径东阿县故城北，故卫邑也。……县出佳缯缣，故《史记》云：秦昭王服太阿之剑，阿缟之衣也。”[②] 关于“阿缟”，有两种理解。另一种认识，则以“阿”为细缯。[③] 两种意见“各依其说而留之”[④] 的态度，可能是正确的。

理解“阿缟”的“阿”为“东阿”，“阿缟”即“东阿”出产的“缯帛”，是有一定合理性的。将“阿缟”之“阿”作地名理解或作织品理解，两种意见的分歧很早就存在。或许“各依其说而留之”的态度是正确的。而不容忽视的是，如《史记》裴骃《集解》引徐广曰，“齐之东阿县”确实“缯帛所出”。《金匮要略》和《伤寒论》已经出现的“阿胶”作为药材著名品牌[⑤]，可以说明当时“东阿”是可以用“阿”字作为地名标示符号的。汉代纺织业的若干著名品牌得以形成社会影响。如“阿緆”“鲁缟”“齐纨”“蜀锦”等，均在历史文献中反复出现。

敦煌出土汉简可见“任城国亢父缣”（439 正面）[⑥]，居延汉简有

---

① 《史记》卷七八《李斯列传》载《谏逐客书》，第 2541 页至第 2545 页。

② 〔北魏〕郦道元著，陈桥驿校证：《水经注校证》，中华书局 2007 年 7 月版，第 143 页。

③ 〔清〕王念孙撰：《读书杂志》，江苏古籍出版社 1985 年 7 月版，第 140 页，第 1041 页。

④ 《文选》卷三九李斯《上书秦始皇》李善注，〔梁〕萧统编，〔唐〕李善、吕延济、刘良、张铣、吕向、李周翰注：《六臣注文选》，中华书局 1987 年 8 月版，第 724 页。

⑤ 《金匮要略》“阿胶”11 见。《伤寒论》“阿胶”10 见。〔汉〕张仲景述，〔晋〕王叔和集：《金匮要略方论》卷上、卷中、卷下，《四部丛刊》景明刊本，第 14 页，第 29 页，第 35 页，第 45 页，第 47 页。〔汉〕张机撰，〔晋〕王叔和编，〔金〕成无已注：《伤寒论注释》卷四、卷五、卷六，《四部丛刊》景明嘉靖汪济明刊本，第 89 页，第 99 页，第 112 页。

⑥ 林梅村、李均明编：《疏勒河流域出土汉简》，文物出版社 1984 年 3 月版，第 60 页。

“广汉八稯布”（90.56，303.30）[①]（73EJT10：72）[②]，以及“河内廿两帛”（509.8）（513.24）[③]。地湾汉简所见“淮布”（86EDT5H：145+41），疑似同类情形。“淮布五百四十匹”[④]，数量也是颇为可观的。[⑤]纺织品之外的地方品牌，居延汉简又可见“济南剑”（EPT59：574+575+576）、“河内苇笥”（521.34）等。

这些迹象，体现汉代比较完善的交通设施，比较充备的运输能力，集中服务于民间商运，促成了空前繁荣的物资流通。如《史记》卷一二九《货殖列传》所谓“汉兴，海内为一，开关梁，弛山泽之禁，是以富商大贾周流天下，交易之物莫不通，得其所欲”。他们“连车骑，游诸侯，因通商贾之利”，“俯有拾，仰有取，贳贷行贾遍郡国”，“转毂以百数，贾郡国，无所不至。”[⑥]所谓“海内为一”，所谓“周流天下”“游诸侯”“遍郡国”，均体现大一统政治格局为民间运输的活跃，提供了广阔的空间和方便的条件。而汉武帝推行“均输”“平准”制度之后，官营运输业也逐步走向合理化经营。[⑦]就此进行经济史与社会史

---

① 简牍整理小组编：《居延汉简（壹）》，台湾中研院历史语言研究所专刊之一〇九，2014 年 12 月版，第 266 页。

② 甘肃简牍保护研究中心、甘肃省文物考古研究所、甘肃省博物馆、中国文化遗产研究院古文献研究室、中国社会科学院简帛研究中心编：《肩水金关汉简（壹）》，中西书局 2011 年 8 月版，上册第 247 页，中册第 247 页，下册第 133 页。参看王子今：《汉代河西的蜀地织品——以“广汉八稯布”为标本的丝绸之路史考察》，《四川文物》2017 年 3 期。

③ 谢桂华、李均明、朱国炤：《居延汉简释文合校》，文物出版社 1987 年 1 月版，第 496 页，第 615 页，第 623 页。

④ 甘肃简牍博物馆、出土文献与中国古代文明研究协同创新中心中国人民大学分中心：《地湾汉简》，中西书局 2017 年 10 月版，第 74 页。

⑤ 王子今：《河西简文所见汉代纺织品的地方品牌》，《简帛》第 17 辑，上海古籍出版社 2018 年 11 月版，第 245 页至第 256 页。

⑥ 《史记》，第 3279 页。

⑦ 参看王子今：《西汉均输制度新议》，《首都师范大学学报》1994 年 2 期。

的考察，可以获得有意义的发现。[①]

作为纺织业产品，主要用作以御寒为目的的生活服用填充物的“絮”，河西汉简资料中也可以看到明确标识产地的名号。

2 “鲁絮”简文

《禹贡》分述九州贡品。豫州列有“絮”。据《史记》卷二《夏本纪》所引录，应当为西汉人比较熟悉的文本：“荆河惟豫州：伊、雒、瀍、涧既入于河，荥播既都，道荷泽，被明都。其土壤，下土坟垆。田中上，赋杂上中。贡漆、丝、絺、纻，其篚纤絮，锡贡磬错。浮于雒，达于河。”关于所谓“纤絮”，裴骃《集解》：“孔安国曰：‘细绵也。’”[②] 这应当是最早的经济史资料，明确提示了“絮”的生产能力最优胜的地方。“絮”“地宜所有以贡”，即其产品可以向外输送的地方，是豫州。《禹贡》大约成书于战国时期。据史念海考证，“当出于魏国人士之手”。[③] 作者对豫州经济形势是熟悉的，所谓“贡漆、丝、絺、纻，其篚纤絮”有关纺织业生产能力的信息，应当大体是可信的。除了“纤絮”，《史记》卷五七《绛侯周勃世家》可见“冒絮”，裴骃《集解》引应劭曰以为“陌额絮”，晋灼据《巴蜀异物志》谓“头上巾”，司马贞《索隐》引服虔云“纶絮也”。[④]《史记》卷一〇二《张释之冯唐列传》有“纻絮”[⑤]，《史记》卷一一〇《匈奴列传》可见“絮

① 王子今：《宛珠·齐纨·穰橙邓橘：战国秦汉商品地方品牌的经济史考察》，《中国经济史研究》待刊。

② 《史记》，第 62 页至第 63 页。

③ 史念海：《论〈禹贡〉的著作年代》，《史念海全集》第 3 卷，人民出版社 2013 年 4 月版，第 503 页至第 520 页。

④ 司马贞《索隐》又说：“陌音‘蛮貊’之‘貊’。”又引《方言》云：“幪巾，南楚之间云‘陌额’也。”也提示了区域线索。《史记》，第 2072 页至第 2073 页。

⑤ 《史记》，第 2753 页。

缯”“丝絮”[①]，《史记》卷一二九《货殖列传》又言“帛絮”[②]，可知“絮”是往往与“丝”“帛”并说的蚕桑业的重要产品。《说文·糸部》：“絮，敝緜也。”段玉裁注：“绵者，联敚也。因以为絮之称。敝者，败衣也。因以为孰之称。敝绵，孰绵也。是之谓絮。凡絮必丝为之。古无今之木绵也。以絮纳袷衣间为袍，曰褚，亦曰装。褚亦作著。以麻缊为袍亦曰褚。”又《说文·衣部》：“襺，袍衣也。从衣，茧声。以絮曰襺，以缊曰袍。”[③]“絮”是寒衣表里之间的填充物。

肩水金关遗址出土汉简可见出现“鲁絮”字样的简文，“鲁”似乎可以理解为这种“絮”的产地：

(1) ☐鲁絮一斤直百卅☐（73EJT28：73）[④]

简文所反映的，自然是汉代产业史的信息。

《汉书》卷一三《异姓诸侯王表》：“孝惠七年，初置鲁国。”[⑤]《汉书》卷二八下《地理志下》：

> 鲁国，故秦薛郡，高后元年为鲁国。属豫州。户十一万八千四十五，口六十万七千三百八十一。县六：鲁，伯禽所封。户五万二千。有铁官。卞，泗水西南至方与入沛，过郡三，行五百里，青州川。汶阳，莽曰汶亭。蕃，南梁水西至胡陵入沛渠。驺，故邾国，曹姓，二十九世为楚所灭。峄山在北。莽曰驺亭。薛。夏车正奚仲所国，后迁于邳，汤相仲虺居之。[⑥]

《汉志》所谓“鲁国”“属豫州”，可以与《禹贡》豫州“其篚纤絮”

---

① 《史记》，第2897页，第2899页，第2901页，第2903页，第2913页。

② 《史记》，第3259页，第3274页。

③ 〔汉〕许慎撰，〔清〕段玉裁注：《说文解字注》，上海古籍出版社据经韵楼藏版1981年10月影印版，第659页，第391页。

④ 甘肃简牍博物馆、甘肃省文物考古研究所、甘肃省博物馆、中国文化遗产研究院古文献研究室、中国社会科学院简帛研究中心编：《肩水金关汉简（叁）》，中西书局2013年12月版，上册第134页，中册第134页，下册第85页。

⑤ 《汉书》，第380页。

⑥ 《汉书》，第1637页。

的说法对照理解。

据谭其骧主编《中国历史地图集》，"鲁国""鲁县"在今山东曲阜与泗水之间。[①] 史念海曾经指出，"战国秦汉时期，关东为最富庶的地区"，"除粮食而外，与人们生计关系最密切的，当然是衣服了。在当时，丝织品最受人们的重视。"而"齐、鲁"的"丝的纺织业"曾经"擅名"一时。[②] 所谓"鲁絮"，应是"鲁"地"丝的纺织业"的产品。

3 "襄絮"简文

20世纪70年代至80年代初居延遗址出土汉简关于债务记录的简文中说到"襄絮一枚"的价值。"襄絮"的"襄"，或许是标志"絮"之产地的地名：

（2）丰责居延男子张君孙襄絮一枚直百三十五入三十五（EPT59：38）[③]

"襄"，很可能是陈留郡襄邑。《汉书》卷二八上《地理志上》：

陈留郡，武帝元狩元年置。属兖州。户二十九万六千二百八十四，口一百五十万九千五十。县十七：陈留，鲁渠水首受狼汤渠，东至阳夏，入涡渠。小黄，成安，宁陵，莽曰康善。雍丘，故杞国也，周武王封禹后东楼公。先春秋时徙鲁东北，二十一世简公为楚所灭。酸枣，东昏，莽曰东明。襄邑，有服官。莽曰襄平。外黄，都尉治。封丘，濮渠水首受泲，东北至都关，入羊里水，过郡三，行六百三十里。长罗，侯国。莽曰惠泽。尉氏，傿，莽曰顺通。长垣，莽曰长固。平丘，济阳，莽曰济前。浚

① 谭其骧主编：《中国历史地图集》，中国地图出版社1982年10月版，第2册第19页至第20页。

② 史念海：《战国秦汉时期黄河流域及其附近各地经济的变迁和发展》，《史念海全集》第3卷，第651页。

③ 张德芳主编，肖从礼著：《居延新简集释》（五），甘肃文化出版社2016年6月版，第10页，第122页，第246页。

仪。故大梁。魏惠王自安邑徙此。睢水首受狼汤水，东至取虑入泗，过郡四，行千三百六十里。①

“襄邑，有服官”，告知这里是衣装制作的生产中心之一。《汉书》卷九《元帝纪》说到“齐三服官”，颜师古注：“李斐曰：‘齐国旧有三服之官。春献冠帻縰为首服，纨素为冬服，轻绡为夏服，凡三。’如淳曰：‘《地理志》曰齐冠带天下。胡公曰服官主作文绣，以给衮龙之服。地理志襄邑亦有服官。’师古曰：‘齐三服官，李说是也。縰与纚同，音山尔反，即今之方目紗也。纨素，今之绢也。轻绡，今之轻紗也。襄邑自出文绣，非齐三服也。’”② 李斐与颜师古对“三服官”的解说应予辨正。③ 我们这里更为重视的，是“襄邑自出文绣”的史事。汉简“襄絮”名义，应当通过襄邑纺织业及服装制作业的优越地位予以理解。

据谭其骧主编《中国历史地图集》，“襄邑”在今河南睢县附近。④ 史念海在论述“最富庶的地区”“关东”地区的经济地位时，曾经指出，“关东地区丝的纺织业”“也是全国范围内最值得称道的”。其中，“太行山东南的卫国远在战国以前就是以产丝闻名的地区，而齐、鲁、梁、宋的丝的纺织业也是相继擅名的。两汉政府在临淄和襄邑（今河南睢县）所设的服官就已可充分证明。这是全国仅有的两个服官，是专门为统治阶级制作衣服的机构。若不是当地丝织品的精妙，怎么会受到统治阶级的光顾?”⑤ 由“襄邑”“服官”的地位可知，当时“襄絮”也应当得以“擅名”。

① 《汉书》，第 1558 页至第 1559 页。

② 《汉书》，第 285 页至第 286 页。

③ 王子今：《西汉“齐三服官”辨正》，《中国史研究》2005 年 3 期。

④ 谭其骧主编：《中国历史地图集》，第 2 册，第 19 页至第 20 页。

⑤ 史念海：《战国秦汉时期黄河流域及其附近各地经济的变迁和发展》，《史念海全集》第 3 卷，第 651 页。

4 “堵絮”简文

在学界称作“居延新简”，即20世纪70年代至80年代初通过科学发掘出土的汉简资料中，有“堵絮”字样：

(3) 堵絮二斤斤百五十直三百（EPT59：76）

这也是“絮”与“丝”并说的文例。可以参考前引《史记》“丝絮”理解。肖从礼对“堵絮”名义进行了解说：

> 堵絮 即“绪絮”，残丝絮。绪，丝头。汉焦赣《易林·豫之同人》：“饥蚕作室，昏多乱缠，绪不可得。”《孔子家语·执辔》：“食草者善走而愚，食桑者有绪而蛾。”旧题汉郭宪《洞冥记》卷三：“（石脉）生石里，破石而后得此脉，萦绪如麻纻也，名曰石麻，亦可为布也。”①

所谓“堵絮即绪絮”是一种推想。但“堵”作为地名代号的可能性还是很大的。《汉书》卷二八上《地理志上》说到南阳郡“堵阳”：

> 南阳郡，秦置。莽曰前队。属荆州。户三十五万九千三百一十六，口一百九十四万二千五百一。县三十六：宛，故申伯国。有屈申城。县南有北筮山。户四万七千五百四十七。有工官、铁官。莽曰南阳。犨，杜衍，莽曰闰衍。酂，侯国。莽曰南庚。育阳，有南筮聚，在东北。博山，侯国。哀帝置。故顺阳。涅阳，莽曰前亭。阴，堵阳，莽曰阳城。雉，衡山，沣水所出，东至郾入汝。山都，蔡阳，莽之母功显君邑。新野，筑阳，故谷伯国。莽曰宜禾。棘阳，武当，舞阴，中阴山，瀙水所出，东至蔡入汝。西鄂，穰，莽曰农穰。郦，育水出西北，南入汉。安众，侯国。故宛西乡。冠军，武帝置。故穰卢阳乡、宛临駣聚。比阳，平氏，《禹贡》桐柏大复山在东南，淮水所出，东南至淮浦入海，过郡四，行三千二百四十

---

① 张德芳主编，肖从礼著：《居延新简集释》（五），甘肃文化出版社2016年6月版，第17页，第129页，第265页至第266页。

里，青州川。莽曰平善。随，故国。厉乡，故厉国也。叶，楚叶公邑。有长城，号曰方城。邓，故国。都尉治。朝阳，莽曰厉信。鲁阳，有鲁山。古鲁县，御龙氏所迁。鲁山，滍水所出，东北至定陵入汝。又有昆水，东南至定陵入汝。舂陵，侯国。故蔡阳白水乡。上唐乡，故唐国。新都，侯国。莽曰新林。湖阳，故廖国也。红阳，侯国。莽曰红俞。乐成，侯国。博望，侯国。莽曰宜乐。复阳。侯国。故湖阳乐乡。

关于“堵阳，莽曰阳城”，颜师古注：“韦昭曰：‘堵音者。’”[①]

据谭其骧主编《中国历史地图集》，“堵阳”在今河南方城东。[②]

5 “彭城糸絮”简文

肩水金关简又可见“彭城糸絮”简文。“彭城”是比较明确的地名，“彭城糸絮”与上文讨论的主题类同，即以产出地名为标志的“糸絮”。简文写道：

（4）……

□　已得彭城糸絮七斤直四百廿七　财物直五千七百五十五（73EJT31：30）[③]

《史记》卷七《项羽本纪》：“王九郡，都彭城。”[④] 史念海曾经指出，项羽“对于首都的选择，是舍弃了关中，而东居于汲、获诸渠附近的彭城（今江苏徐州市）”，其原因，“纯粹是一个经济上的看法。”“如果仅从经济上来观察，项羽的东都彭城，并没有什么可以訾议的地方。就拿楚汉战争时候的局势来比照一下，也可以证明项羽的举动是不错的。”

---

① 《汉书》，第1563页至第1564页。

② 谭其骧主编：《中国历史地图集》，第2册第22页至第23页。

③ 甘肃简牍博物馆、甘肃省文物考古研究所、甘肃省博物馆、中国文化遗产研究院古文献研究室、中国社会科学院简帛研究中心：《肩水金关汉简》（叁），中西书局2013年12月版，上册第213页，中册第213页，下册第127页。

④ 《史记》，第317页。

彭城是经济水准领先的地方。[①] 而如上文所引，“梁、宋的丝的纺织业”曾经“擅名”。[②]《汉书》卷二八下《地理志下》：

楚国，高帝置，宣帝地节元年更为彭城郡，黄龙元年复故。莽曰和乐。属徐州。户十一万四千七百三十八，口四十九万七千八百四。县七：彭城，古彭祖国。户四万一百九十六。有铁官。留，梧，莽曰吾治。傅阳，故偪阳国。莽曰辅阳。吕，武原，莽曰和乐亭。甾丘。莽曰善丘。[③]

据谭其骧主编《中国历史地图集》，“彭城”在今江苏徐州。[④]

前引简（1）“鲁絮一斤直百卌……”，简（2）“襄絮一枚直百三十五”，前者“一斤”后者“一枚”，价值大略相当。也许“一枚”的制作规格或包装形式就是“一斤”。简（3）“堵絮二斤斤百五十”，价格也是相近的。而简（4）“彭城糸絮七斤直四百廿七”，每斤 61 钱，价格不足前三例的二分之一。

其他简例可见“糸絮”价格的，又有：

（5）虞卒等二人糸絮各一斤　　直二百（89.3）[⑤]

（6）第卅二队卒郏邑聚里赵谊 自言十月中贯卖糸絮二枚直三

---

① 史念海《娄敬和汉朝的建都》一文写道：“项羽与汉高帝争持于成皋（今河南旧汜水县）荥阳之际，项羽的粮饷从来不曾发生过恐慌。就是彭越、卢绾、刘贾等东入楚军之后，烧掉楚军的积聚，阻挠楚军的运道，项羽回师击定，预计不到半月就可告捷。用兵尚且如此迅速，仅是运输，那当然更容易了。可是在汉高帝这方面却不然了。高帝的粮饷，不仅取之于关中，更取之于巴蜀。这经过千山万岭的运输，是如何的困难。所以汉高帝平定天下以后，就把萧何的‘给饷馈，不绝粮道’，算作第一功。试一设想，那一战如果是项羽胜了，论功行赏，像萧何这样的功劳，简直不必提起。因为彭城附近就是产粮之区，而彭城距离荥阳不能算是过远，况且水陆两方面的交通又都是极为便利的。”《史念海全集》第 4 卷，第 262 页。

② 史念海：《战国秦汉时期黄河流域及其附近各地经济的变迁和发展》，《史念海全集》第 3 卷，第 651 页。

③ 《汉书》，第 1638 页

④ 谭其骧主编：《中国历史地图集》，第 2 册第 19 页至第 20 页。

⑤ 谢桂华、李均明、朱国炤：《居延汉简释文合校》，第 155 页。

百居延昌里徐子敖所 已入二百（EPT51：249）[①]

可知是否标识产地“彭城”，并不能绝对提升商品价格。简（5）“糸絮各一斤”，此“糸絮”与简（4）“彭城糸絮七斤”之“糸絮”文意不同。而简（6）可以说明“糸絮”价格确实较“鲁絮”“襄絮”“堵絮”为低。

李迎春分析简（6）“糸絮”以“枚”计量的方式，指出：

> 糸絮　丝绵。其量词称枚，或即人们整理好的用以填充衣物的丝绵胎。[②]

以“枚”计量，是因为按照通行规格，其“糸絮”材料的使用大体一致。由简（1）（2）与简（5）（6）简文可知，“一枚”即“一斤”。

可以说明河西地方制衣通常规格用“絮一斤”的比较典型的简例，有肩水金关简：

（7）官大奴王则年廿布二丈絮一斤（73EJF3：141）

（8）官大奴苟宪年廿六布二丈絮一斤（73EJF3：142）[③]

“布二丈絮一斤”，形成大致统一的形制。[④] 张家山汉简《二年律令·金布律》：“诸内作县官及徒隶，大男，冬禀布袍表里七丈、络絮四斤，绔（袴）二丈、絮二斤；大女及使小男，冬袍五丈六尺、絮三斤，绔（袴）丈八尺、絮二斤；未使小男及使小女，冬袍二丈八尺、絮一斤半斤；未使小女，冬袍二丈、絮一斤。夏皆禀褌，各半其丈数而勿禀绔（袴）。夏以四月尽六月，冬以九月尽十一月禀之。布皆八稯、七稯。

---

① 张德芳主编，李迎春著：《居延新简集释》（三），甘肃文化出版社 2016 年 6 月版，第 59 页，第 255 页。

② 张德芳主编，李迎春著：《居延新简集释》（三），第 482 页。

③ 甘肃简牍博物馆、甘肃省文物考古研究所、甘肃省博物馆、中国文化遗产研究院古文献研究室、中国社会科学院简帛研究中心：《肩水金关汉简》（伍），中西书局 2016 年 8 月版，上册第 30 页，中册第 30 页，下册第 14 页。

④ 也可以看到未必按照“布二丈絮一斤”规格制衣的简例，如“官使婢弃用布三匹　糸絮三斤十二两”（505.33）。谢桂华、李均明、朱国炤：《居延汉简释文合校》，第 606 页。

以裘皮绔（袴）当袍绔（袴），可。”[1] 虽然依身份性别年龄不同，“稟布袍”“绔（袴）”“布”“絮”的尺寸、分量及比例不同，但是“大男”“布袍”“络絮四斤”，“袴”“絮二斤”；“大女及使小男”“冬袍”“絮三斤”，“绔（袴）”“絮二斤”；“未使小男及使小女”“冬袍”“絮一斤半斤”；“未使小女”“冬袍”“絮一斤”。“絮”的计量，均是“斤”的整数，仅有“未使小男及使小女”“冬袍”“絮一斤半斤”例外，似应考虑到没有“稟”“绔（袴）”的因素。

6 “河内第十六辈丝絮”的理解

居延肩水金关遗址出土汉简，可以看到出现“河内第十六辈丝絮”文字的简例：

(9) ☑今余河内第十六辈丝絮六十二斤四两直四千廿钱八分率斤六十四钱五分什分七百分八（73EJT5：60）[2]

“丝絮”有可能即简（4）（5）（6）“系絮”。

“河内”正是前引史念海所言“太行山东南”“以产丝闻名的地区”。上文说到的居延汉简所见“河内廿两帛”（509.8）（513.24），正是这一经济史现象的实物证明。

简（9）“河内第十六辈丝絮”之“第十六辈”的文义，是与“河内廿两帛”之“廿两”类似，还是有其他意义，目前尚未能获得明确的认识。

此“河内第十六辈丝絮”单位价格“斤六十四钱五分什分七百分

① 张家山二四七号汉墓竹简整理小组：《张家山汉墓竹简〔二四七号汉墓〕》，文物出版社2001年11月版，释文注释第189页。

② 甘肃简牍保护研究中心、甘肃省文物考古研究所、甘肃省博物馆、中国文化遗产研究院古文献研究室、中国社会科学院简帛研究中心：《肩水金关汉简》（一），中西书局2011年8月版，上册第110页，中册第110页，下册第57页。

八”，与上文讨论过的“彭城糸絮七斤直四百廿七”即每斤 61 钱相差不大。

前引简（5）“糸絮”二斤“直二百”，简（6）则为“糸絮二枚直三百”。又有一则简例显示“絮”的价格：

（10）绿绨一丈二尺直二百六十八率尺廿四　　絮一斤直百七十（73EJT21：52A）

青韦刍一两直百卌（73EJT21：52B）[①]

简文所见“絮一斤直百七十”，可能是“絮”价格较高的情形。“絮”的价格上下浮动，可能有经济形势变化的因素，亦有供求关系变化的因素。寒暑季节的变化，可能也会影响“絮”的价格。

7　关于“湖漂絮”

汉代文献资料中还可以看到另一与“絮”有关的文字。《周礼·冬官·弓人》：“于挺臂中有柎焉，故剽。”郑司农云：“剽读为‘湖漂絮’之漂。”孙诒让《周礼正义》：

> 郑司农云‘剽读为湖漂絮之漂’者，段玉裁云：“此‘读为’盖当作‘读如’，拟其音也。湖漂絮，即《庄周书》之‘洴澼絖’。《说文·水部》云：‘潎，于水中击絮也。’《竹部》曰：‘箈，潎絮箦也。’《糸部》：‘纸，絮一箈也。’然则其事盖以乱絮于水中漂击之，以箈藉之，令更成絮，即蔡伦造纸之先声。韩信钓于城下，诸母漂是也。湖漂絮者，湖中漂絮时有此语。”[②]

孙诒让对于段玉裁的意见，只是介绍，其实并没有明确表态。仔细分

---

① 甘肃简牍保护研究中心、甘肃省文物考古研究所、甘肃省博物馆、中国文化遗产研究院古文献研究室、中国社会科学院简帛研究中心：《肩水金关汉简》(二)，中西书局 2011 年 12 月版，上册第 32 页，中册第 32 页，下册第 13 页。

② 〔清〕孙诒让撰，王文锦、陈玉霞点校：《周礼正义》，中华书局 1987 年 12 月版，第 3552 页至第 3553 页。

析，"湖漂絮"与《庄子》"洴澼絖"字词形式相近，其实可能语义并不完全相同。《庄子·逍遥游》："宋人有善为不龟手之药者，世世以洴澼絖为事。"郭象注："其药能令手不拘坼，故常漂絮于水中也。"成玄英疏："洴，浮；澼，漂也。絖，絮也。世世，年也。宋人隆冬涉水，漂絮以作牵离，手指生疮，拘坼有同龟背。故世世相承，家传此药，令其手不拘坼，常得漂絮水中，保斯事业，永无亏替。"[①] 所谓"洴，浮"，则"洴澼絖"的"洴"与"湖漂絮"的"湖"不能对应。言"湖漂絮"即"湖中漂絮"的说法也不合理。所谓"韩信钓于城下，诸母漂"的故事，见于《史记》卷九二《淮阴侯列传》："信钓于城下，诸母漂，有一母见信饥，饭信，竟漂数十日。信喜，谓漂母曰：'吾必有以重报母。'母怒曰：'大丈夫不能自食，吾哀王孙而进食，岂望报乎！'"裴骃《集解》："韦昭曰：'以水击絮为漂，故曰漂母。'"然而张守节《正义》："淮阴城北临淮水，昔信去下乡而钓于此。"[②] 虽然"以水击絮为漂"，然而未必均"湖中漂絮"。韩信所遇"漂母"，即"漂絮"于"淮水"。

"湖漂絮"的"湖"，很可能是地名，即京兆尹的"湖县"。《汉书》卷二八上《地理志上》说到京兆尹属县有"湖"："湖，有周天子祠二所。故曰胡，武帝建元年更名湖。"[③] 据谭其骧主编《中国历史地图集》，"湖"在今河南灵宝西。[④]

"湖漂絮"，可能是出产于"湖"的以"漂"之生产程序著名的"絮"。

《悬泉汉简》（壹）有关于"缥"的简文："氾官缥二匹政奉德持

---

① 郭庆藩辑：《庄子集释》，中华书局 1961 年 7 月版，第 37 页。

② 《史记》卷九二《淮阴侯列传》，第 2609 页。

③ 《汉书》，第 1544 页。

④ 谭其骧主编：《中国历史地图集》，第 2 册第 15—16 页。

卷议以付段卿可以余缥綰留库吏奉綰隻十四簿入卖”（I90DXT0112②：80）。[1]“湖漂絮”的“漂”是否与织品名称“缥”有关，亦尚未可知。

8 “冬寒”致意：“君厚属絮”

河西汉简所见“絮”，对于边塞军人具有重要的生活史意义与装备史意义。

河西冬季严寒气候会导致边塞戍人面临严峻的困苦。如敦煌汉简所见文字：

（11）前大司马以兵出未知审所之有之不从寒唯为乞衣（126）

（12）将军哀怜诚寒愿得襦及缯以自给（183）[2]

《汉书》卷四九《晁错传》载晁错上疏言秦时边事，说到北边寒冷气候条件：“夫胡貉之地，积阴之处也，木皮三寸，冰厚六尺，食肉而饮酪，其人密理，鸟兽毳毛，其性能寒。”然而“秦之戍卒不能其水土，戍者死于边，输者偾于道。秦民见行，如往弃市，因以谪发之，名曰‘谪戍’”。所谓“木皮三寸，冰厚六尺”，颜师古注：“文颖曰：‘土地寒故也。’”[3]《北堂书钞》卷一五六引《尸子》也说：“朔方之寒，冰厚六尺。”[4] 所谓“胡貉”“其人”“其性能寒”，颜师古注：“‘能’读曰‘耐’。”其实，下文所谓“不能其水土”亦同。胡人“能寒”，而秦人“不能其水土”，就北边而言，主要是指对严寒气候的适应能力。又

---

① 甘肃简牍博物馆、甘肃省文物考古研究所、陕西师范大学人文社会科学高等研究院、清华大学出土文献研究与保护中心：《悬泉汉简》（壹），中西书局 2019 年 11 月版，第 142 页。

② 《敦煌汉简释文》，第 12 页，第 17 页；《敦煌汉简》，下册第 225 页至第 226 页。

③ 《汉书》，第 2284 页。

④ 又引傅玄诗：“季冬时惨烈，猛寒不可胜。严风截人耳，素雪随地凝。”

《北堂书钞》卷一五六引张英《与延笃书》："大阴之地，寒破肌骨。"[①]也体现了中原人对北边大寒的认识。

边塞基层军人常见名称涉"寒"的疾病，其致病原因与寒冷气候以及御寒条件不足等因素有关。例如以下简文写道：

（13）武长伯盛寒佹伤善视乃☑（181.9）

（14）一名单衣受寒□□卸汤药置□中加沸汤上□汤不可饮（136.40）[②]

特别是"单衣受寒"的说法，透露出了边塞军人面对"冬大寒"[③]的条件困苦艰难的生存现实。

居延出土汉简所见"疾寒"（E.P.T58：44A）[④]一类简文所反映的现象，应当即"不能其水土"的来自中原的士卒因严寒导致的病患。[⑤]

居延汉简所见如下涉及"絮"的简文值得注意：

（15）☑君厚属絮（EPT50：193）[⑥]

在冬天严寒季节，河西军人相互问候祝福之辞，有"冬寒愿调衣"（34.7），"足衣善酒食"（283.39）、"进酒食近衣"（332.7A）、"近衣视养食"（E.P.T53：183）、"近衣裘自爱"（E.P.T51：233B），完整语义则如敦煌汉简"嘱使君为寒近衣裘强饭食幸自憙"（174）等。其中"调衣""足衣""近衣""近衣裘"文辞，与"君厚属絮"的意思是接近的。当然，"君厚属絮"更适宜于应对严寒。

"属"有"注"即充入的意义。《仪礼·士昏礼》："酌玄酒，三属

---

① 又引应璩诗："岚山寒折骨，面目尽生疮。"

② 《居延汉简释文合校》，上册第290页，第227页。

③ 居延汉简502.15A。《居延汉简释文合校》，下册第601页。

④ 《居延新简——甲渠候官与第四燧》，第352页。

⑤ 王子今：《汉代西北边塞吏卒的"寒苦"体验》，《简帛研究二〇一〇》，广西师范大学出版社2012年3月版。

⑥ 张德芳主编，杨眉著：《居延新简集释》（二），第129页，第267页，第524页。

于尊。”郑玄注：“属，注也。”[①]《周礼·考工记·匠人》：“水属不理孙，谓之不行。”郑玄注：“属读为注。”[②]“属”又有充足的意义。《左传·昭公二十八年》：“愿以小人之腹，为君子之心，属厌而已。”杜预注：“属，足也。”[③]《史记》卷二九《河渠书》：“河伯许兮薪不属。薪不属兮卫人罪……”“是时东郡烧草，以故薪柴少。”[④]“不属”，就是“少”。“厚属絮”，是说在衣物中充入厚实的“絮”。

前引简（2）“襄絮一枚直百三十五”，简（3）“堵絮二斤斤百五十直三百”，简（4）“彭城糸絮七斤直四百廿七”，简（9）“河内第十六辈丝絮六十二斤四两直四千廿钱八分率斤六十四钱五分什分七百分八”，均标明各种“絮”的价格。这些出产于各地的“絮”，其商品的意义是明确的。上文还有其他简例如简（5）“二人糸絮各一斤，直二百”，简（6）“糸絮二枚直三百”，简（10）“絮一斤直百七十”等，也提供了“絮”的市场价格信息。有汉代物价史研究者还列举了如下有关“絮”价的资料：“絓絮二斤八两直四百”（308.7），“☐絮二百卌二斤直二千四百二钱”（EPT51：257）[⑤]，“絮三橐直百五十”（EPT51：414）[⑥]，“络絮二斤直百卌”（EPT59：21）等。又引敦煌汉简“李广利六月尽七月奉絮七斤八两十八铢八月尽九月奉絮六斤十五两七铢凡十四

① 〔清〕毕沅校刻：《十三经注疏》，中华书局据世界书局缩印本1980年10月影印版，第971页。

② 〔清〕孙诒让撰，王文锦、陈玉霞点校：《周礼正义》，中华书局1987年12月，第3497页。

③ 前言“恐其不足，是以叹”，又“再叹”。《春秋左传集解》，上海人民出版社1977年8月版，第1571页。

④ 《史记》，第1413页。

⑤ 论者写道：“按：一斤絮值10.35钱。”这是“絮”价较低的一例。

⑥ 论者写道：“按：此简中絮按橐计，一橐絮值50钱。”“囊”作为“絮”的计量单位，值得注意。

斤八两一铢”（1408）。[1] 边塞军事生活中“奉絮”的通行，说明军人群体之所以认可这种支付形式，应当是以当地市场“絮”的大致稳定的价格与比较便利的流通为基本条件的。

汉代河西市场“絮”的价格体现出复杂的经济生活情境。“絮”作为商品的性质是鲜明的。然而另一方面，居延汉简所见“君厚属絮”致意文辞，应当超过“调衣”“足衣”“近衣”，有更多的厚度和温度，也体现了更多的厚意和温情。在“冬大寒”的环境背景下，通过“絮”体现的情感传递，深含亲友之间真诚的柔情与暖爱。这是我们认识和理解汉代河西边塞地方社会生活史、社会心态史和社会人际关系史时，应当予以适当关注的。[2]

---

① 论者分析：“按：此以絮代俸，如按月俸 600 钱计，则一斤絮平均值 165.5 钱；如按 900 钱月俸计，则一斤絮平均值 248.27 钱；如按月奉 1200 钱计，则一斤絮平均值 331 钱。”丁邦友：《汉代物价新探》，中国社会科学出版社 2009 年 6 月版，第 214 页至第 216 页。

② 王子今：《试说居延简文“鲁絮”“襄絮”“堵絮”“彭城糸絮”——汉代衣装史与纺织品消费史的考察》，《东西人文》第 12 号，庆北大学校人文学术院 2019 年 10 月 30 日。

说“海枣”：有关丝绸之路的传说和史实

《北齐书》卷四五《文苑传·樊逊》可见关于神异文化的评说：“……至若玉简金书，神经秘录，三尺九转之奇，绛雪玄霜之异，淮南成道，犬吠云中，子乔得仙，剑飞天上，皆是凭虚之说，海枣之谈，求之如系风，学之如捕影。”[①] 涉及“海枣之谈”。以为有关“海枣”知识的寻索，如“系风”“捕影”，即现今语言所谓捕风捉影，难以求实。相关信息具有神秘色彩，与其知识来源空间距离遥远，以及相关记录片断残破有关。“海枣”作为从一个特殊侧面表现中外文明交往的文化符号，在一定程度上反映了中原人对于海外世界的认识，进行相关探索，有益于说明丝绸之路交通史中若干涉及早期开发与远方探索的情节。有关“海枣”的传闻在中原保留的历史记忆，可以追溯到汉代。中国早期有关“海枣”的知识，可能与“番枣”“椰枣”“波斯枣”有关。对于“海枣”的考察，是交通史研究的有意义的主题，对于植物史、果品史、饮食史的总结，或许也可以提供积极的学术启示。

1 “海中蓬莱仙者”“食巨枣”故事

《史记》卷二八《封禅书》记载方士李少君对汉武帝说到仙人安期生“食枣”的故事：

---

① 〔唐〕李百药：《北齐书》，中华书局 1972 年 11 月版，第 611 页。

少君言上曰："祠灶则致物，致物而丹沙可化为黄金，黄金成以为饮食器则益寿，益寿而海中蓬莱仙者乃可见，见之以封禅则不死，黄帝是也。臣尝游海上，见安期生，安期生食巨枣，大如瓜。安期生仙者，通蓬莱中，合则见人，不合则隐。"于是天子始亲祠灶，遣方士入海求蓬莱安期生之属，而事化丹沙诸药齐为黄金矣。

所谓"巨枣"，司马贞《索隐》引包恺云："巨，或作'臣'。"《史记》卷一二《孝武本纪》作"臣尝游海上，见安期生，食臣枣，大如瓜"。关于"安期生"，司马贞《索隐》："服虔曰：'古之真人。'案：《列仙传》云安期生，琅邪人，卖药东海边，时人皆言千岁也。"张守节《正义》引《列仙传》云："安期生，琅邪阜乡亭人也。卖药海边。秦始皇请语三夜，赐金数千万，出，于阜乡亭，皆置去，留书，以赤玉舄一量为报，曰'后千岁求我于蓬莱山下'。"正是据安期生故事，"海中""巨枣"情节加入上古神仙传说的构建之中。

"枣"是中原传统果品。在黄河流域民间社会的饮食生活中，"枣"有很重要的地位。秦昭襄王时代，"秦大饥"，应侯建议开放"五苑"，"蔬菜、橡果、枣栗，足以活民，请发之。"[①] 苏秦游燕，说燕文侯，称颂燕地资源丰厚，"此所谓天府者也"，其物产优势包括"北有枣栗之利，民虽不佃作而足于枣栗矣"。[②] 《史记》卷一二九《货殖列传》关于燕地的经济地位，也说"有鱼盐枣栗之饶"。[③] 司马迁还说，拥有"安邑千树枣，燕、秦千树栗"者，"此其人皆与千户侯等"。[④] "枣"是"不窥市井，不行异邑，坐而待收"的"富给之资"。对于"富"家

---

① 陈奇猷校注：《韩非子集释》，上海人民出版社 1974 年 7 月版，第 771 页。

② 《史记》卷六九《苏秦列传》，中华书局 1959 年 9 月版，第 2243 页。

③ 《史记》，第 3265 页。

④ 《后汉书》卷一〇下《皇后纪下·献帝伏皇后》："既至安邑，御服穿敝，唯以枣栗为粮。"中华书局 1965 年 5 月版，第 453 页。也是"安邑""枣栗"资源丰厚的史例。

进行的资产评估，“枣栗千石者三之”，“此亦比千乘之家，其大率也。”[①] 而方士李少君传播的神仙故事中所谓“安期生食巨枣，大如瓜”，说这种“枣”的形态，似乎超出了中原人以往关于“枣”的常识。

《史记》卷一二九《货殖列传》言燕地“有鱼盐枣栗之饶”，林产“枣栗”与海产“鱼盐”并说。李少君言“巨枣”，说到“海中”“海上”，汉武帝信从其言，随即“遣方士入海求蓬莱安期生之属”。“海中蓬莱仙者”故事中神异的“枣”与“海”的特殊关系，尤其值得我们注意。

2 “食枣”“仙人不知老”神话

汉代铜镜铭文多见大致相近的样式，其中一种，通常使用这样的辞句：“尚方作镜真大好，上有仙人不知老，渴饮玉泉饥食枣，浮游天下遨四海，寿如金石为国保。”字句或有变换。如：

王氏作竟四大好，上有山人不知老，渴饮玉泉饥食枣，浮游天下敖三海，为国保。

王氏作镜真大好，上有仙人不知老，渴饮玉泉饥食枣，浮游天下敖四海，寿如金石。

尚方作境真大好，上有仙人不知老，渴饮玉泉饥食枣，浮游天下遨四海，寿如金石。

泰山作竟真大巧，上有山人不知老，渴饮玉泉饥食枣，浮游天下敖四海兮，宜子孙。

尚方作镜真大好，上有仙人不知老，渴饮玉泉饥食枣，浮游天下□四海，宜侯王。

作佳竟哉真大好，上有仙人不知老，渴饮玉泉汎食枣，浮游天

① 《史记》，第3272页，第3274页，第3276页。

下遨四海，寿如金石大王。[1]

“仙人”“渴饮玉泉饥食枣”，是民间想象的仙界饮食生活场景。那么，“仙人”“食枣”可以“不知老”这种意识，究竟是由何产生的呢？

《齐民要术》卷一〇《枣》引录上文说到的李少君、安期生“海上食枣”传说：“《史记·封禅书》曰：‘李少君尝游海上，见安期生食枣，大如瓜。’”又引《东方朔传》有关“上林献枣”故事。还载录《神异经》《神仙传》两则信息：

> 《神异经》曰：“北方荒内，有枣林焉，其高五丈，敷张枝条一里余。子长六七寸，围过其长。熟，赤如朱。干之不缩。气味甘润，殊于常枣。食之可以安躯，益气力。”
>
> 《神仙传》曰：“吴郡沈羲，为仙人所迎上天。云：‘天上见老君，赐羲枣二枚，大如鸡子。’”

有研究者认为，“《神异经》《神仙传》”等，“都是荒诞不经的书。”[2]但是，就观察社会文化迹象中有关“枣”所受到的重视而言，其中内容有一定的参考价值。看来，人们在将“枣”作为日常果品或作为木本粮食之余，已经发现了其保健功能和药用价值，而且注意到某些品种尤具安神益寿的特效。张仲景《金匮要略》除重复合 262 方，其中 56 方用到“枣”“大枣”“煮枣”“肥大枣”“枣膏”“酸枣仁”等，大枣用量一方可多至百枚。方名出现“枣”字的，有“酸枣汤方”“葶苈大枣泻肺汤方”“十枣汤方”“甘草小麦大枣汤方”等。[3]《金匮要略方

---

① 福开森：《历代著录吉金目》，江苏广陵古籍刻印社 1990 年 11 月影印版，第 1277 页至第 1279 页，第 1282 页，第 1284 页。

② 〔后魏〕贾思勰原著，缪启愉校释，缪桂龙参校：《齐民要术校释》，农业出版社 1982 年 11 月版，第 574 页至第 575 页。

③ 〔汉〕张仲景撰，于志贤、张智基点校：《金匮要略》，中医古籍出版社 1997 年 6 月版，第 4 页，第 6 页，第 9 页，第 11 页，第 14 页至第 22 页，第 25 页，第 28 页，第 32 页至第 33 页，第 39 页至第 41 页，第 47 页至第 50 页，第 52 页至第 53 页，第 58 页至第 60 页。

论》卷下“果实菜谷禁忌并治第二十五”也指出：“生枣多食，令人热渴气胀，寒热羸弱者，弥不可食，伤人。”① 或许“枣”可入药又不宜“多食”，甚至有人“弥不可食，伤人”的特性，于是使人产生某种神秘感，也很容易使人将仙人的神力同枣的功效联系起来。很显然，“仙人”“食枣”的神话之产生，首先是以民间普遍“食枣”的饮食实践为背景，同时又因其特性的认识，推动了人们尤其是上层社会对这种食品的特殊追求。这种追求，更促使食枣风习在饮食生活中的进一步普及。②

马王堆三号汉墓出土帛书《五十二病方》中有以“枣”入药的文物实证。如：“一，瘩，弱（溺）不利，脬盈者方：取枣种麤（麤）屑三升，葵种一升，合挠，三分之，以水一斗半【煮一】一七三分，孰（熟），去滓，有（又）煮一分，如此以尽三分。浚取其汁，以蠠（蜜）和，令毚（纔）甘，寒温适。□一七四饮之。药尽更为，病【已】而止。●令一七五。”又如：“一，瘩，坎方尺有半，深至肘，即烧陈稾其中，令其灰不盈半尺，薄洒之以美酒，□一七八茜荚一、枣十四，豙（藙）之朱（茱）臾（萸）、椒，合而一区，燔之坎中，以隧下。已，沃一七九。”③ 后一例“枣十四”的使用，似乎表现出巫术的性质。武威医简也可见使用“肥枣”的医方：“☑四两消石二两人参方风细辛各一两肥枣五”〔77〕。④

可能正是基于“仙人”“食枣”的思想，汉武帝在祀太一神时，祭品中“加醴枣脯之属”。又用“脯枣”吸引“神人”：“置脯枣，神人宜可致也。”⑤ 所谓“食枣”“仙人不知老”之说体现的“枣”与长生的

① 〔汉〕张仲景述，〔晋〕王叔和集：《金匮要略方论》，《四部丛刊》景明刊本，第55页。

② 参看王子今：《秦汉食枣风俗谈》，《中国食品》1986年11期。

③ 马王堆汉墓帛书整理小组：《马王堆汉墓帛书·五十二病房》，文物出版社1979年11月版，第70页至第71页。

④ 甘肃省博物馆、武威县文化馆合编：《武威汉代医简》，文物出版社1975年10月版，第11页。

⑤ 《史记》卷二八《封禅书》，第1394页，第1400页。

关系，与“枣”本身的神异内力有关。《后汉书》卷八二下《方术传下·王真》：“孟节能含枣核，不食可至五年十年。”① 间接提供了相关信息。

以“枣”加工的“枣脯”有益于养生，是汉代社会较为普及的营养卫生常识。淮南王刘长患病，汉文帝赐以“枣脯”慰问。丞相张仓等上书指斥刘长罪行，其中写道：“前日长病，陛下忧苦之，使使者赐书、枣脯。长不欲受赐，不肯见拜使者。”② “枣脯”被看作高等级的食品。《史记》卷一二六《滑稽列传》说楚庄王以“马”为宠物，竟然饲以“枣脯”：“楚庄王之时，有所爱马，衣以文绣，置之华屋之下，席以露床，啖以枣脯。”③ 也说明“枣脯”较早就进入了上层社会饮食生活。

3 “枣”与“海”的神秘关系

前引《史记》卷二八《封禅书》载李少君言汉武帝“臣尝游海上，见安期生，安期生食巨枣，大如瓜”，而“安期生仙者，通蓬莱中”，其神异风格，与自齐威王、齐宣王、燕昭王时代直至秦始皇时代环渤海地区方士们追寻的“三神山”有关。④

安期生“海上”“巨枣”故事的宣传，使得汉武帝再次燃起求仙热

① 《后汉书》，第2751页。

② 《史记》，第3077页。《汉书》卷四四《淮南厉王刘长传》：“前日长病，陛下心忧之，使使者赐枣脯，长不肯见拜使者。”第2141页。

③ 《史记》，第1200页。

④ 《史记》卷二八《封禅书》：“自威、宣、燕昭使人入海求蓬莱、方丈、瀛洲。此三神山者，其傅在勃海中，去人不远；患且至，则船风引而去。盖尝有至者，诸仙人及不死之药皆在焉。其物禽兽尽白，而黄金银为宫阙。未至，望之如云；及到，三神山反居水下。临之，风辄引去，终莫能至云。世主莫不甘心焉。及至秦始皇并天下，至海上，则方士言之不可胜数。始皇自以为至海上而恐不及矣，使人乃赍童男女入海求之。船交海中，皆以风为解，曰未能至，望见之焉。其明年，始皇复游海上，至琅邪，过恒山，从上党归。后三年，游碣石，考入海方士，从上郡归。后五年，始皇南至湘山，遂登会稽，并海上，冀遇海中三神山之奇药。不得，还至沙丘崩。”第1369页至第1370页。

情，“天子始亲祠灶，遣方士入海求蓬莱安期生之属”。然而，“居久之，李少君病死。天子以为化去不死，而使黄锤史宽舒受其方。求蓬莱安期生莫能得，而海上燕齐怪迂之方士多更来言神事矣。”[①] 这里说“海上燕齐怪迂之方士”，《封禅书》还记载，邹衍学说产生影响，“驺衍以阴阳主运显于诸侯，而燕齐海上之方士传其术不能通，然则怪迂阿谀苟合之徒自此兴，不可胜数也。”[②] 也指出“燕齐海上之方士”中有“怪迂阿谀苟合之徒”。此外，“及至秦始皇并天下，至海上，则方士言之不可胜数”，“游碣石，考入海方士”。而“胶东宫人”栾大见汉武帝言：“臣常往来海中，见安期、羡门之属。”栾大得到信用，“其后装治行，东入海，求其师云。大见数月，佩六印，贵震天下，而海上燕齐之间，莫不扼捥而自言有禁方，能神仙矣。”“入海求蓬莱者，言蓬莱不远，而不能至者，殆不见其气。上乃遣望气佐候其气云。”“而五利将军使不敢入海”，可能致汉武帝生疑，“上使人随验，实毋所见。五利妄言见其师，其方尽，多不雠。上乃诛五利。”《封禅书》还写道：汉武帝既闻“方士之言”，“欲放黄帝以上接神仙人蓬莱士”，又亲自“东巡海上”，“齐人之上疏言神怪奇方者以万数，然无验者。乃益发船，令言海中神山者数千人求蓬莱神人。”并且，“宿留海上，予方士传车及间使求仙人以千数。”这是动员方士“千数”或说“数千人”的规模空前的“入海”求仙运动。汉武帝“作建章宫”，设计了海洋模型：“其北治大池，渐台高二十余丈，命曰太液池，中有蓬莱、方丈、瀛洲、壶梁，象海中神山龟鱼之属。”[③] 次年，又再次“东巡海上”，然而“考神仙之属，未有验者”。《封禅书》最后写道：“方士之候祠神人，入海求蓬莱，终无有验。而公孙卿之候神者，犹以大人之迹为解，无有效。天子益怠厌方士之怪迂语矣，然羁縻不绝，冀遇其真。自此之后，方士

① 《史记》卷二八《封禅书》，第 1385 页至第 1386 页。

② 《史记》，第 1369 页。

③ 王子今：《秦汉宫苑的“海池”》，《大众考古》2014 年 2 期。

言神祠者弥众，然其效可睹矣。”[①]

这是《史记》卷二八《封禅书》的记录。在司马迁停止历史记叙之后，汉武帝还曾经多次走到“海上”。《汉书》卷六《武帝纪》记载了晚年汉武帝 4 次出行至于海滨的情形：“（天汉）二年春，行幸东海。”“（太始三年）行幸东海，获赤雁，作《朱雁之歌》。幸琅邪，礼日成山。登之罘，浮大海。”“（太始四年）夏四月，幸不其，祠神人于交门宫[②]，若有乡坐拜者。作《交门之歌》。”“（征和）四年春正月，行幸东莱，临大海。”[③] 汉武帝最后一次行临东海，已经是 68 岁的高龄。

安期生事迹出现“海上”“巨枣”，使得“枣”成为与“海”密切联系的代表性文化符号。对于安期生，《史记》卷一二《孝武本纪》的注说有所介绍。司马贞《索隐》：“服虔曰：‘古之真人。’案：《列仙传》云安期生，琅邪人，卖药东海边，时人皆言千岁也。”张守节《正义》引《列仙传》云：“安期生，琅邪阜乡亭人也。卖药海边。秦始皇请语三夜，赐金数千万，出，于阜乡亭，皆置去，留书，以赤玉舄一量为报，曰‘后千岁求我于蓬莱山下’。”[④] 安期生出身“琅邪”，但主要活动于“蓬莱”神秘海域，即李少君所谓“安期生仙者，通蓬莱中，合则见人，不合则隐”，于是史家亦称“蓬莱安期生”。[⑤] 应当也是服虔所谓“蓬莱中仙人”。[⑥] 其“见人”与“隐”，航行出没于现今海洋地

① 《史记》，第 1370 页，第 1390 页至第 1391 页，第 1393 页，第 1395 页，第 1397 页至第 1398 页，第 1402 页至第 1404 页。

② 颜师古注：“应劭曰：‘神人，蓬莱仙人之属也。’晋灼曰：‘琅邪县有交门宫，武帝所造。’”

③ 《汉书》，中华书局 1962 年 6 月版，第 203 页，第 206 页至第 207 页，第 210 页。

④ 《史记》，第 455 页。

⑤ 《史记》卷二八《封禅书》，第 1385 页，第 1386 页；《史记》卷一二《孝武本纪》，第 455 页；《汉书》卷二五上《郊祀志上》，第 1217 页。

⑥ 《史记》卷一二《孝武本纪》司马贞《索隐》引服虔曰，第 482 页。

理概念之黄海和渤海。安期生传说“时人皆言千岁也”，又号称“后千岁求我于蓬莱山下”。据说“秦始皇请语三夜”，司马迁说，“安期生尝干项羽，项羽不能用其策。”① 而至于汉武帝时代依然有活跃表现。其寿命超越“千岁”当然是不可能的。这里的“安期生”，可能也是“海上方士”群体的一个代表性符号。而“海上”“安期生食巨枣”，构成特殊的形象组合，成为涵义多重的文化象征。

汉镜铭文关于“仙人”“食枣”的叙说，又往往同时言及“遨四海”，也对我们理解“海枣”的相关知识有所启示。

汉郭宪《汉武洞冥记》卷二：“阁上烧荃靡香屑，烧粟许，其气三月不绝。进崂�细枣，出崂嵻山，山临碧海上，万年一实。如今之软枣。咋之有膏，膏可燃灯。西王母握以献帝，燃芳苡，灯光色紫。”② 葛洪《神仙传》卷六：“逮汉武帝之时，闻帝招募方士，特敬道术而先贫不办合大药，喟然长叹，语弟子曰：老将至矣，死将近矣，而财不足用，躬耕力作商估求钱，必不致办合药。……以方上武帝，言臣能凝汞成白银，飞丹砂成黄金，金成服之，白日升天。……冥海之枣大如瓜，锺山之李大如瓶，臣已食之。逮先师安期先生口诀，是以保黄物之可成也。于是引见，甚尊敬之，赐遗无数。”③《汉武洞冥记》和《神仙传》都富有神异色彩，其中内容未可作历史资料理解。北魏贾思勰《齐民要术》则是严肃的农学著作。《齐民要术》卷一〇《枣》引傅玄《赋》，也说到“海枣”：

有枣若瓜，出自海滨，全生益气，服之如神。

缪启愉说：“‘傅玄《赋》’，据《初学记》卷28‘枣’所引，是傅玄

① 《史记》卷九四《田儋列传》，第2649页。

② 《汉武洞冥记》卷二，明《顾氏文房小说》本，第2页至第3页。《格致镜原》卷七四《果类一·枣》引《洞冥记》“崂嵻”作“嶗嵻”。清文渊阁《四库全书》本，第950页。

③ 〔晋〕葛洪撰：《神仙传》，文渊阁《四库全书》本，第23页。

的《枣赋》。”[①] 所谓“有枣若瓜，出自海滨”，所据即李少君说“臣尝游海上，见安期生，安期生食巨枣，大如瓜”。

4 《晏子春秋》所见“海枣”

现在我们看到最早出现“海枣”的文献，是《晏子春秋》卷八《外篇第八》“景公谓晏子东海之中有水而赤晏子详对”条：

> 景公谓晏子曰：“东海之中，有水而赤，其中有枣，华而不实，何也?”晏子对曰：“昔者秦缪公乘龙舟而理天下，以黄布裹烝枣，至东海而捐其布，破黄布，故水赤；烝枣，故华而不实。”

吴则虞《晏子春秋集释》说，《艺文类聚》卷八六引文“与今本《晏子》同”，卷八五引“‘海’下无‘之’字，又无‘其中’二字”。[②]

《晏子春秋》原文只说“东海之中”，“其中有枣”，没有直接出现“海枣”语词。但是后来文献引录此事，则常常称“海枣”。如《文选》卷五六陆倕《新漏刻铭》批评“旧漏乖舛”，时历不能精确：“卫宏载传呼之节，较而未详；霍融叙分至之差，详而不密。陆机之赋，虚握灵珠；孙绰之铭，空擅昆玉。弘度遗篇，承天垂旨，布在方册，无彰器用。譬彼春华，同夫海枣，宁可以轨物字民，作范垂训者乎?”李善注：“‘春华’，言其文丽。‘海枣’，譬其无实。《答宾戏》曰：‘摛藻如春华。’《晏子春秋》曰：‘景公谓晏子曰：东海之中，有水赤，其中有枣，华而不实，何也？晏子曰：昔者秦缪公乘舟理天下，黄布裹蒸枣，

---

① 〔后魏〕贾思勰原著，缪启愉校释，缪桂龙参校：《齐民要术校释》，第575页。《初学记》卷二八引傅玄《枣赋》：“有蓬莱之嘉树，植神州之膏壤。擢刚茎以排虚，诞幽根以滋长。北阴塞门，南临三江。或布燕赵，或广河东。既乃繁枝四合，丰茂蓊郁。斐斐素华，离离朱实。脆若离雪，甘如含蜜。脆者宜新，当夏之珍。坚者宜干，荐羞天人。有枣若瓜，出自海滨。全生益气，服之如神。”〔唐〕徐坚等著：《初学记》，中华书局1962年1月版，第677页。

② 吴则虞撰：《晏子春秋集释》，中华书局1962年1月版，第512页。

至海而掾其布破，黄布故水赤；蒸枣，故华不实。’”[①] 陆倕用“海枣”之典，使得我们可以认为《晏子春秋》是最早出现“海枣”之说的文献。又《艺文类聚》卷八二引刘孝威《谢东宫赍藕启》也有“楚后江萍，秦公海枣，凡厥水羞，莫敢相辈”文字。[②]

《晏子春秋》言“东海之中”“其中有枣”，南朝梁人文章中称为“海枣”者，以及李少君所谓“海上”“安期生食巨枣，大如瓜”等，从“枣”的具体信息而言，确实都是“不实”之言。正如前引《北齐书》卷四五《文苑传·樊逊》所谓“海枣之谈”可比“凭虚之说”，“求之如系风，学之如捕影”。然而晋嵇含《南方草木状》关于“海枣”，却有比较详细的说明。

5 《南方草木状》“海枣树身无闲枝”

题晋人嵇含《南方草木状》卷下说到“海枣”形制及“海枣树”样态，对于“海枣”果实也有所记述：

> 海枣树身无闲枝，直耸三四十丈，树顶四面共生十余枝，叶如栟榈。五年一实。实甚大，如杯盌。核两头不尖，双卷而圆。其味极甘美。安邑御枣无以加也。泰康五年，林邑献百枚。昔李少君谓汉武帝曰：臣尝游海上，见安期生，食臣枣，大如瓜。非

---

① 〔梁〕萧统编，〔唐〕李善注：《文选》，中华书局据胡克家刻本1977年11月缩小影印版，第776页。

② 〔唐〕欧阳询撰，汪绍楹校：《艺文类聚》，上海古籍出版社1965年11月版，第1405页。今按：“秦公海枣”，用《晏子春秋》“昔者秦缪公乘龙舟”“以黄布裹烝枣，至东海”典。刘孝威是有影响的学者。《隋书》卷三五《经籍志四·集》载录“梁太子庶子《刘孝威集》十卷”。《隋书》，中华书局1973年8月版，第1078页。《旧唐书》卷四七《经籍志下》有“《刘孝威前集》十卷；《刘孝威后集》十卷”，第2070页。《新唐书》卷六〇《艺文志四》有“《刘孝威前集》十卷”，第1591页。《宋史》卷二〇八《艺文志七》则只有“《刘孝威集》一卷”，第5329页。

诞说也。[①]

《南方草木状考补》"海枣树 Date palm，海枣 Phoenix dactylifera L."条下所引文字略同，"如杯盌"作"如杯碗"。有校记。[②] 研究者在有关"海枣树"的"考释"中指出："海枣树多视为北非至小亚细亚原产。据 De Candolle（1984）说，在温暖干旱地带，从塞内加尔到印度河流域，主要在北纬 15°—20°地区，史前就有海枣树。现多栽于热带国家，有许多变种，华南也有栽培。"[③]

关于《南方草木状》成书年代，学界存在争议。《南方草木状考补》的考察比较深入详备。回顾文献学史可以看到，"《草木状》署西晋嵇含著，但未见于《隋书·经籍志》及《旧唐书·经籍志》、《新唐书·艺文志》。唯隋志收《广州刺史嵇含集》十卷、录一卷；旧唐志收《嵇含集》十卷。本书不到五千字，虽清姚振宗及近人荀萃华都认为可能在嵇含集中，惜无佐证。"论者还指出："关于《南方草木状》最早出现时间，目前许多学者认为是南宋尤袤（1127—1193）《遂初堂书目》始著录：'嵇含《南方草木状》'"。通过分析判断，"《草木状》在唐代后期南方已出现"，"在北宋时已较广泛流传。"[④]

《南方草木状》记录的"海枣树""海枣"的信息何时进入中原人的知识系统，争论还会继续。但是有的判断，在现在的认识基础上已经可以有所澄清。如以为"海枣"之称由自"伪托"说，《南方草木状考

---

① 〔晋〕嵇含撰：《南方草木状》，宋《百川学海》本，第 7 页。〔晋〕嵇含撰：《南方草木状》，广陵书社 2003 年 4 月影印版，卷下第 4 页。

② 校记："'杯'：中国书店 1981 年影印咸淳《百川》本、博古斋等影印《百川》本、万历刻《广汉魏丛书》本、嘉庆重刻《广汉魏丛书》本、大通石印《汉魏丛书》本、顺治宛委山堂百廿卷《说郛》本均作'杯'。""'甘'：大通《汉魏丛书》本误作'茸'。""'泰'：万历、嘉庆重刻《广汉魏丛书》本误作'秦'。"第 324 页至第 325 页。

③ 中国科学院昆明植物研究所编：《南方草木状考补》，云南民族出版社 1991 年 10 月版，第 325 页。

④ 中国科学院昆明植物研究所编：《南方草木状考补》，第 11 页至第 12 页。

补》介绍了辛树帜的意见：

> 辛树帜（1962）认为："我国习惯对外来引入品种最初称'胡'，称'海'时代已迟（《中国果树史研究》1983年增订本，86）"，似乎他说以海始的植物名应在"印度通中国大盛于唐"才行。

据李惠林的分析，辛说"认为吾国习惯对外来品种称'海'时代已较迟"，而"海枣"之称其实不同，"实则海枣之说渊源甚早"，"《史记》已说海处有枣。《晏子春秋》：'东海之中……有枣'。晋傅玄（217—278）《枣赋》：'有枣如瓜，出自海滨'。"又指出其他较早"称'海'"的名物实证，"此外《广志》有海桐皮，徐表《南州记》有海红豆，都出自南海，以不称胡而称海为不合时代，因之《草木状》的海枣树是作伪之说似未足征。"这一表述，应当体现了《南方草木状考补》作者对李惠林说的赞同。[①]

确实，关注外来物种的传入，"以不称胡而称海为不合时代"，似于注意"时代"之外，也应注意路径。"称胡"者，多因自西北丝绸之路方向引入，名号涉及草原民族中介。以果树为例，如《博物志》卷六《物名考》："张骞使西域还，乃得胡桃种。"[②]《艺文类聚》卷八七引《吴时外国志》曰："大秦国有枣榛胡桃。"又引晋钮滔母《答吴国书》曰："胡桃本生西羌。"[③] 清汪灏等编《广群芳谱》引《博物志》："张骞使西域还，得胡桃种，故以胡羌为名。"[④] 如有的果树史研究者所说，"我国现在栽培的核桃（Juglans regia L.）是在汉代已从新疆一带

---

① 中国科学院昆明植物研究所编：《南方草木状考补》，第327页至第328页。

② 〔晋〕张华著，唐子恒点校：《博物志》，凤凰出版社2017年10月版，第81页。

③ 〔唐〕欧阳询撰，汪绍楹校：《艺文类聚》，上海古籍出版社1965年11月版，第1489页至第1490页。

④ 〔清〕汪灏等编：《佩文斋广群芳谱》卷五九《果谱》"核桃"条，清康熙刻本，第925页。

传入陕西，然后再传至西北和华北各地。”[①] 而据说由张骞传入的“石榴”或称“安石榴”，已见于《淮南子・时则》高诱注[②]，《金匮要略方论》卷下“果实菜谷禁忌并治第二十五”：“安石榴不可多食，损人肺。”[③] 《初学记》卷二八引《博物志》：“张骞使西域还，得安石榴……”[④] 可知传入年代甚早，但是可能也有海路引入者，致有“海榴”之称。《初学记》卷二〇引隋江总《休沐山庭》诗：“岸绿开河柳，池红照海榴。”[⑤]《初学记》卷二四引隋炀帝《宴东堂》诗：“海榴舒欲尽，山樱开未飞。”[⑥] 又称“海石榴”，如《酉阳杂俎》卷九《支植上》：“山茶似海石榴，出桂州，蜀地亦有。”[⑦] 可知“我国习惯对外来引入品种最初称‘胡’，称‘海’时代已迟”之说，恐并不确实。

据《南方草木状考补》介绍，以为嵇含撰《南方草木状》可信的学者，有李惠林（1979；1983），彭世奖（1980），梁家勉（1983；1989），荀萃华（1983；1984）等。[⑧] 明人罗曰褧《咸宾录》卷六《南夷志》说“占城”“其产”有“海枣，树如栟榈，实大如瓜，五年一实，味甚甘”。[⑨] 其书虽说“录四夷之事也”，“其遐瑕珍怪”，“百物而

---

① 孙云蔚主编，孙云蔚、杜澍、姚昆德编著：《中国果树史与果树资源》，上海科学技术出版社 1983 年 6 月版，第 12 页。

② 《淮南子・时则》：“半夏生，木堇荣。”高诱注：“木堇，朝荣暮落，树高五六尺，其叶与安石榴相似也。”何宁撰：《淮南子集释》，中华书局 1998 年 10 月版，第 170 页。

③ 〔汉〕张仲景述，〔晋〕王叔和集：《金匮要略方论》，《四部丛刊》景明刊本，第 55 页。

④ 〔唐〕徐坚等著：《初学记》，中华书局 1962 年 1 月版，第 683 页。

⑤ 〔唐〕徐坚等著：《初学记》，第 483 页。《艺文类聚》卷三引据“隋江总《山庭春》诗”，“岸绿”作“峰绿”，第 44 页。

⑥ 〔唐〕徐坚等著：《初学记》，第 578 页。

⑦ 〔唐〕段成式撰，方南生点校：《酉阳杂俎》，中华书局 1981 年 12 月版，第 281 页。

⑧ 中国科学院昆明植物研究所编：《南方草木状考补》，第 15 页至第 16 页。

⑨ 〔明〕罗曰褧著，余思黎点校：《咸宾录》，中华书局 1983 年 3 月版，第 137 页。

为之备”[①]，但其中“如栟榈”“五年一实”等语，应来自《南方草木状》。清人张德彝《航海述奇》三述奇卷一“同治丙寅年十月初七日”：“海枣，树无歧枝，直耸二三十丈，树顶四面，共十余枝，叶如栟榈，五年一实，大如杯碗。核两头不尖，双卷而圆，味甘美。”[②] 这应当是“航海”见闻的具体记录，与《南方草木状》文辞一致，只是“直耸三四十丈”改说“直耸二三十丈”。

现在看来，有学者通过《南方草木状》“海枣树”的记述，得出如下认识：“西亚产的海枣”，“传入华南，体现中西海路交通，沿南方丝绸之路进行文化交流的古老成就。”[③] 是有一定依据的。佟屏亚《果树史话》写道：“大约在西汉时期，海枣沿丝绸之路由商人从西域引进我国。”[④] 所谓“沿丝绸之路”“从西域引进”，如果说从西北方向“引进”，可能还需要论证。《南方草木状考补》的作者则分析了海上航线的开发史，“学者过去多相信德人夏德等（1885）所说：广州在三世纪时是波斯湾到中国航运终点。〔按：所说也许指直航，而不包括像《汉书》记载武帝时（前140—前87在位）“蛮夷贾船，转送致之”的间接航运〕因此认为西亚语音译植物名、药名不能在三世纪前出现而疑《草木状》这些条是后人所加。但安息（后来的波斯、伊朗）、条支（汉时阿拉伯的一部分）在汉武帝前期已有官方使者互聘及交换礼物（参见《史记》大宛列传）；与印度南部黄支国在汉武帝时由海路也有官方互访和进行贸易，这些都是发生在公元前二世纪或前二与前一世纪之交的事。至于民间往来无疑早于官方。先秦古书《山海经》许多学者认为是以中国为中心，北到北极，南到赤道，西到西亚，东到太平洋

① 〔明〕刘一焜：《〈咸宾录〉序》，〔明〕罗曰褧著，余思黎点校：《咸宾录》，第10页。

② 〔清〕张德彝撰：《航海述奇》，稿本，第226页。

③ 杨竞生：《〈南方草木状考补〉弁言》，中国科学院昆明植物研究所编：《南方草木状考补》，云南民族出版社1991年10月版，第9页。

④ 佟屏亚：《果树史话》，农业出版社1983年3月版，第347页。

东岸（北美）的古亚洲地志，这和《汉书·艺文志》中约占全书目总数1%的海中占验书相吻合。顾实（1878—1956）在《汉书艺文志讲疏》（1924）说：‘海中占验书不少，盖汉以前海通之征。’”[①] 从《南方草木状》等提供的多种迹象看，“海枣”通过海上路径自“南方”引进中土的可能性，是很大的。明刘基《多能鄙事》卷五《居室类器用类》“住宅宜忌”条：“凡宅畔树，东宜桃柳，西宜栀榆，南宜海枣，北宜杏柰。”[②] 这是说住宅植树“宜忌”，借用“南宜海枣”语，或许也可以帮助我们加强对于与“海枣”有关的文化交流方向的理解和说明。

6 “海枣”“番枣”“波斯枣”

宋元海上航运的繁荣，更促进了文化交流的密切。元人柳贯《打枣谱》写道：“溟海枣，李少君食之，大如瓜。”沿袭李少君说安期生故事。此外，还说到“波斯枣生波斯国，长三寸”“西王母枣三月熟”“弱枝枣”“玉门枣”“玉文枣西王母食之，大如瓶”“细核枣《拾遗记》：北极岐峰有，其核细”“仙人枣长四寸，其核如针”“万岁枣出三佛齐国”“西玉枣出昆仑山”等枣种，多涉及外来文化的引入。[③] 元人胡助《寿柳道传博士二十韵》：“海枣香堪剥，蟠桃味正甜。”[④] 把神异的“海枣”与西王母崇拜联系起来，是继承了汉代的文化传统的。元人袁桷《酬周南翁子二首》之二：“博物已知穷海枣，苦心端欲镂冰花。”[⑤]

---

① 中国科学院昆明植物研究所编：《南方草木状考补》，第13页至第14页。关于所谓“海中占验书”的性质，可参看王子今：《汉代“海中星占”书论议》，《史学集刊》2015年5期。

② 〔明〕刘基撰：《多能鄙事》，明嘉靖四十二年范惟一刻本，第57页。

③ 〔元〕柳贯撰：《打枣谱》，清《说郛》本，第2页。

④ 〔元〕胡助撰：《纯白斋类稿》卷一二《五言排律》，文渊阁《四库全书》本补配文津阁《四库全书》本，第57页。

⑤ 〔元〕袁桷撰：《清容居士集》卷一二，《四部丛刊》景元本，第130页。

将“海枣”知识作为“博物”学进步的表现，也自有对文化交流史观察的见识。

明人鲍应鳌《公祭文》：“丛桂正告，灵椿难老。尔祚尔胤，庭阶茂好。永言保之，安期海枣。”[①] 所谓“安期海枣”，仍然以名号表现了对汉代神话的纪念。明人李培《海枣颂》：“蓬莱嘉境，云根滋长。刚茎排虚，赤实穰穰。脆如梨雪，润比含酥。瞿昙东度，散比宝珍。西海如瓶，东海如瓜。列仙秘重，白雪黄芽。荐以翠盘，献之华屋。君子千寿，永绥福禄。”[②] 可见，人们对于“蓬莱”“如瓜”的汉代传说记忆深刻，而“西海”“东海”辞句，提示了这种果品来自远洋的路径。其中“东度”“荐”“献”的历史镜头的保留，可以说明“海枣”在中外文化交流史中的重要意义。

所谓“波斯枣”，《酉阳杂俎》卷一八《木篇》写道：“波斯枣，出波斯国，波斯国呼为窟莽。树高三四张，围五六尺，叶似土藤，不凋。二月生花，状如蕉花，有两甲，渐渐开罅，中有十余房。子长二寸，黄白色，有核，熟则子黑，状类干枣，味甘如饧，可食。”[③]《南村辍耕录》卷二七“金果”条说：“成都府江渎庙前，有树六株，世传自汉唐以来即有之。其树高可五六十丈，围约三四寻。挺直如矢，无他柯干。顶上才生枝叶，若棕榈状。皮如龙鳞，叶如凤尾。实如枣而加大。”“泉州万年枣三株，识者谓即四川金果也。番中名为苦鲁麻枣，盖是凤尾蕉也。”[④] 所谓“其树高可五六十丈”，应是夸张之辞。《本草纲目》卷三一“无漏子”条：

【释名】千年枣《开宝》万年枣《一统志》海枣《草木状》波斯枣《拾遗》番枣《岭表录异》金果《辍耕录》木名海棕《岭表录异》凤

---

① 〔明〕鲍应鳌撰：《瑞芝山房集》卷一四，明崇祯刻本，第216页。
② 〔明〕李培撰：《水西全集》卷六，明天启元年刻本，第122页。
③ 〔唐〕段成式撰，方南生点校：《酉阳杂俎》，第178页。
④ 〔元〕陶宗仪：《南村辍耕录》，中华书局1959年2月版，第331页。

尾蕉〔时珍曰〕无漏名义未详。千年、万岁，言其树性耐久也。曰海，曰波斯，曰番，言其种自外国来也。金果，贵之也。曰棕，曰蕉，象其干、叶之形也。番人名其木曰窟莽，名其实曰苦鲁麻枣。苦麻、窟莽，皆番音相近也。

有研究者判断，“为棕榈科植物海枣（Phoenix dactylifera L.）的果实。”其化学成分分析，“果实含蛋白质、脂肪、多糖、果糖、蔗糖、氨基酸、黄酮、黄酮甙、3-o-咖啡酰莽草酸（3-o-Caffcoylahikimic acid）、肉桂酸（Cinnamic aeid）衍生物、花白素型缩合鞣质等酚性成分、类胡萝卜素、花色素等色素，以及少量维生素 B_1、B_2、C 等。”[①]清人厉荃《事物异名录》卷三四《果蓏部》“无漏子”条：“千年枣，万岁枣，海枣，波斯枣，番枣，苦鲁麻。”“《本草纲目》：无漏子，一名千年枣，一名万岁枣，言其树性耐久也。一名海枣，一名波斯枣，一名番枣，言其种自外国来也。番人名曰苦鲁麻枣。”[②] 或说“椰枣”亦“即海枣”。[③] 这些“枣”的名号所指代的枣种，未能一一确考，但是“其种自外国来也”的性质，大概是一致的。

崇祯《肇庆府志》卷一〇《地理三·土产》的记述中，“海枣”不列于“果品”而列于“木品”：“木品多松，多杉，多铁力，多海枣，多楠……。”列举树种凡三十二，“海枣”位列第四。又写道：“海枣，俗名紫京，用作屋，嫌小皴裂。若其坚重，过于力木。盖力木不甚宜水，此则入水及风雨不朽。”“山荔枝子生毛，味酸，肉少，树大十数围，坚如海枣。”[④]

---

① 原注：“江苏新医学院编 . 中药大词典 . 第 1 版 . 上海：上海科学技术出版社，1986：343.”陈贵廷主编：《本草纲目通释》，学苑出版社 1992 年 12 月版，第 1505 页。

② 〔清〕厉荃撰：《事物异名录》，清乾隆刻本，第 431 页。

③ 罗竹风主编，汉语大词典编辑委员会、汉语大词典编纂处编纂：《汉语大词典》，汉语大词典 1989 年 11 月版，第 4 卷第 1080 页。

④ 〔明〕陆鏊纂修：《肇庆府志》卷一〇，明崇祯六年至十三年刻本，第 1132 页至第 1133 页。

所说“海枣”的主要特征，是“坚”“坚重”，并不关注其果实。嘉靖《广东通志初稿》卷三一《果之属》“海枣”条则引用《南方草木状》说。[①] 清人揆叙《隙光亭杂识》卷四也说：“海枣一名紫京。”[②]《南方草木状考补》有关“海枣树”的“补注”这样写道：“海枣五年一实，《录异》说三五年一实，也许如苏铁属植物北移后偶尔结实或终身不结实。今昆明平政街原药王庙内有两株大海枣树不结实。审定者按：法人在滇越沿线引种于开远等处亦不结实；但在元谋由伊斯兰教徒自天方引入的则可结实，当地人叫它仙枣。”[③]“海枣树”移植之后，品性发生变异，以致“不结实”，使得人们已经忘记了其原本“味极甘美”的果实，只注意其“坚重”宜于“作屋”即作为建筑材料的价值了。《广东新语》卷二五“海枣”条也是这样记述的：“海枣，俗名紫京，坚重过铁力木。铁力木不甚宜水，此则入水及风雨不朽。以作屋。嫌小皱裂，故不贵。”[④] 文字类同于崇祯《肇庆府志》。其他方志资料中的相关记述，有些也有参考价值。[⑤]

---

① 〔明〕戴璟修，张岳纂：嘉靖《广东通志初稿》，明嘉靖刻本，第 2036 页。

② 〔清〕揆叙撰：《隙光亭杂识》，清康熙谦牧堂刻本，第 81 页。

③ 中国科学院昆明植物研究所编：《南方草木状考补》，第 324 页至第 325 页。

④ 〔清〕屈大均撰：《广东新语》，中华书局 1985 年 4 月版，第 664 页。

⑤ 如民国《广东通志》（未成稿不分卷）《岭东山寨记》卷下《核果》“波斯枣”条：“波斯枣一名无漏子（《本草拾遗》），一名千年枣（《开宝本草》），刘恂《岭表录》云“广州有一种波斯枣，木无旁枝，直耸三四丈，至巅四向共生十余枝，叶如棕榈。彼土人呼为海棕木，三五年一着子，每朵约三二十颗。都类北方青枣，但小尔。舶商亦有携本国者，至中国，色类沙糖，皮肉软烂，味极甘。似北地天蒸枣，而其核全别。两头不尖，双卷而圆，如小块紫矿。种之不生，盖蒸熟者也。魏文帝谓群臣曰：南方龙荔枝，宁比西国葡萄石蜜乎？且不如中国凡枣味，莫言安邑御枣也。（据《本草纲目》卷三十一无漏子条引，魏文帝以下五句据《番禺县志》引）段成式《酉阳杂俎》云：波斯枣生波斯国，叶似土藤不凋，二月生花，状如蕉花，有两脚，渐渐开罅，中有十余房子，长二寸，黄白色，状如楝子，有核。六七月熟，则子黑，状类干枣，食之味甘如饴也。（《本草纲目》卷三十一无漏子条引）阮志曰：无漏子即海枣也，亦名夫漏子（卷九十三第二十页）。嵇含《南方草木状》云：海枣大如杯椀，则与波斯枣似有别也。”〔民国〕邹鲁修，温廷敬等纂：《广东通志》未成稿，民国二十四年稿本，第 2183 页至第 2184 页。

关注“海枣”引种之后的“结实”“不结实”的变化，似乎还应当考虑到历史时期气候的变迁。[①] 有一个信息值得注意，就是东汉时期张衡《南都赋》关于南阳地方的植被分布曾经说到“楈枒栟榈”。所说应是棕榈科植物。也有将《南都赋》所谓“楈枒”解释为“椰子树”的。其所引据，有《集韵·平麻》：“枒，木名，出交阯。高数十丈，叶在其末，或从‘耶’。”[②] 由此可以理解南国树种“楈枒栟榈”当时生长的北界。[③]

我们在这里从丝绸之路史考察的视角进行了有关“海枣”的传说与史实的初步讨论。关于“海枣”的历史文化信息比较复杂，其早期记忆相对模糊，但许多迹象表明，当自汉晋时代起始。[④] 相关分析对这一时期丝绸之路交通开发史的研究，应当有积极的意义。如果以较长时段考察的眼光关注“海枣”的植物史认知，或许也有益于深化对于生物学和生态史的理解。[⑤] 由于“枣”在汉代社会意识中与神仙崇拜相关联的特殊地位，因文化交往而发生的传播，也具有了某种神秘意义。[⑥]

---

① 竺可桢：《中国近五千年来气候变迁的初步研究》，《考古学报》1972 年 1 期。

② 罗竹风主编《汉语大词典》：“楈枒，木名，即椰子树。”所引书证为张衡《南都赋》。汉语大词典出版社 1980 年 11 月版，第 4 卷第 814 页，第 1199 页。

③ 王子今：《秦汉时期生态环境研究》，北京大学出版社 2007 年 9 月版，第 284 页至第 286 页。

④ 除上文说到的相关例证外，又有杜甫《海棕行》诗：“左绵公馆清江濆，海棕一株高入云。龙鳞犀甲相错落，苍棱白皮十抱文。自是众木乱纷纷，海棕焉知身出群。移栽北辰不可得，时有西域胡僧识。”〔唐〕杜甫著，〔清〕钱谦益笺注：《钱注杜诗》，上海古籍出版社 1979 年 10 月版，第 136 页。“时有西域胡僧识”句值得品味。有学者分析，杜甫歌咏“海棕一株高入云”时，其树龄可“以二百年计”，则“在六世纪时已载之”。中国科学院昆明植物研究所编：《南方草木状考补》，第 330 页。又如《南村辍耕录》卷二七“金果”条：“成都府江渎庙前，有树六株，世传自汉唐以来即有之。”〔元〕陶宗仪：《南村辍耕录》，第 331 页。《南方草木状考补》即理解为“相传汉时物”，第 330 页。

⑤ 王子今：《说“海枣”：有关丝绸之路的传说和史实》，《中华文化论坛》2020 年 3 期。

⑥ 参看王子今：《“玉门枣”：丝路“远方”“名果”象征》，《陕西师范大学学报》（哲学社会科学版）2021 年 1 期。

“北胡”“西域”盐色与丝路物产引入

在中原人传统日常饮食体验中，“白盐”占据重要地位。[①] 而对于远方盐产的印象，盐的不同色觉，或与内地以往通常经济生产与饮食生活中的观察体会及消费经验有明显的不同。《山堂肆考》卷一九四《饮食》“煮海”条说：“黄帝时有诸侯宿沙氏始以海水煮乳煎成盐。其色有青红白黑紫五样。盐之作自此始。”[②] 许多文献资料保留的盐史信息中，可见“北胡”“西域”地方所谓“紫盐”“青盐”“黄盐”“赤盐”“黑盐”“五色盐”等。这些对于远方盐产不同色样的体会，是以不远千里的艰苦交通实践为发现条件的。早期丝绸之路交通史的记录，与相关盐史迹象存在某种关联。有关远方盐色的历史记忆，无疑值得历史交通地理与文化交流史研究者关注。远方色彩各异的诸多盐产于食用之外多种用途的开发，有可能受到远方异族生产与生活经验的启示。在满足物质生活消费的经验之外，“戎盐”在医学与数术学方面的应用，在一定意义上也体现出某种精神文明层面的文化影响。

---

① 《续汉书·郡国志五》“越嶲郡定莋”条刘昭注补：“《华阳国志》曰：‘宾冈徼白摩沙夷有盐坑，积薪，以齐水灌而后焚之，成白盐。’”《后汉书》，中华书局 1965 年 5 月版，第 3512 页。稍后有《南齐书》卷四一《周颙传》：“（周颙）清贫寡欲，终日长蔬食。……卫将军王俭谓颙曰：‘卿山中何所食?’颙曰‘赤米白盐，绿葵紫蓼。’”中华书局 1972 年 1 月版，第 732 页。“白盐”以其色“白”，与“赤米”“绿葵”“紫蓼”形成自然色调的组合。

② 〔明〕彭大翼撰：《山堂肆考》，清文渊阁《四库全书》本，第 2683 页。

1 “西方”“殊域”“五色盐”

中原人对于盐的通常视觉体验，“白”是鲜明的基色。多见以“雪”“冰”“玉”形容者。《北堂书钞》卷一四六引徐幹《齐都赋》关于齐地盐产，有“皓乎若白雪之积”句，又引刘桢《鲁都赋》：“其盐则……素鹾凝结，皓若雪氛。”[①] 或作“素鹾凝结，皓若雪华”。[②] 所引王廙《洛都赋》“其河东盐池，玉洁冰鲜”[③]，则形容内地池盐。又有传蔡邕言“江南有胜雪白”。[④] 然而汉代以来历史文化记忆中可见中原人对远方奇异盐产的印象。《北堂书钞》卷一四六“青盐”条引《博志》云：“北胡有青盐。”“紫盐”条说：“《博物志》云：五原有紫盐也。”又“黑盐”条写道：“《续汉书》云：天竺国出黑盐。”[⑤]《白孔六帖》卷一六《盐》“青紫”引《西域记》曰：“西海南有青盐、紫盐，池盐方寸半，食味甚美。”[⑥] 唐段公路《北户录》卷二“红盐”条：“按盐有赤盐、紫盐、黑盐、青盐、黄盐。”[⑦] 明严从简《殊域周咨录》卷一四《西戎·火州》写道：“盐有五色。”“按郭璞《盐赋》曰，‘烂然若霞，红盐也’，非赤如珠者乎?”又引蔡邕语：

---

① 〔唐〕虞世南编撰：《北堂书钞》，中国书店据光绪十四年南海孔氏刊本1989年7月影印版，第617页。

② 〔唐〕虞世南编撰：《北堂书钞》，清文渊阁《四库全书》本。

③ 〔唐〕虞世南编撰：《北堂书钞》，中国书店据光绪十四年南海孔氏刊本1989年7月影印版，第617页。

④ 〔明〕严从简撰，余思黎点校：《殊域周咨录》，中华书局2000年4月版，第482页。

⑤ 〔唐〕虞世南编撰：《北堂书钞》，中国书店据光绪十四年南海孔氏刊本1989年7月影印版，第616页。

⑥ 〔唐〕白居易原本，〔宋〕孔传续撰：《白孔六帖》，《四库类书丛刊》，上海古籍出版社据文渊阁《四库全书》本1992年5月影印版，第264页。

⑦ 〔唐〕段公路纂，崔龟图注：《北户录》，《丛书集成初编》第603册，中华书局据《十万卷楼丛书》依宋本校刊本1985年排印版，第26页。

> 蔡邕又曰："江南有胜雪白盐，今德中白盐也。"非白如玉者乎？

又写道："李白、东坡之诗称水晶盐，今环庆之墟，盐池所产如骰子块，莹然明如水晶者，亦白盐也。药中取用有青盐。"又引《续汉书》：

> 《续汉书》云："天竺国产黄盐、黑盐"。

又说："道书又有紫盐，谓我盐也。今甘肃、宁夏有青、黄、红三种，生池中。可见书不诬也。"① 清褚人获《坚瓠广集》卷二有"五色盐"条，其中写道："郭璞《盐赋》曰：'烂然若霞'。'红盐'也。蔡邕曰：'江南有胜雪白盐。'淮浙食盐是也。太白、少陵诗称'水晶盐'，今环、庆之间盐池所产，如骰子块，莹然明澈，盖'水晶盐'也。药中所用'青盐'。《续汉书》云：'天竺国产黄盐、黑盐。'道书又有'紫盐'，谓'戎盐'也。甘肃、宁夏有青、黄、红三种，生池中。高昌有'赤盐'。安息国出'五色盐'。"② 文字略异于《殊域周咨录》。然而均引蔡邕语及"《续汉书》云"。所谓"道书又有'紫盐'，谓'戎盐'也"，"戎盐"是正字。

清王士祯《香祖笔记》卷七也写道："盐煮于海，惟河东、宁夏有盐池、红盐池，滇、蜀有黑、白盐井。"③

上述有关远方盐产的记述，涉及"五原""环庆之墟"，"甘肃""宁夏"，"北胡""西戎"，"波斯国""天竺国""安息国"，正是丝绸之路沿线。关于"西方""北胡""殊域"盐产异色的文字记录，体现

---

① 〔明〕严从简撰，余思黎点校：《殊域周咨录》，中华书局 2000 年 4 月版，第 482 页。今按，郭璞《盐赋》及蔡邕之说，标点应作："按郭璞《盐赋》曰：'烂然若霞'。红盐也。非赤如珠者乎？蔡邕又曰：'江南有胜雪白盐。'今德中白盐也。非白于玉者乎？""我盐"应是"戎盐"。

② 〔清〕褚人获：《坚瓠集》，江苏广陵古籍刻印社用上海进步书局 1984 年 4 月影印版，《笔记小说大观》第 15 册，第 391 页。

③ 〔清〕王士禛撰，湛之点校：《香祖笔记》，中华书局 1982 年 12 月版，第 126 页。

了中原人对于较宽广空间的经济地理认知，也体现了交通理念与世界意识。这些知识的获得，与丝绸之路交通与文化交流有直接的关系。其早期记录，往往可以追溯到汉代甚至汉代以前。

2 “朔方”“紫盐”

汉晋文献已经体现北边地区出产“紫盐”。唐段公路《北户录》卷二“红盐”条注引虞世南书：

> 蔡邕《从朔方报羊月书》云：“幸得无恙，遂至徙所，自城以西，唯有紫盐也。”①

严可均辑《全上古三代秦汉三国六朝文》《全后汉文》卷七三据段公路《北户录》题《徙朔方报羊陟书》。② 如果此说可靠，则是关于“紫盐”最早的记载。即东汉时中原人已经有了关于“紫盐”的直接体验。

《北堂书钞》卷一四六“紫盐”条引《博物志》也说到“朔方”“五原”的“紫盐”：

> 《博物志》云：五原有紫盐也。③

《博物志》佚文：“五原有紫盐。”④“紫盐”，也是北边或说“北胡”地方特殊的盐产。

山西解池据说也有“池水紫色”的盐产基地。《新唐书》卷三九《地理志三》：解州“有紫泉监”。⑤《太平寰宇记》卷四六《河东道

---

① 〔唐〕段公路纂，崔龟图注：《北户录》，《丛书集成初编》第603册，中华书局据《十万卷楼丛书》依宋本校刊本1985年排印版，第26页。

② 〔清〕严可均校辑：《全上古三代秦汉三国六朝文》，中华书局1958年12月版，第872页。

③ 〔唐〕虞世南编撰：《北堂书钞》，中国书店据光绪十四年南海孔氏刊本1989年7月影印版，第616页。

④ 〔晋〕张华著，范宁校证：《博物志校证》“佚文”，第126页。

⑤ 《新唐书》，中华书局1975年2月版，第996页。

七·解州·安邑》记述解州盐池，“今池水紫色，湛然不流，造盐贮水深三寸，经三日则结盐。”①

关中地方也有“紫泉”。司马相如《上林赋》说上林苑水资源的优越，《史记》卷一一七《司马相如列传》：“左苍梧，右西极，丹水更其南，紫渊径其北；终始霸浐，出入泾渭；酆鄗潦潏，纡余委蛇，经营乎其内。荡荡兮八川分流，相背而异态。”裴骃《集解》：“郭璞曰：‘紫渊所未详。’”张守节《正义》：“《山海经》云：‘紫渊水出根耆之山，西流注河。’文颖云：‘西河谷罗县有紫泽，在县北，于长安为北。’”②《汉书》卷五七上《司马相如传上》：“左苍梧，右西极，丹水更其南，紫渊径其北。终始霸产，出入泾渭，酆镐潦潏，纡余委蛇，经营其内。”颜师古注：“上言左苍梧，右西极，丹水更其南，紫泉径其北。皆谓苑外耳。丹水、紫泉非八川数也。”③ 司马相如赋及注出现“紫渊”“紫泽”“紫泉”。但是我们没有看到此“紫泉”与“紫盐”相关的信息。

3 “北胡有青盐”

《汉书》卷二八下《地理志下》记载北边盐产，说到朔方郡朔方的两处“盐泽”，即“池盐”资源：

> 金连盐泽、青盐泽皆在南。④

其中“青盐泽”之“青”，很可能是说“盐泽”出产盐的结晶色彩。《博物志》佚文：“北胡有青松盐。”⑤《水经注》卷三《河水三》写道：

> 按《魏土地记》曰：县有大盐池，其盐大而青白，名曰青盐，

---

① 〔宋〕乐史撰，王文楚等点校：《太平寰宇记》，第968页。

② 《史记》，中华书局1959年9月版，第3017页。

③ 《汉书》，中华书局1962年6月版，第2547页至第2548页。

④ 《汉书》，第1619页。

⑤ 〔晋〕张华撰，范宁校证：《博物志校证》，中华书局1980年1月版，第126页。

又名戎盐，入药分，汉置典盐官。[1]

所谓“汉置典盐官”者，明确说在汉代已经得到开发利用。所谓“其盐大而青白”，说所产盐的结晶体形状及颜色。其色“青白”者，显然与通常“白盐”不同。“又名戎盐”的说法，指述“盐池”方位，也说明了早期开发者的族属。

前引唐段公路《北户录》卷二“红盐”条注引虞世南书有涉及汉代盐业史信息的文字：“蔡邕《从朔方报羊月书》云：‘幸得无恙，遂至徙所，自城以西，唯有紫盐也。’”其中“紫盐”，严可均辑《全上古三代秦汉三国六朝文》《全后汉文》卷七三据段公路《北户录》题《徙朔方报羊陟书》，作“青紫盐”。[2]《两汉全书》《蔡中郎外集卷弟二》题《徙朔方报羊月书》，亦作“青紫盐”：

幸得无恙，遂至徙所，自城以西，唯有青紫盐也。[3]

整理者的判断与严可均同。

前引文渊阁《四库全书》本《北堂书钞》卷一四六“青盐”条引《广志》云：“北胡有青盐。”光绪十四年南海孔氏刊本《北堂书钞》作：“《博志》云：‘北胡有青盐。’”孙星衍、孔广陶等据宋本校：“今案陈俞本‘博’作‘广’，本钞此条，‘博’下无‘物’字，是《广志》无疑。‘广’改‘博’，乃永兴避隋炀帝讳也。”[4]所谓“戎盐”名号，与“北胡”方位是一致的。

此所谓“北胡有青盐”，可能表明了“青盐泽”产品特色的影响。很可能在“北胡”方向还有其他生产“青盐”的“池”“泽”。也就是

---

① 〔北魏〕郦道元著，陈桥驿校证：《水经注校证》，第76页。

② 〔清〕严可均校辑：《全上古三代秦汉三国六朝文》，中华书局1958年12月版，第872页。

③ 董治安主编，庄大均、李士彪、林开甲、胡长青、唐子恒、王承略、刘晓东整理：《两汉全书》，山东大学出版社2009年12月版，第13857页。

④ 〔唐〕虞世南编撰：《北堂书钞》，中国书店据光绪十四年南海孔氏刊本1989年7月影印版，第616页。

说，“青盐”可能是中原人所设定的“北胡”地方盐产特征的区域性符号。

4 高昌、于阗“出赤盐”

唐段公路《北户录》卷二“红盐”条：“按盐有赤盐、紫盐、黑盐、青盐、黄盐。”题名“红盐”而正文言“赤盐”。在“赤盐、紫盐、黑盐、青盐、黄盐”中，“赤盐”位列第一。崔龟图注：“《书钞》云：沈约《宋书》曰：‘虏至彭城，与张畅语，送白毡、赤盐。’又郭璞《盐池赋》曰‘烂然汉明，晃尔霞赤’是也。又虞世南书云：蔡邕《从朔方报羊月书》云：‘幸得无恙，遂至徙所，自城以西，唯有紫盐也。’《续汉书》云：‘天竺出黑盐。’又《北堂书抄》引《博物志》云：‘北胡青盐。但以味色浮杂为不同耳。’”[①] 所谓“赤盐”，来自“虏”地。

与《说郛》本不同，“验之即由煎时染成，差可爱也。郑公虔云：琴湖池桃花盐，色如桃花，随月盈缩。在张掖西北。”《十万卷楼丛书》据宋本作：

> 验之，即由煎时染成，差可爱也。公路记郑公虔云：琴湖池桃花盐，色如桃花，随月盈缩。在张掖西北。隋开皇中常进焉。

崔龟图注：“一云，十五日以前盐甘，月半以后苦也。”[②]

《魏书》卷一〇一《高昌传》记载高昌国环境物产：“地多石碛，气候温暖，厥土良沃，谷麦一岁再熟，宜蚕，多五果。又饶漆。有草名

---

① 〔唐〕段公路纂，崔龟图注：《北户录》，《丛书集成初编》第603册，中华书局据《十万卷楼丛书》依宋本校刊本1985年排印版，第26页。

② 〔唐〕段公路纂，崔龟图注：《北户录》，《丛书集成初编》第603册，中华书局据《十万卷楼丛书》依宋本校刊本1985年排印版，第26页。或据《四库全书》本标点作：“公路记，郑公虔云……。”〔唐〕段公路撰，龟图注：《北户录》，《中国风土志丛刊》，广陵书社据清《四库全书》本2003年4月影印版，卷二第10页至第11页。

羊刺，其上生蜜，而味甚佳。引水溉田。”随后又说到特别值得注意的盐产：

> 出赤盐，其味甚美。复有白盐，其形如玉，高昌人取以为枕，贡之中国。①

《隋书》卷八三《西域传·高昌》：“出赤盐如朱，白盐如玉。”② 所谓“赤盐”应指盐产结晶呈红色。《新五代史》卷七四《四夷附录三》记载：“甘州回鹘”其地出“红盐”。“晋天福三年，于阗国王李圣天遣使者马继荣来贡红盐……。”③

《魏书》卷一〇二《西域传·伽色尼》又说其地物产，也出现关于“赤盐”的信息：

> 土出赤盐，多五果。④

明汪砢玉《古今鹾略》补卷一：“高昌者，车师前王故地，汉之前部地也。出赤盐，味甚美。”⑤ 汉以前此地早已开发，滋味优异的“赤盐”应当久为人们利用，只是没有看到汉代文献的直接记载。宋黄震《古今纪要》卷七记载：“高昌，车师前王故地，或云汉兵之困者居之。羊刺生蜜，赤盐，白盐色如玉，为枕献中国。”⑥ 言西域交通线路上“高昌”“车师前王故地”“赤盐”出产时，强调了汉代军事地理形势。盐产“献中国”，使得内地有关盐的知识充实了来自西北的信息。

“赤盐”除“其味甚美”外，大约还有特殊应用途径。年代与秦汉时期相接近的，有《太平御览》卷八六五引《抱朴子》说到专门制作

---

① 《魏书》，中华书局 1974 年 6 月版，第 2243 页。《北史》卷九七《西域传·高昌》：“出赤盐，其味甚美。复有白盐，其形如玉，高昌人取以为枕，贡之中国。”中华书局 1974 年 10 月版，第 3212 页。

② 《隋书》，中华书局 1973 年 8 月版，第 1847 页。

③ 《新五代史》，中华书局 1974 年 12 月版，第 916 页至第 917 页。

④ 《魏书》，第 2272 页。《北史》卷九七《西域传·伽色尼》：“土出赤盐，多五果。”第 3224 页。

⑤ 〔明〕汪砢玉撰：《古今鹾略》，清钞本，第 146 页。

⑥ 〔宋〕黄震：《古今纪要》，文渊阁《四库全书》本，第 171 页。

“赤盐”的方式：

> 《抱朴子》曰作赤盐法：用寒盐一斤、雨泥一斤，内铁器中，以为水烧，皆消而赤也。[①]

“铁器”是“作赤盐法”专门的容器，也是专门的工具。“赤盐”之“赤”，或与赤铁矿石的颜色接近，应与硫化铁杂入“盐”粒相关。实现这一反应的条件是加热，即“以火烧之”。而“雨泥”究竟是怎样的成分，今天我们已经无从得知。前引段公路《北户录》“红盐”条写道：“恩州有盐场出红盐，色如绛雪。验之即由煎时染成，差可爱也。”《抱朴子》所谓“内铁器中，以火烧之，消而成赤盐”，也可以理解为“煎时染成”。

方以智《物理小识》卷七《金石类·盐》说：“《本草》：戎盐，南海青，北海赤。”[②] 指出虽同称“戎盐”，但是“南海”“北海”盐色不同。“红盐”“赤盐”或因加工成色，值得盐史研究者注意。

其实内地盐产也有“赤盐”。如山西解州盐池出盐确有赤色者。前引《北户录》“郭璞《盐池赋》曰‘烂然汉明，晃尔霞赤’”。郭赋又有“紫沦洒炎，红华笼光”句。“炎”或作“焰”。[③] 宋沈括《梦溪笔谈》卷三《辨证一》可见关于解州盐池的记述，也说到其产品“卤色正赤”：“解州盐泽，方百二十里。久雨，四山之水悉注其中，未尝溢；

---

① 〔宋〕李昉等撰：《太平御览》，中华书局用上海涵芬楼影印宋本1960年2月复制重印版，第3839页。光绪十四年南海孔氏刊本《北堂书钞》一四六其文截止于“用寒盐一斤”。注：“今案见平津馆本《抱朴子》内《黄白》篇即《御览》八百六十五引‘斤’下其文甚详。陈俞本已增入。”〔唐〕虞世南编撰：《北堂书钞》，中国书店据光绪十四年南海孔氏刊本1989年7月影印版，第616页。

② 方以智录：《物理小识》，《万有文库》第2集700种，商务印书馆1937年3月版，第179页。

③ 〔唐〕虞世南编撰：《北堂书钞》，中国书店据光绪十四年南海孔氏刊本1989年7月影印版，第617页。“紫沦洒炎，红华笼光”句下，注：“又云‘于是漫□丹盘，薄搜重床，紫沦洒炎，红华笼光’。王石华校，‘炎’改‘焰’。今案陈俞本脱‘丹盘’三句，‘炎’亦作‘焰’。惟严辑《郭璞集》与旧钞同。”

大旱未尝涸。卤色正赤，在版泉之下，俚俗谓之‘蚩尤血’。”① “盐泽”“卤色正赤”，于是被联想为“蚩尤血”，除了颜色因素外，“赤”与“蚩尤”之“蚩”字音的接近也值得重视。

前引清王士禛《香祖笔记》卷七：“盐煮于海，惟河东、宁夏有盐池、红盐池，滇、蜀有黑、白盐井。”宁夏的“红盐池”，可能如沈约《宋书》记述，因“虏”所送，为中原人得识。而“高昌”“伽色尼”所产“赤盐”，也丰富了内地有关远方盐产的知识。

5　天竺国“黄盐”

唐人段公路《北户录》卷二“红盐”条：“恩州有盐场出红盐，色如绛雪。验之即由煎时染成，差可爱也。公路记郑公虔云：琴湖池桃花盐，色如桃花，随月盈缩。在张掖西北。隋开皇中常进焉。按盐有赤盐、紫盐、黑盐、青盐、黄盐。”关于“黄盐”，说到具体的出产地，包括“安西城北涧中”，对其颜色也有文字形容：

> 黄盐，安西城北涧中有，色如芜菁华者。

原注：“郑虔亦述。”段公路说，这种“黄盐”“成之自然，国之宝也。”又写道：“亦有如虎、如印、如伞、如石，如水晶状者。朝取暮生，又非煮海所致者也。”②

《后汉书》卷八八《西域传·天竺》说“天竺”物产，列举“诸香、石蜜、胡椒、姜、黑盐。”③ 而明徐应秋《玉芝堂谈荟》卷二四

---

① 〔宋〕沈括撰，刘尚荣校点：《梦溪笔谈》，辽宁教育出版社1997年3月版，第12页。

② 〔唐〕段公路纂，崔龟图注：《北户录》，《丛书集成初编》第603册，中华书局据《十万卷楼丛书》依宋本校刊本1985年排印版，第26页。“郑虔亦述”，《四库全书》本作“郑公亦述”。〔唐〕段公路撰，龟图注：《北户录》，《中国风土志丛刊》，广陵书社据清《四库全书》本2003年4月影印版，卷二第11页。

③ 《后汉书》，第2921页。

“红盐池”条：

《续汉书》：“天竺国产黑盐、黄盐。”①

说到了“黄盐”。前引明严从简《殊域周咨录》卷一四《西戎》也写道：“《续汉书》云：‘天竺国产黑盐、黄盐。’”可知东汉人已经有“天竺国”“黄盐”的知识。清陈元龙《格致镜原》卷二三《饮食类·盐》又记载：

《续汉书》：“天竺国在月氏东南数千里，其国有黑盐、黄盐。和帝时数遣人贡献，后西域反畔乃绝。”②

保留了“天竺国”盐产与外交史记录的关系，明确说“天竺国”“黄盐”在东汉“和帝时数遣人贡献”，所谓“后西域反畔乃绝”，指示“黄盐”“贡献”来自“西域”方向，即经过“西域”交通线路进入中土。

6 身毒有“黑盐”

《史记》卷一二三《大宛列传》写道：“（大夏）其东南有身毒国。”张守节《正义》说到这一国度的自然环境、民俗文化、物产资源，也涉及交通形势：“一名身毒，在月氏东南数千里。俗与月氏同，而卑湿暑热。其国临大水，乘象以战。其民弱于月氏。修浮图道，不杀伐，遂以成俗。土有象、犀、玳瑁、金、银、铁、锡、铅。西与大秦通，有大秦珍物。”③ 所谓“西与大秦通，有大秦珍物”句，应据《后汉书》卷八八《西域传·天竺》：

天竺国一名身毒，在月氏之东南数千里。俗与月氏同，而卑湿暑热。……土出象、犀、玳瑁、金、银、铜、铁、铅、锡，西与大

① 〔明〕徐应秋撰：《玉芝堂谈荟》，文渊阁《四库全书》本，第482页。
② 〔清〕陈元龙撰：《格致镜原》，文渊阁《四库全书》本，第269页。
③ 《史记》，第3164页至第3166页。

> 秦通，有大秦珍物。又有细布、好毾㲪、诸香、石蜜、胡椒、姜、黑盐。[①]

前引明徐应秋《玉芝堂谈荟》卷二四“红盐池”条、明严从简《殊域周咨录》卷一四《西戎》、清陈元龙《格致镜原》卷二三《饮食类·盐》、唐段公路《北户录》卷二“红盐”条崔龟图注等，皆据《续汉书》记载说到“天竺国”“黑盐”。

“黑盐”又写作“乌盐”。《新唐书》卷二二一下《西域传下·骨咄》记载：“骨咄，或曰珂咄罗，广长皆千里，王治思助建城。多良马、赤豹，有四大盐山，山出乌盐。”[②]

由所谓“西与大秦通，有大秦珍物”，应知“天竺国”与“大秦”间的交通格局。其交通地位，即在东西文化交流系统中的重要作用也得以明朗。所产“黑盐”，也应看作远方表现出特殊物色的盐产。

中原人对于相关盐产知识的获得，显然由自丝绸之路交通条件形成之后的东西文化交流。

7 “南海异物”“天竺”“白盐”

异国出盐，也有白色者，即所谓“白盐”。但是这种“白盐”，也有异于通常所见“白盐”的不寻常处。如前引《魏书》《隋书》说高昌国出“白盐”。又《北堂书钞》卷一四六“一车输王”条引《吴时外国传》：

> 张海洲有湾，湾内常出自然白盐。每岁以一车输王。[③]

同卷“如细石子”条引《吴时外国传》：

> 张海洲有湾，湾内常出自然白盐，峄峄如细石子。

---

① 《后汉书》，第2921页。

② 《新唐书》，第6256页。

③ 〔唐〕虞世南编撰：《北堂书钞》，中国书店据光绪十四年南海孔氏刊本1989年7月影印版，第617页。

又“白如水精”条：

> 又云：天竺国有新陶水，水特甘美。下有石盐，白如水精。①

又同卷“状如石英”条：

> 《南海异物志》云：天竺国有新陶水，特甘香，有白盐，状如石英。②

大概这些被看作“外国”“异物”的“白盐”，其色泽、晶体结构与中国常见的“白盐”有所不同。所谓“张海”“涨海”及“天竺国”“新陶水”，明确标示出相关知识，来自海上丝绸之路交通见闻。有关远方异形异色的“盐”的知识，是丝绸之路史研究应当关注的信息。

清姚振宗《三国艺文志》卷二《史部·地理类》“康泰《吴时外国传》条”介绍了《吴时外国传》及其作者：“《梁书·诸夷列传》：海南诸国大抵在交州南及西海大海洲上，相去或四五千里，远者二三万里。其西与西域诸国接。汉元鼎中遣伏波将军路博德开百越，置日南郡。其徼外诸国自武帝以来皆朝贡。后汉桓帝世，大秦、天竺皆由此道遣使贡献。及吴孙权时，遣宣化从事朱应、中郎康泰通焉。其所经过及传闻，则有百数十国。因立记传。《南史·海南诸国列传》同。”又写道：“《太平御览》图书纲目有康泰《扶南土俗传》，又七八七云：吴时康泰为中郎，表上扶南土俗。所引凡十二条。又三五九引康泰《吴时外国传》，《史记·秦本纪》《正义》引《吴人外国图》，《大宛列传》《正义》引《康氏外国传》。”“侯志曰：康按《水经》卷一、卷三六及《御览》屡引康泰《扶南传》，又引康泰《扶南土俗》，《艺文类聚》及

---

① 〔唐〕虞世南编撰：《北堂书钞》，中国书店据光绪十四年南海孔氏刊本1989年7月影印版，第616页。《太平御览》卷八六五引《吴时外国传》曰：“涨海州有湾，湾中常出自然白盐，峄峄如细石子。天竺国有新陶水，水甘美。下有石盐，白如水精。”注：“《南州异物志》云：‘盐如石英。’”〔宋〕李昉等撰：《太平御览》，中华书局用上海涵芬楼影印宋本1960年2月复制重印版，第3840页。

② 〔唐〕虞世南编撰：《北堂书钞》，中国书店据光绪十四年南海孔氏刊本1989年7月影印版，第616页。

《御览》屡引《吴时外国传》。窃意康泰遍历百数十国，必不至专记扶南一方，其大名当是《吴时外国传》，而《扶南传》则其中之一种，《扶南土俗》又《扶南传》之别名也。”姚振宗指出：“按《隋志》有《交州以南外国传》一卷，《两唐志》‘南’作‘来’，并不著撰人，似即此书之残本。据《梁书》《南史》，则康泰及朱应所记，并及西域、天竺土俗。”此外，又有朱应《扶南异物志》一卷，万震《南州异物志》一卷，沈莹《临海水土异物志》一卷，薛珝《异物志》，薛莹《荆扬以南异物志》等著作。[①] 有关“天竺国”“水土异物”知识的获得，应当与西汉以来南洋航线的交通运行和文化交流有关。

方以智《物理小识》卷七《金石类·盐》也说到“天竺”“新陶水”：“《吴录》曰：‘天竺有新陶水石盐如水晶。’”下文又引“金幼孜《北征录》：‘北有盐海，出白盐如水晶。’”[②] 所谓“石盐如水晶”“白盐如水晶”，对于中原人的常识来说，似是不同方向远方盐产的异样特征。

8 “诸盐各有所宜”

《管子·海王》说：“十口之家，十人食盐。百口之家，百人食盐。”[③]

① 〔清〕姚振宗：《三国艺文志》，民国《适园丛书》本，第119页。

② 方以智录：《物理小识》，《万有文库》第2集700种，商务印书馆1937年3月版，第179页。

③ 黎翔凤撰，梁运华整理：《管子校注》，中华书局2004年6月版，第1246页。又《管子·地数》：“十口之家，十人咶盐。百口之家，百人咶盐。”张佩纶云：“‘咶’，‘舐’俗字，当作‘甛’。《说文》‘甛，美也’，《周礼·盐人》‘饴盐’，注‘饴盐，盐之恬者’，是其证。”黎翔凤撰，梁运华整理：《管子校注》，第1364页至第1365页。《太平御览》卷八六五引《管子》：“十口之家十人舐盐，百口之家百人舐盐。”〔宋〕李昉等撰：《太平御览》，中华书局用上海涵芬楼影印宋本1960年2月复制重印版，第3839页。吴曾《能改斋漫录》卷五《辨误》“以言餂之”条写道：“《管子·地数》篇：管子曰：‘十口之家，十人咶盐。百口之家，百人咶盐。’此‘咶’字与‘餂’字虽异，其义则一。何者？均以口舌取物而已。”〔宋〕吴曾《能改斋漫录》，上海古籍出版社1960年11月版，第99页至第100页。

王莽曾经在颁布经济政策的诏书中也强调："夫盐，食肴之将。"① 或说"盐，食之急者，虽贵，人不得不须"。② 于是有"夫盐，国之大宝也"的说法。③ 然而"西方""殊域"之盐，有的并非食盐。《宋书》卷四六《张劭传附兄子畅传》记载："魏主又遣送毡及九种盐并胡豉，云：'此诸盐，各有宜。白盐是魏主所食。黑者疗腹胀气满，刮取六铢，以酒服之。胡盐疗目痛。柔盐不用食，疗马脊创。赤盐、驳盐、臭盐、马齿盐四种，并不中食。胡豉亦中啖。'"④《宋书》卷五九《张畅传》："焘又送毡各一领，盐各九种，并胡豉：'凡此诸盐，各有所宜。白盐是魏主自所食。黑盐治腹胀气懑，细刮取六铢，以酒服之。胡盐治目痛。柔盐不食，治马脊创。赤盐、驳盐、臭盐、马齿盐四种，并不中食。胡豉亦中啖。黄甘幸彼所丰，可更见分。'"⑤ 其语《魏书》卷五三《李曾传》所载又略有不同："凡此诸盐，各有所宜。白盐食盐，主上自食。黑盐治腹胀气满，末之六铢，以酒而服。胡盐治目痛。戎盐治诸疮。赤盐、驳盐、臭盐、马齿盐四种，并非食盐。"⑥

---

① 《汉书》卷二四下《食货志下》颜师古注："将，大也，一说为食肴之将帅。"《汉书》卷二四下《食货志下》，中华书局 1962 年 6 月版，第 1183 页。

② 《后汉书》卷四三《朱晖传》，第 1460 页。

③ 《三国志》卷二一《魏书·卫觊传》，第 610 页。

④ 《宋书》，中华书局 1974 年 10 月版，第 1398 页。《南史》卷三二《张劭传附兄子畅传》："太武又遣送毡及九种盐并胡豉，云：'此诸盐各有所宜：白盐是魏主所食。黑者疗腹胀气懑，细刮取六铢，以酒服之。胡盐疗目痛。柔盐不用食，疗马脊创。赤盐、驳盐、臭盐、马齿盐四种，并不中食。胡豉亦中啖。'"中华书局 1975 年 6 月版，第 830 页。

⑤ 《宋书》，第 1602 页至第 1603 页。

⑥ 《魏书》，第 1170 页。《北史》卷三三《李孝伯传》："孝伯曰：'有后诏：凡此诸盐，各有所宜。白盐食盐，主上自所食。黑盐疗腹胀气满，末之六铢，以酒而服。胡盐疗目痛。戎盐疗诸疮。赤盐、驳盐、臭盐、马齿盐四种，并非食盐。'"第 1221 页。《太平御览》卷八六五引《后魏书》曰："世祖南伐，遣孝伯赐刘义恭等盐各九种，并胡豉。孝伯曰：有后诏：凡此诸盐，各有所宜。白盐食盐，主上自所食。黑盐治腹胀气满，末之六铢，以酒下。胡盐治目痛。戎盐治诸疮。赤盐、驳盐、臭盐、马齿盐四种，并非食盐。'"〔宋〕李昉等撰：《太平御览》，中华书局用上海涵芬楼影印宋本 1960 年 2 月复制重印版，第 3839 页。

所谓“此诸盐，各有宜”，“凡此诸盐，各有所宜”都说不同地方盐产种种，对于社会生活的意义是多方面的。“不用食”“并不中食”或说“并非食盐”的作为外用药的盐，很早就已经被发现、被利用，其实例已见于河西地区出土的汉代简牍资料。

居延用盐首先以食用为主。[①] 但是我们也确实可以看到反映其他用盐方式的信息。例如：

治马欬涕出方取戎盐三指掫三□☐（155.8）[②]

“戎盐”已见于马王堆汉墓出土帛书《五十二病方》：

一，赣戎盐若美盐，盈隋（脽），有（又）以涂（涂）隋（脽）□下及其上，而暴（曝）若☐（169）

整理小组注释：“赣，疑读为匴，小杯。戎盐，又名胡盐，见《神农本草经》，主要产于西北。”[③] 然而我们看到文献中有“戎盐”和“胡盐”并说的情形。例如《魏书》卷五三《李曾传》：

世祖又遣赐义恭、骏等毡各一领，盐各九种，并胡豉。孝伯曰：“有后诏：‘凡此诸盐，各有所宜。白盐食盐，主上自食；黑盐治腹胀气满，末之六铢，以酒而服；胡盐治目痛；戎盐治诸疮；赤盐、驳盐、臭盐、马齿盐四种，并非食盐。……’”[④]

“主上自食”语值得深思。由“马建叩头言·使使再拜白顷有善盐五升可食☐……”（E. P. T2：5A）[⑤] 简文可以得知，在河西地方，即使食盐

① 参看王子今：《居延〈盐出入簿〉〈廪盐名籍〉研究：汉塞军人食盐定量问题》，《出土文献》第2辑，中西书局2011年11月版；《汉代边塞军人食盐定量问题再议》，《江苏师范大学学报》（哲学社会科学版）2015年5期。

② 谢桂华、李均明、朱国炤：《居延汉简释文合校》，文物出版社1987年1月版，第254页。

③ 马王堆汉墓帛书整理小组编：《马王堆汉墓帛书·五十二病方》，文物出版社1979年11月版，第69页。

④ 《魏书》，第1170页。

⑤ 甘肃省文物考古研究所、甘肃省博物馆、文化部古文献研究室、中国社会科学院历史研究所《居延新简：甲渠候官与第四燧》，中华书局1990年7月版，第2页。

也有不同的品级。彭卫据此简文曾经指出："可知汉代的盐在质量上有等级之分。"[①] 推想戍卒所食用的应非"善盐"，很可能是其中比较粗劣者。[②] 所谓"盐各九种"之下，包括"胡盐治目痛；戎盐治诸疮"。"凡此诸盐"，除"白盐食盐"外，其他盐的主要作用，都"并非食盐"。关于盐的药用，类同"黑盐治腹胀气满""胡盐治目痛""戎盐治诸疮"等，在《五十二病方》中，还可以在"伤痉""婴儿索痉""【癃（麋）】""白处方""冥（螟）病方""【人】病马不间（癎）者"题下，看到"燔（熬）盐以熨""□□二，盐一，合挠而烝（蒸），以扁（遍）熨""以盐傅之""□甘盐□□……""以盐财和之以傅""☐盐隋（脽）炙尻"等例证。[③] 张显成总结简帛所见药名，"盐"归于矿物类金石部中。除《五十二病方》外，又有《万物》W009、W072 例证。[④] 所谓"胡盐治母痛"，又有武威医简之例：

> 治目恿方以春三月上旬治药曾青四两戋盐三两皆冶合以乳汁和盛以铜器以傅目良（16）

整理者注："右简为医治目疾方。"又说："简文中'戋盐'即'戎盐'。"《神农本草经》称戎盐："主明目，目痛，益气，坚肌骨，去毒蛊。"一谓戎盐即青盐。苏颂《图经本草》称："医家治眼及补下药多用青盐，疑此即戎盐。""铜器"，指盛药的器皿。一九六八年在河北满城西汉刘胜墓中曾出土一件铭有"医工"字样的铜器，说明汉代制药，

---

① 彭卫：《秦汉时期的饮食》，《中国饮食史》第六编，华夏出版社 1999 年 10 月版，卷 2 第 493 页。

② 根据《周礼·天官冢宰·盐人》记录的制度，"祭祀共其苦盐、散盐。宾客共其形盐、散盐。王之膳羞共饴盐，后及世子亦如之。"郑玄注："饴盐，盐之恬者，今戎盐有焉。"〔清〕阮元校刻：《十三经注疏》，中华书局据原世界书局缩印本 1980 年 10 月影印版，第 675 页。人的等级和食盐的等级是对应的。

③ 马王堆汉墓帛书整理小组编：《马王堆汉墓帛书·五十二病方》，第 36 页，第 40 页，第 49 页，第 59 页，第 63 页，第 64 页至第 65 页。

④ 张显成：《简帛药名研究》，西南师范大学出版社 1997 年 10 月版，第 16 页，第 440 页，第 442 页。

盛药多用铜质器皿。“傅”即敷之意。[①] 张延昌等《武威汉代医简研究》也说：“我盐，即戎盐。味咸，寒。”[②]

盐的特殊用途，比较奇异者，有明方以智《物理小识》卷七《金石类·盐》“戎盐累卵法”条所记载：“即青盐、紫盐之类，以水化之，涂鸡子，则累之而不堕。”[③] 所谓“青盐、紫盐之类”的饱和溶液“涂鸡子，则累之而不堕”作为一种日常经验始于何时，我们不能知晓。但是可以看到，“鸡子”“累之”易“堕”作为生活常识，很早就作为政治语言借以形容“事势”[④]，频繁见于史籍，如《史记》卷七九《范雎蔡泽列传》载范雎语：“秦王之国，危于累卵。”[⑤]《史记》卷八五《吕不韦列传》张守节《正义》引《战国策》录吕不韦说秦王后弟阳泉君语：“王之春秋高矣，一日山陵崩，太子用事，君危于累卵，而不寿于朝生。”[⑥]《史记》卷一二八《龟策列传》亦可见“国危于累卵”语。[⑦]《汉书》卷三六《楚元王传》：“上有累卵之危。”[⑧]《汉书》卷五一《邹阳传》：“臣恐长君危于累卵……”[⑨]《汉书》卷五一《枚乘传》：“必若所欲为，危于累卵，难于上天。”“欲乘累卵之危，走上天之难。”[⑩]《后汉书》卷一〇上《皇后纪上·和熹邓皇后》：“诏曰：‘朕以无德，托母

---

① 甘肃省博物馆、武威县文化馆合编：《武威汉代医简》，文物出版社 1975 年 10 月版，摹本释文注释第 3 页。

② 张延昌、朱建平：《武威汉代医简研究》，原子能出版社 1996 年 12 月版，第 20 页。

③ 方以智录：《物理小识》，《万有文库》第 2 集 700 种，商务印书馆 1937 年 3 月版，第 179 页。

④ 《三国志》卷四八《吴书·三嗣主传·孙晧》裴松之注引《江表传》载晧将败与舅何植书曰：“观此事势，危如累卵。”第 1177 页。

⑤ 《史记》，第 2403 页。

⑥ 《史记》，第 2507 页。

⑦ 《史记》，第 3234 页。

⑧ 《汉书》，第 1961 页。

⑨ 颜师古注：“累卵者，言其将隤而破碎也。”《汉书》，第 2354 页。

⑩ 《汉书》，第 2359 页。

天下，而薄祐不夭，早离大忧。延平之际，海内无主，元元厄运，危于累卵。’”[①]《后汉书》卷二九《申屠刚传》：“国家微弱，奸谋不禁，六极之效，危于累卵。”[②]《后汉书》卷四九《王符传》：“居累卵之危，而图太山之安。”[③]《后汉书》卷六一《左雄传》：“民萌之命，危于累卵。”[④]《后汉书》卷六二《陈纪传》：“若欲徙万乘以自安，将有累卵之危，峥嵘之险也。”[⑤]《后汉书》卷七五《吕布传》：“今与袁术结姻，必受不义之名，将有累卵之危矣。”[⑥]

唐段公路《北户录》卷二“红盐”条崔龟图注：“戎盐即《万毕术》‘累卵’是也。”[⑦] 也说“累卵”方式可以早至汉代。《太平御览》卷八六五引《淮南万毕术》曰：“盐能累卵。”注：“取戎盐涂卵，取他卵置其上，即累也。”[⑧]《太平御览》卷九二八引《淮南万毕术》有两条涉及“鸡子”即“卵”的文字：

> 《淮南万毕术》曰：“艾火令鸡子飞。”注：取鸡子，去其汁，燃艾火内空卵中，疾风因举之飞。
>
> “盐之累卵。”注：取盐涂卵，取他卵置上，即累也。[⑨]

前者体现了对热空气可以帮助物体飞升的早期知识。后者也应当是体现了某种科学原理的实践经验。

“戎盐”医用体现的知识积累与“戎盐累卵法”作为“术”保留的

---

① 《后汉书》，第 429 页。

② 《后汉书》，第 1013 页。

③ 《后汉书》，第 1633 页。

④ 《后汉书》，第 2021 页。

⑤ 《后汉书》，第 2068 页。

⑥ 《后汉书》，第 2448 页。

⑦ 〔唐〕段公路撰，崔龟图注：《北户录》，《中国风土志丛刊》，广陵书社据清《四库全书》本 2003 年 4 月影印版，卷二第 11 页。

⑧ 〔宋〕李昉等撰：《太平御览》，中华书局用上海涵芬楼影印宋本 1960 年 2 月复制重印版，第 3840 页。

⑨ 〔宋〕李昉等撰：《太平御览》，第 4146 页。

历史记忆，超越了远方盐产多用于满足物质生活消费的经验，在一定意义上体现出某种精神文明的性质。

当然，所谓用食盐“以水化之，涂鸡子”，或说“取盐涂卵”的做法，亦不排除腌制“鸡子”以防腐坏变质的可能。《齐民要术》卷六《养鹅鸭》：“咸彻则卵浮。”说的就是以盐水腌制禽蛋的方式。石声汉说：“咸彻则卵浮”，说明了“咸蛋的成熟过程”。“淹没在盐水下，或包裹在浓溶液中时，可能由于接触性离子交换，而逐渐增加了对食盐等分子的透过性，到后来，盐可以在卵壳以内累积。”“‘咸彻’即是‘咸透’，咸透之后，卵的比重降低，便在盐水中逐渐向上浮动。”[①] 这是食盐应用于食品加工的特殊技术，所谓用食盐“以水化之，涂鸡子”者，或许与此有某种关系。

9　丝路“盐泽”：交通地理、自然地理与经济地理知识

《史记》卷一一一《卫将军骠骑列传》记载：“张骞从大将军，以尝使大夏，留匈奴中久，导军，知善水草处，军得以无饥渴，因前使绝国功，封骞博望侯。”[②] 张骞行历远国所获得的见识，对于中原帝国军事外交方面的进取，均为重要信息资源。《史记》卷一一六《西南夷列传》：“元狩元年，博望侯张骞使大夏来，言居大夏时见蜀布、邛竹杖，使问所从来，曰‘从东南身毒国，可数千里，得蜀贾人市’。或闻邛西可二千里有身毒国。骞因盛言大夏在汉西南，慕中国，患匈奴隔其道，诚通蜀，身毒国道便近，有利无害。”[③]《史记》卷一二三《大宛列传》

---

① 〔北魏〕贾思勰著，石声汉校释：《齐民要术今释》，中华书局 2009 年 6 月版，第 597 页至第 599 页。

② 《史记》，第 2929 页。

③ 《史记》，第 2995 页。《史记》卷一二三《大宛列传》：“骞曰：‘臣在大夏时，见邛竹杖、蜀布。’”第 3166 页。

说："大宛之迹，见自张骞。"又记载："骞身所至者大宛、大月氏、大夏、康居，而传闻其旁大国五六，具为天子言之。"[①]《汉书》卷六一《张骞传》也写道："骞身所至者，大宛、大月氏、大夏、康居，而传闻其旁大国五六，具为天子言其地形所有，语皆在《西域传》。"所谓"地形所有"，颜师古注："土地之形及所生之物也。"[②]关于"地形所有"方面的自然地理与经济地理信息，是包括盐产资源的："于窴之西，则水皆西流，注西海；其东水东流，注盐泽。盐泽潜行地下，其南则河源出焉。"关于"盐泽"，司马贞《索隐》："盐水也。《太康地记》云'河北得水为河，塞外得水为海'也。"张守节《正义》："《汉书》云：'盐泽去玉门、阳关三百余里，广袤三四百里。其水皆潜行地下，南出于积石山为中国河。'《括地志》云：'蒲昌海一名泑泽，一名盐泽，亦名辅日海，亦名穿兰，亦名临海，在沙州西南。玉门关在沙州寿昌县西六里。'"[③]

前引蔡邕《从朔方报羊月书》："幸得无恙，遂至徙所，自城以西，唯有紫盐也。"由"朔方""徙所"再言"自城以西"，是丝绸之路西行重要路径。此外上文说到的有关"五原"和"环庆之墟"，乃至"甘肃""宁夏"，又远及"北胡""西戎"，"波斯国""天竺国""安息国"等各色盐产的记录，应当都基于丝绸之路交通实践与考察收获。这些历史文化记忆的由来，包括古丝路交通行进的亲身体验与行旅见闻。

中原人获得的有关丝绸之路沿线盐产的信息，既是交通地理知识，也是自然地理及经济地理的知识。丝绸之路的开通，除了提供物资流动、商贸开发、文化交往的交通条件之外，还使得地理信息传递到极远的地方。

---

① 《史记》，第 3157 页，第 3160 页。

② "具为天子言其地形所有，语皆在《西域传》"，中华书局标点本作："具为天子言其地形，所有语皆在《西域传》"。颜师古注标记在"所有"二字后。《汉书》，第 2689 页。

③ 《史记》卷一二三《大宛列传》，第 3160 页。

较发达的文明可以因交通的进步得以扩展。马克思和恩格斯曾经指出“一个民族本身的整个内部结构”以及“一个民族与其他民族的关系”，除了取决于“生产”“生产力”和“分工”的“发展程度”之外，亦取决于其“内部和外部的交往的发展程度”。[①] 他们对自己的历史考察工作有这样的判断：“到现在为止，我们主要只是考察了人类活动的一个方面——人改造自然。另一方面，是人改造人……。”这里，据编者注：“马克思加了边注：‘交往和生产力’。”“交往”列在“生产力”之先，值得我们特别注意。马克思和恩格斯对“交往”在历史进程中的重要作用的强调，还见于以下这段话：“各个相互影响的活动范围在这个发展进程中越是扩大，各民族的原始封闭状态由于日益完善的生产方式、交往以及因交往而自然形成的不同民族之间的分工消灭得越是彻底，历史也就越是成为世界历史。”[②] 丝绸之路史的研究，对于汉文化的历史进程以及丝路所联系的相关文化实体的历史进程，意义非常重要。而涉及丝路沿线盐产信息的认识与感知，其实也有特殊的文明滋味。[③]

---

① （德）卡·马克思和弗·恩格斯：《德意志意识形态》，《马克思恩格斯选集》第1卷，中共中央马克思恩格斯列宁斯大林著作编译局编译，人民出版社2012年9月版，第147页。

② （德）卡·马克思和弗·恩格斯：《德意志意识形态》，《马克思恩格斯选集》第1卷，第167页至第168页。

③ 王子今：《“北胡”“西域”盐色与丝路交通地理》，《历史地理研究》2019年1期。

东汉洛阳的国际化市场

汉武帝时代张骞“凿空”，开通西域道路之后，多有来自西北的“商胡贩客”往中原从事商业活动，成为改变东方经济生活面貌的重要历史现象。洛阳作为东汉王朝的政治、经济、文化中心，具有世界性都市的地位，为数量可观的“胡客”提供了进行活跃表演的舞台。而洛阳居民对“外国之物”多方面的高等级消费需求，也通过市场得到满足。关注洛阳市场的国际化特点，有助于深化丝绸之路史的认识，推进都市史、商业交通史、历史商业地理等学术方向的研究，对于东汉历史文化的理解，也可以通过世界史视角的考察而有所深入。

1 “外国之物内流”

汉武帝任用霍去病清除匈奴控制河西的军事力量，置四郡，进而经营西域。张骞对西北方向的交通探索，史称“张骞凿空”。“于是西北国始通于汉矣。”裴骃《集解》：“苏林曰：‘凿，开；空，通也。骞开通西域道。’”司马贞《索隐》：“案：谓西域险厄，本无道路，今凿空而通之也。”[①] 都强调“凿空”即“开通”或者“通之”的意思。明代

---

① 《史记》卷一二三《大宛列传》：“乌孙使既见汉人众富厚，归报其国，其国乃益重汉。其后岁余，骞所遣使通大夏之属者皆颇与其人俱来，于是西北国始通于汉矣。然张骞凿空，其后使往者皆称博望侯，以为质于外国，外国由此信之。”《史记》，第 3169 页。

学者杨慎《丹铅总录》卷一四《订讹类》“空有四音”认为，“《张骞传》‘楼兰、姑师小国当空道’”，“《大宛传》曰‘张骞凿空’”，“空”的读音都应当是“孔”。[①] 地湾汉简可见“□当空道便处禀食如律……”（86EDT8：14A）简文[②]，此“当空道”即《史记》卷一二三《大宛列传》“当空道”作为汉代习用语的文物实证。

“西北国始通于汉”，“西北国”商人随即进入中原寻找商机。正如陈连庆所说，“在中西交通开通之后，西域贾胡迅即登场。”[③] 东汉时，则出现“商胡贩客，日款于塞下”的情形。[④]

《盐铁论·力耕》载录“大夫”赞美“中国”与“外国”开发贸易之意义的言辞：“汝、汉之金，纤微之贡，所以诱外国而钓胡、羌之宝也。夫中国一端之缦，得匈奴累金之物，而损敌国之用。是以骡驴馲驼，衔尾入塞，驒騱騵马，尽为我畜。鼲貂狐貉，采旃文罽，充于内府。而璧玉珊瑚琉璃，咸为国之宝。是则外国之物内流，而利不外泄也。异物内流则国用饶，利不外泄则民用给矣。《诗》曰：‘百室盈止，妇子宁止。’”[⑤]《太平御览》卷九〇一引《盐铁论》曰：“齐、陶之缣，南汉之布，中国以一端之缦，得匈奴累金之物，骡驴馲驼，可使衔

---

① 文渊阁《四库全书》本，第141页。参看王子今：《张骞凿空》，《光明日报》2017年5月18日02版。

② 甘肃简牍博物馆、甘肃省文物考古研究所、出土文献与中国古代文明研究协同创新中心中国人民大学中心编：《地湾汉简》，中西书局2017年10月版，第19页。

③ 陈连庆：《汉唐之际的西域贾胡》，《中国古代史研究：陈连庆教授学术论文集》，吉林文史出版社1991年12月版。

④《后汉书》卷八八《西域传》：“论曰：西域风土之载，前古未闻也。汉世张骞怀致远之略，班超奋封侯之志，终能立功西遐，羁服外域。自兵威之所肃服，财赂之所怀诱，莫不献方奇，纳爱质，露顶肘行，东向而朝天子。故设戊己之官，分任其事；建都护之帅，总领其权。先驯则赏籯金而赐龟绶，后服则系头颡而衅北阙。立屯田于膏腴之野，列邮置于要害之路。驰命走驿，不绝于时月；商胡贩客，日款于塞下。”《后汉书》，中华书局1965年5月版，第2931页。

⑤ 王利器校注：《盐铁论校注》（定本），中华书局1992年7月版，第28页。

尾入塞。”[①] 不言“汝、汉之金”，而说“齐、陶之缣”，强调“中国”输出的物资主要是丝绸。所谓“外国之物内流”，“异物内流”体现贸易入超情形的发生。而“内流”的外国商品，即“骡驴馲驼”“驒騱騵马”等可以充作生产动力和运输动力的西方“奇畜”[②]，“鼲貂狐貉，采旃文罽”等毛皮及其制品以及毛织品等，还有“璧玉珊瑚琉璃”等作为上层社会消费对象的珍宝。

2 中国市场“通货羌胡”“人货殷繁”情形

据《汉书》卷九六上《西域传上》记载，汉成帝时，罽宾“复遣使献谢罪，汉欲遣使报送其使”，杜钦发表反对意见，特别强调罽宾使团中杂有商人：“奉献者皆行贾贱人，欲通货市买，以献为名，故烦使者送至县度，恐失实见欺。”[③] 所谓“奉献者皆行贾贱人”，指出其商贾身份。所谓“欲通货市买”，指出西域商人基于经济谋求努力促进市场繁荣的积极性。

丝路沿途同样“当空道”者如河西地方的市场形势首先发生变化。《后汉书》卷三一《孔奋传》肯定光武初年“守姑臧长”者孔奋能够“身处脂膏”而“力行清絜”：“遭王莽乱，奋与老母幼弟避兵河西。建武五年，河西大将军窦融请奋署议曹掾，守姑臧长。八年，赐爵关内侯。时天下扰乱，唯河西独安，而姑臧称为富邑，通货羌胡，市日四合，每居县者，不盈数月辄致丰积。奋在职四年，财产无所增。”李贤解释所谓“市日四合”：

---

① 〔宋〕李昉等撰：《太平御览》，中华书局用上海涵芬楼影印宋本1960年2月复制重印本，第4000页。

② 《史记》卷一一〇《匈奴列传》：“其奇畜则橐驼、驴骡、駃騠、騊駼、驒騱。”第2879页。

③ 《汉书》，中华书局1962年6月版，第3886页。

古者为市，一日三合。《周礼》曰："大市日侧而市，百族为主。朝市朝时而市，商贾为主。夕市夕时而市，贩夫贩妇为主。"今既人货殷繁，故一日四合也。[①]

姑臧"市日四合"，"人货殷繁"的发达的市场，自然得益于"通货羌胡"的经济地理优势。来自"羌胡"的"商贾"和"贩夫贩妇"们的活跃，繁荣了当地的"市"。姑臧市场的繁荣，可以因"时天下扰乱，唯河西独安，而姑臧称为富邑"看作特例，然而就"通货羌胡"的普遍情形来说，又是有一定代表性的。《汉书》卷九六上《西域传上》三次出现"市列"字样："罽宾……有金银铜锡，以为器。市列。"[②] "乌弋……其草木、畜产、五谷、果菜、食饮、宫室、市列、钱货、兵器、金珠之属皆与罽宾同。""疏勒国，……有市列，西当大月氏、大宛、康居道也。"[③] 西域许多部族善于商业经营，形成了区域特色和民族特色。如"自宛以西至安息，其人……善贾市，争分铢"[④]，安息"有市，民商贾用车及船，行旁国或数千里"[⑤]，大夏"善贾市"，都城"有市贩贾诸物"[⑥]等。精于"贩贾""行旁国或数千里"的"商胡贩客"，活动空间绝不止限于"塞下"，即使遭遇"天下扰乱"，他们也会继续向东发展，介入中原重心地方的社会经济生活。史籍明确言"通货羌胡，市日四合"虽然是"称为富邑"的"姑臧"，然而"在中西交通开通之后""迅即登场"的"西域贾胡"们必然会向东扩展其经营空间。洛阳

---

① 《后汉书》，第 1098 页。

② 颜师古注："市有列肆，亦如中国也。"《汉书》，第 3885 页。

③ 《汉书》卷九六上《西域传上》，第 3885 页，第 3889 页，第 3898 页。

④ 《史记》卷一二三《大宛列传》，第 3174 页；《汉书》卷九六上《西域传上》，第 3896 页。

⑤ 《史记》卷一二三《大宛列传》，第 3162 页。

⑥ 《史记》卷一二三《大宛列传》，第 3164 页。

作为“为天下之大凑”[①]，“街居在齐秦楚赵之中”[②] 的“天下冲阸”“天下咽喉”[③]“天下之中”[④]，即所谓“即土之中雒阳之都”[⑤] 的经济地位，不可能不受到“善贾市”的“商胡贩客”们的重视。而洛阳“贵财”“高富”“憙为商贾”的区域文化传统[⑥]，或许也有益于提供适宜“胡客”“贾胡”们活跃经营的条件。

3 洛阳的“胡客”“贾胡”

西汉长安曾经有“胡客”活动。《汉书》卷一〇《成帝纪》记载：“（元延二年）冬，行幸长杨宫，从胡客大校猎。”[⑦]《汉书》卷八七下《扬雄传下》保留扬雄的“笔墨”，又有更为详尽的记载：“明年，上将

① 《逸周书·作雒》，黄怀信、张懋镕、田旭东撰，黄怀信修订，李学勤审定：《逸周书汇校集注》，上海古籍出版社 2007 年 3 月版，第 529 页。

② 《史记》卷一二九《货殖列传》，第 3279 页。

③ 《史记》卷六〇《三王世家》和《史记》卷一二六《滑稽列传》褚先生补述，说到汉武帝所幸王夫人为其子刘闳请封洛阳，汉武帝以洛阳“天下冲阸”“天下咽喉”的重要战略位置予以拒绝。第 2115 页，第 3209 页。

④ 娄敬说：“成王即位，周公之属傅相焉，乃营成周洛邑，以此为天下之中也，诸侯四方纳贡职，道里均矣。”《史记》卷九九《刘敬叔孙通列传》，第 2716 页。

⑤ 《汉书》卷九九中《王莽传中》，第 4134 页。

⑥ 《汉书》卷二八下《地理志下》在分析各地区域文化特征时指出，“周地”风习，有“巧伪趋利，贵财贱义，高富下贫，憙为商贾，不好仕宦”的特点。班固说，这是“周人之失”。第 1651 页。然而，如果承认商业对于增益经济活力的积极作用，则“周人”对于经济流通的贡献，其实是值得肯定的。汉武帝时代的理财名臣桑弘羊，就是洛阳商人之子。《史记》卷一二九《货殖列传》说：“洛阳东贾齐、鲁，南贾梁、楚。”第 3265 页。因商路成为经济中心。当地取得特殊成功的富商如白圭、师史等，其行为风格其实也表现出鲜明的区域文化特征。师史“转毂以百数，贾郡国，无所不至”，“能致七千万。”第 3258 页至第 3259 页，第 3279 页。而按照《盐铁论·力耕》的说法，周地“商遍天下”，“商贾之富，或累万金”。《盐铁论·通有》又说，“三川之二周，富冠海内”，“为天下名都”。

⑦ 《汉书》，第 327 页。

大夸胡人以多禽兽，秋，命右扶风发民入南山，西自褒斜，东至弘农，南驱汉中，张罗罔罝罘，捕熊罴豪猪虎豹狖玃狐菟麋鹿，载以槛车，输长杨射熊馆。以罔为周阹，纵禽兽其中，令胡人手搏之，自取其获，上亲临观焉。”扬雄《长杨赋》也有相关记录。[①]《成帝纪》“胡客”，此作“胡人”。汉成帝在长杨宫接待的“胡客”“胡人”，当与服务于汉王朝的“胡巫”[②]“胡骑”[③]有别。“胡客”“胡人”可能包括外交人员，很可能也包括胡族商人。

《后汉书》卷八九《南匈奴列传》记载北匈奴使团“诣阙”贡献，“更乞和亲”时提出的一项特殊请求：

> （建武）二十八年，北匈奴复遣使诣阙，贡马及裘，更乞和亲，并请音乐，又求率西域诸国胡客与俱献见。[④]

北匈奴使团来到洛阳，“诣阙，贡马及裘”，其实是特殊形式的贸易行为。而“并请音乐”，则体现文化交往的内容除物质文化外，是包括“音乐”的。《续汉书·五行志一》：“灵帝好胡服、胡帐、胡床、胡坐、胡饭、胡空侯、胡笛、胡舞，京都贵戚皆竞为之。”[⑤]事实上，除了“胡空侯、胡笛、胡舞”等艺术形式自西而东传播外[⑥]，也有汉地“音乐”自东而西传播的史例。如《汉书》卷九六下《西域传下》：“乌孙公主遣女来至京师学鼓琴”，“龟兹王绛宾”“入朝”，“赐以车骑旗鼓，

---

① 《汉书》卷八七下《扬雄传下》，第3564页。

② 参看王子今：《西汉长安的“胡巫”》，《民族研究》1997年5期。

③ 参看王子今：《两汉军队中的“胡骑”》，《中国史研究》2007年3期。

④ 《后汉书》，第2946页。

⑤ 《后汉书》，第3272页。

⑥ 《后汉书》还记载了洛阳接受来自“海西”的艺术家“幻人”们特殊的文化传播的史实。《后汉书》卷五一《陈禅传》：“永宁元年，西南夷掸国王献乐及幻人，能吐火，自支解，易牛马头。明年元会，作之于庭，安帝与群臣共观，大奇之。”第1685页。《后汉书》卷八六《西南夷列传·哀牢》也有记述。第2851页。参看王子今：《海西幻人来路考》，《秦汉史论丛》第8辑，云南大学出版社2001年9月版。

歌吹数十人”，“后数来朝贺，乐汉衣服制度，归其国，治宫室，作徼道周卫，出入传呼，撞钟鼓，如汉家仪。”[①]

北匈奴“遣使诣阙”“求率西域诸国胡客与俱献见”的情形，尤其值得我们注意。这一情形，说明拓展至于“西域诸国”的丝绸之路文化交流，吸引诸多“胡客”前来洛阳从事以“献见”为形式的活动。“帝下三府议酬荅之宜”，时任司徒掾的班彪上奏，主张“可颇加赏赐，略与所献相当”。他为皇帝草拟了回复文字，其中就北匈奴使臣的请求，作了如下回答：“单于数连兵乱，国内虚耗，贡物裁以通礼，何必献马裘？今赍杂缯五百匹，弓鞬韇丸一，矢四发，遗单于。又赐献马左骨都侯、右谷蠡王杂缯各四百匹，斩马剑各一。”看来大致确是“赏赐略与所献相当”。对于“请音乐”，即所谓“前言先帝时所赐呼韩邪竽、瑟、空侯皆败，愿复裁赐”的要求，予以拒绝。而所谓“求率西域诸国胡客与俱献见”，班彪所拟回复文字言：“今单于欲修和亲，款诚已达，何嫌而欲率西域诸国俱来献见？西域国属匈奴，与属汉何异？”似乎理解“西域诸国胡客”是“西域诸国”使节。《资治通鉴》卷四四“汉光武帝建武二十八年”大致采用《后汉书》的处理方式，北匈奴遣使“求率西域诸国胡客俱献见”与班彪草拟刘秀回复“何嫌而欲率西域诸国俱来献见”并见。[②] 多种文献均据《后汉书》，作“求率西域诸国胡客与俱献见”。这些“胡客”可能与前引杜钦言“奉献者皆行贾贱人，欲通货市买，以献为名”情形类似。

东汉名将马援远征“武陵五溪蛮夷”，因进军缓慢，属下中郎将耿舒在私信中有所批评：“伏波类西域贾胡，到一处辄止，以是失利。”关于所谓“伏波类西域贾胡，到一处辄止”，李贤解释说：“言似商胡，所至之处辄停留。”耿舒对马援的意见，在《与兄好畤侯弇书》中有所

① 《汉书》，第 3916 页。

② 〔宋〕司马光编著，〔元〕胡三省音注，“标点资治通鉴小组”校点：《资治通鉴》，中华书局 1956 年 6 月版，第 1420 页至第 1421 页。

表露。值得我们特别注意的，是“帝大怒，追收援新息侯印绶”[①]，导致君臣关系恶化。“帝”与耿舒、耿弇对“伏波类西域贾胡，到一处辄止，以是失利”的共同认可，体现身居洛阳的最高执政人士对于“西域贾胡”且行且止的生活习性与经营方式，似乎都是大体熟悉的。

“西域贾胡”在洛阳地方的活跃，又见于《后汉书》卷三四《梁冀传》关于梁冀“菟苑”的记载：“……又起兔苑于河南城西，经亘数十里，发属县卒徒，缮修楼观，数年乃成。移檄所在，调发生兔，刻其毛以为识，人有犯者，罪至刑死。尝有西域贾胡，不知禁忌，误杀一兔，转相告言，坐死者十余人。”[②] 误杀梁冀“菟苑”中“兔”的“西域贾胡”“转相告言，坐死者十余人”，说明他们在洛阳是有一定规模的社交圈的。[③]

4 “天下四会”的洛阳市场

桑弘羊曾经推行“均输”制度，以改善运输业的管理。而两汉之际河南郡荥阳仍然存留“均输官”的行政影响，刘盆子“以为列肆”，得“食其税终身”[④]，也可以反映河洛地区经济地位的特殊，以及商业税收数额之可观。《汉书》卷二四下《食货志下》记载，王莽“于长安及五都立五均官”。“五都”，即洛阳、邯郸、临菑、宛、成都，而“洛

---

① 《后汉书》卷二四《马援传》，第844页。

② 《后汉书》，第1182页。《艺文类聚》卷九五引张璠《汉记》曰：“梁冀起兔苑于河南，移檄在所，调发生兔，刻其毛以为识。”〔唐〕欧阳修撰，汪绍楹校：《艺文类聚》，上海古籍出版社1965年11月版，第1650页。

③ 王子今：《东汉洛阳的“胡客”》，《中国区域文化研究》第1辑（创刊号），社会科学文献出版社2019年3月版。

④ 《后汉书》卷一一《刘盆子传》：“帝怜盆子，赏赐甚厚，以为赵王郎中。后病失明，赐荥阳均输官地，以为列肆，使食其税终身。”李贤注：“肆，市列也。”第486页。

阳称中，余四都各用东西南北为称”[①]，也说明随着关东地区经济文化的发展，洛阳的地位愈益重要。东汉时期，洛阳及其附近地区在全国经济格局中居于领导地位，商业活动尤其繁荣。《后汉书》卷四九《仲长统传》载《昌言·理乱》指出“豪人”们的超强经济实力：

> 豪人之室，连栋数百，膏田满野，奴婢千群，徒附万计。船车贾贩，周于四方；废居积贮，满于都城。琦赂宝货，巨室不能容；马牛羊豕，山谷不能受。妖童美妾，填乎绮室；倡讴伎乐，列乎深堂。

其中“船车贾贩，周于四方”，言其商业活动。所谓“废居积贮，满于都城”，强调了“都城”。李贤注：“《史记》曰：‘转毂百数，废居蓄邑。’注云：‘有所废，有所蓄，言其乘时射利也。’”[②]

《后汉书》卷四九《王符传》引《潜夫论·浮侈》批评世俗消费生活的奢靡，明确说到“都邑”“洛阳”：

> 王者以四海为家，兆人为子。一夫不耕，天下受其饥；一妇不织，天下受其寒。今举俗舍本农，趋商贾，牛马车舆，填塞道路，游手为巧，充盈都邑，务本者少，浮食者众。“商邑翼翼，四方是极。”今察洛阳，资末业者什于农夫，虚伪游手什于末业。是则一夫耕，百人食之，一妇桑，百人衣之，以一奉百，孰能供之！天下百郡千县，市邑万数，类皆如此。本末不足相供，则民安得不饥寒？饥寒并至，则民安能无奸轨？奸轨繁多，则吏安能无严酷？严酷数加，则下安能无愁怨？愁怨者多，则咎征并臻。下民无聊，而上天降灾，则国危矣。[③]

论者以“浮侈”可能导致“国危”警告最高执政集团，提示他们从日常熟见的洛阳城市风情看到潜在的社会危机。

---

① 《汉书》，第1180页。
② 《后汉书》，第1648页至第1649页。
③ 《后汉书》，第1633页。

《昌言·理乱》和《潜夫论·浮侈》言社会奢华风习，前者说“都城”，后者说“都邑”“洛阳”，均言及“四方”，后者更一说“四海”，三说“天下”，都强调洛阳市场联系极广阔空间的经济形势。“贾胡”对洛阳经济生活的参与不宜忽视。

东汉晚期京师地方“贾胡”聚居的情形，可以通过《三国志》卷二一《魏书·傅嘏传》裴松之注引《傅子》的记述得以说明：

> 河南尹内掌帝都，外统京畿，兼古六乡六遂之士。其民异方杂居，多豪门大族，商贾胡貊，天下四会，利之所聚，而奸之所生。①

前说误杀梁冀“兔”的“西域贾胡”故事，有“转相告言，坐死者十余人”情节，说明他们在洛阳地方的社交规模。这正是所谓“利之所聚”。笔者曾经著文指出，所谓“商贾胡貊，天下四会”，体现了当时洛阳作为世界都市的文化气象。② 其实，以经商业逐利为生业的“胡客”，由洛阳向“天下”“四方”辐射式扩张其经营空间的活跃表现，可能已经形成了经济生活的新的风景。其活动方式，或即如所谓“到一处辄止”，“所至之处辄停留”描述的情形。

河南南阳地方出土的汉画像石和汉画像砖，画面多见胡人面貌。在南阳活动的胡商，或许从长安沿武关道而来，但是也不能排除自洛阳南下的可能。

《后汉书》卷五一《李恂传》写道：“复征拜谒者，使持节领西域副校尉。西域殷富，多珍宝，诸国侍子及督使贾胡数遗恂奴婢、宛马、金银、香、罽之属，一无所受。”李贤注：“《袁山松书》曰：‘西域出

---

① 《三国志》，中华书局1959年12月版，第624页。《太平御览》卷二五二引《魏志》曰：“傅嘏，字兰石，为河南尹，内掌帝都，外统宗畿，兼主六乡六遂之士。其民异方杂居，多豪门大族，商贾胡貊，天下四会，利之所聚，而奸之所生也。”第1188页。

② 王子今：《汉代的“商胡”“贾胡”“酒家胡”》，《晋阳学刊》2011年1期。

诸香、石蜜。’罽，织毛为布者。”[①] 所谓“贾胡数遗”“奴婢、宛马、金银、香、罽之属”，应是一种违法的贿赂行为。也许这种行为曲折体现了匈奴占领时期特殊经济形式的历史惯性。[②] 所谓“诸国侍子及督使贾胡数遗恂奴婢、宛马、金银、香、罽之属”，体现“贾胡”介入政治生活的情形，也体现“贾胡”行为方式的特征。《傅子》所谓“商贾胡貊”居于洛阳即“奸之所生”，应当是有一定道理的。

前引梁冀菟苑故事“尝有西域贾胡，不知禁忌，误杀一兔，转相告言，坐死者十余人”情节固然反映梁冀的横暴，但是或许也可以从一个特殊侧面说明“西域贾胡”的言行方式或许与汉地农耕人有所不同。他们在有的情况下或许有并非“不知禁忌”而有意冲越“禁忌”的可能。

司马迁《史记》卷一二九《货殖列传》分析富贵追求对有些社会层次的强烈影响，有“不避法禁，走死地如骛者，其实皆为财用耳”的心理分析与行为分析。[③] “西域贾胡”的进取意识和勇敢精神，也许可以看作“不避法禁，走死地如骛者”的典型。

5 洛阳市场的西域“珍宝”交易

前引《李恂传》“西域殷富，多珍宝，诸国侍子及督使贾胡数遗恂奴婢、宛马、金银、香、罽之属”，透露出中原人喜爱的“西域”物产，包括“奴婢、宛马、金银、香、罽之属”。“西域”“珍宝”在洛阳市场无疑也受到欢迎。《后汉书》卷八八《西域传》：“诸国所生奇异玉

---

① 《后汉书》，第 1683 页。

② 参看王子今：《“匈奴西边日逐王”事迹考论》，《新疆文物》2009 年 3—4 期；《论匈奴僮仆都尉“领西域”“赋税诸国”》，《石家庄学院学报》2012 年 4 期；《匈奴“僮仆都尉”考》，《南都学坛》2012 年 4 期。

③ 《史记》，第 3271 页。

石诸物，谲怪多不经，故不记云。”[①] 所谓“奇异玉石诸物”，应当包括前引《盐铁论》所言“骡驴馲驼”、“驒騱騵马”，“鼲貂狐貉，采旃文罽”以及“璧玉珊瑚琉璃”等。

《后汉书》卷四九《王符传》载王符《潜夫论·浮侈》：“王者以四海为家，兆人为子。一夫不耕，天下受其饥；一妇不织，天下受其寒。今举俗舍本农，趋商贾，牛马车舆，填塞道路，游手为巧，充盈都邑，务本者少，浮食者众。‘商邑翼翼，四方是极。’今察洛阳，资末业者什于农夫，虚伪游手什于末业。是则一夫耕，百人食之，一妇桑，百人衣之，以一奉百，孰能供之！天下百郡千县，市邑万数，类皆如此。”“昔孝文皇帝躬衣弋绨，革舄韦带。而今京师贵戚，衣服饮食，车舆庐第，奢过王制，固亦甚矣。且其徒御仆妾，皆服文组彩牒，锦绣绮纨，葛子升越，筒中女布。犀象珠玉，虎魄玳瑁，石山隐饰，金银错镂，穷极丽靡，转相夸咤。”[②] 王符的警告，明确指向“都邑”“洛阳”“京师”。所谓“资末业者什于农夫，虚伪游手什于末业”的社会风习，或有受到“善贾市，争分铢”“有市贩贾诸物”外来影响的可能。所谓“犀象珠玉，虎魄玳瑁，石山隐饰，金银错镂”等消费品，应来自域外。

当时洛阳社会外来商品消费需求的实例，有班固《与弟超书》言及“月氏马、苏合香”以及“杂罽”“月支毾”“闟登”的购入：“窦侍中令载杂彩七百匹，市月氏马、苏合香。”“窦侍中前寄人钱八十万，市得杂罽十余张也。”[③] “月支罽大小相杂但细好而已。”“今赍白素三百匹欲以市月支马、苏合香、闟登。”[④]《三国志》卷三〇《乌丸鲜卑东夷

---

① 《后汉书》，第 2929 页。

② 《后汉书》，第 1633 页至第 1635 页。

③ 《太平御览》卷八一六引班固《与弟超书》曰：“窦侍中前寄人钱八十万，市得杂十余张。”第 3631 页。

④ 《汉魏六朝百三家集》卷一一，文渊阁《四库全书》本。

传》裴松之注引《魏略》说到的“海西布”“胡绫”[①]，也应当是洛阳人熟悉的西来物产。曹植《辩道论》也写道：“（甘始）又言：‘诸梁时，西域胡来献香、罽、腰带、割玉刀，时悔不取也。’”[②] 也说到“西域胡”商品经营的内容。洛阳居民对“外国之物”多方面的高等级消费需求，通过“西域胡”的市场行为得到满足。《后汉书》卷八八《西域传》记载“大秦国”物产：“土多金银奇宝，有夜光璧、明月珠、骇鸡犀、珊瑚、虎魄、琉璃、琅玕、朱丹、青碧。刺金缕绣，织成金缕罽、杂色绫。作黄金涂、火浣布。又有细布，或言水羊毳，野蚕茧所作也。合会诸香，煎其汁以为苏合。凡外国诸珍异皆出焉。”[③] 这些所谓出自“大秦国”的物资，其实未必皆来自一国，称之为“外国诸珍异”，可能是适宜的。

《史记》卷一二九《货殖列传》说，岭南地方便于得到“珠玑、犀、玳瑁，果、布”。[④]《汉书》卷二八下《地理志下》也写道：“（粤地）处近海，多犀、象、毒冒、珠玑、银、铜、果、布之凑，中国往商贾者多取富焉。”[⑤]《三国志》卷五三《吴书·薛综传》说交阯地方行政任务包括远国“宝玩”的“供办”：“裁取供办，贵致远珍名珠、香药、象牙、犀角、玳瑁、珊瑚、琉璃、鹦鹉、翡翠、孔雀、奇物、充备宝玩，不必仰其赋入，以益中国也。”[⑥] 由于海上丝绸之路的畅通，史

---

① 《三国志》，第 861 页。

② 〔魏〕曹植著，赵幼文校注：《曹植集校注》，人民文学出版社 1984 年 6 月版，第 188 页，第 193 页。断句作“西域胡来献香罽腰带、割玉刀”，注释：“香罽，具有香气之毛织物。”以为“香罽”是“具有香气之毛织物”，显然是误解。《太平御览》卷八一六引引曹植《辩道论》曰：“甘始谓王曰：诸梁时西域胡来献罽，悔不取也。”第 3631 页。

③ 《后汉书》，第 2919 页。

④ 《史记》，第 3268 页。

⑤ 《汉书》，第 1670 页。

⑥ 《三国志》，第 1251 页。

书有“南海多珍，财产易积，掌握之内，价盈兼金”之说。[①] 在东汉时代，洛阳作为“中国”之政治、经济、文化中心，密集居住着消费欲望甚高的皇族权贵，又强力吸引着交易能力甚强的富商大贾，作为这些来自海外的种种“奇物”“珍异”“宝玩”“供办”“致”“入”的首要目的地，是很自然的。

可以推想，“中国往商贾者多取富焉”以及“南海”“远珍”“以益中国”的情形，在洛阳应当有集中的表现。

考察东汉洛阳市场的国际化特色，有助于全面认识丝绸之路史，也有益于深化汉代都市建设史、商业交通史，以及历史商业地理等方向的学术思考。对洛阳地方史及中原历史文化的理解，也可能因世界史视角的拓展而得到新的收获。[②]

---

① 《后汉书》卷七六《循吏传·孟尝》，第 2474 页。

② 王子今：《东汉洛阳的国际化市场》，《中原文化研究》2018 年 1 期，《洛阳学研究——洛阳学国际学术研讨会论文集》，经济管理出版社 2018 年 10 月版。

汉代中原社会生活中的“胡毡”

与丝绸之路开通导致的文化交流有关，来自草原民族的“毡”进入了汉代中原社会生活。“毡”以羊毛等牲畜的毛制成，又写作“旃”。《释名·释床帐》：“毡，旃也，毛相著，旃旃然也。”[①]《太平御览》卷七〇八引《说文》：“蛩毛，可以为毡。”[②]《说文·毛部》：“毡，撚毛也。”段玉裁注：“《手部》曰：‘撚者，蹂也。’撚毛者，践毛成毡也。”《说文·手部》：“撚，执也。从手，然声。一曰蹂也。”段玉裁注：“执者，捕罪人也。引申为凡执取之称。《广韵》曰：撚者以手撚物也。”对于“蹂”，段玉裁解释：“蹂者，兽足蹂地也。”[③]如果以“兽足蹂地”说明“毡”的制作方式，或许接近“毡”原产地的生活与生产背景。

考察汉代中原社会生活中“毡”的使用，可以更全面地认识当时的生产与消费，也可以了解因丝绸之路通行导致的民族文化的交往、交流、交融。

---

① 任继昉纂：《释名汇校》，齐鲁书社2006年11月版，第316页。

② 〔宋〕李昉等撰：《太平御览》，中华书局用上海涵芬楼影印宋本1960年2月复制重印版，第3155页。

③ 〔汉〕许慎撰，〔清〕段玉裁注：《说文解字注》，上海古籍出版社1981年10月据经韵楼藏版影印版，第399页，第609页。

1 “胡人”“毳毛为毡”

《淮南子·齐俗》写道：“夫胡人见黂，不知其可以为布也；越人见毳，不知其可以为旃也。故不通于物者，难与言化。”[①] 可知“旃”即“毡”，是“胡人”生产。原料是“毳”。《周礼·天官·掌皮》：“共其毳毛为毡，以待邦事。”郑玄注：“当用毡则共之。毳毛，毛细缛者。”[②]

苏武被困匈奴，拒绝劝降，在极端困难的情况下艰难生存。《汉书》卷二四《苏武传》记载：“天雨雪，武卧啮雪与旃毛并咽之……”[③]《太平御览》卷七〇八引《汉书》作“武卧啮雪与旃毛裹咽之”。[④] 文字略异。《后汉书》卷一九《耿恭传》：“论曰：余初读《苏武传》，感其茹毛穷海，不为大汉羞。”李贤注：“苏武，武帝时使匈奴，匈奴乃幽囚武于大窖中，绝不饮食。天雨雪，武卧啮雪，与毡毛并咽之，数日不死，匈奴以为神。乃徙武北海上无人处，二十年乃还也。”[⑤] 可知在匈奴居处，“毡毛”“旃毛”是比较容易得到的物品。

《汉书》卷六四下《王褒传》说：“益州刺史因奏褒有轶材。上乃征褒。既至，诏褒为圣主得贤臣颂其意。”王褒文字开篇就说：“夫荷旃被毳者，难与道纯绵之丽密；羹藜唅糗者，不足与论太牢之滋味。今臣辟在西蜀，生于穷巷之中，长于蓬茨之下，无有游观广览之知，顾有

① 何宁注：“宁案：旃假为毡。《北堂书钞》一百三十四、《太平御览》七百八引‘旃’作‘毡’，当是高本。”何宁撰：《淮南子集释》，中华书局 1998 年 10 月版，第 764 页。

② 〔清〕孙诒让撰，王文锦、陈玉霞点校：《周礼正义》，中华书局 1987 年 12 月版，第 511 页。

③ 《汉书》，中华书局 1962 年 6 月版，第 2462 页。

④ 〔宋〕李昉等撰：《太平御览》，中华书局用上海涵芬楼影印宋本 1960 年 2 月复制重印版，第 3155 页。

⑤ 《后汉书》，中华书局 1965 年 5 月版，第 724 页，第 725 页。

至愚极陋之累，不足以塞厚望，应明指。虽然，敢不略陈愚而抒情素！"[①] 看来，"荷旃被毳"，是用以作为与"辟""穷""至愚极陋"相对应的生活方式的写照的。《后汉书》卷八九《匈奴传》："单于震慑屏气，蒙毡遁走于乌孙之地，而漠北空矣。"[②] 可见"毡"在匈奴服用之具有代表性的意义。

匈奴控制西域期间，据说"匈奴能得其马畜旃罽，而不能统率与之进退"。[③] 安作璋以为可以理解为西域各族"对匈奴离心离德，不愿顺从"。[④] 这一说法表明匈奴对西域的控制和奴役，未能实现人心的征服。[⑤] 显然，"旃罽"，也是西域民族经济具有代表性的产品。

"毡产于胡"，[⑥] 因有"胡毡"之说。[⑦] "毡"的生产，首先表现为北边草原民族最为优长的能力。"毡"的使用，也是北胡地方社会生活中最为突出的现象。同时西南少数民族也有制作"毡"的技能与使用"毡"的习惯。如《后汉书》卷八六《西南夷传·冉駹》："其人能作旄毡、班罽、青顿、毞毲、羊羧之属。"[⑧] 东北方向的少数民族史料也可见相关迹象。《三国志》卷三〇《魏书·乌丸传》裴松之注引《魏

---

① 《汉书》，第 2822 页。

② 《后汉书》，第 2967 页。

③ 《汉书》卷九六下《西域传下·车师后国》，第 3930 页。

④ 安作璋：《两汉与西域关系史》，齐鲁书社 1979 年 7 月版，第 9 页。

⑤ 王子今：《匈奴经营西域研究》，中国社会科学出版社 2016 年 12 月版，第 41 页。

⑥ 《宋书》卷三〇《五行志一》，中华书局 1974 年 11 月版，第 887 页。

⑦ 《通典》卷二〇〇《边防十六·北狄七》载傅奕曰："突厥、吐蕃、契丹等往因入贡，并叨殊奖。""或曳裾庠序，高步学门，服胡旃裘，语兼中夏，明习汉法。"〔唐〕杜预撰：《通典》，中华书局据原商务印书馆万有文库十通本 1984 年 2 月影印版，第 1085 页。

⑧ 李贤注："青顿，毲羧，并未详。《字书》无此二字。"又引《周书》："伊尹为四方献令曰：'正西昆仑、狗国、鬼亲、枳已、闟耳、贯匈、雕题、离丘、漆齿，请令以丹青、白旄、纰罽、龙角、神龟为献。'汤曰：'善。'"又说："何承天《纂文》曰：'纰，氐罽也。'音卑疑反。毞即纰也。"《后汉书》，第 2858 页。

书》说："乌丸者，东胡也。""以穹庐为宅"，"以毛毳为衣"。"大人能作弓矢鞍勒，锻金铁为兵器，能刺韦作文绣，织缕毡毲。"[①]

边地民族"毡"的生产与消费，也对中原居民的日常生活形成了影响。

2 "旃裘"与"旃帐""毡幄"

以"毡""旃"为衣物的情形颇为多见。如"旃裘"。《史记》卷一二九《货殖列传》："北多马、牛、羊、旃裘、筋角。"[②]《史记》卷二七《天官书》说："……其西北则胡、貉、月氏诸衣旃裘引弓之民，为阴。"[③]《史记》卷六九《苏秦列传》："君诚能听臣，燕必致旃裘狗马之地，齐必致鱼盐之海，楚必致橘柚之园，韩、魏、中山皆可使致汤沐之奉，而贵戚父兄皆可以受封侯。"[④] 也说到燕地"旃裘"。《盐铁论·本议》："陇、蜀之丹漆旄羽，荆、扬之皮革骨象，江南之楠梓竹箭，燕、齐之鱼盐旃裘，兖、豫之漆丝絺纻，养生送终之具也，待商而通，待工而成。"所谓"燕、齐之鱼盐旃裘"，并非"燕、齐"两地概论，而语序有误，本意当然是说"齐"之"鱼盐"，"燕"之"旃裘"。王利器注："'旃裘'即'毡裘'。"[⑤]

《史记》卷一一〇《匈奴列传》："自君王以下，咸食畜肉，衣其皮革，被旃裘。"而中行说强调匈奴本土物资的优越："其得汉缯絮，以

---

① 《三国志》，中华书局1959年12月版，第832页。

② 《史记》，中华书局1959年9月版，第3254页。

③ 《史记》，第1347页。《汉书》卷二六《天文志》作"其西北则胡、貉、月氏旃裘引弓之民，为阴"。第1289页。

④ 《史记》，第2245页。

⑤ 王利器校注：《盐铁论校注》（定本），中华书局1992年7月版，第3页，第17页。

驰草棘中，衣袴皆裂敝，以示不如旃裘之完善也。”[①]

《汉书》卷六二《司马迁传》载《报任少卿书》说李陵突击匈奴腹地，“李陵提步卒不满五千，深践戎马之地，足历王庭，垂饵虎口，横挑强胡，卬亿万之师，与单于连战十余日，所杀过当。虏救死扶伤不给，旃裘之君长咸震怖，乃悉征左右贤王，举引弓之民，一国共攻而围之。”[②] 所谓“旃裘之君长”，《六臣注文选》卷四一司马子长《报任少卿书》作“毡裘之君长”。注：“善本作旃裘二字。”[③] “旃裘之君长”，“毡裘之君长”，对应前说“旃裘”“之民”、“旃裘”“之地”，说明所“被”之“旃裘”，已经成为草原民族的代表性符号。《盐铁论·诛秦》又可见“旃裘之长”：“先帝兴义兵以征厥罪，遂破祁连、天山，散其聚党，北略至龙城，大围匈奴，单于失魂，仅以身免，乘奔逐北，斩首捕虏十余万。控弦之民，旃裘之长，莫不沮胆，挫折远遁，遂乃振旅。”[④]

扬雄《河东赋》所见颂扬汉德文字：“于兹虖鸿生巨儒，俄轩冕，杂衣裳，修唐典，匡雅颂，揖让于前。昭光振耀，蠁曶如神，仁声惠于北狄，武义动于南邻。是以旃裘之王，胡貉之长，移珍来享，抗手称臣。”[⑤] 其中“北狄”“旃裘之王”的“旃裘”，也可以作同样的理解。

“旃裘”“之民”，“旃裘”“之地”，“旃裘之王”，“旃裘之长”，“旃裘之君长”在文献中的出现，有民族判别之徽号的意义。使得“毡”“旃”这种“北狄”物资，具有了历史民族地理学与历史经济地

① 《史记》，第 2879 页，第 2899 页。

② 《汉书》，第 2729 页。

③ 〔梁〕萧统编，〔唐〕李善、吕延济、刘良、张铣、吕向、李周翰注：《六臣注文选》，中华书局 1987 年 8 月版，第 767 页。李善注《文选》作“旃裘之君长”，李善注：“旃裘，谓匈奴所服也，故言‘旃裘之君’。”〔梁〕萧统编，〔唐〕李善注：《文选》，中华书局据胡克家刻本 1977 年 11 月缩小影印版，第 578 页。

④ 王利器校注：《盐铁论校注》（定本），第 488 页。

⑤ 《汉书》卷八七上《扬雄传上》，第 3552 页。

理学的标示作用。后世史籍可见“毡乡”地理代号[①]，或许可以帮助我们理解“旃裘”“之地”的意义。

《后汉书》卷三六《郑众传》记载：“（永平）八年，显宗遣众持节使匈奴。众至北庭，虏欲令拜，众不为屈。单于大怒，围守闭之，不与水火，欲胁服众。众拔刀自誓，单于恐而止，乃更发使随众还京师。朝议复欲遣使报之。”郑众上疏劝谏，“帝不从，复遣众。众因上言：‘臣前奉使不为匈奴拜，单于恚恨，故遣兵围臣。今复衔命，必见陵折。臣诚不忍持大汉节对毡裘独拜。如令匈奴遂能服臣，将有损大汉之强。’”“其后帝见匈奴来者，问众与单于争礼之状，皆言匈奴中传众意气壮勇，虽苏武不过。”[②] 从郑众“臣诚不忍持大汉节对毡裘独拜”语可知，“毡裘”用以象征“匈奴”。

以“毡”制作衣物，有所谓“旃厚衣”。苏武被匈奴拘禁，《新序·节士》写道：“是时匈奴使者数降汉，故匈奴亦欲降武以取当。单于使贵人故汉人卫律说武，武不从，乃设以贵爵重禄尊位，终不听，于是律绝不与饮食，武数日不降。又当盛暑，以旃厚衣并束，三日暴，武心意愈坚，终不屈挠。”石光瑛注：“以旃裘厚衣约束其身，暴之盛暑日中，困苦之，有三日也。”[③]

上文引《宋书》卷三〇《五行志一》“毡产于胡”。其叙说随后写道：“而天下以为絈头、带身、衿口，胡既三制之矣，能无败乎。”[④] 中原社会以“毡”“为絈头、带身、衿口”，指出除“旃裘”主要以“毡”为衣料外，服饰缝制局部采用“毡”的情形，已经相当普遍。

“毡”“旃”的另一种常见使用方式，是营构“穹庐”“旃帐”。

---

① 《南齐书》卷五七《魏虏传》，中华书局 1972 年 1 月版，第 990 页。

② 《后汉书》，第 1224 页至第 1225 页。

③ 〔汉〕刘向编著，石光瑛校释，陈新整理：《新序校释》，中华书局 2001 年 1 月版，第 1006 页。

④ 《宋书》卷三〇《五行一》，第 887 页。

“穹庐”又作“穹闾”。《史记》卷二七《天官书》：“北夷之气如群畜穹闾。”司马贞《索隐》：“邹云一作‘弓闾’。《天文志》作‘弓’字，音穹。盖谓以毡为闾，崇穹然。”[①]

“以毡为闾”，是“北夷”“北狄”通行的居处营造方式。扬雄《长杨赋》回顾汉武帝时代卫青、霍去病对匈奴的进击：“其后熏鬻作虐，……遐萌为之不安，中国蒙被其难。于是圣武勃怒，爰整其旅，乃命票、卫，汾沄沸渭，云合电发，猋腾波流，机骇蜂轶，疾如奔星，击如震霆，砰轒辒，破穹庐，脑沙幕，髓余吾。遂猎乎王延。”所谓“砰轒辒，破穹庐”，颜师古注：“应劭曰：‘轒辒，匈奴车也。’师古曰：‘穹庐，毡帐也。’”[②]《汉书》卷五四《苏武传》说，苏武“海上”“牧羊”，“单于弟于靬王弋射海上。武能网纺缴，檠弓弩，于靬王爱之，给其衣食。三岁余，王病，赐武马畜服匿穹庐。”颜师古注：“刘德曰：‘服匿如小旃帐。’孟康曰：‘服匿如罂，小口大腹方底，用受酒酪。穹庐，旃帐也。’晋灼曰：‘河东北界人呼小石罂受二斗所曰服匿。’师古曰：‘孟、晋二说是也。’”[③]《汉书》卷九四上《匈奴传上》：“汉使曰：‘匈奴父子同穹庐卧……’”颜师古注也说：“穹庐，旃帐也。其形穹隆，故曰穹庐。”[④]

《汉书》卷九六下《西域传下》：“（乌孙）公主悲愁，自为作歌曰：‘吾家嫁我兮天一方，远托异国兮乌孙王。穹庐为室兮旃为墙，以肉为食兮酪为浆。’”[⑤]《史记》卷一一〇《匈奴列传》裴骃《集解》引《汉书音义》：“穹庐，旃帐。”[⑥]“旃帐”又作“毡幄”。就前引郑众

---

① 《史记》，第 1338 页。

② 《汉书》卷八七下《扬雄传下》，第 3561 页，第 3562 页。

③ 《汉书》，第 2463 页，第 2464 页。

④ 《汉书》，第 3760 页，第 3761 页。参看（日）江上波夫：《匈奴的住所》，王子今、殷稼、于可可译，《西北史地》1991 年 3 期。

⑤ 《汉书》，第 3903 页。

⑥ 《史记》，第 2900 页。

"奉使不为匈奴拜"，"不忍持大汉节对毡裘独拜"，即"与单于争礼"事，《后汉书》卷三六《郑范陈贾张传》赞曰："众驰一介，争礼毡幄。"李贤注："毡幄谓匈奴也。"[①] "毡幄"，也成为象征"匈奴"的文化符号。关于西北民族风习，又有"以毡为屋"的说法[②]，应当也是"穹庐为室兮旃为墙"。

3 "毡"的传入："外国之物内流"

前引《史记》卷一二九《货殖列传》"北多马、牛、羊、旃裘、筋角"之说。包括"毡"服装制品的这些物资都是北方胡地所产，通过贸易方式传入中原，介入了中土消费生活和生产实践。经商业渠道交换进入中原的"毡""旃"，《盐铁论·力耕》的一段名言有所涉及："夫中国一端之缦，得匈奴累金之物，而损敌国之用。是以骡驴馲驼，衔尾入塞，驒騱騵马，尽为我畜，鼲貂狐貉，采旃文罽，充于内府，而璧玉珊瑚琉璃，咸为国之宝。是则外国之物内流，而利不外泄也。异物内流则国用饶，利不外泄则民用给矣。《诗》曰：'百室盈止，妇子宁止。'"这是丝绸之路史研究者多所引用的文字，说到了"鼲貂狐貉，采旃文罽"等毛皮制品。而"文学"的反驳之辞，说"鼲貂旃罽，不益锦绨之实"，以为不合于农耕传统，"计耕桑之功，资财之费，是一物而售百倍其价也，一揖而中万钟之粟也。"又警告："贵远方之物，则货财外充。"强调"理民之道，在于节用尚本，分土井田而已"。[③] 在儒学学者宣传重农抑商理念的时候，"采旃文罽"是被作为典型商品的代表。

---

① 《后汉书》，第1245页。

② 《魏书》卷一〇二《西域传·嚈哒》，中华书局1974年6月版，第2279页。

③ 王利器校注：《盐铁论校注》（定本），第28页至第29页。

“毡”进入汉地，还有其他路径。《续汉书·百官志五》“匈奴中郎将”条刘昭注补引应劭《汉官》曰：“拥节，屯中步南，设官府掾史。单于岁遣侍子来朝，谒者常送迎焉，得赂弓马毡罽他物百余万。谒者事讫，还具表付帑藏，诏书敕自受。”[①] 可见“赂”，也是“毡”传入的方式。

“毡”作为军备物资，也有被征用的情形。《三国志》卷四五《蜀书·杨戏传》裴松之注引《益部耆旧杂记》写道：“大将军姜维每出北征，羌、胡出马牛羊毡毦及义谷裨军粮，国赖其资。”[②]“羌、胡”所提供的运输动力与军粮被服中，是包括“毡”的。

军事学家克劳塞维茨曾经指出：“战争是一种人类交往的行为。”[③] 马克思和恩格斯也曾经指出：“战争本身”“是一种经常的交往形式”。他们特别重视民族关系在这种“交往”中的动态。马克思、恩格斯指出，“对进行征服的蛮族来说，正如以上所指出的，战争本身还是一种经常的交往形式；在传统的、对该民族来说唯一可能的粗陋生产方式下，人口的增长越需要新的生产资料，因而这种交往越来越被加紧利用。”[④] 在汉代民族战争史中，我们看到“毡”这种物资交往的特殊实现方式。

段颎击羌获胜，“颎追至谷上下门穷山深谷之中，处处破之，斩其渠帅以下万九千级，获牛马驴骡毡裘庐帐什物，不可胜数。”[⑤] 所缴获战利品中可见作为羌人主要生活物资的“毡裘”。

---

① 《后汉书》，第3625页。

② 《三国志》，第1090页。

③ （德）克劳塞维茨：《战争论》，中国人民解放军军事科学院译，解放军出版社1964年2月版，第1卷第179页。

④ （德）马克思、恩格斯：《德意志意识形态》，《马克思恩格斯选集》，人民出版社2012年9月版，第1卷第206页。

⑤ 《后汉书》卷六五《段颎传》，第2153页。

4 《货殖列传》:"旃席千具""比千金之家"

司马迁在《史记》卷一二九《货殖列传》中说到财富拥有的多种形式:"通邑大都,酤一岁千酿,醯酱千瓨,浆千甔,屠牛羊彘千皮,贩谷粜千钟,薪藁千车,船长千丈,木千章,竹竿万个,其轺车百乘,牛车千两,木器髹者千枚,铜器千钧,素木铁器若卮茜千石,马蹄躈千,牛千足,羊彘千双,僮手指千,筋角丹沙千斤,其帛絮细布千钧,文采千匹,榻布皮革千石,漆千斗,糵曲盐豉千荅,鲐鮆千斤,鲰千石,鲍千钧,枣栗千石者三之,狐貂裘千皮,羔羊裘千石,旃席千具,佗果菜千钟,子贷金钱千贯,节驵会,贪贾三之,廉贾五之,此亦比千乘之家,其大率也。"[①] 对于《货殖列传》,历代史论家评议颇多,有的予以否定性批评,有的则高度赞扬。郭嵩焘说,"案史公传《货殖》,自写其湮郁,而揽括天下大势,上下今古,星罗棋布,惟所指画","高掌远蹠,睥睨千古。"[②] 有学者说,"《史记》一书体现了司马迁卓越的经济思想"。[③] 也许《货殖列传》有最集中的表现。所谓"揽括天下大势","高掌远蹠",是说其经济形势观察的视野宏大。司马迁对社会最活跃人群"商贾"行为的积极意义的肯定,其实也透露出太史公思路能够切近社会生产与流通的强劲脉搏,是与经济生活的生命力一致的。

所谓"船长千丈","轺车百乘,牛车千两","亦比千乘之家",对交通能力的看重,是体现出经济思想的特殊卓识的。而"千乘",本身已经强调了交通条件方面的实力。《货殖列传》对于经济形势能够"星

---

① 《史记》,第 3274 页。

② 〔清〕郭嵩焘著:《史记札记》卷五下《列传·货殖列传》,商务印书馆 1957 年 9 月版,第 453 页,第 454 页。

③ 张新科著:《史记学概论》,商务印书馆 2003 年 11 月版,第 296 页。

罗棋布，惟所指画”，是确实的。我们看到，“马蹄躈千，牛千足，羊彘千双，僮手指千，筋角丹沙千斤”，以及“鲐鮆千斤，鲰千石，鲍千钧”等，“亦比千乘之家”，是分别有较明确经济地理指向的分析。而所谓“狐貂裘千皮，羔羊裘千石，旃席千具”，应当指出了以畜牧射猎为基本经济形势的地方物产优势。

其中“旃席千具”，作为体现当时社会日常用具的经济史及生活史信息，尤其应当重视。

5　司马懿“并州佳毡”欲求与汉地“好胡服、胡帐”风习

汉魏之际的文献遗存，明确说明“毡”来自北方。《三国志》卷九《魏书·李胜传》说，司马懿“称疾避（曹）爽”。“（正始）九年冬，李胜出为荆州刺史，往诣宣王。宣王称疾困笃，示以羸形。胜不能觉，谓之信然。”裴松之注引《魏末传》曰：“爽等令胜辞宣王，并伺察焉。宣王见胜，胜自陈无他功劳，横蒙特恩，当为本州，诣合拜辞，不悟加恩，得蒙引见。宣王令两婢侍边，持衣，衣落；复上指口，言渴求饮，婢进粥，宣王持杯饮粥，粥皆流出沾胸。胜愍然，为之涕泣，谓宣王曰：‘今主上尚幼，天下恃赖明公。然众情谓明公方旧风疾发，何意尊体乃尔！’宣王徐更宽言，才令气息相属，说：‘年老沈疾，死在旦夕。君当屈并州，并州近胡，好善为之，恐不复相见，如何！’胜曰：‘当还忝本州，非并州也。’宣王乃复阳为昏谬，曰：‘君方到并州，努力自爱！’错乱其辞，状如荒语。胜复曰：‘当忝荆州，非并州也。’宣王乃若微悟者，谓胜曰：‘懿年老，意荒忽，不解君言。今还为本州刺史，盛德壮烈，好建功勋。今当与君别，自顾气力转微，后必不更会，因欲自力，设薄主人，生死共别。令师、昭兄弟结君为友，不可相舍去，副懿区区之心。’因流涕哽咽。胜亦长叹，答曰：‘辄当承教，须待敕

命。’胜辞出，与爽等相见，说：‘太傅语言错误，口不摄杯，指南为北。又云吾当作并州，吾答言当还为荆州，非并州也。徐徐与语，有识人时，乃知当还为荆州耳。又欲设主人祖送。不可舍去，宜须待之。’更向爽等垂泪云：‘太傅患不可复济，令人怆然。’”[①] 司马懿“称疾困笃，示以羸形”的富有戏剧性的表演，欺骗了李胜。这一故事，《北堂书钞》卷一三四引《魏氏春秋》又说到司马懿有言“君之并州有佳毡，可为致之也”的情节：“河南尹李胜为荆州刺史，往辞太傅，曹爽因使察之。太傅谬问胜曰：‘君之并州有佳毡，可为致之也。’”[②]

据《太平御览》卷七〇八引《魏志》：“李胜为荆州刺史，往辞太傅，曹爽因使察之，太傅曰：谬问胜曰：‘君之并州有佳毡，可致之。’胜出，曰：‘太傅耄，无能为也。’”[③] 司马懿也有“君之并州有佳毡，可致之”语。然而《三国志》之《魏书》并没有“君之并州有佳毡，可致之”语。

“并州近胡”，“并州有佳毡”，或许可以说明除河西“凉州”之外，“并州”是“毡”从胡地输入中原的另一重要路径。

司马懿“君之并州有佳毡，可为致之也”体现的中原对“胡”地“毡”的需求，符合当时社会上层消费风尚的倾向。曹操高陵出土石牌文字“香囊”“胡粉”“渠枕”等[④]，可以看作文物证明。

《续汉书·五行志一》“服妖”条写道：“灵帝好胡服、胡帐、胡床、胡坐、胡饭、胡空侯、胡笛、胡舞，京都贵戚皆竞为之。”[⑤] 其中

---

① 《三国志》，第 284 页至第 286 页。

② 〔唐〕虞世南编撰：《北堂书钞》，中国书店据光绪十四年南海孔氏刊本 1989 年 7 月影印版，第 543 页。

③ 〔宋〕李昉等撰：《太平御览》，第 3155 页。

④ 王子今：《曹操高陵“香囊”考议》，《中国文化》2021 年秋季号；《曹操高陵“胡粉”考议》，《丝绸之路文明》，上海古籍出版社 2021 年 12 月版；《曹操高陵“渠枕”考》，《文物》2021 年 10 期。

⑤ 《后汉书》，第 3272 页。

“胡服、胡帐、胡床、胡坐”都可能使用“毡”。

6 王吉言“细旃之上”，曹操言“青毡床褥”

汉地“毡”的使用方式，史籍保留有相关的文字记载。

“（昌邑）王好游猎，驱驰国中，动作亡节，（王）吉上疏谏。”《汉书》卷七二《王吉传》记载了谏文内容，其中说到作为铺设物的“细旃”：“夫广夏之下，细旃之上，明师居前，劝诵在后，上论唐虞之际，下及殷周之盛，考仁圣之风，习治国之道，欣欣焉发愤忘食，日新厥德，其乐岂徒衔橛之间哉！”对于“广夏之下，细旃之上”，颜师古注：“广夏，大屋也。旃与氈同。”[①]“细旃”即“细毡”，应当是保障坐卧舒适的铺垫物。言其“细”者，应是制作用材更为良好，技术更为考究，质量更为高级。

《淮南子·原道》：“夫建钟鼓，列管弦，席旃茵，傅旄象，耳听朝歌北鄙靡靡之乐，齐靡曼之色，陈酒行觞，夜以继日，强弩弋高鸟，走犬逐狡兔，此其为乐也，炎炎赫赫，怵然若有所诱慕。”[②]杨树达说：“旃假为毡。《说文·毛部》云：‘毡，撚毛也。从毛，亶声。’旃字或作旜，亦从亶声，故得假旃为毡。”[③]《盐铁论·散不足》：“古者，皮毛草蓐，无茵席之加，旃蒻之美。及其后，大夫士复荐草缘，蒲平单莞。庶人即草蓐索经，单蔺籧蒢而已。今富者绣茵翟柔，蒲子露床。中者獏皮代旃，阘坐平莞。”提示我们当时“旃蒻”“茵席”所受到的欢迎。所谓“茵席”“旃蒻”，王利器注：“《文选·西征赋》注引许慎《淮南子》注：‘茵，车中蓐也。’”“‘旃’即《取下》篇‘旃席’之‘旃’。”所谓“獏皮代旃”，王利器注引张敦仁曰：“华氏本‘獏’改

---

① 《汉书》，第3060页。

② 何宁撰：《淮南子集释》，第69页。

③ 杨树达著：《淮南子证闻》，上海古籍出版社1985年8月版，第14页。

‘漢’。”又说：“字书未见‘獏’字”。于是提出了一种猜测：“器案：明初本作‘漢’，撄宁斋钞本作‘獏’，余疑是‘灘’字，四川称青海羊毛为滩皮。”①《新序·杂事》：“君子曰：‘天子居闉阙之中，帷帐之内，广厦之下，旃茵之上，不出襜幄，而知天下者，以有贤左右也。’”也说到高等级服用品“旃茵”。石光瑛注：“旃读为毡。”“《说文》旃或从亶作旜，二字皆从亶声。”② 此“广厦之下，旃茵之上”，一如王吉所谓“广夏之下，细旃之上”。“旃茵”，则已见于前引《淮南子·原道》。

《盐铁论·取下》还写道：“匡床旃席、侍御满侧者，不知负辂輓舩、登高绝流者之难也。”又说：“坐旃茵之上，安图籍之言若易然，亦不知步涉者之难也。”关于“旃席”，王利器注：“案：《史记·货殖传》：‘旃席千具。’《汉书·货殖传》同。”关于“旃茵”，王利器注引上文说到的“《淮南子·原道》篇：‘夫建钟鼓，列管弦，席旃茵，傅旄象’”，又引许慎“茵，车中蓐也”。③“旃茵”分别见于《淮南子》《盐铁论》，“旃席”之称分别见于《史记》与《盐铁论》，可知是当时较普遍的说法。

所谓“茵，车中蓐也”，可以通过简牍资料得到具体的认识。悬泉置汉简有《传车亶轝簿》，简文为：“……□敦煌……」……故完，可用。」……乘，敝，可用。」第四传车一乘，敝，可用。」第五传车一乘，轝完，轮轑敝尽，会辐四折伤，不可用。」……第六传车一乘，轝

---

① 王利器校注：《盐铁论校注》（定本），第352页，第384页，第385页。今按：王利器所谓“四川称青海羊毛为滩皮”不确。“滩皮”即滩羊皮，此称不限于“四川”，对于西北这种畜牧产品的产地记述也不准确。《汉语大词典》“滩羊”条：“【滩羊】我国优良裘皮用绵羊品种之一。分布于宁夏、甘肃的黄河两岸。”“皮板轻软，比一般羊皮贵重。”汉语大词典出版社1990年12月版，第6卷第219页。

② 〔汉〕刘向编著，石光瑛校释，陈新整理：《新序校释》，第722页至第723页。

③ 王利器校注：《盐铁论校注》（定本），第463页，第468页，第469页。

左轴折，轮輮敝尽不可用……」亶轝一，左轴折。」亶轝一，左轴折。」亶轝一，左轴折。」阳朔二年闰月壬申朔癸未，县泉置啬夫敢言之，谨移传车亶轝薄一编，敢言之。”（I0208②1-10）胡平生、张德芳释作《传车亶（毡）轝簿》，对“亶轝”的解释是：“亶，通毡，亶轝可能是以毛毡为车蓬和车厢内部装饰的车子，可以保暖。”[①] “车蓬”应为“车篷”误写。而“亶，通毡”的理解是正确的。以“亶”即“毡”作“车厢内部装饰”，应首先考虑的是“车厢”底部和四壁。在非西北高寒地方的中原区域，使用“旃茵”“旃席”，也就是以“亶”即“毡”制作“茵，车中蓐”，主要用意应当在于满足乘坐者的舒适要求。以“毡”敷设车厢四壁，一如前说所谓“旃为墙”。

《后汉书》卷四一《钟离意传》李贤注引蔡质《汉官仪》有关于“尚书郎”值班时食宿条件的内容：“尚书郎入直台中，官供新青缣白绫被，或锦被，昼夜更宿，帷帐画，通中枕，卧旃蓐，冬夏随时改易。太官供食，五日一美食，下天子一等。尚书郎伯使一人，女侍史二人，皆选端正者。伯使从至止车门还，女侍史絜被服，执香炉烧熏，从入台中，给使护衣服也。”[②] 所谓“卧旃蓐”，提示了一定等级官员卧具的品质。

《北堂书钞》卷一三四引《魏武与杨彪书》写道：“今令增足下青毡床褥三具。”[③]《太平御览》卷四七八引《魏武帝与杨彪书》作“今赠足下青毡床褥三具”。《太平御览》卷七〇八引《魏武帝与杨彪书》作“今赠足下青毡床褥三具也”。[④] “青毡床褥”“青毡床褥”，应当有比较理想的柔和度与舒适度。

以“毡”为“床”，可以追溯到较早的文献资料。《周礼·天官·

① 胡平生、张德芳编撰：《敦煌悬泉汉简释粹》，上海古籍出版社 2002 年 8 月版，第 85 页至 287 页。

② 《后汉书》，第 1411 页。

③ 〔唐〕虞世南编撰：《北堂书钞》，第 543 页。

④ 〔宋〕李昉等撰：《太平御览》，第 2192 页，第 3155 页。

掌次》："王大旅上帝，则张毡案，设皇邸。"郑玄注："张毡案，以毡为床于幄中。"[①]《南齐书》卷九《礼制上》记载太学博士贺玚议："《周礼》'王旅上帝，张毡案，设皇邸'。国有故而祭，亦曰旅。毡案，以毡为床于幄中，不闻郊所置宫宇。"[②]

邓艾率军进攻蜀汉，出阴平道南下奇袭。行军中竟然使用了"毡"。《三国志》卷二八《魏书·邓艾传》写道："冬十月，艾自阴平道行无人之地七百余里，凿山通道，造作桥阁。山高谷深，至为艰险，又粮运将匮，频于危殆。艾以毡自裹，推转而下。将士皆攀木缘崖，鱼贯而进。"[③] 邓艾"以毡自裹，推转而下"，克服"山高谷深，至为艰险"的交通条件的困难，说明军中至少邓艾的随身装备，是包括"毡"的。"毡"应该作为军队宿营基本卧具使用。

前引"毡，旃也"文字，在《释名》中列于《释床帐》题下，而不在《衣服》《用器》的内容中，可知其主要用作坐卧铺垫。《史记》卷一九《货殖列传》所说"毡席千具"，也可作为证明。

7 "旃帐""毡屋""以毡为殿"

北方草原民族使用"旃帐"即"穹庐为室兮旃为墙"的习俗，沿袭年代相当长久。

而如后世史籍所见"设毡屋"，"以毡帐为居"[④]，"以脱罗毡置撒

---

① 〔清〕孙诒让撰，王文锦、陈玉霞点校：《周礼正义》，中华书局 1987 年 12 月版，第 432 页。

② 《南齐书》，第 126 页。

③ 《三国志》，第 779 页。

④ 《宋书》卷九五《索虏传》，中华书局 1974 年 10 月版，第 2352 页，第 2357 页。

帐”[①]，“作黄毡御幄为小次”[②]，“以毡帐为庐舍”[③] 等，或以“毡”作为辅助建筑材料构作居所情形，如“取板屋，富姓以毡为幕”[④]，“皆木柱竹榱，以毡为盖”，“窗、槅皆以毡为之”[⑤] 等，也为中原上层社会所仿效。

《三国志》卷一三《魏书·钟毓传》有这样的记载：“许昌偪狭，于城南以毡为殿，备设鱼龙曼延，民罢劳役。毓谏，以为‘水旱不时，帑藏空虚，凡此之类，可须丰年。’”[⑥] 钟毓的意见并非反对“以毡为殿”营造，而是以为可以待“丰年”时进行。《南齐书》卷九《礼志上》也写道：“魏文修洛阳宫室，权都许昌，宫殿狭小，元日于城南立毡殿，青帷以为门，设乐飨会。”[⑦]《通典》卷七〇《礼三十·嘉礼十五》：“魏文帝受禅后修洛阳宫室，权都许昌。宫殿挟〔狭〕小，元日于城南立毡殿，青帷以为门，设乐飨会。后还洛阳，依汉旧事。”[⑧] 何焯《义门读书记》卷三六《三国志·魏志》“钟繇传”条：“毓。许昌偪狭，于城南以毡为殿。”又写道：“百年为戎毡殿兆之。”[⑨] 赵一清《三国志注补》卷一三《魏志》“钟繇”条于“许昌偪狭，于城南以毡

① 《元史》卷一〇〇《兵志三》“马政”条，中华书局 1976 年 4 月版，第 2554 页。

② 《明史》卷四八《礼志二·吉礼二》“郊祀仪注”条，中华书局 1974 年 4 月版，第 1256 页。

③ 《明史》卷是三〇《西域列传二·安定卫》，第 8551 页。

④ 《宋史》卷四九二《外国传八·吐蕃》，中华书局 1977 年 11 月版，第 14163 页。

⑤ 《辽史》卷三二《营卫志中》“行营”条，中华书局 1974 年 10 月版，第 375 页。

⑥ 《三国志》，第 400 页。

⑦ 《南齐书》，第 148 页。《太平御览》卷一七五引《齐书·礼志》：“魏文修洛阳宫室，权都许昌，宫殿狭小，元日于城南立毡殿，青帷以为门”第 854 页。

⑧ 〔唐〕杜预撰：《通典》，第 386 页。

⑨ 〔清〕何焯著，崔高维点校：《义门读书记》，中华书局 1987 年 6 月版，第 443 页。

为殿”句下写道：“何云：百年为戎毡殿兆之。”① 所谓“毡殿”，又见于《辽史》卷四九《礼志一》“吉仪”条：“及帝崩，所置人户、府库、钱粟，穹庐中置小毡殿，帝及后妃皆铸金像纳焉。”② 而《元史》卷四三《顺帝纪》：“撤世祖所立毡殿，改建殿宇。”③ 则体现放弃“毡殿”传统，而采用中原王朝故有建筑形式“殿宇”。

《南齐书》卷五七《魏虏传》还记载了一种移动的“穹庐”：“宏自率众至寿阳，军中有黑毡行殿，容二十人坐，辇边皆三郎曷剌真，槊多白真毦，铁骑为群，前后相接。”④ 这种“黑毡行殿”虽然是拓跋人发明，却在中原地方应用，也是值得我们注意的。《南齐书》卷五九《芮芮虏传》说芮芮风习：“多畜，逐水草，无城郭，后稍为宫屋，而人民犹以毡庐百子帐为行屋。”⑤ “毡庐”“行屋”，应当是可以移动的“毡”制民居。

“毡”在日常生活中的应用，后世史籍又有“以毡为盘”之说⑥，或言“常设毡桉，以毡为床也”⑦，亦有战事发生时“以毡为甲”者⑧。这些情形，有的在汉代史籍中已经可以看到，也许多数在汉代社会生活中已经出现，只是文献遗存中已经难以察觉到相关历史记忆的明确迹象了。

---

① 〔清〕赵一清撰：《三国志注补》，清《广雅书局丛书》本，第190页。

② 《辽史》，第838页。

③ 《元史》，第912页。

④ 《南齐书》，第994页。

⑤ 《南齐书》，第1026页。

⑥ 《旧唐书》卷一九六上《吐蕃传上》，中华书局1975年5月版，第5220页。

⑦ 《旧五代史》卷一四四《乐志上》，中华书局1976年5月版，第1929页。

⑧ 《金史》卷一三〇《列女传·阿邻妻沙里质者》，中华书局1975年7月版，第2798页。

“酒”与丝绸之路民族关系

汉王朝与“北边”“西边”“西北边”民族的交往，推进了文化的交流与交融。彼此间物资的流通，达到了空前活跃的程度。关市贸易，很可能包括农耕社会“酒”的输出。“酒”“糵”“糵酒”的“输”“奉”“赐”“遗”，也是物质文化交流史值得重视的现象。“酒”也通过“关市”贸易实现民族间的流通。“酒”的共同消费，有利于汉文史籍称作“北胡”“西戎”“远蛮”的北方草原民族与中原人的沟通，也有利于草原地方生活水准与文明程度的提升。丝绸之路上民族交往实践中多见“酒”的作用。有关西域“蒲陶酒”生产与消费的信息为中土所知。而“蒲陶”引种至于汉王朝中枢地区，也改变了内地“酒”消费品种单一的传统，同时使得酒业获得了新的开发条件。而来自草原畜牧业发达地区的“挏马酒”的引入，也丰富了内地的饮品种类。“酒”在汉王朝与“北胡”“西戎”“远蛮”关系中的作用，是当时民族交往交流交融史研究应当关注的历史文化主题。诸多迹象，也涉及对丝绸之路史的认识。

1 “汉所输匈奴”“酒”“糵”

汉初，匈奴强势军事集团对北边造成沉重的压力。《史记》卷一一〇《匈奴列传》记载：“冒顿常往来侵盗代地。于是汉患之，高帝乃使刘敬奉宗室女公主为单于阏氏，岁奉匈奴絮缯酒米食物各有数，约为昆弟以和亲，冒顿乃少止。”① 定期向匈奴提供的“絮缯酒米食物”中，是明确包括“酒”的。《汉书》卷二四下《食货志下》：“酒者，天之美禄，帝王所以颐养天下，享祀祈福，扶衰养疾。”② 以“酒”为国礼，表示友好亲和。“至孝文帝初立，复修和亲之事。”“单于遗汉书曰”“除前事，复故约，以安边民。”“孝文皇帝前六年，汉遗匈奴书”，称许“匈奴大单于”“遗朕书”所言“除前事，复故约，以安边民”，又致单于服饰及“绣”“锦”“绨”“缯”等织品，没有特别说到“酒”。而所谓“故约”应当是重申“岁奉匈奴絮缯酒米食物各有数”的。“孝文帝后二年，使使遗匈奴书”，其中写道：“汉与匈奴邻国之敌，匈奴处北地，寒，杀气早降，故诏吏遗单于秫糵金帛丝絮佗物岁有数。”③ 这里所说的“秫糵”，列于“金帛丝絮佗物”之前，与刘邦时代“岁奉匈奴絮缯酒米食物”诸种物资排序有变。

“秫糵”应当与“酒”有关。《太平御览》卷八五三引《史记》曰：“文帝遗匈奴粄蘖。”列在“麴蘖”题下。④ “粄”应即“秫”。“蘖”应即“糵”。与“麴”的关系是密切的。《三国志》卷三〇《魏书·乌丸传》裴松之注引《魏书》：“能作白酒，而不知作麴蘖，米常仰中国。”⑤ 而《太平御览》卷八四四引《魏略》曰：“乌桓，东胡，俗能作白酒，而不知作麴蘖，常仰中国。”⑥ 未见“米”字，应当符合

---

① 《史记》，中华书局1959年9月版，第2895页，第2913页。

② 《汉书》，中华书局1962年6月版，第1182页。

③ 《史记》卷一一〇《匈奴列传》，第2902页至第2903页。《汉书》卷九四上《匈奴传上》：“孝文后二年，使使遗匈奴书曰……汉与匈奴邻敌之国，匈奴处北地，寒，杀气早降，故诏吏遗单于秫蘖金帛绵絮它物岁有数。”第3762页至第3763页。

④ 〔宋〕李昉等撰：《太平御览》，中华书局用上海涵芬楼影印宋本1960年2月复制重印版，第3806页。

⑤ 《三国志》，中华书局1959年12月版，第832页。

⑥ 〔宋〕李昉等撰：《太平御览》，第3770页。

原文语义。只是“蘖”写作“糵”。“作麴糵”，是制酒最重要的技术，有的草原民族一时未能掌握，不得不“常仰中国”。

“孝景帝复与匈奴和亲，通关市，给遗匈奴，遣公主，如故约。”也说到“如故曰”。应当都是包括“酒”及“秫糵”的。汉武帝时，杨信使匈奴，提出“即欲和亲，以单于太子为质于汉”，单于回答：“非故约。故约，汉常遣翁主，给缯絮食物有品，以和亲，而匈奴亦不扰边。今乃欲反古，令吾太子为质，无几矣。”[①] 这里所说的“故约”“给缯絮食物有品”，“食物”中，应当是包括饮品“酒”的。

降匈奴“燕人中行说”对“汉使”曾经发表充满敌意的言语，涉及汉王朝向匈奴提供的物资。《史记》卷一一〇《匈奴列传》记载：“……自是之后，汉使欲辩论者，中行说辄曰：‘汉使无多言，顾汉所输匈奴缯絮米糵，令其量中，必善美而已矣，何以为言乎？且所给备善则已；不备，苦恶，则候秋孰，以骑驰蹂而稼穑耳。’日夜教单于候利害处。”[②] 中行说蛮横要求“汉所输匈奴”物资必须“量中”“善美”，即数量质量都满足需求。所谓“米糵”，应当就是“酒米”。对于“匈奴好汉絮缯食物”，中行说表示：“其得汉缯絮，以驰草棘中，衣袴皆裂敝，以示不如旃裘之完善也。得汉食物皆去之，以示不如湩酪之便美也。”对于“湩酪”的理解，裴骃《集解》：“湩，乳汁也。”司马贞《索隐》：“重骆。音潼酪二音。按：《三苍》云‘潼，乳汁也。’”“《穆天子传》云‘牛马之湩，臣菟人所具。’”[③] 与“湩”即“乳汁”对应的“汉食物”，如匈奴单于对言杨信所谓“故约”“给缯絮食物有品”，“食物”中，也应当包括饮食消费对象中来自汉地的“米糵”以及饮品“酒”。“糵”与“酒”，有时称“糵酒”。

《汉书》卷九四上《匈奴传上》记载：“单于遣使遗汉书云：‘南有

---

① 《史记》卷一一〇《匈奴列传》，第 2903 页，第 2904 页，第 2913 页。
② 《史记》，第 2901 页。
③ 《史记》，第 2899 页。

大汉，北有强胡。胡者，天之骄子也，不为小礼以自烦。今欲与汉闿大关，取汉女为妻，岁给遗我糵酒万石，稷米五千斛，杂缯万匹，它如故约，则边不相盗矣。'"颜师古注："以糵为酒，味尤甜，稷米，稷粟米也。"[①] 按照颜师古的解读，可以明确理解"以糵为酒"的史实。而"故约""岁给遗我糵酒万石"的数量，也是令人惊异的。

汉文帝致匈奴单于书所谓"遗单于秫糵金帛丝絮佗物岁有数"的"秫糵"，一般理解为制酒用的原料，包括通常以麹霉及其培养基的制品，即居延简文所谓"秫稻""麴糵"。[②]《急就篇》："稻黍秫稷粟麻秔。"颜师古注："秫，似粟而黏，亦可为酒。"[③] 明人杨循吉《庐阳客记》"物产"题下写道："……又有秫亦数种，以用酿酒。"又说到"秫糵"："郡城酿法，用嘉平之月以秫糵而注诸缸，俟其熟也。漉而煮之，泥以大甖，可经岁不坏。其味微甘，是为上酝矣。"[④] 明人王立道《泉释》写道："夫嘉宾良燕，非酒弗交。于是酌清流之芳澜，汲深涧之春涛。酝以秫糵，醇酎清缥。仪狄奏盎，杜康挫糟。"[⑤] 所谓"酝以秫糵"，语意是非常明白的。而"糵麴"并说的情形见于《史记》卷一二九《货殖列传》[⑥]，也值得我们注意。

---

① 《汉书》，中华书局 1962 年 6 月版，第 3780 页。

② 居延汉简："☐□掌酒者秫稻必斋麴糵必时湛饎必絜水泉香陶器必良火斋必得兼六物大酋"（E. P. T59：343）。所谓"秫稻必斋麴糵必时湛饎必絜水泉香陶器必良火斋必得"，当作"秫稻必斋，麴糵必时，湛饎必絜，水泉必香，陶器必良，火斋必得"。原文脱写"水泉必香"的"必"字。这里所说的"兼六物"，即必须使制酒的 6 种主要条件得以完备。"秫稻必斋，麴糵必时"，是首要条件。

③ 管振邦译注，宙浩审校：《颜注急就篇译释》，南京大学出版社 2009 年 8 月版，第 112 页。

④ 〔明〕杨循吉撰：《庐阳客记》，明杨可刻本，第 11 页。

⑤ 〔明〕王立道撰：《具茨文集》卷六《杂著》，清文渊阁《四库全书》补配清文津阁《四库全书》本，第 151 页。

⑥ 《史记》，第 3274 页。

2 关市“酒”“糵”贸易

贾谊有关对匈奴政策的设计，包括“关市”开设：“夫关市者，固匈奴所犯滑而深求也，愿上遣使厚与之和，以不得已，许之大市。”这种贸易，将导致匈奴“财尽而愈困”。[①] 所谓“大市”言“关市”的规模。陶鸿庆《读诸子札记》十《贾谊新书》写道：“言汉许匈奴大市，阴以汉物耗匈奴之财，非谓汉以财赐之也。”《汉书·匈奴传》中行说教单于曰：“今单于变俗，好汉物，汉物不过什二，则匈奴尽归于汉矣，正‘财尽而愈困’之意。”[②]

《汉书》卷九四下《匈奴传下》记述汉文帝时代同匈奴“与通关市”：“昔和亲之论，发于刘敬。是时天下初定，新遭平城之难，故从其言，约结和亲，赂遗单于，冀以救安边境。孝惠、高后时遵而不违，匈奴寇盗不为衰止，而单于反以加骄倨。逮至孝文，与通关市，妻以汉女，增厚其赂，岁以千金，而匈奴数背约束，边境屡被其害。”[③] 《史记》卷一一〇《匈奴列传》说，其实平城之围时，刘邦就曾经“使使间厚遗阏氏”。汉文帝时“汉遗匈奴书”写道，“汉与匈奴约为兄弟，所以遗单于甚厚”。汉武帝即位，“厚遇，通关市，饶给之。”甚至双方进入战争状态时，“然匈奴贪，尚乐关市，嗜汉财物，汉亦尚关市不绝以中之。”[④] 所谓“厚遗”，“厚与之和”，“遗单于甚厚”，“厚遇”，《汉书》卷九四下《匈奴传下》言“增厚其赂”之外，李贤解释班固议边

---

① 〔汉〕贾谊撰，阎振益、锺夏校注：《新书校注》，中华书局 2000 年 7 月版，第 138 页。

② 陶鸿庆著：《读诸子札记》，中华书局 1959 年 12 月版，第 306 页。

③ 《汉书》，第 3831 页。

④ 《史记》卷一一〇《匈奴列传》，第 2894 页，第 2904 页至第 2905 页。

事语，又说“增厚其赂”。[①] 史籍文献反复出现的“厚”，强调了汉王朝提供物资的充备。“赂”与“赂遗”可能主要是指中原向匈奴“输”“奉”的物资，其中包括“酒”与“秫糵”。而通过“关市”甚至“大市”贸易的货品，即匈奴“嗜汉财物”的“财物”之中，也应当有“酒”与“秫糵”。

贾谊说到对匈奴采用非军事手段的征服方式“五饵”，作为和平战略的建议。基于以物质文化考察的视角对文明进程相对落后一些的民族及其文化的分析，贾谊指出了物质消费水准与历史进步的内在联系。[②] 其中包括“酒”的诱惑。《新书·匈奴》关于“关市”还写道：“使者反，因于要险之所，多为凿开，众而延之，关吏卒使足以自守。大每一关，屠沽者、卖饭食者、美臛炙膹者，每物各一二百人，则胡人著于长城下矣。是王将强北之必攻其王矣。以匈奴之饥，饭羹啖膹炙，喗濡多饭酒，此则亡竭可立待也。”[③] 说到“关市”有“屠沽”，有“饭酒”，可知饮食服务的全面。而“酒”的交易，应当也是“关市”经营的重要内容。

在《史记》卷一一〇《匈奴列传》所记叙中行说与“汉使”有关民族文化优劣的对话中，“中行说穷汉使曰：‘而汉俗屯戍从军当发者，其老亲岂有不自脱温厚肥美以赍送饮食行戍乎？’”[④] 中原士卒“行戍”河西，家乡“老亲”“赍送饮食”，或许包括可以满足“温厚肥美”追求的“酒”。河西汉代出土文献资料可见涉及“酒”“麹”的简文。“☐孝信到上亭饮酒”（E. P. T50：92），似乎暗示当时边塞军营中可能存在专门

① 《后汉书》卷四〇下《班固传》记载，班固发表对匈奴的政策建议：“绥御之方，其涂不一，或修文以和之，或用武以征之，或卑下以就之，或臣服以致之。”“或卑下以就之”句下李贤注：“文帝与匈奴通关市，妻以汉女，增厚其赂也。”第 1374 页。

② 王子今：《贾谊政治思想的战略学意义》，《洛阳工学院学报》（社会科学版）1999 年 4 期；《论贾谊〈新书〉“备月氏、浑窳之变”》，《社会科学》2010 年 3 期。

③ 〔汉〕贾谊撰，阎振益、锺夏校注：《新书校注》，第 138 页。

④ 《史记》，第 2899 页。

经营酒业的机构。“出百卅沽酒一石三斗”（E. P. T51：223），体现酒的市场价格为 1 斗 10 钱。边塞军事生活中，有平民“持酒来过候饮”（E. P. T68：18）的情形，可知民间对酒消费的普遍。简文“●甲日初禁酤酒群饮者☑”（E. P. T59：40A）以及“☑隧私为酒醪各亭☑”（111. 4A），说明民间酒业经营往往突破政府的“禁酤酒”法令，甚至存在军营中有组织地从事酿酒的情形。前引汉简“☑□掌酒者秫稻必斋麴蘖必时湛饎必絜水泉香陶器必良火斋必得兼六物大酋”（E. P. T59：343），书写了制酒技术工艺程序，也反映了河西酒业生产的情形。[1] 肩水金关汉简出现“清酒”（73EJT11O：5）简文。彭卫曾经讨论汉代的酒，列举“汉代酒类”“18 种”。[2] 说到“青酒”而未言“清酒”。居延汉简可见“醇酒”（265. 41）。关于酒的质量，居延汉简有“薄酒”（E. P. T57：55B），肩水金关简文“薄酒五钱浓酒十……”（71EJT21：199B）涉及“薄酒”和“浓酒”的对应关系，两者的价格或许相差一倍。[3]

有关酒价的信息非常重要。很可能这些酒业产品可以通过河西繁荣的“关市”流入塞外[4]，介入草原民族的饮食消费生活。

3 北方民族“俗嗜酒”史例

“酒”在匈奴饮食生活中属于高档次的消费品。《史记》卷一一〇《匈奴列传》记载：“其攻战，斩首虏赐一卮酒，而所得卤获因以予

---

① 王子今：《试论居延“酒”“麴”简：汉代河西社会生活的一个侧面》，《简帛研究》第 3 辑，广西教育出版社 1998 年 12 月版。

② 彭卫：《秦汉时期的饮食》，《中国饮食史》，华夏出版社 1999 年 10 月版，卷二第六编，第 466 页至第 469 页。

③ 王子今：《说肩水金关“清酒”简文》，《出土文献》第 4 辑，中西书局 2013 年 12 月版。

④ 王子今：《汉代河西长城与西北边地贸易》，《长城国际学术研讨会论文集》，吉林人民出版社 1995 年 12 月版；王子今、李禹阶：《汉代北边的“关市”》，《中国边疆史地研究》2007 年 3 期。

之，得人以为奴婢。”[①] 以“赐一卮酒”的形式嘉奖“斩首虏”的军功，与汉地传统类似。人们熟知的相近例证有樊哙闯入鸿门“军门”，项羽“赐之卮酒”事。[②]

关于汉武帝派遣张骞出使西域的动机，《史记》卷一二三《大宛列传》记载，“是时天子问匈奴降者，皆言匈奴破月氏王，以其头为饮器，月氏遁逃而常怨仇匈奴，无与共击之。汉方欲事灭胡，闻此言，因欲通使。”关于匈奴以月氏王头“为饮器”，体现出有厌胜意义的巫术传统。[③] 对于所谓“饮器”，《史记》三家注均有解说。裴骃《集解》：“韦昭曰：‘饮器，椑榼也。单于以月氏王头为饮器。’晋灼曰：‘饮器，虎子之属也。或曰饮酒器也。’”司马贞《索隐》：“椑音白迷反。榼音苦盍反。案：谓今之偏榼也。”这件“饮器”，据张守节《正义》的提示，在汉元帝时韩昌、张猛与匈奴盟会时，曾经使用：“《汉书·匈奴传》云：‘元帝遣车骑都尉韩昌、光禄大夫张猛与匈奴盟，以老上单于所破月氏王头为饮器者，共饮血盟。’”[④]

《汉书》卷九四下《匈奴传下》就此有详尽的记述：“元帝初即位，呼韩邪单于复上书，言民众困乏。汉诏云中、五原郡转谷二万斛以给焉。郅支单于自以道远，又怨汉拥护呼韩邪，遣使上书求侍子。汉遣谷

---

① 《史记》，第 2892 页。

② 《史记》卷七《项羽本纪》：“哙即带剑拥盾入军门。交戟之卫士欲止不内，樊哙侧其盾以撞，卫士仆地，哙遂入，披帷西向立，瞋目视项王，头发上指，目眦尽裂。项王按剑而跽曰：‘客何为者？’张良曰：‘沛公之参乘樊哙者也。’项王曰：‘壮士，赐之卮酒。’则与斗卮酒。哙拜谢，起，立而饮之。项王曰：‘赐之彘肩。’则与一生彘肩。樊哙覆其盾于地，加彘肩上，拔剑切而啖之。项王曰：‘壮士，能复饮乎？’樊哙曰：‘臣死且不避，卮酒安足辞！’”第 313 页。《史记》卷九五《樊郦滕灌列传》：“樊哙在营外，闻事急，乃持铁盾入到营。营卫止哙，哙直撞入，立帐下。项羽目之，问为谁。张良曰：‘沛公参乘樊哙。’项羽曰：‘壮士。’赐之卮酒彘肩。哙既饮酒，拔剑切肉食，尽之。项羽曰：‘能复饮乎？’哙曰：‘臣死且不辞，岂特卮酒乎！’”第 2654 页。

③ 王子今：《猎头与头骨作器的远古风习》，《化石》1984 年 4 期。

④ 《史记》，第 3157 页。

吉送之，郅支杀吉。汉不知吉音问，而匈奴降者言闻瓯脱皆杀之。呼韩邪单于使来，汉辄簿责之甚急。明年，汉遣车骑都尉韩昌、光禄大夫张猛送呼韩邪单于侍子，求问吉等，因赦其罪，勿令自疑。……昌、猛即与为盟约曰：‘自今以来，汉与匈奴合为一家，世世毋得相诈相攻。有窃盗者，相报，行其诛，偿其物；有寇，发兵相助。汉与匈奴敢先背约者，受天不祥。令其世世子孙尽如盟。’昌、猛与单于及大臣俱登匈奴诺水东山，刑白马，单于以径路刀金留犁挠酒，以老上单于所破月氏王头为饮器者共饮血盟。”对于“盟约”外交仪式的重要道具“径路刀金留犁”及其使用，颜师古注：“应劭曰：‘径路，匈奴宝刀也。金，契金也。留犁，饭匕也。挠，和也。契金著酒中，挠搅饮之。’师古曰：‘契，刻；挠，搅也，音呼高反。’”① 所谓“单于以径路刀金留犁挠酒”，明示“共饮血盟”者，所饮为“酒”。宋代学者王观国《学林》卷四“饮器”条写道：“以此知所谓‘饮器’者，饮酒器也。虽为饮酒器，然非宾主常用饮酒之器，若有盟会之事，则以其器贮血盟之酒，以示盛礼也。”② 也就是说，匈奴单于以月氏王头骨制作的“饮器”，确是“饮酒器”。这种“血盟”形式，战国秦汉史籍记录可见《史记》卷六《秦始皇本纪》张守节《正义》引《括地志》：“《吴越春秋》云：‘越王句践二十五年，徙都琅邪，立观台以望东海，遂号令秦、晋、齐、楚，以尊辅周室，歃血盟。’”③《史记》卷九《吕太后本纪》：“王陵让陈平、绛侯曰：‘始与高帝啑血盟，……’”④《后汉书》卷八七《西羌传》：“迷唐因而反叛，遂与诸种共生屠裂汜等，以血盟诅，复寇

---

① 事后，韩昌、张猛因擅自与匈奴“诅盟”受到责问。“昌、猛还奏事，公卿议者以为‘单于保塞为藩，虽欲北去，犹不能为危害。昌、猛擅以汉国世世子孙与夷狄诅盟，令单于得以恶言上告于天，羞国家，伤威重，不可得行。宜遣使往告祠天，与解盟。昌、猛奉使无状，罪至不道。’上薄其过，有诏昌、猛以赎论，勿解盟。”《汉书》，第3801页。

② 〔宋〕王观国撰，田瑞娟点校：《学林》，中华书局1988年1月版，第125页至第126页。

③ 《史记》，第244页。

④ 《史记》，第400页。

金城塞。”[①] 史籍所见“歃血盟”“唼血盟”“以血盟诅”等，虽然突出强调“血”，然而与“昌、猛与单于”“共饮血盟”同样，都是以“饮酒”方式进行的。

所谓“径路，匈奴宝刀也”，如王观国说，也应因其贵重神圣“以示盛礼”。《汉书》卷二五下《郊祀志下》写道：“云阳有径路神祠，祭休屠王也。”颜师古注：“休屠，匈奴王号也。径路神，本匈奴之祠也。”[②]《汉书》卷二八上《地理志上》“左冯翊”条也说到“云阳”的祀所，可见分说“休屠”、“金人”、“径路神祠”：“有休屠、金人及径路神祠三所。”[③] 我们讨论过“径路”与以“云阳”为南端的“直道”语义相近的关系。[④] 也许“径路刀”与“径路神祠”之“径路”语，只是取其“神”性。而“单于以径路刀金留犁挠酒”，应是作为“上告于天”之“盛礼”的道具而特意增益其神圣性的。

关于中原地方“嗜酒”史例，司马迁《史记》即可见“子反嗜酒”[⑤]，“荆轲嗜酒”[⑥]，“王先生嗜酒”[⑦] 等。又有《史记》卷三二《齐

---

① 《后汉书》，第2883页。

② 《汉书》，第1250页。

③ 《汉书》，第1545页。

④ 王子今：《直道与匈奴“祭天金人”》，《社会科学》2017年6期。

⑤ 《史记》卷四〇《楚世家》，第1703页。

⑥ 《史记》卷八六《刺客列传》，第2528页。

⑦ 《史记》卷一二六《滑稽列传》，第3210页。秦汉时期见于正史载录者，又有《后汉书》卷一一《刘玄传》“韩夫人尤嗜酒”，第471页；《后汉书》卷二二《马武传》“武为人嗜酒”，第785页；《后汉书》卷二五《刘宽传》“宽简略嗜酒”，第888页；《后汉书》卷三四《梁冀传》“（冀）性嗜酒”，第1178页；《后汉书》卷五五《章帝八王传·河间孝王开》“（刘）硕嗜酒”，第1809页；《后汉书》卷七九上《儒林传上·杨政》“（政）为人嗜酒”，第2552页；《三国志》卷二三《魏书·常林传》裴松之注引《晋书》：“（蒋）济素嗜酒”，第662页；《三国志》卷二九《魏书·方技传·管辂》“无威仪而嗜酒”，第811页；《三国志》卷四七《吴书·吴主传》裴松之注引《吴书》“（郑泉）性嗜酒”，第1126页；《三国志》卷五五《吴书·潘璋传》“性博荡嗜酒”，第1299页；《三国志》卷六二《吴书·胡综传》“性嗜酒”，第1418页。

太公世家》“嗜酒好猎”[①]，《史记》卷二〇《建元以来侯者年表》“嗜酒好色”[②] 诸例。秦汉时期北方民族“俗嗜酒”的史例，则明确可见《三国志》卷三〇《魏书·东夷志·倭》：“人性嗜酒。”[③]《后汉书》卷八五《东夷传·倭》也写道：“人性嗜酒。”[④]

当然，最著名的有关民族交往史中“嗜酒”的文献记录，是《史记》卷一二三《大宛列传》所谓“俗嗜酒”。[⑤]

汉军出击匈奴的战争中，曾经发生过这样的战例：“汉以卫青为大将军，将六将军，十余万人，出朔方、高阙击胡。”匈奴右贤王误判军情，以致大败。“右贤王以为汉兵不能至，饮酒醉，汉兵出塞六七百里，夜围右贤王。右贤王大惊，脱身逃走，诸精骑往往随后去。”据《史记》卷一一〇《匈奴列传》，这一战役，汉军俘获右贤王部众甚多。“汉得右贤王众男女万五千人，裨小王十余人。”[⑥]《汉书》卷九四上《匈奴传上》也记载：“汉遣卫青将六将军十余万人出朔方高阙。右贤王以为汉兵不能至，饮酒醉。汉兵出塞六七百里，夜围右贤王。右贤王大惊，脱身逃走，精骑往往随后去。汉将军得右贤王人众男女万五千人，裨小王十余人。”[⑦] 匈奴右贤王“饮酒醉”导致惨败的情形，成为酒史与军事史的醒目记录。

4 “酒池”：“外国客”的高等级接待

贾谊《新书·匈奴》设计了“召胡客，飨胡使”，“客胡使”，“飨

---

① 《史记》，第 1503 页。
② 《史记》，第 1065 页。
③ 《三国志》，中华书局 1959 年 12 月版，第 856 页。
④ 《后汉书》，第 2821 页。
⑤ 《史记》，第 3173 页。
⑥ 《史记》，第 2907 页。
⑦ 《汉书》，第 3767 页。

胡人”的情形。说到“匈奴之使至者”，“上必有所招，赐食焉。”又有“胡贵人”“更近得佐酒前”，又“得奉酒”。①

贾谊的建议后来见诸外交实践。《史记》卷一二三《大宛列传》记载，在汉武帝致力于开拓西域通路的背景下，“汉使穷河源，河源出于窴，其山多玉石，采来，天子案古图书，名河所出山曰昆仑云。”司马迁写道，“是时上方数巡狩海上，乃悉从外国客，大都多人则过之，散财帛以赏赐，厚具以饶给之，以览示汉富厚焉。于是大觳抵，出奇戏诸怪物，多聚观者，行赏赐，酒池肉林，令外国客遍观各仓库府藏之积，见汉之广大，倾骇之。”② 班固著《汉书》卷九六《西域传下》，又将“设酒池肉林以飨四夷之客”事直接写入“赞曰”文句之中：“遭值文、景玄默，养民五世，天下殷富，财力有余，士马强盛。故能睹犀布、玳瑁则建珠崖七郡，感枸酱、竹杖则开牂柯、越嶲，闻天马、蒲陶则通大宛、安息。自是之后，明珠、文甲、通犀、翠羽之珍盈于后宫，蒲梢、龙文、鱼目、汗血之马充于黄门，巨象、师子、猛犬、大雀之群食于外囿。殊方异物，四面而至。于是广开上林，穿昆明池，营千门万户之宫，立神明通天之台，兴造甲乙之帐，落以随珠和璧，天子负黼依，袭翠被，冯玉几，而处其中。设酒池肉林以飨四夷之客，作巴俞都卢、海中砀极、漫衍鱼龙、角抵之戏以观视之。及赂遗赠送，万里相奉，师旅之费，不可胜计。”③

《汉书》卷六一《张骞传》也记载：“行赏赐，酒池肉林，令外国客遍观各仓库府臧之积，欲以见汉广大，倾骇之。”④ 文字与《史记》卷一二三《大宛列传》略同。《史记》“见汉之广大”，《汉书》作“欲以见汉广大”。汉武帝接待“外国客”的热心安排，“以览示汉富厚

---

① 〔汉〕贾谊撰，阎振益、锺夏校注：《新书校注》，第136页至第137页。
② 《史记》，第3173页。
③ 《汉书》，第3928页。
④ 《汉书》，第2697页。

焉”，表现出明显的外交虚荣，近似秦穆公见由余故事。《史记》卷五《秦本纪》：“戎王使由余于秦。由余，其先晋人也，亡入戎，能晋言。闻缪公贤，故使由余观秦。秦缪公示以宫室、积聚。由余曰：‘使鬼为之，则劳神矣。使人为之，亦苦民矣。’”①

“酒池”作为奢靡生活的代表性象征，在历史记忆中长期只有负面意义。《史记》卷三《殷本纪》说纣王恶行：“大冣乐戏于沙丘，以酒为池，县肉为林，使男女倮相逐其间，为长夜之饮。”张守节《正义》：“《括地志》云：‘酒池在卫州卫县西二十三里。《太公六韬》云纣为酒池，回船糟丘而牛饮者三千余人为辈。’”② 东汉边让作《章华赋》，言：“设长夜之淫宴，作北里之新声。”“径肉林，登糟丘，兰肴山竦，椒酒渊流。”李贤注：“《史记》曰，纣为酒池肉林，使男女倮而相逐其间，为长夜之饮。使师涓作新声，北里之舞，靡靡之乐也。”“《史记》纣作糟丘酒池，悬肉以为林也。”③ 回顾“酒池”故事，“讽”的文意是明朗的。④《三国志》卷五二《吴书·张昭传》载录张昭的批评，也说：“昔纣为糟丘酒池长夜之饮，当时亦以为乐，不以为恶也。”⑤ 所谓“酒池”，已经成为指示“恶”的符号。又《晋书》卷二六《食货志》也说：“（辛纣）悬肉成林，积醪为沼，使男女裸体相逐于其间，伏诣酒池中牛饮者三千余人，宫中以锦绮为席，绫纨为荐。”《晋书》卷四八《段灼传》也以此为鉴戒：“（商辛）荒淫无道，肆志沉宴，作靡靡之乐，长夜之饮，于是登糟丘，临酒池，观牛饮，望肉林。”《晋书》卷五五《潘尼传》说“糟丘酒池，象箸玉杯”，《晋书》卷五六《江统

---

① 《史记》，第192页。《后汉书》卷七九下《儒林传下·谢该》李贤注引《史记》：“由余曰：‘使鬼为之，则劳神矣。使人为之，亦苦人矣。’”

② 《史记》，第105页。

③ 《后汉书》卷八〇下《文苑传下·边让》，第2640页，第2642页。

④ 《后汉书》卷八〇下《文苑传下·边让》：“作《章华赋》，虽多淫丽之辞，而终之以正，亦如相如之讽也。”

⑤ 《三国志》，第1221页。

传》："及到末世，以奢失之者，帝王则有瑶台琼室，玉杯象箸，肴膳之珍则熊蹯豹胎，酒池肉林。"《晋书》卷一二二《吕纂载记》杨颖谏言："糟丘酒池，洛汭不返，皆陛下之殷鉴。"[①] 意思也都是相近的。然而西汉长安城中似乎确实有"酒池"。《史记》卷八《高祖本纪》张守节《正义》："《括地志》云：'汉太上皇庙在雍州长安县西北长安故城中酒池之北，高帝庙北。'"[②]《史记》卷一二三《大宛列传》说以"酒池""令外国客""见汉之广大，倾骇之"，是很不寻常的表现。

《汉书》卷八七下《扬雄传下》写道："明年，上将大夸胡人以多禽兽，秋，命右扶风发民入南山，西自褒斜，东至弘农，南驱汉中，张罗罔罝罘，捕熊罴豪猪虎豹狖玃狐菟麋鹿，载以槛车，输长杨射熊馆。以罔为周阹，纵禽兽其中，令胡人手搏之，自取其获，上亲临观焉。""雄从至射熊馆，还，上《长杨赋》""以风"。其中批评这种"娱乐之游"，也说到"酌允铄，肴乐胥"。虽然颜师古注："张晏曰：'允，信也。铄，美也。言酌信义以当酒，帅礼乐以为肴也。'"[③] 予以"信义""礼乐"表饰的美化，但以"酒""肴"招待"胡人"是确实的。其动机，即如贾谊《新书·匈奴》所说，要达到"一国闻之者、见之者，垂涎而相告"的效应。[④] 这样的情形至于极端，会导致《盐铁论·散不足》所谓"蛮、夷或厌酒肉"的境地。[⑤]

在外国使团行旅途中，汉王朝管辖地方对他们的"酒""肴"接待，可以在悬泉置汉简资料中看到记录。悬泉置汉简记载了接待"沙车

---

① 《晋书》，中华书局1974年11月版，第780页，第1344页，第1514页，第1536页，第3067页。

② 《史记》，第392页。

③ 《汉书》，第3557页，第3563页。《文选》卷九扬雄《长杨赋》李善注引张揖曰："允，信也。铄，美也。言酌信义以当酒，帅礼乐以为肴也。"

④ 〔汉〕贾谊撰，阎振益、锺夏校注：《新书校注》，第136页。

⑤ 王利器校注：《盐铁论校注》（定本），中华书局1992年7月版，第355页。

使者一人、罽宾使者二人、祭越使者一人”“沽酒一石六升”的情形。[①]据张德芳介绍，“从汉简资料看，接待外国使者和朝廷出使西域（广义的西域包括中亚、西亚和南亚地区）的官员，除了米、粟、麦等日常饭食外，还必须要有酒肉。而每饭提供酒肉，这在当时的生活条件下，是一种特殊的礼遇。”这当然也是对“俗嗜酒”风习的一种迁就。具体的简例，有：“出米四升，肉二斤，酒半升，以食乌孙贵姑代一食西”（Ⅱ90DXT0314②：355），“疏勒肉少四百廿七斤直千……酒少十三石直……□（A）且末酒少一石直……（B）”（Ⅴ92DXT1813③：24），“使者廿三人再食，用米石八斗四升，用肉百一十五斤，用酒四石六斗”（Ⅴ92DXT1309③：20）等。[②]

对于“朝廷出使西域的官员”，沿途也有确定的接待规格。敦煌悬泉置出土汉简《过长罗侯费用簿》中记录接待长罗侯常惠的饮食消费，有“羊”“罼（羔）”“鱼”“鸡”“牛肉”“粟”“米”“豉”等食品。[③]另外也有“酒”的配给：“入酒二石，受县。”（73），“出酒十八石，以过军吏年，斥候五人，凡七十人。”（74）“·凡酒廿。其二石受县，十八石置所自治酒。”（75）“凡出酒廿石。”（76）[④]这样的接待制度，当然是和外来使团取大致对等规格的。

---

① 张德芳：《悬泉汉简中的中西文化交流》，《光明日报》2016年10月13日11版。

② 张德芳：《从出土汉简看敦煌太守在两汉丝绸之路上的特殊作用》，《丝绸之路研究集刊》第1辑，商务印书馆2017年5月版。

③ 参看王子今：《〈长罗侯费用簿〉应为〈过长罗侯费用簿〉》，《文物》2001年6期；《敦煌悬泉置遗址出土〈鸡出入簿〉小议——兼说汉代量词“只”、“枚”的用法》，《考古》2003年12期。

④ 胡平生、张德芳编撰：《敦煌悬泉汉简释粹》，上海古籍出版社2002年8月版，第148页。

5 “蒲陶酒”发现与“蒲陶宫”营造

据《史记》卷一二三《大宛列传》记载，张骞从西域回归长安，向汉武帝报告西行沿途考察西域国家的地理、人文信息。其中包括“大宛”国情：“大宛在匈奴西南，在汉正西，去汉可万里。其俗土著，耕田，田稻麦。有蒲陶酒。多善马，马汗血，其先天马子也。有城郭屋室。其属邑大小七十余城，众可数十万。其兵弓矛骑射。”张骞关于大宛自然条件、经济生活、军事实力及外交关系的报告，在陈述其生产方式之后，明确说到其国“有蒲陶酒”。这是汉文文献关于“蒲陶酒”的最早的记载。汉武帝予大宛国最为关注，甚至不惜士兵生命，派遣数以十万计的大军远征以强力夺取的，是优良马种资源。其地“多善马，马汗血，其先天马子也”，受到特殊重视。然而在司马迁笔下，有关大宛“有蒲陶酒”的记载，却在“多善马”之前。可见太史公对于这一资源信息的特别看重。[①]

关于安息的介绍，《史记》卷一二三《大宛列传》这样写道：“安息在大月氏西可数千里。其俗土著，耕田，田稻麦，蒲陶酒。”[②]《史记》记述大宛国情所谓“有蒲陶酒”，是“（张）骞身所至者”的直接体会。关于安息的“蒲陶酒”，则应当来自“传闻”。[③] 安息国货币体系

---

① 《汉书》卷九六下《西域传下》：“闻天马、蒲陶则通大宛、安息。”第3928页。可以理解为“天马、蒲陶”并列。《晋书》卷九七《四夷传·西戎》“大宛国”条：“土宜稻麦，有蒲陶酒，多善马，马汗血。”“康居国”条：“地和暖，饶桐柳蒲陶，多牛羊，出好马。”第2543页，第2544页。“蒲陶”“蒲陶酒”在“好马”“善马”之先。《梁书》卷五四《西北诸戎传》“高昌”条：“出良马、蒲陶酒、石盐。”“大同中，子坚遣使献鸣盐枕、蒲陶、良马、氍毹等物。”第811页，第812页。一说“良马、蒲陶酒”，一说“蒲陶、良马”。

② 《史记》，第3160页，第3162页。

③ 《史记》卷一二三《大宛列传》：“骞身所至者大宛、大月氏、大夏、康居，而传闻其旁大国五六，具为天子言之。”第3160页。《汉书》卷六一《张骞传》：“骞身所至者，大宛、大月氏、大夏、康居，而传闻其旁大国五六，具为天子言其地形，所有。”第2689页。

成熟稳定。所谓“有市”，说明商品经济和市场秩序发育比较成熟。而所谓“民商贾用车及船，行旁国或数千里”，体现商贸的发达。“蒲陶酒”在社会经济生活中可能意义仅次于“稻麦”。“商贾”的活跃，可以使得“蒲陶酒”远销至“旁国或数千里”。

《史记》卷一二三《大宛列传》告知我们，“蒲陶酒”是西域若干地方的特产。而当地民俗传统，“嗜酒”是显著标志。司马迁写道：“宛左右以蒲陶为酒，富人藏酒至万余石，久者数十岁不败。俗嗜酒……”[①] 此所谓“宛左右”，《汉书》卷九六上《西域传上》“大宛国”条作“大宛左右”。据《史记》卷一二三《大宛列传》，大宛民间礼俗传统“嗜酒”。所谓“富人藏酒至万余石，久者数十岁不败”，“久者至数十岁不败”[②]，说明“蒲陶酒”储藏技术已经达到一定水准，这当然有益于“蒲陶酒”经济价值的提升以及在国际市场至于“旁国或数千里”广阔贸易圈内的流通。

“蒲陶”作为具有重要经济意义的藤本植物，在西域地方普遍栽培。《汉书》卷九六上《西域传上》说“且末国”“有蒲陶诸果”，“难兜国”“罽宾国”都“种五谷、蒲陶诸果”。[③] “以蒲陶为酒”，很可能是种“蒲陶”的主要经营目的。

优质饮品“蒲陶酒”的传入，为中原上层社会所喜爱。《晋书》卷一二二《吕光载记》：“胡人奢侈，厚于养生，家有蒲桃酒，或至千斛，经十年不败，士卒沦没酒藏者相继矣。”[④] 似乎“蒲桃酒”既可显示富贵，又有益养生。《后汉书》卷七八《宦者传·张让》记录了官场腐败的一起典型案例。中常侍张让握持权柄，“交通货赂，威形喧赫”。孟佗“资产饶赡”，与张让奴“朋结”，愿求一拜。“时宾客求谒让者，车

① 《史记》，第3173页。
② 《汉书》，第3894页。
③ 《汉书》，第3879页，第3884页，第3885页。
④ 《晋书》，第3055页。

恒数百千两，佗时诣让，后至，不得进，监奴乃率诸仓头迎拜于路，遂共轝车入门。”于是，“宾客咸惊，谓佗善于让，皆争以珍玩赂之。佗分以遗让，让大喜，遂以佗为凉州刺史。”李贤注引《三辅决录注》指其事涉及“蒲陶酒”：“（孟佗）以蒲陶酒一斗遗让，让即拜佗为凉州刺史。”[①] 可知当时洛阳地方社会对“蒲陶酒”的看重。这一故事，又见于《三国志》卷三《魏书·明帝纪》裴松之注引《三辅决录》：“……（孟）他又以蒲桃酒一斛遗让，即拜凉州刺史。”[②] “孟他”即“孟佗”。“蒲桃酒”就是“蒲陶酒”。“蒲陶酒一斗”和“蒲桃酒一斛”的差异，应是传闻失真。大概“一斛”比较接近历史真实。《晋书》卷四三《山遐传》中仍然看到对这一政治腐恶现象的批评：“自东京丧乱，吏曹湮灭，西园有三公之钱，蒲陶有一州之任，贪饕方驾，寺署斯满。”[③] 以“蒲桃酒一斛”贿赂当权宦官，竟然可以换得“凉州刺史”官位，即所谓“一州之任”。后人有诗咏叹，唐人刘禹锡《蒲桃歌》：“为君持一斗，往取凉州牧。”[④] 宋人韩驹《庚子年选朝饮酒六绝句》之五：“饮罢愁城无处立，故应一斗直凉州。”[⑤] 陆游《感旧绝句》：“蒲萄一斗元无价，换得凉州也是闲。”[⑥] 元人揭傒斯《题蒲萄》：“向来为酒者，一斗博凉州。”[⑦] 明人胡奎《凉州曲》：“曾闻一斗酒，换得凉州牧。”[⑧] 清人

---

① 《后汉书》，第 2534 页。《太平御览》卷八四三引《汉书》曰：“张让专权，孟他以蒲桃酒一斗遗让，拜他为凉州刺史。”第 3768 页。

② 《三国志》，第 94 页。《太平御览》卷五四二引《三辅决录》：“后以蒲陶酒遗让，即拜梁州刺史。”第 2459 页。

③ 《晋书》，第 1231 页。

④ 〔唐〕刘禹锡撰，《刘禹锡集》整理组点校，卞孝萱校订：《刘禹锡集》卷二七，中华书局 1990 年 3 月版，第 354 页。

⑤ 〔宋〕韩驹撰：《陵阳集》卷三，清宣统三年刻本，第 26 页。

⑥ 钱仲联校注：《剑南诗稿校注》卷一二，上海古籍出版社 1985 年 9 月版，第 961 页。

⑦ 〔元〕揭傒斯著，李梦生标校：《揭傒斯全集》诗集卷八，上海古籍出版社 1985 年 5 月版，第 249 页。

⑧ 〔明〕胡奎：《斗南老人集》卷二，清文渊阁《四库全书》本，第 28 页。

翁心存《黄云皋问松图》："蒲陶一斛酒，曾换凉州符。"[①] 都说明"以蒲桃酒一斛""即拜凉州刺史"官场故事的普及。

在丝绸之路史西来物种中，"蒲陶"是声名响亮的引种对象。司马迁在《史记》卷一二三《大宛列传》中说到汉王朝引进西域作物的情形："（宛左右）俗嗜酒，马嗜苜蓿。汉使取其实来，于是天子始种苜蓿、蒲陶肥饶地。"丝路交通的社会影响，使得"苜蓿、蒲陶"的栽植规模益为扩大。"及天马多，外国使来众，则离宫别观旁尽种蒲萄、苜蓿极望。"[②] 大约"天马多"导致"苜蓿"种植面积扩大，而"外国使来众"，则增益了"蒲陶酒"的需求量。

司马相如赋作夸赞"天子之上林"资源之丰饶。说到"卢橘夏孰，黄甘橙楱，枇杷橪柿，楟柰厚朴，梬枣杨梅，樱桃蒲陶"等果木植物"罗乎后宫，列乎北园"。关于"蒲陶"，裴骃《集解》引郭璞的解释："蒲陶似燕薁，可作酒也。"[③] 可以推知宫苑中栽培"蒲陶"，主要目的"作酒"。西汉长安上林苑有"蒲陶宫"。《汉书》卷九四下《匈奴传下》记载："元寿二年，单于来朝，上以太岁厌胜所在，舍之上林蒲陶宫。告之以加敬于单于，单于知之。"[④] 匈奴单于"来朝"，汉哀帝出于"以太岁厌胜所在"的考虑，安排停舍"上林蒲陶宫"。《资治通鉴》卷三五"汉哀帝元寿二年"记述此事。关于"太岁厌胜所在"，胡三省注："是年太岁在申。"关于"蒲陶宫"，胡三省注："蒲陶，本出大宛，武帝伐大宛，采蒲陶种植之离宫。宫由此得名。"[⑤] "离宫"以"蒲陶""得名"，有可能是起初"采蒲陶种植之离宫"之处，亦或许是移植

---

① 〔清〕翁心存撰：《知止斋诗集》卷一三，清光绪三年常熟毛文彬刻本，第191页。

② 《史记》，第3173页至第3174页。

③ 《史记》卷一一七《司马相如列传》，第3028页。

④ 《汉书》，第3817页。

⑤ 〔宋〕司马光编著，〔元〕胡三省音注，"标点资治通鉴小组"校点：《资治通鉴》，中华书局1956年6月版，第1123页。

“蒲陶”比较集中的地方。“蒲陶宫”名号，可以看作“汉使取其实来”，“离宫别观旁尽种蒲萄”行为的纪念。[①]

6 “挏马酒”的引入

除了“蒲陶酒”外，还有其他来自草原地方的酒种。《汉书》卷一九上《百官公卿表上》记载：“太仆，秦官，掌舆马，有两丞。属官有大厩、未央、家马三令，各五丞一尉。”“武帝太初元年更名家马为挏马。”对于“家马”，颜师古解释说：“家马者，主供天子私用，非大祀戎事军国所须，故谓之家马也。”[②]《汉书》卷二八上《地理志上》颜师古注：“臣瓒曰：‘汉有家马厩，一厩万匹，时以边表有事，故分来在此。家马后改曰挏马也。’”[③] 对于《百官公卿表上》所谓“挏马”，颜师古注：“应劭曰：‘主乳马，取其汁挏治之，味酢可饮，因以名官也。’如淳曰：‘主乳马，以韦革为夹兜，受数斗，盛马乳，挏取其上肥，因名曰挏马。《礼乐志》丞相孔光奏省乐官七十二人，给大官挏马酒。今梁州亦名马酪为马酒。’”[④] 所说“盛马乳，挏取其上肥”，或是提取“马乳”中脂肪的方式。明陈士元《诸史夷语解义》卷下“元世祖命大医忽思慧撰《饮膳正要》三卷，其夷语可解者录之”题下写道：“‘马思哥’即白酥油也。取牛乳用‘阿赤’打取浮面凝聚者熬而成酥也。‘阿赤’即打油木器之名。”[⑤] 而同样属于“饮膳”的“挏马酒”或“马酒”明说是“酒”，制作程序是否也取“挏”的方式，似乎不能排除这种可能。

---

① 王子今：《〈史记〉中的“丝路酒香”》，《月读》2021年2期。
② 《汉书》，第729页。
③ 《汉书》，第1551页。
④ 《汉书》，第730页。
⑤ 〔明〕陈士元撰：《诸史夷语解义》，清光绪十三年应城王氏刻本，第54页。

这种酒的制作原料和制作技术全与中原传统不同。《汉书》卷九六下《西域传下》说乌孙公主故事："昆莫年老，语言不通，公主悲愁，自为作歌曰：'吾家嫁我兮天一方，远托异国兮乌孙王。穹庐为室兮旃为墙，以肉为食兮酪为浆。'"[①] 载录这一歌诗的《玉台新咏》卷九有"酪为浆"注文："《释名》：酪，泽也。乳汁所作，使人肥泽也。《六书故》：酒类也。北方以马乳为酪，故因谓湩酪，而酥与醍醐皆因之。"[②] 所谓"酒类"的解说值得重视。《汉书》卷二二《礼乐志》明确说到"挏马酒"："师学百四十二人，其七十二人给大官挏马酒，其七十人可罢。"颜师古注："李奇曰：'以马乳为酒，撞挏乃成也。'师古曰：'挏音动。马酪味如酒，而饮之亦可醉，故呼曰马酒也。'"[③]《学林》卷三"挏马"条认为，这段文字是说"乐官""乐府"编制的变化。"师学百四十二人，其七十二人给太官挏马酒，其七十人可罢者，盖师学乃习学之有禄食者也。[④] 师学百四十二人者，冗员如此之多也，其七十二人给太官挏马酒者，以此七十二人拨隶太官，使之役之以造酒，而供挏马之所用也。盖挏马令五丞一尉，其官吏必多，当时挏马所用之酒，太官令供之。故给此七十二人，使从役于太官，而使之造酒。而其余七十人则罢而不用，是师学百四十二人皆省而不在乐府矣。"这一有关"乐府"员额变化的分析，是正确的。但是王观国以为"挏马者乃官号，非酒名也"，"诸家注释《汉书》乃以挏马为酒名，则误矣"的判断，

---

① 《汉书》，第 3903 页。

② 〔陈〕徐陵编，〔清〕吴兆宜注，程琰删补，穆克宏点校：《玉台新咏笺注》，中华书局 1985 年 6 月版，第 390 页。《玉台新咏》卷九载吴均《行路难二首》之一"白酒甜盐甘如乳"，也有参考意义。第 420 页。《艺文类聚》卷四二梁张率《当对酒》曰："对酒诚可乐，此酒复能醇。如华良可贵，似乳更非珍。"〔唐〕欧阳询撰，汪绍楹校：《艺文类聚》，上海古籍出版社 1965 年 11 月版，第 761 页。所说"此酒""似乳"，也值得重视。

③ 《汉书》，第 1074 页，第 1075 页。

④ "习学之有禄食者"，或作"习乐之有禄食者"。清《武英殿聚珍版丛书》本，第 52 页。

可能并不符合史实。所引《百官公卿表》颜注引如淳曰“以韦革为夹兜”，作“以韦革为夹皃”[①]，也值得《汉书》校注者注意。

“诸家注释”“以挏马为酒名”，其实无误。而且“挏马酒”应当不是“挏马所用之酒”。“挏马”指特定的制酒方式。即李奇所谓“以马乳为酒，撞挏乃成也”。

“挏马”的“挏”，颜师古说“挏音动”。这让人联想到前引中行说所谓“湩酪之便美”的“湩”。《汉书》卷九四上《匈奴传上》作“重酪之便美”。颜师古注：“重，乳汁也。重音竹用反，字本作湩，其音则同。”[②] 然而参考酒史资料所见相关制作方式的记忆，还是应当赞同李奇“以马乳为酒，撞挏乃成也”之说。

“挏马酒”引入上层饮食生活，体现了民族交往的重要进步。河西肩水金关汉简可见“不蚤不莫得主君闻微肥□□□乳黍饭清酒至主君所主君□方□□□☒”简文（73EJT11：5）。[③] 与“黍饭清酒”并用祭祀“主君”的“乳”或“□乳”的出现，特别值得我们注意。陕西横山孙家园子出土汉画像资料中，有“横山孙家园子墓室壁组合画像”，可以看到描绘挤马奶和挤羊奶的画面。[④]

结合汉代简牍资料和画像资料，可以认识当时表现于饮食生活方式的边地民族文化实现的融会和交流。[⑤] 而有关“挏马酒”历史信息的意

---

① 〔宋〕王观国著，田瑞娟点校：《学林》，第 81 页至第 83 页。

② 《汉书》，第 3759 页。

③ 甘肃省简牍保护研究中心、甘肃省文物考古研究所、甘肃省博物馆、中国文化遗产研究院古文献研究室、中国社会科学院简帛研究中心编：《肩水金关汉简（贰）》，中西书局 2012 年 12 月版，中册第 2 页，下册第 1 页。

④ 汤池主编：《中国画像石全集》第 5 卷《陕西、山西汉画像石》，山东美术出版社、河南美术出版社 2000 年 6 月版，图版二三〇，第 174 页至第 175 页；图版说明第 63 页。据介绍，这组画像石“1992 年 3 月 10 日陕西省横山县党岔乡孙家园子收回，榆林地区文物管理委员会办公室藏”。

⑤ 王子今：《肩水金关简“马禖祝”祭品用“乳”考》，《金塔居延遗址与丝绸之路历史文化研究》，甘肃教育出版社 2014 年 12 月版。

义，说明“乳”及“乳”加工制品的应用，达到了更高的等级。

7　丝路草原的“酒会”

草原民族“俗嗜酒”情形，除匈奴右贤王“饮酒醉”以致大败的战例而外，还有其他典型史证。平乐监傅介子请示大将军霍光，“楼兰、龟兹数反复而不诛，无所惩艾。介子过龟兹时，其王近就人，易得也，愿往刺之，以威示诸国。”霍光以“龟兹道远”，指示其“且验之于楼兰”。傅介子杀楼兰王的具体场景，是在宴饮中。其详尽情节见于《汉书》卷七〇《傅介子传》的记述：“王贪汉物，来见使者。介子与坐饮，陈物示之。饮酒皆醉，介子谓王曰：‘天子使我私报王。’王起随介子入账中，屏语，壮士二人从后刺之，刃交胸，立死。”[①] 事在“饮酒皆醉”情境中。在“酒会”条件下的刺杀事件，还有《汉书》卷九六下《西域传下》记载的乌孙国故事：“狂王复尚楚主解忧，生一男鸱靡，不与主和，又暴恶失众。汉使卫司马魏和意、副候任昌送侍子，公主言狂王为乌孙所患苦，易诛也。遂谋置酒会，罢，使士拔剑击之。”然而发生意外，“剑旁下，狂王伤，上马驰去。其子细沈瘦会兵围和意、昌及公主于赤谷城。数月，都护郑吉发诸国兵救之，乃解去。”事后，汉王朝采取了补救措施，“汉遣中郎将张遵持医药治狂王，赐金二十斤，采缯。因收和意、昌系琐，从尉犁槛车至长安，斩之。”[②] 又如班超酒后斩疏勒王忠的故事，“（疏勒王）忠说康居王借兵，还据损中，密与龟兹谋，遣使诈降于超。超内知其奸而外伪许之。忠大喜，即从轻骑诣超。超密勒兵待之，为供张设乐。酒行，乃叱吏缚忠斩之。因击破其众，杀七百余人，南道于是遂通。”《后汉书》卷四七《班超传》赞曰：

---

① 《汉书》，第 3002 页。
② 《汉书》，第 3906 页。

“定远慷慨，专功西遐。坦步葱、雪，咫尺龙沙。”[①] 而此次丝路“南道”“遂通”，有“酒行”而斩敌的情节。

汉元帝建昭年间，陈汤、甘延寿出西域击匈奴郅支单于，与康居结盟然后成就胜绩。《汉书》卷七〇《陈汤传》记载，“入康居东界，令军不得为寇。间呼其贵人屠墨见之，谕以威信，与饮盟遣去。”康居人履行同盟的责任，使得陈汤军“具知郅支情”。汉军进攻匈奴郅支单于，“时康居兵万余骑分为十余处，四面环城，亦与相应和。”最终“汉兵四面推卤楯，并入土城中”，“单于被创死”。[②] 战役进程体现康居人与汉军实现了全面配合。而这种合作关系的结成，是以“酒”为媒介的“与饮盟”。民族关系史中有关“饮盟”的记载，又见于《汉书》卷九四上《匈奴传上》：卫律等“与贵人饮盟，更立子左谷蠡王为壶衍鞮单于”[③]，以及前引“（韩）昌、（张）猛与单于及大臣”“共饮血盟”故事。

草原民族以“酒”接待“汉使者”的情形，有汉昭帝时代，任立政等往匈奴，“立政等至，单于置酒赐汉使者，李陵、卫律皆侍坐。”“后陵、律持牛酒劳汉使，博饮，……”事。所谓“博饮”，颜师古注：“苏林曰：‘博且饮也。’”[④] 班超发军讨焉耆。“焉耆王广遣其左将北鞬支奉牛酒迎超。”“奉牛酒”相“迎”，表示“欲改过向善”的态度。[⑤] 而“酒”既是示意亲和的物质表现，也能够产生精神层面的效应。

有关汉人与西域人借助“酒”联络感情的方式，我们还看到这样的史例。《汉书》卷九六下《西域传下》：“（乌孙）使使献马，

---

① 《后汉书》，第 1579 页至第 1580 页，第 1594 页。

② 《汉书》，第 3012 页。

③ 《汉书》，第 3781 页至第 3782 页。

④ 《汉书》卷五四《李陵传》，第 2458 页。

⑤ 《后汉书》卷四七《班超传》，第 1583 页。参看王子今：《焉耆在丝绸之路交通格局中的地位》，《唐都学刊》2018 年 1 期。

愿得尚汉公主，为昆弟。”“汉元封中，遣江都王建女细君为公主，以妻焉。赐乘舆服御物，为备官属宦官侍御数百人，赠送甚盛。乌孙昆莫以为右夫人。”“公主至其国，自治宫室居，岁时一再与昆莫会，置酒饮食，以币帛赐王左右贵人。”[①] 汉家公主“与昆莫会，置酒饮食”，使得“酒”在这种民族情爱沟通的文化风景中[②]，成为作用特别的道具。

前说匈奴右贤王“饮酒醉”兵败事，史籍又可见相反的实例。如班超曾经在西域武装行动中以“酒”激励士气，终得取胜。《后汉书》卷四七《班超传》记载，班超于鄯善得知“匈奴使来”，“超乃闭侍胡，悉会其吏士三十六人，与共饮，酒酣，因激怒之曰：‘卿曹与我俱在绝域，欲立大功，以求富贵。今虏使到才数日，而王广礼敬即废；如令鄯善收吾属送匈奴，骸骨长为豺狼食矣。为之奈何?’官属皆曰：‘今在危亡之地，死生从司马。’超曰：‘不入虎穴，不得虎子。当今之计，独有因夜以火攻虏，使彼不知我多少，必大震怖，可殄尽也。灭此虏，则鄯善破胆，功成事立矣。’”[③] 后来果然如班超策划，击灭了匈奴使团。“功成”在“酒酣”之后，可以看作酒史特别的一页。

回顾中原民族与草原民族在边地涉及丝绸之路交通的军事竞争与和平交往，相关史迹记述的字里行间，似乎可以体味到或浓郁或幽淡的酒香。不过，我们也看到在这种历史文化背景下，在复杂的民族关系场景中，人们对“酒”的特殊作用又心存某种警觉。

《汉书》卷六九《赵充国传》记载：“诏举可护羌校尉者，时充国病，四府举辛武贤小弟汤。充国遽起奏：‘汤使酒，不可典蛮夷。’

---

① 《汉书》，第 3903 页。

② 王子今：《早期丝绸之路跨民族情爱与婚姻》，《陕西师范大学学报》（哲学社会科学版）2016 年 1 期。

③ 《后汉书》，第 1572 页至第 1573 页。

……时汤已拜受节，有诏更用临众。”颜师古注：“使酒，因酒以使气，若今言恶酒者。”赵充国“病”而“遽起”，提出反对意见，可见“使酒”在处理民族关系时的可能危害，是相当严重的。后来辛临众“病免”，“五府复举汤”，然而辛汤的表现果然导致汉羌关系的破裂。“汤数醉酗羌人，羌人反畔，卒如充国之言。”什么是“酗”呢？颜师古解释：“即酗字。醉怒曰酗。”[①] 正如赵充国的判断，辛汤后来任护羌校尉，屡次“醉酗羌人”，导致“羌人反畔”，使得民族交好与国家安定受到伤害。关于“使酒”，《史记》《汉书》中还有其他文例，可以帮助我们理解其语义。《史记》卷一〇〇《季布栾布列传》说季布“使酒难近”，司马贞《索隐》：“因酒纵性谓之使酒，即酗酒也。”[②]《汉书》卷三七《季布传》“使酒难近”，颜师古注：“应劭曰：‘使酒，酗酒也。’师古曰：‘言因酒沾而使气也。近谓附近天子为大臣也。’”[③]《史记》卷一〇七《魏其武安侯列传》说灌夫“使酒”。[④]《汉书》卷五二《灌夫传》“使酒”，颜师古注：“使酒，因酒而使气也。”[⑤] 与《赵充国传》注文相同，只是后者还强调了“若今言恶酒者”。所谓“难近”，颜师古说：“近谓附近天子为大臣也。”这一解释也许并不准确。“难近”，也许并不仅仅说与“天子”的关系。“护羌校尉”作为“典蛮夷”主管“羌事”的负责官员[⑥]，所谓“难近”的“近”，很可能包括与“羌人”的关系。有文献信息可以说明，“难近”一语与“人情”

---

① 《汉书》，第 2993 页。

② 《史记》，第 2731 页。

③ 《汉书》，第 1977 页。

④ 《史记》，第 2847 页。

⑤ 《汉书》，第 2383 页。

⑥ 《汉书》卷六九《赵充国传》：“天子下其书充国，令与校尉以下吏士知羌事者博议。”第 2978 页。

存在关联。[1] 而“使酒”“酗酒”“恶酒”很可能严重破坏有益于维护友好民族关系的这种“人情”，于是成为赵充国以为“不可典蛮夷”的原因。

① 《史记》卷三二《齐太公世家》：“管仲病，桓公问曰：‘群臣谁可相者?’管仲曰：‘知臣莫如君。’公曰：‘易牙如何?’对曰：‘杀子以适君，非人情，不可。’公曰：‘开方如何?’对曰：‘倍亲以适君，非人情，难近。’公曰：‘竖刀如何?’对曰：‘自宫以适君，非人情，难亲。’管仲死，而桓公不用管仲言，卒近用三子，三子专权。”第1492页。此“三人”，管仲以为“不可”“难近”“难亲”，然而都是“非人情”。开方“倍亲以适君，非人情，难近”，此说“难近”即说“适君”，应当并非就“君”而言，即颜说“近谓附近天子为大臣也”。

第三部　汉代丝绸之路
精神文化交融

“重译”：汉代丝绸之路文化对话的条件

汉文化在与其他文化系统接触、冲突、交流、融合的过程中，实现不同语言系统间相互沟通的“译”，发挥了重要的作用。汉王朝行政系统有专门的“译官”。处于交通孔道的西域国家也有专业的“译”。西北汉简资料对“译人”的活动也有反映。《说文·言部》：“译，传译四夷之言者。”与“大一统”的政治追求相关，汉文化在扩大影响的进程中，历史记录可见所谓“重译”现象的遗存。相关问题的研究，是汉代边疆史、民族史和外交史研究的重要课题。而《后汉书》卷八六《西南夷传·莋都夷》所见白狼王唐菆等“作诗三章”，注家作“华言”“夷言”对照，以为“重译”的实例，应当看作中国古代翻译史的重要资料。

1　汉儒对武丁时代和周公时代“重译”传说的追忆

按照儒学政治文化理念，德治的成功和礼乐的传布，可以致使远人归心，通过辗转翻译的方式实现文化认同。这种方式，称作“重译”。

《尚书大传》卷二：“武丁内反诸己，以思先王之道。三年，编发重译来朝者六国。”《尚书大传》卷四：“成王之时，越裳重译而来朝，曰：道路悠远，山川阻深，恐使之不通，故重三译而朝也。”郑玄解释

“重译”“重三译”：“欲其转相晓也。”[①]《新语》卷上《无为》：“周公制作礼乐，郊天地，望山川，师旅不设，刑格法悬，而四海之内，奉供来臻，越裳之君，重译来朝。”《新语》卷下《明诫》：“周公躬行礼义，郊祀后稷，越裳奉贡重译而臻[②]，麟凤草木缘化而应。”[③]《韩氏外传》卷五也说到“成王之时”“有越裳氏重九译而至”故事，所谓“道路悠远，山川幽深，恐使人之未达也，故重译而来”，见于“译”和周公的对话。《韩氏外传》卷八：“夫贤君之治也，温良而和，宽容而爱，刑清而省，喜赏而恶罚。移风崇教，生而不杀，布惠施恩，仁不偏与。不夺民力，役不逾时，百姓得耕，家有收聚，民无冻馁，食无腐败。工不造无用，雕文不粥于肆。斧斤以时入山林，国无佚士，皆用于世。黎庶欢乐衍盈，方外远人归义，重译执贽，故得风雨不烈。”[④]《盐铁论》卷八《世务》载文学言：“《春秋》‘王者无敌’，言其仁厚，其德美，天下宾服，莫敢交也。德行延及方外，舟车所臻，足迹所及，莫不被泽。蛮、貊异国，重译自至。方此之时，天下和同，君臣一德，外内相信，上下辑睦。兵设而不试，干戈蔽藏而不用。”[⑤]《说苑》卷一《君道》：“高宗者武丁也，高而宗之，故号高宗。成汤之后，先王道缺，刑法违犯，桑谷俱生乎朝，七日而大拱。武丁召其相而问焉。其相曰：‘吾虽知之，吾弗得言也，闻诸祖己，桑谷者，野草也，而生于朝，意者国亡乎？’武丁恐骇，饬身修行，思先王之政，兴灭国，继绝世，举逸民，明养老之礼。三年之后，蛮夷重译而朝者七国。此之谓存亡继绝之主。

---

① 〔汉〕伏胜撰，〔汉〕郑玄注，〔清〕陈寿祺辑校：《尚书大传》，《四部丛刊》景清刻《左海文集》本，第 35 页，第 56 页。

② 宋翔凤《新语校本》依《治要》作“越裳奉贡而至”。王利器《新语校注》从之，中华书局 1986 年 8 月版，第 160 页。

③ 王利器《新语校注》，中华书局 1986 年 8 月版，第 59 页，第 160 页。

④ 〔汉〕韩婴撰，许维遹校释：《韩诗外传集释》，中华书局 1980 年 6 月版，第 180 页至第 181 页，第 291 页至第 292 页；屈守元笺疏：《韩诗外传笺疏》，巴蜀书社 1996 年 3 月版，第 465 页，第 720 页至第 721 页。

⑤ 王利器：《盐铁论校注》（定本），中华书局 1992 年 7 月版，第 508 页。

是以高而尊之也。”《说苑》卷一〇《敬慎》引孔子语：“至殷王武丁之时，先王道缺，刑法弛，桑谷俱生于朝，七日而大拱。工人占之曰：‘桑谷者野物也，野物生于朝，意朝亡乎？’武丁恐骇，侧身修行，思昔先王之政，兴灭国，继绝世，举逸民，明养老之道。三年之后，远方之君重译而朝者六国。此迎天时，得祸反为福也。”又如《说苑》卷一八《辨物》：“成王时，有三苗贯桑而生，同为一秀，大几盈车，民得而上之成王。成王问周公，此何也？周公曰：‘三苗同为一秀，意天下其和而为一乎？’后三年，则越裳氏重译而朝，曰：‘道路悠远，山川阻深，恐一使之不通，故重三译而来朝也。’”① 《新序》卷二《杂事二》写道：“昔者唐虞，崇举九贤，布之于位而海内大康，要荒来宾，麟凤在郊。商汤用伊尹而文武用太公、闳夭，成王任周召而海内大治，越裳重译，祥瑞并降，遂安千载，皆由任贤之功也。”②《汉书》卷一六《高惠高后文功臣表》：“周封八百，重译来宾。”③ 《风俗通义·十反》也说：“越裳重九译献白雉，周公荐陈祖庙，曰：‘先人之德。’”④

汉代人笔下的武丁时代和周公时代的“重译”传说，是一段历史的记忆遗存，还是一种理想的托古形式？值得今天的人们思考。

2 “重译”说的发生

三代“重译”故事，一言武丁时事，一言成王时代周公“居摄”

① 〔汉〕刘向撰，赵善诒疏证：《说苑疏证》，华东师范大学出版社 1985 年 2 月版，第 21 页，第 278 页至第 279 页，第 537 页。

② 〔汉〕刘向撰，赵善诒疏证：《新序疏证》，华东师范大学出版社 1989 年 3 月版，第 29 页。

③ 颜师古注：“重译谓越裳氏也。”《汉书》，中华书局 1962 年 6 月版，第 529 页至第 530 页。

④ 〔汉〕应劭撰，吴树平校释：《风俗通义校释》，天津人民出版社 1980 年 9 月版，第 173 页。

时事，都出自《尚书大传》。而随即诸多儒学论著都纷纷以此作为“德至八方”“天下和平”的标志。

王利器《新语校注》引唐晏曰：“按越裳之重译来朝，首见此书，《史记》《韩诗》《说苑》在此后。”据王利器引录，《后汉书》卷八六《南蛮传》：“交趾之南有越裳国。周公居摄六年，制礼作乐，天下和平，越裳以三象重译而献白雉，曰：‘道路悠远，山川阻深，音使不通，故重译而朝。’成王以归周公，公曰：‘德不加焉，则君子不飨其质；政不施焉，则君子不臣其人。吾何以获此赐也！’其使请曰：‘吾受命吾国之黄耇，曰：久矣，天之无烈风雷雨，意者，中国有圣人乎？有则盍往朝之。’周公乃归之于王。”注云：“事见《尚书大传》。”王利器按：“《文选》应吉甫《晋武帝华林园集》诗：‘越裳重译。’注：‘《尚书大传》曰：成王之时，越裳重译而来朝，曰：道路悠远，山川阻深，恐使之不通，故重三译而朝也。郑玄曰：欲其转相晓也。’寻《韩氏外传》五、《白虎通·封禅》篇、《说苑·辨物》篇俱载此事，盖皆本《尚书大传》为说也。”[①] 今按：《白虎通》卷下《封禅》：“德至八方，则祥风至，佳气时喜，钟律调，音度施，四夷化，越裳贡。”又说：“成王时有三苗异亩而生，同为一穟，大几盈车，长几充箱。民有得而上之者。成王召周公而问之。公曰：‘三苗为一穗，天下当和为一乎？’以是果有越裳氏重九译而来矣。”[②]

显然，“重译”传说是汉儒渲染先古圣王政治功绩的重要节目。而汉儒艳称“重译”事，自有当时外交形势、民族关系、国家意识在发生作用。

王利器引录《后汉书》卷八六《南蛮传》所谓“其使请曰”，《韩诗外传》卷五、《说苑》卷一八《辨物》等均作“译曰”。[③] 可知“译”

---

① 《新语校注》，中华书局 1986 年 8 月版，第 61 页。

② 〔清〕陈立撰，吴则虞点校：《白虎通疏证》，中华书局 1994 年 8 月版，第 287 页。

③ 屈守元笺疏：《韩诗外传笺疏》，巴蜀书社 1996 年 3 月版，第 465 页。〔汉〕刘向撰，向宗鲁校证：《说苑校证》，中华书局 1987 年 7 月版，第 458 页。

和“使”的关系。史籍亦可见承担传译职能的使者称“译使”的情形。如《汉书》卷二八下《地理志下》：“船行可二月，到日南、象林界云。黄支之南，有已程不国，汉之译使自此还矣。”[①]《后汉书》卷八七《西羌传·滇良》：“迷吾既杀傅育，狃忕边利。章和元年，复与诸种步骑七千人入金城塞。张纡遣从事司马防将千余骑及金城兵会战于木乘谷，迷吾兵败走，因译使欲降，纡纳之。”[②]《三国志》卷一一《魏书·田畴传》：“北边翕然服其威信，乌丸、鲜卑并各遣译使致贡遗，畴悉抚纳，令不为寇。”[③] 前引“恐一使之不通，故重三译而来朝”的说法也指示了“译”“使”身份往往重叠的关系。而“译”在文化沟通和文化交往中的特殊作用，也可以显现。

3　关于“九译”

所谓“重三译”的强化形式，又有所谓“重九译”。如前引《韩氏外传》卷五、《白虎通》卷下《封禅》及《风俗通义·十反》。又如《史记》卷一二三《大宛列传》记载，汉武帝听取张骞汇报之后，“天子既闻大宛及大夏、安息之属皆大国，多奇物，土著，颇与中国同业，而兵弱，贵汉财物；其北有大月氏、康居之属，兵强，可以赂遗设利朝也。且诚得而以义属之，则广地万里，重九译，致殊俗，威德遍于四海。天子欣然，以骞言为然，……”对于所谓“重九译”，张守节《正义》：“言重重九遍译语而致。”[④]《汉书》卷六四下《贾捐之传》载贾捐之言：“越裳氏重九译而献。”颜师古注引晋灼曰：“远国使来，因九译言语乃通也。”[⑤]

---

① 《汉书》，中华书局 1962 年 6 月版，第 1671 页。

② 《后汉书》，中华书局 1965 年 5 月版，第 2882 页。

③ 《三国志》，中华书局 1959 年 12 月版，第 341 页。

④ 《史记》，中华书局 1959 年 9 月版，第 3166 页至第 3167 页。

⑤ 《汉书》，第 2831 页至第 2832 页。

类似的说法，又有“累九译”。贾谊《新书》卷一〇《礼容语下》：“文王有大德而功未就，武王有大功而治未成。及成王承嗣，仁以临民，故称‘昊天’焉。不敢怠安，蚤兴夜寐，以继文王之业。布文陈纪，经制度，设牺牲，使四海之内，懿然葆德。各遵其道，故曰有成。承顺武王之功，奉扬武王之德，九州之民，四荒之国，歌谣文武之烈，累九译而请朝，致贡职以供祀。”① 或说“累译”。《后汉书》卷八六《南蛮西南夷列传》：“论曰：汉氏征伐戎狄，有事边远，盖亦与王业而终始矣，至于倾没疆垂，丧师败将者，不出时岁，卒能开四夷之境，款殊俗之附。若乃文约之所沾渐，风声之所周流，几将日所出入处也。著自山经、水志者，亦略及焉。虽服叛难常，威泽时旷，及其化行，则缓耳雕脚之伦，兽居鸟语之类，莫不举种尽落，回面而请吏，陵海越障，累译以内属焉。”② “累译”和“重译”，语义是接近的。贾谊曾经说到“累数译”。《新书》卷五《保傅》：“夫胡越之人，生而同声，嗜欲不异，及其长而成俗也，累数译而不能相通，行有虽死而不相为者，则教习然也。”③ 所谓“累数译”可以和“累九译”对照理解。

又有直说“九译”以强化“重译”之所谓“重”，即“重重九遍译语而致”，“因九译言语乃通”的情形。

据《汉书》卷一九上《百官公卿表上》，“典属国，秦官，掌蛮夷降者。武帝元狩三年昆邪王降，复增属国，置都尉、丞、候、千人。属官，九译令。成帝河平元年省并大鸿胪。”④ 负责民族与外交事务的官僚体系中有“九译令”。有学者讨论大鸿胪属官有“译官”：“和典属国的属官九译令一样，顾名思义，就是适应所谓蛮夷与内地语言不通的需要而设立的翻译官。王先谦《汉书补注》说：‘《尚书大传》：周成王

---

① 〔汉〕贾谊撰，阎振益、锺夏校注：《新书校注》，中华书局 2000 年 7 月版，第 379 页。

② 《后汉书》，第 2860 页。

③ 《新书校注》，第 186 页。

④ 《汉书》，第 735 页。

时，越裳氏重九译而献白雉，故以名官。'《汉书·儒林传》记载，周堪曾在宣帝时为译官令。"[①] 汉王朝行政体系中有"译官""译令""译长"，就官职设置中对"译人"的重视，可以专文讨论。我们在这里更为注意的，是中央行政机构有"九译令"职称，研究者自然会联想到"越裳氏重九译而献白雉"的历史故事。

《文选》卷三张衡《东京赋》："惠风广被，泽洎幽荒。北燮丁令，南谐越裳。西包大秦，东过乐浪。重舌之人九译，佥稽首而来王。"薛综注："重舌，谓晓夷狄语者。九译，九度译言始至中国者也。"李善注："《国语》曰：夫戎狄坐诸门外，而使舌人体委与之。韦昭曰：舌人能达异方之志，象胥之官也。"[②] 所谓"舌人"，就是在不同民族间实现语言沟通的"译人"。又马融《广成颂》："明德曜乎中夏，威灵畅乎四荒，东邻浮巨海而入享，西旅越葱领而来王，南徼因九译而致贡，朔狄属象胥而来同。"对于"九译"，李贤的解释是："九译为九重译语而通中国也。"而"象胥"是与"译"对应的身份，也是译者。李贤注："《周礼》：'象胥掌蛮、夷、戎、翟之国，使传王之言而谕说焉，以和亲之。'郑注云：'通夷狄之言者曰象胥，其有才智者也。此类之本名，东方曰寄，南方曰象，西方曰狄鞮，北方曰译。此官正为象者，周始有南越重译来贡献，是以名通言语之官为象胥。"[③] 对于"舌人""象胥"，以及"寄""象""狄鞮""译"等称谓，可以专文讨论。

4　汉史"重译"记录

汉代史籍中确有关于"重译"的实际记录。

《汉书》卷一二《平帝纪》："元始元年春正月，越裳氏重译献白雉

---

① 安作璋、熊铁基：《秦汉官制史稿》，齐鲁书社2007年1月版，第163页。

② 《文选》，中华书局1977年11月版，第64页。

③ 《后汉书》卷六〇上《马融传上》，第1967页至第1968页。

一，黑雉二，诏使三公以荐宗庙。”[①] 然而据《汉书》卷九九上《王莽传上》记载，这是摹仿“周成白雉之瑞”有意制作的政治文化象征：“始，风益州令塞外蛮夷献白雉，元始元年正月，莽白太后下诏，以白雉荐宗庙。”太后诏有“化流海内，远人慕义，越裳氏重译献白雉”语。[②] 据《后汉书》卷八六《南蛮传》：“逮王莽辅政，元始二年，日南之南黄支国来献犀牛。凡交阯所统，虽置郡县，而言语各异，重译乃通。”[③] 交阯地方尚且“重译乃通”，则“日南之南黄支国”更为遥远。然而我们不知道元始二年（2）的这次外交活动是否与“风益州令塞外蛮夷献白雉”属于类似的性质。

东汉历史记录中也有明确的“重译”记录。如《后汉书》卷八八《西域传》：“（汉和帝永元）六年，班超复击破焉耆，于是五十余国悉纳质内属。其条支、安息诸国至于海濒四万里外，皆重译贡献。”[④]《后汉书》卷四《和帝纪》以“论曰”的形式总结：“自中兴以后，逮于永元，虽颇有弛张，而俱存不扰，是以齐民岁增，闢土世广。偏师出塞，则漠北地空；都护西指，则通译四万。岂其道远三代，术长前世？将服叛去来，自有数也？”[⑤] 所谓“至于海濒四万里外，皆重译贡献”，被概括为“通译四万”。[⑥]“译”的作用得以突出。《后汉书》卷四《和帝纪》还写道：“（汉和帝永元）九年春正月，永昌徼外蛮夷及掸国重译奉贡。”[⑦]《后汉书》卷八《灵帝纪》：“（熹平二年）冬十二月，日南徼

---

① 《汉书》，第 348 页。

② 《汉书》，第 4046 至 4047 页。

③ 《后汉书》，第 2836 页。

④ 《后汉书》，第 2910 页。

⑤ 《后汉书》，第 195 页。

⑥ 李贤注：“《西域传》曰：‘班超定西域五十余国，皆降服，西至海濒，四万里，皆重译贡献。”第 195 页。

⑦ 《后汉书》，第 183 页。又《后汉书》卷八六《西南夷列传·哀牢》：“（永元）九年，徼外蛮及掸国王雍由调遣重译奉国珍宝。”第 2851 页。

外国重译贡献。”[①]“（光和）六年春正月，日南徼外国重译贡献。”[②] 汉献帝策命曹操为魏公，肯定其诸多功绩，包括“鲜卑、丁零，重译而至”。[③]

东汉和帝时，鲁恭上疏说：“覆被远方，夷狄重译而至矣。”[④] 杜笃《论都赋》也写道：“方躬劳圣思，以率海内，厉抚名将，略地疆外，信威于征伐，展武乎荒裔。若夫文身鼻饮缓耳之主，椎结左衽鐻鍝之君，东南殊俗不羁之国，西北绝域难制之邻，靡不重译纳贡，请为藩臣。上犹谦让而不伐勤。意以为获无用之虏，不如安有益之民；略荒裔之地，不如保殖五谷之渊；远救于已亡，不若近而存存也。”[⑤] 这些表述，也反映人们对民族关系和外交关系中类似现象的理解，是可以与先古圣王的政治成功相类比的。

“重译”一语的使用，并非局限于最高等级外交行为的政治表述之中。《隶续》卷一一《武都太守耿勋碑》论及地方民族关系时说：“又开故道铜官，铸作钱器，兴利无极，外羌且……（有阙文）等，怖威悔悳，重译乞降。”[⑥] 也体现“重译”一语在汉代不同层次政治生活中出现的普遍。

5　汉代“重译”文字的标本

《后汉书》卷八六《西南夷传·莋都夷》记载，“莋都夷者，武帝

---

① 《后汉书》，第 335 页。又《后汉书》卷八六《南蛮传》：“熹平二年冬十二月，日南徼外国重译贡献。”第 2839 页。

② 《后汉书》，第 347 页。又《后汉书》卷八六《南蛮传》：“（光和）六年，日南徼外国复来贡献。”第 2839 页。

③ 《三国志》卷一《魏书·武帝纪》，第 38 页。

④ 《后汉书》，第 876 页。

⑤ 《后汉书》卷八〇上《文苑列传上·杜笃》，第 2607 页。

⑥ 〔宋〕洪适撰：《隶释·隶续》，中华书局 1985 年 11 月版，第 393 页。又如《隶释》卷一九《魏修孔子庙碑》：“洪声登假，神祇来和。休徵杂遝，瑞我邦家。内光区域，外被荒遐。殊方重译，抟拊扬歌。”《隶释·隶续》，第 191 页。

所开，以为莋都县。其人皆被发左衽，言语多好譬类，居处略与汶山夷同。土出长年神药，仙人山图所居焉。元鼎六年，以为沈黎郡。至天汉四年，并蜀为西部，置两都尉，一居旄牛，主徼外夷。一居青衣，主汉人。永平中，益州刺史梁国朱辅，好立功名，慷慨有大略。在州数岁，宣示汉德，威怀远夷。自汶山以西，前世所不至，正朔所未加。白狼、槃木、唐菆等百余国，户百三十余万，口六百万以上，举种奉贡，称为臣仆。”朱辅上疏：“臣闻《诗》云：‘彼徂者岐，有夷之化。’传曰：‘岐道虽僻，而人不远。’诗人诵咏，以为符验。今白狼王唐菆等慕化归义，作诗三章。路经邛来大山零高坂，峭危峻险，百倍岐道。襁负老幼，若归慈母。远夷之语，辞意难正。草木异种，鸟兽殊类。有犍为郡掾田恭与之习狎，颇晓其言，臣辄令讯其风俗，译其辞语。今遣从事史李陵与恭护送诣阙，并上其乐诗。昔在圣帝，舞四夷之乐；今之所上，庶备其一。”于是，“帝嘉之，事下史官，录其歌焉。”李贤就此有这样的解说：“《东观记》载其歌，并载夷人本语，并重译训诂为华言，今范史所载者是也。今录《东观》夷言，以为此注也。”可知经“犍为郡掾田恭”“译其辞语”的“白狼王唐菆等”所作歌诗，是被看作“重译训诂”的遗存的。由此亦可推知“重译”作为宣传语汇之所谓“重”，即“重重九遍译语而致”，“因九译言语乃通”者，有时不免有夸张的成分。

我们看到的《后汉书》卷八六《西南夷传·莋都夷》中保留的这组歌诗，有“夷人本语”即“夷言”与“华言”的对照：

《远夷乐德歌诗》曰：

> 大汉是治，堤官隗构。与天合意。魏冒踰糟。吏译平端，罔驿刘脾。不从我来。旁莫支留。闻风向化，徼衣随旅。所见奇异。知唐桑艾。多赐缯布，邪毗𫄨𫄨。甘美酒食。推潭仆远。昌乐肉飞，拓拒苏便。屈申悉备。局后仍离。蛮夷贫薄，偻让龙洞。无所报嗣。莫支度由。愿主长寿，阳雒僧鳞。子孙昌炽。莫穉角存。

《远夷慕德歌诗》曰：

蛮夷所处，偻让皮尼。日入之部。且交陵悟。慕义向化，绳动随旅。归日出主。路旦拣雒。圣德深恩，圣德渡诺。与人富厚。魏菌度洗。冬多霜雪，综邪流藩。夏多和雨。莋邪寻螺。寒温时适，藐浔泸漓。部人多有。菌补邪推。涉危历险，辟危归险。不远万里。莫受万柳。去俗归德，术迭附德。心归慈母。仍路孳摸。

《远夷怀德歌》曰：

荒服之外，荒服之仪。土地硗埆。犂籍怜怜。食肉衣皮，阻苏邪犁。不见盐谷。莫砀麤沐。吏译传风，罔译传微。大汉安乐。是汉夜拒。携负归仁，踪优路仁。触冒险陕。雷折险龙。高山岐峻，伦狼藏幢。缘崖磻石。扶路侧禄。木薄发家，息落服淫。百宿到洛。理历髭雒。父子同赐，捕莒菌毗。怀抱匹帛。怀稾匹漏。传告种人，传室呼敕。长愿臣仆。陵阳臣仆。①

其中“洛”与“雒”作为地名，自然是音译。“仁”“德”“圣德”“荒服”“臣仆”这些“华言”中的政治文化术语，看来已经被“夷言”所吸收。而“危”“险”“万”“怀”，特别是“译”“传”等，“夷言”与“华言”的完全一致，引人注目。而“华言”“慈母”，“夷言”作“孳摸”，音声之近，也是很有意思的。《远夷乐德歌诗》中“华言”“大汉是治”，“夷言”“堤官隗构”。而《远夷怀德歌》中“华言”“大汉安乐”，“夷言”作“是汉夜拒”。同是“大汉”，而所译不同，也值得思索。这些现象，或许都可以作为古代翻译史料体现出文献学的价值。

6 “重译”现象和“大一统”理念

如果从正面肯定的角度将“重译”得到推崇这一现象理解为民族

① 《后汉书》，第 2856 页至第 2857 页。

文化发育过程中必要的自尊和自信，也许只看到了问题的一面。“重译”在历史文献中的出现，相当多的情形是作为宣传用语使用。我们看到的更多的有关“重译”“九译”的文字，是对汉帝国文化扩张成就的赞美和宣扬。如庄青翟、张汤奏言所谓“显慈孝之行，广贤能之路。……重译而朝，泽及方外”①，司马相如喻告巴蜀民檄所谓“康居西域，重译请朝，稽首来享”②，太史公所谓“泽流罔极，海外殊俗，重译款塞，请来献见者，不可胜道”③，都体现了这一现象与汉王朝的德政“泽及方外”“泽流罔极”的关系。

我们所重视的“重译”的意义，不仅是“修行”“任贤”，“存亡继绝”，“布惠施恩”，“师旅不设，刑格法悬”，“制礼作乐”或者“制作礼乐”等“贤君之治”在不同层次的“德美”表现，而更关注其空间影响至于“广地万里”，也就是“外内相信”，“要荒来宾”，“德行延及方外”，“威德遍于四海”，“方外远人归义”，“开四夷之境，款殊俗之附”，使得文化影响征服了“九州之民，四荒之国”。这正是汉代文化扩张实现空前规模的情形。人们说到“重译”，是以对“大一统”政治的认同为重要意识背景的。“大一统”理想的表述往往强调“天下”的一同。相关的文字，我们读到和“重译”往往并说的“天下和”，“天下和同”，“天下其和而为一”，“天下宾服”，等等。

在理解汉代“大一统”意识成熟和普及的文化条件的基础上关注“重译”现象，应当是适宜的。

在汉代有关“重译”的言论中，又有推崇三代德行远方的成功而以古非今的意见。如《盐铁论》卷七《崇礼》载贤良语，批评当世外交理念“殆与周公之待远方殊”，其中说到“重译”。论者指出：“昔周

---

① 《史记》卷六〇《三王世家》，第 2109 页。

② 《史记》卷一一七《司马相如列传》，第 3044 页。

③ 《史记》卷一三〇《太史公自序》，第 3299 页。张守节《正义》：“重译，更译其言也。”第 3300 页。

公处谦以卑士，执礼以治下天下，辞越裳之贽，见恭让之礼也；既，与入文王之庙，是见大孝之礼也。目睹威仪干戚之容，耳听清歌《雅》《颂》之声，心充至德，欣然以归，此四夷所以慕义内附，非重译狄鞮来观猛兽熊罴也。"[①] 这里的"重译狄鞮"，大致只有技术层面的涵义。论者追求的是所谓"四夷""慕义内附"，"心充至德，欣然以归"的更高层次的文化征服。而论者对于所谓"重译狄鞮来观猛兽熊罴"的批评[②]，其实并不影响我们对汉代与"重译"相关的文化现象的总体认识。

---

① 王利器：《盐铁论校注》（定本），中华书局1992年7月版，第437页至第438页。

② 《盐铁论》卷七《崇礼》载录贤良曰："王者崇礼施德，上仁义而贱怪力，故圣人绝而不言。孔子曰：'言忠信，行笃敬，虽蛮、貊之邦，不可弃也。'今万方绝国之君奉贽献者，怀天子之盛德，而欲观中国之礼仪，故设明堂、辟雍以示之，扬干戚、昭《雅》、《颂》以风之。今乃以玩好不用之器，奇虫不畜之兽，角抵诸戏，炫耀之物陈夸之，殆与周公之待远方殊。"《盐铁论校注》（定本），第437页。《汉书》卷九六下《西域传下》："设酒池肉林以飨四夷之客，作巴俞都卢、海中砀极、漫衍鱼龙、角抵之戏以观视之。"类似情形在盐铁会议以后依然存在。元康二年，"天子自临平乐观，会匈奴使者、外国君长大角抵，设乐而遣之。"第3905页。又《后汉书》卷八五《东夷列传・夫余》："顺帝永和元年，其王来朝京师，帝作黄门鼓吹、角抵戏以遣之。"第2812页。《后汉书》卷八九《南匈奴列传》："遣行中郎将持节护送单于归南庭。诏太常、大鸿胪与诸国侍子于广阳城门外祖会，飨赐作乐，角抵百戏。"第2963页。所谓"重译狄鞮来观猛兽熊罴"，应是指与《汉书》卷八七下《扬雄传下》的记载类似的情形："明年，上将大夸胡人以多禽兽，秋，命右扶风发民入南山，西自褒斜，东至弘农，南驱汉中，张罗罔罝罘，捕熊罴豪猪虎豹狖玃狐菟麋鹿，载以槛车，输长杨射熊馆。以罔为周阹，纵禽兽其中，令胡人手搏之，自取其获，上亲临观焉。"第3557页。是为在外交事务中表现出虚荣心的典型例证。

“译人”与汉代西域民族关系

“译人”即承担语言转译的专门人员①，在汉王朝与匈奴争夺西域控制权的历史过程中有突出的表现。“译人”以西域为舞台的活跃表演，成为考察汉代边疆与民族问题必须予以重视的历史文化现象。当时复杂的民族关系及历史语言背景，决定了“译人”作用的重要。西域多民族文化因匈奴和汉民族的介入而导致的历史变化，通过“译人”的推动而实现。汉与匈奴以及西域政权民族事务与外交事务处理方式的若干特点，也可以由“译人”的活动得以说明。西域“译人”的贡献，亦充实了中国翻译史的早期记录。

1　西域“重译”现象

据《史记》卷一一七《司马相如列传》记载：“相如为郎数岁，会唐蒙使略通夜郎西僰中，发巴蜀吏卒千人，郡又多为发转漕万余人，用兴法诛其渠帅，巴蜀民大惊恐。上闻之，乃使相如责唐蒙，因喻告巴蜀民以非上意。檄曰：告巴蜀太守：蛮夷自擅不讨之日久矣，时侵犯边境，劳士大夫。陛下即位，存抚天下，辑安中国。然后兴师出兵，北征

---

① “译人”称谓较早见于正史者，即《三国志》卷三〇《魏书·东夷传·扶余》：“译人传辞，皆跪手据地窃语。”第 841 页。应可看作秦汉时期相同身份的共同称谓。

匈奴，单于怖骇，交臂受事，诎膝请和。康居西域，重译请朝，稽首来享。移师东指，闽越相诛。右吊番禺，太子入朝。南夷之君，西僰之长，常效贡职，不敢怠堕，延颈举踵，喁喁然皆争归义，欲为臣妾，道里辽远，山川阻深，不能自致。夫不顺者已诛，而为善者未赏，故遣中郎将往宾之，发巴蜀士民各五百人，以奉币帛，卫使者不然，靡有兵革之事，战斗之患。今闻其乃发军兴制，惊惧子弟，忧患长老，郡又擅为转粟运输，皆非陛下之意也。当行者或亡逃自贼杀，亦非人臣之节也。”其中说到北边战事的胜利以及开通西域道路取得的成就：

> 陛下即位，存抚天下，辑安中国。然后兴师出兵，北征匈奴，单于怖骇，交臂受事，诎膝请和。康居西域，重译请朝，稽首来享。

“康居西域，重译请朝，稽首来享”句，表现出汉文化向西域发展的顺利，而西域诸国倾心中原文化的表现，也得以宣传。

有关东汉时期西域历史的文献记述中也可以看到明确的“重译”记录。如《后汉书》卷八八《西域传》：

> （和帝永元）六年，班超复击破焉耆，于是五十余国悉纳质内属。其条支、安息诸国至于海濒四万里外，皆重译贡献。

《后汉书》卷四《和帝纪》以“论曰”的形式总结：

> 自中兴以后，逮于永元，虽颇有弛张，而俱存不扰，是以齐民岁增，闻土世广。偏师出塞，则漠北地空；都护西指，则通译四万。岂其道远三代，术长前世？将服叛去来，自有数也？

所谓“至于海濒四万里外，皆重译贡献”，被概括为“通译四万”。李贤注：“《西域传》曰：‘班超定西域五十余国，皆降服，西至海濒，四万里，皆重译贡献。”“译”对于中土和西域的联系，曾经发挥了显著的历史文化作用。[①]

---

① 参看王子今：《“重译”：汉代民族史与外交史中的一种文化现象》，《河北学刊》2010年4期。

2 汉朝的“译官”

所谓“都护西指，则通译四万”，体现“译”服务于汉文化传播的情形。

《汉书》卷一九上《百官公卿表上》说到中央职官机构设置，可见负责“译”的专职官员：

> 典客，秦官，掌诸归义蛮夷，有丞。景帝中六年更名大行令，武帝太初元年更名大鸿胪。属官有行人、译官、别火三令丞及郡邸长丞。

负责外交与民族事务的“典客”即“大鸿胪”属官有“译官”，应是根据职务需要设置。又“典属国”也有专职译官：

> 典属国，秦官，掌蛮夷降者。武帝元狩三年昆邪王降，复增属国，置都尉、丞、候、千人。属官，九译令。成帝河平元年省并大鸿胪。

“九译令”职任，体现民族事务和外交事务的复杂性。清《历代职官表》卷一一《礼部会同四译馆》：“四译馆即汉之译官令、九译令，当为周‘象胥’之职。而今之馆卿实兼此二职者也。”这种“译官”机构，是大一统王朝不能忽略的行政设置。

曾经任“译官令”的周堪身为著名儒学学者，生徒在西汉末年学界和政界都有显赫的影响。①

---

① 《汉书》卷八八《儒林传·周堪》：“周堪字少卿，齐人也。与孔霸俱事大夏侯胜。霸为博士。堪译官令，论于石渠，经为最高，后为太子少傅，而孔霸以太中大夫授太子。及元帝即位，堪为光禄大夫，与萧望之并领尚书事，为石显等所谮，皆免官。望之自杀，上愍之，乃擢堪为光禄勋，语在刘向传。堪授牟卿及长安许商长伯。牟卿为博士。霸以帝师赐爵号褒成君，传子光，亦事牟卿，至丞相，自有传。由是大夏侯有孔、许之学。商善为算，着五行论历，四至九卿，号其门人沛唐林子高为德行，平陵吴章伟君为言语，重泉王吉少音为政事，齐炔钦幼卿为文学。王莽时，林、吉为九卿，自表上师冢，大夫博士郎吏为许氏学者，各从门人，会车数百两，儒者荣之。钦、章皆为博士，徒众尤盛。”第3604页至第3605页。

匈奴单于来朝，与汉帝的会见有“译”作为对话交流的中介。《汉书》卷九三《佞幸传·董贤》记载：

> 匈奴单于来朝，宴见，群臣在前。单于怪贤年少，以问译，上令译报曰：“大司马年少，以大贤居位。”单于乃起拜，贺汉得贤臣。[①]

这里所谓“译”，应当是“译官”“九译令”属员。王莽执政，改换匈奴单于印，导致与匈奴关系的激变。《汉书》卷九四下《匈奴传下》记载了这一外交行为的细节：“王莽之篡位也，建国元年，遣五威将王骏率甄阜、王飒、陈饶、帛敞、丁业六人，多赍金帛，重遗单于，谕晓以受命代汉状，因易单于故印。故印文曰‘匈奴单于玺’，莽更曰‘新匈奴单于章’。将率既至，授单于印绂，诏令上故印绂。单于再拜受诏。译前，欲解取故印绂，单于举掖授之。左姑夕侯苏从旁谓单于曰：‘未见新印文，宜且勿与。’单于止，不肯与。请使者坐穹庐，单于欲前为寿。五威将曰：‘故印绂当以时上。’单于曰：‘诺。’复举掖授译。”[②]这里的“译”，应是跟随王骏等往匈奴执行使命的来自中央“译官”的译员。

王莽始建国三年（11），“西域都护但钦上书言匈奴南将军右伊秩訾将人众寇击诸国。莽于是大分匈奴为十五单于，遣中郎将蔺苞、副校尉戴级将兵万骑，多赍珍宝至云中塞下，招诱呼韩邪单于诸子，欲以次拜之。使译出塞诱呼右犁汗王咸、咸子登、助三人，至则胁拜咸为孝单于，赐安车鼓车各一，黄金千斤，杂缯千匹，戏戟十；拜助为顺单于，赐黄金五百斤；传送助、登长安。”[③] 这里“使译出塞诱呼右犁汗王咸、咸子登、助三人”的“译”，应当也是同样身份。

《汉书》卷二八下《地理志下》总结南洋航路的通行：“自日南障

---

① 《汉书》，第 3737 页。

② 《汉书》，第 3820 页至第 3821 页。

③ 《汉书》，第 3823 页。

塞、徐闻、合浦船行可五月，有都元国；又船行可四月，有邑卢没国；又船行可二十余日，有谌离国；步行可十余日，有夫甘都卢国。自夫甘都卢国船行可二月余，有黄支国，民俗略与珠厓相类。其州广大，户口多，多异物，自武帝以来皆献见。有译长，属黄门，与应募者俱入海市明珠、璧流离、奇石异物，赍黄金杂缯而往。所至国皆禀食为耦，蛮夷贾船，转送致之。亦利交易，剽杀人。又苦逢风波溺死，不者数年来还。大珠至围二寸以下。平帝元始中，王莽辅政，欲耀威德，厚遗黄支王，令遣使献生犀牛。自黄支船行可八月，到皮宗；船行可二月，到日南、象林界云。黄支之南，有已程不国，汉之译使自此还矣。”南至“黄支国”“自武帝以来皆献见”。所谓“有译长，属黄门，与应募者俱入海市明珠、璧流离、奇石异物，赍黄金杂缯而往”，以及“黄支之南，有已程不国，汉之译使自此还矣”[①] 所说的“译长”“译使”，都通过“译”的功用，为汉代海外文化交流作出了特殊的贡献。

3 西域“导译”“译道”

《史记》卷一二三《大宛列传》写道：“（张骞）居匈奴中，益宽，骞因与其属亡乡月氏，西走数十日至大宛。大宛闻汉之饶财，欲通不得，见骞，喜，问曰：‘若欲何之？’骞曰：‘为汉使月氏，而为匈奴所闭道。今亡，唯王使人导送我。诚得至，反汉，汉之赂遗王财物不可胜言。’大宛以为然，遣骞，为发导绎，抵康居。”所谓“为发导绎”，司马贞《索隐》：“为发道驿抵康居。发道，谓发驿令人导引而至康居也。导音道。抵，至也。”[②] 对于“道驿”，杭世骏《史记考证》卷七写道：“《大宛列传》‘为发导驿抵康居’，凌稚隆曰：按‘导驿’二字，观

---

① 《汉书》，第1671页。
② 《史记》，第3158页。

《后书》‘乌孙发导译送骞还’，则此‘驿’亦当作‘译’。”[①] 清佚名《史记疏证》卷五七关于“《大宛列传》‘为发导驿抵康居’”，也引用了凌稚隆同样的意见。[②] 沈家本关于《续汉书·百官志二》“大鸿胪”属官，所谓“中兴省驿官、别火二令”，以为“驿当作译”。[③]

《史记》卷一二三《大宛列传》又说，张骞从西域返回时，“骞因分遣副使使大宛、康居、大月氏、大夏、安息、身毒、于窴、扜罙及诸旁国。乌孙发导译送骞还，骞与乌孙遣使数十人，马数十匹报谢，因令窥汉，知其广大。”所谓“导译”，应当指向导和译人，或者一身二任。《资治通鉴》卷一八“汉武帝元朔三年”：“（大宛）为发导译抵康居。”胡三省注：“导者，引路之人；译者，传言之人也。”[④] 由所谓“乌孙发导译送骞还”，可知其身份应是乌孙籍人。《汉书》卷六一《张骞传》言出使经历，写道：

> 居匈奴西，骞因与其属亡乡月氏，西走数十日至大宛。大宛闻汉之饶财，欲通不得，见骞，喜，问欲何之。骞曰：“为汉使月氏而为匈奴所闭道，今亡，唯王使人道送我。诚得至，反汉，汉之赂遗王财物不可胜言。”大宛以为然，遣骞，为发译道，抵康居。康居传致大月氏。

其中“唯王使人道送我”，颜师古注：“道读曰导。”《张骞传》又记载：

> 骞即分遣副使使大宛、康居、月氏、大夏。乌孙发译道送骞，与乌孙使数十人，马数十匹，报谢，因令窥汉，知其广大。

---

① 〔清〕杭世骏撰：《史记考证》，清乾隆五十三年《补史亭刻道古堂外集》本，第 80 页。类同情形，又有《汉书》卷七〇《傅介子传》“出金币以示译”。第 3002 页。《汉纪》卷一六“元凤四年”作“多出金币以示其驿使”。

② 〔清〕佚名撰：《史记疏证》，清钞本，第 511 页。

③ 〔清〕沈家本撰：《读史琐言》卷一二，民国《沈寄簃先生遗书》本，第 227 页。

④ 〔宋〕司马光编著，〔元〕胡三省音注，“标点资治通鉴小组”校点：《资治通鉴》，中华书局 1956 年 6 月版，第 611 页。

“乌孙发译道送骞”，颜师古注：“道读曰导。”[①]“发译道”的“译道”，就是《史记》卷一二三《大宛列传》所说的“导译”。[②]这些“导译”或“译道”，来到了汉地，领略了汉文化的“广大”。

对于《后汉书》卷八八《西域传》“驰命走驿，不绝于时月”的“驿”，刘攽也以为“‘驿’当作‘译’”。[③]这样的判断，当然还是有讨论的空间的。《后汉书》卷八九《南匈奴传》“遣驿使迎呼慰纳之”，《后汉书》卷九〇《乌桓传》“鲜卑始通驿使”[④]，王先谦引刘攽说，也都以为“‘驿’当作‘译’”。[⑤]读“驿使”为“译使”是有合理性的。《汉书》卷二八下《地理志下》说海上丝绸之路南洋航道：“黄支之南，有已程不国，汉之译使自此还矣。”[⑥]就明确写作“译使”。

4 西域列国的“译长”

《汉书》卷九六《西域传》介绍西域列国国情时，说到“译长”这种特殊身份在行政体系中的地位。各国“王治”某城及“去阳关”若干里、“去长安”若干里等政治地理和交通地理信息可以略去，我们看到“户”“口”“胜兵”数字和职官构成。如《西域传上》：

---

① 《汉书》，第2688页，第2692页。

② 《史记》卷一二三《大宛列传》：“乌孙发导译送骞还，骞与乌孙遣使数十人，马数十匹报谢，因令窥汉，知其广大。”第3169页。王子今：《草原民族对丝绸之路交通的贡献》，《山西大学学报》（哲学社会科学版）2016年1期。

③ 王先谦说：“刘攽曰：案‘驿’当作‘译’。”王先谦撰：《后汉书集解》，中华书局据1915年虚受堂刊本1984年2月影印版，第1032页。

④ 《后汉书》，第2950页，第2985页。

⑤ 王先谦撰：《后汉书集解》，第1039页，第1050页。

⑥ 《汉书》，第1671页。

国名	户	口	胜兵	职官
鄯善国	1570	14100	2912	辅国侯、却胡侯、鄯善都尉、击车师都尉、左右且渠、击车师君各一人，译长二人
且末国	230	1610	320	辅国侯、左右将、译长各一人
精绝国	480	3360	500	精绝都尉、左右将、译长各一人
扜弥国	3340	20040	3540	辅国侯、左右将、左右都尉、左右骑君各一人，译长二人
于阗国	3300	19300	2400	辅国侯、左右将、左右骑君、东西城长、译长各一人
皮山国	500	3500	500	左右将、左右都尉、骑君、译长各一人
莎车国	2339	16373	3049	辅国侯、左右将、左右骑君、备西夜君各一人，都尉二人，译长四人
疏勒国	1510	18647	2000	疏勒侯、击胡侯、辅国侯、都尉、左右将、左右骑君、左右译长各一人

无论户口多少，“译长”职任是必须设置的。[①]“译长”似乎总是列在职官的最低等级。又《汉书》卷九六下《西域传下》：

国名	户	口	胜兵	职官
姑墨国	3500	24500	4500	姑墨侯、辅国侯、都尉、左右将、左右骑君各一人，译长二人
温宿国	2200	8400	1500	辅国侯、左右将、左右都尉、左右骑君、译长各二人

① 《汉书》，第3875页，第3879页，第3880页，第3881页，第3897页，第3898页。

（续表）

国名	户	口	胜兵	职官
龟兹国	6970	81317	21076	大都尉丞、辅国侯、安国侯、击胡侯、却胡都尉、击车师都尉、左右将、左右都尉、左右骑君、左右力辅君各一人，东西南北部千长各二人，却胡君三人，译长四人
乌垒	110	1200	300	城都尉、译长各一人
尉犁国	1200	9600	2000	尉犁侯、安世侯、左右将、左右都尉、击胡君各一人，译长二人
危须国	700	4900	2000	击胡侯、击胡都尉、左右将、左右都尉、左右骑君、击胡君、译长各一人
焉耆国	4000	32100	6000	击胡侯、却胡侯、辅国侯、左右将、左右都尉、击胡左右君、击车师君、归义车师君各一人，击胡都尉、击胡君各二人，译长三人
卑陆国	227	1387	422	辅国侯、左右将、左右都尉、左右译长各一人
卑陆后国	462	1137	350	辅国侯、都尉、译长各一人，将二人
郁立师国	190	1445	331	辅国侯、左右都尉、译长各一人
单桓国	27	194	45	辅国侯、将、左右都尉、译长各一人
蒲类后国	100	1070	334	辅国侯、将、左右都尉、译长各一人
劫国	99	500	115	辅国侯、都尉、译长各一人
山国	450	5000	1000	辅国侯、左右将、左右都尉、译长各一人
车师前国	700	6050	1865	辅国侯、安国侯、左右将、都尉、归汉都尉、车师君、通善君、乡善君各一人，译长二人
车师后国	595	4774	1890	击胡侯、左右将、左右都尉、道民君、译长各一人

亦可见“译长”设置的情形。[①]“户”“口”“胜兵”数字可以说明部族、部族联盟和国家的规模。24 国中，14 国户数不过数百：且末国（230），精绝国（480），皮山国（500），乌垒（110），危须国（700），卑陆国（227），卑陆后国（462），郁立师国（190），单桓国（27），蒲类后国（100），劫国（99），山国（450），车师前国（700），车师后国（595）。也就是说，很可能不足汉地较大乡间聚落户口数字的这些政权，都有“译长”设置。最极端的例子，“单桓国”只有“户二十七”，也置有“译长”。“译长”在西域诸国职官机构中，都有比较重要的地位。

现在尚不能排除“译长”类同于“译官”的长官，即“译人”的首领的可能。我们看到“译长一人”“译长二人”“译长三人”“译长四人”的直接记述，推想“译长”之下，译员的人数可能还要多一些。

《汉书》卷九六下《西域传下》：“最凡国五十。自译长、城长、君、监、吏、大禄、百长、千长、都尉、且渠、当户、将、相至侯、王，皆佩汉印绶，凡三百七十六人。而康居、大月氏、安息、罽宾、乌弋之属，皆以绝远不在数中，其来贡献则相与报，不督录总领也。”[②]《资治通鉴》卷三五“汉哀帝元寿二年”：“春，正月，匈奴单于及乌孙大昆弥伊秩靡皆来朝，汉以为荣。是时西域凡五十国，自译长至将、相、侯王皆佩汉印绶，凡三百七十六人。”胡三省注：“译长之官，西域诸国皆有之。所以通其国之语言于中国。”[③] 按前引《汉书》卷九六《西域传》记载，诸国“译长”凡三十九人，占“三百七十六人”的10.37%。总人数虽然不多，却是非常重要的官职，承担着非常重要的责任。据“自译长、城长、君、监、吏、大禄、百长、千长、都尉、且

① 《汉书》，第 3910 页，第 3911 页，第 3917 页，第 3918 页，第 3919 页，第 3920 页，第 3921 页，第 3928 页。

② 《汉书》，第 3928 页。

③ 〔宋〕司马光编著，〔元〕胡三省音注，“标点资治通鉴小组”校点：《资治通鉴》，第 1123 页。

渠、当户、将、相至侯、王”诸等次计十五级，最低等的“译长”所占比率之高，是引人注目的。汉哀帝时，“译长”“皆佩汉印绶”，说明他们“通其国之语言于中国”作用之重要。

5 傅介子故事中的楼兰“译”

傅介子以使者身份刺杀楼兰王故事，在西域民族史和外交史上书写了重要的一页，对于后来立功绝域者亦有榜样性的影响。①《汉书》卷七〇《傅介子传》记载：

> 介子与士卒俱赍金币，扬言以赐外国为名。至楼兰，楼兰王意不亲介子，介子阳引去，至其西界，使译谓曰：“汉使者持黄金锦绣行赐诸国，王不来受，我去之西国矣。”即出金币以示译。译还报王，王贪汉物，来见使者。介子与坐饮，陈物示之。饮酒皆醉，介子谓王曰：“天子使我私报王。”王起随介子入帐中，屏语，壮士二人从后刺之，刃交胸，立死。其贵人左右皆散走。介子告谕以“王负汉罪，天子遣我来诛王，当更立前太子质在汉者。汉兵方至，

---

① 《后汉书》卷四七《班超传》：“超与母随至洛阳。家贫，常为官佣书以供养。久劳苦，尝辍业投笔叹曰：‘大丈夫无它志略，犹当效傅介子、张骞立功异域，以取封侯，安能久事笔研间乎？’左右皆笑之。超曰：‘小子安知壮士志哉！’”第1571页。〔明〕徐应秋《玉芝堂谈荟》卷五“古今事相类”条：“投笔封侯，有班超，而又有傅介子。”清文渊阁《四库全书》本，第101页。同样的说法又见〔明〕陈士元《名疑》卷三。清文渊阁《四库全书》本，第53页。《太平御览》卷六一四引《西京杂记》曰：“傅介子年十四，好学，常弃瓢而叹曰：‘丈夫当立功绝域，何能坐于散儒！’卒斩匈奴使者，还报，拜中郎将。后复斩楼王首，封义阳侯。”〔宋〕李昉等撰：《太平御览》，中华书局用上海涵芬楼影印宋本1960年2月复制重印版，第2763页。“弃瓢”应是“弃觚”之误。《西京杂记》卷三记此事，题“介子弃觚”。〔汉〕刘歆撰，〔晋〕葛洪集，王根林校点：《西京杂记》，上海古籍出版社2012年12月版，第24页。〔清〕姜宸英《湛园札记》卷二：“傅介子年十四，好学书。尝弃觚而叹曰：‘丈夫当立功绝域，何能坐事散儒！’弃觚与班生投笔相类。”清文渊阁《四库全书》本，第17页。

毋敢动，动，灭国矣！”

其中明确有“使译谓曰……”，“出金币以示译”，“译还报王”等情节。《汉纪》卷一六“元凤四年”作“多出金币以示其驿使”。“译”或误写为“驿”，已见前引凌稚隆说《史记》卷一二三《大宛列传》“导驿”应即“导译”。《资治通鉴》卷二三“汉昭帝元凤四年”据《汉书》，作“即出金币以示译，译还报王”。《太平御览》卷七七七引《汉书》写作：“即出金币以示译者，译者还报王”，可知“译”就是“译者”。由所谓“译还报王”，可推知“译”的楼兰人身份。

其实，后来“介子谓王曰……”“入帐中，屏语”，以及刺杀楼兰王后“介子告谕”“其贵人左右”等事，都应当是通过“译”进行的。“译”即“译者”很可能当傅介子等刺死楼兰王时身在现场。

6 西域国家“给使者”“导译”的接待压力

所谓“导译”或“译道”，作为西域诸国通过语言传译便利文化交流的必要的设置。这种专业人员主要服务于汉地来使的性质，也造成西域诸国比较沉重的压力。据《汉书》卷九六下《西域传下》记载：

至莽篡位，建国二年，以广新公甄丰为右伯，当出西域。车师后王须置离闻之，与其右将股鞮、左将尸泥支谋曰：“闻甄公为西域太伯，当出，故事给使者牛羊谷刍茭，导译，前五威将过，所给使尚未能备。今太伯复出，国益贫，恐不能称。”欲亡入匈奴。戊己校尉刀护闻之，召置离验问，辞服，乃械致都护但钦在所埒娄城。置离人民知其不还，皆哭而送之。至，钦则斩置离。置离兄辅国侯狐兰支将置离众二千余人，驱畜产，举国亡降匈奴，单于受之。①

① 《汉书》，第3925页。

包括“给使者”“导译”在内的接待负担，形成西域国家“恐不能称”的压力，竟然最终导致车师后国贵族“欲亡入匈奴”。在汉王朝强大的军事压力下，车师后王“须置离”被斩杀，其兄狐兰支将众“举国亡降匈奴”。

这是“译”影响西域民族关系和外交形势的另一种例证。

狐兰支“亡降匈奴”后，又与匈奴组成联军一同进扰西域。《汉书》卷九四下《匈奴传下》：“狐兰支与匈奴共入寇，击车师，杀后城长，伤都护司马，复还入匈奴。”因“导译”负担引起的连锁反应其实是相当严重的：“时戊己校尉史陈良、终带、司马丞韩玄、右曲候任商等见西域颇背叛，闻匈奴欲大侵，恐并死，即谋劫略吏卒数百人，共杀戊己校尉刀护，遣人与匈奴南犁汗王南将军相闻。匈奴南将军二千骑入西域迎良等，良等尽胁略戊己校尉吏士男女二千余人入匈奴。玄、商留南将军所，良、带径至单于庭，人众别置零吾水上田居。单于号良、带曰乌桓都将军，留居单于所，数呼与饮食。”陈良等人叛降匈奴，导致了西域军力对比的变化。“西域都护但钦上书言匈奴南将军右伊秩訾将人众寇击诸国。莽于是大分匈奴为十五单于，遣中郎将蔺苞、副校尉戴级将兵万骑，多赍珍宝至云中塞下，招诱呼韩邪单于诸子，欲以次拜之。使译出塞诱呼右犁汗王咸、咸子登、助三人，至则胁拜咸为孝单于，赐安车鼓车各一，黄金千斤，杂缯千匹，戏戟十；拜助为顺单于，赐黄金五百斤；传送助、登长安。莽封苞为宣威公，拜为虎牙将军；封级为扬威公，拜为虎贲将军。”王莽的举措，显示北边东部汉王朝的优势地位也难以维持。而匈奴贵族对王莽的封赐竟然拒绝。“单于闻之，怒曰：‘先单于受汉宣帝恩，不可负也。今天子非宣帝子孙，何以得立？’遣左骨都侯、右伊秩訾王呼卢訾及左贤王乐将兵入云中益寿塞，大杀吏民。是岁，建国三年也。”[①]

① 《汉书》，第3822页至第3823页。

因“给使者”“导译”等接待负担致使狐兰支将众“举国亡降匈奴”的后续事变中，也可以看到“译”的活动。如前引《汉书》卷九四下《匈奴传下》：“使译出塞诱呼右犁汗王咸、咸子登、助三人，至则胁拜咸为孝单于，赐安车鼓车各一，黄金千斤，杂缯千匹，戏戟十；拜助为顺单于，赐黄金五百斤；传送助、登长安。”不过，这些活动与西域方向没有直接关系，因而不属于我们讨论的对象。

丝绸之路与中原“音乐”的西传

丝绸之路的早期开通，显著促进了东西文化的交流。史籍记载所见，在音乐等艺术形式方面不同的民族相互学习，是丝绸之路文化交往史的重要现象。西域乐舞介入中原社会艺术生活，以往受到研究者的较多关注。而另一方面，亦可见西域民族喜好汉家“钟鼓”“歌吹”“音乐”，热心接受并有所传播的史例。中原与西域，双方曾经形成以“音乐”为主题的活跃的文化对流。贾谊曾经提出以“音乐”等方式对草原民族实现文化影响的战略设想。后来历史的演进，说明汉文化的发展，包括中原“音乐”通过丝绸之路交通通道向西传播的方式。

1 “音乐”：汉家文化精华

西周以来高度成熟的“礼乐”传统，包括“乐”的文化构成。“礼乐”的内涵，与政治原则、社会等级、宗法秩序、阶级结构密切相关，亦涉及文化意识、道德理念、艺术品味、情感涵养等多方面的内容。

对汉家“音乐”所体现文化内质的理解，往往超越了艺术范畴。《史记》卷二四《乐书》：“音乐者，所以动荡血脉，通流精神而和正心也。”[①] 强调“音乐”有“正心”的作用。最后又有“太史公”明确的表态：“太史公曰：夫上古明王举乐者，非以娱心自乐，快意恣欲，将

---

① 《史记》，第1236页。

欲为治也。正教者皆始于音，音正而行正。故音乐者，所以动荡血脉，通流精神而和正心也。”[①]

中原文化对“音乐”的欣赏与喜好，在秦统一之后影响了帝国行政中心咸阳。如《史记》卷五二《齐悼惠王世家》：“魏勃父以善鼓琴见秦皇帝。”[②] 又有高渐离故事：“秦皇帝惜其善击筑，重赦之，乃矐其目。使击筑，未尝不称善。”[③] 而“音乐”文化在汉代文化中有更突出的显现。不仅皇家对“音乐”有狂热的爱重，达官贵族乃至整个上流社会，亦尤多喜好“音乐”者。汉武帝、司马相如、李延年等人物的表现，都成为音乐史的重要迹象。“音乐”文化的时代特点，于是出现了以长安为中心的繁荣。《史记》卷五九《五宗世家》：“王者当日听音乐声色。”[④]《史记》卷一〇七《魏其武安侯列传》：“（田蚡）所好音乐狗马田宅。”[⑤]《汉书》卷五三《景十三王传·鲁恭王刘余》：“（刘光）好音乐舆马。”[⑥]《汉书》卷六六《车千秋传》：“（劝上）玩听音乐，养

---

① “太史公曰”下文还有明确的解说，指出五音切合“圣”“义”“仁”“礼”“智”：“故宫动脾而和正圣，商动肺而和正义，角动肝而和正仁，徵动心而和正礼，羽动肾而和正智。故乐所以内辅正心而外异贵贱也；上以事宗庙，下以变化黎庶也。琴长八尺一寸，正度也。弦大者为宫，而居中央，君也。商张右傍，其余大小相次，不失其次序，则君臣之位正矣。故闻宫音，使人温舒而广大；闻商音，使人方正而好义；闻角音，使人恻隐而爱人；闻徵音，使人乐善而好施；闻羽音，使人整齐而好礼。夫礼由外入，乐自内出。故君子不可须臾离礼，须臾离礼则暴慢之行穷外；不可须臾离乐，须臾离乐则奸邪之行穷内。故乐音者，君子之所养义也。夫古者，天子诸侯听钟磬未尝离于庭，卿大夫听琴瑟之音未尝离于前，所以养行义而防淫佚也。夫淫佚生于无礼，故圣王使人耳闻雅颂之音，目视威仪之礼，足行恭敬之容，口言仁义之道。故君子终日言而邪辟无由入也。”《史记》，第1236页至第1237页。

② 《史记》，第2004页。

③ 《史记》卷八六《刺客列传》，第2537页。

④ 《史记》，第2099页。

⑤ 《史记》，第2851页。

⑥ 《汉书》，中华书局1962年6月版，第2413页。

志和神，为天下自虞乐。"[①]《汉书》卷八二《史丹传》："建昭之间，元帝被疾，不亲政事，留好音乐。"[②]

东汉时代仍然继承了这一文化趋势。《后汉书》卷七《桓帝纪》："论曰：前史称桓帝好音乐，善琴笙。"[③]《后汉书》卷一四《宗室四王三侯传·北海靖王兴》："（刘）睦乃谢绝宾客，放心音乐。"[④]《三国志》卷一《魏书·武帝纪》裴松之注引《曹瞒传》："太祖为人佻易无威重，好音乐，倡优在侧，常以日达夕。"[⑤]《三国志》卷四《魏书·三少帝纪》裴松之注引《魏书》："帝日在后园，倡优音乐自若，不数往定省。"[⑥]《三国志》卷一五《魏书·张既传》裴松之注引《魏略》："（张）楚不学问，而性好游遨音乐。乃畜歌者，琵琶、筝、箫，每行来将以自随。所在樗蒱、投壶，欢欣自娱。"[⑦]《三国志》卷三二《蜀书·先主传》："先主不甚乐读书，喜狗马、音乐、美衣服。"[⑧]《三国志》卷五四《吴书·周瑜传》："瑜少精意于音乐，虽三爵之后，其有阙误，瑜必知之，知之必顾，故时人谣曰：'曲有误，周郎顾。'"[⑨] 社会上层人士每多喜好"音乐"。而文化人如"曲有误，周郎顾"故事，往往成为其"精意于音乐"的反映。如"桓谭、蔡邕善音乐"。[⑩]

"音乐声色""音乐狗马""音乐舆马"以及"倡优音乐""游遨音乐"并说的情形，说明"音乐"是上层社会享乐生活中的重要构成内

---

① 《汉书》，第 2885 页。

② 《汉书》，第 3376 页。《汉书》卷九三《佞幸传·石显》："是时，元帝被疾，不亲政事，方隆好于音乐……"第 3726 页。

③ 李贤注："前史谓《东观记》。"《后汉书》，第 320 页。

④ 《后汉书》，第 556 页。

⑤ 《三国志》，第 55 页。

⑥ 《三国志》，第 130 页。

⑦ 《三国志》，第 474 页。

⑧ 《三国志》，第 871 页。

⑨ 《三国志》，第 1265 页。

⑩ 《三国志》卷一《魏书·武帝纪》裴松之注引张华《博物志》，第 54 页。

容。而包括诸多知识人在内的有为之士亦“好音乐”“善音乐”“精意于音乐”的情形，也体现“音乐”作为社会精神生活的优雅构成，充实、丰富并提升了汉代文化的品质。

2 “乐”的文化“和”“同”功用

汉代社会意识中，“乐”有“和”“同”的文化功用，已经受到普遍的认可。除前引太史公曰“通流精神而和正心”之外，《史记》卷二四《乐书》也特别强调了“乐”的这种文化意义：

治世之音安以乐，其正和。[①]

处于“治世”的时代背景下，“乐”有“安”的效能。其“正”“音”则以“和”为主旋律。

《史记》卷二四《乐书》又反复说到“乐”与“礼”作用有别且层次不同的文化品质：

乐者，天地之和也；礼者，天地之序也。和，故百物皆化；序，故群物皆别。[②]

乐统同，礼别异，礼乐之说贯乎人情矣。[③]

礼节民心，乐和民声，政以行之，刑以防之。[④]

乐者为同，礼者为异。同则相亲，异则相敬。[⑤]

“礼”主要是区别等级秩序的“别”与“异”的，“乐”则主要是促进“民声”“和”“同”实现“相亲”的。

实现这种“和”“同”的空间规模，可以衍扩至“四海之内”。

---

① 《史记》，第1181页。

② 《史记》，第1191页。《史记》卷二四《乐记》在另一处又说道：“乐者天地之和也。”第1195页。

③ 《史记》，第1202页。

④ 《史记》，第1186页。

⑤ 《史记》，第1187页。

《史记》卷二四《乐书》就此有明确的表达：

> 大乐与天地同和，大礼与天地同节。和，故百物不失；节，故祀天祭地。明则有礼乐，幽则有鬼神，如此则四海之内合敬同爱矣。

张守节《正义》有所解说：

> 言行礼同节，故四海合敬矣。乐同和，故四海同爱矣。[①]

所谓“乐同和，故四海同爱矣”，说“乐”促成“同和”的作用，可以超越地域和民族的差异，以求实现“四海同爱”的境界。

3 贾谊“五饵”战略设计中“音乐”的意义

贾谊曾经为汉王朝设计制服匈奴的“三表五饵”策略。《汉书》卷四八《贾谊传》：“施五饵三表以系匈奴”，颜师古注：“《贾谊书》谓爱人之状，好人之技，仁道也。信为大操，常义也。爱好有实，已诺可期，十死一生，彼将必至：此三表也。赐之盛服车乘以坏其目。赐之盛食珍味以坏其口。赐之音乐妇人以坏其耳。赐之高堂邃宇府库奴婢以坏其腹。于来降者，上以召幸之，相娱乐，亲酌而手食之，以坏其心：此五饵也。”[②]

关于所谓“赐之音乐妇人以坏其耳”，贾谊《新书·匈奴》中还可以看到比较具体的说明：

> 降者之杰也，若使者至也，上必使人有所召客焉。令得召其知识，胡人之欲观者勿禁。令妇人傅白墨黑，绣衣而侍其堂者二三十人，或薄或揜，为其胡戏以相饭。上使乐府幸假之倡乐，吹箫鼓鞀，倒絜面者更进，舞者蹈者时作。少间击鼓舞其偶人，莫时乃为戎乐，携手胥强上客之后，妇人先后扶侍之者固十余人，令使者、

---

① 《史记》，第 1189 页。

② 《汉书》，第 2265 页。

降者时或得此而乐之耳。一国闻之者、见之者，希盱相告，人人忣忣唯恐其后来至也，将以此坏其耳。一饵。……[1]

这是除了令“妇人”妆饰美好，又“先后扶侍之”之外，以包括“乐”“舞”等形式满足匈奴“使者、降者”欲望以“乐之”，诱以怀柔，并进而使得“一国闻之者、见之者，希盱相告，人人忣忣唯恐其后来至也”的策略。[2] 所谓“上使乐府幸假之倡乐，吹箫鼓鞀，倒絜面者更进，舞者蹈者时作。少间击鼓舞其偶人，莫时乃为戎乐，携手胥强上客之后，妇人先后扶侍之者固十余人，令使者、降者时或得此而乐之耳”，关于其中“倡乐”，刘师培指出：“《琴操·怨旷思惟歌》云：‘后单于遣使朝贺，元帝陈设倡乐，乃令后宫妆出。’此汉以倡乐晏胡之证也。”[3]

此“倡乐”与“戎乐”对照，应是贾谊比较熟悉的中原乐舞。匈奴人可以“乐之”，且“一国闻之者、见之者，希盱相告，人人忣忣唯恐其后来至也”，说明这种艺术形式对于草原民族形成显著文化影响的情形。

4　汉武帝的“天马”“西极”之歌

在汉武帝瞩目西北，并致力于西域交通线路的保障之后，为改良马种，提升交通动力水准，亲自创作以“神马”“天马”为主题的“歌诗”。对于汉武帝此“诗以为歌”，汲黯称之为“作乐”，指出了这种艺术形式中文学与音乐的密切关系。《史记》卷二四《乐书》：

---

① 〔汉〕贾谊撰，阎振益、锺夏校注：《新书校注》，中华书局 2000 年 7 月版，第 136 页。

② 刘师培指出：“将以此坏其耳”，“坏”应为“怀”：“知者此文所云‘五饵’均言结以恩德，诱之向风，即怀柔之谊。本书《无蓄》篇曰‘怀柔附远’，是其谊也。”刘师培：《贾子新书斠补》，《刘师培全集》，中共中央党校出版社 1997 年 6 月版，第 366 页。

③ 刘师培：《贾子新书斠补》，《刘师培全集》，第 365 页至第 366 页。

> 又尝得神马渥洼水中，复次以为《太一之歌》。歌曲曰："太一贡兮天马下，沾赤汗兮沫流赭。骋容与兮跇万里，今安匹兮龙为友。"后伐大宛得千里马，马名蒲梢，次作以为歌。歌诗曰："天马来兮从西极，经万里兮归有德。承灵威兮降外国，涉流沙兮四夷服。"中尉汲黯进曰："凡王者作乐，上以承祖宗，下以化兆民。今陛下得马，诗以为歌，协于宗庙，先帝百姓岂能知其音邪？"上默然不说。丞相公孙弘曰："黯诽谤圣制，当族。"[①]

前称"歌曲"，后称"歌诗"。所谓"从西极"，"涉流沙"，"跇万里"，"经万里"，都记述了丝绸之路交通形势。《汉书》卷二二《礼乐志》载《郊祀歌》十九章有"《天马》十"：

> 太一况，天马下，沾赤汗，沫流赭。志俶傥，精权奇，籋浮云，晻上驰。体容与，迣万里，今安匹，龙为友。元狩三年马生渥洼水中作。
>
> 天马徕，从西极，涉流沙，九夷服。天马徕，出泉水，虎脊两，化若鬼。天马徕，历无草，径千里，循东道。天马徕，执徐时，将摇举，谁与期？天马徕，开远门，竦予身，逝昆仑。天马徕，龙之媒，游阊阖，观玉台。太初四年诛宛王获宛马作。[②]

这是汉武帝这位对于丝绸之路开通有重要贡献的帝王直接关于"万里"丝路文化交往的"歌曲""歌诗"。其中"天马下"，"迣万里"，"天马徕，从西极，涉流沙，九夷服"， "天马徕，历无草，径千里，循东道"，都是以"音乐"形式表现的丝绸之路史料。[③]

汲黯的批评，以为"今陛下得马，诗以为歌"，不符合"凡王者作

---

① 《史记》，第 1178 页。

② 《汉书》，第 1060 页至第 1061 页。

③ 这些《郊祀歌》"诵""歌"的音乐表现形式，见于《汉书》卷二二《礼乐志》："……乃立乐府，采诗夜诵，有赵、代、秦、楚之讴。以李延年为协律都尉，多举司马相如等数十人造为诗赋，略论律吕，以合八音之调，作十九章之歌。以正月上辛用事甘泉圜丘，使童男女七十人俱歌，昏祠至明。"第 1045 页。

乐，上以承祖宗，下以化兆民”的政治文化原则。公孙弘简单以所谓“诽谤圣制，当族”严厉斥责。其实，汲黯和公孙弘都没有体会汉武帝并非仅仅只是“得马”“为歌”，而是宣示了对于“有德”“灵威”的政治自信，表达了“降外国”“四夷服”的视界高远的政治追求。

据汲黯所说，“诗以为歌”，也是“作乐”。其中“四夷服”及“九夷服”都涉及西域民族。只是我们不知道这样的“乐”即“歌曲”“歌诗”是否曾经传布到“四夷”“九夷”地方。

5　龟兹国热心接受长安“钟鼓”“歌吹”

龟兹在西域交通格局中居于重要地位。[①] 龟兹与汉王朝的文化联系有特别的情势。《汉书》卷九六下《西域传下》有这样的记载：

> 宣帝时，长罗侯常惠使乌孙还，便宜发诸国兵，合五万人攻龟兹，责以前杀校尉赖丹。龟兹王谢曰：“乃我先王时为贵人姑翼所误，我无罪。”执姑翼诣惠，惠斩之。时乌孙公主遣女来至京师学鼓琴，汉遣侍郎乐奉送主女，过龟兹。龟兹前遣人至乌孙求公主女，未还。会女过龟兹，龟兹王留不遣，复使使报公主，主许之。后公主上书，愿令女比宗室入朝，而龟兹王绛宾亦爱其夫人，上书言得尚汉外孙为昆弟，愿与公主女俱入朝。元康元年，遂来朝贺。王及夫人皆赐印绶。夫人号称公主，赐以车骑旗鼓，歌吹数十人，绮绣杂缯琦珍凡数千万。留且一年，厚赠送之。后数来朝贺，乐汉衣服制度，归其国，治宫室，作徼道周卫，出入传呼，撞钟鼓，如汉家仪。外国胡人皆曰：“驴非驴，马非马，若龟兹王，所谓骡

---

① 王子今：《汉匈西域争夺背景下的龟兹外交》，《龟兹学研究》第 5 辑，新疆大学出版社 2012 年 3 月版；《龟兹“孔雀”考》，《南开学报》（哲学社会科学版）2013 年 4 期；《上郡“龟兹”考论——以直道史研究为视角》，《咸阳师范学院学报》2017 年 3 期。

也。”绛宾死，其子丞德自谓汉外孙，成、哀帝时往来尤数，汉遇之亦甚亲密。[①]

“乌孙公主遣女来至京师学鼓琴”，是西域国度学习长安“音乐”的明确的历史记录。而龟兹王得乌孙公主女，“元康元年，遂来朝贺”，“赐以车骑旗鼓，歌吹数十人”，则又保留了长安“音乐”传入西域的重要信息。

龟兹王夫人曾经“来至京师学鼓琴”，亲自到长安接受“鼓琴”表演艺术方面的训练。此后“朝贺”又来到长安，得“车骑旗鼓，歌吹数十人”之赐。“旗鼓”应包括仪仗用“鼓”。而“歌吹数十人”的表演队伍，可以理解为一个乐团。“后数来朝贺，乐汉衣服制度”，此所谓“制度”应当是包括“乐”的制度的。回国后所居“宫室”与出行仪仗，应当都模仿长安形制与汉地风格。所谓“撞钟鼓，如汉家仪”，说“音乐”方面已经全面承袭了“汉家仪”的影响，于是受到“外国胡人”“驴非驴，马非马”，“所谓骡也”的讥讽。

大概“外国胡人”们是比较看重“音乐”方面的民族个性的。可能龟兹受到汉文化的影响比较全面。[②] 而如长安“音乐”等汉文化的西传，其他西域“外国”也都或多或少有所接受。

有学者注意到文物发现与龟兹接受长安“音乐”历史事实的关系，指出，“元康元年（前 65）绛宾携公主去长安朝贺，汉宣帝赐给‘车骑、旗鼓，歌吹数十人’。以后绛宾‘数来朝贺’，回龟兹后‘治宫室，作徼道周卫，出入传呼，撞钟鼓，如汉家仪’（《汉书·西域传》）。这些重大事件，对龟兹乐舞艺术的发展具有深刻影响。（龟兹）石窟早期壁画出现了排箫、阮咸等中原乐器，当与此段历史有关。”[③]

---

① 《汉书》，第 3916 页至第 3917 页。

② 王子今：《汉匈西域争夺背景下的龟兹外交》，《龟兹学研究》第 5 辑，新疆大学出版社 2012 年 3 月版。

③ 霍旭初：《新疆音乐文物综述》，《中国音乐文物大系》总编辑部：《中国音乐文物大系·新疆卷》，大象出版社 1999 年 10 月版，第 2 页至第 3 页。

6 “胡空侯”与汉武帝“令乐人”“始造”“空侯”

历史进入东汉时期，洛阳取代长安的地位之后，我们看到较多包括“音乐”的西域文化因素影响中原文化生活的情景。如《续汉书·五行志一》可见宫廷生活中出现“驾”“驴”“驱驰”“以为大乐”情形的相关记载：

> 灵帝于宫中西园驾四白驴，躬自操辔，驱驰周旋，以为大乐。于是公卿贵戚转相放效，至乘辎軿以为骑从，互相侵夺，贾与马齐。案《易》曰：“时乘六龙以御天。”行天者莫若龙，行地者莫如马。《诗》云：“四牡骙骙，载是常服。”“檀车煌煌，四牡彭彭。”夫驴乃服重致远，上下山谷，野人之所用耳，何有帝王君子而骖服之乎！迟钝之畜，而今贵之。天意若曰：国且大乱，贤愚倒植，凡执政者皆如驴也。其后董卓陵虐王室，多援边人以充本朝，胡夷异种，跨蹈中国。[①]

驴引入中原，有较早的文化迹象。[②] 而自张骞“凿空”，丝绸之路正式开通之后，“骡驴馲驼，衔尾入塞”[③]，成为“野人之所用”的重要的交通动力，被看作汉地接受西北方向草原民族文化影响的重要迹象。[④] 而以“驴”为“骖服”竟成为帝王“宫中”“大乐”形式，使我们联想到前说“音乐狗马”“音乐舆马”等“娱心自乐，快意恣欲”的表现。汉灵帝又有对于来自“胡”的乐舞的特殊喜好：

> 灵帝好胡服、胡帐、胡床、胡坐、胡饭、胡空侯、胡笛、胡

---

① 《后汉书》，第3272页。

② 王子今：《李斯〈谏逐客书〉“駃騠”考论——秦与北方民族交通史个案研究》，《人文杂志》2013年2期。

③ 《盐铁论·力耕》，王利器校注：《盐铁论校注》（定本），中华书局1992年7月版，第28页。

④ 王子今：《论汉昭帝平陵从葬驴的发现》，《南都学坛》2015年1期。

舞，京都贵戚皆竞为之。[①]

其中，“胡空侯、胡笛”应当都是来自西域的乐器。音乐考古学者对于包括“箜篌”的丝弦乐器的传入有所论说：“秦汉两朝，中原地区与西北各民族往来频繁。特别是西汉时期，中国和西亚各国的音乐文化交流得到了进一步的加强。在音乐考古方面，发现了一些来自古代两河流域和波斯的丝弦乐器图像。据文献记载，这一时期常见的西来丝弦乐器有琵琶、五弦、箜篌等，但至今出土实物仅见箜篌一种。”[②] 于“胡空侯、胡笛”之后说“胡舞”。《后汉书》卷七八《宦者传》李贤注引《昌言》：“为音乐则歌儿舞女，千曹而迭起。”[③] 可知西汉社会的一般认识，“歌”“舞”都被概况于“音乐”艺术形式之中。

《急就篇》：“竽瑟空侯琴筑筝。”颜师古注解释：“竽，笙类也，宫管在中央，三十六簧。瑟，庖牺氏所作也，长七尺二寸，二十七弦，今则二十四弦。大瑟谓之洒，长八尺一寸，广尺八寸者也。空侯，马上所弹也。一名坎侯。琴，神农所作也，长三尺六寸六分，五弦，曰宫、商、角、徵、羽。周文王增二弦，曰少宫、少商。大琴谓之离，二十七弦者也。筑，形如小瑟而细颈，以竹击之。筝，亦瑟类也，本十二弦，今则十三。”[④] 所说六种乐器，“瑟，庖牺氏所作也”，“琴，神农所作也”，应是中原人发明。其他“竽”“筑”“筝”未作说明。而“空侯，马上所弹也”，所谓“马上所弹”的通常使用方式，似可理解为其最初源起和普遍使用与草原民族文化有密切的关系。

“马上”民族发明和使用的以“胡”为名号标识的乐器“胡空侯、

---

① 《后汉书》，第 3272 页。

② 王子初：《音乐考古》，文物出版社 2006 年 1 月版，第 148 页，第 172 页。所据例证为：“王子初、霍旭初《中国音乐文物大系 · 新疆卷》，大象出版社 1996 年版；何芳《音乐考古的重大发现》，《新疆艺术》1998 年第 2 期。”

③ 《后汉书》，第 2510 页。

④ 管振邦译注，宙浩审校：《颜注急就篇译释》，南京大学出版社 2009 年 8 月版，第 161 页。

胡笛”等向东流传，另一方面，我们看到，中原“音乐”则向西传布，东西两个方向形成了活跃的文化对流。

虽《续汉书》有“胡空侯”之说，“胡”字标示明朗，然而史籍又可见“空侯”为长安“乐人”“始造”的记载。《史记》卷二八《封禅书》写道：

>……其春，既灭南越，上有嬖臣李延年以好音见。上善之，下公卿议，曰：“民间祠尚有鼓舞乐，今郊祀而无乐，岂称乎？”公卿曰：“古者祠天地皆有乐，而神祇可得而礼。”或曰：“太帝使素女鼓五十弦瑟，悲，帝禁不止，故破其瑟为二十五弦。”于是赛南越，祷祠太一、后土，始用乐舞，益召歌儿，作二十五弦及空侯琴瑟自此起。

效仿“民间祠”“有鼓舞乐”，“郊祀”亦设“乐”，是汉武帝时代礼祀制度的重要变化。所谓“太帝使素女鼓五十弦瑟，悲，帝禁不止，故破其瑟为二十五弦”，可以联系前引颜师古说“瑟，庖牺氏所作也”，理解其发明权的归属。其中“空侯”，裴骃《集解》引徐广曰引录了东汉学者应劭的解说：

>应劭云武帝令乐人侯调始造此器。[①]

按照应劭的说法，此“空侯”为中原“乐人”承汉武帝指令“始造”。《风俗通义》卷六“空侯”条写道：“谨按《汉书》：孝武皇帝赛南越，祷祠太一、后土，始用乐人侯调依琴作坎坎之乐，言其坎坎应节奏也，侯以姓冠章耳。或说空侯取其空中，琴瑟皆空，何独坎侯耶，斯论是也。《诗》云：‘坎坎鼓我。’是其文也。”[②]《宋书》卷一九《乐志一》：“八音五曰丝。丝，琴、瑟也，筑也，筝也，琵琶、空侯也。”“空侯，初名坎侯。汉武帝赛灭南越，祠太一后土用乐，令乐人侯晖依琴作坎

---

① 《史记》，第1396页。

② 〔东汉〕应劭撰，吴树平校释：《风俗通义校释》，天津人民出版社1980年9月版，第238页。

侯，言其坎坎应节奏也。侯者，因工人姓尔。后言空，音讹也。古施郊庙雅乐，近世来专用于楚声。宋孝武帝大明中，吴兴沈怀远被徙广州，造绕梁，其器与空侯相似，怀远后亡，其器亦绝。”① 所谓“空侯，初名坎侯”，“乐人侯晖依琴作坎侯”，也说“空侯”的发明情节。

7 汉帝“赐呼韩邪竽、瑟、空侯”

我们还看到，甚至有这种乐器由长安通过“赐”的方式流入匈奴的记载。《后汉书》卷八九《南匈奴传》：

> 单于前言先帝时所赐呼韩邪竽、瑟、空侯皆败，愿复裁赐。

值得注意的是，所谓“竽、瑟、空侯皆败，愿复裁赐”之“竽、瑟、空侯”，词序竟然与《急就篇》“竽瑟空侯琴筑筝”之“竽瑟空侯”完全一致，是否可以理解，单于请求“复裁赐”的“竽、瑟、空侯”，是汉地乐器的一般通称呢？所谓“愿复裁赐”，李贤注：

> 言更请裁赐也。②

这种“赐”，竟然是连续行为。可知汉地制作的“竽、瑟、空侯”等乐器受到草原民族爱重。

清人徐文靖《管城硕记》卷三〇《杂述》写道：“沈约《宋书》云：汉武帝令乐人侯晖依琴作坎侯，即空侯也。按：《汉书·郊祀志》：‘祷祠泰一、后土，始用乐舞。益召歌儿，作二十五弦及空侯、瑟，自此起。’晋钮滔母孙氏《箜篌赋》：‘考兹器之所起，实侯氏之所营。’又杨方《赋序》：‘作兹器于汉代，犹拟《易》之《玄经》。’应劭曰：‘箜篌，汉武帝令乐人侯调依琴作。’《宋书》云‘侯晖’，恐字误也。惟刘熙《释名》以空侯为师延作，不知何据？《隋书·礼乐志》又云：‘箜篌出自西域，非华夏旧器。’杜氏《通典》谓：‘竖箜篌，胡乐也。

---

① 《宋书》，中华书局 1974 年 10 月版，第 555 页至 556 页。
② 《后汉书》，第 2947 页。

汉灵帝好之。体曲而长，二十二弦。’又《后魏书》云：‘乌洛侯国有箜篌，木槽革面而施九弦。’《隋志》以为非华夏旧器，疑此类也。”①或说“空侯”“实侯氏之所营”，或说“空侯为师延作”，都以为出自中原。所谓“箜篌出自西域，非华夏旧器”则发生较晚。

不过，“木槽革面而施九弦”，“木槽革面”则似西域器物形制。

但是，“施九弦”之“弦”，即“絃”，其字从“糸”，很可能来自出产丝的东土。《说文·弦部》：“弦，弓弦也。从弓，像丝轸之形。凡弦之属皆从弦。”段玉裁注：“弓弦以丝为之，张于弓。因之张于琴瑟者亦曰弦。俗别作絃，非也。”对于“像丝轸之形”，段玉裁注：“谓𢆶也。象古文丝而系于轸。轸者系弦之处。后人谓琴系弦者曰轸。胡田切。十二部。今字作弦。○按轸当作紾。从车者，讹也。紾者，转也。《方言》：轸、戾也。轸乃紾之叚借字。丝紾，言弦戾也。”② 所谓“弓弦以丝为之，张于弓”以及“张于琴瑟者亦曰弦”，而“俗别作絃”，“弦以丝为之”体现的与“丝”的关系，提示我们应当注意其“所起”“所营”应当在“丝”的生产区。

8　北匈奴使团“请音乐”

可以看作长安“音乐”西渐历史延续的突出表现，见于东汉洛阳文化沿丝绸之路影响草原民族的历史记录。

东汉初年，北匈奴使团来到洛阳。使团的构成似乎有“西域诸国胡客”。《后汉书》卷八九《南匈奴传》记载，“（建武）二十七年，北单于遂遣使诣武威求和亲”，汉光武帝“告武威太守勿受其使。”随后，

---

① 〔清〕徐文靖：《管城硕记》，中华书局1998年2月版，第557页至第558页。

② 〔汉〕许慎撰，〔清〕段玉裁注：《说文解字注》，上海古籍出版社据经韵楼藏版1981年10月影印版，第642页。

北匈奴单于又进一步明确示好：

> 二十八年，北匈奴复遣使诣阙，贡马及裘，更乞和亲，并请音乐，又求率西域诸国胡客与俱献见。

在“遣使诣阙，贡马及裘，更乞和亲”的同时，所谓“请音乐”，是北匈奴主动提出引进中原“音乐”的明确的历史记载。应当注意到，在“乞和亲”之外，“请音乐”，是此次出使洛阳的南匈奴使团向汉王朝提出的唯一的请求。

对于如何回复北匈奴使节，刘秀的态度是郑重谨慎的。史载“帝下三府议酬苔之宜”。[①] 据《资治通鉴》卷四四“汉光武帝建武二十八年”胡三省注：“三府，太尉、司徒、司空府也。”[②]《后汉书》卷八九《南匈奴传》记载，“司徒掾班彪奏曰：臣闻孝宣皇帝敕边守尉曰：‘匈奴大国，多变诈。交接得其情，则却敌折冲；应对入其数，则反为轻欺。’今北匈奴见南单于来附，惧谋其国，故数乞和亲，又远驱牛马与汉合市，重遣名王，多所贡献，斯皆外示富强，以相欺诞也。臣见其献益重，知其国益虚，归亲愈数，为惧愈多。然今既未获助南，则亦不宜绝北，羁縻之义，礼无不苔。谓可颇加赏赐，略与所献相当，明加晓告以前世呼韩邪、郅支行事。报苔之辞，令必有适。今立槁草并上，曰：‘单于不忘汉恩，追念先祖旧约，欲修和亲，以辅身安国，计议甚高，为单于嘉之。往者，匈奴数有乘乱，呼韩邪、郅支自相雠隙，并蒙孝宣皇帝垂恩救护，故各遣侍子称藩保塞。其后郅支忿戾，自绝皇泽，而呼韩附亲，忠孝弥著。及汉灭郅支，遂保国传嗣，子孙相继。今南单于携众南向，款塞归命。自以呼韩嫡长，次第当立，而侵夺失职，猜疑相背，数请兵将，归埽北庭，策谋纷纭，无所不至。惟念斯言不可独听，又以北单于比年贡献，欲修和亲，故拒而未许，将以成单于忠孝之义。

---

① 《后汉书》，第 2946 页。

② 〔宋〕司马光编著，〔元〕胡三省音注，“标点资治通鉴小组”校点：《资治通鉴》，中华书局 1956 年 6 月版，第 1420 页。

汉秉威信，总率万国，日月所照，皆为臣妾。殊俗百蛮，义无亲疏，服顺者褒赏，畔逆者诛罚，善恶之效，呼韩、郅支是也。今单于欲修和亲，款诚已达，何嫌而欲率西域诸国俱来献见？西域国属匈奴，与属汉何异？单于数连兵乱，国内虚耗，贡物裁以通礼，何必献马裘？今赍杂缯五百匹，弓鞬韇丸一，矢四发，遣遗单于。又赐献马左骨都侯、右谷蠡王杂缯各四百匹，斩马剑各一。单于前言先帝时所赐呼韩邪竽、瑟、空侯皆败，愿复裁赐。念单于国尚未安，方厉武节，以战攻为务，竽瑟之用不如良弓利剑，故未以赍。朕不爱小物于单于，便宜所欲，遣驿以闻。’帝悉纳从之。”班彪为回复北匈奴使节所“立槁草”得到汉光武帝认可。北匈奴“请音乐”的要求，以“竽瑟之用不如良弓利剑，故未以赍”予以严正拒绝。随后，“二十九年，赐南单于羊数万头。三十一年，北匈奴复遣使如前，乃玺书报荅，赐以彩缯，不遣使者。”[①] 汉光武帝建武二十八年（52）汉王朝与北匈奴这次交涉，“音乐”作为重要主题的意义值得重视。

宋人陈旸《乐书》卷一二五《乐图论·胡部·八音》“序胡部”条写道：“臣尝观汉明帝时北单于来请音乐，诏报曰：前单于言先帝时赐呼韩邪竽、瑟、箜篌皆败，愿复裁赐。念单于国尚未安，方属武节，以攻战为务，竽瑟之用不如良弓利剑，故不以赍。朕不爱小物于单于也。”随后写道：“然则匈奴亦通用中国乐矣。用华音变胡俗可也，以胡音乱华如之何而可？”[②] 《文献通考》卷一三四《乐考七》引“陈氏《乐书》”也采录了这段文字。[③] 又明人王志长《周礼注疏删翼》卷一五引汉明帝“诏报曰”至“朕不爱小物于单于也”后，也发表了这样的议论：“然则匈奴亦通用中国乐矣。后世失之耳。”[④]

---

① 《后汉书》，第 2946 页至第 2948 页。
② 〔宋〕陈旸撰：《乐书》，文渊阁《四库全书》本，第 355 页。
③ 〔元〕马端临撰：《文献通考》，中华书局 1986 年 9 月版，第 1195 页。
④ 〔明〕王志长：《周礼注疏删翼》，文渊阁《四库全书》本，第 427 页。

《后汉书》卷八九《南匈奴传》记载，“北匈奴复遣使诣阙，贡马及裘，更乞和亲，并请音乐”时在汉光武帝建武“二十九年”。后人虽有“汉明帝时北单于来请音乐”的误识，但是通过“北匈奴”“请音乐”，认为“匈奴亦通用中国乐矣”，是大致合理的判断。

有学者于是注意到丝绸之路史迹显现的与所谓“以胡音乱华”同时发生的“用华音变胡俗”现象。由此说明中原“音乐”作为特定的文化形式西传的情形，是必要的。通过东西艺术沟通和交流的考察，可以深化对丝绸之路历史文化作用的理解。相关历史文化信息假若果真“后世失之”，当然是令人遗憾的事。[①]

① 王子今：《丝绸之路与中原“音乐”的西传》，《西域研究》2019 年 4 期。

“戎盐累卵”：丝绸之路文化交流史的个案考察

有关汉代盐史的文化记忆中可见盐的特殊用途，比较奇异者，有明方以智《物理小识》卷七《金石类·盐》“戎盐累卵法”条所记载：“即青盐、紫盐之类，以水化之，涂鸡子，则累之而不堕。”① 追溯其渊源，可以发现上古盐史相关文化迹象。如《淮南万毕术》所谓“盐能累卵”，注文已经特别强调了所使用的“盐”是“戎盐”这一可能由草原民族开发的盐产品种。可知相关文化记忆，有悠久的渊源。这一或许可以反映数术史与伎艺史的文化现象与丝绸之路史的关系，值得学界关注。对于来自西域“殊方重译”地方表演“陵高履索，踊跃旋舞”者的艺术能力，有“叠卵相重”语句形容，也值得我们注意。

1 “累卵”：政治危局警告

方以智所谓以“青盐、紫盐之类”的溶液“涂鸡子，则累之而不堕”作为一种日常经验，究竟始于何时，我们不能明确知晓。但是我们可以看到，“鸡子”一类禽卵“累之”易“堕”，而随即破毁，作为一

---

① 〔明〕方以智录：《物理小识》，《万有文库》第2集700种，商务印书馆1937年3月版，第179页。

般生活常识，很早就为政论发表者所借用，作为政治语言用以形容“事势”。[①] 这一情形，频繁见于史籍。

如《史记》卷七九《范雎蔡泽列传》载范雎语：“秦王之国，危于累卵。”[②]《史记》卷八五《吕不韦列传》张守节《正义》引《战国策》录吕不韦说秦王后弟阳泉君语：“王之春秋高矣，一日山陵崩，太子用事，君危于累卵，而不寿于朝生。”[③]《史记》卷一二八《龟策列传》回顾夏桀时事，亦可见“国危于累卵”的说法。[④]《汉书》卷三六《楚元王传》：“上有累卵之危。”[⑤]《汉书》卷五一《邹阳传》：“臣恐长君危于累卵，……”[⑥]《汉书》卷五一《枚乘传》：“必若所欲为，危于累卵，难于上天。”“欲乘累卵之危，走上天之难。”[⑦]《后汉书》卷一〇上《皇后纪上·和熹邓皇后》：“诏曰：‘朕以无德，托母天下，而薄祐不天，早离大忧。延平之际，海内无主，元元厄运，危于累卵。’”[⑧]《后汉书》卷二九《申屠刚传》：“国家微弱，奸谋不禁，六极之效，危于累卵。”[⑨]《后汉书》卷四九《王符传》：“居累卵之危，而图太山之安。”[⑩]《后汉书》卷六一《左雄传》：“民萌之命，危于累卵。”[⑪]《后汉书》卷六二《陈纪传》：“若欲徙万乘以自安，将有累卵之危，峥嵘之险也。”[⑫]《后汉书》卷七五《吕布传》：“今与袁术结姻，必受不义之

---

① 《三国志》卷四八《吴书·三嗣主传·孙皓》裴松之注引《江表传》载皓将败与舅何植书曰：“观此事势，危如累卵。”中华书局 1959 年 12 月版，第 1177 页。

② 《史记》，中华书局 1959 年 9 月版，第 2403 页。

③ 《史记》，第 2507 页。

④ 《史记》，第 3234 页。

⑤ 《汉书》，中华书局 1962 年 6 月版，第 1961 页。

⑥ 颜师古注：“累卵者，言其将隤而破碎也。”《汉书》，第 2354 页。

⑦ 《汉书》，第 2359 页。

⑧ 《后汉书》，中华书局 1965 年 5 月版，第 429 页。

⑨ 《后汉书》，第 1013 页。

⑩ 《后汉书》，第 1633 页。

⑪ 《后汉书》，第 2021 页。

⑫ 《后汉书》，第 2068 页。

名，将有累卵之危矣。”[①]《三国志》卷二《魏书·文帝纪》裴松之注引《魏略》：“臣谓此危，危于累卵。”[②]《三国志》卷四《魏书·三少帝纪·高贵乡公髦》：“吾之危殆，过于累卵。”[③]《三国志》卷七《魏书·张邈传》：“曹公奉迎天子，辅赞国政，威灵命世，将征四海，将军宜与协同策谋，图太山之安。今与术结婚，受天下不义之名，必有累卵之危。”[④]《三国志》卷二八《魏书·钟会传》：“去累卵之危，就永安之福……”[⑤]《三国志》卷四三《蜀书·黄权传》：“若客有泰山之安，则主有累卵之危。”[⑥]《三国志》卷四八《吴书·三嗣主传·孙皓》裴松之注引《江表传》载皓将败与舅何植书：“天文县变于上，士民愤叹于下，观此事势，危如累卵，吴祚终讫，何其局哉。”[⑦]

“累卵”又作“重卵”。《战国策·燕策二》：“苏代自齐献书于燕王曰：‘臣之行也固知将有口事，故献御书而行，曰：臣贵于齐，燕大夫将不信臣；臣贱，将轻臣；臣用，将多望于臣；齐有不善，将归罪于臣；天下不攻齐，将曰善为齐谋；天下攻齐，将与齐兼鄮臣。臣之所重处重卵也。’”[⑧]《越绝书》卷七《越绝内传陈成恒》：“子贡对曰：……今君破鲁以广齐，堕鲁以尊臣，而君之功不与焉。是君上骄主心，下恣群臣，而求成大事，难矣！且夫上骄则犯，臣骄则争，是君上于主有却，下与大臣交争也。如此，则君立于齐，危于重卵矣！”[⑨]《说苑·正谏》：“孝

---

① 《后汉书》，第2448页。

② 《三国志》，第59页。

③ 《三国志》，第144页。

④ 《三国志》，第224页。

⑤ 《三国志》，第789页。

⑥ 《三国志》，第1043页。

⑦ 《三国志》，第1176页。

⑧ 〔西汉〕刘向集录：《战国策》，上海古籍出版社1985年3月版，第1095页第1096页。

⑨ 〔东汉〕袁康、吴平辑录，乐祖谋点校：《越绝书》，上海古籍出版社1985年10月版，第51页。

景皇帝时，吴王濞反。梁孝王中郎枚乘字叔，闻之，为书谏王。其辞曰：……诚能用臣乘言，一举必脱。必若所欲为，危如重卵，难于上天；变所欲为，易于反掌，安于太山。今欲极天命之寿，弊无穷之乐，保万乘之势，不出反掌之易，以居太山之安，乃欲乘重卵之危，走上天之难，此愚臣之所大惑也。"[①] 此语与前引《汉书》卷五一《枚乘传》"必若所欲为，危于累卵，难于上天"大致相同，可知"重卵"就是"累卵"。

"累卵""重卵"作为战国秦汉文献中频繁出现的用为政治语言的热词，是否有真实的社会生活景象作为比喻生成的基点呢？

2 《淮南万毕术》："盐能累卵"

我们看到，"累卵"不仅作为政治比喻形式，也有具体的生活表现。《艺文类聚》卷二四引说苑："晋灵公造九层台，费用千亿。谓左右曰：'敢有谏者斩。'孙息乃谏曰："臣能累十三博棊，加九鸡子其上。"公曰：'吾少学，未尝见也。子为寡人作之。'孙息即以棊子置其下，加九鸡子其上。左右惛惧，灵公扶伏，气息不续。公曰：'危哉危哉！'孙息曰：'臣谓是不危也，复有危此者。'公曰：'愿见之。'孙息曰：'九层之台，三年不成，男不得耕，女不得织，国用空虚，户口减少，吏民叛亡，邻国谋议将兴兵。社稷一灭，君何所望？'灵公曰：'寡人之过，乃至于此。'即坏九层之台。"[②] 左思《魏都赋》："顾非累

① 〔汉〕刘向撰，赵善诒疏证：《说苑疏证》，华东师范大学出版社 1985 年 2 月版，第 264 页至第 265 页。

② 又《艺文类聚》卷七四引《说苑》："晋灵公骄奢，造九层之台。谓左右：'敢谏者斩。'孙息闻之，求见。公曰：'子何能？'孙息曰："臣能累十二棊，加九鸡子其上。"公曰：'吾少学，未尝见也。子为寡人作之。'孙息即正颜色，定志意，以棊子置上，加鸡子其上。左右惛息，灵公俯伏，气息不续。公曰：'危哉！'孙息曰：'公为九层之台，三年不成，危甚于此。'"〔唐〕欧阳询撰，汪绍楹校：《艺文类聚》，上海古籍出版社 1965 年 11 月版，第 436 页，第 1277 页。

卵于叠棊焉，至观形而怀怛。”[①] 所谓“累卵于叠棊”，即说荀息、晋灵公故事。

唐段公路《北户录》卷二“红盐”条崔龟图注在关于“盐”的解说中说到“累卵”：“戎盐即《万毕术》‘累卵’是也。”[②] 指出“累卵”与“戎盐”的特殊关系。《太平御览》卷八六五引《淮南万毕术》可见“盐能累卵”之说：

> 《淮南万毕术》曰：“盐能累卵。”

“累卵”是现实中的技能形式。而“盐”可以作为实现的具体条件。“盐能累卵”文后又有注文：

> 取戎盐涂卵，取他卵置其上，即累也。[③]

注文特别强调了“戎盐”。《太平御览》卷九二八引《淮南万毕术》有两条涉及“鸡子”即“卵”的文字：

> 《淮南万毕术》曰：“艾火令鸡子飞。”注：“取鸡子，去其汁，燃艾火，内空卵中，疾风因举之飞。”
>
> 又曰：“盐之累卵。”注：“取盐涂卵，取他卵置上，即累也。”[④]

---

① 李善注：“言其危惧易见，不俟观形也。《说苑》曰：晋灵公造九层台，孙息闻之，求见，曰：‘臣能累十二博棊，加九鸡子其上。’公曰：‘子作之。’孙息以棊子置下，加九鸡子于其上。灵公曰：‘危哉！’孙息曰：‘是不危。复有危于此者。九层之台，三年不成，邻国将欲兴兵，社稷亡灭，君欲何望？’公即坏台。贾逵《国语注》曰：‘怛，惧也。’”刘良注：“荀息累十二棊子，加九卵于上。晋平公曰：‘危哉！’顾二国之危，若不同于此，何能观其形而预怀恻怛。”〔梁〕萧统编，〔唐〕李善、吕延济、刘良、张铣、吕向、李周翰注：《六臣注文选》卷六，中华书局1987年8月版，第138页。

② 〔唐〕段公路撰，龟图注：《北户录》，《中国风土志丛刊》，广陵书社据清《四库全书》本2003年4月影印版，卷二第11页。

③ 〔宋〕李昉等撰：《太平御览》，中华书局用上海涵芬楼影印宋本1960年2月复制重印版，第3840页。

④ 〔宋〕李昉等撰：《太平御览》，中华书局用上海涵芬楼影印宋本1960年2月复制重印版作“取也卵置上”，第4126页。文渊阁《四库全书》本作“取他卵置上”。“他”应是正字。

前者体现了对热空气比重较轻可以帮助“鸡子”飞升的早期物理学知识。后者也应当体现了某种科学经验。

对于《淮南万毕术》是否西汉文献，存在不同认识。有学者相信是“西汉淮南王刘安及其门客的作品”①，或以为是与淮南王刘安有关的方术文化遗存，“对我们理解《淮南子》及西汉的方术与科技思想有参考价值”。② 其物理学意义，亦有论著予以肯定。③ 现在看来，即使《淮南万毕术》成书年代晚至六朝，其中保留若干有关汉代文化的记忆，是可能的。

《太平御览》卷八六五引《淮南万毕术》“盐能累卵”，注文“取戎盐涂卵”，提示了西北方向盐产在“累卵”这种技术实现中的特殊功用。“取盐涂卵，取他卵置上，即累也。”大概盐的高浓度溶液甚至饱和溶液，可以增强卵之间的上下粘附力以实现“累卵”的稳性。这种“累卵”方式的发明权，很可能属于草原民族西北池盐资源开发者。

元郝经有诗句说到“累卵”：“一若泰山安，一若九卵累。事几或一失，千载贻诟訾。中间乐祸徒，沮遏逞奸宄。”④ 所谓“九卵累”，言“累卵”“重卵”数级之高，或有可能来自荀息谏止“晋灵公造九层台”故事。

3 “戎盐”品种“青盐、紫盐”

方以智言“青盐、紫盐”，又称“戎盐”。关于所谓“戎盐”，又有

---

① 李志超：《〈淮南万毕术〉的物理学价值》，全国物理学史讨论会，1982年。

② 朱新林：《〈淮南万毕术〉考论》，《管子学刊》2013年2期。

③ 李志超：《〈淮南万毕术〉的物理学价值》，全国物理学史讨论会，1982年；洪震寰：《〈淮南万毕术〉及其物理知识》，《中国科技史料》1983年3期；康辉、柯资能：《〈淮南万毕术〉夏造冰之新解——兼与厚宇德先生商榷》，《广西民族学院学报》（自然科学版）2006年3期。

④ 〔元〕郝经：《冬至后在仪真馆赋诗以赠三伴使》，《陵川集》卷四，文渊阁《四库全书》本，第33页。

出于“北胡”“西域”的说法。《北堂书钞》卷一四六“戎盐”条：“吴氏《本草》云：‘戎盐无毒。’李氏曰：‘大寒，生邯郸西羌戎胡山。’”[①] 似乎中原人有关“戎盐”的早期知识来自于与赵地接境的“羌戎胡”地方。

《北堂书钞》卷一四六引《博志》《博物志》《续汉书》说到远方的“青盐”“紫盐”“黑盐。”[②]《白孔六帖》卷一六《盐》“青紫”引《西域记》曰：“西海南有青盐、紫盐，池盐方寸半，食味甚美。”[③] 唐段公路《北户录》卷二“红盐”条：“按盐有赤盐、紫盐、黑盐、青盐、黄盐。”[④] 清褚人获《坚瓠广集》卷二有“五色盐”条，其中写道：“郭璞《盐赋》曰：‘烂然若霞’。‘红盐’也。蔡邕曰：‘江南有胜雪白盐。’淮浙食盐是也。太白、少陵诗称‘水晶盐’，今环、庆之间盐池所产，如骰子块，莹然明澈，盖‘水晶盐’也。药中所用‘青盐’。《续汉书》云：‘天竺国产黄盐、黑盐。’道书又有‘紫盐’，谓‘戎盐’也。甘肃、宁夏有青、黄、红三种，生池中。高昌有‘赤盐’。安息国出‘五色盐’。”[⑤] 所谓“《续汉书》云：‘天竺国产黄盐、黑盐’”，今本《续汉书》未见。而《后汉书》卷八八《西域传》“天竺国”条言其物产有“黄盐”。[⑥]

《汉书》卷二八下《地理志下》记载北边盐产，说到朔方郡朔方的

① 〔唐〕虞世南编撰：《北堂书钞》，中国书店据光绪十四年南海孔氏刊本1989年7月影印版，第616页。

② 〔唐〕虞世南编撰：《北堂书钞》，第616页。

③ 〔唐〕白居易原本，〔宋〕孔传续撰：《白孔六帖》，《四库类书丛刊》，上海古籍出版社据文渊阁《四库全书》本1992年5月影印版，第264页。

④ 〔唐〕段公路纂，崔龟图注：《北户录》，《丛书集成初编》第603册，中华书局据《十万卷楼丛书》依宋本校刊本1985年排印版，第26页。

⑤ 〔清〕褚人获：《坚瓠集》，江苏广陵古籍刻印社用上海进步书局版1984年4月影印版，《笔记小说大观》第15册，第391页。

⑥ 《后汉书》，第2921页。

两处“盐泽”，即“池盐”资源：“金连盐泽、青盐泽皆在南。”[①] 其中“青盐泽”之“青”，很可能是说“盐泽”出产盐的结晶色彩。《博物志》佚文：“北胡有青松盐。”[②]《水经注》卷三《河水三》写道：“按《魏土地记》曰：县有大盐池，其盐大而青白，名曰青盐，又名戎盐，入药分，汉置典盐官。”[③] 所谓“汉置典盐官”者，明确说在汉代已经得到开发利用。所谓“其盐大而青白”，形容所产盐的结晶体形状及颜色。其色“青白”者，应当与通常“白盐”不同。“又名戎盐”的说法，指述“盐池”方位，也说明了早期开发者的族属。

汉晋文献已经体现北边地区出产“紫盐”。唐段公路《北户录》卷二“红盐”条注引虞世南书：“蔡邕《从朔方报羊月书》云：‘幸得无恙，遂至徙所，自城以西，唯有紫盐也。’”[④] 严可均辑《全上古三代秦汉三国六朝文》《全后汉文》卷七三据段公路《北户录》题《徙朔方报羊陟书》。[⑤] 如果此说可靠，则是关于“紫盐”最早的记载。即东汉时中原人已经有了关于“紫盐”的直接体验。

《北堂书钞》卷一四六“紫盐”条引《博物志》也说到“朔方”“五原”的“紫盐”：“《博物志》云：五原有紫盐也。”[⑥]《博物志》逸文：“五原有紫盐。”[⑦]“紫盐”，也是北边或说临近“北胡”地方特殊的盐产。[⑧]

---

① 《汉书》，第1619页。

② 〔晋〕张华撰，范宁校证：《博物志校证》，中华书局1980年1月版，第126页。

③ 〔北魏〕郦道元著，陈桥驿校证：《水经注校证》，第76页。

④ 〔唐〕段公路纂，崔龟图注：《北户录》，《丛书集成初编》第603册，中华书局据《十万卷楼丛书》依宋本校刊本1985年排印版，第26页。

⑤ 〔清〕严可均校辑：《全上古三代秦汉三国六朝文》，中华书局1958年12月版，第872页。

⑥ 〔唐〕虞世南编撰：《北堂书钞》，中国书店据光绪十四年南海孔氏刊本1989年7月影印版，第616页。

⑦ 〔晋〕张华：《博物志》，清《指海》本。

⑧ 王子今：《“北胡”“西域”盐色与丝路交通地理》，《历史地理研究》2019年1期。

4 “旷原之野”的生态史背景：飞鸟解羽，鸿卵降集

《艺文类聚》卷六引《穆天子传》曰：“旷原之野，飞鸟之所解羽。”[①]《穆天子传》卷三：“爰有□薮水泽。爰有陵衍平陆。硕鸟解羽，六师之人毕至于旷原。”顾实《穆天子传西征讲疏》：“下云：‘北至旷原之野，飞鸟之所解羽。’《山海经》云：‘大泽方千里，群鸟之所生及所解。’《纪年》曰：‘穆王北征，行积羽千里。’”又写道：“‘硕鸟解羽’者，古本《竹书纪年》亦曰‘青鸟所解’，曰‘积羽千里’，然‘千里’云者，辜较言之也。其实何止千里哉！郭注引《山海经》云：‘群鸟之所生及所解’，则谓鸟生育于斯，解脱于斯，而为一鸟世界也。或曰‘幼鸟解脱乳羽而成长之谓，故古曰翰海也’。”[②] 所谓“群鸟之所生”“鸟生育于斯”“幼鸟解脱乳羽而成长之”“翰海”等说法，反映了北方草原荒漠地方候鸟繁殖区的自然形势。在有合适水资源条件的地方，是候鸟产卵、孵化，哺养训练幼雏的所在。

在所谓“群鸟之所生”“鸟生育于斯”的“鸟世界”，候鸟集中繁殖的情景，或许《焦氏易林》所谓“鸿卵降集”有所反映。《焦氏易林·比之讼》：“李华再实，鸿卵降集，仁哲权舆，荫国受福。”《小畜之离》：“李华再实，鸿卵降集，仁哲以兴，荫国受福。”《豫之小过》：“李华再实，鸿卵降集，仁德以兴，荫国受福。”《离之睽》：“李华再实，鸿卵降集，仁哲以兴，荫国受福。”[③] 都说到“鸿卵降集”。

胡曾《剑门寄上路相公启》：“刘焉原野，昔为累卵之乡。杜宇山

---

① 〔唐〕欧阳询撰，汪绍楹校：《艺文类聚》，第 101 页。

② 顾实编：《穆天子传西征讲疏》，中国书店 1990 年 8 月版，第 173 页至第 174 页。

③ 〔旧题汉〕焦延寿撰，徐传武、胡真校点集注：《焦氏易林》，上海古籍出版社 2012 年 3 月版，第 311 页，第 369 页，第 650 页，第 1149 页。

河，今作覆盆之地。”[①] 所谓“覆盆”“累卵”，各喻大安大危。然而以“原野”对应“累卵之乡”，或许与“旷原之野，飞鸟之所解羽”而“鸿卵降集”的自然生态观察有关。

大量候鸟在北边湖沼的密集性活动，汉代史籍记载有所体现。如《汉书》卷六《武帝纪》：“后元元年春正月，行幸甘泉，郊泰畤，遂幸安定。”“二月，诏曰：‘朕郊见上帝，巡于北边，见群鹤留止，以不罗罔，靡所获献。荐于泰畤，光景并见。其赦天下。’”[②] 鹤被称为“涉禽”，以“沼泽和原野”为主要生活环境。[③] 或有生物学辞书言，鹤，“大型涉禽”，“常活动于平原水际或沼泽地带”。丹顶鹤“常涉于近水浅滩，取食鱼、虫、甲壳类以及蛙等，兼食水草”。[④] 汉武帝后元二年（前88）诏书所说“巡于北边，见群鹤留止”，体现北边长城防线附近汉武帝巡行的路段，有天然水面及湿地。这一情形反映当时水资源形势与现今有相当程度的不同。这一信息，亦符合竺可桢等学者对于战国至西汉时代气候较今温暖湿润的判断。[⑤] 北边和临近北边地方当时其他湖

---

① 〔宋〕李昉等编：《文苑英华》卷六五四，中华书局 1966 年 5 月版，第 3363 页。

② 《太平御览》卷五三七引《汉书》：“《武纪》曰：‘朕郊见上帝，巡于北边，见群鹤留止，不以罗网，靡所获献，荐于太畤，光景并见。’”《太平御览》卷六五二引《汉书》：“后元年三月，诏曰：‘朕郊见上帝，廵于北边，见群鹤留止，以不罗网，靡所获荐，献于泰畤，光景并见。其赦天下也。”第 2435 页，第 2912 页。有“不以罗网”“以不罗网”，及“献荐”“荐献”的不同。后例“后元年三月诏”的说法，也值得注意。

③ 《简明不列颠百科全书》写道：“鹤，crane，鹤形目、鹤科 14 种体型高大的涉禽。”“这些高雅的陆栖鸟类昂首阔步行走在沼泽和原野。”中国大百科全书出版社 1985 年 8 月版，第 3 册第 757 页。

④ 《辞海·生物分册》，上海辞书出版社 1975 年 12 月版，第 532 页。

⑤ 竺可桢指出，“在战国时期，气候比现在温暖得多。”“到了秦朝和前汉（公元前 221—公元 23 年）气候继续温和。”“司马迁时亚热带植物的北界比现时推向北方。”《中国近五千年来气候变迁的初步研究》，收入《竺可桢文集》，科学出版社 1979 年 3 月版。

沼的面积和水量，也远较现今宏大。[①] 我们曾经关注过，蓑羽鹤“为夏候鸟”。灰鹤“繁殖在苏联西伯利亚和我国东北及新疆西部”，“秋季迁徙时，在我国境内经华北、西北南部、四川西部和西藏昌都一带，至长江流域及以南地区越冬。”丹顶鹤“主产于我国黑龙江省及苏联西伯利亚东部和朝鲜；迁长江下游一带越冬”。[②] 汉武帝所见“群鹤留止”，应是作为候鸟的“群鹤”在北方“繁殖”生命进程的表现。[③]

《热河志》卷九六《物产五》“盐”条写道：“塞外食盐，皆蒙古境内所产泡子河生天然盐，不待煎熬而成。蒙古用小车载以贸。《博物志》所谓‘戎盐累卵’者是也。”[④] 所谓“塞外”盐池出产的“不待煎熬而成”的“天然盐”与“旷原之野”“鸿卵降集”的自然的特殊关系，可能是“戎盐累卵”现象发生的因由。

5 《齐民要术》：“咸彻则卵浮”

其实，所谓用食盐“以水化之，涂鸡子”，“戎盐涂卵”，“取盐涂卵”的做法，不排除与腌制“鸡子”以防腐坏变质之技术存在某种关联的可能。

《齐民要术》卷六《养鹅鸭》：“咸彻则卵浮。”说的就是以盐水腌

---

① 参看王子今：《秦汉时期的朝那湫》，《固原师专学报》2002 年 2 期；《“居延盐”的发现——兼说内蒙古盐湖的演化与气候环境史考察》，《盐业史研究》2006 年 2 期，《额济纳汉简释文校本》，文物出版社 2007 年 10 月版。

② 《辞海・生物分册》，第 532 页。

③ 参看王子今：《北边“群鹤”与泰畤“光景”——汉武帝后元元年故事》，《江苏师范大学学报》（哲学社会科学版）2013 年 5 期。

④ 〔清〕海忠纂修道光《承德府志》卷二九《物产二》“盐”条引《博物志》“戎盐累卵”语，随即引《钦定热河志》：“泡子河生天然盐，不待煎熬而成。蒙古用小车载以贸易。今塞外食盐皆蒙古所产。”注引“国朝查慎行《山庄》诗”：“泡子河淤泻卤开，霜华弥望白皑皑。边民听食天然利，只禁盐车入口来。”清光绪十三年廷杰重刻本，第 3070 页。

制禽蛋的方式。石声汉说："咸彻则卵浮"，说明了"咸蛋的成熟过程"。"淹没在盐水下，或包裹在浓溶液中时，可能由于接触性离子交换，而逐渐增加了对食盐等分子的透过性，到后来，盐可以在卵壳以内累积。""'咸彻'即是'咸透'，咸透之后，卵的比重降低，便在盐水中逐渐向上浮动。"①

这是食盐应用于食品加工的特殊技术，所谓用食盐"以水化之，涂鸡子"，以及《淮南万毕术》所谓"戎盐涂卵"，"取盐涂卵"的做法，或许与此存在某种关联。也就是说，"戎盐涂卵"的做法，可能来自对于禽卵"包裹在浓溶液中时"其形态的观察。

当然，《淮南万毕术》所谓"戎盐涂卵""取盐涂卵"与《齐民要术》咸蛋制作技术有关的推测，还需要进一步的证实。但是朔方北边多有大量候鸟栖息繁育的季节性现象，以及若干地方盐池的数量可观的密集分布，使得这种联想具有一定的合理性。

6 "叠卵相重"伎艺表演

唐胡嘉隐有《绳伎赋》，描写了皇家安排杂技演出的盛况："律南吕兮仲之秋，帝张乐兮秦之楼。鼓舞令节，铿锵神州，万国会，百工休。俾乐司咸戢，绳伎独留。此圣人之新意也，与众共之。"关于"绳伎"的伎艺表演，赋文写道："结绳既举，彝伦攸序。杳若天险之难升，忽尔投足而复阻。来有匹，去无侣。空中玉步，望云髻之峨峨。日下风趋，见罗衣之楚楚。"形容其技能的神奇，作者使用了"叠卵相重"语句：

> 横竿却步，叠卵相重。缋人不能窥其影，谋士不能指其踪。既如阿阁之舞凤，又如天泉之跃龙。徘徊反复，交观夺目。拥金骑，

① 〔北魏〕贾思勰著，石声汉校释：《齐民要术今释》，中华书局 2009 年 6 月版，第 597 页至第 599 页。

屯绣縠。高词论者族谈，多才艺者心服。既得擅场，其能未央。应鼓或跃，投绳或翔。婉娈兮弄玉之随箫史，仙妻之别刘纲。凌波不足矜其术，行雨未可比其方。

论者又由艺术评价转为政史议论：

知我者谓我从绳，不知我者谓我凭叠卵陵。绳有弛张，艺有废兴。用舍靡定，倚伏相仍。如临如履，何竞何喜。犹君之从谏则圣，伎之从绳则正。惟伎可以为制节，绳可以为龟镜。殷监不昧，在此而已。

作者借助“奇伎”表演的惊险，要为政者明白，“居高视卑，创物成规，此乃尧舜之用心。”在演出结束之后，仍希望观赏者回味其中指导政治生活的“道”：“来娉婷，去轻盈。奇伎兮忽还天上而不可见，绳绳兮道之远兮不可名。”[①] 其中“凭叠卵陵”一句又说到“叠卵”形式强化“如临如履”之“才艺”的高绝。“如临如履”语，当由自《诗·小雅》之《节南山·小旻》：“不敢暴虎，不敢冯河。人知其一，莫知其他。战战兢兢，如临深渊，如履薄冰。”及《节南山·小宛》：“温温恭人，如集于木，惴惴小心，如临于谷。战战兢兢，如履薄冰。”[②]

所谓“横竿却步，叠卵相重”，是否在表演中有“叠卵相重”技巧展示，抑或只是以“叠卵相重”形容“绳伎”演出在平衡要求方面表现的高难度，我们尚不能确知。但是“叠卵相重”即使仅仅用以形容“绳伎”的表演技能，也可以说明这是社会熟悉的一种表现出超常平衡能力的技法。

《文苑英华》卷八二胡嘉隐《绳伎赋》之后有张楚金《楼下观绳伎

① 〔宋〕李昉等编：《文苑英华》卷八二，中华书局 1966 年 5 月版，第 372 页。

② 〔清〕阮元校刻：《十三经注疏》，中华书局据原世界书局缩印本 1980 年 10 月影印版，第 449 页，第 452 页。

赋》也形容“索上之戏”的美艳与惊险：“掖庭美女，和欢丽人，身轻体弱，绝代殊伦，被罗縠与珠翠，铺琼筵与锦茵。其彩练也，横亘百尺，高悬数丈，下曲如钩，中平似掌。初绰约而斜进，竟盘姗而直上，或徐或疾，乍俯乍仰。”又有“方言寰海，清泰阶平”句[①]，似说这一表演作为四海远方安定和平之象征的意义。《新唐书》卷一七下《回鹘传下》记载：“戏有弄驼、师子、马伎、绳伎。”[②] 似可说明“绳伎”表演艺术来自北方草原民族。

有杂技史研究者指出，“走绳”“是唐百戏的重要项目，其热烈的场景，如刘言史的《观绳伎》诗所说：‘泰陵遗乐何所珍，彩绳冉冉天仙人，广场寒食风日好，百夫伐鼓锦臂新。’表演时有百余人的大乐队。”“走绳的新招式甚多如《信西古乐图》所绘‘走斜绳’，由下逐步走上，并于斜绳及直绳上抛球。伎人脚穿木屐走绳，亦是新的困难动作。唐人诗赋中还提及‘寄两木以更摄’，有伎人在绳上踩高跷；‘应鼓或跃，投绳或翔’，指绳上的纵跳跌踏，是为今天的‘蹦绳’；‘两边圆剑渐相迎，侧身交步何轻盈’，指两位艺人在绳上舞剑，并在绳上互换位置。凡此种种，足证‘走绳’技艺已自成系统。”论者还指出，唐代艺人“已将叠置技艺用到高高的走绳中去。”这里所谓“叠置”即“‘叠置伎’的出现”，被看作“形体基础功夫发展的突出成就”，“‘叠置’是唐代杂技新崛起的代表作之一。”“叠置”被理解为“即今天的‘叠罗汉’，俗称‘码活’”的表演。[③] 其实，“叠卵相重”也是另一种形式的“叠置”。我们确实无法否定“叠卵相重”是当时“绳伎”“绳上”表演的形式之一，如若这样理解“横竿却步，叠卵相重”，则“叠卵相重”也可以看作“走绳的新招式”，“亦是新的困难动作”。这也是

---

① 〔宋〕李昉等编：《文苑英华》卷八二，第 372 页至第 373 页。

② 《新唐书》，第 6145 页。

③ 傅起凤、傅腾龙：《中国杂技史》，上海人民出版社 1989 年 9 月版，第 144 页至第 146 页，第 147 页，第 149 页。

“唐技艺”的“复合节目”，如同“将‘高跷’‘舞剑’之类独立节目搬至绳上表演”，如同“《信西古乐图》中所绘的‘神娃登绳弄玉’，在绳上表演‘跳丸’”。[①] 一系列复合动作中，包括“‘高跷’‘舞剑’”，“纵跳跌踏”，“抛球”“跳丸”等，如果“叠卵相重”加入，也是合理的。

还应当注意到，“绳伎”表演技法其实在丝绸之路正式开通的汉代已经出现。如《艺文类聚》卷六三引后汉李尤《平乐观赋》：“大和隆平，万国肃清，殊方重译，绝域造庭，四表交会，抱珍远并，杂遝归谊，集于春正。玩屈奇之神怪，显逸才之捷武。”所谓“殊方重译”，指遥远的国家或部族。[②] 来自“殊方”“绝域”“四表”“万国”的艺术家们的诸多表演形式中，有“陵高履索，踊跃旋舞”。[③] 张衡《西京赋》写道：“大驾幸乎平乐之馆”，“临迥望之广场，程角抵之妙戏”。多种“妙戏”之中，有“走索上而相逢”。薛综注：“索上，长绳系两头于梁，举其中央，两人各从一头上交相度，所谓‘舞絙’者也。”[④] 蔡质《汉官典职仪式选用》说到“正月旦，天子幸德阳殿，临轩，……蛮、貊、胡、羌朝贡”场合，演出队伍“从西方来，戏于庭极，乃毕入殿前”情形。其中有“绳上”“对舞”的表演：“以两大丝绳系两柱头中间，相去数丈，两倡女对舞，行于绳上，对面道逢，切肩不倾。”[⑤] 杂技史研究者注意到这些信息，并指出，汉代画像资料中，“走绳的道具布置和表演的形式，有了相当细致的刻划。”所举文物例证，包括山东

---

① 傅起凤、傅腾龙：《中国杂技史》，第164页至第165页。

② 王子今：《“重译”：汉代民族史与外交史中的一种文化现象》，《河北学刊》2010年4期。

③ 〔唐〕欧阳询撰，汪绍楹校：《艺文类聚》，上海古籍出版社1965年11月版，第1134页。

④ 〔梁〕萧统编，〔唐〕李善、吕延济、刘良、张铣、吕向、李周翰注：《文选》，中华书局1987年8月版，第58页至第59页。

⑤ 〔清〕孙星衍等辑，周天游点校：《汉官六种》，中华书局1990年9月版，第210页。

沂南画像石、山东邹县画像石和河南新野画像砖等。[①] 关注汉代“绝域造庭，四表交会，抱珍远并，杂遝归谊”的“殊方”远国艺术家“索上”“绳上”的演出，有益于探索“绳伎”“横竿却步，叠卵相重”等表演形式的渊源。

汉人表现出饱满自信的文字中，称之为“远并”“归谊”。然而，中原人其实是在热烈的环境中欣赏“舞凤”“跃龙”时，接受了“逸才”“妙戏”积极的文化影响。我们关注所谓“大和隆平，万国肃清”的历史背景，自然会看到，与“叠卵相重”相关的技艺形式的传递，利用了丝绸之路交通条件。[②]

---

① 傅起凤、傅腾龙：《中国杂技史》，第 79 页至第 80 页。

② 王子今：《丝绸之路与中原“音乐”的西传》，《西域研究》2019 年 4 期；《说“戎盐累卵”：以丝绸之路史为视角的考察》，《丝路文明》第 4 辑，上海古籍出版社 2019 年 11 月版。

张骞“浮槎”故事的生成与传播

“张骞凿空”功业[①]，在中国史和世界史上都有重要意义。他以“使绝国功”，得封“博望侯”。[②]“博望”，也成为一种文化纪念。[③]张骞事迹的历史记忆，后来演化为“浮槎”“访星”传说，在俗文学中形成比较广泛的影响。张骞的文化形象升入天界，自有对英雄人物尊崇而导致神化的因素，或许可以理解为对远国异族文化神秘感觉的体现。张骞形象因“浮槎”故事的民间传播在美术史、工艺史中多有表现。对于“浮槎”故事演变的历史文化分析，也可以从一个特殊视角考察丝绸之路开通的社会影响。

1 《博物志》《拾遗记》“浮槎”“天河”“西海”

“浮槎”故事得以较广泛流播，人们多以为源出《博物志》。《博物

---

① 《史记》卷一二三《大宛列传》：“骞所遣使通大夏之属者皆颇与其人俱来，于是西北国始通于汉矣。然张骞凿空，其后使往者皆称博望侯，以为质于外国，外国由此信之。”裴骃《集解》：“苏林曰：‘凿，开；空，通也。骞开通西域道。’”司马贞《索隐》：“案：谓西域险阸，本无道路，今凿空而通之也。”中华书局1959年9月版，第3169页至第3170页。王子今：《张骞凿空》，《光明日报》2017年5月18日02版；《〈龟兹左将军刘平国作关城诵〉考论——兼说“张骞凿空”》，《欧亚学刊》新7辑，商务印书馆2018年7月版。

② 《史记》卷一一一《卫将军骠骑列传》，第2929页。

③ 王子今：《博望：中原西望中亚的视窗》，《南都学坛》2019年1期。

志》卷一〇《杂说下》可见“人有奇志”“乘槎”行“天河”传说：“旧说云天河与海通。近世有人居海渚者，年年八月有浮槎去来，不失期。人有奇志，立飞阁于查上，多赍粮，乘槎而去。十余日中，犹观星月日辰，自后芒芒忽忽，亦不觉昼夜。去十余日，奄至一处，有城郭状，屋舍甚严，遥望宫中多织妇。见一丈夫牵牛，渚次饮之。牵牛人乃惊问曰：‘何由至此？’此人具说来意，并问此是何处。答曰：‘君还至蜀郡，访严君平，则知之。’竟不上岸，因还如期。后至蜀，问君平，曰：‘某年月日，有客星犯牵牛宿。’计年月，正是此人到天河时也。”①

此“浮槎”见“织妇”“牵牛”传说之原始。所谓“有人居海渚者，年年八月有浮槎去来，不失期”与“人有奇志，立飞阁于查上，多赍粮，乘槎而去”，起初和汉史人物张骞并无关联。

对于“浮槎”事，刘知几《史通》内篇《采撰》讨论史事采集和甄别时已经有所指摘：“……但中古作者，其流日烦。虽国有册书，杀青不暇，而百家诸子，私存撰录，寸有所长，实广闻见。其失之者，则有苟出异端，虚益新事。”所举四例，包括“浮槎”故事：“至如禹生启石，伊产空桑，海客乘查以登汉，姮娥窃药以奔月。如斯踳驳，不可殚论，固难以汗南、董之片简，沾班、华之寸札。”② 对于“海客乘查以登汉”真实性的否定，自然是清醒严肃的史学家应有的态度。不过，从社会文化学、信息传播学的视角考察，应当注意其中反映的较广阔层面的民众心理对于“异端”“新事”的感觉。

宋人周密《癸辛杂识》前集“乘槎”条追溯这一传说的最初源头，竟然早至先古圣王“唐尧”的时代：“……又王子年《拾遗记》云尧时有巨槎浮于西海，槎上有光若星月，槎浮四海，十二月周天，名贯月

---

① 〔晋〕张华著，唐子恒点校：《博物志》，凤凰出版社 2017 年 10 月版，第 116 页。

② 〔唐〕刘知几著，张振珮笺注：《史通笺注》，贵州人民出版社 1985 年 12 月版，第 142 页。

槎、挂星槎。羽仙棲息其上。然则自尧时已有此槎矣。”[①] 我们读《拾遗记》卷一《唐尧》：“尧登位三十年，有巨查浮于西海，查上有光，夜明昼灭。海人望其光，乍大乍小，若星月之出入矣。查常浮绕四海，十二年一周天，周而复始，名月贯月查，亦谓挂星查。羽人棲息其上。群仙含露以漱，日月之光则如暝矣。虞、夏之季，不复记其出没。游海之人，犹传其神伟也。”[②] 看来“浮槎”“浮查”传说的最初出现，时代相当古远。这一传说应当由自竹木浮水漂行这种交通实践体验的记忆。其中涉及“西海”的内容尤其引人注目。“浮于西海”，“海人”“游海”的情形，与《博物志》“浮槎”故事的内容有接近之处。

而后“浮槎”故事的变化，更有“虚益新事”情形，出现了张骞“浮槎”因“天河”得见“牵牛”“织女”的情节。

2 《荆楚岁时记》：“张骞”的介入

《博物志》起初出现“浮槎”故事，“浮槎去来”者不著姓名。可能与《史记》卷一二三《大宛列传》“汉使穷河源”，“今自张骞使大夏之后也，穷河源”之说有一定关系[③]，但是并没有说明。《艺文类聚》卷四梁庾肩吾《奉使江州船中七夕诗》：“九江逢七夕，初弦值早秋。天河来映水，织女欲攀舟。汉使俱为客，星槎共逐流。莫言相送浦，不及穿针楼。”[④] 故事主人公成为“汉使”。《玉台新咏》卷八庾信《七

---

① 〔宋〕周密撰，吴企明点校：《癸辛杂识》，中华书局 1988 年 1 月版，第 29 页。

② 〔晋〕王嘉撰，〔梁〕萧绮录，齐治平校注：《拾遗记》，中华书局 1981 年 6 月版，第 23 页。

③ 《史记》，第 3173 页，第 3179 页。《三国志》卷三〇《魏书·东夷传》：“……及汉氏遣张骞使西域，穷河源，经历诸国，遂置都护以总领之，然后西域之事具存，故史官得详载焉。”中华书局 1959 年 12 月版，第 840 页。王子今：《西汉“穷河源”探索与丝路经营》，《新疆艺术》汉文版 2017 年增刊。

④ 〔唐〕欧阳询撰，汪绍楹校：《艺文类聚》，上海古籍出版社 1965 年 11 月版，第 78 页。

夕》诗："牵牛遥映水，织女正登车。星桥通汉使，机石逐仙槎。"吴兆宜注引《荆楚岁时记》明确与张骞事迹相联系："汉武帝令张骞使大夏，寻河源，乘槎经月，而至一处，见一女织，一丈夫牵牛饮河渚。织女取楮机石与骞而还。后为东方朔所识。"[①]《太平御览》卷五一引《荆楚岁时记》也说："张骞寻河源，得一石，示东方朔。朔曰：此石是天上织女支机石，何至于此？"[②]

《岁时广记》卷二七《七夕中》"得机石"条引《荆楚岁时记》："汉武帝令张骞使大夏寻河源。乘槎经月而去，至一处，见城郭如官府，室内有一女织，又见一丈夫牵牛饮河。骞问曰：'此是何处？'答曰：'可问严君平。'织女取搘机石与骞而还。后至蜀问君平。曰：'某年月日，客星犯牛女。'所得搘机石，为东方朔所识。"又言："按《骞本传》及《大宛传》，骞以郎应募，使月氏，为匈奴所留，十余岁得还。骞所至者，大宛、大月氏、大夏、康居，而传闻其旁大国五六，具为天子言其地形所有，并无乘槎之天河之谓。而宗懔乃傅会以为武帝张骞之事，又益以搘机石之说。《艺苑雌黄》云：'今成都严真观有一石，呼为"支机石"。相传云汉君平留之。予宝历中下第还家，于京师道次，逢官差递夫舁张骞槎。先在东都禁中，今准诏索有司取进。不知真何物也。'宋之问《明河篇》云：'明河可望不可亲，安得乘查一问津。更将织女支机石，还访成都卖卜人。'刘禹锡《七夕》诗云：'机罢犹安石，桥成不碍查。'杜子美诗云：'闻到寻源使，从天北路回。牵牛去几许，宛马至今来。'又陈无己《七夕》诗云：'早晚望夫能化石，尽分人世作支机。'"[③]

---

① 题注："此诗本集无，徐刻亦不载。"〔陈〕徐陵编，〔清〕吴兆宜注，程琰删补，穆克宏点校：《玉台新咏笺注》，中华书局1985年6月版，第350页。

② 〔宋〕李昉等撰：《太平御览》，中华书局用上海涵芬楼影印宋本1960年2月复制重印版，第250页。

③ 〔宋〕陈元靓编，刘芮方、张杨溦蓁等点校：《岁时广记（外六种）》，浙江大学出版社2020年1月版，第285页至第286页。

大致在《荆楚岁时记》成书与传播的时代，张骞成为“浮槎”“寻河源”见“织女”“牵牛”故事的主人公。“支机石”也成为张骞“浮槎”生动传说中的道具。《岁时广记》卷二七《七夕中》“乘浮槎”条引《博物志》“浮槎”故事，又写道：“宗懔作《荆楚岁时记》乃引《博物志》，直谓张骞乘槎。宗懔不知何据。赵璘《因话录》亦尝辨此事。杜甫诗云：‘乘槎断消息，无处问张骞。’又‘查上似张骞’，似亦误也。东坡《七夕》词云：‘乘槎归去，成都何在？万里江涛荡漾。与君各赋一篇诗，留织女、鸳鸯机上。’又诗云：‘岂如乘槎天女侧，独倚云机看织纱。’山谷词云：‘待乘槎仙去，若逢海上白头翁，共一访，痴牛騃女。’”[①] 虽然有“不知何据”的疑问，但是张骞“浮槎”“乘槎”传说的社会流播，已经达到非常普及的程度。

“蜀布”“蜀锦”是汉代纺织品著名地方品牌。《史记》卷一一六《西南夷列传》：“及元狩元年，博望侯张骞使大夏来，言居大夏时见蜀布、邛竹杖，使问所从来，曰：‘从东南身毒国，可数千里，得蜀贾人市。’”[②] 明确的“蜀锦”名牌，至迟在东汉时也已经见诸文献。《艺文类聚》卷八五引《魏文帝诏》：“魏文帝诏群臣曰：‘前后每得蜀锦，殊不相似。’”[③]《太平御览》卷八一五引《魏文帝诏》曰：“前后每得蜀锦，殊不相比，适可讶，而鲜卑尚复不爱也。自吾所织如意虎头连璧锦，亦有金簿蜀簿，来至洛邑，皆下恶。是为下土之物，皆有虚名。”[④] 张骞“浮槎”神异故事与“织女”及“蜀郡”“严君平”相关的情节，

① 〔宋〕陈元靓编，刘芮方、张杨溦蓁等点校：《岁时广记（外六种）》，第285页至第286页。

② 《史记》，第2995页。

③ 〔唐〕欧阳询撰，汪绍楹校：《艺文类聚》，第1457页。

④ 〔宋〕李昉等撰，《太平御览》，第3622页。

和丝绸之路史形成曲折的联系。[①] 当然，“天河”浮行“芒芒忽忽，亦不觉昼夜”情形，也可以理解为对他国异族文化神秘感的体现。

3 唐诗“往往有用‘张骞槎’者”

前引《岁时广记》载录“宋之问《明河篇》”“刘禹锡《七夕》”及“杜子美诗”，都是唐诗名作。又《文苑英华》卷一七三载录唐苏颋《七夕》诗：“灵媛乘秋发，仙装警夜催。月光窥欲渡，河色辨应来。机石天文写，针楼御赏开。窃观栖鸟至，疑向鹊桥回。”[②] 说“织女”故事，也言及“机石”。

张骞“浮槎”故事为唐代诗人频繁吟咏的实例，还有胡曾《咏史诗·黄河》：“博望沉埋不复旋，黄河依旧水茫然。沿流欲共牛郎语，只待灵槎送上天。”[③] 又王初《银河》诗：“阊阖疏云漏绛津，桥头秋夜鹊飞频。”“年来若有乘槎客，为吊波灵是楚臣。”郝天挺注：“‘绛津’即银河也。”[④] 唐彦谦《蒲津河亭》诗：“宿雨清秋霁景澄，广亭高树更

---

① 汉代蜀地织品介入丝绸之路重要路段河西地区消费生活的情形，可参看王子今：《汉代河西的蜀地织品——以“广汉八稯布”为标本的丝绸之路史考察》，《四川文物》2017 年 3 期；《河西“之蜀”草原通道：丝路别支考》，《丝绸之路研究集刊》第 1 辑，商务印书馆 2017 年 5 月版。张骞本人曾经自蜀地试图开拓对外文化通道。《史记》卷一二三《大宛列传》记载，张骞说“臣在大夏时，见邛竹杖、蜀布”，大夏国人称来自身毒，“今身毒国又居大夏东南数千里，有蜀物，此其去蜀不远矣。”“天子欣然，以骞言为然，乃令骞因蜀犍为发间使，四道并出：出駹，出冄，出徙，出邛、僰，皆各行一二千里。”第 3166 页。

② 〔宋〕李昉等编：《文苑英华》，第 837 页。

③ 〔唐〕胡曾撰：《咏史诗》卷二，《四部丛刊》三辑景宋钞本，第 25 页。

④ 〔金〕元好问辑，〔元〕郝天挺注：《唐诗鼓吹》卷六，清顺治五十六年陆贻典钱朝鼒等刻本，第 97 页。《六十种曲》卷一二〇《龙膏记》第二十二出《错媾》引用“阊阖疏云漏绛津，桥头秋夜鹊飞频”句。〔明〕毛晋辑：《六十种曲》，明末毛氏汲古阁刻本，第 3106 页。可见其文化影响之广泛。

晨兴。烟横博望乘槎水，日上文王避雨陵。”[①] 又谭用之《别江上一二友生》诗：“国风千载务重华，须逐浮云背若耶。无地可归堪种玉，有天教上且乘槎。”[②] 杜甫诗作颇多涉及“张骞”“浮槎”的内容。如《秋兴八首》之二：“夔府孤城落日斜，每依北斗望京华。听猿实下三声泪，奉使虚随八月槎。”《有感五首》之一：“白骨新交战，云台旧拓边。乘槎断消息，无处觅张骞。”《天池》：“飘零神女雨，断续楚王风。欲问支机石，如临献宝宫。”《赠王二十四侍御契四十韵》：“消中祇自惜，晚起索谁亲。伏柱闻周史，乘槎有汉臣。”《秋日夔府咏怀奉寄郑监审李宾客之芳一百韵》：“途中非阮籍，查上似张骞。披拂云宁在，淹留景不延。”又《观李固请司马弟山水图三首》之三：“红浸珊瑚短，青悬薜荔长。浮查并坐得，仙老暂相将。”[③] 杜甫诗作相关内容，是唐人熟悉“浮槎”故事，并乐于吟咏的例证。

唐初骆宾王《浮查》诗有“仙客终难托，良工岂易逢”句。序文言“际良工，逢仙客，牛矶可托”，陈熙晋笺注：“牛矶，用乘查至汉见牵牛渚次事。”他的《夏日游德州赠高四诗》写道：“棲拙隐金华，狎道访仙槎。放旷愚公谷，消散野人家。”对于“仙槎”，陈熙晋引张华《博物志》、王嘉《拾遗记》为解。[④] 韦庄《夏口行寄婺州诸弟》：“回头烟树各天涯，婺女星边远寄家”，“谁道我随张博望，悠悠空外泛仙槎”。[⑤] 从初唐到晚唐，“浮槎”“空外”“天河”者，从身份朦胧的

---

① 〔金〕元好问辑，〔元〕郝天挺注：《唐诗鼓吹》卷八，第 122 页。〔宋〕蔡正孙撰《诗林广记》前集卷九《唐彦谦》作“月上文王避雨陵”。清文渊阁《四库全书》本，第 72 页。

② 〔金〕元好问辑，〔元〕郝天挺注：《唐诗鼓吹》卷九，第 137 页。

③ 《钱注杜诗》卷一五，卷一二，卷一四，卷一三，卷一五，卷一一，〔唐〕杜甫著，〔清〕钱谦益笺注：《钱注杜诗》，上海古籍出版社 1979 年 10 月版，第 505 页，第 429 页至第 430 页，第 500 页，第 455 页，第 520 页，第 399 页。

④ 〔唐〕骆宾王著，〔清〕陈熙晋笺注：《骆临海集笺注》，上海古籍出版社 1985 年 9 月版，第 78 页，第 77 页，第 25 页至第 26 页。

⑤ 〔五代〕韦庄撰：《浣花集》卷七，《四部丛刊》景明本，第 27 页。

“仙客”到明确的“张博望”，似乎完成了传说史的转变。

对于“张骞浮槎”传说的广泛传播，也有学者提出疑义。唐赵璘《因话录》卷五《征部》写道：“《汉书》载张骞穷河源，言其奉使之远，实无天河之说。惟张茂先《博物志》，说近世有人居海上，每年八月，见海槎来不违时。赍一年粮，乘之到天河。见妇人织，丈夫饮牛。遣[①]问严君平，云：某年某月某日[②]，客星犯牛斗，即此人也。后人相传云：得织女支机石，持以问君平。都是凭虚之说。今成都严真观有一石，俗呼为‘支机石’，皆目云：当时君平留之。宝历中，余下第还家。于京洛途中，逢官差递夫舁张骞槎。先在东都禁中，今准诏索有司取进[③]，不知是何物也。”他认为《博物志》乘“海槎”“到天河”事“都是凭虚之说”，且本与“张骞”无关，注意到后来有“张骞槎”传说为世人相信。他说：“前辈诗往往有用‘张骞槎’者[④]，相袭谬误矣。纵出杂书[⑤]，亦不足据。”[⑥] 所说“官差递夫舁张骞槎”和“成都严真观”“支机石”，说明社会上下都已深信张骞“浮槎”事。所谓“前辈诗往往有用‘张骞槎’者”，就是前引唐诗诸作一类。

《因话录》言“前辈诗往往有用‘张骞槎’者，相袭谬误矣”，批

---

① 鲁明《〈因话录〉汇校》“遣”，改为“还”。“商本原作‘遣’，误。今据《博物志》改。”鲁明：《〈因话录〉研究》，复旦大学硕士学位论文，2010 年，指导教师：胡中行副教授，第 133 页。

② 鲁明《〈因话录〉汇校》“某月某日”，改为“某月日”。“商本原作‘某月某日’，今据《博物志》《分门集注杜工部诗》《九家集注杜诗》删改。”鲁明：《〈因话录〉研究》，第 133 页。

③ “准”，黎泽潮《〈因话录〉校笺》作“淮”。〔唐〕赵璘撰，黎泽潮校笺：《〈因话录〉校笺》，合肥工业大学出版社 2013 年 12 月版，第 95 页。

④ 鲁明《〈因话录〉汇校》：“‘张骞槎’，《分门集注杜工部诗》作‘东君槎’、《九家集注杜诗》作‘张君槎’。”鲁明：《〈因话录〉研究》，第 133 页。

⑤ 鲁明《〈因话录〉汇校》“纵出杂书”，改为“纵出杂诗”。“‘诗’，商本原作‘书’，误。今据《分门集注杜工部诗》《九家集注杜诗》《方舆胜览》改。”鲁明：《〈因话录〉研究》，第 133 页。

⑥ 〔唐〕赵璘撰：《因话录》，古典文学出版社 1957 年 4 月版，第 108 页。

评对象包括杜甫等著名诗人。不过，论者以为“谬误”“不足据”的故事之所以为社会广泛传诵，其实是有值得重视的文化背景的。前引杜诗“浮查”“仙老”句及韦庄“空外”“仙槎”之说，似已将“乘槎”者归入仙界。[①] 或许可以理解为张骞地位的提升，已经进入信仰世界的上层。

4　王观国《学林》“怪诞不足信”说

前引《史通》言“海客乘查以登汉”事乃“中古作者”“其失之者”。而《岁时广记》卷二七《七夕中》“乘浮槎”条说“宗懔作《荆楚岁时记》乃引《博物志》，直谓张骞乘槎”，质疑“宗懔不知何据”。又指出“赵璘《因话录》”“尝辨此事”。可知对于“张骞浮槎”“张骞乘槎”故事的历史真实性，很早就有否定的意见。

宋人王观国《学林》卷四“牛女”条也就此有所讨论：“观国窃见古今文士多用张骞乘槎牛女相会事，然《博物志》初不言张骞，按《汉书·张骞传》及《史记·大宛列传》，皆言张骞使月氏，穷河源，通西北国，而不言乘槎事。杜子美《夔府咏怀》诗曰：‘途中非阮籍，槎上似张骞。’又《秋兴》诗曰：‘奉使虚随八月槎。’如此类前贤多用之，恐非实事。有世传织女嫁牵牛，渡河相会。观国按：《史记》《汉》《晋·天文书》，河鼓星随织女星、牵牛星之间，世俗因傅会为渡河之说，渫渎上象，无所根据。惟《淮南子》云，乌鹊填河成桥而渡织女，

---

① 钱谦益注：“浮查。《拾遗记》：尧时有巨查，浮于四海。查上有光若星月。常绕四海上，十二年一周。名贯月查，又名挂星查。羽仙棲息其上。”〔唐〕杜甫著，〔清〕钱谦益笺注：《钱注杜诗》，第399页。未言张骞。而《杜诗阐》卷一八说：“此中仙老浮查而坐，容焉与焉。三三两两，恍然天上，不似人间。”遂问“但此浮查”，我能否“并坐”，“仙老肯挈我片时相将游戏否?”又说：“泛舟者范蠡，控鹤者王乔，浮查者又是张骞。故首章曰‘群仙’。”〔唐〕杜甫撰，〔清〕卢元昌注：《杜诗阐》卷一八，清康熙二十一年刻本，第21b至第22a页。

其说怪诞不足信。杜子美《牵牛织女》诗云：‘牵牛出河西，织女处其东。万古永相望，七夕谁见同。神光意难候，此事终朦胧。’观子美诗意，不取世俗之说也。七夕乞巧，见于周处《风土记》，后人编类杂书，如同《荆楚岁时记》之类，咸分门录之，初无稽考，其不足信者多矣。”[①] 以为虽“前贤多用之”，“无所根据”，实“不足信”。

然而对于“恐非实事”的“世俗之说”，如果进行认真的文化分析，其实是可能发现特殊的文化背景和深刻的文化含义的。

《能改斋漫录》卷六《事实》“浮槎”条写道：“杜子美《观李固诣司马第山水图》诗，末章云：‘浮槎并坐得，仙老暂相将。’前辈多引张骞为证，非也。”他认为是说“尧时”“巨槎”：“余按：王子年《拾遗记》：‘尧时有巨槎，浮于四海。槎上有光若星月，常绕四海。十二年一周天，名贯月槎。又名挂星槎，羽仙栖息其上。’”[②] 这也是对“浮槎”故事“前辈多引张骞为证”的否定。所引《拾遗记》说更在《博物志》之前。不过，要隔断“张骞”与“浮槎”联系，似乎已经并不容易。

5 “乘槎图”画作和《题乘槎图》诗歌

宋元时期起，已经多见诗人“《题张骞乘槎图》”作品。而后成为文人创作时尚。直到明清，其风依然盛行，影响到工艺品市场和收藏界以及更宽层面的文化生活。

宋人郑思肖《张骞乘槎图》诗写道：“牛女宫中事若何，亲身曾得上天河。逢人莫说支机石，漏泄苍苍意已多。”[③] 元人陈义高有《题张

---

① 〔宋〕王观国著，田瑞娟点校：《学林》，中华书局1988年1月版，第121页至第122页。

② 〔宋〕吴曾撰：《能改斋漫录》，上海古籍出版社1979年11月版，第146页至第147页。

③ 〔宋〕郑思肖撰：《郑所南诗文集·诗集》，《四部丛刊》续编景林佶钞本，第4页。

骞乘槎图》诗："雪拥银涛八月秋，风吹巾袂兴悠悠。坐来蓬岛千年树，稳胜莲花一叶舟。星照横机问织女，月明清渚立牵牛。偶然得石归来后，却厌金章万户侯。"画作主题和诗题都明确突出"张骞"。又有《仙岩》诗也说到"乘槎客"："飒飒松风吹鬓毛，溪流洗耳远尘劳。七千余鹤春归晚，二十四岩秋正高。露滴桂香浮酒盏，山蒸云气润诗袍。扁舟半是乘槎客，吟振雷声撼海涛。"①

对于"乘槎"的具体方式，如"槎"的形制和"乘槎"人的姿势，元人戴表元《张骞乘槎图》诗竟然有所涉及，诗句应当写述了画面表现的情景："数尺枯槎底易骑，海风吹浪白弥弥。如今市上君平少，曾到天河也不知。"② 所谓"数尺枯槎"及张骞"骑""乘"方式，可以体现当时人对这一传说的理解。魏初《为戴秀才题张骞乘槎图》诗："一片枯槎物外仙，浪花如雪水如烟。只应直到天开处，冷笑闲横尽日船。"③ 所谓"物外仙"，符合有关"张骞浮槎"的通常理解。即一位世间人物走入了神界仙境。其中"冷笑"一语，或许有复杂意思。许有壬有《张骞乘槎图》④ 与《题乘槎图》⑤，说明当时画家关注的创作热点，也表现出作者对这一美术主题的特殊兴致。胡祗遹《题张骞乘槎图》诗写道："奉使西夷二十年，同行三百一身全。期君事远无穷罪，又作兹行欲诳天。"⑥ 所说"期君事远无穷罪"，表露出对汉武帝张骞时代对外文化联系的批判态度。"欲诳天"的"诳"，指出张骞向汉武帝介绍西域所见所闻，是欺骗性引导。张骞在西域得到的地理人文知识，

---

① 〔元〕陈宜甫撰：《秋岩诗集》，清文渊阁《四库全书》本，第 11 页至第 12 页。

② 〔元〕戴表元撰：《剡源集》卷三〇，《四部丛刊》景明本，第 313 页。

③ 〔元〕魏初撰：《青崖集》卷二，清文渊阁《四库全书》本，第 17 页。

④ 〔元〕许有壬撰：《至正集》卷七，清文渊阁《四库全书》补配清文津阁《四库全书》本，第 40 页。

⑤ 〔元〕许有壬撰：《至正集》卷二七，第 162 页。

⑥ 〔元〕胡祗遹撰：《紫山大全集》卷七，清文渊阁《四库全书》补配清文津阁《四库全书》本，第 118 页。

按照《史记》卷一二三《大宛列传》的说法，来自“骞身所至者大宛、大月氏、大夏、康居，而传闻其旁大国五六”，即两方面的信息来源：第一，对于“身所至者”的直接考察；第二，来自“传闻”的间接获得。另外，又有来自更遥远地方者，“安息长老传闻条枝有弱水、西王母，而未尝见。”①

明人张宁《乘槎图》写道：“火敦脑儿天际头，河源远绝昆仑丘。汉家使者去西域，何事却向天潢游。开边贵物当时事，莫怪傍人诧灵异。真伪悠悠世传深，荆楚犹传《岁时记》。”② 画题没有出现“张骞”，但所谓“汉家使者去西域”，明确是指“张骞”。诗句对“开边贵物”似有批评，而“真伪悠悠”句，是就自《荆楚岁时记》之后“张骞浮槎”故事“世传深”的反思。“火敦脑儿”，即与张骞奉命探求之“河源”有关的星宿海。《元史》卷六三《地理志六》“河源附录”条：“按河源在土蕃朵甘思西鄙，有泉百余泓，沮洳散焕，弗可逼视，方可七八十里，履高山下瞰，灿若列星，以故名火敦脑儿。火敦，译言星宿也。”③ 谭其骧主编《中国历史地图集》元代宣政院辖地于今青海扎陵湖西标示“河源”与“火敦脑儿（星宿海）”，明代《朵甘都司》则标示“河源”与“星宿海”。④ 牛谏《乘槎图》：“仙人御风行万里，九土茫茫尽烟雾。张骞有术却乘槎，飘然直上天河去。顺流更欲下昆仑，霞衣又拂三株树。莫将胜事论有无，直对芳樽咏佳句。”⑤ 也提到了其

---

① 《史记》，第3160页，第3163页。

② 〔明〕曹学佺编：《石仓历代诗选》卷三八二，清文渊阁《四库全书》补配清文津阁《四库全书》本，第3706页。

③ 附注：“思本曰：河源在中州西南，直四川马湖蛮部之正西三千余里，云南丽江宣抚司之西北一千五百余里，帝师撒思加地之西南二千余里。水从地涌出如井。其井百余，东北流百余里，汇为大泽，曰火敦脑儿。”《元史》，中华书局1976年4月版，第1564页。

④ 谭其骧主编：《中国历史地图集》，中国地图出版社1982年10月版，第7册第36—37页，第85—86页。

⑤ 〔明〕曹学佺编：《石仓历代诗选》卷四六七，第4710页。

事“有无”的疑问。“胜事”“佳句”的说法，似乎肯定了“张骞浮槎”故事正面的文化意义。林鸿《题郑昭甫写张骞乘槎图》：“滚滚黄河天上来，茂陵底事望蓬莱。早知博望乘槎便，虚筑通天百尺台。”[①] 王世贞《题周翁画云槎图赠张隐君》：“昔有博望侯，凿空访河源。”“飘然犯银汉，白榆寒历历。织女笑解装，橐中支机石。两奇不相遭，万古疑其神。”[②] 一个“疑”字，也有特殊意蕴。谢肇淛《题钱舜举乘槎图》说到画面描绘的笔法：“支机片石不可见，好事摹写今犹存。钱生此图真奇绝，穷极意象入毫发。惊看云汉恍昭回，虹桥怪底光明灭。”[③] 其他如刘嵩《题乘槎图》[④]、马中锡《乘槎图》[⑤]、妙声《题乘槎图》[⑥]、杨溥《题泛槎图》[⑦]、叶盛《乘槎图》[⑧]、张弼《乘槎图》[⑨] 等，也都反映了当时画风与诗风的一个侧面。

清人百龄《七夕题查暎山侍御泛槎图》[⑩] 及毕沅《敬题息圃舅氏乘槎图》[⑪]，均题赞熟识画家作品。徐渤《张骞乘槎图》写道：“张华《博物志》谓有居于海上者，每岁八月辄有浮槎至焉，于是裹粮而泛之，遂至天汉之上。又按《荆楚岁时记》则以为博望侯张骞使大夏，

---

① 〔明〕林鸿撰：《鸣盛集》卷四，清文渊阁《四库全书》补配清文津阁《四库全书》本，第 63 页。

② 〔明〕王世贞撰：《弇州四部稿》卷一七，明万历刻本，第 179 页。

③ 〔明〕谢肇淛撰：《小草斋集》卷一一，明万历刻本，第 163 页。

④ 〔明〕刘嵩撰：《槎翁诗集》卷七，清文渊阁《四库全书》补配清文津阁《四库全书》本，第 238 页。

⑤ 〔明〕马中锡撰：《东田漫稿》卷二，明嘉靖十七年文三畏刻本，第 56 页。

⑥ 〔明〕妙声撰：《东皋录》卷上，清文渊阁《四库全书》本，第 9 页。

⑦ 〔明〕杨溥撰：《杨文定公诗集》卷三，明钞本，第 23 页。

⑧ 〔明〕叶盛撰：《菉竹堂稿》卷一，清初钞本，第 1 页。

⑨ 〔明〕张弼撰：《张东海诗文集》诗集卷一，明正德十三年周文仪福建刻本，第 11 页。

⑩ 〔清〕百龄撰：《守意龛诗集》卷一〇，清道光读书乐室刻本，第 112 页。

⑪ 〔清〕毕沅撰：《灵岩山人诗集》卷三〇《终南仙馆集》，清嘉庆四年经训堂刻本，第 285 页。

寻河源时事。二说稍异，盖诚不可得而详者矣。此图墨气秀润，绢素缜密，当为南宋时笔，而题咏诸家又为国初宗藩名衲。诗词尔雅，书法遒劲，每一披览，真若陟昆仑涉河源，游于云汉之表。”“此卷殆铁中铮铮者。若夫鉴定谁氏之笔，则有正法眼在，未敢臆评也。”[①] 似乎赞美的对象，作者身份并不明朗。陈用光有多篇题“泛槎图”“乘槎图”诗作，如《题张仙槎泛槎图》《题许莱山湘月泛槎图》《题汪味根乘槎图》等，又有《题李墨庄前辈归槎图用希祖韵》。[②]“泛槎”“乘槎”图名有异，应是依据画家原作题名。最后一例的主题，应当是咏唱当代外交生涯，而其中“使节”“客槎”辞句，仍然用张骞故事。

清人丁仁《八千卷楼书目》卷一九《集部》著录：“《泛槎图题咏》六卷，国朝张宝编刊本石印本。”[③] 可见以“泛槎”为主题的画作与以“泛槎图”为主题的诗作，数量都相当可观。

除了绘画史遗存中大量的《张骞泛槎图》《张骞浮槎图》及相关诗作之外，历代工艺史文字著录与实物收藏亦多见以此为主题的牙雕、玉雕、琥珀雕、犀角雕作品。清人闵华《桃杯歌为西畴半查生日作》：“佳时置酒共称觞，我亦霑尝琥珀光。犀槎银槎各为侣，好语儿孙什袭藏。”注：“西畴旧藏有犀槎半槎，旧藏有银查。”[④] “犀槎”就是“犀角槎杯”。朱琦《润臣出示犀角槎杯席间索句》写道：“断之为酒船，奇古谢雕剖。”“藉以疏勒簟，往问博望叟。”[⑤] 所谓“犀槎银槎”应是不同材质的“张骞浮槎”工艺品。戴璐《藤阴杂记》卷九说到以“犀

---

① 〔明〕徐渤撰：《红雨楼题跋》卷上，清嘉庆三年刻本，第 3 页。

② 〔清〕陈用光撰：《太乙舟诗集》卷四，卷七，卷九，清咸丰四年孝友堂刻本，第 89 页，第 91 页，第 140 页，第 187 页。

③ 〔清〕丁仁撰：《八千卷楼书目》卷一九《集部》，民国本，第 533 页。

④ 〔清〕闵华撰：《澄秋阁集》三集卷四，清乾隆十七年刻本，第 117 页。

⑤ 〔清〕朱琦撰：《怡志堂诗初集》卷八，清咸丰七年刻本，第 70 页。

槎”为“酒具”，又引“每羡秋盘嘉，醇醪泛犀槎”诗句。[①] 杭世骏《梅槎歌为吴均作》：“槎形宛肖张博望，恍从碧落穿银河。”[②] 明确说这样的“槎”是仿象张骞“浮槎”制作。这些文物也都是有一定积极意义的社会意识的反映，不宜生硬地理解为单纯求仙追求的表现。

宋元明清时期对外联系的文化大趋势，与汉唐已经有所不同。与“张骞浮槎”为主题的文学艺术创作的兴起，或许可以看作对张骞时代文化风格的一种追念。而“期君事远无穷罪”一类批评，我们也可以作为进行文化考察和历史比较的标本。

6 戏曲史著录中的《张骞浮槎》《博望访星》

班固在《汉书》卷五八《公孙弘卜式兒宽传》最后以“赞曰”形式发表了对汉武帝时代人才政策的评价，以为“群士慕向，异人并出”，“汉之得人，于兹为盛”。列举名臣 27 人：“儒雅则公孙弘、董仲舒、兒宽，笃行则石建、石庆，质直则汲黯、卜式，推贤则韩安国、郑当时，定令则赵禹、张汤，文章则司马迁、相如，滑稽则东方朔、枚皋，应对则严助、朱买臣，历数则唐都、洛下闳，协律则李延年，运筹则桑弘羊，奉使则张骞、苏武，将率则卫青、霍去病，受遗则霍光、金日磾，其余不可胜纪。是以兴造功业，制度遗文，后世莫及。”[③] 后人增写《史记》，将这段文字附于《史记》卷一一二《平津侯主父列传》中。[④] 所谓“奉使则张骞、苏武”，是在民族关系和外交事务处理方面有所贡献的两位“异人”。

---

① 〔清〕戴璐撰：《藤阴杂记》卷九《北城上》，清嘉庆石鼓斋刻本，第 61 页。其事又见戴璐撰：《吴兴诗话》卷四，民国《吴兴丛书》本，第 21 页。

② 〔清〕杭世骏撰：《道古堂全集》诗集卷二四《韩江续集》，清乾隆四十一年刻光绪十四年汪曾唯修本，第 603 页。

③ 《汉书》，第 2633 页至第 2634 页。

④ 《史记》，第 2964 页。

苏武成为中国千百年来讲究“忠”与“节”的道德教育的榜样，在民俗文化中也有非常高的地位。据戏曲史学者研究，历代有关苏武事迹的剧目，有《苏武牧羊记》，又称《苏武持节北海牧羊记》，又有《苏武和番》，“今昆剧所演，尚见《庆寿》《颁诏》《小逼》《大逼》《看羊》《望乡》《遣妓》《告雁》等出。”元杂剧有《持汉节苏武还乡》，又作《持汉节苏武还朝》《苏武还朝》《苏武持节》《英雄士苏武持节》。又传奇有《白雁记》，清杂剧有《雁书记》，也记述苏武故事。然而与苏武同时的张骞，却没有能够在古代戏曲舞台上留下高大的成功使臣的形象。有关张骞的剧目均与“浮槎”传说有关。庄一拂《古典戏曲存目汇考》中编杂剧二《元代作品（下）》“张骞泛浮槎”条写道：“《录鬼簿》著录。简名《泛浮槎》。《太和正音谱》、《元曲选目》均略作《张骞浮槎》，孟本别作《张骞乘槎》。”“本事并见梁宗懔《荆楚岁时记》，晋张华《博物志》。”同书中编杂剧五《清代作品》“瓶笙馆修箫谱”条写道：“《博望访星》。叙张骞溯河源遇双星事。元王伯成有《张骞泛浮槎》杂剧。”其《访星》“载《集成曲谱》中，今犹有歌唱者。”同书下编传奇三《清代作品（上）》“星汉槎”条：“此剧未见著录。见丁慎行重刊《西湖扇始末》一文。元王伯成有《张骞泛浮槎》杂剧，清舒位有《博望访星》杂剧，李文瀚有《银汉槎》传奇，题材同。佚。”同书下编传奇四《清代作品（下）》“七夕圆”条：“此戏未见著录。乾隆间钞本。一名《槎合记》。凡二卷三十四出。见《北平图书馆戏曲展览会目录》。”[①]《槎合记》也可能据张骞寻河源至天河遇织女牛郎的故事创作。

---

① 庄一拂：《古典戏曲存目汇考》，上海古籍出版社 1982 年版，第 89 页至第 90 页，第 334 页，第 263 页至第 264 页，第 763 页，第 1348 页。相关信息，又见《中国剧目辞典》“张骞泛浮槎（杂剧）”条，“泛浮槎（杂剧）”条，“银汉槎（传奇）”条，“博望乘槎（杂剧）”条，“博望访星（杂剧）”条，王森然遗稿，《中国剧目辞典》扩编委员会扩编：《中国剧目辞典》，河北教育出版社 1997 年 9 月版，第 663 页，第 322 页，第 826 页，第 682 页。

对于《汉书》所谓“奉使则张骞、苏武”说到的两位外交家，我们曾经进行文化形象的比较。从一些文化迹象分析，以“凿空”业绩在中国史和世界史上都形成重要影响的张骞，后来步人虚无缥缈的仙界，于是其人格之真实不免遗失，其历史创造和文化贡献的价值不免有所削减。或许可以说，中国正统意识所决定的价值判断，所谓“张骞立功异域”[①]，不如“苏武不失其节”[②]；所谓“张骞怀致远之略”[③]，不如“苏武以秃节效贞”[④]。张骞和苏武在后世文化天平上位置的高下，反映了中国传统文化在价值取向上微妙的偏斜。这不仅体现了古来中国历史评价尺度“德”重于“功”的倾向，或许也透露出长久以来中国人的观念中对于外事，也就是“异域”之事、“致远”之事的相对的轻视。[⑤]

然而现在看来，对于相关历史文化表现似乎还可以认真考察其深层意义。如《中国剧目辞典》著录“银汉槎（传奇）”：“银汉槎，传奇。清李文瀚作。《今乐考证》《曲录》并著录。有道光‘凌云仙馆’刊本。凡二卷十八出。演张骞探河源，并以汲黯开仓赈济事副之。题目作‘兴波浪的蠢鼋鼍忽然多事，受饥寒的哀鸿雁未免堪怜；犯河汉的博望侯精诚能格，塞江淮的支机石变化无穷’。以当时河患赈救为隐喻，似有所影射。”[⑥] 由所谓“犯河汉的博望侯精诚能格”可知，似乎张骞艰苦“凿空”的精神力量得到赞美。而“并以汲黯开仓赈济事副之”的构思，使神界人物张骞与“河患”“饥寒”及“开仓”“赈救”史事相联系，树立了亲近民生的正面形象。而“支机石”可以“塞江淮”

---

① 《后汉书》卷四七《班超传》，第 1571 页。

② 《晋书》卷一〇〇《王机传》，第 2624 页。

③ 《后汉书》卷八八《西域传》，第 2931 页。

④ 《后汉书》卷五九《张衡传》，第 1908 页。

⑤ 王子今：《张骞和苏武：汉代外交的双子星座》，《光明日报》2006 年 4 月 4 日。

⑥ 王森然遗稿，《中国剧目辞典》扩编委员会扩编：《中国剧目辞典》，第 826 页。

的情节，也是很有意思的设计。又如《中国剧目辞典》著录“博望访星（杂剧）”：“演博望侯张骞奉召探寻河源，乘槎逆流而上。七夕牛女相会。张骞询问双星，遂一同乘槎。织女赠骞支机石，并令去访严君平。”也说“今犹有演唱者。”[①] 所谓“张骞询问双星，遂一同乘槎”，未见于其他文献，应是舒位的虚构创作。看来，在剧作家和“演唱者”心中，“乘槎逆流而上”的博望侯张骞，并非以神仙的庄严相和冷漠心面对世界，而是一位富有亲和力的探险家。这与司马迁笔下“骞为人强力，宽大信人，蛮夷爱之”[②] 的形象是一致的。

“张骞浮槎”作为一种文化符号，其象征意义，与开拓进取精神相关联，与我们民族的开放胸怀相关联，与丝绸之路的开通与繁荣相关联。考察相关文化现象的意义，或许可以有积极的发现。在千百年的中西文化关系史中，汉武帝信用张骞通使西北的时代，是中原人在交往中取积极进取态度的历史阶段。后来的历史表现，则多有波折，亦见反复。[③] 相关迹象，通过考察分析与“张骞浮槎”相关的文化遗存，可以得到新的认识。

---

① 王森然遗稿，《中国剧目辞典》扩编委员会扩编：《中国剧目辞典》，第682页。

② 《史记》卷一二三《大宛列传》，第3159页。

③ 王子今：《“博望”事业——〈中西文化关系通史〉》，《中华读书报》2021年7月28日13版。

第四部　汉代丝绸之路文化史料丛考

论《龟兹左将军刘平国诵》

新疆拜城东北发现的汉代石刻文字可见纪名“龟兹左将军刘平国”，内容载录“将军”“所作关城”等诸多情节。石刻文字包涵的信息，对于丝绸之路史研究非常重要。其中“诵”的名义，所涉及“秦人”称谓，以及言“作孔”事等，都值得深入研究。有的研究者提出的对于“作孔”的理解，或有必要澄清。以往或以为“作孔”即“凿空”的意见，可以支持。这一判断，或有助于司马迁《史记》所谓“张骞凿空”的理解。

1 “刘平国诵”发现与研究的学术史

据黄文弼《释刘平国治关城诵》：“出拜城东北约 100 公里，喀拉塔格山麓、博者克塔沟口岩石上。凿字者凡二处：北为题识，有字处长 18.3 厘米、宽 16.6 厘米。三行，第一、二行各四字，第三行三字，隶体，每字 4.2 厘米见方；南为诵文，有字处长 48.3 厘米、宽 40 厘米，隶体，每字约 3.4 厘米见方，凡八行，行十二字至十六字不等，镂刻颇工。”黄文弼还写道：“按此碑为清光绪三年刘锦棠部将徐万福所发现，并椎拓若干纸，传播于世。叶昌炽、王仁俊均有释文（见王树枏《访古录》），王树枏《访古录》及罗振玉《西陲石刻录》并录其文。但诸先生未亲至其地，又字迹漫漶，因多推测之辞。现碑文又损毁若干字，原拓本更为模糊。余于 1928 年亲至该处，考察形势，并手拓数纸。知前人颇多误解，例如叶昌炽作‘刘平国开道记’、《访古录》作‘汉乌磊摩岩石刻’皆不真确。”黄文弼的释文作：

题辞

京兆长□

淳于伯隗

作此诵

此 11 字，黄文弼文中前称“题识”，此称“题辞”。所谓“诵文”，黄文弼下文录释又称“诵释”：

诵释

龟兹左将军刘平国以七月廿六日发家

从□人孟伯山狄霄貣赵□毕□羌

[illegible]（石）□□程阿□（羌）等六人共来作□□□

关八月一日始斫岩作孔□扣日

□固万岁人民喜长寿亿年宜

子孙永寿四年八月甲戌朔十二日

乙酉直建纪此东乌累关城皆

将军所作也□披□[1]

王炳华研究新疆博物馆藏“刘平国刻石”拓本，有乌程施补华跋叙述刻石发现及初拓情形。施说当时清军“过其地”，发现此摩崖石刻，“字迹漫漶不可识，以告余，疑为汉刻。余请于节帅张公，命总戍王得魁，大令张廷楫具毡椎裹粮往拓之，得其点画”。[2] 施补华曾“命工拓数十纸，分贻海内朋好”。陈叔通所得初拓赠予新疆博物馆。施补华记

---

① 《释刘平国治关城诵》，收入黄文弼著，黄烈编：《西北史地考古论集》，商务印书馆 2015 年 12 月版。文末注：“原载《塔里木盆地考古记》。”

② 王炳华写道：“关于‘刘平国刻石’的发现经过，王树枏《新疆访古录》称是光绪三年刘锦棠部将徐万福发现。黄文弼在《塔里木盆地考古记》中从其说。与这里的施补华题跋不同，似应以施补华题跋为准。”

录了文字比较清晰的部分：

> 龟兹左将军刘平国以七月廿九日发家
> 从秦人孟伯山狄虎贲赵当卑
> 当卑程阿羌等六人共来作谷关八月一日始斫山石作孔至　日
> 坚固万岁人民喜长寿亿年宜
> 子孙永寿四年八月甲戌朔十二日
> 乙酉直建纪此东乌累关城皆
> 将军所作也
> 敦煌
> 淳于伯
> 作此诵

王炳华综合叶昌炽、王仁俊、王树枏、王国维及黄文弼各家释文，提出了新的释读意见：

> 龟兹左将军刘平国以七月廿六日发家，从秦人孟伯山、狄虎贲、赵当卑、万口羌、石当卑、程阿羌等六人，共来作列亭，得谷关，八月一日始斫山石，作孔，至廿日。坚固万岁人民喜长寿亿年宜子孙，永寿四年八月甲戌朔十二日①乙酉，直建纪此东乌累关城皆将军所作也。②

王炳华的“判释”，很可能是最接近原意的比较合理的释文。考虑到“直建”应与“乙酉”连读，则释文应作：

> 龟兹左将军刘平国以七月廿六日发家，从秦人孟伯山、狄虎贲、赵当卑、万口羌、石当卑、程阿羌等六人，共来作列亭，得谷关，八月一日始斫山石，作孔，至廿日。坚固万岁人民喜长寿亿年

---

① 王炳华指出：“这里的‘十二日’应为‘廿二日’之误。”“摩岩刻字十分漫漶，难以辨清，而且‘十’与‘廿’只一笔之差，至有此误。”今按：刻石当时之“误”不好理解，很可能是因“漫漶”过甚判读之“误”。

② 王炳华：《“刘平国刻石”及有关新疆历史的几个问题》，《新疆大学学报》1980年3期，收入《西域考古历史论集》，中国人民大学出版社2008年10月版。

宜子孙，永寿四年八月甲戌朔十二日乙酉直建，纪此。东乌累关城，皆将军所作也。

睡虎地秦简《日书》甲种："建日，良日也。可以为啬夫，可以祠。利枣不利莫。可以入人、始寇、乘车。有为也，吉。"（一四正贰）[①] 此所谓"建日，良日也"，放马滩秦简《日书》甲种和乙种均作"建日，良日殹"。即："建日：良日殹。可为啬夫，可以祝祠，可以畜大生，不可入黔首。"（甲一三，乙一四）。[②] "良日"即"吉日"。《礼记·祭义》："世妇卒蚕，奉茧以示于君，遂献茧于夫人。夫人曰：'此所以为君服与？'遂副袆而受之。因少牢以礼之。古之献茧者，其率用此与？及良日，夫人缫，三盆手，遂布于三宫夫人、世妇之吉者，使缫，遂朱、绿之，玄、黄之，以为黼黻文章。"孔颖达疏："良日，谓吉日，宜缫之日。明缫更择吉利之日，日至而后，乃夫人自缫。"[③] 《吕氏春秋·音初》："夏后氏孔甲田于东阳萯山，天大风晦盲，孔甲迷惑，入于民室，主人方乳，或曰'后来，是良日也，之子是必大吉'。"[④] 《淮南子·兵略》："夫以巨斧击桐薪，不待利时良日而后破之。"[⑤] 《史记》卷九二《淮阴侯列传》："王必欲拜之，择良日，斋戒，设坛场，具礼，乃可耳。"[⑥] 又《史记》卷一二八《龟策列传》："今日良日，行一良贞。"[⑦] 《汉书》卷一下《高帝纪下》："诸侯王及太尉长安侯臣绾等三

---

① 睡虎地秦墓竹简整理小组：《睡虎地秦墓竹简》，文物出版社 1990 年 9 月版，释文注释第 183 页。

② 甘肃省文物考古研究所编：《天水放马滩秦简》，中华书局 2009 年 8 月版，第 83 页，第 87 页。

③ 〔清〕阮元校刻：《十三经注疏》，中华书局据原世界书局缩印本 1980 年 10 月影印版，第 1598 页。

④ 许维遹撰，梁运华整理：《吕氏春秋集释》，中华书局 2009 年 9 月版，第 139 页。

⑤ 何宁撰：《淮南子集释》，中华书局 1998 年 10 月版，第 1081 页。

⑥ 《史记》，中华书局 1959 年 9 月版，第 2611 页。

⑦ 《史记》，第 3240 页。

百人，与博士稷嗣君叔孙通谨择良日二月甲午，上尊号。汉王即皇帝位于汜水之阳。”[①] 又《汉书》卷四八《贾谊传》：“择良日，立诸子雒阳上东门之外，毕以为王，而天下安。”[②] 所谓“直建，纪此”，即“良日”“吉利之日”“纪此”，体现了“行一良贞”“是必大吉”的追求。

有学者指出，《龟兹左将军刘平国作关城诵》记录的工程“在当时影响重大”，其意义超越工程史和交通史，也可以作为行政史及边疆史的实证，“这一石刻证明直到东汉晚期中原王朝仍对西域实施着有力的管辖。该石刻是新疆目前发现最早的摩崖石刻，是新疆归属汉王朝统治的历史见证。”[③] 其实，这一石刻文字资料还有值得认真探索的其他历史文化信息。

2 “诵”“颂”名义

可能体现石刻文字制作者姓名标记的“作此诵”文字，据王炳华说，施补华录：“敦煌」淳于伯」作此诵”，其他各家录文均作：“京兆长安」淳于伯隗」作此诵”。“从光绪五年拓本文字看，似以‘京兆长安’为当。”[④]

“诵”之名义，应即“颂”。

“诵”“颂”通假，高亨《古字通假会典》已经举出明确例证：

> 【颂与诵】《诗·大雅·烝民》：“吉甫作诵。”《广韵》三用、《文选》曹子建《与吴季重书》李注引诵作颂。○《周礼·春官·

---

① 《汉书》，中华书局 1962 年 6 月版，第 52 页。

② 《汉书》，第 2260 页。

③ 闫雪梅：《从考古资料看汉晋时期的龟兹》，中国社会科学院考古研究所、新疆文物考古研究所编：《汉代西域考古与汉文化》，科学出版社 2014 年 8 月版，第 43 页。

④ 王炳华：《“刘平国刻石”及有关新疆历史的几个问题》，《新疆大学学报》1980 年 3 期，收入《西域考古历史论集》，中国人民大学出版社 2008 年 10 月版。

大师》："教六师，曰风、曰赋、曰比、曰兴、曰雅、曰颂。"郑注："颂之言诵也、容也。"〇《隶释》一《成阳灵台碑阴》："立作石碑诵。"洪适以碑诵为碑颂。①

最后一例作为汉代石刻文字，可以与拜城《刘平国石刻》作相互切近的比较，《隶释》卷一《灵台碑阴》：

……右仲氏宗门所会计立作石碑诵出钱名。

洪适写道："碑以'皇屋'为'黄屋'，'遵柜踃覞'为'遵矩蹈规'，'碑诵'为'碑颂'，'称术'为'称述'。"②

以"'碑诵'为'碑颂'"，是符合汉代文字习惯的。由是可知，《刘平国诵》《刘平国治关城诵》《龟兹左将军刘平国作关城诵》，其实是可以读作《刘平国颂》《刘平国治关城颂》《龟兹左将军刘平国作关城颂》的。其工程记录的主题，也与人们熟知的被称作"汉三颂"的交通史料《石门颂》《西狭颂》和《郙阁颂》有接近之处。

宋代学者范成大曾经就内容"婉辞含讥"的摩崖石刻赋诗有所澄清，以为以"刺讥"为风格特征的文字，是不宜称作"颂"的。他的《书浯溪中兴碑后并序》写道："乾道癸巳春三月，余自西掖出守桂林。九日渡湘江，游浯溪。摩挲中兴石刻洎唐元和至今游客所题。窃谓四诗各有定体，颂者，美盛德之形容，以其成功告于神明者也，商周鲁之遗篇可以概见。今元子乃以鲁史笔法，婉辞含讥，盖之而章，后来词人复发明呈露之。则夫磨崖之碑，乃一罪案，何颂之有？窃以为未安，题五十六字，刻之石傍，与来者共商略之。此诗之出，必有相诟病者，谓不合题破次山碑，此亦习俗固陋，不能越拘挛之见耳。余义正词直，不暇恤也。"其诗云："三颂遗音和者希，丰容宁有刺讥辞？绝怜元子《春

① 高亨纂著，董治安整理：《古字通假会典》，齐鲁书社1989年7月版，第8页。

② 〔宋〕洪适撰：《隶释·隶续》，中华书局据洪氏晦木斋刻本1985年11月影印版，第16页至第17页。

秋》法，都寓唐家《清庙》诗。歌咏当谐琴搏拊，策书自管璧瑕疵。纷纷健笔刚题破，从此磨崖不是碑。”① 他说，《诗经》中《商颂》《周颂》《鲁颂》之“颂”的文体②，用以“美盛德之形容，以其成功告于神明者也”，而“磨崖之碑”“何‘颂’之有？”对此其心“以为未安”。然而如《石门颂》《西狭颂》和《郙阁颂》这种作为摩崖文字的“颂”，与所谓“有刺讥辞”者不同，其实也赞扬着一种“成功”，即交通建设的“成功”。而《刘平国诵》，在某种意义上也是主题相接近的文献。

《隶释》所载题名为“颂”的石刻，还有卷五《稾长蔡湛颂》言“相与合会，立碑起颂，刊斯石焉”；《成阳令唐扶颂》言“乃共刊石树颂，歌君之美”。③ 所谓“立碑”“刊石”以及“起颂”“树颂”，都指刻石纪念的形式，即类同所谓“美盛德之形容，以其成功告于神明者也”。这里“起颂”“树颂”，可以与《刘平国颂》“作此诵”对照理解。

3　关于“秦人”称谓

《龟兹左将军刘平国作关城诵》中“龟兹左将军刘平国以七月廿六日发家，从秦人孟伯山、狄虎贲、赵当卑、万口羌、石当卑、程阿羌等六人，共来作列亭……”所见“秦人”称谓值得注意。

汉代北方和西北方向国家部族称中原人为“秦人”，因秦经营西北联络各族曾经形成长久的历史影响。《史记》卷一二三《大宛列传》记

① 〔清〕沈钦韩撰：《范石湖诗集注》卷一三，清光绪刻《功顺堂丛书》本，第19页至第20页。《范石湖集》，上海古籍出版社1981年8月版，第171页。

② 《周颂谱》：“《周颂》者，周室成功致太平德洽之诗。”〔汉〕郑氏传，〔唐〕孔颖达疏：《毛诗注疏》，清嘉庆二十年南昌府学重刊宋本《十三经注疏》本，第1124页。

③ 〔宋〕洪适撰：《隶释·隶续》，第57页，第60页。

载："贰师与赵始成、李哆等计：'闻宛城中新得秦人，知穿井，而其内食尚多。所为来，诛首恶者毋寡。毋寡头已至，如此而不许解兵，则坚守，而康居候汉罢而来救宛，破汉军必矣。'军吏皆以为然，许宛之约。宛乃出其善马，令汉自择之，而多出食食给汉军。"① "新得秦人"，"食给汉军"，所谓"秦人"和"汉军"之"秦""汉"区别是明白的。然而《汉书》卷六一《李广利传》则写道："是时，康居候视汉兵尚盛，不敢进。贰师闻宛城中新得汉人，知穿井，而其内食尚多。计以为来诛首恶者毋寡，毋寡头已至，如此不许，则坚守，而康居候汉兵罢来救宛，破汉军必矣。军吏皆以为然，许宛之约。宛乃出其马，令汉自择之，而多出食食汉军。"②《史记》"闻宛城中新得秦人，知穿井"，《汉书》则作"闻宛城中新得汉人，知穿井"，所说"秦人""汉人"，其实都来自汉地。

《汉书》卷九四上《匈奴传上》记载："卫律为单于谋：'穿井筑城，治楼以藏谷，与秦人守之。汉兵至，无奈我何。'即穿井数百，伐材数千。或曰胡人不能守城，是遗汉粮也，卫律于是止。"③ 对于"与秦人守之"颜师古注："秦时有人亡入匈奴者，今其子孙尚号'秦人'。"又《汉书》卷九六下《西域传下》记载汉武帝"下诏，深陈既往之悔"。其中写道：

> 曩者，朕之不明，以军候弘上书言"匈奴缚马前后足，置城下，驰言'秦人，我匄若马'"，又汉使者久留不还，故兴遣贰师将军，欲以为使者威重也。

这是匈奴人直呼汉人为"秦人"的明确例证。颜师古注："谓中国人为'秦人'，习故言也。"④ 顾炎武《日知录》卷二七《汉书注》就此有所

---

① 《史记》，第 3177 页。
② 《汉书》，第 2701 页。
③ 《汉书》，第 3782 页。
④ 《汉书》，第 3912 页至第 3913 页。

讨论：

> “卫律为单于谋：‘穿井、筑城、治楼以藏穀，与秦人守之。’”师古曰：“秦时有人亡入匈奴者，今其子孙尚号‘秦人’。”非也。彼时匈奴谓中国人为“秦人”，犹今言“汉人”耳。《西域传》“匈奴缚马前后足，置城下，驰言：‘秦人，我匄若马。’”师古曰：“谓中国人为‘秦人’，习言故也。”是矣。其言“与秦人守”者，匈奴以转徙为业，不习守御，凡“穿井、筑城”之事，非“秦人”不能为也。《大宛传》：“闻宛城中新得秦人，知穿井”，亦谓中国人也。[①]

匈奴人和西域人称中原人为“秦人”，史籍文献《史记》《汉书》所见均西汉史例，《龟兹左将军刘平国作关城诵》作为出土文献资料则告知我们，至于东汉时期，西域地方依然“谓中国人为‘秦人’”。

4　黄文弼“作孔”说献疑

黄文弼《释刘平国治关城诵》写道：“我于1928年前往调查时，在西岩刻字附近，发现一石孔，圆径周约1.6米，深约1.3米；又沟东半山岩，亦凿有石孔，岩下碎石甚多，必为凿孔遗屑。古人在此建关，在岩石上凿孔，以安木闩或栅栏，日开夜闭，以稽行人、御外敌，若非亲见，竟不识碑文中凿孔之义也。”就是说，“碑文中凿孔之义”，就是所发现“石孔”施工过程的文字表现。黄文弼《释刘平国治关城诵》又解说诵文内容，提出了不同于王树枏《访古录》的认识：“碑文八月一日开始凿孔，十二日完工，按此是凿孔设关，并非凿山开道，《访古

---

① 【原注】“《后汉书·邓训传》：‘发湟中秦、胡。’《袁绍传》：‘许赏赐秦、胡。’秦者，中国人。胡者，胡人。犹后人之言‘蕃、汉’也。”〔清〕顾炎武著，黄汝成集释，栾保群、吕宗力校点：《日知录集释》（全校本），上海古籍出版社2006年12月版，第1546页。

录》误也。”[①] 王炳华引录了黄文弼的这段文字，似乎赞同这样的判断，写道：“有关遗迹正好是刘平国刻石文字‘斫山石作孔’的注脚。”[②]

黄文弼以考古学者的素养，除石刻文字外，还注意到旁近遗迹现象，超越了此前诸多研究者。

不过，《释刘平国治关城诵》所言“西岩刻字附近”的“石孔”“圆径周约1.6（米）”的记述不免使人迷惑，究竟是圆径1.6米，还是圆周1.6米？二者的差异其实是相当大的。此“石孔”的方向也不明确。怎样就此“安木闩或栅栏”，实现“日开夜闭，以稽行人、御外敌”的作用，也缺乏具体的说明。而另一所谓“沟东半山岩，亦凿有石孔”，此“石孔”没有明确的空间定位，似乎也没有进行数据测定，与“西岩刻字附近”的“石孔”是怎样的关系，也并不清楚。

伯希和论《刘平国碑》，曾经说到其他遗存：“崖石面上，残留些许旧木栅栏痕……。”[③] 伯希和所说“崖石面上”“旧木栅栏痕”与黄文弼所说“在岩石上凿孔，以安木闩或栅栏”的关系，尚未能明确。而《中国文物地图集·新疆维吾尔自治区分册》“文物单位简介”部分关于“‘刘平国治关亭诵’刻石”的介绍中，并未言及这些“石孔”和“栅栏”遗存。[④]

---

① 《释刘平国治关城诵》，收入黄文弼著，黄烈编：《西北史地考古论集》，商务印书馆2015年12月版。文末注：“原载《塔里木盆地考古记》。”

② 王炳华：《“刘平国刻石”及有关新疆历史的几个问题》，《新疆大学学报》1980年3期，收入《西域考古历史论集》，中国人民大学出版社2008年10月版。

③ （法）伯希和：《伯希和旅行记（190601908）》，巴黎吉美博物馆2008年版，第255页；陶喻之：《东汉刘平国刻石研究资料汇编》，《西域考古·史地·语言研究新视野：黄文弼与中瑞西北科学考查团国际学术研讨会论文集》，第417页。

④ 国家文物局主编：《中国文物地图集·新疆维吾尔自治区分册》，文物出版社2012年9月版，第549页。

5 “作孔”即“凿空”

《龟兹左将军刘平国作关城诵》记述开道治关工程，有“作孔”字样，一些学者认为“作孔”就是“凿空”。盛昱说：“‘斫孔’即‘凿空’，见《汉书》颜注。”① 王仁俊也写道：“‘作孔’犹《张骞传》之‘凿空’，言通道之由，师古注是也。”② 程颂万题诗：“敦煌而外数沙南，更有龟兹凿空谭”，也以为石刻所见“作孔”就是“凿空”。③“凿空”的文字表现方式有所不同，或许与汉代人习用假借的文字形式有关。明代学者杨慎曾经论“空有四音”。他写道：

空字有四音：

平声，音枯公切。《说文》：窍也。天曰太空，纱名方空。从平声。

上声，音孔。《考工记》函人视其钻空。《舜纪》：穿为匿空旁出。《庄子》罍空之在天泽注小穴也。《张骞传》：楼兰、姑师，小国，当空道。刘子厚《祭张舟文》：空道北出，式遏蛮陬。《大宛传》曰：张骞凿空。皆音作上声。

去声，音控。《诗》不宜空我师。《论语》其庶乎屡空。《扬

① 盛昱：《〈刘平国刻石〉题识》，上海图书馆王懿荣旧藏本，陶喻之：《东汉刘平国刻石研究资料汇编》，《西域考古·史地·语言研究新视野：黄文弼与中瑞西北科学考查团国际学术研讨会论文集》，科学出版社2014年12月版，第404页。

② 王仁俊：《〈刘平国作孔记〉题识》，上海博物馆端方旧藏本，陶喻之：《东汉刘平国刻石研究资料汇编》，《西域考古·史地·语言研究新视野：黄文弼与中瑞西北科学考查团国际学术研讨会论文集》，第414页。

③ 程颂万《题汉龟兹左将军刘平国治路记》：“敦煌而后数沙南，更有龟兹凿空谭。谁向拜城寻角石，关门八月柳鬖鬖。”题注：“有小角石本八分。摩岩在伊犁拜城，光绪四年拓传内地，有小角石数字者极少。未几是刻毁于回民，不可复致矣。匋斋藏本与予所藏本同。”《石巢诗集》卷一，民国十二年武昌刻《十发居士全集》本。

子》:《酒诰》之篇俄空焉。唐诗:潭影空人心。又曰:天空霜无影。皆音去声。

入声,音窟。古者穴地穿崖而居谓之土空。司空,官名,居四民时地利也,故曰司空。《周礼》注:司空,主国空地以居民。空地即窟地也。天上星有土司空,亦映地之土穴。《诗》曰:陶复陶穴。又曰:曰为改岁入此室处。室即土空也。冬时万物闭藏,故司空之官属冬。[1]

明代学者徐应秋《玉芝堂谈荟》卷三一也有大体一致的意见。[2] 以为"《张骞传》'楼兰、姑师,小国,当空道'","《大宛传》曰'张骞凿空'","空"的读音都应当是"孔"的看法,可以帮助我们理解"作孔"与"凿空"的关系。

"孔"与"空"同义同音,由此则"凿空"的语义也可以澄清。《史记》卷一二三《大宛列传》于"西北国始通于汉矣"句后写道:"然张骞凿空,其后使往者皆称博望侯,以为质于外国,外国由此信之。"司马迁以"凿空"一语,高度赞扬张骞的历史功绩。关于"凿空"的语义,裴骃《集解》引苏林曰:"凿,开;空,通也。骞开通西域道。"司马贞《索隐》:"谓西域险阸,本无道路,今凿空而通之也。"[3] 都强调"开通"或者"通之"的意思。《大宛列传》说汉武帝指令张骞从蜀犍为(犍为郡治在今四川宜宾)派出使团"四道并出"

---

① 〔明〕杨慎:《丹铅总录》卷一四《订讹类》"空有四音"条,文渊阁《四库全书》本,第141页。

② 〔明〕徐应秋:《玉芝堂谈荟》卷三一"苴字十四音"条:"……空字亦有四音:平声。音枯公切。《说文》:虚也。天曰太空,纱名方空是也。上声。音孔。《考工记》函人:眂其鑽空。《舜纪》:穿为匿空旁出。《庄子》:礨空之在天泽。注:小穴也。《张骞传》:楼兰、姑师,小国,当空道。《大宛传》:张骞凿空是也。去声。音控。《诗》:不宜空我师。《论语》:其庶乎屡空。《扬子》:《酒诰》之篇俄空焉是也。入声。音屈。古者穴地穿崖而居谓之土空。司空,官名。《周礼》注:司空,主国空地以居民是也。"文渊阁《四库全书》本,第613页。

③ 《史记》,第3169页。

寻求通身毒的道路。这一努力是后来西南丝绸之路开通的历史先声。开通西南方向的国际道路与经营西南夷有直接的关系。《史记》称之为“事西南夷”[①]“通西南夷”[②]。《汉书》以及孙盛《蜀谱》又有“开西南夷”的说法。[③]有学者说，“开西南夷”之“‘开’字”可以理解为“开道、开通、开化”，“有文化交流的意思”，汉代文献中可以看到“开……道”和“通……”的说法，“和司马迁称张骞的‘凿空’之举都是同义”。[④]《说文·门部》：“开，张也。”“闢，开也。”段玉裁注：“引申为凡开拓之偁。古多假借辟字。”[⑤]看来，“凿空”大致有开通、开辟、开拓的涵义。由《龟兹左将军刘平国作关城诵》“作孔”理解司马迁“张骞凿空”之“凿空”，或许是有积极意义的。

《龟兹左将军刘平国作关城诵》又有题《刘平国作孔记》者[⑥]，因其中有“作孔”字样。然而亦有命名《刘平国凿孔记》[⑦]《龟兹将军刘

---

① 《史记》卷一二三《大宛列传》，第3166页。

② 《史记》卷一一二《平津侯主父列传》，第2950页；《史记》卷一一七《司马相如列传》，第3048页；《史记》卷一二三《大宛列传》，第3166页。又有“通西南夷道”，《史记》卷三〇《平准书》，第1421页；《史记》卷一一二《平津侯主父列传》，第2949页；《史记》卷一一六《西南夷列传》，第2995页；《史记》卷一一七《司马相如列传》，第3046页。

③ 《汉书》卷二四下《食货志下》，第1157页。《后汉书》卷八六《南蛮传》李贤注引孙盛《蜀谱》，第2847页。又《三国志》卷四三《蜀书·吕凯传》裴松之注引孙盛《蜀世谱》，第1046页。

④ 龚伟：《汉武帝经略“西南夷”年际考述》，《中华文化论坛》2016年11期。

⑤ 〔汉〕许慎撰，〔清〕段玉裁注：《说文解字注》，上海古籍出版社据经韵楼藏版1981年10月影印版，第588页。

⑥ 如王仁俊、沈塘即命名为《刘平国作孔记》，上海图书馆吴江沈氏双麓山馆旧藏本。又如〔民国〕褚德彝：《〈汉龟兹将军刘平国作孔记〉题识》，上海图书馆珍姒旧藏本，陶喻之：《东汉刘平国刻石研究资料汇编》，《西域考古·史地·语言研究新视野：黄文弼与中瑞西北科学考查团国际学术研讨会论文集》，第409页，第429页。

⑦ 李葆恂题识即作《刘平国凿孔记》，上海图书馆吴江沈氏双麓山馆旧藏本，陶喻之：《东汉刘平国刻石研究资料汇编》，《西域考古·史地·语言研究新视野：黄文弼与中瑞西北科学考查团国际学术研讨会论文集》，第409页。

平国凿孔记》[1]，或咏诗“刘君凿孔书诏诵”[2] 等，都将“作孔”读作“凿孔”。

6 “张骞凿孔”说与所谓“‘孔道’犹言大道”

司马迁所谓“张骞凿空”，又有“张骞凿西域”之说。明人赵南星《怀古》诗：“少年盛意气，闲居非所安。文墨称儒雅，趑趄使人叹。张骞凿西域，介子歼楼兰。斯人乃吾徒，长驱跨黄间。勒功万里外，封侯何必还。威名震一世，光气耀天端。白日度飞谷，不肯为盘桓。精消壮志颓，快事成悲酸。形骸不自振，宝刀宁忍看。惜哉班仲升，愿入玉门关。昔日何其壮，今日何其孱。人生老旧林，岂必愧孔颜。”[3] 所谓“张骞凿西域”，是体现“意气”“壮志”的行为，亦成就“威名”的“快事”。亦有“张骞凿匈奴”说。清人王鸣盛言：“《史记·大宛列传》叙张骞凿匈奴事。”[4]“张骞凿匈奴”的说法，当然与张骞通西域的交通行为两次因匈奴拘禁受阻的情形相关。“张骞凿西域”“张骞凿匈奴”，都是说张骞打通了与西域、匈奴的交通道路。

唐人柳宗元《为安南杨侍御祭张都护文》有“空道北出”语。注：

---

① 邹安：《〈龟兹将军刘平国凿孔记〉题识》，王壮弘：《增补校碑随笔》，第72页。陶喻之：《东汉刘平国刻石研究资料汇编》，《西域考古·史地·语言研究新视野：黄文弼与中瑞西北科学考查团国际学术研讨会论文集》，第426页。

② 褚德彝：《〈汉龟兹左将军刘平国作东乌垒关城纪〉题识》，上海博物馆邓实旧藏本，陶喻之：《东汉刘平国刻石研究资料汇编》，《西域考古·史地·语言研究新视野：黄文弼与中瑞西北科学考查团国际学术研讨会论文集》，科学出版社2014年12月版，第423页。杨震方《碑帖叙录》：“因记道路之开凿，故称《刘平国开道记》或《刘平国凿孔记》。”上海古籍出版社1982年2月版，第226页。

③ 〔明〕赵南星：《赵忠毅公诗文集》卷二，明崇祯十一年范景文等刻本，第10页。

④ 〔清〕王鸣盛：《尚书后案》卷三《虞夏书》，清乾隆四十五年礼堂刻本，第185页。

“空与孔同。《张骞传》：‘楼兰、姑师小国，当孔道。’”[①] 宋人林越辑《两汉隽言》卷五《前集·河山篇》“凿空”条：“《张骞传》‘凿空’，苏林曰：‘凿，开也。空通也。骞始开通西域道也。’师古曰：‘空，孔也。犹言始凿其孔穴也。’故此下言‘当空道’，而《西域传》谓‘孔道’也。”[②] 明确以为“凿空”就是“凿孔”的，又有清人陈维崧《寄董玉虬侍御秦中》“秦时明月，凿空张骞，缒兵邓艾”，“空”字下注：“音孔。”[③] 清人王筠《说文释例》解释“击空声”：“‘空’，盖即‘孔’字。《考工记》‘眡其钻空’、《史记》‘张骞凿空’是也。”[④] 清人贝青乔《穿石》诗有“缅维汉张骞，凿孔达西隩”句[⑤]，也读“凿空”为“凿孔”。

朱骏声《说文通训定声》“豐部弟一”“空”条：“《汉书·张骞传》‘小国当空道’，注：‘即孔也。’”又引《汉书·李广利传》注：“空，孔也”，《张骞传》注：“空，通也。”又说：“孔，通也。”[⑥] 而王念孙《读书杂志·汉书杂志》“孔道”条提出“‘孔道’犹言大道”的说法：“‘婼羌国，辟在西南，不当孔道。’师古曰：‘辟’读曰‘僻’。

---

① 〔唐〕柳宗元：《注释音辨柳集》卷四〇《祭文哭辞》，元刻本，第 300 页。《河东先生集》卷四〇《祭文》注：“《张骞传》云：楼兰、姑师小国，当空道。孔，穴也。”宋刻本，第 435 页。《柳宗元集》卷四〇《祭文》作：“〔孙曰〕《张骞传》云：楼兰、姑师小国，当空道。空，孔也。”〔校勘记〕“空道北出句下注‘空，孔也’。‘空’原作‘孔’，‘孔’原作‘穴’，今据《汉书》卷六一《张骞传》颜师古注改。”《柳宗元集》，中华书局 1979 年 9 月版，第 1066 页。

② 〔宋〕林越辑，〔明〕凌迪知辑：《两汉隽言》，明万历《文林绮绣》本，第 79 页。宋人杨侃《两汉博闻》卷一“凿空”条同，文渊阁《四库全书》本，第 8 页。

③ 〔清〕陈维崧：《迦陵词全集》卷一八，清乾隆二十八年陈宗石患立堂刻本，第 150 页。

④ 〔清〕王筠《说文释例》卷一六，清道光刻本，第 359 页。

⑤ 〔清〕贝青乔：《半行庵诗存稿》卷三，清同治五年叶廷管等刻本，第 30 页。

⑥ 〔清〕朱骏声：《说文通训定声》，武汉市古籍书店据临啸阁本 1983 年 6 月影印版，第 43 页。

'孔道'者，穿山险而为道，犹今言穴径耳。念孙案：师古之说甚迂。'孔道'犹言大道。谓其国僻在西南，不当大道也。老子《道经》'孔德之容'，河上公注曰：'孔，大也。'《太元·羡次五》曰：'孔道夷如，蹊路微如。''孔'字亦作'空'。《张骞传》'楼兰、姑师，小国当空道'是也。《说文》曰：'孔，通也。'故大道亦谓之通道。今俗语犹云'通衢大道'矣。"[①] 王先谦《汉书补注》引录此说。[②] 徐松《汉书西域传补注》卷上也采用了这一意见。[③]

可以帮助我们理解"空道"文意的又有出土文献资料。地湾汉简可见如下简文：

□当空道便处禀食如律

□□□□□□　　　　　　(86EDT8：14A)[④]

"当空道便处禀食"应即于临近大道的便利地方廪食。地湾汉简"当空道"文字与《史记》卷一二三《大宛列传》及《汉书》卷六一《张骞传》"当空道"[⑤] 表述形式完全相同，可知符合汉代通行的语言习惯。

《龟兹左将军刘平国作关城诵》"作孔"，义近司马迁"张骞凿空"之"凿空"，指开辟了交通大道。曾经为《龟兹左将军刘平国作关城诵》保留最早可靠拓本的施补华曾于光绪十年（1884）出疆，经苏巴什作行旅诗《抵苏巴什甚热》："小驿苏巴什，由来险莫伦。南山围似

① 〔清〕王念孙：《读书杂志》，江苏古籍出版社据王氏家刻本1985年7月影印版，第391页。

② 王先谦撰：《汉书补注》，中华书局据清光绪二十六年虚受堂刊本1983年9月影印版，第1608页。

③ 〔清〕徐松撰：《汉书西域传补注》，清道光九年刻本，第14页。

④ 甘肃简牍博物馆、甘肃省文物考古研究所、出土文献与中国古代文明研究协同创新中心中国人民大学中心：《地湾汉简》，中西书局2017年10月版，第22页。

⑤ 《史记》，第3171页；《汉书》，第2693页。

幛，西域凿为门。风热蝇仍扰，泉枯草不繁。劳人自今古，石上认车痕。”[①] 以所谓“西域凿为门”称颂刘平国的历史功绩，是得体的。“劳人自今古，石上认车痕”诗句，形容这一工程值得追怀纪念，也可以理解为对交通史重要成就的充分肯定。

关于《龟兹左将军刘平国作关城诵》这一石刻文字遗存的内容与性质，或说记录“当日凿岩以开道路”[②]，或说“从字面理解推断，可知刘平国是凿断博孜克勒克峡岩石，首开通往伊犁之路”[③]，或说“碑文言始断岩云云，以字面而言，完全是一名军人开通道路，刻石纪功”[④]。强调“纪功”的意义。罗振玉等命名为《刘平国治路诵》[⑤]，端

---

① 〔清〕施补华：《抵苏巴什甚热》，《泽雅堂诗二集》卷一三，清光绪十六年两研斋刻本，第 97 页。

② 〔清〕王仁俊、沈塘：《〈刘平国作孔记〉题识》，上海图书馆吴江沈氏双麓山旧藏本，陶喻之：《东汉刘平国刻石研究资料汇编》，《西域考古 · 史地 · 语言研究新视野：黄文弼与中瑞西北科学考查团国际学术研讨会论文集》，第 409 页。

③ （日）渡辺哲信：《西域旅行日记》，载《新西域记》，东京：有光社，1937 年，第 315 页；庆昭蓉、荻原裕敏译，陶喻之：《东汉刘平国刻石研究资料汇编》，《西域考古 · 史地 · 语言研究新视野：黄文弼与中瑞西北科学考查团国际学术研讨会论文集》，第 409 页。

④ （日）堀賢雄：《堀賢雄西域旅行日記》，载《西域文化研究》第四《中央アジア古代語文獻》，第 39 页；庆昭蓉、荻原裕敏译，陶喻之：《东汉刘平国刻石研究资料汇编》，《西域考古 · 史地 · 语言研究新视野：黄文弼与中瑞西北科学考查团国际学术研讨会论文集》，科学出版社 2014 年 12 月版，第 409 页。

⑤ 罗振玉：《〈汉刘平国治路诵〉题识》，上海图书馆刘鹗旧藏本；顾廷龙校阅《艺风堂友朋书札》，上海古籍出版社 1981 年 2 月版，第 998 页。陶喻之：《东汉刘平国刻石研究资料汇编》，《西域考古 · 史地 · 语言研究新视野：黄文弼与中瑞西北科学考查团国际学术研讨会论文集》，科学出版社 2014 年 12 月版，第 406 页，第 422 页。王壮弘称之为“龟兹左将军刘平国治路诵摩崖”，王壮弘：《增补校碑随笔》，上海古籍出版社 1981 年 7 月版，第 69 页。杨鲁安：《〈东汉刘平国治路诵摩崖初拓本〉题识》，《杨鲁安藏珍馆藏品菁华》，文物出版社 2002 年 12 月版，第 211 页。

方等命名为《刘平国开道记》[①]，或题《刘平国治路记》[②]《刘平国治路颂》[③]《刘平国修道记》[④]等，都强调刘平国主持这一交通建设工程“开道路”“开通道路”“开山通道”“治路”“开道”“修道”的历史贡献。“作孔”，是刘平国功绩的概括性表现，一如张骞“凿空”。[⑤]

① 端方：《〈刘平国拓本陶斋题记东汉白山摩崖刘平国开道记〉题识》，北京故宫博物院1965年购藏本；田北湖：《〈精拓刘平国开道记〉题识》，《神州国光集》第六集。吴湖帆：《〈汉白山摩崖龟兹左将军刘平国开道记〉题识》，上海博物馆购藏本；吴湖帆：《〈汉白山摩崖龟兹左将军刘平国开道记原石精拓本〉题识》，上海博物馆购藏本。陆和九：《〈刘平国开道记〉题识》，北京大学图书馆陆和九旧藏本。陶喻之：《东汉刘平国刻石研究资料汇编》，《西域考古·史地·语言研究新视野：黄文弼与中瑞西北科学考查团国际学术研讨会论文集》，科学出版社2014年12月版，第415页，第417页，第426页，第428页，第429页。“刘平国开道记”之称，又见于谢建华《胡小石先生年表》，南京博物院编：《胡小石书法文献》，荣宝斋出版社2008年12月版，第434页；刘正成主编：《中国书法鉴赏大辞典》，中国大地出版社1989年10月版，第98页；柏克莱加州大学东亚图书馆编：《柏克莱加州大学东亚图书馆藏碑帖》，上海古籍出版社2008年12月版，图录·碑石类第31页，总目一·摩崖石刻，第13页。

② 王世仁：《〈刘平国治路记〉题识》，上海图书馆潘飞声旧藏本，陶喻之：《东汉刘平国刻石研究资料汇编》，《西域考古·史地·语言研究新视野：黄文弼与中瑞西北科学考查团国际学术研讨会论文集》，科学出版社2014年12月版，第424页。

③ 刘正成主编：《中国书法鉴赏大辞典》，中国大地出版社1989年10月版，第98页；刘正成主编：《中国书法全集》7《秦汉刻石一》，荣宝斋出版社1997年5月版，第489页；邵大箴主编：《中国美术百科全书》，人民美术出版社2009年6月版，第822页。

④ 陆和九：《〈东汉白山摩崖汉刘平国修道记初拓本〉题识》，北京大学图书馆陆和九旧藏本。陶喻之：《东汉刘平国刻石研究资料汇编》，《西域考古·史地·语言研究新视野：黄文弼与中瑞西北科学考查团国际学术研讨会论文集》，科学出版社2014年12月版，第429页。

⑤ 王子今：《〈龟兹左将军刘平国作关城诵〉考论——兼说“张骞凿空”》，《欧亚刊学》新7辑，商务印书馆2018年7月版。

《曹全碑》丝路史料考议

据《曹全碑》记述，曹全的家族在汉武帝开边斥境，平定河西之后，“枝分叶布，所在为雄”，或迁居敦煌。他们很可能是初置敦煌郡，“徙民以实之”时开始定居河西。清代学者钱大昕因而称之为“边方人士”。[①] 曹家几代人在河西的“从政”活动，可以帮助我们理解丝绸之路这一重要路段的行政史、经济史、民族史与交通史。曹全后来曾作为西域戊部司马参与“征讨”“疏勒国王和德”。相关史事的记录，在某种程度上补充了正史记载的内容。《曹全碑》碑文所见“诸国礼遗，且二百万，悉以薄官”，提供了若干有关西域民族关系、行政方式与经济生活的真实信息。《曹全碑》中可以看作丝绸之路重要史料的文字，值得我们予以重视。就此进行深度发掘，或许可以获得有价值的发现。[②]

1　“世宗廓土斥境”，曹氏“或家敦煌”

《曹全碑》叙其家世，言先祖事迹：“君讳全，字景完，敦煌效谷

---

① 〔清〕钱大昕撰，祝竹校点：《潜研堂金石文跋尾》，陈文和主编：《嘉定钱大昕全集》（陆），凤凰出版社1997年12月版，第27页。

② 以往研究《曹全碑》历史背景与记述内容的论著，有的只说到“记述了曹全的家世及生平”，其先祖“及其本人”“出任各地的官员”。袁庆怡：《〈张迁碑〉与〈曹全碑〉比较研究》，《广西科技师范学院学报》2020年4期。对于涉及河西与西域的重要信息未予特别关注，不免令人遗憾。

人也。其先盖周之胄。武王秉乾之机，翦伐殷商，既定尔勋，福禄攸同，封弟叔振铎于曹国，因」氏焉。”清代史学家赵翼说“秦、汉间天地一大变局”[①]，曹参作为较早从刘邦起事的战友，据说“功无与二”。[②]“太史公曰：曹相国参攻城野战之功所以能多若此者，以与淮阴侯俱。及信已灭，而列侯成功，唯独参擅其名。参为汉相国，清静极言合道。然百姓离秦之酷后，参与休息无为，故天下俱称其美矣。”[③]《曹全碑》以“秦汉之际，曹参夹辅王室”称颂其协助刘邦建国之功。又说汉武帝时代西北开发，曹氏家族“枝”“叶”繁盛，迁徙至于河西新郡：

> 世宗廓土斥境，子孙迁于雍州之郊，分止右扶风，或在安定，或处武都，或居陇西，或家」敦煌。枝分叶布，所在为雄。

高文《汉碑集释》：“‘斥境’即‘斥境’。斥，开拓。斥境，开拓疆土也。”[④]“斥境”一语，多见用于记述武皇开边事。《汉书》卷二八上《地理志上》：“至武帝攘却胡、越，开地斥境，南置交阯，北置朔方之州……”[⑤]《汉书》卷七五《夏侯胜传》记载：“宣帝初即位，欲褒先帝，诏丞相御史”，颂扬“孝武皇帝躬仁谊，厉威武，北征匈奴，单于远遁，南平氐羌、昆明、瓯骆两越，东定薉、貉、朝鲜，廓地斥境，立郡县，百蛮率服，款塞自至，珍贡陈于宗庙”，以为“功德茂盛，不能

---

① 〔清〕赵翼：《廿二史札记》卷二《汉初布衣将相之局》，〔清〕赵翼著，王树民校证：《廿二史札记校证》，中华书局1984年1月版，第36页。

② 《史记》卷五四《曹相国世家》《索隐述赞》：“曹参初起，为沛豪吏。始从中涓，先围善置。执珪执帛，攻城略地。衍氏既诛，昆阳失位。北禽夏说，东讨田溉。剖符定封，功无与二。市狱勿扰，清净不事。尚主平阳，代享其利。”中华书局1959年9月版，第2032页。

③ 《史记》卷五四《曹相国世家》，第2031页。《史记》卷一三〇《太史公自序》：“与信定魏，破赵拔齐，遂弱楚人。续何相国，不变不革，黎庶攸宁。嘉参不伐功矜能，作《曹相国世家》第二十四。”第3312页。

④ 高文：《汉碑集释》，河南大学出版社1997年11月版，第477页。

⑤ 《汉书》，中华书局1962年6月版，第1543页。

尽宣，而庙乐未称，朕甚悼焉”，诏令“其与列侯、二千石、博士议”。群臣皆曰“宜如诏书”，而“长信少府胜独曰：‘武帝虽有攘四夷广土斥境之功，然多杀士众，竭民财力，奢泰亡度，天下虚耗，百姓流离，物故者半。蝗虫大起，赤地数千里，或人民相食，畜积至今未复。亡德泽于民，不宜为立庙乐。’”[①] 对于汉武帝的评价褒贬不一，正反双方就“为立庙乐”激烈争执，但是对于其“廓地斥境”“广土斥境之功”，则是一致肯定的。居延汉简 10.3 可见“斥竟隧卒”。[②] “斥”字写作“庠”。[③] 地湾汉简 86EDT1：2A 与 86EDT1：2B 两见“·肩水候官斥竟隧长聂良」初元年功劳案”，“斥”字写作“庠”。[④] 居延汉简 169.3 简文可见“尺竟候长”[⑤]，“尺竟”或是“斥竟”的异写。

随着“世宗廓土庠境”，曹氏“子孙迁于雍州之郊，分止右扶风，或在安定，或处武都，或居陇西，或家敦煌”，正与当时社会对西北方向的特别关注相一致。出土于湖北鄂城的一面汉镜，铭文可见“宜西北万里富昌长乐”[⑥]，体现对以“西北”为方向的“万里”行程可能经历艰险的乐观态度。

在霍去病击破匈奴浑邪王之后，汉王朝控制河西。《史记》卷一一一《卫将军骠骑列传》：“单于怒浑邪王居西方数为汉所破，亡数万人，以骠骑之兵也。单于怒，欲召诛浑邪王。浑邪王与休屠王等谋欲降汉，

---

① 《汉书》，第 3156 页。

② 谢桂华、李均明、朱国炤：《居延汉简释文合校》，文物出版社 1987 年 1 月版，第 15 页。

③ 简牍整理小组编：《居延汉简》（壹），台湾中研院历史语言研究所专刊之一〇九，2014 年 12 月版，第 31 页。

④ 甘肃简牍博物馆、甘肃省文物考古研究所、出土文献与中国古代文明研究协同创新中心中国人民大学分中心编：《地湾汉简》，中西书局 2017 年 12 月版，第 98 页。

⑤ 谢桂华、李均明、朱国炤：《居延汉简释文合校》，第 270 页。

⑥ 湖北省博物馆、鄂州市博物馆编：《鄂城汉三国六朝铜镜》，文物出版社 1986 年 3 月版，图版 46，图版说明 9 页。

使人先要边。是时大行李息将城河上，得浑邪王使，即驰传以闻。天子闻之，于是恐其以诈降而袭边，乃令骠骑将军将兵往迎之。骠骑既渡河，与浑邪王众相望。浑邪王裨将见汉军而多欲不降者，颇遁去。骠骑乃驰入与浑邪王相见，斩其欲亡者八千人，遂独遣浑邪王乘传先诣行在所，尽将其众渡河，降者数万，号称十万。”[①] 曹氏“或家敦煌”，很可能在敦煌置郡时。即与《汉书》卷六《武帝纪》有关元鼎六年（前111）的记载相关：“……又遣浮沮将军公孙贺出九原，匈河将军赵破奴出令居，皆二千余里，不见虏而还。乃分武威、酒泉地置张掖、敦煌郡，徙民以实之。”[②] 置敦煌郡，“徙民以实之”，可能创造了曹氏宗族“或家敦煌”的条件。

2 曹敏、曹述、曹凤的河西职任

据《曹全碑》记述，曹氏“或在安定，或处武都，或居陇西，或家敦煌”，在各地均获得发达的历史条件，“枝分叶布，所在为雄”。而曹全的“高祖父敏”“曾祖父述”“祖父凤”，都曾经在河西担任军政要职：

> 君高祖父敏，举孝廉，武威长史，巴郡朐忍令，张掖居延都尉。曾祖父述，孝廉，谒者，金城长史。」夏阳令。蜀郡西部都尉。祖父凤，孝廉，张掖属国都尉丞，右扶风隃麋侯相，金城西部都尉，北地太守。

可知曹敏、曹述、曹凤三代，虽历经迁转，除武威、张掖、金城外，先后任职巴郡朐忍、夏阳、蜀郡、右扶风隃麋、北地，而以河西职任最为密集。分别可见：

> 高祖父敏，武威长史，张掖居延都尉；

---

① 《史记》，第2933页。

② 《汉书》，第189页。对于敦煌置郡年代，有不同认识，《汉书》卷六《武帝纪》元鼎六年（前111）说是较早的说法。

曾祖父述，金城长史；

祖父凤，张掖属国都尉丞，金城西部都尉。

据《曹全碑》碑文，曹敏、曹述、曹凤三代先后任职地方，有武威（今甘肃武威），居延都尉（今内蒙古额济纳旗），金城（今甘肃兰州西北）[①]，张掖属国都尉（今甘肃高台北）[②]，金城西部都尉（今青海海晏）[③]。在河西地方，活动空间已经扩展到相当大的范围，甚至至于今青海地方。

曹氏家族曹敏、曹述、曹凤三代，都是丝绸之路河西这一重要路段交通史的见证人。《后汉书》卷八七《西羌传》载“隃麋相曹凤上言”，就防止羌人暴动提出了相关建议：“时西海及大、小榆谷左右无复羌寇。隃麋相曹凤上言：‘西戎为害，前世所患，臣不能纪古，且以近事言之。自建武以来，其犯法者，常从烧当种起。所以然者，以其居大、小榆谷，土地肥美，又近塞内，诸种易以为非，难以攻伐。南得钟存以广其众，北阻大河因以为固，又有西海鱼盐之利，缘山滨水，以广田蓄，故能强大，常雄诸种，恃其权勇，招诱羌胡。今者衰困，党援坏沮，亲属离叛，余胜兵者不过数百，亡逃栖窜，远依发羌。臣愚以为宜及此时，建复西海郡县，规固二榆，广设屯田，隔塞羌胡交关之路，遏绝狂狡窥欲之源。又殖谷富边，省委输之役，国家可以无西方之忧。’于是拜凤为金城西部都尉，将徙士屯龙耆。”[④] 西汉隃麋、东汉渝麋在今陕西千

① 谭其骧主编：《中国历史地图集》，中国地图出版社 1982 年 10 月版，第 57—58 页。

② 谭其骧主编：《中国历史地图集》，第 57—58 页。周振鹤、李晓杰、张莉著《中国行政区划通史 · 秦汉卷》说，“安帝时期，……张掖郡析置张掖属国及张掖居延属国，居延别属张掖居延属国，张掖属国所辖五城则皆为官名，未详其为县级政区始自何时，故暂不在张掖郡下述此数城。”复旦大学出版社 2017 年 9 月版，第 895 页。

③ 谭其骧主编：《中国历史地图集》，第 57—58 页。

④ 《后汉书》，第 2885 页。

阳。[①] 故宫博物院藏汉印有“隃麋侯相”印，有学者指出“不排除就是曹全祖父曹凤印信的可能”。[②] 隃麋相曹凤对“西戎为害”，“羌胡交关”危机的熟悉，正因为在河西长期生活的经历。[③] 关于“龙耆”，李贤注：“龙耆即龙支也，今鄯州县。”[④] 其地在今青海海晏。[⑤] 联系前说曹凤任职金城西部都尉（今青海海晏），《西羌传》所见曹凤“上言”及“将徙士屯龙耆”的实践，更增益了《曹全碑》提供的曹全先祖历史活动的信息。而我们注意到，青海相关地方与河西地区同属于丝绸之路交通系统。[⑥]

曹全的父亲曹琫未任官职：“父琫，少贯名州郡，」不幸早世，是以位不副德。”关于“早世”，高文注：“《论语·雍也》：‘不幸短命死矣。’皇疏：‘凡事应失而得曰幸，应得而失曰不幸。’早世，夭死。《左传·昭公三年》：‘早世陨命。’”[⑦] 历史时段相接近的例证，又有《后汉书》卷七《桓帝纪》：“诏曰：‘曩者遭家不造，先帝早世。……’”[⑧] 《后汉书》卷五六《陈球传》：“皇太后自在椒房，有聪明母仪之德。遭时不造，援立圣明，承继宗庙，功烈至重。先帝晏驾，因遇大狱，迁居空

① 谭其骧主编：《中国历史地图集》，第 15—16 页，第 42—43 页。《续汉书·郡国志一》作“渝麋侯国”。第 3405 页。

② 杨沛龙：《“隃麋”考——陕西省千阳县历史地名及相关问题研究》，《宝鸡文理学院学报》（社会科学版）2020 年 1 期。

③ 王子今：《“隔绝羌胡”与“通货羌胡”：丝绸之路河西段的民族关系》，《西域研究》2019 年 1 期。

④ 《后汉书》，第 2885 页。

⑤ 西汉金城西部都尉所在龙支，在今青海民和南。谭其骧主编：《中国历史地图集》，第 33—34 页。东汉金城西部都尉所在龙耆，在今青海海晏。谭其骧主编：《中国历史地图集》，第 57—58 页。

⑥ 王子今：《赵充国时代“河湟之间”的生态与交通》，《青海民族研究》2014 年 3 期；《赵充国击羌与丝绸之路交通保障》，《甘肃社会科学》2020 年 2 期。

⑦ 高文：《汉碑集释》，河南大学出版社 1997 年 11 月版，第 479 页。

⑧ 《后汉书》，中华书局 1965 年 5 月版，第 295 页。

宫，不幸早世，……”[①]《后汉书》卷七六《循吏传·王涣》：“尽心奉公，务在惠民，功业未遂，不幸早世，百姓追思，为之立祠。”[②]《三国志》卷二《魏书·文帝纪》：“太祖崩，嗣位为丞相、魏王。”裴松之注引袁宏《汉纪》载汉帝诏曰：“魏太子丕：昔皇天授乃显考以翼我皇家，遂攘除群凶，拓定九州，弘功茂绩，光于宇宙，朕用垂拱负扆二十有余载。天不慭遗一老，永保余一人，早世潜神，哀悼伤切。……”[③]《三国志》卷三三《蜀志·后主传》裴松之注引《诸葛亮集》载禅三月下诏曰：“……昭烈皇帝体明睿之德，光演文武，应乾坤之运，出身平难，经营四方，人鬼同谋，百姓与能。兆民欣戴。奉顺符谶，建位易号，丕承天序，补弊兴衰，存复祖业，诞膺皇纲，不坠于地。万国未定，早世遐殂。”[④]《三国志》卷二《魏书·文帝纪》：“帝崩于嘉福殿，时年四十。”裴松之注引鄄城侯植为诔曰：“惟黄初七年五月七日，大行皇帝崩，呜呼哀哉。于时天震地骇，崩山陨霜，阳精薄景，五纬错行，百姓呼嗟，万国悲伤，若丧考妣，思慕过唐，擗踊郊野，仰想穹苍，佥曰何辜，早世殒丧，呜呼哀哉。……”[⑤] 曹操去世时 66 岁。[⑥] 刘备去世时 63 岁。[⑦] 曹丕去世时 40 岁。[⑧] 这里所谓“早世”并非都“短命”“夭死”。但是确实也有以“早世”言“短命”“夭死”的文例，如《三国志》卷二〇《魏书·武文世王公传·邓哀王冲》裴松之注引《魏书》载策曰：“惟黄初二年八月丙午，皇帝曰：咨尔邓哀侯冲，昔皇天钟美于尔躬，俾聪哲之才，成于弱年。当永享显祚，克成厥终。如

---

① 《后汉书》，第 1832 页。

② 《后汉书》，第 2470 页。

③ 《三国志》，中华书局 1959 年 12 月版，第 57 页。

④ 《三国志》，第 895 页。

⑤ 《三国志》，第 86 页。

⑥ 《三国志》卷一《魏书·武帝纪》：“王崩于洛阳，年六十六。”第 53 页。

⑦ 《三国志》卷三二《蜀书·先主传》：“先主殂于永安宫，时年六十三。”第 891 页。

⑧ 《三国志》卷二《魏书·文帝纪》：“帝崩于嘉福殿，时年四十。”第 86 页。

何不禄，早世夭昏。……”[①] 曹冲称“早世夭昏”，确是夭折。[②]

《曹全碑》关于曹琫所谓“少贯名州郡”，与下文言曹全“君童龀好学，甄极毖伟，无文不综”等相互参照，可以反映河西地方未成年人教育史的重要信息。[③]

3 “辟凉州”“出典诸郡”

对于曹全事迹，《曹全碑》可见关于他接受早期教育的记述：“君童龀好学，甄极毖伟，无文不综。贤孝之性，根生于心。收养季祖母，供事继母，先意承志，存」亡之敬，礼无遗阙。是以乡人为之谚曰：‘重亲致欢曹景完。’易世载德，不陨其名。”所谓“乡人为之谚曰：‘重亲致欢曹景完’”，类同于《后汉书》卷四四《胡广传》：“京师谚曰：‘万事不理问伯始，天下中庸有胡公。’”[④] 情形相近的，还有《后汉书》卷六六《陈蕃传》：“三府谚曰：‘车如鸡栖马如狗，疾恶如风朱伯厚。’”[⑤]

曹全“从政”经历，《曹全碑》肯定其政治道德的“清”“直”，并且有“历郡右职，上计掾史”的行政实践：

> 及其从政，清拟夷齐，直慕史鱼。历郡右」职，上计掾史，仍辟凉州，常为治中、别驾，纪纲万里，朱紫不谬。出典诸郡，弹枉纠邪，贪暴洗心，同僚服德，远近惮威。

---

① 《三国志》，第 580 页。

② 《三国志》卷二〇《魏书·武文世王公传·邓哀王冲》：“年十三，建安十三年疾病，太祖亲为请命。及亡，哀甚。”第 580 页。

③ 参看王子今：《两汉童蒙教育》，《史学集刊》2007 年 3 期；《汉代神童故事》，《学习时报》2007 年 6 月 25 日；《张家山汉简〈二年律令·史律〉“学童”小议》，《文博》2007 年 6 期；《秦汉儿童的世界》，中华书局 2018 年 5 月版，第 215 页至第 279 页。

④ 《后汉书》，第 1510 页。

⑤ 《后汉书》，第 2171 页。

曹全在“凉州”参与过不同职级、不同部门行政岗位的工作。从“出典诸郡”“纪纲万里”等文辞看，曾经行历不同地方。而“朱紫不谬”，“弹枉纠邪”，致使“贪暴洗心，同僚服德，远近惮威”等正面颂词，肯定了他从事地方管理的成功。

虽然没有具体的实任官职的说明，没有明确的任职时段的记录，但是曹全为维护“凉州”正常的地方治安、经济生产和交通安全，应当发挥过作用。丝绸之路史研究或许应当关注这些行政史的零散信息。

4 “拜西域戊部司马”“兴师征讨”“疏勒国王和德”

《曹全碑》记述此后曹全生平事业，又有关于汉灵帝建宁二年（169）“举孝廉，除郎中，拜西域戊部司马”，“征讨”“疏勒国王和德”事的记录：

> 建宁」二年，举孝廉，除郎中，拜西域戊部司马。时疏勒国王和德，弑父篡位，不供职贡，君兴师征讨，有兖脓分醪之惠。攻」城野战，谋若涌泉，威牟诸贲，和德面缚归死。还师振旅，诸国礼遗，且二百万，悉以薄官。

“有兖脓分醪之惠”，是说与士卒同甘共苦，《史记》卷六五《孙子吴起列传》：“（吴）起之为将，与士卒最下者同衣食。卧不设席，行不骑乘，亲裹赢粮，与士卒分劳苦。卒有病疽者，起为吮之。卒母闻而哭之。人曰：‘子卒也，而将军自吮其疽，何哭为?’母曰：‘非然也。往年吴公吮其父，其父战不旋踵，遂死于敌。吴公今又吮其子，妾不知其死所矣。是以哭之。’”[①]“兖脓”，即“吮”“疽”。《太平御览》卷八四五引《黄石公记》：“昔者良将用兵，人有馈一单醪者，使投之于河，

① 《史记》，第1266页。

令将士迎留而饮之。夫一单醪不能味一河水，三军思为之死，非滋味及之也。”[①]《三国志》卷三二《蜀书·先主传》说，曹操大军南下，刘备“遂将其众去”，“众十余万，辎重数千两，日行十余里”，有人警告其“被甲者少，若曹公兵至，何以拒之”，刘备回答：“夫济大事必以人为本，今人归吾，吾何忍弃去！”裴松之注引习凿齿曰：“观其所以结物情者，岂徒投醪抚寒含蓼问疾而已哉！其终济大业，不亦宜乎！”[②]也说到“投醪”。《曹全碑》“分醪”，即用“投醪”之典。

关于“时疏勒国王和德，弑父篡位，不供职贡，君兴师征讨”战事，《后汉书》卷八八《西域传·疏勒国》有这样的记载：

> 至灵帝建宁元年，疏勒王汉大都尉于猎中为其季父和得所射杀，和得自立为王。三年，凉州刺史孟佗遣从事任涉将敦煌兵五百人，与戊司马曹宽、西域长史张晏，将焉耆、龟兹、车师前后部，合三万余人，讨疏勒，攻桢中城，四十余日不能下，引去。其后疏勒王连相杀害，朝廷亦不能禁。

《后汉书》“和得”，《曹全碑》作“和德”。《后汉书》“戊司马曹宽”，《曹全碑》作“西域戊部司马”“曹全”。《后汉书》所谓“讨疏勒，攻桢中城，四十余日不能下，引去”，《曹全碑》则言“和德面缚归死”，而汉军“还师振旅”。

碑文所谓“还师振旅，诸国礼遗，且二百万，悉以薄官”，正史中是可以看到类似情形的。《后汉书》卷五一《李恂传》：“后复征拜谒者，使持节领西域副校尉。西域殷富，多珍宝，诸国侍子及督使贾胡数遗恂奴婢、宛马、金银、香罽之属，一无所受。”李贤注：“《袁山松书》曰：‘西域出诸香、石蜜。’罽，织毛为布者。”[③]这里“香罽”应

① 〔宋〕李昉等撰：《太平御览》，中华书局用上海涵芬楼影印宋本1960年2月复制重印版，第3775页。

② 《三国志》，第877页至第878页。又《晋书》卷六六《刘弘传》：“投醪当与三军同其薄厚。”中华书局1974年11月版，第1766页。

③ 《后汉书》，第1683页。

当理解为“香”与“罽”。人民文学出版社《曹植集校注》中曹植《辨道论》：“诸梁时，西域胡来献香罽腰带、割玉刀，时悔不取也。”见于《三国志》卷二九《魏书·方技传》裴松之注引东阿王作《辨道论》，作“香罽腰带割玉刀”[①] 和《后汉书》卷八二下《方术传下·甘始》李贤注引曹植《辨道论》，作“香罽、腰带、割玉刀”。[②]《三国志》的标点是正确的。或解释“香罽”为“具有香气之毛织物”[③]，无疑是明显的误解。

或将碑文“诸国礼遗”中的“遗”解释为“馈赠，给予”，又以为曹全“对于收到的奖赏曹全全部都上交官府”[④]，将“馈赠，给予”看作“奖赏”，也是不准确的。

《曹全碑》所言“还师振旅，诸国礼遗，且二百万，悉以薄官”，是可以体现西域经济生活的信息。曹全“悉以薄官”与李恂直接拒绝，“一无所受”不同，应是收受之后上缴于“官”，并做了簿籍登记。

《曹全碑》说：“君讳全，字景完。”“曹宽”姓名，对应“字景完”，也是合理的。而刘晓涵《〈曹全碑〉释文及相关问题研究》引录清人说：“清代学者赵绍祖《古墨斋金石跋》云：‘按元帝始置戊己二校尉，后屡罢屡复。范史传论所谓，设戊己之官，分任其事者，是也。此谓戊己司马曹宽，一人不能兼二职，其非是明矣。碑称全为戊部司马定不诬，则戊司马者曹全也，己司马者曹宽也范史于戊字下遗失司马曹

① 《三国志》，第806页。

② 《后汉书》，第2750页。

③ 《曹植集校注》，人民文学出版社1984年6月版，第188页，第193页。

④ 刘晓涵：《〈曹全碑〉释文及相关问题研究》，南京师范大学硕士学位论文，2019年，导师：张进。

全四字耳。若必欲组合全宽为一人，则凿矣。’ ”[①] 《后汉书》卷八八《西域传》中华书局标点本作“与戊（己）司马曹宽”，《校勘记》“二九二七页八行，与戊（己）司马曹宽”条写道：“据《刊误》删。按：《集解》引惠栋说，谓据《曹全碑》，全字景完，拜西域戊部司马，讨疏勒，无‘己’字，与刘说合。王先谦谓其名是‘全’，碑有塙证。范去汉二百余年，而传录文字脱落，完、宽字形相似，故‘完’误为‘宽’也。”[②] 推想“完”“宽”两字中部模糊致使转录错误的可能性是存在的。也有人认为，“曹全与曹宽是两人而不是同一人”。[③]

《汉书》卷九《元帝纪》颜师古注：“戊己校尉者，镇安西域，无常治处，亦犹甲乙等各有方位，而戊与己四季寄王，故以名官也。时有戊校尉，又有己校尉。一说，戊己位在中央，今所置校尉处三十六国之中，故曰戊己也。”[④]《后汉书》卷八八《西域传》写道，“……复置戊己校尉，领兵五百人，居车师前部高昌壁，又置戊部候，居车师后部候城，相去五百里。”“至永宁元年，后王军就及母沙麻反畔，杀后部司马及敦煌行事。”李贤注：“司马即属戊校尉所统也。”又记载：“戊校尉阎详虑其招引北虏，将乱西域，乃开信告示，许复为王，阿罗多乃诣详降。”“永兴元年，车师后部王阿罗多与戊部候严皓不相得，遂忿戾反畔，攻围汉屯田且固城，杀伤吏士。”[⑤] 有关“戊部候”“戊校尉”军职的文献记录，可以帮助我们理解“拜西域戊部司马”碑文。

---

① 原注：“〔清〕赵绍祖：《古墨斋金石跋》卷一《汉郃阳令曹全碑》，北京：商务印书馆，1936 年，第 17 页。”刘晓涵：《〈曹全碑〉释文及相关问题研究》，南京师范大学硕士学位论文，2019 年，导师：张进。

② 《后汉书》，第 2927 页，第 2937 页至第 2938 页。

③ 李清凌：《〈曹全碑〉碑主新考》，《丝绸之路》2011 年 14 期。

④ 《汉书》，第 295 页。《汉书》卷一九上《百官公卿表上》颜师古注：“甲乙丙丁庚辛壬癸皆有正位，唯戊己寄治耳。今所置校尉亦无常居，故取戊己为名也。有戊校尉，有己校尉。一说戊己居中，镇覆四方，今所置校尉亦处西域之中抚诸国也。”第 738 页。

⑤ 《后汉书》，第 2910 页，第 2930 页，第 2931 页。

有学者注意到，“鲁迅在辑校谢承《后汉书》时曾写过一篇《谢承〈后汉书〉序》，文中提到，‘清初阳曲傅山乃云其家旧藏明刻本，以校曹全碑，无不合，然他人无得见者。’”指出：“鲁迅博览群书，叹为观止，但傅山所阅曹全碑是何版本已无从考证了。”[①]《困学纪闻》卷一三《考史》“谢承”条“阎按：谢承《后汉书》一百三十卷，《唐志》有，《宋志》及《文献通考》俱不传。钱氏曰：‘有见方少师于史馆携去者，问之其后人，不可得。’阳曲傅山先生闻之，笑曰：‘某家即有之，永乐间扬州刊本。初，郃阳曹全碑出，曾以谢书考证，多所裨，大胜范书。以寇乱亡失矣，惜哉！’”就是说，明刊本谢承《后汉书》与《曹全碑》的对应，“大胜范书。”不过，对此也有疑议。[②]至于《曹全碑》与“范书”书写的不同，曹金华《后汉书稽疑》引录两种判断：“四十余日不能下，引去。（2927 页 10 行）”“按：此谓凉州刺史孟佗遣从事任涉等讨疏勒，攻桢中城四十余日不能下引去，其后疏勒王连相杀害，朝廷亦不能禁，而《曹全碑》作‘攻城野战，谋若泉涌，威侔诸贲，（疏勒王）和德面缚归死，还师振旅，诸国礼遗’云云，与此大异。《集解》引周寿昌说，谓‘作碑者缘饰之词’。《曝书亭集》谓‘范蔚宗去汉二百余年，传闻失真，要当以碑为正也。’”[③]有学者指出，“《曹全碑》是当时人记当时事，立碑时间较事件只晚 15 年，而范

---

① 萧振鸣：《鲁迅藏曹全碑拓片考》，《鲁迅研究月刊》2011 年 12 期。

② 翁元圻等注：“【何云】阎谓闻之傅山，谢承《后汉书》永乐间扬州曾有刊本。毛斧季以为必不然。【全云】傅青主征君非妄语者，然即有刊本，亦必伪书。”〔宋〕王应麟著，〔清〕翁元圻等注，栾保群、田松青、吕宗力校点：《困学纪闻》，上海古籍出版社 2008 年 12 月版，第 1474 页。

③ 还有一处“范书”与《曹全碑》不同：“疏勒王汉大都尉于猎中为其季父和得所射杀，和得自立为王（2927 页 8 行）”“按：《郃阳令曹全碑》‘和得’作‘和德’，云‘时疏勒国王和德弑父篡位’。‘得’‘德’古通作，然传云疏勒王臣磐为季父和得射杀，碑云和德弑父篡位，则大异也。”曹金华著：《后汉书稽疑》，中华书局 2014 年 9 月版，第 1247 页，第 1246 页。

晔撰《后汉书》已是200余年以后的南朝了，当然应以当时人所记为正。"[①] 就曹全"讨疏勒"事迹的鉴别，"以碑为正"的意见可能是正确的。

5 "复举孝廉""拜酒泉禄福长"

在"和德面缚归死"之后，曹全"还"，"迁右扶风槐里令"，后来因同产弟"忧"，遂"弃官"。后来再度"举孝廉"，重新"从政"：

> 迁右扶风槐里令，遭同产弟忧，」弃官。续遇禁冈，潜隐家巷七年。光和六年，复举孝廉。七年三月，除郎中，拜酒泉禄福长。妖贼张角，起兵幽冀，兖豫荆杨，同时并动。而县民郭家等复造逆乱，燔烧城寺，万民骚扰，人褱不安。三郡告急，羽檄仍至。于时圣主谘诹，群僚咸曰："君」哉！"转拜郃阳令。

曹全"转拜郃阳令"，是由于黄巾暴动，地方也有"逆乱"，以致"三郡告急，羽檄仍至"。否则，他可能会在"酒泉禄福长"任上继续服务。

"酒泉禄福长"即酒泉郡禄福县地方长官。《续汉书·郡国志五》作"福禄"[②]，后世地理史志多因之。《中国历史地图集》更正为"禄福"，是正确的。标示其地在今甘肃酒泉西北，嘉峪关东南。[③] 钱大昕《潜研堂金石文跋尾》："《汉书·地理志》：酒泉郡有禄福县。《续汉志》作'福禄'，晋、隋、唐诸志皆因之。此碑云：'拜酒泉禄福长。'《魏志·庞淯传》及皇甫谧《列女传》载庞娥事云：'禄福赵君安之女。'又云：'禄福长尹嘉。'然则汉、魏之间，犹称'禄福'，其改为

---

① 董玉芬：《〈曹全碑〉的史料价值》，《碑林集刊》1998年。

② 《后汉书》，第3520页。

③ 谭其骧主编：《中国历史地图集》，中国地图出版社1982年10月版，第33页至第34页。

‘福禄’，盖在晋以后，史无明文以知之矣。”[①]

曹全在“潜隐家巷七年”之后，再次从政，“复举孝廉”。碑文载“七年三月，除郎中，拜酒泉禄福长”，即光和七年（184）三月，由“郎中”任上“拜酒泉禄福长”。

再次回到河西，应当与其家族在河西地方“所在为雄”的实际强势地位和社会影响力有关，或许也与曹全连续在河西任职积累的行政经验有关。

6　关于“光和七年”

公元184年，也就是“苍天已死，黄天当立，岁在甲子，天下大吉”[②] 这一年。《后汉书》卷八《灵帝纪》：“中平元年春，钜鹿人张角自称‘黄天’，其部帅有三十六方，皆著黄巾，同日反叛。安平、甘陵人各执其王以应之。”“十二月己巳，大赦天下，改元中平。”[③]《资治通鉴》卷五八“汉灵帝中平元年”：“中平元年，是年十二月改元。”“十二月，己巳，赦天下，改元。”[④] 孙毓棠曾经指出；“汉代人在中国历史上最大的贡献是中央集权政府组织的完整，和行政效率之高。要达到这个目的，必需得有良好的交通系统。因此汉政府每年在国用中提出很大的款项来办理全国的驿传，驿传制度增强了行政效率和中央政府坚强的统治力量。至东汉晚期，因为财政的力量不能再维持这交通系统，政府的统治力也就随着衰弱了下去。”[⑤] 汉献帝初平五年正月已改元兴平，

---

① 〔清〕钱大昕撰，祝竹校点：《潜研堂金石文跋尾》，陈文和主编：《嘉定钱大昕全集》(陆)，凤凰出版社1997年12月版，第27页。

② 《后汉书》卷七一《皇甫嵩传》，第2299页。

③ 《后汉书》，第348页，第350页。

④ 〔宋〕司马光编著，〔元〕胡三省音注，“标点资治通鉴小组”校点：《资治通鉴》，中华书局1956年6月版，第1865页，第1875页。

⑤ 孙毓棠：《汉代的交通》，《中国社会经济史集刊》第7卷2期。

而《隶释》卷一《益州太守高联修周公礼殿记》记述九月事仍用“初平”年号，洪适以为“天下方乱，道路拥隔，置邮到蜀稽晚也”。《隶续》卷三《建平郫县碑》也体现“与《周公礼殿碑》相类”的情形。新疆拜城《刘平国等作列亭诵》刻石也在改元2月之后仍沿用旧年号。[①] 这些实例说明，“政府的统治力”和交通系统的效能之间存在非常密切的内在关系。然而《曹全碑》文字“（光和）七年”，由于改元时间在“十二月己巳”[②]，与改元消息传递至地方的迟滞现象有所不同。

我们还看到其他出现“光和七年”字样的文献资料。如蔡邕《故太尉乔公庙碑》：“光和七年夏五月甲寅，以太中大夫薨于京师。”《太尉乔公碑》：“光和七年五月甲寅薨。”《司徒袁公夫人马氏碑铭》：“维光和七年，司徒袁公夫人马氏薨。”[③] 《三国志》卷二《文帝纪》裴松之注引《献帝传》载禅代奏事，“辛酉，给事中博士苏林、董巴上表曰：‘……昔光和七年，岁在大梁，武王始受命，于时将讨黄巾。是岁改年为中平元年。’”[④] 《后汉书》卷七九上《儒林传上·张驯》：“光和七年，征拜尚书，迁大司农。”[⑤] 王先谦《后汉书集解》：“光和七年，案即中平元年也。是年十二月始改元，史因册书旧文书之耳。”[⑥]

若干文物资料出现“光和七年”文字，应该也是“因册书旧文书

---

① 王子今：《〈龟兹左将军刘平国作关城诵〉考论——兼说“张骞凿空”》，《欧亚学刊》新7辑，商务印书馆2018年7月版。

② 〔明〕赵崡撰《石墨镌华》卷一“郃阳令曹全碑”：“碑又称‘光和七年’，史：光和止六年，盖七年冬十一月始改元中平耳。”清《知不足斋丛书》本，第5页。

③ 邓安生：《蔡邕集编年校注》，河北教育出版社2002年1月版，第315页，第365页，第334页。

④ 《三国志》，中华书局1959年12月版，第62页，第70页。《宋书》卷二七《符瑞志上》：“昔光和七年，岁在大梁，武王始受命为将，讨黄巾。”中华书局1974年10月版，第776页。

⑤ 《后汉书》，中华书局1965年5月版，第2558页。

⑥ 王先谦撰：《后汉书集解》，民国王氏虚受堂刻本，第1755页。中华书局据1915年虚受堂刻本1984年2月版王先谦《后汉书集解》无此语。

之”。《水经注》卷二四《睢水》记载“汉太尉桥玄碑”：“光和七年，主记掾李友字仲僚作碑文。”① 《隶释》卷一〇《外黄令高彪碑》，《隶续》卷二〇《种氏石虎题字》均可见“光和七年”。② 又宋娄机《汉隶字源》卷一《考碑》：“三百一。种氏石虎刻字。光和七年作。”③ 《隶辨》卷八《碑考下》：“种氏石虎刻字。光和七年。未详所在。其文云：‘光和七年四月五日，孝子种览元博所造。’共十六字。”④

7　“征鬼方”“安殊荒”“芟不臣”

《曹全碑》还可见“征鬼方”“安殊荒”“芟不臣”文字，属于与边疆和民族问题相关的政治宣传，直接涉及影响丝绸之路交通形势的军事行为。

“征鬼方”“安殊荒”，皆汉时习用政治宣传语汇。如《汉书》卷二七中之下《五行志中之下》：“外伐鬼方，以安诸夏。”⑤ 《汉书》卷六九《赵充国传》：“遂克西戎，还师于京，鬼方宾服，罔有不庭。”⑥ 《后汉书》卷三《章帝纪》：“克伐鬼方，开道西域。”⑦ 《三国志》卷四

---

① 〔北魏〕郦道元著，陈桥驿校证：《水经注校证》，中华书局 2007 年 7 月版，第 569 页。

② 〔宋〕洪适撰：《隶释 · 隶续》，中华书局据洪氏晦木斋刊本 1985 年 11 月影印版，第 122 页，第 447 页。

③ 〔宋〕娄机撰：《汉隶字源》，文渊阁《四库全书》本，第 34 页。

④ 〔清〕顾南原撰集：《隶辨〔隶书字典〕》，北京市中国书店据康熙五十七年项氏玉渊堂刻版 1982 年 3 月影印版，第 1164 页。

⑤ 颜师古注：“鬼方，绝远之地，一曰国名。夏，大也。中国大于戎狄，故曰诸夏。”第 1411 页。

⑥ 《汉书》，第 2995 页。

⑦ 《后汉书》，第 131 页。《后汉书》卷八七《西羌传》：“至于武丁，征西戎、鬼方，三年乃克。”李贤注：“《前书音义》曰：‘鬼方，远方也。’”《后汉书》，第 2870 页。《后汉书》卷九〇《鲜卑传》：“《书》戒猾夏，《易》伐鬼方。”李贤注：“《前书》淮南王安曰：‘鬼方，小蛮夷也。’”第 2990 页。

《魏书·三少帝纪·陈留王奂》："诞敷神虑，光被四海。震耀武功，则威盖殊荒，流风迈化，则旁洽无外。"①

所谓"不臣"，亦用以称"一统"之外的政治力量。《三国志》卷一九《魏书·陈思王植传》："方今天下一统，九州晏如，而顾西有违命之蜀，东有不臣之吴，使边境未得脱甲，谋士未得高枕者，诚欲混同宇内以致太和也。"② 而"芟不臣"之"芟"，言征伐杀戮。理解此文意，可以参考郭钦因屠杀焉耆"老弱"得到嘉奖封"剼胡子""剿胡子"故事。《汉书》卷九六下《西域传下》记述，天凤三年（16），郭钦在征伐焉耆的战争中"击杀其老弱"，王莽"封钦为剼胡子"。③《汉书》卷九九中《王莽传中》作"剿胡子"。④"剼""剿"的差异据说因"转写"生成。其字义，或说与"刈"即使用金属器具的杀伐有关。《集韵》卷四《衔韵》："剼，刈也。汉有剼胡子。"⑤ 直接以郭钦"剼胡子"故事为证。《说文·丿部》："乂，芟艸也。"《说文·艸部》："芟，刈艸也。"⑥ 都说明了"殳"的字义。

可知《曹全碑》所谓"芟不臣"，是表现出明显的炫耀武力强势意味的语词，凶风杀气浓烈。汉代丝绸之路沿线民族战争的惨厉，也因此有所透露。⑦

---

① 《三国志》，第 153 页。

② 《三国志》，第 566 页。

③ 《汉书》，第 3927 页。

④ 《汉书》，第 4146 页。参看王子今：《郭钦"剼胡子""剿胡子"辨——汉代丝绸之路史与西域民族关系史一个断面的考察》，《丝路文明》第 3 辑，上海古籍出版社 2018 年 9 月版。

⑤ 〔宋〕丁度撰：《集韵》，文渊阁《四库全书》本，第 183 页。

⑥ 〔汉〕许慎著，〔清〕段玉裁注：《说文解字注》，上海古籍出版社用经韵楼藏版 1981 年 10 月影印版，第 627 页，第 42 页。

⑦ 王子今：《〈曹全碑〉丝路史料考议》，《碑林集刊 2020》（总第 25 辑），三秦出版社 2020 年 12 月版。

河西考古发现的汉代儿童生活史料：丝路史视角的考察

儿童期是人生极其重要的阶段。儿童是绝大多数家庭的重要成员，又是构成整个社会的基本成分。儿童生活的形式和内容对他们的人生轨迹有重要的影响。儿童群体的文化取向，也会影响社会发展的前景。因而儿童的生活情状是历史研究者不能不予以认真注视的考察对象。通过对汉代儿童生活的考察，有助于更为全面、更为真切地认识汉代家庭生活、汉代社会生活。汉代社会风貌，也可以因此更加清晰。河西汉代考古收获为我们认识当时当地儿童生活提供了重要史料。我们看到，汉代丝绸之路得以开通的史实，对于儿童生活也形成了影响。汉代儿童对于这一历史进步，有自己的贡献。考古工作获得的相关文物资料为说明这些历史现象提供了实证。对于河西考古发现汉代儿童生活史料的研究，有益于深化丝绸之路史的认识。对于汉代军事史、民族关系史及河西开发史的研究，也将提供学术推进的条件。

1 “劫略”：北边民族战争形势下儿童的命运

《史记》卷一一七《司马相如列传》载司马相如著文难蜀父老，有

"幼孤为奴，系累号泣"的说法。[①]《汉书》卷五七下《司马相如传下》写作"幼孤为奴虏，系象号泣"。[②] 司马相如这里所谓"奴""奴虏"，可能较一般奴仆的遭遇更为悲惨。司马相如笔下所谓"幼孤为奴""幼孤为奴虏"的情形，曾经成为执政者关注的社会问题。这种现象发生的重要原因，是严重灾荒及阶级关系紧张导致的下层民众的极度的贫困。在民族关系比较复杂的地区，未成年人有更多可能遭遇"幼孤为奴""幼孤为奴虏"的情形。云南玉溪李家山出土铜贮贝器人物形象中的女童仆隶[③]，可以帮助我们认识这一社会现象。《后汉书》卷一三《隗嚣传》说到两汉之际因社会危机、自然灾变和行政失败导致的严重的灾难："攻战之所败，苛法之所陷，饥馑之所夭，疾疫之所及，以万万计。其死者则露尸不掩，生者则奔亡流散，幼孤妇女，流离系虏。"[④]"幼孤"被奴役，成为"系虏""奴虏""奴"，可能是这种社会动荡的条件下相当普遍的现象。《司马相如列传》所说，是"夷狄殊俗之国，辽绝异党之地"情形[⑤]，北边民族交错地方，因战争导致的"幼孤"被奴役的现象频繁发生。

《汉书》卷九四下《匈奴传下》记载，匈奴曾经长期向乌桓强征"皮布税"，并因此引起流血争端："汉既班四条，后护乌桓使者告乌桓民，毋得复与匈奴皮布税。匈奴以故事遣使者责乌桓税，匈奴人民妇女欲贾贩者皆随往焉。乌桓距曰：'奉天子诏条，不当予匈奴税。'匈奴使怒，收乌桓酋豪，缚到悬之。酋豪昆弟怒，共杀匈奴使及其官属，收略妇女马牛。单于闻之，遣使发左贤王兵入乌桓责杀使者，因攻击之。乌桓分散，或走上山，或东保塞。匈奴颇杀人民，驱妇女弱小且千人去，置左地，告乌桓曰：'持马畜皮布来赎之。'乌桓见略者亲属二千余人持

---

① 《史记》，中华书局 1959 年 9 月版，第 3051 页。

② 《汉书》，中华书局 1962 年 6 月版，第 2586 页。

③ 侯宁彬主编：《铜铸滇魂——云南滇国青铜文化展》，西北大学出版社 2018 年 4 月版，第 68 页。

④ 《后汉书》，中华书局 1965 年 5 月版，第 517 页。

⑤ 《史记》，第 3051 页。

财畜往赎，匈奴受，留不遣。”所谓“驱妇女弱小且千人去”，颜师古注：“谓前驱略得妇女弱小，赎之不还者。”[①] 其中无疑包括未成年人。“弱小”遭受劫掠、迫害、奴役、杀戮，是民族战争中经常发生的情景。

匈奴“侵暴中国”，劫掠人口是主要形式之一，“得人以为奴婢”是激发战争热情的因素之一。匈奴入犯汉地，往往“杀略吏民甚众”。[②] 在“北边”争夺的激烈战事中，未成年人成为主要的受害者。

据《史记》卷一一〇《匈奴列传》记载，汉文帝前六年（前 174）致匈奴单于文书，说到结束战争状态的意愿，赞同匈奴单于来书所谓“除前事，复故约，以安边民，使少者得成其长，老者安其处，世世平乐”的主张。[③] 匈奴表示和善之意时所谓“使少者得成其长”，体现出战争对未成年人生命危害的残酷。《史记》卷一一〇《匈奴列传》又有关于汉文帝后二年（前 162）致匈奴单于书的记载，又说到“使万民耕织射猎衣食，父子无离”，“使老者得息，幼者得长”。[④] 其中所谓“父子无离”“幼者得长”，也透露出惨烈的战争对于“幼者”生命安全的严重威胁。

“劫略”是民族武装争斗必然导致的人口虏夺。《汉书》卷六九《赵充国传》说羌人强势武装集团“遂劫略小种，背畔犯塞，攻城邑，杀长吏”，“先零首为畔逆，它种劫略。”[⑤] 居延汉简可见有关“劫掠”“劫略”的简文。如：

（1）☐□从南方来併塞到城北隧疆劫略脱☐（EPF22：546）[⑥]

---

① 《汉书》，第 3820 页，第 3822 页。

② 《史记》卷一一〇《匈奴列传》，第 2881 页，第 2892 页，第 2907 页。

③ 《史记》，第 2896 页，第 2897 页。

④ 《史记》，第 2902 页。

⑤ 《汉书》，第 2973 页，第 2978 页。

⑥ 甘肃省文物考古研究所、甘肃省博物馆、文化部古文献研究室、中国社会科学院历史研究所编：《居延新简：甲渠候官与第四燧》，文物出版社 1990 年 7 月版，第 513 页。

这应当是一则敌情报告。“从南方来”者，或许是羌人武装。[①] 敌方“劫略”对象未必直接涉及未成年人。史籍文献多见“劫略吏民”文例[②]，“民”的概念中，应当是包括未成年人的。其他又可见“劫略令丞”[③]，“劫略吏卒”[④]，“劫略吏士”[⑤]，“劫略吏人”[⑥] 文例。但是面对外敌“劫略”，更多是民众遭受苦难，其中小弱，往往陷于绝境。如《后汉书》卷八七《西羌传》：“时连旱蝗饥荒，而驱蹙劫略，流离分散，随道死亡，或弃捐老弱，或为人仆妾，丧其太半。”[⑦] 其中所谓“弱”，应当是包括未成年人的。

2　居延汉简所见“小奴”“小婢”

河西汉简可见“小奴”“小婢”身份，可以作为汉代阶级关系史、劳作史及未成年人生活史的重要史料。如：

（2）因聚行□小奴一☐

妹子不一☐

使尊君为补来使以四月十六日

寄之见钱七十与岳未使（32. 14B）

候长觻得广昌里公乘礼忠年卅合校

---

① 王子今：《“隔绝羌胡”与“通货羌胡”：丝绸之路河西段的民族关系》，《西域研究》2019 年 1 期。

② 《汉书》卷一〇《成帝纪》，第 323 页；《汉书》卷二七上《五行志上》，第 1341 页；《汉书》卷八四《翟义传》，第 3437 页；《续汉书 · 五行志四》，第 3333 页；《三国志》卷一《魏书 · 武帝纪》，第 51 页。

③ 《汉书》卷二六《天文志》，第 1311 页。

④ 《汉书》卷九四下《匈奴传下》，第 3823 页。

⑤ 《汉书》卷九九中《王莽传中》，第 4119 页。

⑥ 《后汉书》卷三四《梁统传》，第 1169 页；《后汉书》卷三四《梁统传》李贤注引《东观记》，第 1169 页。

⑦ 《后汉书》，第 2888 页。

（3）小奴二人直三万　用马五匹直二万　宅一区万
大婢一人二万　　牛车二两直四千　田五顷五万
轺车二乘直万　　服牛二六千　●凡訾直十五万(37.35)[①]

简（3）是资产登记，其中标示了“小奴”的价值。《居延新简》也有关于“小奴”的简文：

（4）☑旦遣卒小奴持六石☑（EPS4T2：140）[②]

《居延新简集释》对“小奴”身份有所解说：

【集解】

小奴　指年纪幼小的男仆，亦泛指小奴仆。《后汉书·彭宠传》：“于是两奴将妻入取宝物，留一奴守宠。宠谓守奴曰：‘若小儿，我素爱也，今为子密所迫劫耳。解我缚，当以女珠妻汝，家中财物皆与若。’小奴意欲解之，视户外，见子密听其语，遂不敢解。”《魏书·北海王详传》：“（北海王详）入所居，小奴弱婢数人随从。”[③]

不过，简（4）“卒小奴”，“小奴”可能是“卒”的名字，而并非身份标识。类似简例有“☑□时第九隧不和即遣卒小狗告☑”（EPT52：545）。[④]

肩水金关简可见关于“小奴”“小婢”的多则简文，说明这种身份在河西社会普遍存在：

（5）里堇东郡张清小奴满厨轺车三乘马四匹
☑

---

① 谢桂华、李均明、朱国炤：《居延汉简释文合校》，文物出版社 1987 年 1 月版，第 49 页，第 61 页。

② 甘肃省文物考古研究所、甘肃省博物馆、文化部古文献研究室、中国社会科学院历史研究所编：《居延新简：甲渠候官与第四燧》，文物出版社 1990 年 7 月版，第 565 页。

③ 张德芳：《居延新简集释》（七），甘肃文化出版社 2016 年 6 月版，第 715 页。

④ 甘肃省文物考古研究所、甘肃省博物馆、文化部古文献研究室、中国社会科学院历史研究所编：《居延新简：甲渠候官与第四燧》，第 264 页。

□□□□□□（73EJT6：134）

（6）居延鸣沙里董君至小奴贺　大☐（73EJT9：119）

（7）小奴张……☐（73EJT9：295）[①]

（8）☐　满家☐（73EJT24：62）

（9）朔丙辰新安乡有秩文佐羲敢言之长安宜平里公乘满顺自言

☐

贤大奴便大婢利小婢官乳为家私市居延界中谨案顺等年爵如书算赋

□☐（73EJT24：132）[②]

（10）地节二年五月壬申张掖大守客大原中都里邯郸仮占至居延

与金关为出入符齿第一　富主

……（73EJT28：12）

（11）☐癸巳　始乐小奴☐（73EJT31：126）[③]

（12）永光二年五月辛卯朔乙未都乡啬夫禹敢言之始乐里女子惠青辟自言为家私使之居延与

小奴同葆同县里公乘徐毋方偕谨案青辟毋方更赋给毋官狱事当得取

传敢言之

---

① 甘肃简牍保护研究中心、甘肃省文物考古研究所、甘肃省博物馆、中国文化遗产研究院古文献研究室、中国社会科学院简帛研究中心编：《肩水金关汉简》（壹），中西书局2011年8月版，下册第72页，第109页，第121页。

② 甘肃简牍保护研究中心、甘肃省文物考古研究所、甘肃省博物馆、中国文化遗产研究院古文献研究室、中国社会科学院简帛研究中心编：《肩水金关汉简》（贰），中西书局2012年12月版，下册第141页，第147页。

③ 甘肃简牍博物馆、甘肃省文物考古研究所、甘肃省博物馆、中国文化遗产研究院古文献研究室、中国社会科学院简帛研究中心编：《肩水金关汉简》（叁），中西书局2013年12月版，下册第81页，第134页。

五月己未删丹长贺守丞禁移过所写移毋苛留止如律令／兼掾嘉令史

广汉（73EJT33：40A）

（13）　　　　　　□里程昭年廿八

子小女□年三岁　　　　　　小奴满

▨　　　　　　　　　　　　▨

子小女来卿年二岁　　　　　　牛车一两用牛二头

弟小男音年十八……　　　　　　轺车一用马二匹▨

（73EJT37：280）

（14）　尉史□敢言之魏右尉左冯翊湖邑簿左里公乘李顺自言调为郡送五年

▨

□里大夫刑疾去小奴全偕谨案顺等毋官狱征事（73EJF1：117）[①]

（15）　元康三年正月乙未朔戊申都乡有秩啬夫……

▨

欲取传往遗衣用与子男喜大奴富小奴吉俱乘马二匹车二

（73EJC：531A）

（16）小奴久　卩　（73EJC：612）[②]

有些出现"小奴""小婢"称谓的简例，记录了年龄身高体质信息，具有更充备的史料价值：

---

① 甘肃简牍博物馆、甘肃省文物考古研究所、甘肃省博物馆、中国文化遗产研究院古文献研究室、中国社会科学院简帛研究中心编：《肩水金关汉简》（肆），中西书局2015年11月版，下册第4页，第32页，第149页。

② 甘肃简牍博物馆、甘肃省文物考古研究所、甘肃省博物馆、中国文化遗产研究院古文献研究室、中国社会科学院简帛研究中心编：《肩水金关汉简》（伍），中西书局2016年8月版，下册第119页，第125页。

(17) ☐小婢绿年十岁黑色□□□☐ (73EJT31：79)[①]

(18) 小婢承颜长五尺　卩 (73EJT37：751)

(19)　　　　　　　大婢好长六尺五寸　小奴驩长五尺

客田男子解恭　　　　　　　　　　　　　　　　☐

　　　　　　　　小婢绿长五尺☐ (73EJT37：797)

(20) 小婢□禼年一岁☐ (73EJT37：826)

(21) 小奴成年一岁　卩 (73EJT37：973)[②]

(22) ☐右扶风平陵广宁里陈赣小奴满厨长五尺二寸六月庚午入丿

(73EJC：338)[③]

以西汉和新莽每尺 23.1 厘米，东汉每尺 23.5 厘米计[④]，“五尺”为 115.5 厘米，117.5 厘米。“五尺二寸”相当于 120.12 厘米，122.2 厘米。“年一岁”的“小奴”“小婢”只是标示了“奴”“婢”身份。简（5）与简（22）“小奴满厨”同名。

以上有的简文“☐举籍吏民奴婢畜产财物訾直☐”（73EJT27：2B）[⑤] 是要求记录的，“奴婢”与“畜产财物”并列。而除私家奴婢

---

① 甘肃简牍博物馆、甘肃省文物考古研究所、甘肃省博物馆、中国文化遗产研究院古文献研究室、中国社会科学院简帛研究中心编：《肩水金关汉简》（叁），下册第 131 页。

② 甘肃简牍博物馆、甘肃省文物考古研究所、甘肃省博物馆、中国文化遗产研究院古文献研究室、中国社会科学院简帛研究中心编：《肩水金关汉简》（肆），书局 2015 年 11 月版，下册第 65 页，第 69 页，第 71 页，第 82 页。

③ 甘肃简牍博物馆、甘肃省文物考古研究所、甘肃省博物馆、中国文化遗产研究院古文献研究室、中国社会科学院简帛研究中心编：《肩水金关汉简》（伍），下册第 106 页。

④ 丘光明编著：《中国历代度量衡考》，文物出版社 1992 年 8 月版，第 55 页。

⑤ 甘肃简牍博物馆、甘肃省文物考古研究所、甘肃省博物馆、中国文化遗产研究院古文献研究室、中国社会科学院简帛研究中心编：《肩水金关汉简》（叁），下册第 65 页。

外，还有“官奴婢”，如：“教诸谨与行丞事司马庄主官掾并杂物赋官奴婢用布絮如牒糸絮布余一斤”（73EJF3：433+274）[①]，可能提示了“官奴婢”身份。即使“赋官”连读，“奴婢”也应当是“官奴婢”。又如：“吏吏从者库吏奴婢名”（73EJT7：98B）[②]，“吏十六人　奴婢二人　轺车十六乘　牛车一两」民十六人　马卅八匹”（73EJT30：121）[③]，其中“奴婢”也应当是“官奴婢”。

简（9）“小婢宫乳为家私市居延界中”，似说这位“小婢”参与了与“市”相关的劳作。

3 “从者”身份与未成年人“将车”劳作

秦始皇直道是从长城防线九原地方贯通南北，直通关中行政中心的军事交通干道。陕西省考古研究院发掘的陕西富县秦始皇直道遗址，汉代地层发现足迹遗存，其中有未成年人足迹。通过这一发现，可以得知儿童追随父兄前往长城防线戍守作战的情形。[④]

明人董说《七国考》卷一一分述秦、田齐、楚、赵、魏、韩、燕七国兵制。《秦兵制》题下有“小子军”条：

> 刘子《别录》云：“长平之役，国中男子年十五者尽行，号为

---

① 甘肃简牍博物馆、甘肃省文物考古研究所、甘肃省博物馆、中国文化遗产研究院古文献研究室、中国社会科学院简帛研究中心编：《肩水金关汉简》（伍），下册第23页。

② 甘肃简牍保护研究中心、甘肃省文物考古研究所、甘肃省博物馆、中国文化遗产研究院古文献研究室、中国社会科学院简帛研究中心编：《肩水金关汉简》（壹），下册第84页。

③ 甘肃简牍博物馆、甘肃省文物考古研究所、甘肃省博物馆、中国文化遗产研究院古文献研究室、中国社会科学院简帛研究中心编：《肩水金关汉简》（叁），下册第114页。

④ 张在明、王有为、陈兰、喻鹏涛：《岭壑无语——秦直道考古纪实》，陕西师范大学出版总社2018年8月版，第299页至第300页。

‘小子军’。”

“刘子《别录》”，缪文远订补本作“刘向《别录》”。[①] 其文献学渊源可以进一步讨论。《史记》卷一〇三《白起王翦列传》：“秦王闻赵食道绝，王自之河内，赐民爵各一级，发年十五以上悉诣长平，遮绝赵救及粮食。”张守节《正义》：“时已属秦，故发其兵。”司马贞《索隐》：“时已属秦，故发其兵。”[②] 秦军中存在少年士兵的情形，可以通过文物数据得以证实。以秦俑军阵为例。据《秦始皇陵兵马俑坑一号坑发掘报告（1974—1984）》，发掘出土的军人模型有的有胡须，有的没有胡须。胡须的“制作”，“与表现具体形象的年龄、个性和习尚有关”。有的标本“面容流露出天真的稚气，是个年青的小战士的形象”。[③] 秦兵马俑坑出土的军官俑和士兵俑，有一部分不表现胡须，突出显示出“年龄”特征。至于秦“小子军”的名义，虽然在我们民族文化的历史记忆中并没有形成十分响亮的回声，却也反映了一种特殊制度的曾经发生，值得秦史研究者重视。

《史记》卷五九《五宗世家》：“江都易王非，以孝景前二年用皇子为汝南王。吴楚反时，非年十五，有材力，上书愿击吴。景帝赐非将军印，击吴。吴已破，二岁，徙为江都王，治吴故国，以军功赐天子旌旗。”[④] 彭卫、杨振红的考论注意到居延汉简提供的信息：“据居延汉简，官方对儿童尚有特定指称。简牍文书载录的年龄分层是：大男和大女，年龄在15岁以上；使男和使女，年龄在7岁至14岁；未使男和未使女，年龄在2岁至6岁。又据《居延新简》收录的简文，汉代尚有

---

① 〔明〕董说原著、缪文远订补：《七国考订补》，上海古籍出版社1987年4月。

② 《史记》，第2334页。

③ 陕西省考古研究所、始皇陵秦俑坑考古发掘队编著：《秦始皇陵兵马俑坑一号坑发掘报告（1974—1984）》，文物出版社1988年10月版，第144页，第150页。

④ 《史记》，第2096页。

‘小男’和‘小女’概念，分别包括使男、未使男和使女、未使女。按照政府对各个年龄层所赋予的责任，大男和大女属于成年人，小男和小女属于未成年人，这意味着汉代政府有把成人年龄提早的倾向，年龄15岁以上的成童不仅要承担赋役，还要承担相应的法律责任。当时流行的‘年未满十五，过恶不在其身’的观念，当与此有关。”[①] 高敏讨论“秦以十五周岁始役”制度，举《全后汉文》卷九六班昭《为兄超求代疏》：“妾窃闻古者十五受兵，六十还之。”他以为：“这是说古时候服役的年龄标准是十五岁以上到六十岁以下。班昭是东汉人，秦国的情形，也应属于她所谓‘古时’之列。”对照云梦秦简提供的数据可知，“班昭所说，确实包括秦制。”今按，班昭文字，见《后汉书》卷七七《班超传》，不必转自《全后汉文》。高敏又举居延汉简“大昌里不更李恽年十六”简例，认为这位李恽“在已经开始服兵役之后仍只有十六岁，可见他开始登记服役的年龄是十五周岁。”[②] 今按：所引简例完整简文为：“葆　鸾鸟大昌里不更李恽年十六”（51.5）。[③] “葆”字的出现，说明李恽未必是简单意义上的“服兵役者”。如陈直所说，“汉代戍所吏卒，亦用质保制度”，“盖吏卒妻子有居葆宫岁月既久者，其子又承袭为戍卒，此等士兵，虽分属各县，在名籍上加葆字以别之。”所举列就有“葆鸾鸟大昌里不更李恽年十六”简例。[④] 也许敦煌汉简中的如下简例更值得注意：

---

① 彭卫、杨振红：《中国风俗通史·秦汉卷》，上海文艺出版社2002年3月版，第354页。

② 高敏：《关于秦时服役者年龄问题的探讨——读〈云梦秦简〉札记》，收入高敏著：《云梦秦简初探》（增订本），河南人民出版社1981年7月版，第19页至第21页。

③ 谢桂华、李均明、朱国炤：《居延汉简释文合校》，文物出版社1987年1月版，第88页。

④ 陈直：《居延汉简综论》，《居延汉简研究》，天津古籍出版社1986年5月版，第59页至第60页。

（24）相私从者敦煌始昌里阴□年十五　羊皮裘二领
羊皮裤二两　⧄
革履二两（1146）[1]

“阴□年十五”，其身份为“私从者”。陈直曾说，“从者为戍卒之亲戚同族相随至戍所者，从居延简考查，每月亦发给口粮，数量则较戍卒为九折。”[2]“私从者”也是从军人员，与正规的“骑兵”“步兵”同样列入作战系列，军需供应也自有份额。这位“年十五”的“阴□”，虽然可能不是正式的“服兵役者”，却也承担着大致与士兵同样的危难和辛劳。我们还看到居延出土其他有关未成年“从者”身份的简文：

（25）从者京兆尹长安大原里贾相年十六岁长五尺黑色　⧄（73EJT9：94A）

（26）从者居延肩水里大夫盖常年十三长六尺三寸黑色　皆以四月壬戌出

（73EJT10：130）

（27）从者居延广地里史昌年十一　⧄（73EJT10：263）[3]

（28）从者居延广地里上造张青齿年十五黑色　⧄（73EJT11：4）[4]

（29）安世从者始至里公大夫张延年年十五长六尺⧄

① 甘肃省文物考古研究所编，吴礽骧、李永良、马建华释校：《敦煌汉简释文》，甘肃人民出版社1991年1月版，第118页。

② 陈直：《居延汉简综论》，《居延汉简研究》，第151页。

③ 甘肃简牍保护研究中心、甘肃省文物考古研究所、甘肃省博物馆、中国文化遗产研究院古文献研究室、中国社会科学院简帛研究中心编：《肩水金关汉简》（壹），下册第108页，第137页，第147页。

④ 甘肃简牍保护研究中心、甘肃省文物考古研究所、甘肃省博物馆、中国文化遗产研究院古文献研究室、中国社会科学院简帛研究中心编：《肩水金关汉简》（贰），下册第1页。

(73EJT30：185)[①]

(30) 世从者安故里孙偃年十三长六尺黑色 (73EJT37：746)

(31) 居延亭长平明里不更张广年廿三长七尺五寸黑色轺车一乘用

□从者居延□□里大夫徐□年十二长五尺四寸黑色五月己亥入七月

〼 (73EJT37：833A)[②]

(32) 幸朋故广里公乘王尚年三十五

置佐孙宏葆 〼

从者觻得富昌里公士张恽年十二□

(73EJF3：511+306+291)[③]

除了简 (25)“从者”“年十六岁”而外，简 (26) 至 (32)“从者”都在“年十五”以下。计有“年十五”2 例 [(28)(29)]，“年十三”2 例 [(26)(30)]，“年十二”2 例 [(31)(32)]，“年十一”1 例 [(27)]。简 (27)“从者”“年十一”，是年龄最小的一例。另外还有一则体现未成年人活动于居延边防地区的简例：

(33) 信年卌五

〼 〼

年十五·送迎收责橐他界 (73EJT37：1315)[④]

---

① 甘肃简牍博物馆、甘肃省文物考古研究所、甘肃省博物馆、中国文化遗产研究院古文献研究室、中国社会科学院简帛研究中心编：《肩水金关汉简》(叁)，下册第 118 页。

② 甘肃简牍博物馆、甘肃省文物考古研究所、甘肃省博物馆、中国文化遗产研究院古文献研究室、中国社会科学院简帛研究中心编：《肩水金关汉简》(肆)，下册第 65 页，第 72 页。

③ 甘肃简牍博物馆、甘肃省文物考古研究所、甘肃省博物馆、中国文化遗产研究院古文献研究室、中国社会科学院简帛研究中心编：《肩水金关汉简》(伍)，下册第 24 页。

④ 甘肃简牍博物馆、甘肃省文物考古研究所、甘肃省博物馆、中国文化遗产研究院古文献研究室、中国社会科学院简帛研究中心编：《肩水金关汉简》(肆)，下册第 105 页。

此“年十五”者，未存留姓名，也没有是否“从者”的信息。但是已经独力承担“送迎收责橐他界”的工作，应是担任公务的军人无疑。

匈奴部队中也有未成年军人。典型例证见于李广事迹。《史记》卷一〇九《李将军列传》：“（李广）为将军，出雁门击匈奴。匈奴兵多，破败广军，生得广。单于素闻广贤，令曰：‘得李广必生致之。’胡骑得广，广时伤病，置广两马间，络而盛卧广。行十余里，广详死，睨其旁有一胡儿骑善马，广暂腾而上胡儿马，因推堕儿，取其弓，鞭马南驰数十里，复得其余军，因引而入塞。匈奴捕者骑数百追之，广行取胡儿弓，射杀追骑，以故得脱。”“因推堕儿”，裴骃《集解》引徐广曰：“一云‘抱儿鞭马南驰’也。”[①]

4　未成年人“将车”劳作

《史记》卷一〇四《田叔列传》褚少孙补述说到西汉名臣任安事迹，涉及少年时生活于底层社会时辛苦劳作的情节：“任安，荥阳人也。少孤贫困，为人将车之长安。”司马贞《索隐》：“将车犹御车也。”[②] 翦伯赞曾经指出：“这里所谓‘为人将车’就是受人之雇为人赶车。”[③] “将车”虽然对技术要求较高，但也是辛苦的劳作形式。这种劳作的突出特点应是承担转输任务，实现较遥远空间距离的物资移动。任安“荥阳人”，“为人将车之长安”，现今河南荥阳至陕西西安公路营运线路里程 536 公里[④]，以汉里相当于 325 米计[⑤]，相当于 1649 里。《九章算术·均输》：

① 《史记》，第 2870 页至第 2871 页。

② 《史记》，第 2779 页。

③ 翦伯赞：《两汉时期的雇佣劳动》，《北京大学学报》1959 年 1 期。

④ 《全国公路营运线路里程示意图》（第二版），人民交通出版社 1985 年 6 月版，第四分册第 12 页；第六分册第 2 页，第 12 页。

⑤ 陈梦家根据对居延地区汉代邮程的考证，以为“以 325 米折合的汉里，比较合适”，“用 400 或 414 米折合则太大”。见《汉简考述》，《考古学报》1963 年 1 期，《汉简缀述》，中华书局 1980 年 12 月版，第 32 页。

“重车日行五十里。”[①] 任安“将车之长安”大致行程多达33天。

汉代画像资料中可以看到未成年人“为人赶车”的情形。江苏邳州陆井墓出土汉画像石，表现主人博戏情景，右侧置一解套的牛车，而牛在左侧，一未成年人手牵挂系牛鼻的缰绳。有研究者解释为“屋外左侧刻一儿童坐在杌子上逗牛”。[②] 这位儿童，应是来客所乘牛车的御者。山西离石马茂庄出土墓室门侧画像可见如下画面：“一人牵牛车行进，牛昂首前行，车为辎车，四人在旁随之而行。”[③] 牵牛者身高不及牛背，与随行“四人”比较，亦小大悬殊，可知应是儿童。山东邹城郭里镇羊山村汉画像石也可见未成年人“将车”画面。陕西绥德刘家湾出土汉画像石所见三辆车的“将车”者，都是未成年人。

居延汉简多见有关“将车”的简文。例如“☐里上造史赐年廿五长七尺二寸黑色为兰少卿将车”（14.12），“将车觻得万岁里☐”（77.7），“☐将车觻得安世里公乘工未央年卅长七尺二寸黑色”（334.13），“将车觻得新都里郝毋伤年卅六岁长长七尺二寸黑色☐”（334.36），“☐将车河南郡荥阳”（346.39）等。[④]《候粟君所责寇恩事》简册也可见有关寇恩“将车”的文字：“恩从觻得自食为业将车到居延”（EPF22：18），“恩又从觻得自食为业将车莝斩来到居延”（E. P. F22：27）。[⑤] 这些“将车”者都是成年人。然而我们又看到前引简

---

① 郭书春汇校：《九章算术》，辽宁教育出版社1990年10月版，第320页，第325页。

② 中国画像石全集编辑委员会编，汤池主编：《中国画像石全集4·江苏、安徽、浙江汉画像石》，第105页，图一四三，图版说明第48页。

③ 中国画像石全集编辑委员会编，汤池主编：《中国画像石全集5·陕西、山西汉画像石》，第208页，图二八二，图版说明第77页。

④ 谢桂华、李均明、朱国炤：《居延汉简释文合校》，文物出版社1987年1月版，第22页，第136页，第523页，第524页，第539页。

⑤ 甘肃省文物考古研究所、甘肃省博物馆、文化部古文献研究室、中国社会科学院历史研究所编：《居延新简：甲渠候官与第四燧》，中华书局1990年7月版，第476页至第477页。

(31)："居延亭长平明里不更张广年廿三长七尺五寸黑色轺车一乘用」□从者居延□□里大夫徐□年十二长五尺四寸黑色五月己亥入七月」☐"（73EJT37：833A）[①] 以"从者"身份出现的"徐□年十二"，很可能是服务于"居延亭长""张广"的"将车"者。所御车辆为"轺车一乘"。前引简（5）"☐里菫东郡张清小奴满厨轺车三乘马四匹"（73EJT6：134），简文所见"小奴满厨"，也可能承担"将车"劳作。简（13）"小奴满"对应简文有"牛车一两"和"轺车一"，也有"将车"可能。

"将车"是行进式劳作。未成年"将车"者如任安"为人将车之长安"，因有一定见识，"之长安，留，求事为小吏"，随即又选择至武功，"代人为求盗亭父，后为亭长。"以"有智略"，"后除为三老，举为亲民，出为百石长。"随后汉武帝"使任安护北军"，"立名天下"，"其后用任安为益州刺史。"[②] 任安交通实践对于其"智略"之形成，不会完全无关。作为交通行为，这种劳作方式在行政史的意义之外，于区域文化交流的作用也是显著的。[③]

河西地方位于丝路交通的重要路段[④]，我们考察河西汉简所见未成年"将车"者的运输生产与交通生活，是可以增进对丝绸之路史的认识的。

5 河西军人未成年家属及其遗物发现

居延简册有以记录"家属"信息为主题者。陈直指出有"燧长"

① 甘肃简牍博物馆、甘肃省文物考古研究所、甘肃省博物馆、中国文化遗产研究院古文献研究室、中国社会科学院简帛研究中心编：《肩水金关汉简》（肆），中西书局2015年11月版，下册第72页。

② 《史记》卷一〇四《田叔列传》褚少孙补述，第2779页至第2781页。

③ 王子今：《行走的秦汉少年——教育史视角的考察》，《中山大学学报》（哲学社会科学版），2020年1期。

④ 王子今：《汉代河西的交通格局与民族关系》，《中国民族报》2018年11月2日07版。

“妻子用谷数字”的记录，又可见“官吏”“与妻子在官”简文，“可证燧长以上家属有在官者。不过就发现之简而论，是戍卒的家属占多数。”于是，“推定边郡戍所的燧长等官，多单身赴任，而士卒则携带家属，长期服役。”① 所见简册，有些可能即有的学者所谓《卒家属廪名籍》，“卒家属廪名籍是供给卒家属粮食的名单”。“简文所见相关称谓有‘卒家属禀名籍’‘卒家属名籍’‘卒家属在署名籍’‘卒家属见署名籍’‘省卒家属名籍’等，今暂证称之为‘卒家属廪名籍’。”论者举列 11 例，其中 9 例包括未成年家属 14 人：

1. 制虏隧卒周贤。

子使女捐之，年八，用谷一石六斗六升大。

子使男并，年七，用谷二石一斗六升大。（《合校》，27.4）

2. 制虏隧卒张孝。

子未使女解事，年六，用谷一石一斗六升大。（《合校》，55.25）

3. 俱起隧卒王并。

子未使女毋知，年二，用谷一石一斗六升大。（《合校》，203.13）

4. 俱起隧卒丁仁。

弟使女肩，年十三，用谷一石一斗六升大。（《合校》，254.11）

5. 武成隧卒孙青肩。

子使女于，年十，用谷一石六斗六升大。

子未使女女足，年六，用谷一石一斗六升大。（《合校》，203.7）

---

① 陈直：《居延汉简综论》，《居延汉简研究》，天津古籍出版社 1986 年 5 月版，第 156 页。

6. 第四隧卒张霸。

弟使男勋，年七。(《合校》，133.20)

7. 第四隧卒虞护。

弟使女自如，年十二。

子未使女真省，年五。(《合校》，194.20)

8. 第五隧卒徐谊。

子使女待，年九。

子未使男有，年三。(《合校》，203.3)

10. 止北隧卒王谊。

子未使女女足，年五岁。

子小男益有，年一岁。(《新简》EPT65.119)[①]

这些未成年人作为“隧卒”的“家属”，或“子”或“弟”，其身份为“使男”“使女”“未使男”“未使女”“小男”。其中编号7“第四隧卒虞护”的妻子“妻大女胥，年十五”，其实刚刚成年。“子未使女真省，年五”，应当不是亲生女儿。

我们看到其他载录未成年人名字、年龄等信息的简文，可能属于并非“‘卒家属禀名籍’‘卒家属名籍’‘卒家属在署名籍’‘卒家属见署名籍’‘省卒家属名籍’等”的其他名籍。如：

(34) 妻大女觻得当富里成虞年廿六

子小女侯年一岁

橐他通望隧长成褒　弟妇孟君年十五　车二两

建平三年五月家属符　弟妇君始年廿四　用牛二头

小女护恽年二岁　马一匹

---

① 李均明：《秦汉简牍文书分类辑解》，文物出版社2009年1月版，第359页至第361页。今按：“今暂证称之为‘卒家属廪名籍’”，或有误字。

弟妇君给年廿五　(73EJT3：89)[①]

(35)　　　　　　□年十三用马二匹

建平四年正月家属出入尽十二月符

常年五岁(73EJT37：142)

(36)　　　　　　妻大女至年卅五　牛车一两

橐他置佐昭武便处里审长　子小女侯年四　用牛四头

建平二年家属符　　　　子小男小奴年一岁(73EJT37：175)

(37) 橐他□望隧长□□　　　弟大男□年廿　牛二头

建平四年正月家属出入尽十二月符　弟妇始年廿　车一两

子小女倩卿年三岁(73EJT37：176)

(38)　　　　　　子男临年十六

子女召年廿子女青年二岁

建平二年家属符　　　　　　(简左侧有一刻齿)

子女骄年十三

子妇君阳年廿三子女君乘年八子男钦年三岁

(73EJT37：755)

(39)　　　　　　妻大女觻得安成里陈自为年四

橐他收降隧长陈建　　子小男恽年九岁　车一两(简右侧有一刻齿)

建平二年正月家属符子　小女护□年□□　(73EJT37：756)

(40)　　　　　　母昭武平都里虞俭年五十

橐他南部候史虞宪　　　妻大女丑年廿五　　大车一两

建平四年正月家属出入尽十二月符　子小女孙子年七岁

---

① 甘肃简牍保护研究中心、甘肃省文物考古研究所、甘肃省博物馆、中国文化遗产研究院古文献研究室、中国社会科学院简帛研究中心编：《肩水金关汉简》(壹)，下册第35页。

用牛二头

子小男冯子年四岁　用马一匹

（简右侧有一刻齿）（73EJT37：758）

（41）　妻大女昭武宜众里王办年五十

橐他石南亭长王并　子男嘉年十一岁

建平四年正月家属出入尽十二月符　大车一两

用牛二头

用马一匹

（简右侧有一刻齿）（73EJT37：762）

（42）橐他通道亭长宋捐之　妻大女觻得常乐里宋待君年廿二

永始四年家属符尽十二月　子小男自当年九

子小女廉年六（简左侧有一刻齿）

（73EJT37：1059）[①]

“某年家属符”“某年正月家属出入尽十二月符”可能是文书题名。[②] 简（34）至简（42）9 例，“家属符”中未成年人最少 1 人，最多 4 人，平均 2. 11 人。简（34）“弟妇孟君年十五”与前说李均明《秦汉简牍文书分类辑解》编号 7“第四隧卒虞护”“妻大女胥，年十五”相同，也是刚刚成年。这条简文也可以作为考察河西女子婚龄的资料。

这些未成年人在河西边塞军事生活中的表现，他们的体验，他们的感觉，都应当成为历史学者和考古学者学术考察的主题。

敦煌马圈湾汉代烽燧遗址出土当时军人及其家属的遗物中，发现了未成年人的生活用品。

出土的履，有发掘者认为“为男性成人所用”的“麻布履”1 件。

---

① 甘肃简牍博物馆、甘肃省文物考古研究所、甘肃省博物馆、中国文化遗产研究院古文献研究室、中国社会科学院简帛研究中心编：《肩水金关汉简》（肆），下册第 23 页，第 25 页，第 26 页，第 65 页，第 66 页，第 87 页。

② 有学者称之为“出入符”“吏家属出入符”“吏家属符”。丁义娟：《肩水金关汉简初探》，中国农业科学技术出版社 2019 年 9 月版，第 129 页至第 161 页。

也有“似为妇女所用”的“涂漆麻线编织履”1件。另外，有值得特别关注的儿童穿用的履。发掘报告中写道：

> 麻线编织履 一件。标本T2：020。以细麻线编织，口呈椭圆形，底长15厘米，宽5.5厘米，履前部已磨破。为3—4岁小孩所用。

发掘报告中又将被称作“小孩履”的标本T2：020与另一件成人用履标本T4：018比较[①]，数据可以体现鞋履尺寸的悬殊。敦煌悬泉置还曾出土可以判断为“童鞋”的皮鞋。据研究者记述：

> 皮鞋。汉代。敦煌悬泉置遗址出土。长12.5厘米，宽6厘米，高4.2厘米。皮质。圆口童鞋，鞋帮鞋底均用真皮，以明线缝制，鞋口中后段有系袢。鞋帮一侧残破，另端系带亦缺失。底有许多蛀孔。是研究汉代物质生活形态与古代服饰发展史的珍贵实物资料。现藏甘肃省文物考古研究所。[②]

使用者较编号为T2：020的“麻线编织履”的主人，年龄应当更小。相关实物遗存，也是当时儿童经历边塞艰苦生活的见证。

敦煌马圈湾汉代烽燧遗址出土生活用物遗存，可知这些未成年人在河西异常困难的环境下与父兄一起体验了战时艰苦条件。我们曾经讨论过河西军人对“寒苦”生活特殊的生理反应和心理反应。[③] 马圈湾遗址出土皮制童鞋，是儿童生活场景的文物实证。

《史记》卷一一〇《匈奴列传》记载草原民族儿童生活：“儿能骑

---

① 甘肃省文物考古研究所：《敦煌马圈湾汉代烽燧遗址发掘报告》，甘肃省文物考古研究所编：《敦煌汉简》，中华书局1991年6月版，下册第54页，第56页，图版壹玖肆。

② 甘肃省地方史志编纂委员会《甘肃省志·文物志》编纂委员会编纂：《甘肃省志·文物志》，文物出版社2018年11月版，第1687页。

③ 王子今：《汉代西北边塞吏卒的“寒苦”体验》，《简帛研究二〇一〇》，广西师范大学出版社2012年3月版。

羊引弓射鸟鼠，少长则射狐兔：用为食。”[①] 儿童“骑羊引弓射鸟鼠”，是“少长”之后“射狐兔”“用为食”的生存能力的习练，直接说来，也是未成年人的游戏方式。汉代画像多见儿童游戏场面。史籍文献中称“儿戏”或“群儿戏”。[②]《潜夫论·浮侈》写道：“今民奢衣服，侈饮食，事口舌，而习调欺，以相诈给，比肩是也。……或作泥车、瓦狗、马骑、倡排，诸戏弄小儿之具以巧诈。”彭铎校正：“按：泥车、瓦狗、马骑、倡俳，汉墓中多有之。”[③] 玩具实物也每见出土。高等级玩具如“鸠车”等，体现了精巧的制作工艺和优雅的审美情趣。未成年人的活泼性情也得以反映。[④]

《后汉书》卷三四《梁冀传》说“贵戚”梁冀少时品行趣好，涉及多种“儿戏”形式：“少为贵戚，逸游自恣，性嗜酒，能挽满、弹綦、格五、六博、蹴鞠、意钱之戏，又好臂鹰走狗，骋马斗鸡。”[⑤] 敦煌马圈湾汉代烽燧遗址出土“蹴鞠”游戏用具。据发掘报告介绍：

> 体育用具　一件
>
> 蹴鞠　一件。标本 T12：01，内填丝绵，外用细麻绳和白绢搓成的绳，捆扎成球形。直径 5.5 厘米。《汉书·东方朔传》：“郡国狗马蹴鞠剑客辐凑董氏。常从游戏北宫，驰逐平乐，观鸡鞠之会，

---

① 《史记》，第 2879 页。

② “儿戏”，见于《史记》卷二七《绛侯周勃世家》，第 2074 页。《后汉书》卷一一《刘盆子传》，第 482 页。《三国志》卷二九《魏书·方技传·华佗》，第 801 页。又有“群儿戏”，见于《三国志》卷四八《吴书·三嗣主传·孙皓》裴松之注引《搜神记》，第 1177 页。参看王子今：《许阿瞿墓志补释》，《湖南省博物馆馆刊》第 12 辑，岳麓书社 2016 年 8 月版。

③ 〔汉〕王符著，〔清〕汪继培笺，彭铎校正：《潜夫论笺校正》，中华书局 1985 年 9 月版，第 123 页，第 125 页。

④ 王子今：《汉代民间的玩具车》，《文物天地》1992 年 2 期；《汉晋“鸠车”考识》，《湖南省博物馆馆刊》第 15 辑，岳麓书社 2019 年 12 月版。

⑤ 《后汉书》，第 1178 页。

角狗马之足，上大欢乐之。”此件似为随军子女之玩具。[①]

同样属于“随军子女之玩具”的，还有发掘报告所谓“玩具衣”：

玩具衣 三件。标本 T3：017（图五；彩版，7）。以素绢手工缝制，以深红色绢作领和袖，以深蓝色绢作袖缘。衣长 4 厘米，胸围 3.4 厘米，两袖长 2.6 厘米，领边宽 0.6 厘米，下摆残。依古代衣服制度，似仿襦制作。《说文》：“襦，短衣也。”段注：“《方言》：‘襦，西南蜀汉之间，谓之曲领，或谓之襦。’《释名》有反闭襦、有单襦、有要襦。颜注《急就篇》曰：‘短衣曰襦，自膝以上。’按：襦若今袄之短者，袍若今袄之长者。”

由发掘报告彩版二（7）及图五“玩具衣形制图 T3：017”[②]，可以了解这种“玩具衣”的形制。又有称此为“冥衣”者，甘肃省博物馆编《甘肃丝绸之路文明》写道：

冥衣

西汉（公元前 206—公元 8 年）

敦煌市马圈湾遗址出土

甘肃省文物考古研究所存

纵长 4.5 厘米，横长 8.9 厘米。残缺，粉红色，绿绸镶边，丝线缝制，保存较好。是冥器，在新疆一带的墓葬中多见，一般缝在死者入殓时所穿的衣服上。[③]

虽是一件文物，尺寸的记述略有差异。所谓“冥衣”的判断得到附和。依据依然是“新疆”“墓葬”出土物。赵丰主编《丝路之绸：起源、传

---

① 甘肃省文物考古研究所：《敦煌马圈湾汉代烽燧遗址发掘报告》，甘肃省文物考古研究所编：《敦煌汉简》，下册第 63 页。

② 甘肃省文物考古研究所：《敦煌马圈湾汉代烽燧遗址发掘报告》，甘肃省文物考古研究所编：《敦煌汉简》，下册第 55 页。

③ 甘肃省博物馆编，韩博文主编：《甘肃丝绸之路文明》，科学出版社 2008 年 6 月版，图 71，第 80 页，图版说明第 195 页。

播与交流》对另一标本 T7：18 有所介绍：

冥衣

汉代　绢

衣残长 5.5 厘米，领残长 11 厘米，领宽 0.8 厘米，通袖长 11 厘米

甘肃敦煌马圈湾烽燧遗址出土

甘肃简牍博物馆藏（79DMT7：18）

署名周旸的解说文字这样写道："冥衣残损，作交领式，左袖缺失，自腰部断裂，无下摆。衣身单层无衬里，由红色绢制成，经密 70 根/厘米，纬密 35 根/厘米。领部及袖缘采用蓝色绢，经纬密度与红色绢相近。染料分析结果表明，红色为茜草染成，蓝色还是来自靛青。在马圈湾烽燧遗址共出土两件此种冥衣，另一件款式与此接近，袖略长，衣身为米黄色，袖及领为红色，袖缘为蓝色，同样在腰部以下缺失。[①] 根据河西出土的汉晋衣服的形制推断，此件冥衣极有可能是腰部以下加缝一段下摆的短袖襦。此类冥衣是中国古代丧葬礼仪及风俗的产物，其体量很小，虽是专为陪葬所做的冥服，但其样式应是对实物的模仿，一定程度上反映了当时的服装式样。在楼兰古墓群 MB2 曾出土一件绢质冥衣，宽衣长袖，是仿制成人衣服制作的冥衣。营盘 15 号墓也出土过一件淡黄色绢衣袍和黄褐色绢衣襦，不仅服装保存最为完整，入葬方式也最为明确。在胸前及左手各置一件绢质冥衣，以象征备足四季之衣服，供死者在另一世界享用。[②] 从楼兰及营盘墓地所保存较为完整的信息推测，

① 原注：甘肃省博物馆，敦煌县文化馆，1981，4 页。今按：参考文献无此条。应为：甘肃省博物馆、敦煌县文化馆：《敦煌马圈湾汉代烽燧遗址发掘简报》，《文物》1981 年 10 期。

② 原注："于志勇、覃大海，2006，63—83 页。"参考文献："于志勇、覃大海. 营盘墓地 M15 的性质及罗布泊地区彩棺墓葬初探. 吐鲁番学研究. 2006 (1)."

马圈湾遗址所出土的小型服装亦应为冥衣类随葬品。”①

然而就此必须予以辨正，马圈湾烽燧遗址出土的标本 T3：017 和标本 T7：18，与新疆出土于墓葬的被判定为“冥衣”的遗存性质应当不同。在边塞军事设施发现作为“中国古代丧葬礼仪及风俗的产物”的“专为陪葬所做的冥服”，是不大好理解的。发掘者以为“玩具衣”即女童玩偶的服装的性质定位，应当是正确的。

6　丝路上的“胡羌”儿童

丝绸之路文化遗存可以看到少数民族“归义”的交通行迹。河西边塞出土简牍资料有反映民族关系的内容，其中亦涉及少数民族未成年人。如敦煌汉简：

（43）五校吏士妻子议遣乌孙归义侯疌清子女到大煎都候鄣”（90）

涉及“归义”的“乌孙”贵族“子女”。他们来到河西，“到大煎都候鄣”，是经历了艰苦的交通实践的。敦煌汉简又有：

（44）车师侯伯与妻子人民桼十桼人愿降归德钦将伯等及乌孙归义（88）②

所谓“妻子人民”中，应当包括未成年人。

额济纳汉简又有言及“大且居蒲妻子人众”的简文：

（45）□大且居蒲妻子人众凡万余人皆降余览喜拜之□□□□□□□符蒲等

其□□□□质修待子入余□□入居……仮奏辩诏命宣扬威

① 周昒：《2.17 冥衣》，赵丰主编：《丝路之绸：起源、传播与交流》，浙江大学出版社 2015 年 9 月版，第 85 页。

② 甘肃省文物考古研究所编，吴礽骧、李永良、马建华释校：《敦煌汉简释文》，甘肃人民出版社 1991 年 1 月版，第 9 页。

□安杂□

（2000ES9SF4：9）

（46）校尉苞□□度远郡益寿塞徼召余十三人当为单乎者苞上书谨□□为单乎者十三人其一人葆塞稽朝候咸妻子家属及与同郡虏智之将业（2000ES9SF4：10）[①]

外族来降的“妻子人众”“妻子家属”其中的“子”，应当主要是未成年人。“归义”字样，显示对汉文化的高度认同。《史记》卷一一七《司马相如列传》：“……皆争归义，欲为臣妾，道里辽远，山川阻深，不能自致。”[②] 明确说到“归义”要克服怎样困难的交通条件。简（45）说“妻子人众凡万余人”，人数相当惊人。其中“子”指代的未成年人数量必然相当可观。简文“奏辩诏命宣扬威□安杂□”，说到对来“降”的“妻子人众”进行安置，其中包括“宣扬威□”的政治宣教。简（43）“妻子”，简（44）“妻子人民”，简（46）“妻子家属”，应当也是包括未成年人的。

西域地方曾经长期为匈奴控制。汉文化影响介入之后，西域文化倾向发生转变。汉与匈奴在西域地方长期争夺。《汉书》卷九六下《西域传下》记载，新莽时代与匈奴关系紧张，对西域的控制因政策不当，曾经出现危机。“莽易单于玺，单于恨怒，遂受狐兰支降，遣兵与共寇击车师，杀后城长，伤都护司马，及狐兰兵复还入匈奴。”在匈奴军事威胁压力下，戊己校尉刀护病，属下两位身份为“史”的军官陈良和终带杀害校尉，降匈奴。刀护亲属被害，据说“妇女小儿”得以存活，但随即被“胁略”“入匈奴”，人数颇多。“……遂杀校尉刀护及子男四人、诸昆弟子男，独遗妇女小儿。……良等尽胁略戊己校尉吏士男女二千余人入匈奴。”这是西域汉军未成年“小儿”被劫虏“入匈奴”的历

① 孙家洲主编：《额济纳汉简释文校本》，文物出版社 2007 年 10 月版，第 85 页。

② 《史记》，第 3044 页。

史记录，也体现了丝绸之路史上未成年人的苦难生活。

汉与匈奴的关系出现反复，王莽购求几名叛将，均予处决。然而后来因“复欺诈单于”致使外交失败，匈奴对长城防线全面进犯，而西域亦离散，脱离中原王朝控制。“后三岁，单于死，弟乌絫单于咸立，复与莽和亲。莽遣使者多赍金币赂单于，购求陈良、终带等。单于尽收四人及手杀刀护者芝音妻子以下二十七人，皆械槛车付使者。到长安，莽皆烧杀之。”① 所谓“单于尽收四人及手杀刀护者芝音妻子以下二十七人，皆械槛车付使者”，其中“芝音妻子以下二十七人”，很有可能也是包括未成年人的。或有儿童因西域军事争斗，被王莽“烧杀”于长安。“其后莽复欺诈单于，和亲遂绝。匈奴大击北边，而西域亦瓦解。焉耆国近匈奴，先叛，杀都护但钦，莽不能讨。”

焉耆因“近匈奴”以致“先叛”，杀害都护但钦。由此后来成为新莽远征军惩罚的主要对象。焉耆在丝绸之路交通结构中的特殊地位②，应当也是首先成为新莽军战略目标的重要原因之一。《汉书》卷九六下《西域传下》记述了天凤三年（16）“出西域”“入焉耆”战事：

> 天凤三年，乃遣五威将王骏、西域都护李崇将戊己校尉出西域，诸国皆郊迎，送兵谷。焉耆诈降而聚兵自备。骏等将莎车、龟兹兵七千余人，分为数部入焉耆，焉耆伏兵要遮骏。及姑墨、尉犁、危须国兵为反间，还共袭击骏等，皆杀之。唯戊己校尉郭钦别将兵，后至焉耆。焉耆兵未还，钦击杀其老弱，引兵还。莽封钦为剼胡子。李崇收余士，还保龟兹。数年莽死，崇遂没，西域因绝。③

---

① 《汉书》，第3926页至第3927页。

② 王子今：《焉耆在丝绸之路交通格局中的地位》，《唐都学刊》2018年1期。

③ 《汉书》，第3927页。

新莽远征军主力因“焉耆伏兵要遮”以及“姑墨、尉犁、危须国兵为反间，还共袭击”，全面失利。最高统帅“五威将王骏”被杀，“西域都护李崇”“收余士，还保龟兹”，只有一支部队得利，“戊己校尉郭钦别将兵，后至焉耆”，利用“焉耆兵未还”的机会，“钦击杀其老弱，引兵还”。郭钦因此得封爵。

郭钦“击杀”的焉耆“老弱”，无疑是包括未成年人的。因功封“子”爵事。其名号可见“剼胡子”“剿胡子”之不同。“剼”“剿”两字，有注家指出因“转写”而异，字义本来是相通的。郭钦得到嘉奖封“剼胡子”“剿胡子”，体现了新莽集团执政者的民族意识和民族政策。这种极端残酷的方式，应当看作丝绸之路史文化交融进程中的逆流。[①] 无辜儿童的人生悲剧，标记在历史的黑暗页面。

敦煌阳关博物馆藏有汉代以原木挖凿而成的简陋的婴儿木棺。婴儿身体以织物包裹。此婴儿木棺发现时，外部包有草席。现在仍然可以看到棺外包裹草席的完好遗存。另有空置的备用木棺，应当也是为夭折婴儿准备的。新疆若羌博物馆藏年代更早的儿童木乃伊，是西域地方未成年人葬式的文物遗存。早期丝绸之路上儿童死后的安葬形式，可以得到说明。当地民族构成，或是婼羌人，或是鄯善人，也可能是当时中原称作“南羌”的部族或部族联盟。这些夭折儿童死后往往都用织物包裹。新疆楼兰城郊平台墓地的发掘收获，可见：“纺织品：素绢 1 件（MA2：2）。双幅联缀。单幅宽 37 厘米、长 24 厘米。两边各缀一条素色丝带。带长 26 厘米、宽 5 厘米。出土时包裹在 MA2 小孩的头上。”[②] 这些早于汉代的未成年人的遗体遗物，也是丝绸之路交通史的纪念。[③]

---

① 王子今：《郭钦“剼胡子”“剿胡子”辨——汉代丝绸之路史与西域民族关系史一个断面的考察》，《丝路文明》第 3 辑，上海古籍出版社 2018 年 9 月版。

② 新疆楼兰考古队：《楼兰城郊古墓群发掘简报》，《文物》1988 年 7 期。

③ 王子今：《前张骞的丝绸之路与西域史的匈奴时代》，《甘肃社会科学》2015 年 2 期。

河西地方“胡羌”儿童的文物遗存，相信今后的考古工作中如果予以注意，应当会有新的发现。

上文说到马圈湾汉代烽燧遗址出土的“玩具衣”，又以为“冥衣”的判断。据《丝路之绸：起源、传播与交流》提出的楼兰墓地所谓“保存较为完整的信息”，关于“在楼兰古墓群MB2曾出土一件绢质冥衣”，原注：“新疆楼兰考古队，1998，第23—39页。”参考文献：“新疆楼兰考古队．楼兰城郊古墓群发掘简报．文物．1998（3）．”今按：准确信息应为：新疆楼兰考古队：《楼兰城郊古墓群发掘简报》，《文物》1988年7期。发掘简报记述“孤台墓地”发掘收获：“标本MB2：28为一件绢质冥衣，宽衣长袖，腰部两侧各钉有三根供系结用的黄色和赤红色小绢带，领、袖和下摆以黄色绢贴边，中为褐色绢，是仿成人衣服制作的冥衣。身长15厘米、身宽8.5厘米、每只袖长6.5厘米。”然而对于墓葬形制，只简单写道：“MB2因斯坦因挖掘扰乱，形制不清，但从LC墓葬分布图看，应是一长方形墓。”对于墓主骨骼遗存、墓葬规模和其他出土物均无介绍。而斯坦因1914年进行的发掘十分“草率”，“墓葬都是在墓中心掏坑，人骨架与随葬器物均被扰乱。”“墓葬形制和随葬器物部位均不清楚。”[①]

MB2墓主还不能排除未成年人的可能。也就是说，“楼兰古墓群MB2”出土的“绢质冥衣”，也有可能是一件“玩具衣”。有的图录是这样介绍相关信息的：

绢衣　东汉

长约15厘米

楼兰故城孤台墓地出土[②]

只客观记录其材质和形制，并不轻易做出性质判断，可能是比较合适的

① 新疆楼兰考古队：《楼兰城郊古墓群发掘简报》，《文物》1988年7期。

② 新疆维吾尔自治区文物局编：《丝路瑰宝——新疆馆藏文物精品图录》，新疆人民出版社2011年12月版，第184页。

方式。研究者可以多方位地参考文化背景和历史条件予以分析。

“手工缝制”的“玩具衣”的存在，说明在特殊的民族交错、战事频仍的生活背景下，孩子们的父母对子女可能表现出了更多温馨的关爱。丝绸之路沿线儿童与一般儿童共同的喜好、爱心及生活情趣也因此得以表现。[①]

---

① 王子今：《河西考古发现的汉代儿童生活史料——丝绸之路史视角的考察》，《丝绸之路与秦汉文明——丝绸之路与秦汉文明国际学术研讨会论文集》，文物出版社 2020 年 10 月版。

“勒功燕然”的文化史回顾

汉和帝永元元年（89），汉王朝远征军与南匈奴合击北匈奴，取得决定性的胜利。《后汉书》卷四《和帝纪》记载：“夏四月，车骑将军窦宪出鸡鹿塞，度辽将军邓鸿出稒阳塞，南单于出满夷谷，与北匈奴战于稽落山，大破之，追至私渠比鞮海。窦宪遂登燕然山，刻石勒功而还。北单于遣弟右温禺鞮王奉奏贡献。”[①]《后汉书》卷二三《窦宪传》的记述更为具体：“会南单于请兵北伐，乃拜宪车骑将军，金印紫绶，官属依司空，以执金吾耿秉为副，发北军五校、黎阳、雍营、缘边十二郡骑士，及羌胡兵出塞。”窦宪和耿秉与南匈奴左谷蠡王师子所率部众出朔方鸡鹿塞，南单于所部出满夷谷，度辽将军邓鸿及缘边义从羌胡骑兵，左贤王安国的部队出稒阳塞，各部“皆会涿邪山”。于是以“精骑万余，与北单于战于稽落山，大破之”，北匈奴军“崩溃，单于遁走”。窦宪军追击北匈奴残部，“遂临私渠比鞮海”。这一战役“斩名王已下万三千级，获生口马牛羊橐驼百余万头”，北匈奴“八十一部率众降者，前后二十余万人”。窦宪、耿秉于是“登燕然山，去塞三千余里，刻石勒功，纪汉威德”。[②]

燕然山“刻石勒功”的文字由班固起草。燕然勒铭成为标志军事史、边疆史、民族关系史重要事件的文化符号，长久为历代铭记。近期

---

① 《后汉书》，第168页。

② 《后汉书》，第814页。

这处刻石实际遗存的发现，对于注意相关历史文化进程的人们，无疑是好消息。

1 “铭功”：文化纪念

《宋书》卷六四《谢元传》回顾窦宪、班固事迹，说到“铭功于燕然之阿”。[①]“铭功”，是中国政治文化传统。起先有铭于青铜器的做法，后来则通行刻铭于石的方式。秦始皇、秦二世东巡刻石，既是政治宣言的发表，也有纪功的意义。汉代刻石“铭功”尤为普及。政绩军功，均习惯以此纪念。著名的《开通褒斜道摩崖》《石门颂》等，都是工程完成后的纪功石刻。《曹全碑》明确说，碑文的主题，在于“刊石纪功”。《郙阁颂》“勒石示后”，《石门颂》“勒石颂德”，《裴岑纪功碑》“以表万世”，都表露刻石动机在于“今而纪功，垂流亿载，世世叹诵”（《石门颂》），力求实现永久追念的效应。

勒石燕然摩崖位置大致确定，是具有重要意义的考古收获。不过，燕然山石刻是否为这种战功纪念最早的实例，可能还难以断言。《宋书》卷七〇《袁淑传》：“俾高阙再勒，燕然后铭。”[②] 似乎在南北朝人的历史认识中，高阙也曾经有勒石纪念的先例。

明人张吉将两汉进击匈奴取得的胜利一并称颂：“武帝、和帝始命卫、霍，耿、窦诸将，穷兵极讨，登临瀚海，勒功燕然。”（《古城集》卷三）胡应麟《从军行》诗也写道：“扬旌耀汉月，吹角飞边霜。一战摧月支，再战款名王。弯弓月在手，鸣镝星流光。勒功燕然石，传檄瀚海傍。归来拜骠骑，恩宠冠长杨。”（《少室山房集》卷五）所谓“勒功燕然石，传檄瀚海傍”，在颂扬两汉军事英雄时，其事迹相互交叉。《汉书》卷六《武帝纪》记录元狩四年（前119）出击匈奴取得的重大

---

① 《宋书》，第1707页。

② 《宋书》，第1837页。

胜利："大将军卫青将四将军出定襄，将军去病出代，各将五万骑。步兵踵军后数十万人。青至幕北围单于，斩首万九千级，至阗颜山乃还。去病与左贤王战，斩获首虏七万余级，封狼居胥山乃还。"所谓"封狼居胥山"，颜师古注："登山祭天，筑土为封，刻石纪事，以彰汉功。"可知虽然《汉书》没有记载"刻石纪事"情节，但是唐代《汉书》学名家理解为，在狼居胥山，霍去病曾经勒石纪功。"封"，是纪念性建筑。著名的有关"封"的历史记录，见于《左传·文公三年》："秦伯伐晋，济河焚舟，取王官及郊。晋人不出，遂自茅津渡，封殽尸而还。"杜预解释说，"封，埋藏之。"而《史记》卷五《秦本纪》有相同记载，裴骃《集解》引贾逵曰："封识之。"秦穆公"封殽尸"，绝不仅仅是简单地掩埋 4 年前阵亡士卒的尸骨，而是修建了高大的夯土建筑，以作为国耻的永久性纪念。秦穆公"令后世以记"（《史记》卷五《秦本纪》）的用心，是期望通过这种"封"来实现的。霍去病在狼居胥山的"封"，则有炫耀军功，"令后世以记"的动机，也不能排除如颜师古所说，曾经"刻石纪事，以彰汉功"的可能。而燕然山"纪汉威德"的活动，除"刻石勒功"外，据班固铭文，也是包括"封神丘兮建龙嵑"的。而这篇"勒功"文字，在编入《文选》卷五六，列为"铭"的第一篇时，就题名为《班孟坚封燕然山铭一首》，突出显示了"封"字。[①]

燕然山在今蒙古国杭爱山。据班固《燕然山铭》，窦宪军"经碛卤，绝大漠"，终于"乘燕然"，实现"恢拓境宇"的新局面。然而在漫长的汉匈战争史中，窦宪部未必最早抵达燕然山这一汉帝国北边"境宇"的著名坐标。《汉书》卷九四上《匈奴传上》记载，李广利曾经"引兵还至速邪乌燕然山"，为匈奴单于"将五万骑遮击"。据颜师古注："速邪乌，地名也。燕然山在其中。"[②] 既言"还至"，则其部队向

---

① 〔梁〕萧统编，〔唐〕李善注：《文选》，中华书局据胡克家刻本 1977 年 11 月缩小影印版，第 769 页至第 770 页。

② 《汉书》，第 3780 页。

北运动还曾达到更远的位置。

2 “振大汉之天声”

考察两汉在北边及西域的经营，体现出当时英雄主义的时代精神与奋勇进取的文化倾向。鄂州出土汉镜铭文“宜西北万里”，体现出汉代社会对于西北方向特别的关注。对匈奴作战的胜利，如班固《燕然山铭》所说：“蹑冒顿之区落，焚老上之龙庭。上以摅高、文之宿愤，光祖宗之玄灵；下以安固后嗣，恢拓境宇，振大汉之天声。兹所谓一劳而久逸，暂费而永宁者也。”称颂此战可以雪汉高帝、汉文帝之耻，得以“恢拓境宇”，实现“久逸”“永宁”之功。后世并非强势的君王在军力增益时可能“勃然有勒燕然之志”[①]，说明勒功燕然事，表现出强大而长久的激励力量。

然而应当了解，燕然山“封神丘兮建龙嵑”是汉武帝时代“封狼居胥山”军事成功的继续，并非窦宪一时之成就。明人吴讷《文章辨体序题》“铭”条写道：“汉班孟坚之燕然山，则旌征伐之功。”[②] 我们必须注意到，匈奴退却，并非仅仅由于汉军“征伐之功”，而有复杂的因素。《续汉书·天文志中》：“汉遣车骑将军窦宪、执金吾耿秉，与度辽将军邓鸿出朔方，并进兵临私渠北鞮海，斩虏首万余级，获生口牛马羊百万头。日逐王等八十一部降，凡三十余万人。追单于至西海。”[③] 汉与羌胡联军四万余众，而敌方降者前引《窦宪传》说“二十余万人”，此说则达“三十余万人”，可知战争形势的复杂。应当说，文化态度的端正，经济实力的竞争，民族关系的调整，甚至生态环境的变迁等等，都构成了导致匈奴削弱的合力。我们理解什么是可以引为自豪并

---

① 《宋史》卷三九五《王质传》，第 12056 页。

② 〔明〕程敏政辑：《明文衡》卷五六《杂著》，《四部丛刊》景明本，第 578 页。

③ 《后汉书》，第 3233 页。

努力发扬的“大汉之天声”，首先应当关注鲁迅曾经感叹的“遥想汉人多少闳放”，“毫不拘忌”，“魄力究竟雄大”。他热情肯定的当时民族精神“豁达闳大之风”[①] 的历史价值，应当超过《燕然山铭》表现为战争征服的所谓“斩温禺以衅鼓，血尸逐以染锷”。

我们看到，“去塞三千余里”“大破”北匈奴，是汉军与南匈奴及“羌胡”武装力量联合作战的胜利。远征发起的契机，是“南单于请兵北伐”。据《后汉书》卷二三《窦宪传》记载，“宪与秉各将四千骑及南匈奴左谷蠡王师子万骑出朔方鸡鹿塞，南单于屯屠河，将万余骑出满夷谷，度辽将军邓鸿及缘边义从羌胡八千骑，与左贤王安国万骑出稒阳塞，皆会涿邪山。”[②] 简略估算远征军的构成，从“度辽将军邓鸿及缘边义从羌胡八千骑”不易区分汉军骑兵与“羌胡”骑兵所占比例，其余共计三万八千骑中，南匈奴各部合计三万骑，窦宪部与耿秉部合计仅八千骑。可以说，窦宪远征军的主力，是草原游牧民族骑兵。

3　中护军班固：文人生涯与军人生涯的交集

班固是《汉书》的主要作者。《汉书》作为《史记》之后又一部史学名著，在“二十四史”中列居第二。《汉书》是中国第一部完整的断代史，就保存西汉与新莽时代的历史资料来说，《汉书》是最全面、最完备的史籍。《汉书》撰述完成后，“当世甚重其书，学者莫不讽诵焉。”[③] 班固曾受命完成《白虎通德论》的撰集。据说皇帝“每行巡狩，辄献上赋颂”，而“朝廷有大议，使难问公卿，辩论于前，赏赐恩宠甚渥”。对于当时作为朝廷最重要国是的边疆与民族问题的决策，班固也曾经提出过政策建议。班

① 鲁迅：《看镜有感》，《坟》，《鲁迅全集》，人民文学出版社 1981 年版，第 1 卷第 197 页。

② 《后汉书》，第 814 页。

③ 《后汉书》卷四〇上《班固传》，第 1334 页。

固是一位具有全面才华的学者，也是一位丰产的作家。“固所著《典引》、《宾戏》、《应讥》、诗、赋、铭、诔、颂、书、文、记、论、议、六言，在者凡四十一篇。”[①] 据明代学者张溥辑《班兰台集》，班固《汉书》以外各种文体的作品41篇中，“铭”有3篇，列于最先的就是《封燕然山铭》。[②]

宣示军事成功，“昭铭”“大汉”“圣德”的这篇文字，是班固文化生命的亮点。《后汉书》卷四〇下《班固传》记载，窦宪出征匈奴时，以班固为中护军，“与参议”军事决策。《燕然山铭》所记述“玄甲耀日，朱旗绛天”，“征荒裔”，“剿凶虐”，“四校横徂，星流彗扫，萧条万里，野无遗寇”的战争实践，班固曾经亲身参加。后来北匈奴单于“遣使款居延塞，欲修呼韩邪故事，朝见天子，请大使”，窦宪又建议派遣班固以“行中郎将事”身份，率领数百骑兵与北匈奴使者出居延塞迎接北匈奴单于。班固抵达私渠海，得知北匈奴内乱，于是回到汉地。[③] 班固能够出入北边，稳健处理情势复杂的民族事务与外交事务，与他曾经随窦宪北上，“逾涿邪，跨安侯，乘燕然”的野战体验有直接的关系。宋人彭汝砺《送颢叔帅临洮》诗写道：“昔夸禁中得颇、牧，今见南阳称召、杜。前席宣室疑已暮，勒功燕然无可慕。”[④] “勒功燕然”者，与留下“前席宣室”故事的贾谊形成对应关系。而班固当然与窦宪不同，他身为军事“参议”，对大局有高才贾谊般的思考，其文武兼备的能力，一如彭诗写述的“颇、牧”与“召、杜”的结合。

窦宪“既平匈奴，威名大盛”，有心网罗私人势力，于是班固“置幕府，以典文章”。[⑤] 后来窦宪受到惩处，班固“先坐免官”，又因“诸子多不遵法度”被捕入狱，最终死在狱中。班固的政治命运和窦宪捆绑

① 《后汉书》卷四〇下《班固传》，第1386页。

② 〔汉〕班固著，〔清〕张溥辑，白静生校注：《班兰台集校注》，中州古籍出版社1991年9月版，第96页。

③ 《后汉书》，第1385页。

④ 〔宋〕彭汝砺撰：《鄱阳集》卷一，清文渊阁《四库全书》本，第8页。

⑤ 《后汉书》卷二三《窦宪传》，第819页。

在一起，这种亲密依附关系最典型最极端的标志，或许就是燕然山窦宪“令班固作铭”。唐杨夔《送张相公出征》：“愿将班固笔，书颂勒燕然。”[①] 宋陆游《塞上》：“不应幕府无班固，早晚燕然刻颂诗。”[②] 明贝琼《李将军歌》：“定知班固文章在，为勒燕然示不磨。”[③] 尽管班固人生归于悲剧结局，后世人们心目中勒功燕然这样的“班固文章”，千百年并未磨灭。

4　燕然石刻发现的意义

庾信《杨柳歌》：“君言丈夫无意气，试问燕山那得碑？”倪璠注：“《后汉书》曰：窦宪与北单于战于稽落山，破之。刻石燕然山。言志求立功者多，燕山勒名几人也。”[④] 杜甫《奉酬薛十二丈判官见增》有“待勒燕山铭”句，清杨伦注：“言其志在立功也，当即诗中意。《后汉书》：‘窦宪大破北单于，于稽落山命班固作《燕然山铭》，勒石纪功。’”[⑤] “燕然山”略写为“燕山”，以致有对于勒功燕然空间定位的误会。嘉庆《大清一统志》卷三九《宣化府二・山川》“燕然山”条：“燕然山，在宣化县东三十里。”“《宣府镇志》：相传为窦宪纪功处。按《后汉书》注，燕然在速邪乌，出塞三千里。《镇志》傅会不足信。”[⑥]

---

① 〔宋〕李昉等编：《文苑英华》卷二八三，中华书局 1966 年 5 月版，第 1434 页。

② 钱仲联校注：《剑南诗稿校注》卷一六，上海古籍出版社 1985 年 9 月版，第 1152 页。

③ 〔明〕贝琼撰：《清江诗集》卷四，《四部丛刊》景清赵氏亦有生斋本，第 36 页。

④ 〔北周〕庾信撰，〔清〕倪璠注，许逸民校点：《庾子山集注》卷五，中华书局 1980 年 10 月版，第 411 页，第 412 页。

⑤ 〔唐〕杜甫撰：《杜诗镜铨》卷一六，清乾隆五十七年阳湖九柏山房刻本，第 384 页。

⑥ 《嘉庆重修一统志》，中华书局 1986 年 5 月版，第 1549 页。

所引《宣府镇志》，即明栾尚约撰嘉靖《宣府镇志》，其书卷八《镇旧志》有“燕然山”条：“燕然山。城东南三十里，相传为窦宪纪功处。山有迭翠岩，雨霁岚气，青翠可爱。”又录明王崇献诗：“阅武场中倚将坛，燕然山势老龙盘。窦君出塞三千里，寄语英雄仔细看。”熊伟《燕然迭翠》诗：“燕然形胜枕长千，翠入层霄万迭寒。……老我忧时思汉将，凭谁勒石照巑岏。”① 即使以为燕然山在漠北远方者，其实也长期不能明确这一文化遗存的具体位置。勒石燕然摩崖遗存在蒙古国杭爱苏木的发现，对于这一重要文物的保护和研究，提供了基本条件。对于古代文献记录的《燕然山铭》文字的校正和理解，也有了新的学术基础。应当肯定，这一发现所具有的历史地理学和历史文献学的意义都是明确的。就历史地理学而言，于民族地理、军事地理和交通地理诸方面都开启了新的学术视窗。中国和蒙古国学者合作取得的这一考古收获，也可以看作中国考古学界正在逐步开展的国外合作调查发掘工作的新的学术契机。

遗迹发现地点杭爱山，有学者以为与古书常见之“瀚海”有关。元代学者刘郁《西使记》写道：“今之所谓‘瀚海’者，即古金山也。”② 岑仲勉《自汉至唐漠北几个地名之考定》赞同刘郁之说，认为

---

① 嘉靖《宣府镇志》，明嘉靖四十年刻本，第253页。

② 魏源《海国图志》卷二九《西南洋诸国》有《五印度沿革总考》，题注：“原本无，今补辑”，其中录有“元刘郁《西使记》”。篇末署“中统四年三月刘郁记”。魏源还写道：刘郁言“今之所谓‘瀚海’者”，就是“古金山”，所说“今”。即指元代。魏源《海国图志》载录《西使记》，就此书有所说明：“《四库书目》曰：《西使记》，元刘郁撰，郁真定人，是书记常德西使皇弟锡里库军，军中返道，途之所见。”“所记虽但据见闻，不能考证古迹。”“计常德所经，皆在今屯田列障之内，具详《西域图志》。刘郁所记，本不足道。姑录以备考耳。”亦有相关评议：“源案：此记所载回国，则直造天方，佛国则直穷印度，皆逾葱岭而抵西海。今新疆版图，仅有葱岭以东，安能在屯田列障之内。读高宗《御制五天竺说》，则我朝不勤远略，无庸与元代争黩武，亦不必以谀词诬往代也。”〔清〕魏源著，王继平等整理：《海国图志》，山东画报出版社2004年1月版，第490页至第491页。

“瀚海”是“杭海”“杭爱”的译音。[①] 柴剑虹进一步发现维吾尔语汇中突厥语的遗存，“确定‘瀚海’一词的本义与来历”，以为“两千多年前，居住在蒙古高原上的突厥民族称高山峻岭中的险隘深谷为‘杭海’”，“后又将这一带山脉统称为‘杭海山’‘杭爱山’，泛称变成了专有名词。”[②] 不过，诸多文献遗存中，“瀚海”作为自然地理符号指代的是类同海洋的平坦的草原荒漠地貌。《魏书》卷二四《白伦传》：“饮马瀚海之滨，镂石燕然之上。”[③] 既言“瀚海之滨”，“瀚海”似乎不会是指山脉。而唐代诗作中，李世民《饮马长城窟行》：“塞外悲风切，交河冰已结。瀚海百重波，阴山千里雪。”[④] 又如王维《燕支行》：“画戟雕戈白日寒，连旗大旆黄尘没。叠鼓遥翻瀚海波，鸣笳乱动天山月。”[⑤] 李白《塞上曲》也写道：“命将征西极，横行阴山侧。”“萧条清万里，瀚海寂无波。”[⑥] 虞世基《出塞二首和杨素》之一：“衔枚压晓阵，卷甲解朝围。瀚海波澜静，王庭氛雾晞。”[⑦] 顾野王《陇头水》：“瀚海波将息，交河冰未坚。宁知盖山水，逐节赴危弦。”[⑧] 钱起《送王使君赴太原行营》：“惊蓬连雁起，牧马入云多。不卖卢龙塞，能消瀚海波。”[⑨] “瀚海波”与“瀚海”“山脉”之说不能相合，杭爱山《燕然山铭》及周边相关历史文化迹象的综合研究，也有益于我们对“瀚海”

① 岑仲勉：《中外史地考证》，中华书局1962年12月版，第71页至第72页。

② 柴剑虹：《“瀚海”辨》，《学林漫录》（二集），中华书局1981年3月版。

③ 《魏书》，中华书局1974年6月版，第618页。

④ 〔宋〕李昉等编：《文苑英华》卷二〇九，第1037页。

⑤ 〔唐〕王维撰，〔清〕赵殿成笺注：《王右丞集笺注》卷六，上海古籍出版社1984年6月版，第96页。王安石《胡笳十八拍》之二：“流星白羽腰间插，叠鼓遥翻瀚海波。一门骨肉散百草，安得无泪如黄河。”《临川先生文集》卷三七，《四部丛刊》景明嘉靖本，第187页。“叠鼓遥翻瀚海波”袭用王维句。

⑥ 〔清〕王琦注：《李太白全集》卷五，中华书局1977年9月版，第291页。

⑦ 〔宋〕李昉等编：《文苑英华》卷一九七，第974页。

⑧ 〔宋〕李昉等编：《文苑英华》卷一九八，第979页。

⑨ 〔明〕高棅编：《唐诗品汇》卷七七，清文渊阁《四库全书》本，第642页。

意义的准确理解。

5 关于“汙冒顿之逗略”

2019年，中蒙学者对《燕然山铭》遗存进行了再次考察，获得了质量更高的拓本。经仔细释读，刻石第14行文字有：

汙冒顿之逗略，焚老上之龙庭。

《后汉书》卷二三《窦宪传》作：“蹑冒顿之区，焚老上之龙庭。”李贤注：“冒顿，单于头曼子也。区落谓东灭东胡，西走月氏，南取楼烦，悉收秦所夺匈奴地。冒顿子稽粥号老上单于。匈奴五月大会龙庭，祭其先、天地、鬼神，今皆焚荡之。”[①] 做出石刻实地发现之学术贡献的苏木德道尔吉、苏建国又提出了具有领先意义的学术新见：“第14行的‘汙冒顿之逗略’，《后汉书》作‘蹑冒顿之区落’，‘汙’字被‘蹑’字取代，‘逗略’被‘区落’顶替，使得该句所含内容与摩崖所记大相径庭。‘逗略’，应与‘逗落’同音，当是匈奴语‘墓冢’之意。《史记》载：‘其送死，有棺椁金银衣裘，而无封树丧服。’”又写道：裴骃《史记集解》引晋张华语注：

张华曰：“匈奴名冢曰‘逗落’。”[②]

又指出：杜佑《通典》移录此节，在相同位置注文为：

晋张华曰：“匈奴名冢曰‘豆落’。”[③]

也就是说，在窦宪于汉和帝永元元年（89）远征北匈奴的军事行动中，有“汙冒顿之逗略”，即破坏匈奴强势领袖人物冒顿墓葬的行为。[④] 在

---

① 《后汉书》，第815页至第816页。

② 原注：“史记（卷110：匈奴列传）［M］. 北京：中华书局，1963. 2893.”

③ 原注：“通典（卷194：边防十）［M］. 王文锦等点校. 北京：中华书局，1988. 5305.”

④ 齐木德道尔吉、高建国：《有关〈封燕然山铭〉摩崖的三个问题》，《西北民族研究》2019年1期。

秦汉时期，“汙”是一种表现对敌对人物欺辱、征服、厌胜的政治行为。如《续汉书·郡国志四》吴郡“由拳”条刘昭注补引干宝《搜神记》，有关于秦始皇对传说“有天子气”的地方以“掘汙”形式予以破坏的记录：“秦始皇东巡，望气者云：‘五百年后，江东有天子气。’始皇至，令囚徒十万人掘汙其地，表以恶名，故改之曰由拳县。”[①]《汉书》卷九九上《王莽传上》：“古者畔逆之国，既以诛讨，则猪其宫室以为汙池，纳垢浊焉，名曰凶虚，虽生菜茹，而人不食。”“汙池刘崇室宅。后谋反者，皆汙池云。”对于“猪其宫室以为汙池，纳垢浊焉”，颜师古注：“李奇曰：‘掘其宫以为池，用贮水也。’师古曰：‘猪谓畜水汙下也。汙音乌。’”[②] 这一方式，又见于《陈书》卷三六《始兴王叔陵传》有关陈叔陵事迹的记载。此人有盗墓嗜好，“好游冢墓间，遇有茔表主名可知者，辄令左右发掘，取其石志古器，并骸骨肘胫，持为玩弄，藏之库中。”他死后，“历发丘墓”“斫棺露骸”的罪行被揭露，谴责者还建议“请依宋代故事，流尸中江，汙潴其室，并毁其所生彭氏坟庙”，得到最高执政者认可。[③] 所谓“猪其宫室以为汙池”，也就是“汙潴”。此所谓“汙”，应当就是燕然山刻石“汙冒顿之逗略”的“汙”。这种方式用于冢墓，应当是可能的。

中蒙联合考古队近年在蒙古后杭爱省高勒毛都 2 号墓地进行的发掘中，对该墓地一座中型墓葬 M189 的工作收获值得重视，2017 年，对陪葬墓和祭祀石列进行了发掘，对主墓进行了局部清理。2018 年至 2019 年对主墓进行了发掘。考古工作者发现，M189 是一座有斜坡墓道的“沙坑积石墓”，平面呈甲字形。地面有围绕墓室和墓道边缘砌出的石墙，墙内填满沙石。石块堆积底部有数层木构架，有火烧痕迹。另外，

① 《后汉书》，第 3490 页。

② 《汉书》，第 4084 页，第 4086 页。

③ 《陈书》，第 496 页。《南史》卷六五《陈宗室诸王列传·始兴王叔陵》：“（陈叔陵）好游冢墓间，遇有茔表主名可知者，辄命左右发掘，取其石志、古器并骸骨肘胫，持为玩弄，藏之府库。”第 1584 页。

“通过测年等手段在墓室中部确认了一处东汉时期盗洞的支护结构遗迹”。“棺内随葬品被盗一空，未见墓主遗骨”。墓中出土物“呈现比较明显的西汉时期特点”，“不同质地文物虽然因盗扰和重压破坏严重，但是从可辨器物的种类和做工方面可以看出大部分器物级别较高。”考古工作者指出，“根据田野考古资料和初步整理获得的信息，目前可以确认该墓葬的年代相当于我国的西汉时期，早于以往在俄罗斯和蒙古境内发掘的大部分匈奴贵族墓葬。墓主在匈奴社会中应当具有较高的地位。墓葬在东汉时期遭到一次严重盗扰，墓主遗骨及随葬品遭到严重破坏。”发掘者指出，“除了 PM5 和 PM11 之外，其余墓葬都有明显扰动，但是这些扰动明显与一般意义上的盗墓活动有区别。如 PM7 上肢及头部完全不见；PM8 下颌骨在棺外发现，头部及部分肩部不见，陶器保存完好；PM9 头骨在棺外，陶器保存完好，下肢未经扰动；PM10 头骨在坑内石块缝隙中发现，棺内肩部以下人骨未经扰动；PM12 人骨头部及部分肩部不见，下肢未经扰动，随葬铜器及金饰保存完好。这些现象说明，扰动的目的可能主要是破坏人骨，而不是盗走随葬器物。因此我们推测这种破坏可能是一种报复性活动，不同于一般意义上的盗扰。以往发掘的 M1 的扰动也是主要针对安置人骨的棺室，放置金银车马器及其他器物的两个棺室并未遭破坏[①]，情况与此相似。《汉书·匈奴传》记载‘汉复得匈奴降者，言乌桓尝发先单于冢’；《后汉书·乌桓鲜卑列传》也记载汉昭帝时乌桓曾经毁掉匈奴单于墓葬，说明乌桓曾经对匈奴贵族墓葬实施过报复性破坏。M1 及 M189 陪葬墓发现的这些现象证实，这种报复性毁墓活动确实发生过。至于破坏活动的实施者是否就是文献记载的乌桓人，还需要继续探讨。”结合史籍文献的记载，我们可

① 原注：“a. ERDENEBAARTR Diimaajav. The Cultural Heritage of Xiongnu Empire［M］. Ulaanbaatau：Munkhiin Useg Publishing House，2016：29. b. 策·图尔巴图，萨仁毕力格。蒙古国境内匈奴墓葬研究概况及近年新发现。草原文物，2011，(1).”

以知道，草原民族也采用墓葬破坏的方式作为民族战争中的报复手段。所谓“匈奴降者，言乌桓尝发先单于冢”，说明匈奴人与乌桓人相同，在生死兴衰的意识中，是相当重视先人“冢”的安危的。

发掘者还分析了 PM11 的情形：“PM11 虽然下部保存较好，但是上部积石中央也有扰动痕迹。积石下部到 1.48～1.55 米处坑内填沙夹杂零星石块，石块分布不规则；但是此深度向下直到棺顶，坑内布满石块。根据这种现象推测，PM11 的盗扰活动可能未完成，仅破坏了墓坑上半部分；下部可能因为石块密布，阻止了破坏活动。这座墓葬墓坑填满石块的埋葬方式与其他陪葬墓明显不同，同时其墓坑深度也是 12 座陪葬墓中最深，随葬器物数量最多，马头骨和铁刀也是此批陪葬墓中仅见，这些现象可能反映了墓主比较特殊的地位。”

发掘者特别说明，“在本次发掘中，我们对墓葬和盗洞年代的判断不仅采用了传统的考古断代方法，同时也采用了碳十四测年等科技手段。对墓葬所填沙石中间木头层的测年为墓葬年代提供了准确信息，尤其是对盗洞支护结构的测年首次提供了盗扰活动发生的确切年代信息。”① 发掘者判定，“墓葬的建造年代为西汉中期左右，早于已知的同类墓葬。所发现的盗洞支护结构形成于东汉中期到晚期，盗洞堆积情况表明在此之前还有一次盗扰活动。”② M189 入葬年代和盗扰年代的相关信息，使得人们自然会联想到《燕然山铭》中所说到的“汙冒顿之逗略”。

类似的情形，后世依然屡有发生。晋成帝咸康七年（341），建立前燕国的鲜卑族首领慕容皝迁都龙城，率军伐高句丽。《晋书》卷一〇

---

① 河南省文物考古研究院、洛阳市文物考古研究院、乌兰巴托大学考古学系：《蒙古国后杭爱省高勒毛都 2 号墓地 M189 陪葬墓发掘简报》，《华夏考古》2018 年 2 期；河南省文物考古研究院：《2019 年度中蒙联合考古简报（一）》，“河南考古”2019 年 9 月 2 日。

② 周润山、聂凡、孙凯、任潇：《2018 年度蒙古国后杭爱省高勒毛都 2 号墓地 M189 发掘》，《大众考古》2019 年 1 期。

九《慕容皝载记》记载："高句丽王钊谓（慕容）皝军之从北路也，乃遣其弟武统精锐五万距北置，躬率弱卒以防南陕。（慕容）翰与钊战于木底，大败之，乘胜遂入丸都，钊单马而遁。（慕容）皝掘钊父利墓，载其尸并其母妻珍宝，掠男女五万余口，焚其宫室，毁丸都而归。明年，钊遣使称臣于（慕容）皝，贡其方物，乃归其父尸。"[①] 慕容皝"掘钊父利墓"，载其尸而归，成为迫使高句丽人屈服的一种特殊的手段。而使用这一手段，确实取得了成功。《魏书》卷九五《徒何慕容廆传》也记载了前燕征高丽的战争中掘墓劫尸的情形："（慕容）元真征高丽，大破之，遂入丸都，掘高丽王钊父利墓，载其尸，并其母妻、珍宝，掠男女五万余口，焚其宫室，毁丸都而归。钊单马遁走，后称臣于元真，乃归其父尸。"[②] 《宋书》卷七四《鲁爽传》记载，北魏宁南将军鲁爽对太武帝拓跋焘请求道："奴与南有仇，每兵来，常虑祸及坟墓，乞共迎丧，还葬国都。"得到拓跋焘的准许。对于"祸及坟墓"的担心，也说明战争中毁坏敌方的坟墓，是常见的情形。后鲁爽降刘宋，得到信用。"（鲁）爽北镇义阳。北来部曲凡六千八百八十三人，是岁二十八年也。虏毁其坟墓。"[③] 鲁爽成为刘宋将领后，家族坟墓终于被北魏毁坏。南朝梁武帝萧衍统治末年，东魏降将侯景发动叛乱，占领首都建康（今南京），逼死梁武帝，使萧梁政权面临倾覆，江南社会经历浩劫，史称"侯景之乱"。据《梁书》卷五六《侯景传》记载，叛军与王僧辩部对峙时，侯景曾经"遣掘王僧辩父墓，剖棺焚尸"。[④] 南宋末年，

---

① 《晋书》，第 2822 页。

② 《魏书》，第 2060 页。事又见《魏书》卷一〇〇《高句丽传》，第 2214 页；《北史》卷九三《僭伪附庸列传·燕慕容氏》，第 3067 页；《北史》卷九四《高丽传》，第 3112 页。

③ 《宋书》，第 1923 页至第 1924 页。《南史》卷四〇《鲁爽传》："魏毁其坟墓。"第 1020 页。

④ 《梁书》，第 861 页。《南史》卷八〇《贼臣列传·侯景》："（王）僧辩及诸将遂于石头城西步上，连营立栅，至于落星墩。景大恐，遣掘王僧辩父墓，剖棺焚其尸。"第 2014 页。

陈文孙与安南王族人益稷引导宋师南征，安南王愤怒，发掘陈文孙的父亲陈仲微的冢墓，以斧破其棺[①]，也是相类同的例证。

《燕然山铭》“汙冒顿之逗略”文字保留了有关民族文化的深刻记忆。对于丝绸之路经营有重要表现的汉人与匈奴人因“汙冒顿之逗略”所显示出的涉及丧葬传统与复仇意识的礼俗特点，以及可以进行更深层次认识的文化理念和民族性格，也是丝绸之路史研究者应当注意的。[②]

---

① 《宋史》卷四二二《陈仲微传》：“其子文孙与安南王族人益稷出降，乡导我师南征。安南王愤，伐仲微墓，斧其棺。”中华书局 1977 年 11 月版，第 12620 页。

② 王子今：《“勒功燕然”的文化史回顾》，《光明日报》2017 年 9 月 18 日 14 版。

曹操高陵“渠枕”考

曹操高陵出土石牌可见“渠枕一”文字。研究者对“渠枕”多有关注，发表了不同解说。通过了解与“渠国”相关的历史文化信息，并关注汉魏之际社会上层人物对于来自西域的物品往往深心爱重，以及曹操使用西来物质生活消费品等情形，可以推想此“渠枕”可能即来自“渠国”的玉料或次玉石料所制“枕”。《水经注》载录西域“大盐方如巨枕”之说以及文献偶见“车渠枕”“渠枕”文字，亦或有参考意义。从这一视角理解曹操高陵石牌文字“渠枕”，或许可以提示其丝绸之路史料的文化价值。

1 “渠枕”名实及其与“慰项石”的关系

曹操高陵出土标识“随葬品的名称和数量”的石牌 66 件。其中有刻铭文字“渠枕一”者（M2：298）。[①]“渠枕”的意义并不明朗。

有学者据“战国至汉代的枕”的“出土实物”分析，以为“渠枕就是外部具有明显‘渠形’‘沟状’特征的枕头”。又举河北定县北庄汉墓出土“枕面中间有明显凹槽”的玉枕[②]，判断“可以认为就是渠枕”。论者还以为满城刘胜墓、窦绾墓，以及大葆台汉墓出土玉枕，即

① 河南省文物考古研究所编著：《曹操高陵》，中国社会科学出版社 2016 年 10 月版，彩版八五-4。

② 敖承隆：《河北定县北庄汉墓发掘报告》，《考古学报》1964 年 2 期。

有学者所谓"'U'形嵌玉铜枕"者[①]，"实际上也就是""渠枕"。[②]

对于"渠枕"所谓"渠"的理解，又有"渠，大"的说法。于是以为"所谓'渠枕一'，或为一只宽大舒适的日用枕头"。[③]

现在看来，对于"渠枕"名义，有必要进行认真的分析。

曹操高陵出土有"魏武王常所用慰项石"标识文字的文物，为警方追缴所得。[④] 据介绍，是"一只长24厘米、宽17厘米、高8厘米的青石枕"。"该枕原出于安阳高陵二号墓，中部有形如水渠的弧形凹道，背面刊镌'魏武王常所用慰项石'隶书九字。有论者以为，此枕即'渠枕一'所指者。对此，另有不同观点认为，'魏武王常所用慰项石'与'渠枕一'同出一墓，却在称呼上判然有别，恰好表明二者并非一物。慰项石简陋且坚硬，体积也相对窄小，绝难保证长夜好梦，应当是曹操用来治疗头痛病的专用器具。""这件慰项石的水渠状凹陷部位色泽黑亮滑腻，或经常接触后脑及脖项所致，与其背面铭刻的'常所用'字样意思吻合。"[⑤] 李凭以为"慰项石并非渠枕"。[⑥] 而发掘者认为，"铭刻有'魏武王常所用慰项石'的石枕，应该就是该墓葬中所出的石牌（M2：296）所指的渠枕，该石枕正式名称应为'渠枕'。"[⑦] 也有学

① 赵赟：《试论汉代玉枕》，《文物世界》2009年6期。

② 李恒光：《西高穴出土"慰项石"解》，《西南交通大学学报》（社会科学版）2020年1期。

③ 郑志刚：《汉魏大墓石牌文字研究》，南京大学博士论文（2019年，导师：周晓陆），第44页。

④ 河南省文物考古研究所编著：《曹操高陵》，中国社会科学出版社2016年10月版，第236页，彩版一二二。

⑤ 郑志刚：《汉魏大墓石牌文字研究》，南京大学博士论文（2019年，导师：周晓陆），第45页。今按：据《曹操高陵》，"枕长24.6厘米、宽17.3厘米、厚8.4厘米。"第246页。

⑥ 李凭：《鉴定曹操高陵的各项证据》，《史学月刊》2012年11期。

⑦ 黄建秋、潘伟斌：《"魏武王常所用慰项石"铭的渠枕研究》，河南省文物考古研究所编著：《曹操高陵》，中国社会科学出版社2016年10月版，第317页。今按："石牌（M2：296）"，发掘报告编号为"M2：298"。彩版八四。

者说，“此‘慰项石’应该就是石牌中的‘渠枕一’。因为，此石枕两边高，中间低，看起来很像‘渠’，故称‘渠枕’。”[①] 对于“慰项石”，据说“多数学者认为就是物疏中的渠枕”。也有学者认为，“慰项石从性质上来讲，是用以‘停息、止息’脖项的器物，它并不是真正意义上的渠枕，由于与渠枕形制相似、部分功能相同，而被作为替代品陪葬。”[②]

《释名·释形体》：“项，确也，坚确受枕之处也。”[③]《说文·页部》：“项，头后也。”“烦，玉枕也。”段玉裁注：“玉枕，各本作‘项烦’。小徐作‘项枕’。《广韵》作‘项烦’。”“一讹为‘项烦’，再讹为‘项烦’，皆非也。许氏彤祥考《内经甲乙经》，作《释骨》曰：‘颠之后横起者，曰头横骨，曰枕骨。其两旁尤起者，曰玉枕骨。玉枕骨即偃卧箸枕之处。’”[④] 如此则“渠枕”与“慰项石”有关，是很自然的联想。但是论证“渠枕”与“慰项石”两者确是一物，还需要进一步考证。据对“慰项石”实物进行的观察分析和 X 光衍射（XRD）检测，有学者指出，“滑石和镍绿泥石是渠枕的主要矿物相，透闪石为少量矿物相，三种矿物的硬度分别为莫氏 1 度、3 度、5 度。推测此三种矿物组合为蛇纹石。”“渠枕不是用取自安阳当地的石料制作。”[⑤] 刻铭“魏武王常所用慰项石”的石质测定结果与更广阔区域地质学资料进行比照，或许是必要的。

---

① 曹定云：《论“魏武王”铭刻在曹操墓中的地位和作用——曹操墓真伪问题讨论随想》，《中国社会科学报》2010 年 8 月 19 日 7 版，收入河南省文物考古研究所编：《曹操高陵考古发现与研究》，文物出版社 2010 年 11 月版。

② 李恒光：《西高穴出土“慰项石”解》，《西南交通大学学报》（社会科学版）2020 年 1 期。

③ 任继昉纂：《释名汇校》，齐鲁书社 2006 年 11 月版，第 106 页。

④ 〔汉〕许慎撰，〔清〕段玉裁注：《说文解字注》，上海古籍出版社据经韵楼藏版 1981 年 10 月影印版，第 417 页。

⑤ 黄建秋、潘伟斌：《“魏武王常所用慰项石”铭的渠枕研究》，河南省文物考古研究所编著：《曹操高陵》，中国社会科学出版社 2016 年 10 月版，第 317 页。

2 “渠枕”“车渠枕”“西国重宝”的可能

“渠枕”之“渠”，也许并非言“两边高，中间低”的“‘渠形’‘沟状’特征”，亦并非言形制之“大”，而是其产地为“渠”的标识。

产品标识产地的情形，在汉代名物习惯中可以看到多例。如“宛珠”“鲁缟”“齐纨”“蜀锦”“襄絮”“彭城糸絮”“穰橙邓橘”“济南剑”“河内苇笥”“筰马”等，往往成为地方品牌。[①]

“渠枕”或许可以理解为以“渠”定名地方所出产的名贵的“枕”。《水经注》卷二《河水》说到“蒲昌海”“盐泽”：“龙城，故姜赖之虚，胡之大国也。蒲昌海溢，荡覆其国。城基尚存而至大。”“浍其崖岸，余溜风吹，稍成龙形，西面向海，因名龙城。地广千里，皆为盐而刚坚也。行人所径，畜产皆布毡卧之。掘发其下，有大盐，方如巨枕，以次相累，类雾起云浮，寡见星日，少禽，多鬼怪。西接鄯善，东连三沙，为海之北隘矣。故蒲昌亦有‘盐泽’之称也。”[②] 以所谓“方如巨枕”形容盐的结晶，可知当时社会生活中有使用“刚坚”之“枕”的习惯，而西北“胡之大国”或许有类似出产。

西域有以矿物材料“车渠”制作日常用物，又传入中原，介入上层社会物质生活的情形。《艺文类聚》卷七三引魏陈王《车渠椀赋》：“惟斯椀之所生，于凉风之峻湄。采金光以定色，拟朝阳而发辉。丰玄

---

① 王子今：《河西简文所见汉代纺织品的地方品牌》，《简帛》第17辑（上海古籍出版社2018年11月）；《宛珠·齐纨·穰橙邓橘：战国秦汉商品地方品牌的经济史考察》，《中国经济史研究》2019年3期；《试说居延简文“鲁絮”“襄絮”“堵絮”“彭城糸絮”——汉代衣装史与纺织品消费史的考察》，（韩国）《东西人文》第12号，庆北大学校人文学术院2019年10月30日；《“鲁缟”“蜀布”：〈史记〉所见纺织业地方品牌》，《月读》2020年10期。

② 〔北魏〕郦道元著，陈桥驿校证：《水经注校证》，中华书局2007年7月版，第40页。

素之暐晔，带朱荣之葳蕤。缊丝纶以肆采，藻繁布以相追。翩飘飖而浮景，若惊鹄之双飞。隐神璞于西野，弥百叶而莫希。于时乃有明笃神后，广彼仁声。夷慕义而重使，献兹宝于斯庭。命公输使制匠，穷而丽之殊形。华色灿烂，文若点成。郁蓊云蒸，蜿蜒龙征。光如激电，影若浮星。何神怪之巨伟，信一览而九敬。虽离朱之聪目，由炫耀而失精。何明丽之可悦，超群宝而特章。俟君子之闲宴，酌甘醴于斯觞。既娱情而可贵，故求御而不忘。”其“超群宝而特章”的品质，使得“君子”喜好。所谓“夷慕义而重使，献兹宝于斯庭”，说来自于“夷”。所谓“命公输使制匠”，似言由内地工匠制器。《艺文类聚》卷七三又引魏应玚《车渠椀赋》曰：“惟兹椀之珍玮，诞灵岳而奇生。扇不周之芳烈，浸琼露以润形。荫碧条以纳曜，嗡朝霞而发荣。纷玄黄以彤裔，晔豹变而龙华。象蜿虹之辅体，中含曜乎云波。若其众色鳞聚，卓度诡常。絪缊杂错，乍圆乍方。蔚术繁兴，散列成章。杨丹流飘，碧玉飞黄。华气承朗，内外齐光。”形容其色泽华美。所谓“不周”“灵岳”“奇生”，指出来自西北。所谓“象蜿虹之辅体”，使我们联想到上文对于“慰项石”“蛇纹”的形容。《艺文类聚》卷七三又引魏徐幹《车渠椀赋》曰：“圜德应规，巽从易安。大小得宜，客如可观。盛彼清醴，承以雕盘。因欢接口，媚于君颜。”[①] 也说制为饮器，得“媚”于“君”。《艺文类聚》卷八四引魏文帝《车渠椀赋》曰：“车渠玉属也，多纤理缛文。生于西国，其俗宝之。惟二仪之普育，何万物之殊形。料珍怪之上美，无兹椀之独灵。苞华文之光丽，发符采而扬荣。理交错以连属，似将离而复并。或若朝云浮高山，忽似飞鸟厉苍天。夫其方者如矩，圆者

① 〔唐〕欧阳询撰，汪绍楹校：《艺文类聚》，上海古籍出版社 1965 年 11 月版，第 1262 页。

如规。稠希不谬，洪纤有宜。”又引魏王粲《车渠椀赋》[①] 曰：“侍君子之宴坐，览车渠之妙珍。挺英才于山岳，含阴阳之淑真。飞轻缥与浮白，若惊风之飘云。光清朗以内曜，泽温润而外津。体贞刚而不挠，理修达而有文。兼五德之上美，起众宝而绝伦。”“末句”“起”字下，汪绍楹校注：“《御览》作‘超’。”[②] 所谓“上美”“独灵”“妙珍”，“超群宝而特章”，“超众宝而绝伦”，似说明“车渠椀”受到特别的爱重。

谢朓《金谷聚》诗有“渠盌送佳人，玉杯要上客”句。吴兆宜注：“一作‘璖椀’。”[③] 又引崔豹《古今注》：“魏武帝以车璖为酒椀。”[④] 陆倕《蠡杯铭》：“用迈羽杯，珍逾渠椀。”[⑤] “渠椀”或作“渠盌”。[⑥] 萧统《将进酒》：“洛阳轻薄子，长安游侠儿。宜城溢渠盌，中山浮羽卮。”[⑦] 所谓“渠椀”“璖椀”“渠盌”应是酒器。杜甫《茅堂检校收稻二首》之二：“稻米炊能白，秋葵煮复新。谁云滑易饱，老藉软据匀。

---

① 原文作“魏王《车渠椀赋》”。汪绍楹校注：“《太平御览》八百零八‘王’下有‘粲’字。”〔唐〕欧阳询撰，汪绍楹校：《艺文类聚》，上海古籍出版社1965年11月版，第1442页。费振刚、胡双宝、宗明华辑校《全汉赋》在“王粲”名下收入此《车渠椀赋》，校记：“本篇以《艺文类聚》卷八四所录为底本，校补以《太平御览》卷八〇八及汉魏六朝百三家集《王侍中集》等。”北京大学出版社1993年4月版，第675页。清文渊阁《四库全书》本《艺文类聚》即作“王粲《车渠椀赋》”，第1098页。

② 〔唐〕欧阳询撰，汪绍楹校：《艺文类聚》，上海古籍出版社1965年11月版，第1442页。

③ 或作“渠椀”。如〔南北朝〕徐陵撰：《玉台新咏》卷一〇，《四部丛刊》景明活字本，第73页。

④ 〔陈〕徐陵编，〔清〕吴兆宜注、程琰删补，穆克宏点校：《玉台新咏笺注》卷一〇，中华书局1985年6月版，第488页。

⑤ 〔明〕梅鼎祚编：《梁文纪》卷一一，清文渊阁《四库全书》补配清文津阁《四库全书》本，第241页。

⑥ 《留青日札》卷二五“酒器”条：“蠡杯，梁陆倕铭：‘用迈羽杯，珍踰渠盌。’”〔明〕田艺蘅撰，朱碧莲点校：《留青日札》，上海古籍出版社1992年11月版，第468页。

⑦ 《乐府诗集》卷一七，〔宋〕郭茂倩编：《乐府诗集》，中华书局1979年11月版，第243页。

种幸房州熟，苗同伊阙新。无劳映渠盌，自有色如银。”[①] 有杜诗注家解说，“渠盌”就是“车渠盌”“车渠椀”。《杜诗镜铨》《杜工部草堂诗笺》《九家集注杜诗》《补注杜诗》《分门集注杜工部诗》《集千家注杜诗》《读杜心解》《杜诗详注》等注文均引“魏文帝《车渠盌赋》”，或写作《车渠椀赋》。[②]《杜诗阐》卷二八：“玉粒何如，炊能白矣。与稻同白者，又有秋葵。秋葵虽滑，谁曰易饱，亦藉玉粒软匀，宜于老人耳。此玉粒之种，自房州来者，非如伊阙为我故乡幸也。房州之种，无异伊阙，莫白于车渠盌。凡物未白者，获借映于渠盌。玉粒之色已自如于银，渠盌之映，真不必也。”[③]

《三国志》卷三〇《魏书·乌丸鲜卑东夷传》裴松之注引《魏略·西戎传》说“大秦”物产，有“车渠”。[④]《魏书》卷一〇二《西域传·波斯》说其地出“车渠”。[⑤]《艺文类聚》卷八四可见如下引文：“《广雅》曰：‘车渠，石次玉也。’《广志》曰：‘车渠出大秦国及西域诸国。’《玄中记》曰：‘车渠出天竺国。’苏子曰：‘车渠马瑙，出于荒

① 〔唐〕杜甫著，〔清〕钱谦益笺注：《钱注杜诗》，上海古籍出版社1979年10月版，第492页。

② 〔唐〕杜甫撰：《杜诗镜铨》，清乾隆五十七年阳湖九柏山房刻本，第418页；〔唐〕杜甫撰，〔宋〕蔡梦弼笺：《杜工部草堂诗笺》，《古逸丛书》复宋麻沙本，第537页；〔唐〕杜甫撰，〔宋〕郭知达注：《九家集注杜诗》，清文渊阁《四库全书》本，第767页；〔唐〕杜甫撰，〔宋〕黄鹤注：《补注杜诗》，清文渊阁《四库全书》本，第718页；〔唐〕杜甫撰，〔宋〕王洙注：《分门集注杜工部诗》，《四部丛刊》景宋刊本，第187页；〔唐〕杜甫撰，〔元〕高楚芳注：《集千家注杜诗》，清文渊阁《四库全书》本，第352页；〔清〕浦起龙著：《读杜心解》，中华书局1961年10月版，第555页；〔唐〕杜甫撰，〔清〕仇兆鳌注：《杜诗详注》，清文渊阁《四库全书》本，第990页。

③ 〔唐〕杜甫撰，〔清〕卢元昌注：《杜诗阐》清康熙二十一年刻本，第554页。

④ 《三国志》，中华书局1959年12月版，第861页。

⑤ 《魏书》，中华书局1974年6月版，第2270页。又见《北史》卷九七《西域传·波斯》，中华书局1974年10月版，第3222页。

外。今冀州之土，曾未得其奇也。'"[①] 可知“车渠”是西域地方次于“玉”的物产，其制品之声誉已经远达“冀州”。宋人《证类本草》卷五“青琅玕”条注：“车渠、马瑙，并玉石类，是西国重宝。佛经云：上宝者谓金银、瑠璃、车渠、马瑙、玻瓈、真珠是也。”[②] 释慧琳撰《一切经音义》卷二五《大般涅槃经音义》卷上“七宝”：“一金、二银、三瑠璃、四颇黎、五车渠、六赤真珠、七玛瑙也。”[③]《事类备要》外集卷六三《财用门》：“车渠，西国重宝。”[④] 都强调“车渠”是产于“西国”的“重宝”。《大唐西域记》卷八《摩揭陁国上》“南门外遗迹”有“四天王奉钵处”：“时四天王从四方来，各持金钵，而以奉上。世尊默然而不纳受，四天王舍金钵，奉银钵，乃至颇胝、琉璃、马脑、车渠、真珠等钵，世尊如是皆不为受。四天王各还宫，奉持石钵，绀青映彻，重以进献。世尊断彼此故，而总受之。”季羡林等注释：“车渠：梵文 musāragalva 又作牟沙罗揭婆、牟沙洛，系玛瑙一类的宝石。”[⑤] 所谓“车渠”“钵”，或许类同“车渠椀”“车渠盌”。但是“车渠，石次玉”不仅仅用以制作饮食具，还可以成为多种器用的原料。李白《金银泥画西方净土变相赞并序》：“车渠瑠璃，为楼殿之饰；颇黎码碯，耀阶砌之荣。”[⑥] 甚至可以作为建材使用。

我们注意到，后世文献曾经出现“车渠枕”“渠枕”文字。如《广

---

① 〔唐〕欧阳询撰，汪绍楹校：《艺文类聚》，上海古籍出版社 1965 年 11 月版，第 1442 页。

② 〔宋〕唐慎微撰：《重修政和经史证类备用本草》，《四部丛刊》景金泰和晦明轩本，第 176 页。

③ 〔唐〕释慧琳撰：《一切经音义》，日本元文三年至延亨三年狮谷白莲社刻本，第 397 页。

④ 〔宋〕谢维新编：《事类备要》，清文渊阁《四库全书》本，第 3231 页。

⑤ 〔唐〕玄奘、辩机原著，季羡林等校注：《大唐西域记校注》，中华书局 1985 年 2 月版，第 688 页。

⑥ 〔清〕王琦注：《李太白集》卷二八，中华书局 1977 年 9 月版，第 1324 页。

群芳谱》卷三《梁简文帝三日侍宴林光殿曲水诗》描写宫苑“林光”“丽景”“美色”“繁华”：“芳年多美色，丽景复妍遥。握兰惟是旦，采艾亦今朝。回沙溜碧水，曲岫散桃夭。绮花非一种，风丝乱百条。云起相思观，日照飞虹桥。繁华炫姝色，燕赵艳妍妖。金鞍汗血马，宝髻珊瑚翘。兰馨起縠袖，莲锦束琼腰。相看隐绿树，见人还自娇。玉桂鸣罗荐，渠枕泛回潮。洛滨非拾羽，满握讵贻椒。”① 此“渠枕”，从与“宴”相关的环境背景分析，有可能是“渠椀”误写。《艺文类聚》卷四《三月三日》载录《梁简文帝三日侍宴林光殿曲水诗》未见此诗句，下篇《三日率尔成诗》可见所引内容，然而“玉桂鸣罗荐，渠枕泛回潮”句作“玉桂鸣罗荐，渠椀泛回潮”，是明确写为“渠椀”的。② 又《佩文韵府》卷一一下《十一真 · 珍》“妙珍”条：“王粲《车渠枕赋》：‘侍君子之晏坐，览车渠之妙珍。’”③ 将上文说到的王粲《车渠椀赋》误写作《车渠枕赋》。此“车渠枕”与我们讨论的“渠枕”名号接近，而所谓“渠枕泛回潮”的“渠枕”与曹操高陵石牌文字“渠枕”完全相同。可惜这只是文字讹误现象。

不过，这种“渠椀”写作“渠枕”，“车渠椀”写作“车渠枕”的情形并非个案。其致误原因，或许与人们意识中某种历史文化现象的模糊存留有关。也就是说，不排除涉及“渠枕”“车渠枕”的历史记忆仍有片断遗存的可能。

3 “渠国”宝物

中原人记述远国外夷名号多有出现“渠”字者。史籍可见《战国

---

① 〔清〕汪灏等编：《佩文斋广群芳谱》，清康熙刻本，第 34 页至第 35 页。

② 〔唐〕欧阳询撰，汪绍楹校：《艺文类聚》，上海古籍出版社 1965 年 11 月版，第 67 页。清文渊阁《四库全书》本《艺文类聚》作“磲椀”，第 56 页。

③ 〔清〕张玉书等编：《佩文韵府》，上海书店据商务印书馆《万有文库》本 1983 年 6 月影印版，第 454 页。

策》《后汉书》“义渠国”[①]、《隋书》“沮渠国”[②]、《隋书》《北史》“车渠国”[③]等。又《拾遗记》卷四“秦始皇”条有“宛渠国”。[④]《通典》卷一九三《边防九》有“轩渠国”。[⑤]《太平御览》卷九八三引《汉武故事》有“兜渠国”。[⑥]

《初学记》卷二五引王子年《拾遗记》：“穆王时，沮渠国贡火齐镜，人语则镜中响应。”[⑦]《白孔六帖》卷四引王子年《拾遗记》：“穆王时，渠国贡火齐镜，人语则镜响应。”[⑧]同样的史迹，前者言“沮渠国”，后者直接写作“渠国”。《太平御览》卷七一七引《拾遗录》：“周穆王时，渠国贡火齐镜，广三尺六寸，闇中视物如昼。人向镜语，

---

① 《战国策·秦策二》言“义渠君”及“获君之国”“事君之国”，高诱注言及“义渠国”，称“义渠，西戎之国名也”。〔西汉〕刘向集录：《战国策》，上海古籍出版社 1985 年 3 月版，第 144 页至第 145 页。《后汉书》卷八七《西羌传》，第 2874 页。《急就篇》卷二“宪义渠”，颜师古注：“义渠，国名也。”管振邦译注，宙浩审校：《颜注急就篇译释》，南京大学出版社 2009 年 8 月版，第 82 页。

② 《隋书》卷三三《经籍志二》“史志”，中华书局 1973 年 8 月版，第 963 页。

③ 《隋书》卷八二《南蛮传》“真腊”，第 1835 页；《北史》卷九五《蛮传》“真腊”，第 3162 页。

④ 《拾遗记》卷四，明《汉魏丛书》本，第 19 页。中华书局点校本《拾遗记》卷四“秦始皇”条：“始皇好神仙之事，有宛渠之民，乘螺舟而至。”注：“《稗海》本‘渠’下有‘国’字。”〔晋〕王嘉撰，〔梁〕萧绮录，齐治平校注：《拾遗记》，中华书局 1981 年 6 月版，第 101 页。

⑤ 〔唐〕杜预撰：《通典》，中华书局据原商务印书馆万有文库十通本 1984 年 2 月影印版，第 1041 页。

⑥ 《太平御览》卷九八三引《汉武故事》曰：“西王母当降，上烧兜末香。兜末香，兜渠国所献。如大豆，涂门，香闻百里。关中常大疾疫，死者因生。”〔宋〕李昉等撰：《太平御览》，中华书局用上海涵芬楼影印宋本 1960 年 2 月复制重印版，第 4353 页至第 4354 页。

⑦ 〔唐〕徐坚等著：《初学记》，中华书局 1962 年 1 月版，第 608 页。

⑧ 〔唐〕白居易撰：《白孔六帖事类集》，民国景宋本，第 132 页。上海古籍出版社“四库类书丛刊”本作“沮渠国”。〔唐〕白居易原本，〔宋〕孔传续撰：《白孔六帖》，上海古籍出版社“四库类书丛刊”1992 年 5 月版，第 218 页。

镜中则响应之也。”[①] 也作“渠国”。

汉代有物产明确标识出产地名的情形，如前说“宛珠”“鲁缟”“齐纨”“蜀锦”“襄絮”“彭城糸絮”“穰橙邓橘”“济南剑”“河内苇笥”“筰马”等，其中“筰马”来自边地少数民族地区。《史记》卷一一六《西南夷列传》与《史记》卷一二九《货殖列传》均“筰马”或“笮马”与“僰僮”并说。[②]《汉书》卷九五《西南夷传》作“莋马、僰僮”。[③] 解释《史记》卷一一六《西南夷列传》“僰僮”时，司马贞《索隐》：“服虔云：‘旧京师有僰婢。’”[④] “僰婢”是来自“僰”的女性奴隶。“僰僮”“僰婢”与“马”“牛”同样，在当时社会意识中，是当作商品的。《货殖列传》中“僮手指千”与“马蹄蹷千，牛千足，羊彘千双”并说，可知“僮”与“马”“牛”“羊”及其他多种商品形成同等的关系。[⑤] 而《史记》卷一一六《西南夷列传》“筰马、僰僮”句下，张守节《正义》：“今益州南戎州北临大江，古僰国。”[⑥]《元和郡县图志》卷三一《剑南道上》“戎州”条写道：“《禹贡》梁州之域。古僰国也。”[⑦]《舆地纪胜》卷一六三《潼川府路》“叙州”条也有同样的说法。[⑧]《明一统志》卷八七《丽江军民府》“通安府”条：“古筰国地名。”[⑨] 由“筰马”出自“筰国”，“僰僮”“僰婢”

① 〔宋〕李昉等撰：《太平御览》，中华书局用上海涵芬楼影印宋本1960年2月复制重印版，第3178页。

② 《史记》，中华书局1959年9月版，第2993页，第3261页。

③ 《汉书》，中华书局1962年6月版，第3838页。

④ 《史记》，第2993页。

⑤ 《史记》，第3274页。

⑥ 《史记》，第2993页。

⑦ 〔唐〕李吉甫撰，贺次君点校：《元和郡县图志》，中华书局1983年6月版，第790页。

⑧ 〔宋〕王象之编著，赵一生点校：《舆地纪胜》，浙江古籍出版社2012年12月版，第3486页。

⑨ 〔明〕李贤撰：《明一统志》，清文渊阁《四库全书》本，第2754页。

出自“㮣国”的语言遗存，可以推知“渠枕”出自“渠国”的表述方式是合理的。

4　曹操用品“渠枕”的丝路史料意义

东汉魏晋时期，中原上层社会表现出对西域珍品的特别爱重。《后汉书》卷五一《李恂传》说，李恂任职西域，当地贵族商人“数遗恂奴婢、宛马、金银、香罽之属，一无所受。”[①] 可知西域社会熟知中原人喜好。《太平御览》卷八一六引班固《与弟超书》：“窦侍中前寄人钱八十万，市得杂罽十余张。”[②] 可知“罽”的市场价格颇高。《艺文类聚》卷八五引班固《与弟超书》写道：“今赍白素三匹，欲以市月氏马、苏合香、毾登。”[③]《太平御览》卷九八二引班固《与弟超书》还说：“窦侍中令载杂彩七百匹，市月氏苏合香。”[④] 显现以丝绸直接交换西域“香”与毛织品的贸易方式。《艺文类聚》卷七四引后汉马融《樗蒲赋》说到“抨则素旃紫罽，出乎西邻”，“杯则摇木之干，出自岷山”。[⑤] 都说来自西域的“香”“罽”等消费品影响贵族高官生活品味的情形。东汉末年这种习尚更为风行。《三国志》卷二九《魏书·方技传·华佗》裴松之注：“东阿王作《辨道论》……言：‘诸梁时，西域胡来献香罽、腰带、割玉刀，时悔不取也。’”[⑥]

《古今注》卷下《杂注》：“魏武帝以玛瑙石为马勒，以车渠石为酒

① 《后汉书》，中华书局 1965 年 5 月版，第 1683 页。

② 〔宋〕李昉等撰：《太平御览》，中华书局用上海涵芬楼影印宋本 1960 年 2 月复制重印版，第 3631 页。

③ 〔唐〕欧阳询撰，汪绍楹校：《艺文类聚》，上海古籍出版社 1965 年 11 月版，第 1456 页。

④ 〔宋〕李昉等撰：《太平御览》，第 4347 页。

⑤ 〔唐〕欧阳询撰，汪绍楹校：《艺文类聚》，第 1278 页。

⑥ 《三国志》，第 805 页。

杯。”[①]《中华古今注》卷上“魏武帝马勒酒椀”条：“魏武帝以玛瑙为马勒，车渠石为酒椀。”[②] 体现曹操乐于以西域物产为用物，其中包括“车渠石”制品。

正如刘瑞在考论曹操高陵石牌文字“常所用”时所指出的，即如《后汉书》卷五《安帝纪》所谓“常所御”，《后汉书》卷四二《光武十王传·东平宪王苍》所谓“常所御”“旧时器服”[③]，《三国志》卷五五《吴书·周泰传》裴松之注引《江表传》所谓“常所用御”[④]，以及《南齐书》卷三《武帝纪》所谓“身上著”“常所服身”[⑤]，所指示“确实是曹操生前所用之物”。[⑥] 通过曹操日常服用包括“胡粉”“绒手巾”，则使用来自“西国”的“渠枕”，也是合理的。据晋人著作《拾遗记》保留的传说，远国“所献”“珍宝”中是有“枕”的。魏元帝咸熙二年（265）时藏于“宝库”中的“玉虎头枕”，引发了神异故事。[⑦] 这一文化

---

① 〔晋〕崔豹撰，焦杰校点：《古今注》，辽宁教育出版社 1998 年 3 月版，第 16 页。

② 〔五代〕马缟撰，李成甲校点：《中华古今注》，辽宁教育出版社 1998 年 3 月版，第 5 页。

③ 《后汉书》，第 208 页，第 1438 页。

④ 《三国志》，第 1288 页。

⑤ 《南齐书》，中华书局 1972 年 1 月版，第 61 页至第 62 页。

⑥ 刘瑞：《说“常所用”》，《中国文物报》2010 年 10 月 15 日 6 版，收入河南省文物考古研究所编：《曹操高陵考古发现与研究》，文物出版社 2010 年 11 月版。

⑦ 《拾遗记》卷七《魏》：“咸熙二年，宫中夜有异兽，白色光洁，绕宫而行。阉宦见之，以闻于帝。帝曰：‘宫闱幽密，若有异兽，皆非祥也。’使宦者伺之，果见一白虎子，遍房而走。候者以戈投之，即中左目。比往取视，惟见血在地，不复见虎。搜检宫内及诸池井，不见有物。次检宝库中，得一玉虎头枕，眼有伤，血痕尚湿。帝该古博闻，云：‘汉诛梁冀，得一玉虎头枕，云单池国所献。’”〔晋〕王嘉撰，〔梁〕萧绮录，齐治平校注：《拾遗记》，中华书局 1981 年 6 月版，第 169 页。《格致镜原》卷三二《珍宝类一·玉》“玉器物”条引《拾遗记》：“汉诛梁冀，得一玉虎枕头，云单池国所献。”同书卷五四《居处器物类二·枕》“宝枕”条引《拾遗记》：“汉诛梁冀，得一玉虎头枕，云单池国所献。”〔清〕陈元龙撰：《格致镜原》，清文渊阁《四库全书》本，第 399 页，第 693 页。“单池国”未知所在。据《明史》卷四二《地理志三·陕西》，“鄜州”有“单池水”。中华书局 1974 年 4 月版，第 1002 页。

信息，也可以为我们考察曹操高陵“渠枕”由来提供参考。

可能也属于曹操“常所用”的“渠枕”，其实同样可以看作有助于研究丝绸之路史的文物资料。[①]

---

① 王子今：《曹操高陵“渠枕”考》，《文物》2021 年 10 期。

汉魏上层社会西域“珍香”追求与曹操的“香囊”

曹操高陵出土“香囊卅双”石牌。据此可以推知曹操高陵应有日常使用的“香囊”随葬。洛阳西朱村曹魏大墓出土石牌也可见“香囊”铭文，可以看作相类同的文化现象。东汉魏晋时期社会上层用“香”风习普及。贵族大墓或大量随葬“四方珍香”。对西域出产“香”的热情追求，与《续汉书·五行志一》“服妖”条所谓“灵帝好胡服、胡帐、胡床、胡坐、胡饭、胡空侯、胡笛、胡舞，京都贵戚皆竞为之”[①] 记载的社会习俗倾向有密切的关系。历史文献所见“系香囊”“垂香囊”“持香囊”，以及“佩”“香囊”、“带”“香囊”、“著”“香囊”、“悬”“香囊”等用“香”方式，形成值得重视的社会风俗史情景。“香囊”体现了兼及物质层面与精神层面的生活消费内容，也反映了当时社会的卫生意识、幸福追求与审美情趣。由丝绸之路西来的文化影响，也通过“香囊”的使用有所表现。

1 曹操高陵“香囊卅双”石牌

曹操高陵2号墓出土“石牌66块”，有文字“396个”。[②] 其中有

---

① 《后汉书》，中华书局1965年5月版，第3272页。

② 河南省文物考古研究院编著：《曹操高陵》，中国社会科学出版社2016年10月版，第231页。

文字为“香囊卅双”（M2：96）者。[①] 曹操高陵2号墓出土刻铭石牌文字的内容，有学者指出，其性质“应为‘物疏’，即一般所说的‘遣册’，这是随葬品记录，它们流行于战国时代至魏晋时期。”[②]

也就是说，曹操高陵随葬品应有“香囊卅双”。石牌文字“香囊卅双”所体现的这一情形，透露了这一时期社会生活史的重要信息。

对于考察曹操高陵刻铭石牌文字“香囊卅双”具有参照意义的文物，还有洛阳西朱村曹魏大墓出土石牌文字“白珠落香囊一」具玦厕自副”（M1：128）。“白珠落香囊”，李零释作“白珠落（络）香囊”[③]，是正确的。“落”与“络”通，见于高亨《古字通假会典》“络与落”条：

> 【络与落】《汉书·李广传》：“禹从落中以剑斫绝累。”颜注：“落与络同。”○《汉书·西域传》：“落以随珠和璧。”颜注：“落与络同。”○《庄子·天道》：“知虽落天地。”《太平御览》四六四引落作络。○《庄子·胠箧》：削格罗落罝罘之知多。《文选·吴都赋》刘注引落作络。○《淮南子·齐俗》：“待西施毛嫱而为配。”《群书治要》引作“西施络慕”，《太平御览·兽部八》引“西施落慕”。○《文选·景福殿赋》：“兼苞傅落。”李注：“郭璞《山海经注》：‘络，绕也。’落与络，古字通。”[④]

其中李禹故事体现“落”与“累”即“络”与“累”的结合[⑤]，说明

① 河南省文物考古研究院编著：《曹操高陵》，彩版八一：2，第364页，第168页。

② 刘庆柱：《曹操墓的考古学证明》，河南省文物考古研究院编著：《曹操高陵》，第289页。

③ 李零：《洛阳曹魏大墓出土石牌铭文分类考释》，《博物院》2019年5期，第14页，图83。

④ 高亨纂著，董治安整理：《古字通假会典》，齐鲁书社1989年7月版，第881页。

⑤ 《汉书》卷五四《李广传》：“敢男禹有宠于太子，然好利，亦有勇。尝与侍中贵人饮，侵陵之，莫敢应。后愬之上，上召禹，使刺虎，县下圈中，未至地，有诏引出之。禹从落中以剑斫绝累，欲刺虎。上壮之，遂救止焉。”颜师古注：“师古曰：‘落与络同，谓当时禠络之而下也。累，索也，音力追反。’”中华书局1962年6月版，第2450页。参看王子今：《汉代的斗兽和驯兽》，《人文杂志》1982年5期。

“落”“络”字义最为明朗。

“白珠落（络）香囊”，应即以“白珠”络傅装饰的“香囊”。而“玦厕自副”，是说作为附缀的玉玦与“香囊”合为一体。

2 东汉“胡”风与“京都贵戚”的西域“珍香”消费

自张骞“凿空”，开通西域道路之后，东西方向的人员往来、货品贸易和文化交流益为频繁。一时“驰命走驿，不绝于时月；商胡贩客，日款于塞下”。[①] 据《东观汉记》卷一六《杨正传》记载，“西域贾胡”在都市县全有以强势方式组织聚会的能力。[②] 马援南征“武陵五溪蛮夷”，执政集团成员有指挥不力、进军迟缓的批评，以“类西域贾胡，到一处辄止”相比喻。[③] 可知朝廷上层人物对于“贾胡”在内地从事商业的经营方式和行为习惯都是熟悉的。

“胡”人在中原地方的活跃[④]，因其积极进取导致的成功，有力促成了社会文化生活中“胡”风的浸染。前引《续汉书·五行志一》“服妖”条：“灵帝好胡服、胡帐、胡床、胡坐、胡饭、胡空侯、胡笛、胡舞，京都贵戚皆竞为之。”贵族阶层“皆竞为之”，自然也会对更普遍社会层面的文化风习形成导向性的影响。

东汉晚期以至魏晋魏之际“京都贵戚”们在生活情趣与审美倾向方面的相关表现，在比较具体的历史文献中有所记录。他们对“香”

---

① 《后汉书》卷八八《西域传》，第 2931 页。

② 〔东汉〕刘珍等撰，吴树平校注：《东观汉记校注》，中州古籍出版社 1987 年 3 月版，第 379 页。吴树平校注标点作：“光武崩，京兆尹出西域，贾胡共起帷帐设祭……”分断“西域贾胡”，似有不妥。应读作“光武崩，京兆尹出，西域贾胡共起帷帐设祭……”。“京兆尹出西域”应当是不可能的。

③ 《后汉书》卷二四《马援传》，中华书局 1965 年 5 月版，第 844 页。

④ 王子今：《汉代的“商胡”“贾胡”“酒家胡”》，《晋阳学刊》2011 年 1 期。

的消费需求特别引人注目。

汉末实力派军阀刘表的墓葬西晋时遭遇盗掘，据说“芬香闻数里”。[①]《水经注》卷二八《沔水》记载了“墓中香气远闻三四里中，经月不歇”的情状。[②]《艺文类聚》卷四〇引《从征记》则说“香闻数十里”，远远超越《水经注》所谓“三四里”。并且明确写道，“（刘）表之子（刘）琮，捣四方珍香数十斛，著棺中。苏合消疾之香，莫不毕备。”[③] 包括“苏合消疾之香”的“四方珍香”的搜求与大量随葬，显现上层社会对远国来“香”的特殊珍爱。

“苏合香”由西域方向传入。《后汉书》卷八八《西域传》讲述“大秦”文化地理，说道：“合会诸香，煎其汁以为苏合。”[④] 说到这种“香”的出产地方与制取方式。《三国志》卷三〇《魏书·乌丸鲜卑东夷传》裴松之注引《魏略·西戎传》记述“大秦国”物产，说到“苏合、狄提、迷迷、兜纳、白附子、薰陆、郁金、芸胶、薰草木十二种香”。“苏合”名列前位。[⑤]《后汉书》卷五一《李恂传》记载，李恂任职西域，当地贵族商人“数遗恂奴婢、宛马、金银、香罽之属”，而李恂却“一无所受”。[⑥] 可知西域名产“香”为中原人喜好的情形，西域人是熟知的。《艺文类聚》卷八五引《班固与弟超书》写道：“今赍白素三匹，欲以市月氏马、苏合香、闟登。”[⑦] 西域“苏合香”已经通过贸易方式远销到洛阳。《三国志》卷二九《魏书·方技传》裴松之注引

① 《三国志》卷六《魏书·刘表传》裴松之注引，中华书局 1959 年 12 月版，第 216 页；《后汉书》卷七四下《刘表传》李贤注引《代语》，第 2423 页。

② 〔北魏〕郦道元著，陈桥驿校证：《水经注校证》，中华书局 2007 年 7 月版，第 663 页。

③ 〔唐〕欧阳询撰，汪绍楹校：《艺文类聚》，上海古籍出版社 1965 年 11 月版，第 732 页。

④ 《后汉书》，第 2919 页。

⑤ 《三国志》，第 865 页。

⑥ 《后汉书》，第 1683 页。

⑦ 〔唐〕欧阳询撰，汪绍楹校：《艺文类聚》，第 1456 页。

曹植《辨道论》:“诸梁时，西域胡来献香罽、腰带、割玉刀，时悔不取也。”[①] 都说到西域的“香”。有的研究者解释:“香罽，具有香气之毛织物。”[②] 产生这样的误解，并不是没有缘由的。《中文大辞典》释“香罽”一语，指出:“毛毡也，言香者，美之也。”书证即“《后汉书·李恂传》”。[③]《汉语大词典》以为“香罽”即“华丽的毛毡”，书证同样举“《后汉书·李恂传》”。[④] 这种解释“香罽”的说法，其实应当予以澄清。史籍文献所见西域人“数遗”李恂之“香罽”，“西域胡来献香罽”之“香罽”，都应当理解为“香”和“罽”，如班固所“市”“苏合香、闟登”。《后汉书》卷八二下《方技传下·甘始》李贤注引曹植《辨道论》:“诸梁时，西域胡来献香罽腰带割玉刀，时悔不取也。”[⑤]“香罽腰带割玉刀”七字全不分断，或许标点者是有自己的考虑的。[⑥]

汉魏“贵戚”们对于西域“香”的爱重，或许可以从曹操高陵出土石牌文字“香囊卅双”得到文物实证。

3 东汉魏晋“香囊”的普及

屈原《离骚》以“香草”“花心”寄托心志。其中写道:“擥木根以结茝兮，贯薜荔之落蕊。矫菌桂以纫蕙兮，索胡绳之纚纚。”王逸注:

① 《三国志》,第806页。又见《后汉书》卷八二下《方技传下·甘始》,第2750页。

② 赵幼文校注:《曹植集校注》，人民文学出版社1984年6月版，第188页，第193页；中华书局2016年10月版，第278页，第286页。

③ 《中文大辞典》，中国文化学院出版部1968年8月版，第45496页。

④ 《汉语大词典》第12卷，汉语大词典出版社1993年11月版，第438页。

⑤ 《后汉书》，第2750页。

⑥ 《隋书》卷二四《食货志》:“西域诸胡，佩金玉，被锦罽，焚香奏乐，迎候道左。”中华书局1973年8月版，第687页。又《隋书》卷六七《裴矩传》:“皆令佩金玉，被锦罽，焚香奏乐，歌儛喧噪。”第1580页。“香”“罽”及其使用方式是分开言说的。《宋史》卷四九二《外国传八·董毡》:“市易用五谷、乳香、硇砂、罽毯、马牛以代钱帛。”中华书局1977年11月版，第14163页。也“香”“罽”分说。

“贯，累也。薜荔，香草也。”“蕊，实也。累香草之实，……贯累香草之实。”“胡绳，香草也。纚纚，索好貌。”据洪兴祖补注，“言我佩结香草，拾其花心”，均借助“俱有芬芳”之草木，“以表己之忠信”。然而如屈原自己所说，此皆“非世俗之所服”，王逸注所谓“固非今时俗人之所服行也”。[①] 可知屈原自说“余带佩众香”事[②]，似未可看作战国时期社会风俗史料。

早期“香囊”，亦见于汉代学者王逸对于《离骚》文句“苏粪壤以充帏”的解说。《离骚》写道：“苏粪壤以充帏兮，谓申椒其不芳。”王逸注：“苏，取也。充，犹满也。壤，土也。帏，谓之幐。幐，香囊也。”“言苏粪土以满香囊，佩而带之，反谓申椒臭而不香，言近小人远君子也。”汉代语言习惯中普遍用以形容低贱的“粪土”[③]，以取其“充帏”成为严正的政治警告。这种以“臭”“香”及“小人”“君子”对比的表述，借用了“香囊”之喻。洪兴祖补注：“《尔雅》云：‘妇人之袆，谓之缡。’注云：‘即今之香缨也。袆，邪交落带系于体，因名为袆。’”[④]《离骚》以热烈的语句频繁表达对芳香的追求，言“兰皋”“椒丘”，言“芳与泽其杂糅”[⑤]，对“世溷浊”反复斥责。[⑥] 这种理念，

---

① 〔宋〕洪兴祖撰，白化文、许德楠、李如鸾、方进点校：《楚辞补注》（重印修订本），中华书局 2002 年 10 月版，第 12 页至第 13 页。

② 洪兴祖解说《离骚》“蕙纕”语。王逸注：“纕，佩带也。”〔宋〕洪兴祖撰，白化文、许德楠、李如鸾、方进点校：《楚辞补注》（重印修订本），第 14 页。

③ 王子今：《论汉代官吏“粪土臣”自称》，《历史与社会论丛》第 3 辑，吉林大学出版社 2010 年 4 月版。

④ 〔宋〕洪兴祖撰，白化文、许德楠、李如鸾、方进点校：《楚辞补注》（重印修订本），第 36 页。《尔雅·释宫》“妇人之袆，谓之缡”下文还写道：“缡，緌也。”郭璞注：“緌，系也。”〔清〕阮元校刻：《十三经注疏》，中华书局据原世界书局缩印本 1980 年 10 月影印版，第 2599 页。

⑤ 〔宋〕洪兴祖撰，白化文、许德楠、李如鸾、方进点校：《楚辞补注》（重印修订本），第 16 页，第 17 页，第 18 页。

⑥ 〔宋〕洪兴祖撰，白化文、许德楠、李如鸾、方进点校：《楚辞补注》（重印修订本），第 30 页，第 34 页。

或许体现了生活史的进步。[①] 然而所说“结幽兰”，“折琼枝以继佩”，“佩缤纷其繁饰兮，芳菲菲其弥章”，以及“制芰荷以为衣兮，集芙蓉以为裳”[②]，都是取芳草香花以为直接的装饰，而并非后世用“香”情形，即利用由动植物提取或制作加工香料的手段，以满足嗅觉美好需求的方式。

对于王逸注释《离骚》“苏粪壤以充帏”以为“帏”即“幐”，“幐，香囊也”的说法，段玉裁是取质疑态度的。《说文·巾部》：“帏，囊也。”段玉裁注：“《离骚》：‘苏粪壤以充帏。’王逸曰：‘帏，谓之幐。幐，香囊也。’按凡‘囊’皆曰‘帏’、曰‘幐’。王依文为说则谓之‘香囊’耳。或曰《尔雅》‘妇人之袆’亦作‘帏’。是许所云‘帏’也。今按此与《尔雅》之‘袆’无涉。《释器》曰：‘妇人之袆，谓之缡。缡，緌也。’郭云：即今之香缨。女子既嫁之所著，示系属于人。义见《礼记》。考《士昏礼》注曰：‘妇人十五许嫁，笄而礼之，因著缨，明有系也。盖以五采为之，其制未闻。’[③]《内则》：‘妇事舅姑’‘衿缨’。注曰：‘妇人有缨，示系属也。’[④]《诗》：‘亲结其缡。’毛云：‘缡，妇人之袆也。母戒女施衿结帨。’[⑤] 孙炎释《尔雅》‘妇人之袆’云：‘帨巾也。’《礼》之缨必以采绳。《诗》《尔雅》之袆缡乃帨巾，其不相涉明甚，景纯注非。许以‘囊’释‘帏’，亦断非《释器》及《毛诗》之‘袆’也。”又《说文·巾部》：“幐，囊也。”段玉裁又重复了相关意见：“《离骚》：‘苏粪壤以充帏。’王注：‘帏，谓幐。

① 参看王子今：《〈史记〉中的芬芳——秦汉人的嗅觉幸福》，《月读》2021年4期。

② 〔宋〕洪兴祖撰，白化文、许德楠、李如鸾、方进点校：《楚辞补注》（重印修订本），第30页，第18页，第17页。

③ 《仪礼·士昏礼》：“主人入，亲说妇之缨。”郑玄注。〔清〕阮元校刻：《十三经注疏》，第967页。

④ 《礼记·内则》，〔清〕阮元校刻：《十三经注疏》，第1461页。

⑤ 《诗·豳风·东山》，〔清〕阮元校刻：《十三经注疏》，第397页。

幐、香囊也。’按凡‘囊’皆曰‘幐’。王望文为说耳。”① 可见，段玉裁对于这一判断是有确定的自信的。

看来，王逸有关“香囊”的知识很可能来自其自身的生活体验。王逸注《离骚》以为屈原时代已经使用“香囊”的见解，似未能确定。而史籍文献所见“香囊”的密集出现，是在东汉晚期至魏晋时代。

这一阶段的历史文献中，频繁看到“系香囊”“垂香囊”“持香囊”，以及“佩”“香囊”、“带”“香囊”、“著”“香囊”、“悬”“香囊”等使用“香囊”的方式。《北堂书钞》卷一三六引繁钦《定情诗》云：“何以致叩叩，系香囊肘后。”②《玉台新咏》卷一《古诗为焦仲卿妻作》：“红罗复斗帐，四角垂香囊。”③ 《晋书》卷四一《刘寔传》：“尝诣石崇家，如厕，见有绛纹帐，裀褥甚丽，两婢持香囊。”④《晋书》卷七九《谢玄传》：“玄少好佩紫罗香囊，安患之，而不欲伤其意，因戏赌取，即焚之，于此遂止。”⑤《太平御览》卷八一六引《晋书》曰：

---

① 〔汉〕许慎撰，〔清〕段玉裁注：《说文解字注》，上海古籍出版社据经韵楼藏版 1981 年 10 月影印版，第 360 页，第 361 页。

② 〔唐〕虞世南撰：《北堂书钞》，清光绪十四年万卷堂刻本，第 1250 页。或作“香囊系肘后”，〔唐〕虞世南编撰：《北堂书钞》，中国书店据光绪十四年南海孔氏刊本 1989 年 7 月影印版，第 556 页。有学者以为，“此诗则汉魏时已有之。”〔陈〕徐陵编，〔清〕吴兆宜注，程琰删补，穆克宏点校：《玉台新咏笺注》，中华书局 1985 年 6 月版，第 40 页。《乐府诗集》卷七六《杂曲歌辞十六》载录“后汉·繁钦”《定情诗》：“何以致拳拳，绾臂双金环；何以致殷勤，约指一双银；何以致区区，耳中双明珠；何以致叩叩，香囊系肘后；何以致契阔，绕腕双跳脱；何以结恩情，珮玉缀缨缨；何以结中心，素缕连双针；何以结相於，金薄滑搔头；何以慰别离，耳后玳瑁钗；何以答欢悦，纨素三条裾；何以结愁悲，白绢双中衣。”而“定情诗”《乐府解题》写道：“《定情诗》，汉繁钦所作也。”特别说到“耳珠致区区，香囊致叩叩”。〔宋〕郭茂倩编：《乐府诗集》，中华书局 1979 年 11 月版，第 1076 页。

③ 〔陈〕徐陵编，〔清〕吴兆宜注，程琰删补，穆克宏点校：《玉台新咏笺注》，第 45 页。

④ 《晋书》，中华书局 1974 年 11 月版，第 1197 页。

⑤ 《晋书》，第 2080 页。

“谢玄好带紫罗香囊。”[①]《云谷杂记》卷一引《世说》云：“谢遏年少时好著紫罗香囊。”[②] 前引繁钦《定情诗》“系香囊肘后”或作“香囊系肘后”，亦有“香囊悬肘后”之说。[③]

4 历史记忆中的“香囊”形制与使用方式

有人说，“……香囊则苏合凝丸，此亦衣饰之至奢也。”[④] 其实，“香囊”虽多作“衣饰”，然而却又并不仅仅用为“衣饰”。

前说“何以致叩叩，系香囊肘后”，或者“香囊系肘后”“香囊悬肘后”以及“红罗复斗帐，四角垂香囊”，“香囊”都不是“衣饰”。

“肘后”，可能是随身携带物品的通常形式。《后汉书》卷二〇《祭遵传》：“初，丰好方术，有道士言丰当为天子，以五采囊裹石系丰肘，云石中有玉玺。”[⑤]《三国志》卷一《魏书·武帝纪》写道：“绍又尝得一玉印，于太祖坐中举向其肘，太祖由是笑而恶焉。”[⑥]《晋书》卷六九《周顗传》：“顗不与言，顾左右曰：‘今年杀诸贼奴，取金印如斗大系肘。’”[⑦] 都是“系”“印”于“肘”习惯的反映。《晋书》卷一二二《吕光载记》：“身长八尺四寸，目重瞳子，左肘有肉印。”[⑧] 所谓“肉

---

① 〔宋〕李昉等撰：《太平御览》，中华书局用上海涵芬楼影印宋本1960年2月复制重印版，第3627页。

② 〔宋〕张淏撰：《云谷杂记》，清《武英殿珍版丛书》本，第12页。

③ 《白孔六帖》卷一四《囊橐》“香囊”条：“《古诗》：‘何以致区区，耳中双明珠。何以致叩叩，香囊悬肘后。’”〔唐〕白居易原本，〔宋〕孔传续撰：《白孔六帖》，上海古籍出版社“四库类书丛刊”1992年5月版，第234页。

④ 〔清〕陈作霖：《可园文存》卷一三《七诱》，宣统元年刻增修本，第146页。

⑤ 《后汉书》，第740页。

⑥ 《三国志》，第8页。

⑦ 《晋书》，第1853页。

⑧ 《晋书》，第3053页。又《魏书》卷九五《略阳氏吕光传》：“身长八尺四寸，肘有肉印。”中华书局1974年6月版，第2085页。

印”在“肘”，是将握有权力的异相。《太平御览》卷九〇九引《续搜神记》曰：“襄阳习凿齿为荆州主簿，从桓武帝出猎。时大雪，于江陵城西，见草上雪气出。伺观，见一黄物。射之，应箭死。往取，乃一老雄狐，脚上带绛绫香囊。”[①]《太平御览》卷七〇四引《幽明录》：“习凿齿为荆州主簿，从桓宣武出猎。见黄物。射之，即死。是老雄狐，臂带绛绫香囊。”[②] 所谓“老雄狐”死，而“脚上带绛绫香囊”或说“臂带绛绫香囊”的妖异现象，应与“香囊系肘后”、“香囊悬肘后”社会习俗有关。

《晋书》卷七二《葛洪传》说葛洪抄书有“《肘后要急方》四卷”。[③]《隋书》卷三四《经籍志三·子经志》著录“《遁甲肘后立成囊中秘》一卷”“《遁甲肘后立成》一卷”“《肘后方》六卷”“《陶弘景补阙肘后百一方》九卷，亡”“《扁鹊肘后方》三卷”[④]，由“《遁甲肘后立成囊中秘》”可知，“肘后方”盛装在“囊”中。《魏书》卷九八《岛夷传·萧昭业》：“凡诸不逞，皆迭加爵位，许以南面之日，便即施行，皆疏官位名号于黄笺纸与之，各各囊盛，带之肘后。”[⑤]

“囊”或许曾经是通常使用最普遍的包装盛装器用。因此《史记》卷七一《樗里子甘茂列传》有“秦人号曰‘智囊’”之说。[⑥]“智囊”

---

① 〔宋〕李昉等撰：《太平御览》，第4031页。

② 〔宋〕李昉等撰：《太平御览》，第4142页。

③ 《晋书》，第1913页。

④ 《隋书》，第1029页，第1030页，第1042页，第1046页。“《肘后百一方》”见于《南史》卷七六《隐逸传下·陶弘景》，中华书局1975年6月版，第1900页。《旧唐书》卷四七《经籍志下》又可见“《肘后救卒方》四卷”及《补肘后救卒备急方》六卷，中华书局1975年5月版，第2042页。《旧唐书》卷一〇二《刘子贶传》说到撰“《真人肘后方》三卷”，第3174页。《新唐书》卷五九《艺文志三》著录“葛洪《肘后救卒方》六卷”“《补肘后救卒备急方》六卷”“刘贶《真人肘后方》三卷”，中华书局1975年2月版，第1564页，第1569页。

⑤ 《魏书》，第2165页。

⑥ 《史记》，中华书局1959年9月版，第2307页。

之称，又见于《史记》卷一〇一《袁盎晁错列传》。[①]《后汉书》卷二五《鲁恭传》亦见“智囊”之称。[②]《史记》卷七六《平原君虞卿列传》“譬若锥之处囊中，其末立见”，“蚤得处囊中，乃颖脱而出”的比喻[③]，也说明人们对日常用物“囊”的熟悉。

“囊”的规格有相当大的。《说文·巾部》：“帣，囊也。今盐官三斛为一帣。”[④] 这是容积相当大的“囊”。韩信用兵，曾经“韩信乃夜令人为万余囊，满盛沙，壅水上流”，敌军“渡水”时，“使人决壅囊，水大至”。[⑤] 以“囊”“盛沙”情形，又有《后汉书》卷一上《光武帝纪上》李贤注引《续汉书》曰：“时冰滑马僵，乃各以囊盛沙，布冰上度焉。”[⑥] 这种“盛沙”“满盛沙”的“囊”，形制可能接近《说文》所谓“帣”。有人语楚顷襄王，以“鸟六双”喻“秦赵等十二国”，称“此六双者，可得而囊载也”。[⑦] 此说或可看作贾谊“囊括四海”比喻之先声。《后汉书》卷三五《郑玄传》：“郑玄括囊大典，网罗众家，……”[⑧] 说的也是容量较大的“囊”。《史记》卷六《秦始皇本纪》记载蕲年宫之变，张守节《正义》引《说苑》言“秦始皇”“取两弟扑杀之”，又载茅焦“上说”有“囊扑两弟，有不慈之名”语。[⑨]“囊”的容量不会太小。《史记》卷三一《吴太伯世家》关于伍子胥之死，司

---

① 《史记》，第2746页。又《后汉书》卷二八上《桓谭传》李贤注：“事文帝为太子家令，号曰‘智囊’。”第957页。《汉书》卷四九《晁错传》颜师古注：“言其一身所有皆是智算，若囊橐之盛物也。”第2278页。

② 《后汉书》，第8731页。

③ 《史记》，第2366页。

④ 〔汉〕许慎撰，〔清〕段玉裁注：《说文解字注》，第360页至第361页。

⑤ 《史记》卷九二《淮阴侯列传》，第2621页。

⑥ 《后汉书》，第12页。类似情形，又有《后汉书》卷一七《岑彭传》李贤注：“《东观记》曰：‘时以缣囊盛土为堤，灌西城，谷水从地中数丈涌出，故城不拔’。”第660页。

⑦ 《史记》卷四〇《楚世家》及司马贞《索隐》，第1730页。

⑧ 李贤注：“《易坤卦》曰‘括囊无咎’也。”第1213页。

⑨ 《史记》，第227页。

马贞《索隐》引《国语》："乃盛以鸱夷，投之江也。"[①]《史记》卷四一《越王勾践世家》："范蠡浮海出齐，变姓名，自谓鸱夷子皮。"司马贞《索隐》："范蠡自谓也。盖以吴王杀子胥而盛以鸱夷，今蠡自以有罪，故为号也。韦昭曰'鸱夷，革囊也'。或曰生牛皮也。"[②] 而东汉杜根遭遇，使用"缣囊""囊扑"，"缣囊"既作组合刑具，也成为一次性尸袋[③]，情况亦相类似。

关于荆轲刺秦的著名故事，《史记》卷八六《刺客列传》记述了这样的情节："是时侍医夏无且以其所奉药囊提荆轲。"[④] 这种可以随手"提"掷的"药囊"，体量可以估计。前说"系香囊""垂香囊""持香囊"，以及"佩""香囊"、"带""香囊"、"著""香囊"、"悬""香囊"等方式使用的"香囊"，体量都应有限。"裹石"及盛装"玺""印"的"囊"，也应当如此。洛阳西朱村曹魏大墓出土石牌文字"六寸琫瑁叉□」衮丹缣囊自副"（M1：53），"高八寸金投壶」壶一枚筹丹」缣囊柙自副"（M1：155），"三合银香罏一」絫丹缣囊自副"（M1：179），"墨漆行清一」丹缣囊自副"（M1：265），"丹缣表青缣」里计旃一具」骨笄囊自副"（M1：285），"银絫镫一丹」缣囊自副"（M1：378），"象牙锥画樗蒲」床一五木筹」丹缣囊柙自副"（M1：415），从盛装物品看，体量也应当不大。"六寸琫瑁叉□」衮丹缣囊自副"透露的尺寸数据"六寸"尤其具有参考意义。

---

① 《史记》，第1472页。

② 《史记》，第1752页。

③ 《后汉书》卷五七《杜根传》："根性方实，好绞直。永初元年，举孝廉，为郎中。时和熹邓后临朝，权在外戚。根以安帝年长，宜亲政事，乃与同时郎上书直谏。太后大怒，收执根等，令盛以缣囊，于殿上扑杀之。执法者以根知名，私语行事人使不加力，既而载出城外，根得苏。太后使人检视，根遂诈死，三日，目中生蛆，因得逃窜，为宜城山中酒家保。积十五年，酒家知其贤，厚敬待之。及邓氏诛，左右皆言根等之忠。帝谓根已死，乃下诏布告天下，录其子孙。根方归乡里，征诣公交车，拜侍御史。"第1839页。

④ 《史记》，第2535页。

《北堂书钞》卷一三二引石虎《邺中记》云："冬月，缫大明光锦，絮以房子绵一百二十斤，白缣为裹，名复帐。帐上安金莲花，中县金薄织成綩囊，饰以□□，囊受三升，以经节贯玉璧内，帐雄也。"[①]《太平御览》卷九八一引《邺中记》曰："石虎作流苏帐，顶安金莲花。花中悬金薄织成綩囊，囊受三升，以盛香。"注："帐之四面上十二香囊，采色亦同。"[②] 石虎称帝据曹操去世不过115年。所谓"囊受三升"，或许可以作为理解曹操高陵"香囊"形制的参考。"囊受三升"与前说"帣，囊也"，"三斛为一帣"，容积相差100倍。[③]

5 "香囊"与曹操性情的认识

《说文·革部》："鞶，大带也。《易》曰：'或锡之鞶带。'[④] 男子带鞶，妇人带丝。"段玉裁注："《内则》曰：'男鞶革，女鞶丝。'注云：'鞶，小囊盛帨巾者。男用韦，女用缯。有饰缘之，则是鞶裂。'"[⑤]"《内则》云：'男鞶革。女鞶丝。'则鞶非大带明矣。《周礼》'巾车'疏引《易》注云：'鞶带，佩鞶之带。'此盖郑注与《诗》《礼》注同。而《内则》'施縏袠'，注云：'縏，小囊也。'"[⑥] 所谓"鞶""縏"，是附于"带"上的"小囊"。其质料，前者是韦革，后者是丝缯。

曹操是曾经使用这种随身"小囊"的。《三国志》卷一《魏书·武

---

① 〔唐〕虞世南编撰：《北堂书钞》，中国书店据光绪十四年南海孔氏刊本1989年7月影印版，第525页。

② 〔宋〕李昉等撰：《太平御览》，第4343页至第4344页。

③ "囊受三升"与"三斛为一帣"的容积比较，曾经有错误估算，以为"相差10倍"，王子今：《曹操高陵"香囊"考议》，《中国文化》2021年秋季号。承马怡教授指出，谨此致谢。

④ 《易·讼》，〔清〕阮元校刻：《十三经注疏》，第25页。

⑤ 《礼记·内则》，〔清〕阮元校刻：《十三经注疏》，第1471页。

⑥ 〔汉〕许慎撰，〔清〕段玉裁注：《说文解字注》，第107页。

帝纪》裴松之注引《曹瞒传》写道："太祖为人佻易无威重，好音乐，倡优在侧，常以日达夕。被服轻绡，身自佩小鞶囊，以盛手巾细物，时或冠帢帽以见宾客。每与人谈论，戏弄言诵，尽无所隐，及欢悦大笑，至以头没杯案中，肴膳皆沾污巾帻，其轻易如此。"① 所谓"身自佩小鞶囊，以盛手巾细物"，"小鞶囊"者，就是"鞶""縏"这种附于"带"上的"小囊"。所谓"以盛手巾细物"的说法，也可以通过曹操高陵出土石牌文字"绒手巾一"（M2：362）② 得到印证。③ 正如刘瑞在考论曹操高陵石牌文字"常所用"时所指出的，即如《后汉书》卷五《安帝纪》所谓"常所御"，《后汉书》卷四二《光武十王传·东平宪王苍》所谓"常所御""旧时器服"④，《三国志》卷五五《吴书·周泰传》裴松之注引《江表传》所谓"常所用御"⑤，以及《南齐书》卷三《武帝纪》所谓"身上著""常所服身"⑥，所指示"确实是曹操生前所用之物。"⑦

据说曹操"为人佻易无威重"，所谓"每与人谈论，戏弄言诵，尽无所隐，及欢悦大笑，至以头没杯案中，肴膳皆沾污巾帻，其轻易如此"，而《曹瞒传》所举例证，从日常服用看，即"被服轻绡，身自佩小鞶囊，以盛手巾细物，时或冠帢帽以见宾客"，可知其被服衣冠方面

---

① 《三国志》，第 55 页。

② 河南省文物考古研究所编著：《曹操高陵》，中国社会科学出版社 2016 年 10 月版，第 366 页，第 168 页，彩版九〇-3；河南省文物考古研究所编：《曹操高陵考古发现与研究》，文物出版社 2010 年 11 月版，彩版 7-6。

③ 可以与曹操高陵"绒手巾一"石牌文字参照者，有洛阳西朱村曹魏大墓出土石牌文字"白越手巾一"（M1：229）。

④ 《后汉书》，第 208 页，第 1438 页。李零：《洛阳曹魏大墓出土石牌铭文分类考释》，《博物院》2019 年 5 期，第 11 页，图 52。

⑤ 《三国志》，第 1288 页。

⑥ 《南齐书》，中华书局 1972 年 1 月版，第 61 页至第 62 页。

⑦ 刘瑞：《说"常所用"》，《中国文物报》2010 年 10 月 15 日 6 版，收入河南省文物考古研究所编：《曹操高陵考古发现与研究》，文物出版社 2010 年 11 月版。

的表现，是远离权力者通常的“威重”形象的。而“身自佩小鞶囊，以盛手巾细物”，尤其体现了与世俗生活颇为接近的平常习性。

《太平御览》卷九八一引《梦书》曰：“梦得香物，妇女归也。”[①]大约“香物”配用，是“妇女”习惯。由“香囊”的使用，或许也可以理解曹操“为人佻易无威重，好音乐，倡优在侧，常以日达夕”以及“被服轻绡”，“每与人谈论，戏弄言诵，尽无所隐”的“轻易”性格。曹操高陵出土石牌文字有“胡粉二斤”（M2：301）[②]，可以互相参照。

6 曹操“香囊”使用方式推想

南朝陈徐陵《杂曲》：“流苏锦帐挂香囊，织成罗幌隐灯光。只应私将琥珀枕，暝暝来上珊瑚床。”[③] 所谓“锦帐挂香囊”，提示了“香囊”的一种使用方式。“香囊”与“锦帐”“罗幌”“琥珀枕”“珊瑚床”的组合，显现了在家居格局中的作用。如果关注与曹操的时代相近的例证，则又有《艺文类聚》卷三二载录“后汉秦嘉《与妻书》”及“秦嘉妻徐淑《答书》”。秦嘉写道：“不能养志，当给郡使。随俗顺时，僶俛当去。”深切表达“想念悒悒”心情。徐淑回答，“身非形影，何得动而辄俱。体非比目，何得同而不离。于是咏萱草之喻，以消两家之恩。割今者之恨，以待将来之欢。”秦嘉重报妻书，寄与明镜，“并宝钗一双，好香四种，素琴一张，常所自弹也。”他说：“明镜可以鉴形，宝钗可以耀首，芳香可以馥身，素琴可以娱耳。”对应其妻“萱草之喻”，有“好香四种”，又言“芳香可以馥身”。而“妻又报嘉书”

① 〔宋〕李昉等撰：《太平御览》，第4344页。

② 河南省文物考古研究院编著：《曹操高陵》，中国社会科学出版社2016年10月版，第365页，第168页。

③ 《乐府诗集》卷七七《杂曲歌辞十七》，〔宋〕郭茂倩编：《乐府诗集》，中华书局1979年11月版，第1091页。

因“厚顾殷勤，出于非望”表示感谢，又写道：“镜有文彩之丽，钗有殊异之观。芳香既珍，素琴益好。惠异物于鄙陋，割所珍以相赐。非丰恩之厚，孰肯若斯。览镜执钗，情想髣髴。操琴咏诗，思心成结。敕以芳香馥身，喻以明镜鉴形。此言过矣，未获我心也。昔诗人有飞蓬之感，班婕妤有谁荣之叹。素琴之作，当须君归。明镜之鉴，当待君还。未奉光仪，则宝钗不列也。未侍帷帐，则芳香不发也。”[①] 表示这些有利于容饰之美好的礼品，“当须君归”，“当待君还”才会使用。由所谓“芳香馥身”到“未侍帷帐，则芳香不发也”，从“身”说到“帷帐”。

当然，“香囊”的使用，有多种形式。[②]《太平御览》卷七〇四引《晋中经簿》曰：“盛书皂缥囊，书函中皆有香囊二。”[③] 这是图书收藏用“香囊”例证。不过，虽然战国秦汉墓葬多有随葬图书现象，而曹操史称“博览群书”[④]，“能明古学”[⑤]，但是曹操高陵并没有随葬文献的迹象。曹操高陵使用的“香囊”，由石牌文字“香囊卅双”的数量推想，也许并非作为“衣饰”随身“系”“佩”“带”“著”，即“以芳香馥身”，可能性更大的是使用方式或如《古诗为焦仲卿妻作》“红罗复斗帐，四角垂香囊”以及石虎作“帐”，“帐之四面上十二香囊”一类。

关于曹操对使用“香”的态度，我们看到相互矛盾的信息。《太平御览》卷九八一引《魏武令》曰：“昔天下初定，吾便禁家内不得香薰。后诸女配国家为其香，因此得烧香。吾不好烧香，恨不遂所禁。今复禁不得烧香，其以香藏衣着身，亦不得。”[⑥] 而《太平御览》卷九八

---

① 〔唐〕欧阳询撰，汪绍楹校：《艺文类聚》，第 571 页至第 572 页。

② 前引《晋书》卷四一《刘寔传》：“尝诣石崇家，如厕，见有绛纹帐，裀褥甚丽，两婢持香囊。”而《太平御览》卷七〇四引《语林》：“石崇厕内两婢持锦囊，是筹也。”第 3140 页。以“锦囊”“香囊”盛装厕“筹”，是很特别的例子。

③ 〔宋〕李昉等撰：《太平御览》，第 3141 页。

④ 《三国志》卷一《魏书·武帝纪》裴松之注引孙盛《异同杂语》，第 3 页。

⑤ 《三国志》卷一《魏书·武帝纪》裴松之注引《魏书》，第 3 页。

⑥ 〔宋〕李昉等撰：《太平御览》，第 4344 页。

二引《魏武令》则说："房室不洁，听得烧枫胶及蕙草。"[①] 关于"香薰""烧香"的两种态度，两种指令，《曹操集》同时编列于《内诫令》条下。而"其以香藏衣着身，亦不得"作"其以香藏衣著身，亦不得"。[②] 然而，曹操高陵出土石牌文字"香囊卅双"（M2：96），提供了曹操用"香"的文物确证。

《太平御览》卷九八一引任昉《述异志》曰："魏武帝陵中有泉，谓之香水。"[③] 这样的传说，也将"香"与"魏武帝陵"联系了起来。"魏武帝陵中""香水"，或许可以从一个特殊的侧面，为我们理解曹操高陵石牌文字"香囊"的意义提供帮助。[④]

---

① 〔宋〕李昉等撰：《太平御览》，第 4348 页。
② 《曹操集》，中华书局 1959 年 7 月版，第 53 页。
③ 〔宋〕李昉等撰：《太平御览》，第 4344 页。
④ 王子今：《曹操高陵"香囊"考议》，《中国文化》2021 年秋季号。

曹操高陵出土石牌文字“胡粉二斤”

回顾中国古代妆饰史，可以看到有关战国秦汉时期社会生活中多使用“粉”的文献记录。某些特殊情况下，“粉”甚至成为男子妆饰用品。这些信息可以反映当时社会有关妆容美的意识及相关追求。而文献所见“胡粉”，则体现外来生活用品通过丝绸之路传入中原的历史。考察曹操高陵出土石牌文字所见“胡粉二斤”，结合其他相关现象，可以说明汉末至曹魏上层社会接受“胡”风影响的情形。

1 “粉白黛黑”“粉白黛绿”

《战国策·楚策三》记载，张仪在和楚王关于“好色”的讨论中，说到“粉白”：“张子曰：‘王徒不好色耳。’王曰：‘何也？’张子曰：‘彼郑、周之女，粉白墨黑，立于衢间，非知而见之者，以为神。’楚王曰：‘楚，僻陋之国也，未尝见中国之女如此其美也。寡人见之独何为不好色也。’乃资之以珠玉。南后、郑褏闻之大恐。”[①]《艺文类聚》卷一八“美妇人”题下引《战国策》曰：“张仪曰：‘郑周之女，粉白黛黑，非知而见之者以为神。’”又引《楚辞》：“粉白黛黑施芳泽，长袂拂面善留客。”[②]《楚辞·大招》写道：“粉白黛黑，施芳泽只。”王

① 〔西汉〕刘向集录：《战国策》，上海古籍出版社1985年3月版，第540页。

② 〔唐〕欧阳询撰，汪绍楹校：《艺文类聚》，上海古籍出版社1965年11月版，第324页。

逸注："言美女又工妆饰，傅著脂粉，面白如玉，黛画眉鬟，黑而光净。又施芳泽，其芳香郁渥也。"[①] 看来楚国上层人物对于中原女子美妆"粉白墨黑""粉白黛黑"完全"非知""未尝见"的说法，可能是并不确实的。《韩非子·显学》："……故善毛嗇、西施之美，无益吾面；用脂泽粉黛，则倍其初。言先王之仁义，无益于治，明吾法度，必吾赏罚者亦国之脂泽粉黛也。"[②] 在政论中以"脂泽粉黛"为比喻，说明此类妆饰方式的普遍应用。

《淮南子·修务》写道，妆饰的作用其实是有限的，真正的美女，即"曼颊皓齿，形夸骨佳，不待脂粉芳泽而性可说者，西施、阳文也"，而相貌丑陋者，即"虽粉白黛黑弗能为美者"。关于华服巧饰，则说到"施芳泽，正娥眉，设笄珥，衣阿锡，曳齐纨，粉白黛黑，佩玉环揄步，杂芝若，……"，可以使得"王公大人"们"悦其色"。而"粉白"的方式，应当就是所谓"粉以玄锡，摩以白旃"。[③] 《太平御览》卷三八〇引《汉武故事》说汉武帝"从行郡国，载之后车"的女子，"皆自然美丽，不使粉白黛黑。"[④] 《北堂书钞》卷一三五引蔡邕《协初赋》所谓"粉驰黛落，发乱钗脱"[⑤]，也都说明"粉白"妆饰的社会普及度。这样的说法，都保留了汉代相关社会文化现象的历史记忆。《史记》卷一一七《司马相如列传》："靓庄刻饬，便嬛绰约。"裴

---

① 〔宋〕洪兴祖撰，白化文等点校：《楚辞补注》（重印修订本），中华书局2002年10月版，第222页。

② "倍其初"，陈奇猷注："奇猷案：较初时面倍其美。"陈奇猷校注：《韩非子集释》，上海人民出版社1974年7月版，第1099页至第1101页。

③ 何宁撰：《淮南子集释》，中华书局1998年10月版，第1330页，第1364页至第1366页。所谓"粉以玄锡，摩以白旃"，《吕氏春秋·达郁》高诱注作"扢以玄锡，摩以白旃"。许维遹撰，梁运华整理：《吕氏春秋集释》，中华书局2009年9月版，第567页。

④ 〔宋〕李昉等撰：《太平御览》，中华书局用上海涵芬楼影印宋本1960年2月复制重印版，第1755页。

⑤ 〔唐〕虞世南编撰：《北堂书钞》，中国书店据光绪十四年南海孔氏刊本1989年7月影印版，第550页。

骃《集解》：郭璞曰：“靓庄，粉白黛黑也。”[①]“粉”“黛”的作用，在于“靓庄”追求。

《战国策》《大招》《淮南子》“粉白墨黑”“粉白黛黑”，韩愈《送李愿归盘古序》作“粉白黛绿”：“曲眉丰颊，清声而便体，秀外而慧中，飘轻裾，翳长袖，粉白黛绿者，列屋而闲居，妒宠而负恃，争妍而取怜。”[②]

妆饰史在战国秦汉这一历史阶段的进步，曾经受到学者的关注。宋洪迈《容斋随笔》四笔卷三“粉白黛黑”条就韩愈“粉白黛绿”语有所讨论，涉及《列子》《战国策》《大招》《淮南子》“粉白黛黑”诸说，谓“韩公以黑为绿”，“似有所因”。[③] 宋王楙《野客丛书》卷二九“后宫嫔御”条也说道：“士大夫以粉白黛绿丧身殒命，何可胜数。前覆后继，曾不知悟。”[④] 明张萱《疑耀》卷三“粉”条引《古今实录》曰：“萧史与秦穆公炼飞雪丹，其第一转与弄玉涂之，即今铅粉也。妇人傅粉自秦。”又写道：“始余按《墨子》‘禹作粉’，张华《博物志》‘纣烧铅作粉，谓之胡粉’。或曰周文王时妇人已傅粉矣，未知然否。但妇人傅粉断非始于秦也。”又言“黄眉黑妆”“鸦黄粉白”“额上涂黄”等，指出“古人媚妆，随意皆可”。[⑤] 各种“媚妆”之中“粉”的作用是突出的。

《汉书》卷五三《景十三王传·广川惠王刘越》记载，广川王后阳成昭信谮脩靡夫人陶望卿“淫”且“有奸”：“后昭信谓去曰：‘前画工

① 《史记》，第 3039 页。

② 〔唐〕韩愈著，阎琦校注：《韩昌黎文集注释》，三秦出版社 2004 年 12 月版，第 367 页。

③ 〔宋〕洪迈撰，孔凡礼点校：《容斋随笔》，中华书局 2005 年 11 月版，第 868 页。

④ 〔宋〕王楙撰，王文锦点校：《野客丛书》，中华书局 1987 年 7 月版，第 329 页。

⑤ 〔明〕张萱撰：《疑耀》，明万历三十六年刻本，第 40 页。

画望卿舍，望卿袒裼傅粉其傍。’”[①] 可知女子“傅粉”取悦异性的表现。《后汉书》卷二八下《冯衍传》李贤注引《衍集》载衍与妇弟任武达书说到家中“一婢”，“头无钗泽，面无脂粉”[②]，可知汉时民间风习，妇女通常是使用“脂粉”的。《后汉书》卷六一《黄琼传》载奏言有“使朱紫共色，粉墨杂蹂，所谓抵金玉于沙砾”语[③]，也说明“粉墨”使用的普及。《后汉书》卷八三《逸民传·梁鸿》记载：孟氏女嫁梁鸿，“始以装饰入门”，“鸿曰：‘吾欲裘褐之人，可与俱隐深山者尔。今乃衣绮缟，傅粉墨，岂鸿所愿哉?’”[④] 也说“傅粉墨”是女子通常“装饰”。

《后汉书》卷六六《陈蕃传》：“比年收敛，十伤五六，万人饥寒，不聊生活，而采女数千，食肉衣绮，脂油粉黛，不可赀计。”[⑤] 所谓“脂油粉黛，不可赀计”，显示“采女数千”妆饰用消费的额度。《三国志》卷六一《陆胤传》“内无粉黛附珠之妾”[⑥]，也说“粉黛”是贵家之“妾”的一般妆饰形式。《三国志》卷六五《吴书·华覈传》可见这样的说法：“美貌者不待华采以崇好，艳姿者不待文绮以致爱，五采之饰，足以丽矣。若极粉黛，穷盛服，未必无丑妇。废华采，去文绣，未必无美人也。”[⑦] 也说明“极粉黛”是一定社会等级女子通常追求“华采”“艳姿”的方式。

《后汉书·郡国志五》“巴郡”条刘昭注补：“《华阳国志》曰：‘帝禹之庙铭存焉。有清水穴，巴人以此为粉，则膏泽鲜芳，贡粉京师，

① 《汉书》，第 2429 页。
② 《后汉书》，中华书局 1965 年 5 月版，第 1003 页。
③ 《后汉书》，第 2038 页。
④ 《后汉书》，第 2766 页。
⑤ 《后汉书》，第 2161 页。
⑥ 《三国志》，中华书局 1959 年 12 月版，第 1410 页。
⑦ 《三国志》，第 1469 页。

因名粉水。’”[①] 所谓“贡粉京师”，说明都市生活对“粉”的需求。而以“粉”实现“膏泽鲜芳”的效用，并没有限定女子。《后汉书》卷八五《东夷传·倭》：“其男衣皆横幅结束相连。女人被发屈紒，衣如单被，贯头而着之；并以丹朱坋身，如中国之用粉也。”[②] 这里说“女人”“并以丹朱坋身”，一如“中国之用粉”。然而《三国志》卷三〇《魏书·乌丸传》记述“倭”的生活习性：“有屋室，父母兄弟卧息异处，以朱丹涂其身体，如中国用粉也。”[③] 这里通说“父母兄弟”，似乎“倭”人“以朱丹涂其身体”与“中国用粉”，是不分性别的。战国秦汉男子肤白受到爱重，见于《史记》卷九六《张丞相列传》所谓“身长大，肥白如瓠，时王陵见而怪其美士”。[④]

2　男子“傅粉”故事

男子“傅粉”的记载，史籍中或予特殊强调。相关现象，有学者曾经予以关注。

宋人王楙《野客丛书》卷一二“男人傅粉”条写道：“《世说》载何晏洁白，魏帝疑其傅粉，以汤饼试之。其拭愈白。知其非傅粉也。仆考《魏略》‘晏自喜，动静粉白不去手’。则知晏尝傅粉矣。《前汉·佞幸传》：籍孺、闳孺傅脂粉，以婉媚幸上，此不足道也。《东汉·李固传》：章曰：大行在殡，路人掩涕，固独胡粉饰貌，搔头弄姿，槃旋偃仰，从容冶步，略无惨怛之心。《颜氏家训》谓梁朝子弟，无不熏衣剃面，傅粉施朱。以此知古者男子多傅粉者。”[⑤] 所涉及“籍孺”“闳孺”

① 《后汉书》，第 3507 页。

② 《后汉书》，第 2821 页。

③ 《三国志》，第 855 页。

④ 《史记》，第 2675 页。

⑤ 〔宋〕王楙撰，王文锦点校：《野客丛书》，中华书局 1987 年 7 月版，第 136 页。

故事，据《汉书》卷九三《佞幸传》：“汉兴，佞幸宠臣，高祖时则有籍孺，孝惠有闳孺。此两人非有材能，但以婉媚贵幸，与上卧起，公卿皆因关说。故孝惠时，郎侍中皆冠鵔鸃，贝带，傅脂粉，化闳、籍之属也。”[①] 说汉惠帝时，近侍皆“傅脂粉”，都是受到籍孺、闳孺的影响。其实，《史记》卷一二五《佞幸列传》已经有明确的记载。太史公写道：“非独女以色媚，而士宦亦有之。”又说：“昔以色幸者多矣。至汉兴，高祖至暴抗也，然籍孺以佞幸；孝惠时有闳孺。此两人非有材能，徒以婉佞贵幸，与上卧起，公卿皆因关说。故孝惠时郎侍中皆冠鵕鸃，贝带，傅脂粉，化闳、籍之属也。”[②]《索隐述赞》称其“冠鸃入侍，傅粉承恩”。[③] 李固故事，见于《后汉书》卷六三《李固传》：“初，顺帝时诸所除官，多不以次，及固在事，奏免百余人。此等既怨，又希望冀旨，遂共作飞章虚诬固罪”，其诬词言：“大行在殡，路人掩涕，固独胡粉饰貌，搔头弄姿，盘旋偃仰，从容冶步，曾无惨怛伤悴之心。”[④] 关于何晏故事，《三国志》卷九《魏书·何晏传》裴松之注引《魏略》写道：“晏性自喜，动静粉白不去手，行步顾影。”[⑤]《世说新语·容止》：“何平叔美姿仪，面至白，魏明帝疑其傅粉。正夏月，与热汤并。即啖，大汗出，以朱衣自拭，色转皎然。”[⑥]《颜氏家训》言“梁朝子弟”一例，见《颜氏家训·勉学》：“梁朝全盛之时，贵游子弟，多无学术”，“无不熏衣剃面，傅粉施朱……”[⑦]

清人褚人获《坚瓠集》三集卷一“妇人朱粉”条引“《前汉·佞幸传》：籍孺、闳孺傅脂粉，以婉媚幸上”及“梁朝子弟，无不熏衣剃

---

① 《汉书》，中华书局1962年6月版，第3721页。

② 《史记》，中华书局1959年9月版，第3191页。

③ 《史记》，第3196页。

④ 《后汉书》，第2084页。

⑤ 《三国志》，第292页。

⑥ 余嘉锡撰：《世说新语笺疏》，中华书局1983年8页版，第608页。

⑦ 王利器撰：《颜氏家训集解》（增补本），中华书局1993年12月版。

面，傅粉施朱”两例，又言：“男子且然，而况妇人乎？”[①]

与曹操关系特殊的何晏[②]，其“性自喜，动静粉白不去手，行步顾影”的自恋表现是引人瞩目的。[③] 梁章钜《三国志旁证》卷一〇注意到何晏故事“粉白不去手”与“魏明帝疑其傅粉”，于是“夏月，与热汤辨”，“大汗出，以朱衣自拭，色转皎然”两说的矛盾，指出裴松之注所云“粉白不去手”，“正与《世说》相反也。”[④] 然而何晏“粉白不去手”之说多为史家采用。《资治通鉴》卷七五“魏邵陵厉公嘉平元年”记载：“何晏性自喜，粉白不去手，行步顾影。”所谓“粉白不去手”，胡三省注：“以自涂泽也。”[⑤]

“傅粉”的动机，在于追求肤色之“白”。即前引《楚辞·大招》王逸注所谓“面白如玉”。《北堂书钞》卷一三五引《尚书大事·纳后礼》云：“既皓且白，既洁且清。美人玩好，以饰姿容。”以“皓白洁清”为题。[⑥]《尚书大事》作者范汪，晋人。所说礼仪，应体现上古风习。《艺文类聚》卷一八引宋玉《登徒子好色赋》言“天下之佳人，莫若臣东家子”，其“肌如白雪”，又说“著粉太白，施朱太赤”。[⑦] 也说“著粉”用以增“白”的通常情形。当然，从前引《韩非子·显学》“故善毛啬、西施之美，无益吾面，用脂泽粉黛，则倍其初”及陈奇猷

① 《笔记小说大观》，江苏广陵古籍刻印社1995年5月版，第7册第481页。

② 《三国志》卷九《魏书·何晏传》：“晏，何进孙也。母尹氏，为太祖夫人。晏长于宫省，又尚公主。”裴松之注引《魏略》：“太祖为司空时，纳晏母并收养晏”，“见宠如公子”，“服饰拟于太子。”第292页。

③ 有的辞书对于“自喜”的解释，指出有“自我欣赏”之义。罗竹风主编：《汉语大词典》第8卷，汉语大词典出版社1991年12月版，第1327页。

④ 〔清〕梁章钜：《三国志旁证》，清《广雅书局丛书》本，第122页。

⑤ 〔宋〕司马光编著，〔元〕胡三省音注，“标点资治通鉴小组”校点：《资治通鉴》，中华书局1956年6月版，第2381页。

⑥ 〔唐〕虞世南编撰：《北堂书钞》，中国书店据光绪十四年南海孔氏刊本1989年7月影印版，第550页。《隋书》卷三三《经籍志二·史志》：“《尚书大事》二十卷，范汪撰。”中华书局1973年8月版，第967页。

⑦ 〔唐〕欧阳询撰，汪绍楹校：《艺文类聚》，第330页。

注“较初时面倍其美”可知，“粉”主要是“著”于“面”的。汉代对于男子体貌的审美倾向，“肤色白皙”“被认为是男性美的重要特征”。[①] 人们的关注重心，应当首先在于面容。[②]

3 高陵石牌文字“胡粉二斤”

何晏“性自喜”，可与《汉书》卷九三《佞幸传·董贤》“为人美丽自喜”[③] 及《新唐书》卷一〇四《张易之张昌宗传》“兄弟皆幸，出入禁中，傅朱粉，衣纨锦，盛饰自喜”[④] 之“自喜”对照理解。然而虽然与何晏生活亲近，但是少年就“任侠放荡”[⑤]，“才武绝人”[⑥]，后来又身经百战，往往“亲擐甲胄，深入险阻”，曾经得汉献帝“秉义奋身，震迅神武”[⑦]，“龙骧虎视”，“奋其武怒”，“掩讨逆节”[⑧] 称美，最终“谥曰武王”[⑨] 的曹操，似乎也有对“粉”这种化妆品的使用需求。

曹操高陵二号墓出土“六边形石牌”有铭刻文字“胡粉二斤”者（301），是值得注意的文物遗存。又有铭刻文字“香囊卅双”（96），也是表现墓主生活的重要文物。这些铭文，据发掘者判断，“内容为随葬品的名称和数量。”[⑩]

曹操高陵随葬品有“胡粉”，或许可以说明当时“傅粉”风习之普

① 彭卫：《汉代社会风尚研究》，三秦出版社 1998 年 8 月版，第 116 页。

② 王子今：《〈史记〉中关于美容妆饰的记录》，《月读》2021 年 10 期。

③ 《汉书》，第 3733 页。

④ 《新唐书》，中华书局 1975 年 2 月版，第 4014 页。

⑤ 《三国志》卷一《魏书·武帝纪》，第 2 页。

⑥ 《三国志》卷一《魏书·武帝纪》裴松之注引孙盛《异同杂语》，第 3 页。

⑦ 《三国志》卷一《魏书·武帝纪》裴松之注引《献帝传》载诏曰，第 48 页。

⑧ 《三国志》卷一《魏书·武帝纪》，第 37 页至第 39 页。

⑨ 《三国志》卷一《魏书·武帝纪》，第 53 页。

⑩ 河南省文物考古研究院编著：《曹操高陵》，中国社会科学出版社 2016 年 10 月版，第 365 页，第 364 页，第 168 页，第 166 页。

及。曹操这位人称“神武明哲”[①]“气势盈溢”[②]，且“简易随时”，“佻易无威重”[③] 的“天下之雄”[④]“命世之才”[⑤]，除了同出石牌铭文“魏武王常所用挌虎短矛”“魏武王常所用挌虎大戟”“魏武王常所用长犀盾”所表现的悍勇雄豪品性之外，其性格心态的另一面，是否也有对于所谓“靓庄”的美的追求呢？通过以“胡粉”为随葬品的消费趋向，可以使人产生相关联想。

据说曹操日常生活非常朴素，如《魏书》记载，“雅性节俭，不好华丽，后宫衣不锦绣，侍御履不二采，帷帐屏风，坏则补纳，茵蓐取温，无有缘饰。”[⑥] 而“胡粉”的使用，可以为曹操研究提供另一视角观察所获得的新鲜具体的生活史信息。

前引《华阳国志》“巴人”“贡粉京师”情节，说明“粉”的生产形式、消费流向特别是转输路径，均指向中原以外地方。与妆饰行为相关的交通文化现象之中，“胡粉”的历史记忆，则涉及丝绸之路史的知识。

4　影响汉魏上层社会生活的“胡”风

自张骞开通西域道路，东西往来益为频繁。“驰命走驿，不绝于时月；商胡贩客，日款于塞下。”[⑦] 据《东观汉记》卷一六《杨正传》记

---

① 《三国志》卷一《魏书 · 武帝纪》载荀彧语，第 20 页。

② 《三国志》卷一《魏书 · 武帝纪》裴松之注引《魏书》，第 54 页。

③ 《三国志》卷一《魏书 · 武帝纪》裴松之注引《傅子》，第 54 页。

④ 《三国志》卷一《魏书 · 武帝纪》裴松之注引皇甫谧《逸士传》载王儁谓刘表语，第 31 页。

⑤ 《三国志》卷一《魏书 · 武帝纪》裴松之注引《世语》，第 5 页，第 10 页。

⑥ 《三国志》卷一《魏书 · 武帝纪》裴松之注引《魏书》，第 54 页。

⑦ 《后汉书》卷八八《西域传》，第 2931 页。

载，“西域贾胡”在都市甚至有组织聚会，甚至胁迫地方官员的能力。[①] 马援南征“武陵五溪蛮夷”，进军艰难，时有指挥不力的批评。《后汉书》卷二四《马援传》记载，“伏波类西域贾胡，到一处辄止”的指责上奏御前，“帝乃使虎贲中郎将梁松乘驿责问援，因代监军。”[②] 可知朝廷上层对于“贾胡”从事经济活动的行为方式都是熟悉的。“胡”人在中原地方的活跃[③]，会促成社会文化生活中“胡”风的蔓延。《续汉书·五行志一》“服妖”条写道：“灵帝好胡服、胡帐、胡床、胡坐、胡饭、胡空侯、胡笛、胡舞，京都贵戚皆竞为之。”[④] 贵族阶层“皆竞为之”，也会对更广大层面的社会风习形成导向性的影响。

汉魏之际的“京都贵戚”们的相关表现，还见于比较具体的文献记录。刘表的墓葬西晋时被盗掘，据说“芬香闻数里”。[⑤]《水经注》卷二八《沔水》写道，“墓中香气远闻三四里中，经月不歇。”[⑥]《艺文类聚》卷四〇引《从征记》则言“香闻数十里”。并且明确说，“（刘）表之子（刘）琮，捣四方珍香数十斛，著棺中。苏合消疾之香，莫不毕备。”[⑦] 包括“苏合消疾之香”的“四方珍香”，显现对远国“香”的珍爱。“苏合香”由西域传入。《后汉书》卷八八《西域传》讲述

---

① 〔东汉〕刘珍等撰，吴树平校注：《东观汉记校注》，中州古籍出版社 1987 年 3 月版，第 379 页。吴树平校注标点作：“光武崩，京兆尹出西域，贾胡共起帷帐设祭……”分断“西域贾胡”，似有不妥。应读作“光武崩，京兆尹出，西域贾胡共起帷帐设祭……”。“京兆尹出西域”应当是不可能的。

② 《后汉书》，第 844 页。

③ 王子今：《汉代的“商胡”“贾胡”“酒家胡”》，《晋阳学刊》2011 年 1 期。

④ 《后汉书》，第 2272 页。

⑤ 《三国志》卷六《魏书·刘表传》裴松之注引，第 216 页；《后汉书》卷七四下《刘表传》李贤注引《代语》，第 2423 页。

⑥ 〔北魏〕郦道元著，陈桥驿校证：《水经注校证》，中华书局 2007 年 7 月版，第 663 页。

⑦ 〔唐〕欧阳询撰，汪绍楹校：《艺文类聚》，第 732 页。

“大秦”文化地理，说道：“合会诸香，煎其汁以为苏合。”[①]《三国志》卷三〇《魏书·乌丸鲜卑东夷传》裴松之注引《魏略·西戎传》说“大秦国”物产，有“苏合、狄提、迷迷、兜纳、白附子、薰陆、郁金、芸胶、薰草木十二种香”，“苏合”名列在先。[②]《后汉书》卷五一《李恂传》记载，李恂任职西域，当地贵族商人“数遗恂奴婢、宛马、金银、香罽之属，一无所受。”[③] 可知西域“香”为中原人喜好。《艺文类聚》卷八五引《班固与弟超书》写道：“今赍白素三匹，欲以市月氏马、苏合香、闟登。”[④] 西域“苏合香”已经远销到洛阳。《三国志》卷二九《魏书·方技传》裴松之注引曹植《辨道论》：“诸梁时，西域胡来献香罽、腰带、割玉刀，时悔不取也。”[⑤] 都说到西域“香”。有的研究者解释：“香罽，具有香气之毛织物。”[⑥] 这样的理解，并不是没有缘由的。《中文大辞典》释“香罽”：“毛毡也，言香者，美之也。”书证即“《后汉书·李恂传》”。[⑦]《汉语大词典》说“香罽”即“华丽的毛毡”，书证亦“《后汉书·李恂传》”。[⑧] 这种解释“香罽”的说法，其实应当予以修正。西域人“数遗”李恂之“香罽”，“西域胡来献香罽”之“香罽”，都应当理解为“香”和“罽”，如班固所市“苏合香、闟登”。汉魏“贵戚”们对于西域“香”的爱重，或许可以从曹操高陵出土石牌文字“香囊卅双”（96）得到文物实证。

---

① 《后汉书》，第 2919 页。

② 《三国志》，第 865 页。

③ 《后汉书》，第 1683 页。

④ 〔唐〕欧阳询撰，汪绍楹校：《艺文类聚》，第 1456 页。

⑤ 《三国志》，第 806 页。又见《后汉书》卷八二下《方技传下·甘始》，第 2750 页。

⑥ 赵幼文校注：《曹植集校注》，人民文学出版社 1984 年 6 月版，第 188 页，第 193 页；中华书局 2016 年 10 月版，第 278 页，第 286 页。

⑦ 《中文大辞典》，中国文化学院出版部 1968 年 8 月版，第 45496 页。

⑧ 《汉语大词典》第 12 卷，汉语大词典出版社 1993 年 11 月版，第 438 页。

5 “胡粉”的民族地理学考察

《释名·释首饰》：“粉，分也。研米使分散也。”又说：“胡粉，胡，餬也，脂和以涂面也。”[①] 以“分”释“粉”，称“研米使分散也”，是合理的。“胡粉”即“脂和以塗面”的“粉”，可能即上文说到的“脂粉”“脂油粉黛”，应当是部分符合“胡粉”使用方式的。然而以“餬”作为“胡粉”之“胡”的说明，则并不正确。

前引“虚诬”李固“胡粉饰貌”故事，《资治通鉴》卷五二“汉冲帝永嘉元年”相关记述胡三省注：“烧铅汞成粉以傅面。《北史》曰：‘胡粉出龟兹国。’”[②] 我们看到，《魏书》卷一〇二《西域传·龟兹》、《周书》卷五〇《异域传下·龟兹》、《隋书》卷八三《西域传·龟兹》、《北史》卷九七《西域传·龟兹》都说“龟兹国”出产“胡粉”。[③]《新唐书》卷三九《地理志三》记述“土贡”“胡粉”的地方，有相州、卫州、澶州。[④]《宋史》卷八六《地理志二·河北道》也说相州“贡”“胡粉”。[⑤]《太平寰宇记》卷五五五《河北道四·相州》说“相州”“土产”，首列“胡粉，贡”。[⑥] 这应当反映了“胡粉”自外传入中原的路径。然而《太平寰宇记》卷一八一《四夷十·西戎二·龟

① 任继昉纂：《释名汇校》，齐鲁书社2006年11月版，第253页至第254页。

② 〔宋〕司马光编著，〔元〕胡三省音注，“标点资治通鉴小组”校点：《资治通鉴》，中华书局1956年6月版，第1702页。

③ 《魏书》，中华书局1974年6月版，第2266页；《周书》，中华书局1971年11月版，第917页；《隋书》，中华书局1973年8月版，第1852页；《北史》，中华书局1974年10月版，第3217页。

④ 《新唐书》，第1009页，第1010页。

⑤ 《宋史》，中华书局1977年11月版，第2127页。

⑥ 〔宋〕乐史撰，王文楚等点校：《太平寰宇记》，中华书局2007年11月版，第1135页。

兹》总说及“土俗物产”条，两次强调龟兹国“土多”“胡粉”。[①]

“胡粉”的“胡”，应当与上文所说汉灵帝所好，且影响“京都贵戚”生活追求的“胡服、胡帐、胡床、胡坐、胡饭、胡空侯、胡笛、胡舞”等文化存在的“胡”字标识类同，可以理解为指示民族礼俗风格和民族地理定位的文化符号。“胡粉”来自“龟兹”，可以看作体现丝绸之路文化交流史的信息。

与“胡空侯、胡笛、胡舞”等艺术构成相类，汉代历史文化遗存又可见西来“胡乐”。《后汉书》卷二三《窦融传》赞曰：“听笳龙庭，镂石燕然。”李贤注：“笳，胡乐也，老子作之。”[②]《后汉书》卷四七《班超传》：“（建初）八年，拜超为将兵长史，假鼓吹幢麾。”李贤注引《古今乐录》曰：“横吹，胡乐也。张骞入西域，传其法于长安，唯得《摩诃兜勒》一曲，李延年因之更造新声二十八解，乘舆以为武乐，后汉以给边将，万人将军得之。在俗用者有《黄鹄》《陇头》《出关》《入关》《出塞》《入塞》《折杨柳》《黄覃子》《赤之杨》《望行人》十曲。”[③]与中原音乐西传同时[④]，西域“胡乐”也丰富了中原文化的艺术内涵。“胡笳”又见于《后汉书》卷八四《列女传·董祀妻》：“胡笳动兮边马鸣，孤雁归兮声嘤嘤。乐人兴兮弹琴筝，音相和兮悲且清。”[⑤]

在物质生活层面，《史记》卷一《五帝本纪》“蓺五种”，司马贞《索隐》：“艺，种也，树也。五种即五谷也。”“《尔雅》云‘荏菽，戎菽’也，郭璞曰‘今之胡豆’。”[⑥]《史记》卷二七《天官书》裴骃《集解》：“孟康曰：‘戎菽，胡豆也。’”[⑦]“胡豆”，又见于居延汉简简文

---

① 〔宋〕乐史撰，王文楚等点校：《太平寰宇记》，第 3464 页。
② 《后汉书》，第 823 页。
③ 《后汉书》，第 1577 页。
④ 王子今：《丝绸之路与中原“音乐”的西传》，《西域研究》2019 年 4 期。
⑤ 《后汉书》，第 2833 页。
⑥ 《史记》，第 4 页。
⑦ 《史记》，第 1340 页。

(310.2；488.1)。[1] 居延汉简又可见可能作为马具的“胡鞍”(EPT40.6A)。[2]《史记》卷七七《魏公子列传》司马贞《索隐》所见“胡麓”[3]，大约是容器。《后汉书》卷八八《西域传·天竺》又说到“天竺国”有“胡椒”。[4] 所谓“胡粉”的构词形式，与“胡豆”“胡鞍”“胡麓”“胡椒”是大略一致的。

《北堂书钞》卷一三五引《魏名臣奏》：“中书监刘放奏曰：今官贩粉卖胡粉，与百姓争锥刀之末利。宜乞停之。”[5] 说“胡粉”的“贩”“卖”曾经为官府经营，“与百姓争锥刀之末利”的批评，反映“利”的生成因社会需求所导致。而“官”与“百姓”相“争”，则其经济收益可能并非“锥刀之末利”。

6 曹操高陵“胡粉”的技术史考察

“粉饰”一语，见于《史记》卷一二六《滑稽列传》。[6] 可以理解为可能与前引被李固“奏免”者因“怨”“虚诬”其“胡粉饰貌”情节相关。“粉饰”，又引申为夸赞表扬，如《三国志》卷五四《吴书·周瑜传》：“故将军周瑜子胤，昔蒙粉饰，受封为将。”[7] 以“胡粉饰貌”理解所谓“粉饰”，应当是有一定合理性的。

---

① 谢桂华、李均明、朱国炤：《居延汉简释文合校》，文物出版社 1987 年 1 月版，第 505 页，第 590 页。

② 甘肃省文物考古研究所、甘肃省博物馆、文化部古文献研究室、中国社会科学院历史研究所编：《居延新简：甲渠候官与第四燧》，文物出版社 1990 年 7 月版，第 85 页。

③ 《史记》，第 2381 页。

④ 《后汉书》，第 2931 页。

⑤ 〔唐〕虞世南编撰：《北堂书钞》，中国书店据光绪十四年南海孔氏刊本 1989 年 7 月影印版，第 550 页。

⑥ 《史记》，第 3211 页。

⑦ 《三国志》，第 1266 页。

《博物志》卷四《药术》说到“胡粉、白石灰等以水和之”用以“涂”及“泽涂之”的妆饰方式。[①] 而《北史》卷一四《后妃传下·隋文献皇后独孤氏》：“后雅性俭约，帝常合止利药，须胡粉一两，宫内不用，求之竟不得。”[②] 可知“胡粉”可以入药。

《禹贡锥指》卷四关于“青州”物产，写道：“岱畎丝、枲、铅、松、怪石。”对于“铅”，胡渭指出：“《说文》：铅，青金也。《本草》：铅，一名黑锡。今泰山之下，不闻有铅。苏颂曰：铅生蜀郡平泽，今有银坑处皆有之。盖矿利渐开，不必以岱畎为良，遂隐而不传矣。铅不知其所用。案胡粉、黄丹皆化铅为之。土宿真言：《本草》云‘铅乃五金之祖，变化最多，一变而成胡粉，再变而成黄丹’是也。胡粉一名白粉，黄丹一名朱粉，可以代丹垩，故贡其材使炼治之，以给绘画涂饰之用也。”[③] 制作“胡粉”的原材料及“炼治”程式与“铅”的关系，这里有所提示。“胡粉”的制作，可以参考所谓“香粉”的生产方式。有学者据《齐民要术》卷五《作米粉法》指出，“如果想制作香粉，则以绢袋盛放香料放入粉盒中进行熏染，或把合适的香料磨碎后与粉混合在一起即可制得。”[④] 相关研究涉及若干技术细节。[⑤] 对于考古发掘收获中“疑似‘胡粉’的白色粉末状物质”的科学鉴定，也是有重要意义的。对于 2006 年发掘的盛唐阶段唐高宗时期墓葬中出土物的分析，得知即“贝壳状软体动物的壳体烧制后碳化生成的方解石型碳酸钙”。研究者判断，“主要功用为墓主人柳夫人美颜的药用化妆品‘石灰’C_aCO_3，

---

① 〔晋〕张华著，唐子恒点校：《博物志》，凤凰出版社 2017 年 10 月版，第 51 页。

② 《北史》，第 532 页。

③ 〔清〕胡渭著，邹逸麟整理：《禹贡锥指》，上海古籍出版社 1996 年 12 月版，第 108 页。

④ 李芽：《中国古代妆容配方》，中国中医药出版社 2008 年 2 月版，第 31 页。

⑤ 高宇：《中国古代化妆品制作技艺研究》，安徽医科大学硕士学位论文，导师：樊嘉禄教授，2018 年。

而不同于以往所见的美白化妆品‘胡粉’$PbCO_3$。”[①] 论者所谓“以往所见的美白化妆品‘胡粉’$PbCO_3$”，据李华峰“胡粉又名铅粉”，“胡粉是生于铅”的判断而来。其认识基点，是因前引《释名·释首饰》“胡粉，胡，餬也，脂和以涂面也”产生的成见。其实，或许可以说，这种所谓“为贝壳烧制的生石灰经过碳化而制成的唐代‘石灰质’化妆品”，或许正是真正的“胡粉”。李华峰文中已经指出，考古发现的“妆粉”，有些与“脂和”的“餬”无关：“在新疆民丰大沙漠1号东汉墓，出土了一个精致的粉袋，粉袋上施以彩绣图纹。粉袋的出现，表明当时的铅粉已经告别了糊状的初级阶段，而被加工成粉末状。在山东东平汉墓出土的妆粉，出土时也被包裹在丝绢之内，出土时已成粉团，直径约为2.4厘米。”[②] 据考古清理者介绍，山东东平王陵山汉墓墓主“可能是大贵人长公主一类的人物”，出土物包括：“粉团1件。直径2.4厘米。外面包以绢类丝织品，留有痕迹。”[③] 民丰出土“粉袋”的东汉墓虽然是合葬墓，但是“粉袋”“放在女头左侧”，置于“藤条编成”的“奁盒”中。“奁盒”“内盛铜镜、粉袋、木梳及丝线等”，因此“粉”的使用者的性别，很可能为女性。但是，“男尸胸前绸制木梳袋内，有一个黄绸小包，内有朱红粉少许；还有纸一小块，绉成一团，大部分涂成黑色，长仅4.3、宽2.9厘米。这些文物的性质和用途，须俟正式检验后，方可肯定。”[④] 或许此所谓“朱红粉”，也是妆饰用“粉”。

这些发现以及研究成果，都是我们在讨论曹操高陵“胡粉”发现

---

① 原注：“李华峰. 中国古代妆粉的种类和制作工艺研究［J］. 赤峰学院学报（自然科学版）2012，（11）：160-162.”冯健、吴晨、赵凤燕、魏书亚、郭瑞：《西安南郊唐墓出土“石灰”的分析与探讨》，《考古与文物》2017年4期。

② 李华峰：《中国古代妆粉的种类和制作工艺研究》，《赤峰学院学报》（自然科学版），2012年6期。

③ 山东省博物馆：《山东东平王陵山汉墓清理简报》，《考古》，1966年4期。

④ 新疆维吾尔自治区博物馆：《新疆民丰县北大沙漠中古遗址墓葬区东汉合葬墓清理简报》，《文物》1960年6期。

的意义时应当参考的。唐柳夫人墓出土“白色粉末”，“放置在墓主人头顶部”，“与铜镜一起”，放置在“一个纤维编织的筒状器物”中。同出“绢囊”[①]，以及民丰东汉墓出土“粉袋”及东平汉墓“绢类丝织品”包裹“粉团”，都使我们联想到曹操高陵出土石牌文字“香囊卅双”。所谓“香囊卅双”用以盛放“胡粉”的可能性是存在的。

《三国志》卷二一《魏书·王粲传》裴松之注引《魏略》言曹植见邯郸淳：“时天暑热，植因呼常从取水自澡讫，傅粉。遂科头拍袒，胡舞五椎锻，跳丸击剑，诵俳优小说数千言讫，谓淳曰：‘邯郸生何如邪?’于是乃更著衣帻，整仪容，与淳评说混元造化之端，品物区别之意，然后论羲皇以来贤圣名臣烈士优劣之差，次颂古今文章赋诔及当官政事宜所先后，又论用武行兵倚伏之势。”[②] 似乎“傅粉”是“澡讫”的清洁程序，与“仪容”似乎没有直接关系。《三国志》卷二九《魏书·方技传·华佗》裴松之注引《佗别传》说华佗治疗“寒热注病”，“用寒水汲灌”：“满百灌，佗乃使然火温床，厚覆，良久汗洽出，著粉，汗燥便愈。”[③] 似乎“著粉”以求“汗燥”。华佗设计的“五禽戏”，据说“体中不快，起作一禽之戏，沾濡汗出，因上著粉，身体轻便，腹中欲食”。[④] 也说“著粉”是要解决“沾濡汗出”的问题，以求“身体轻便”。

“粉”还可以用作书写工具，即所谓“以给绘画涂饰之用”。《后汉书》卷八四《列女传·阴瑜妻》“以粉书扉上”[⑤]，即其实例。黄巾暴动，“讹言‘苍天已死，黄天当立，岁在甲子，天下大吉’。以白土书京城寺门及州郡官府，皆作‘甲子’字。”[⑥] 所谓“以粉书扉上”，类

---

① 冯健、吴晨、赵凤燕、魏书亚、郭瑞：《西安南郊唐墓出土“石灰”的分析与探讨》，《考古与文物》2017 年 4 期。

② 《三国志》，第 602 页。

③ 《三国志》，第 804 页。

④ 《三国志》，第 804 页。

⑤ 《后汉书》，第 2799 页。

⑥ 《后汉书》卷七一《皇甫嵩传》，第 2299 页。

同于“以白土书京城寺门及州郡官府”。

“粉”尽管有多种用途，但是“胡粉”主要作为妆饰用品出现在社会生活史记录中。曹操高陵石牌文字所见“胡粉二斤”其实际应用意义，极大可能是作为化妆品使用。

有学者指出，古代丝绸之路商队因“进行长途贩运的难度太大”，“所经营的商品当以奢侈品为主，具有体积小便于携带而价格昂贵、利润高的特点”。[①] 西来的“胡粉”，应当具有这样的特点。

《太平广记》卷二七四《情感》“买粉儿”题下引《幽明录》故事，说到有男子“游市，见一女子美丽，卖胡粉。爱之，无由自达，乃托买粉，日往市，得粉便去”。女子“卖胡粉”经营于“粉店”。男子意外死去，“当就殡敛，发箧笥中，见百余裹胡粉，大小一积。”[②]《奁史》卷六一《术业门·三姑六婆》载录这一故事称引《北窗丛录》，“大小一积”作“大小一例”。[③] 参考此“胡粉”包装称“裹”，所谓“大小一积”“大小一例”，即规格一致的情节，由曹操高陵石牌文字“胡粉二斤”，而前引“隋文献皇后独孤氏”故事有“合止利药，须胡粉一两”之说，推想或许“胡粉”之“裹”“大小一积”“大小一例”者，不排除“一两”一“裹”，即以“一两”为一个包装单元的可能。参考相关信息，对于曹操高陵石牌文字“胡粉二斤”的理解，或可产生因计量方式得知的定量感觉。“胡粉”平时收存使用的量的一般惯“例”，也可以由此大略推知。[④]

---

① 李瑞哲：《古代丝绸之路商队的主要交易品特点》，《丝绸之路研究集刊》2019 年 1 期。

② 〔宋〕李昉等编：《太平广记》，中华书局 1961 年 9 月版，第 2157 页。

③ 〔清〕王初桐纂述，陈晓东整理：《奁史》，文物出版社 2017 年 1 月版，第 919 页。

④ 王子今：《曹操高陵“胡粉”考议》，《丝路文明》第 6 辑，上海古籍出版社 2021 年 11 月版。

曹操高陵“绒手巾”考议

曹操高陵出土“绒手巾一”石牌。[①] 据此可以推知曹操以日常使用的“绒手巾”随葬。洛阳西朱村曹魏大墓出土石牌也可见“白越手巾一”铭文[②]，可以看作相类同的文化现象。东汉魏晋时期社会生活史料中，可以看到“手巾”“拭面”情形。而有关“手巾熏笼”的记忆，说明“手巾”的使用颇为普及。游艺活动中，也有使用“手巾”的史例。通过若干文献记载，可以大略推想早期“手巾”的通常规格与质料。

关于曹操的生活，可见不同寻常的风格。“手巾”的使用，也是实例之一。通过“绒手巾”名义，或可分析与“戎”的关系。而“白越手巾”之所谓“越”，或许也可以作为民族文化史考察的主题。《续汉书·五行志一》“服妖”条说：“灵帝好胡服、胡帐、胡床、胡坐、胡饭、胡空侯、胡笛、胡舞，京都贵戚皆竞为之。”[③] 可知当时社会上层对“胡”风的向慕。而“皆竟为之”的热情，又可以对更宽广层面的社会习俗倾向发生引领作用。从这一视角考察，或许通过“绒手巾”透露的信息，可以发现丝绸之路史研究应当关注的文化现象。

---

① 河南省文物考古研究所编著：《曹操高陵》，中国社会科学出版社2016年10月版，第168页，彩版九〇-3；河南省文物考古研究所编：《曹操高陵考古发现与研究》，文物出版社2010年11月版，彩版7-6。

② 李零：《洛阳曹魏大墓出土石牌铭文分类考释》，《博物院》2019年5期，第11页，图52。

③ 《后汉书》，中华书局1965年5月版，第3272页。

1 曹操高陵石牌文字“绒手巾一”

曹操高陵2号墓出土“石牌66块”，有文字“396个”。[①] 文字的内容，有学者指出，其性质“应为‘物疏’，即一般所说的‘遣册’，这是随葬品记录，它们流行于战国时代至魏晋时期。”[②]

曹操高陵石牌刻铭文字所见“绒手巾一”（M2：362），作为这座墓葬出土文物体现丰富文化信息的例证之一，也有考察的必要。

正如刘瑞在考论曹操高陵石牌文字“常所用”时所指出的，其性质当如《后汉书》卷五《安帝纪》所谓“常所御”，《后汉书》卷四二《光武十王传·东平宪王苍》所谓“常所御”“旧时器服”[③]，《三国志》卷五五《吴书·周泰传》裴松之注引《江表传》所谓“常所用御”[④]，以及《南齐书》卷三《武帝纪》所谓“身上著”“常所服身”[⑤]，所指示“确实是曹操生前所用之物。”[⑥] 所谓“绒手巾一”，很可能也“是曹操生前所用之物”。

《太平御览》卷七一六引《汉名臣奏》：“王莽斥出王闳，太后怜之。闳伏泣失声，太后亲自以手巾拭闳泣。”[⑦] 这可能是比较早的使用

---

① 河南省文物考古研究院编著：《曹操高陵》，中国社会科学出版社2016年10月版，第231页。

② 刘庆柱：《曹操墓的考古学证明》，河南省文物考古研究院编著：《曹操高陵》，第289页。

③ 《后汉书》，第208页，第1438页。

④ 《三国志》，第1288页。

⑤ 《南齐书》，中华书局1972年1月版，第61页至第62页。

⑥ 刘瑞：《说“常所用”》，《中国文物报》2010年10月15日6版，收入河南省文物考古研究所编：《曹操高陵考古发现与研究》，文物出版社2010年11月版。

⑦ 〔宋〕李昉等撰：《太平御览》，中华书局用上海涵芬楼影印宋本1960年2月复制重印版，第3176页。

“手巾”的史例。而更密集的与“手巾”相关史迹的出现，是在东汉晚期至魏晋时期。

《艺文类聚》卷七〇引《东宫旧事》曰：“太子纳妃，有漆画手巾熏笼二七，大被熏笼三，衣熏笼三。”① 多种“熏笼”中，有“漆画手巾熏笼”。其数量“二七”，则是几种“熏笼”最多的。对于“手巾熏笼”的形制，我们还不清楚。但是通过“手巾熏笼”“大被熏笼”“衣熏笼”并说的情形，可以大略推想其用途。而“手巾”的出现及其数量之多，是值得注意的。

2 “手巾”“拭面”

“手巾”大约是通常手持之巾。《艺文类聚》卷八九引《续搜神记》曰：“上虞魏金，家在县北。忽有一人，著孝子服，皂笠，手巾掩口，来诣金家。语曰：居有钱一千万，铜器亦如之。大柳树钱在其下，取钱当得耳。书居大不吉，仆寻为君作此。便去。自尔出三十年。遂不复来。金亦不取钱。”② 这位神异的“著孝子服者”，“手巾掩口”，应是“手巾”使用的惯常方式。

“手巾”最常见的使用方式，是“拭面”。“手巾”“拭面”情形，见于《三国志》卷五《魏书·后妃传·文昭甄皇后》裴松之注引《世语》曰：“太祖下邺，文帝先入袁尚府，有妇人被发垢面，垂涕立绍妻刘后，文帝问之，刘答‘是熙妻’，顾揽发髻，以巾拭面，姿貌绝伦。既过，刘谓后‘不忧死矣！’遂见纳，有宠。”③ 这里“以巾拭面”的“巾”，应当就是“手巾”。《三国志》卷六一《吴书·潘濬传》裴松之注引《江表传》记述孙权以“手巾”“拭”潘濬“面”的故事：“权克

① 〔唐〕欧阳询撰，汪绍楹校：《艺文类聚》，第1221页。
② 〔唐〕欧阳询撰，汪绍楹校：《艺文类聚》，第1531页。
③ 《三国志》，第160页。

荆州，将吏悉皆归附，而濬独称疾不见。权遣人以床就家舆致之，濬伏面著床席不起，涕泣交横，哀咽不能自胜。权慰劳与语，呼其字曰：'承明，昔观丁父，鄀俘也，武王以为军帅；彭仲爽，申俘也，文王以为令尹。此二人，卿荆国之先贤也，初虽见囚，后皆擢用，为楚名臣。卿独不然，未肯降意，将以孤异古人之量邪?'使亲近以手巾拭其面，濬起下地拜谢。即以为治中，荆州诸军事一以咨之。"① 这里所说"使亲近以手巾拭其面"，《太平御览》卷七一六引《江表传》作"使亲近手巾拭其面"。② 甄皇后"垂涕"，曹丕"以巾拭面"。潘濬"涕泣交横，哀咽不能自胜"，孙权"使亲近以手巾拭其面"，此"拭面"，也就是拭泪。其情形与前引"（王）闳伏泣失声，太后亲自以手巾拭闳泣"类同。

稍晚则有《艺文类聚》卷三二引周庾信《荡子赋》曰："荡子辛苦逐征行，直守长城千里城。陇水恒冰合，关山唯明月。况复空床起怨，倡妇生离，纱窗独掩，罗帐长垂。新筝不弄，长笛羞吹。常年桂苑，昔日兰闺。罗敷总发，弄玉初笄。新歌子夜，旧舞前溪。别后关情无复情，离前明镜不须明。合欢无信寄，回纹织未成。游尘满床不用拂，细草横阶随意生。前日汉使着章台，闻道夫婿定应回。手巾还欲燥，愁眉即剩开。逆想行人至，迎前含笑来。"③ 这里所谓"手巾还欲燥"，说"手巾"应是与"怨""愁"相伴的离别相思的情感表现之道具，通常往往用以拭泪。

3 "手巾"多用诸例

东汉末年至三国时期，"手巾"的应用似乎已经非常普遍。《太平

① 《三国志》，第 1397 页至第 1398 页。
② 〔宋〕李昉等撰：《太平御览》，第 3176 页。
③ 〔唐〕欧阳询撰，汪绍楹校：《艺文类聚》，第 571 页。

御览》卷七一六引《英雄记》说："在尊者前宜各具一手巾，不宜借人巾用。"[①] 从卫生意义来说，这样"不宜借人巾用"的做法，显然较前说以自己的"手巾"为他人"拭面"更为合理。

"手巾"又有特殊用途，甚至用于游艺活动。《三国志》卷二《魏书·文帝纪》裴松之注引《博物志》："帝善弹棋，能用手巾角。"[②]《艺文类聚》卷七四"弹棋"题下引魏文帝《典论》："余于他戏弈之事，少所嘉，唯弹棋略尽其功。乃为之赋曰：昔师先工，有马合乡侯东方世安张公子，予尝恨不得与彼数子者对。"这是曹丕的爱好，也是曹丕的专长。而他"弹棋"习用"手巾"。《艺文类聚》同卷又引《世说》曰："弹棋始自魏。宫内装奁戏也。文帝于此技亦特好，用手巾拂之，无不中。有客自云能，帝使为之。客着葛巾拂棋，妙逾于帝。"[③] 魏文帝曹丕的"弹棋"之技的"特好"，在于"能用手巾角"，"用手巾拂之，无不中"。而"有客自云能"者，竟然能够"妙逾于帝"。

《太平御览》卷七一六引《竹林七贤论》说："王戎虽为三司，率尔私行巡省园田，不从一人。以手巾插腰。戎故吏多大官，相逢辄下道避之。"[④] 我们不清楚"以手巾插腰"是怎样的使用方式，是否类似明人严从简《殊域周咨录》卷八《南蛮》所谓"腰束青花手巾"、"腰围单布手巾"[⑤] 之"束"与"围"？但是清代学者李慈铭《一月以来与程秀才及群从遍饮村店无日不醉口号一绝句》写道："日日腰间插手巾，旧家风调酒怀新。谁知三里红桥市，擘脯弹筝大有人。"[⑥] 他大概是理解王戎"以手巾插腰"的装束形式的。

---

① 〔宋〕李昉等撰：《太平御览》，第 3176 页。

② 《三国志》，第 89 页。

③ 〔唐〕欧阳询撰，汪绍楹校：《艺文类聚》，第 1274 页。

④ 〔宋〕李昉等撰：《太平御览》，第 3176 页。

⑤ 《殊域周咨录》，明万历刻本，第 180 页，第 187 页。

⑥ 〔清〕李慈铭撰：《白华绛柎阁诗集》卷丁，清光绪十六年刻《越缦堂集》本，第 33 页。

《南史》卷七一《儒林传·何佟之》："仕齐，初为国子助教，为诸生讲《丧服》，结草为绖，屈手巾为冠……"[①] 孙机论证汉代"头饰"，说到"巾、帢"。《三国志》卷一《魏书·武帝纪》裴松之注引《傅子》："汉末王公，多委王服，以幅巾为雅，是以袁绍、崔钧之徒，虽为将帅，皆着缣巾。魏太祖以天下凶荒，资财乏匮，拟古皮弁，裁缣帛以为帢，合于简易随时之义，以色别其贵贱，于今施行，可谓军容，非国容也。"[②] 而前引裴注引《曹瞒传》"时或冠帢帽以见宾客"之所谓"帢帽"可以为参考。孙机据此说，"因知山东嘉祥宋山画像石之'二桃杀三士'故事中，一武士所戴者或即巾、帢之类。"[③] 但是，此"巾、帢之类""头饰"似与所谓"屈手巾为冠"还是不同。

4　早期"手巾"形制

通过"手巾"的其他用途，可以推知其形制。《南史》卷七〇《循吏传·孙彬》："尝以一束苎就州长沙寺库质钱，后赎苎还，于苎束中得五两金，以手巾裹之，彬得，送还寺库。"[④] 以"手巾"可以包裹"五两金"，可大略知道"手巾"的大小。

而前引《南史》卷七一《儒林传·何佟之》"屈手巾为冠"，说可以使用"手巾"折制"为冠"，也显示了"手巾"的尺度。《陈书》卷一二《杜棱传》记载："……高祖惧其泄己，乃以手巾绞棱，棱闷绝于地，因闭于别室。"[⑤] 所谓"以手巾绞棱，棱闷绝于地"，"手巾"可以

---

① 《南史》，第 1734 页。

② 《三国志》，第 54 页。

③ 孙机：《汉代物质文化资料图说》（增订本），上海古籍出版社 2008 年 5 月版，第 272 页。

④ 《南史》，第 1705 页。

⑤ 《陈书》，第 192 页。《南史》卷六七《杜稜传》"高祖惧其泄己"作"武帝惧其泄己"，第 1630 页。

“绞”杀人，必然需要有一定的长度。

《梁书》卷五四《海南诸国传·扶南国》：“其上有树生火中，洲左近人剥取其皮，纺绩作布，极得数尺以为手巾，与焦麻无异而色微青黑。”[①] 由此可以推知“手巾”的尺寸大略可以有“数尺”。这一信息符合《陈书》卷一二《杜棱传》“以手巾绞棱”的记载。[②]

“手巾”的质料，据《陈书》卷二四《周弘直传》：“棺内唯安白布手巾、粗香炉而已，其外一无所用。”[③] 大概“白布”是“手巾”通常的质料。

上文说到曹丕“弹棋”习用“手巾”，“用手巾拂之，无不中。”而“有客自云能，帝使为之”，据说“客着葛巾拂棋，妙逾于帝”。这位“客”使用的，是“葛巾”。虽不言“手巾”，但是此“宫内装奁戏”，“客”的表演与曹丕有竞技性质，应当同样使用“手巾”。所谓“葛巾”所突出强调的，是“手巾”的质地。

5　曹操“身自佩小鞶囊，以盛手巾细物”

《三国志》卷一《魏书·武帝纪》裴松之注引《曹瞒传》说：“（太祖）被服轻绡，身自佩小鞶囊，以盛手巾细物，时或冠帢帽以见宾客。”[④] 从文献遗存信息看，曹操是较早使用“手巾”的历史名人。

曹操“身自佩小鞶囊，以盛手巾细物”的方式，也是重要的生活

① 《梁书》，第788页。

② 《南史》卷七八《夷貊传·扶南国》：“复东行涨海千余里，至自然大洲，其上有树生火中，洲左近人剥取其皮，纺绩作布，以为手巾，与蕉麻无异而色微青黑。”第1952页。未言“剥取其皮”的尺寸，又称“纺绩作布，以为手巾”，则没有提供关于“手巾”长度与幅宽的信息。

③ 《陈书》，第311页。《南史》卷三四《周弘直传》：“棺内唯安白布手巾粗香炉而已……”第901页。“白布手巾粗香炉”之间不分断。似以《陈书》标点为宜。

④ 《三国志》，第54页。

细节。所谓“小鞶囊”，“鞶”字从“革”，“鞶囊”或是袖珍的革囊，即韦囊。《太平御览》卷六九一《服章部》“鞶囊”题下引《礼》：“《礼》曰：男鞶革，女鞶丝。”注：“鞶，小囊，盛帨巾者。男用韦，女用缯。”《太平御览》卷六九一引《白虎通》曰：“男子有鞶者，示有金革之事。”[①]“鞶囊”多以“虎头”为饰，可能也与“金革”象征有关。然而“虎头鞶囊”或作“虎头绶囊”“虎头旁囊”[②]，前者可能因其盛装物得名，后者或取其音近字。

由所谓“鞶，小囊，盛帨巾者”，可知曹操“身自佩小鞶囊，以盛手巾细物”符合通常礼俗。所谓“男鞶革”，见《礼记·内则》。[③]而《太平御览》卷六九一引《孔珠与王佐长史书》涉及“鞶囊”佩用的场合：“朝不着鞶囊，不知为何不？答曰：寻此鞶囊，是《内则》施鞶之遗象。此为箴线之属，非朝服所宜著。”[④]所谓“鞶囊”富有生活气息的品质得以提示。曹操“身自佩小鞶囊，以盛手巾细物”，正是接近平俗，“被服轻绡”的表现，也与《三国志》卷一《魏书·武帝纪》裴松之注引《曹瞒传》同时记述他“为人佻易无威重”，“每与人谈论，戏弄言诵，尽无所隐，及欢悦大笑，至以头没杯案中，肴膳皆沾污巾帻，其轻易如此”[⑤]的品性风格相一致。

随身携带“手巾”，见于《旧唐书》卷五《高宗纪下》：“一品已下文官，并带手巾、算袋、刀子、砺石，武官欲带亦听之。”[⑥]《旧唐

① 〔宋〕李昉等撰：《太平御览》，中华书局用上海涵芬楼影印宋本1960年2月复制重印版，第3085页至第3086页。

② 《太平御览》卷六九一引《谢承与步骘书》：“所在近北，无它异物，裁奉织成虎头绶囊，可以服之。”又引班固与弟超贡曰：“遗仲叔虎头旁囊、金银钩。”第3086页。所谓“织成虎头绶囊”，也可能是织品，如所谓“女鞶丝”“女用缯”。

③ 〔清〕阮元校刻：《十三经注疏》，中华书局据原世界书局缩印本1980年10月影印版，第1471页。

④ 〔宋〕李昉等撰：《太平御览》，第3086页。

⑤ 《三国志》，第54页至第55页。

⑥ 《旧唐书》，第99页。

书》卷七《睿宗纪》：“又令内外官依上元元年九品已上文武官咸带手巾算袋，武官咸带七事鞊韘并足。”[①]《旧唐书》卷四五《舆服志》：“上元元年八月又制：‘一品已下带手巾、算袋，仍佩刀子、砺石，武官欲带者听之。’”“景云中又制，令依上元故事，一品已下带手巾、算袋，其刀子、砺石等许不佩。”[②]《新唐书》卷二四《车服志》：“初，职事官三品以上赐金装刀、砺石，一品以下则有手巾、算袋、佩刀、砺石。”[③] 这种制度，后世依然可以看到遗存。[④]

6 “绒”与“戎”：“绒手巾”民族文化渊源推想

曹操高陵石牌文字所谓“胡粉”作为化妆用品[⑤]，从名号用“胡”字可知来自非中原地方。有迹象表明自“西域”传入。[⑥] 而“绒手巾一”之“绒”字的解读，亦应当考虑“戎”的意义。

《天工开物》卷上《乃服》“褐毡”条写道：“机织、羊种皆彼时归夷传来，故至今织工皆其族类，中国无与也。凡绵羊剪毳，粗者为

---

① 《旧唐书》，第 157 页。

② 《旧唐书》，第 1952 页，第 1953 页。

③ 《新唐书》，第 529 页。

④ 例如《辽史》卷五六《仪卫志二》“汉服”条：“文官佩手巾、算袋、刀子、砺石、金鱼袋。”第 910 页。《金史》卷四一《仪卫志》“行仗”条：“茶酒班执从物十一人，水罐二、香球二、唾盂一、厮罗一、手巾一、御椅三人、踏床一……”第 940 页。

⑤ 《后汉书》卷六三《李固传》有“胡粉饰貌”情节，第 2084 页。

⑥ 《魏书》卷一〇二《西域传》“龟兹”条：“又出细毡，饶铜、铁、铅、麖皮、氍毹、铙沙、盐绿、雌黄、胡粉、安息香、良马、犎牛等。”第 2266 页。《周书》卷五〇《异域传下》“龟兹”条：“又出细毡、麖皮、氍毹、铙沙、盐绿、雌黄、胡粉及良马、封牛等。”中华书局 1971 年 11 月版，第 917 页。《隋书》卷八三《西域传》“龟兹”条：“铙沙、盐绿、雌黄、胡粉、安息香、良马、封牛。”第 1852 页。

毡，细者为绒。"[①] 而《说文·毛部》："毯，以毳为瀱。"段玉裁注："毳，兽细毛也。瀱，西胡毳布也。"[②]《天工开物》"织工"来自于"夷"而"中国无与也"之说以及段玉裁所谓"西胡"的突出标示，可以说明"绒"之原始字义的民族地理学内涵。

"手巾"的制作和使用，有可能来自中原以外民族文化的影响。《梁书》卷五四《海南诸国传·扶南国》记述"扶南"资源，说到一种特殊的植物纤维："复东行涨海千余里，至自然大洲。其上有树生火中，洲左近人剥取其皮，纺绩作布，极得数尺以为手巾，与焦麻无异而色微青黑，若小垢洿，则投火中，复更精洁。或作灯炷，用之不知尽。"[③]《南史》卷七八《夷貊传上·扶南国》："复东行涨海千余里，至自然大洲，其上有树生火中，洲左近人剥取其皮，纺绩作布，以为手巾，与蕉麻无异而色微青黑。"[④] 与《梁书》比较，无"极得数尺"四字。以这种"树""皮"加工成织品，即"纺绩作布"，可以作为"手巾"。《梁书》"手巾""数尺"的规格记录，已见前引。其实中原人认识这种物品可能相当早。《史记》卷一二三《大宛列传》记述"安息"地理人文环境："其西则条支，北有奄蔡、黎轩。"张守节《正义》引《后汉书》云："大秦一名犁鞬，在西海之西，东西南北各数千里。有城四百余所。土多金银奇宝，有夜光璧、明月珠、骇鸡犀、火浣布、珊瑚、琥珀、琉璃、琅玕、朱丹、青碧，珍怪之物，率出大秦。"又引万震《南州志》和《括地志》都说到"火浣布"："万震《南州志》云：'大家屋舍，以珊瑚为柱，琉璃为墙壁，水精为础舄。海中斯调洲上有木，冬月往剥取其皮，绩以为布，极细，手巾齐数匹，与麻焦布无异，色小青黑，若

① 潘吉星著：《天工开物校注及研究》，巴蜀书社 1989 年 1 月版，第 337 页。

② 〔汉〕许慎撰，〔清〕段玉裁注：《说文解字注》，上海古籍出版社据经韵楼藏版 1981 年 10 月影印版，第 399 页。

③ 《梁书》，第 788 页。

④ 《南史》，第 1952 页。

垢污欲浣之，则入火中，便更精洁，世谓之火浣布。秦云定重参问门树皮也。'《括地志》云：'火山国在扶风南东大湖海中。其国中山皆火，然火中有白鼠皮及树皮，绩为火浣布。'"[①] 外来"火浣布"常常用作"手巾"材料的情形，正如《太平御览》卷七一六引《广志》所说："炎州以火浣布为手巾。"[②]

对于"火浣布"于丝绸之路文化交流史的意义，可以专门讨论。《三国志》卷三《魏书·三少帝纪·齐王芳》："（景初三年）二月，西域重译献火浣布，诏大将军、太尉临试以示百寮。"裴松之注引《异物志》曰："斯调国有火州，在南海中。其上有野火，春夏自生，秋冬自死。有木生于其中而不消也，枝皮更活，秋冬火死则皆枯瘁。其俗常冬采其皮以为布，色小青黑；若尘垢污之，便投火中，则更鲜明也。"[③] "火浣布"自域外文明引入，应当是确定的。而取"火浣布""以为手巾"，是物用史研究值得注意的现象。

7 "绒手巾"和"白越手巾"

前说《艺文类聚》卷七〇引《东宫旧事》"漆画手巾熏笼二七"，而《太平御览》卷七一六引《东宫旧事》写道："太子纳妃，有百济白手巾也。"[④] 所谓"百济白手巾"，应是"百济"出产。我们看到，"手巾"的使用，在《明史》卷六七《舆服志三》"乐工冠服"条的记录中，仍然是作为"蛮""夷"文化标志的。其中说《抚安四夷之舞》的"舞士"，包括"东夷四人""西戎四人""南蛮四人""北翟四人"。而"南蛮四人"的服装道具包括"手巾"："南蛮四人，绾朝天髻，系红罗

---

① 《史记》，第3162页至第3163页。
② 〔宋〕李昉等撰：《太平御览》，第3176页。
③ 《三国志》，第117页至第118页。
④ 〔宋〕李昉等撰：《太平御览》，第3176页。

生色银锭，红销金抹额，明金耳环，红织金短袄子，绿织金细摺短裙，绒锦裤，间道纻丝手巾，泥金顶牌，金珠璎珞缀小金铃，锦行缠，泥金狮蛮带，绿销金拥项，红结子，赤皮靴。”而“永乐间”“奏《抚安四夷之舞》”，包括“高丽舞四人”“琉球舞四人”“北番舞四人”“伍鲁速回回舞四人”，其中有两组“舞士”都配备“手巾”：“琉球舞四人，皆棉布花手巾，青罗大袖袄子，铜带，白碾光绢间道踢裤，皂皮靴”；“伍鲁速回回舞四人，皆青罗帽，比里罕棉布花手巾，铜带，皂靴。”[①]

洛阳西朱村曹魏大墓出土石牌文字“白越手巾”（M1：229）。李零分析：“白越，白是白色，越指越地或越诺。越诺是西域波斯产织物，见《隋书》和新旧《唐书》。”[②]《隋书》卷八三《西域传·波斯》说到其“土多”“越诺布”。[③]《旧唐书》卷一九八《西戎传·康国》记载“开元六年，遣使贡献……越诺之类”。[④]《新唐书》卷二二一下《西域传下·康》也说“开元初，贡……越诺、侏儒、胡旋女子。”[⑤]《宋史》卷四八九《外国传五·占城》：“乾德四年，其王悉利因陀盘遣使因陀玢李帝婆罗贡驯象、牯犀、象牙、白氎、哥缦、越诺……”[⑥]《宋史》卷四八九《外国传五·注辇》说当地婚姻礼俗：“女家复以金银指环、越诺布及女所服锦衣遗婿。”[⑦]《宋史》卷四九〇《外国传六·大食》记载：“雍熙元年，国人花茶来献花锦、越诺、拣香、白龙脑、白沙糖、蔷薇水、琉璃器。”又说：“臣希密凡进象牙五十株，乳香千八百斤，宾铁七百斤，红丝吉贝一段，五色杂花蕃锦四段，白越诺二段，都爹一

---

① 《明史》，第 1652 页至第 1653 页。

② 李零：《洛阳曹魏大墓出土石牌铭文分类考释》，《博物院》2019 年 5 期，第 11 页，图 52。

③ 《隋书》，第 1857 页。

④ 《旧唐书》，第 5311 页。

⑤ 《新唐书》，第 6244 页。

⑥ 《宋史》，第 14080 页。

⑦ 《宋史》，第 14096 页。

琉璃瓶，无名异一块，蔷薇水百瓶。”“至道元年，其国舶主蒲押陀黎赍蒲希密表来献白龙脑一百两，腽肭脐五十对，龙盐一银合，眼药二十小琉璃瓶，白沙糖三琉璃瓮，千年枣、舶上五味子各六琉璃瓶，舶上褊桃一琉璃瓶，蔷薇水二十琉璃瓶，乳香山子一坐，蕃锦二段，驼毛褥面三段，白越诺三段。”“四年祀汾阴，又遣归德将军陀罗离进瓶香、象牙、琥珀、无名异、绣丝、红丝、碧黄绵、细越诺、红驼毛、间金线璧衣、碧白琉璃酒器、蔷薇水、千年枣等。”[①]

李零解释“白越手巾”，说“白是白色”。前引《陈书》卷二四《周弘直传》“白布手巾”及《东宫旧事》“百济白手巾”，或许都有益于理解“白越手巾”之所谓“白”。而有关“越指越地或越诺”的说法并不十分确定。《太平御览》卷七一六引《秦嘉妇与嘉书》曰：“今奉越布手巾二枚。”[②] 此所谓“越布手巾”名义，因为与“白越手巾”年代接近，也应当是有益于我们的讨论的。

美国学者谢弗《唐代的外来文明》第 12 章《纺织品》中，有“越诺布”条。其中写道：“越诺布是小婆罗门国的出产，这种布的商业名称表明，它属于一种‘彩色的’毛织品。[③] 小婆罗门国与缅甸的骠国相邻，是一个只吃素食的地方。在八世纪时，康国也是向长安输送越诺布的一个地区。虽然在宋代的文献中曾经提到过巴格达出产的‘纯白的越诺布’——这与这种织物的名称似乎是自相矛盾的——和来自罗马的‘金字越诺布’。但是对于唐朝的这种‘彩色布（棉布?）’的性质，我们还没有发现任何有关的线索。”所谓“‘彩色的’毛织品”“彩色布”，原注指出伯希和“断行‘越诺’译自”“某个帕拉克里语的字，即来源于”“彩色的”。谢弗说到“宋代的文献中曾经提到过”“纯白的

---

① 《宋史》，第 14118 页，第 14119 页，第 14121 页。

② 〔宋〕李昉等撰：《太平御览》，第 3176 页。

③ （美）谢弗著，吴玉贵译：《唐代的外来文明》，中国社会科学出版社 1995 年 8 月版，第 438 页，第 450 页。

越诺布”，应即《宋史》卷四九〇《外国传六·大食》两次说到的“白越诺”。关注“越诺布”的色彩，曹魏文物资料所见“白越手巾”或许也是有意义的。当然，我们应当首先确定“白越手巾”与“越诺”有关的判断是否合理。[①]

① 王子今：《曹操高陵“绒手巾”考议》，《西部史学》第5辑，西南大学出版社2021年12月版。

后　记

这本《汉代丝绸之路文化史》有幸列入“中亚与丝路文明研究”丛书，承刘进宝教授鼓励，经历疫情反复的日子，终于大致完成。

对于汉代丝绸之路史的研究，是我近年投入力量颇多的学术方向。整合之后，大致成书三种，即《汉代丝绸之路交通史》（2017 年教育部后期资助项目“汉代丝绸之路交通史”（17JHQ006）最终成果），《汉代丝绸之路文化史》，以及《汉代丝绸之路生态史》（2021 年国家社科基金后期资助项目重点项目“汉代丝绸之路生态史”（21FZSA005）最终成果）。

本书所编入的内容有些已经以学术论文的形式正式发表，接受了学界的初步检验。收入此书，又进行了材料的充实、信息的更新、观点的深化和内容的修正。相关考察将推进丝绸之路史和与丝绸之路相关的诸多文化现象的研究。作为这一研究主题前期研究成果的论文，初刊时的形式与本书内容对照，或许可以察知作者思索心路的足迹。

还应当说明，有关“汉代丝绸之路文化史”的学术思考，就我个人的学术前路来说，还会继续。有一些比较有意思的想法，还来不及整理思路，准备资料，落实于文字。当然，有的选题尽管已经有半成品，最终仍可能会放弃。但就若干选题形成的新见还是可能再经雕琢打磨后推出。只是希望健康条件允许我继续工作的时间能够长一些。

2021 年 6 月 30 日，我在中国人民大学退休。回想 1985 年至 2003 年，在中央党校工作了 18 年。后来在北京师范大学工作 4 年，又在中国人民大学工作14年。这又是一个18年。从教前后36年。从发表第一篇学术文章算起，恰好40年。前些天中国人民大学举办了一个授予“荣誉一级教授”称号的仪式。相继有好友孙家洲、李华瑞、朝戈金、王龙、刘敬伟、袁泉等摆酒为我的退休庆贺。2020年和2021年毕业的学生举酒谢师也兼有此主题。7月13日，由中国人民大学国学院杨慧林教授、乌云毕力格教授主持，召开了“王子今教授学术成就研讨会”。一些学界朋友在百忙中出席，令人感动。我当时的感觉，大家类同“告别仪式”一样，发表了如同“悼词”那样的许多表扬的话。听来如芒在背，如坐针毡。正值暑日，还想起杨敞听到霍光废刘贺之议的反应：“敞惊惧，不知所言，汗出洽背，徒唯唯而已。”[①] 有朋友说到“荣退”和“荣休”的区别。现在说来，总是可以轻松一些了。没有了教学工作量和科研工作量的硬性要求。不少朋友劝告要放松一些，追求休闲境界。我自己也说过，就像过去的第几套广播体操，最后一节是“整理运动”，以后要“懒一点儿”，要“对自己好一点儿”。可是不知道是否可以真的做到。说到“成就”，最是“汗出洽背”。我过去说“有劳无功”，现在还是这样想。虽然有一些“产量”，但是比较能够开拓宽广学术境界、创启新锐学术方法、提出高上学术理论的诸多师友，惭愧是由自深心的。

回想自己的学术历程，要感谢很多位尊敬的老师。他们的教训、启示、指导和勉励，引领我一步步前行。对于学术论著的发表，要感谢许许多多的出版家、编辑家。我们在休息的时候，在喝酒的时候，也许他们正在编发校订我们的文字。好多学生平时的帮助，也为我节省了不少时间。文献寻找、史料订正、体例校改，甚至论文标题、摘要和主题词的英译，也曾经很多次麻烦年轻学人。他们的生活压力和工作压力很重，频繁占用他们的时间，愧疚也是由衷的。

---

① 《汉书》卷六六《杨敞传》，第2889页。

就面前的这本书，这里还要真诚感谢甘肃教育出版社的编辑朋友伏文东辛苦编校，他发现了书稿中很多疏误。也感谢我的学生帮助校正引文，完善书稿。

是为“后记”。

2021 年 7 月 21 日匆匆草成初稿于敦煌旅次。2022 年 4 月 14 日定稿于北京大有北里。是日听从社区防疫人员安排，接种新冠疫苗第 3 针。

王子今

2022 年 4 月 14 日